新譯後漢書（十）志（二）

魏連科等　注譯

三民書局　印行

國家圖書館出版品預行編目資料

新譯後漢書(十)志㊁／魏連科等注譯.－－初版一
刷.－－臺北市: 三民, 2013
面；　公分.－－(古籍今注新譯叢書)

ISBN 978-957-14-5790-1　(平裝)

1.後漢書 2.注釋

622.201　　　　102005835

© 新譯後漢書(十)志㊁

注譯者	魏連科等
責任編輯	張加旺
美術設計	陳宛琳
發行人	劉振強
著作財產權人	三民書局股份有限公司
發行所	三民書局股份有限公司
	地址　臺北市復興北路386號
	電話　(02)25006600
	郵撥帳號　0009998-5
門市部	(復北店) 臺北市復興北路386號
	(重南店) 臺北市重慶南路一段61號
出版日期	初版一刷　2013年6月
編號	S 033820

行政院新聞局登記證局版臺業字第○二○○號

ISBN　978-957-14-5790-1　(平裝)

http://www.sanmin.com.tw　三民網路書店

新譯後漢書　目次

第十冊

志第十三

五行一

貌不恭　淫雨　服妖　雞禍　青眚　屋自壞　訛言　旱　謠　狼食人

【題解】〈五行志〉是南朝梁劉昭取司馬彪《續漢書》中〈五行志〉加以注解並補入本書。五行是古人認識世界組成及運動的基本元素和概念，最早見於《尚書·洪範》，據說是武王滅商後，訪問商遺老，問商為什麼亡國，紂之叔父箕子陳說「洪範九疇」，疇之義為類，即大法九種，其中第一即五行。五行之次序為水、火、木、金、土，又各有其形質和性能。高誘注《淮南子·本經》：「水為陰行，火為陽行，木為燠行，金為寒行，土為風行，五氣常行，故曰五行。」古人科學知識貧乏，便把五行中各種物性之不同，傳會到人世間發生的各種現象上，推測現象背後所隱藏的吉凶禍福，認為這是上天對人主的譴告，有時對社會變動發生重大影響。五行一就是所列「貌不恭」至「狼食人」等十個方面的現象，以及對這些現象的解釋，反映出東漢後期政治黑暗、社會動盪和人心不安的情況。

五行傳說及其占應❶，漢書五行志錄之詳矣❷。故泰山太守應劭❸、給事中董巴❹、散騎常侍譙周❺並撰建武❻以來災異。今合而論之，以續前志云。

【章旨】本段是《續漢書・五行志》的總敘，說明本〈五行志〉是綜合各家之說，以續《漢書・五行志》的。

【注釋】❶五行傳說及其占應　《五行傳》是西漢伏生為《尚書・洪範》所陳「九疇」中之五行所作的注解。《尚書・洪範》本文稱「經」，對經所作的注解稱「傳」，還雜採董仲舒、劉向、劉歆等對現象的解釋稱「說」，《五行傳》中對自然現象妄牽人事，解釋多不可信。占應，占視和應驗。❷漢書五行志錄之詳矣　《漢書・五行志》所記災異更廣，上自春秋下及當代，將自然和人事現象附會於《五行傳》，本〈五行志〉的體例完全模仿《漢書・五行志》，只是所包括時間僅限於後漢。❸泰山太守應劭　泰山，郡名。治所在奉高（今山東泰安東北）。太守，為一郡之最高行政長官。應劭，字仲瑗，汝南南頓（今河南項城）人。明習制度，所撰甚豐，今傳《風俗通義》。本書卷四十八有傳。❹給事中董巴　給事中，給事於殿中，備顧問應對，討論政事，故名。董巴，三國魏博士。撰有《大漢輿服志》一卷。❺散騎常侍譙周　散騎常侍，魏置，是漢代散騎和中常侍的合稱，在皇帝左右規諫得失，以備顧問。譙周，字允南，三國蜀巴西西充（今四川閬中）人。為蜀中儒學大師，後主劉禪時任光祿大夫等職。入晉後任散騎常侍，著有《古史考》等書。治《尚書》，兼通諸經及圖緯。耽古篤學，誦讀典籍，欣然忘食。❻建武　東漢光武帝劉秀年號，西元二五—五六年。

【語譯】《五行傳》的說解及其占驗，《漢書・五行志》記載得很詳細了。前泰山太守應劭、給事中董巴、散騎常侍譙周，都撰寫有光武帝建武以後的災害和異常現象。現在把這些著作所載綜合起來加以論列，以便接續《漢書・五行志》。

五行傳曰：「田獵不宿❶，飲食不享❷，出入不節❸，奪民農時❹，及有姦謀❺，則木不曲直❻。」謂木失其性而為災也。又曰：「貌之不恭，是謂不肅❼。厥咎狂❽，厥罰恆雨❾，厥極惡❿。時則有服妖⓫，時則有龜孽⓬，時則有雞禍⓭，時則有下體生上之痾⓮，時則有青眚、青祥⓯，惟金沴木⓰。」說云：氣之相傷謂之沴⓱。

【章　旨】以上引用《五行傳》中「木不曲直」的內容，並因「木不曲直」所產生的各種災異，作為以下羅列的自然和社會現象的綱領，所列各種妖祥及其解釋，與木的本性並無必然聯繫，只是曲折地反映了人們的某種願望。

【注　釋】❶田獵不宿　田，同「畋」。打獵，古人用打獵的方式習兵。鄭玄注《尚書大傳》：「不宿，不宿禽。」《禮志》：「天子不合圍，諸侯不掩群，過此則暴天物，為不宿禽。」《漢書音義》：「遊田馳騁，不反宮室。」此又一義。❷飲食不享　不享謂無享獻之禮。《周禮・獸人職》：「冬獻狼，夏獻麋，春秋獻獸物。」此獻禮之大略也。❸出入不節　王當出入宮禁有節制，無正當理由出入則無威儀。❹奪民農時　農時謂適宜農民耕作和收穫的季節。一般指春、夏、秋三季，大役興作放在冬季進行。其他季節的畋獵則在農忙間隙，《左傳・隱公五年》：「故春蒐、夏苗、秋獮、冬狩皆於農隙，以講事也。」如果帝王不顧農時任意田獵，即為奪民農時。❺有姦謀　作為奸詐，以傷民財。❻木不曲直　木之性可按人的需要使直者揉曲，曲者揉直，用以製造各種器具。君王行以上五者為逆天之行，逆天神怒則材失其性，工匠製造車輪和箭矢則多損壞，樹木生長不暢茂，多枯槁和變怪，是為木不曲直。❼貌之不恭二句　〈洪範〉：「貌曰恭，恭作肅。」《五行傳》以貌配五行之木，鄭玄：「肅，敬也。君貌不恭，則是不能敬其事也。」不肅之害，則有文中所列表現。❽厥咎狂　厥，其。咎，災禍。鄭玄：「君臣不敬，則倨慢如狂。」《方儲對策》：「君失制度，下不恭承，臣恣淫慢。」❾厥罰恆雨　恆雨，久雨。鄭玄：「貌曰木，木主春，春氣生。生氣失則踰其節，故常雨也。」《管子》：「冬作土功，發地藏，則夏多暴雨，秋雨霖不止。」《管子》說近於今人謂破壞自然環境，導致氣候反常，暴雨成災。❿厥極惡　《詩・菀柳》箋：「極，誅也。」誅，懲罰。比前罰更進一步。惡，民多被刑，故形貌醜惡。「惡」是「六極」之五。鄭玄：「生氣失，故於人則為惡。」⓫時則有服妖　時則，不一定同時俱來之意，有時有，有時無，有時在前發生，有時在後發生。班固：「不言『惟』而獨曰『時則有』者，非一衝氣所沴，明其異大也。」言災禍大非一次而止也。服妖，謂奇裝異服所預示的災變。服是貌的外表。⓬龜孽　鄭玄：「龜，蟲之生於水而游於春者，屬木。」⓭雞禍　鄭玄：「雞，畜之有冠翼者，屬貌。」《洪範傳》云，妖在胚胎時，災變尚屬微小，至孽，便是冒出芽孽了，到禍便是災變顯著了。⓮下體生上之痾　痾謂人之病態，下體生上，謂人之軀體不正常，今曰怪胎。草木之妖曰妖，蟲豸之妖曰孽，六畜之妖為禍，人之妖則為痾，是遞進到更為嚴重的程度。⓯青眚青祥　眚，災禍。祥，本有吉凶二義，這裡用為凶義。妖孽更甚則異物生，謂之眚，外來之凶兆謂之祥。木色青，故有青眚、青祥。⓰惟金沴木　沴，陰陽之氣相亂。《漢書・五行志》：「凡貌傷者病木氣，木氣病則金沴之，衝氣相通也。」⓱說云二句　說，即董仲舒等對《五行傳》所作的解釋，解釋本無科學根據，故其「說」人人殊，人們採信其與己意相合者。氣之相傷，謂天地四時之氣反常所引起的傷害和破壞，便是所謂沴。

【語　譯】《五行傳》中說：「打獵時大小野獸一個不留，飲食不行享獻之禮，出入宮禁沒有節制，占用農民的耕種時節，作為奸詐以傷民財，則木失去其暢茂和製物的本性。」這是說木失去其本性而形成災害。《五行傳》又說：「形貌不恭敬，這叫做不肅。其災禍是臣下傲慢如狂，上天對人的懲罰是久雨不止，其極是使人形貌醜惡。有時有服妖，有時有龜孽，有時發生雞禍，有時人有下體生在上部之病，有時有青色的災禍和凶兆，只有金氣能與木氣相衝。」解說云：天地四時之氣相傷害為沴。

1 建武元年，赤眉賊率樊崇、逄安❶等共立劉盆子❷為天子。然崇等視之如小兒，百事自由❸，初不恤錄❹也。後正日❺至，君臣欲共饗❻，既坐，酒食未下，群臣更起❼，亂不可整。時大司農❽楊音案劍怒曰：「小兒戲尚不如此！」其後遂破壞，崇、安等皆誅死❾，唯音為關內侯❿，以壽終。

2 光武崩⓫，山陽王荊⓬哭不哀，作飛書與東海王⓭，勸使作亂。明帝以荊同母弟⑭，太后⑮在，故隱⑯之。後徙王廣陵⑰，荊遂坐復謀反自殺也⑱。

3 章帝⑲時，竇皇后⑳兄憲以皇后甚幸於上，故人人莫不畏憲。憲於是強請奪沁水長公主㉑田，公主畏憲，與之，憲乃賤顧㉒之。後上幸公主田，覺之，問憲，憲又上言借之㉓。上以后故，但譴敕㉔之，不治其罪。後章帝崩，竇太后攝政，憲秉機密㉕，忠直之臣與憲忤㉖者，憲多害之，其後憲兄弟遂皆被誅。

4 桓帝㉗時，梁冀㉘秉政，兄弟貴盛自恣，好驅馳過度，至於歸家，猶馳驅入門，百姓號之曰「梁氏滅門驅馳㉙」。後遂誅滅。

【章旨】以上所列各種現象均屬於「貌不恭」，貌不恭則導致他們自己的失敗，不論是農民天子，或王子、貴戚。竇憲與梁冀是東漢最大的兩個外戚，作惡多端，引起朝野對他們的強烈反感，對於災異的解讀，矛頭指向他們的也特別多，反映了當時整個社會的意向。

【注釋】❶赤眉賊率樊崇逢安　赤眉是王莽末年農民軍的一支，因把眉塗成赤色而得名，其領袖為琅邪（今山東諸城）人樊崇，東莞（今山東沂水縣）人逢安。率，同「帥」。❷劉盆子　泰山郡式縣（今山東泰安）人，赤眉軍壯大之後，被推為天子，失敗後降光武。❸自由　由自己決定。❹恤錄　體恤和掛齒。❺正旦　亦曰正日，即正月初一。崔寔《四民月令》：「正月一日，是謂正日。」❻饗　用食。❼更起　更迭而起；此起彼坐散亂不整。❽大司農　秩中二千石，掌朝廷錢穀、金帛、貨幣。❾崇安等皆誅死　樊崇、逢安等降光武後，謀反被殺。❿關內侯　秦都咸陽，漢都長安，因把函谷關以西之地稱作關中，亦稱關內。關內侯，秦漢二十級封爵的第十九級，有侯號而居京畿之地，沒有封國，寄食在所縣，民租多少，各有戶數為限。⓫光武崩　光武，是東漢開國皇帝劉秀的謚號。〈謚法〉：「能昭前業曰光，克定禍亂曰武。」天子死曰崩。⓬山陽王

荊　光武子。⓭作飛書與東海王　飛書，緊急文書。東海王劉彊亦光武帝子。飛書內容見本書〈廣陵思王荊傳〉。⓮同母弟　胞弟，以別於同父異母弟。⓯太后　光武陰皇后，名麗華，光武死尊稱為太后。⓰隱　忍耐。⓱廣陵　國名。治所在廣陵（今江蘇揚州）。⓲荊遂坐句　荊徙王廣陵，呼相面先生為他看相，先生說他長相像先帝（光武），先帝三十得天下，他今年也三十歲，可起兵。被告發，後自殺。⓳章帝　劉炟，在位十三年。政治比較清明，除慘獄，簡賦稅。號稱「長者」。⓴竇皇后　章帝后，章帝死，以太后臨朝聽政，其兄竇憲，弟竇景皆貴顯擅權。竇憲事跡，詳見本書卷二十三。㉑沁水長公主　明帝女，嫁給高密侯鄧乾。漢制，皇女皆封縣公主，其尊崇者加號長公主。此因其為皇帝之姊妹而封長公主。㉒賤顧　顧，同「雇」。報酬。〈憲傳〉作「賤直（值）」，義相同，均謂賤價。㉓借之　〈憲傳〉作「陰喝不敢對」。陰喝，猶咽塞。㉔譴勑　譴責告誡。勑，同「敕」。㉕機密　朝廷政事。㉖忤　違逆。㉗桓帝　名劉志，在位二十一年，為梁冀所立，依靠宦官誅滅梁氏，又陷於宦官的肆虐中。㉘梁冀　字伯卓，安定烏氏（今甘肅平涼）人。以外戚為大將軍，立沖、質、桓三帝，專斷朝政二十多年，驕奢橫暴，強迫數千人為其做奴婢，殺戮忠直之士。桓帝誅滅冀後，沒收其財產三十多萬萬錢，是中國歷史上的巨貪。事詳本書卷三十四。㉙梁氏滅門驅馳　不知有門而驅，是滅門之象。滅門，殺死全家。

【語譯】建武元年，赤眉賊首領樊崇、逄安等共推立劉盆子為天子。但樊崇等把劉盆子當小孩子看待，凡事由自己作主，從來不體恤他，也不把他放在眼裡。後來正月初一到了，君臣欲在一起進餐，大家坐定，酒食還沒吃，就你起來我坐下，亂成一團。這時大司農楊音以手撫劍，大怒道：「小孩子玩遊戲也不能這個樣子！」這以後赤眉軍終於失敗，樊崇、逄安等都被誅，只有楊音被封為關內侯，年老去世。

2 光武帝去世，山陽王劉荊哭而不痛，還寫緊急文書給東海王劉彊，勸他起而作亂。明帝劉莊因荊是自己的同胞兄弟，母親又尚在，所以就把這事壓下來了。以後荊遷為廣陵王，終因再次犯謀反罪自殺。

3 章帝時，竇皇后之兄竇憲，因為皇后的關係很得皇帝的寵愛，所以人人沒有不怕他的。竇憲就表面是強請實是奪取沁水長公主的田地，公主害怕竇憲，就給了他，憲就出低價買了。以後皇帝到公主的田裡，發現了這事，問憲是怎麼回事，憲又對皇帝說是借用的。皇帝因為皇后的緣故，只是對憲加以訓斥告誡，沒有治他的罪。以後章帝去世，竇太后管理政事，竇憲掌管朝廷，忠直之臣凡違逆了竇憲的，大多受到竇憲的迫害，最後竇憲兄弟等都被誅滅。

4 桓帝時，梁冀掌握朝政，兄弟都富貴興盛而放肆，騎馬好急速奔馳，甚至回家也快馬入門，百姓將此叫做「梁氏滅門驅馳」。以後果然滅門。

1 和帝❶永元十年，十三年，十四年，十五年，皆淫雨傷稼❷。

2 安帝元初四年秋，郡國十淫雨傷稼❸。

3 永寧元年，郡國三十三淫雨傷稼❹。

4 建光元年，京都❺及郡國二十九淫雨傷稼。是時羌反久未平❻，百姓屯戍，不解愁苦。

5 延光元年，郡國二十七淫雨傷稼❼。

6 二年，郡國五連雨傷稼。

7 順帝❽永建四年，司隸、荊、豫、兗、冀部❾淫雨傷稼。

8 六年，冀州淫雨傷稼。

9 桓帝延熹二年夏，霖雨❿五十餘日。是時，大將軍⓫梁冀秉政，謀害上所幸鄧貴人母宣⓬，冀又擅殺議郎邴尊⓭。上欲誅冀，懼其持權日久，威勢強盛，恐有逆命⓮，害及吏民，密與近臣中常侍單超等⓯圖其方略。其年八月，冀卒伏罪誅滅⑯。

10 靈帝建寧元年夏，霖雨六十餘日。是時大將軍竇武謀變廢中官⑰。其年九月，長樂五官史朱瑀等共與中常侍曹節起兵⑱，先誅武，交兵闕下，敗走，追斬武兄弟⑲，死者數百人。

11 熹平元年夏，霖雨七十餘日。是時中常侍曹節等，共誣白勃海王悝謀反⑳，其十月誅悝。

12 中平六年夏，霖雨八十餘日。是時靈帝新棄群臣，大行尚在梓宮㉑，大將軍何進㉒與佐軍校尉袁紹㉓等共謀欲誅廢中官。下文陵㉔畢，中常侍張讓㉕等共殺進，兵戰京都，死者數千。

【章　旨】以上所輯東漢淫雨（或霖雨）是為說明《五行傳》中「厥罰恆雨」。淫雨是天災，有時也引發人禍，引起朝廷的內部誅殺。

【注　釋】❶和帝　名劉肇，在位十七年。❷永元十年五句　淫雨，下雨過多。據〈和帝紀〉，永元元年「郡國九大水」。十年五月，京師大水。冬十月五州雨水。十三年荊州雨水。十四年秋，三州雨水。十五年秋，四州雨水。劉昭注〈五行志〉引《古今注》補述建武時淫雨：「光武建武六年九月，大雨連月，苗稼更生，鼠巢樹上。十七年，雒陽暴雨，壞民廬舍，壓殺人，傷害禾稼。」❸安帝二句　安帝，名劉祜，在位十八年。祜，書或作祐，誤。〈安帝紀〉元初四年雨水，詔曰：「今年秋稼茂好，垂可收穫，而連雨未霽，懼必淹傷。夫霖雨者，人怨之所致，其武吏以威暴下，文吏妄行苛刻，鄉吏因公生姦，為百姓所患苦者，有司顯明其罰。」《方儲對策》：「雨不時節，妄賞賜也。」京房《別對災異》：「人勞怨苦，雨水絕道。」

❹永寧元年二句　〈安帝紀〉永寧元年冬十月：「自三月至是月，京師及郡國三十三大風雨水。」郡是行政區劃，郡守由朝廷任命，國是諸王的封地，郡與國均統於州，故常郡國連稱。❺京都　國之都城曰京師，晉避封馬師諱，改曰京都。❻羌反久未平　〈西羌傳〉：「自羌叛十餘年間，兵連師老，不暫寧息，軍旅之費，轉運委輸，用二百四十餘億，府帑空竭，延及內郡，邊民死者不可勝數，并、涼二州遂至虛耗。」❼郡國二十七淫雨傷稼　〈安帝紀〉延光元年：「是歲京都及郡國二十七雨水大風殺人」。尚書三公曹史陳忠上疏以為，霖雨積時，河水湧溢，百姓騷動，貌傷則狂，而致淫雨。君上臨莅不嚴，臣下輕慢，貴幸擅權，陰氣強盛，陽氣不能禁，故為淫雨。上疏詳見本書卷四十六，都是針對社會的弊病，解釋淫雨的原因。❽順帝　名劉保，在位十三年。永建四年之災情，〈順帝紀〉不載，但十一月有詔書云，連年災潦，冀部尤甚，流亡不絕。可見災情之嚴重。❾司隸荊豫兗冀部　司隸校尉部相當一州，轄京畿七郡，治所在雒陽（今洛陽東北）。荊，荊州刺史部。治所在漢壽（今湖南常德東北）。豫，豫州刺史部。治今安徽亳州。兗，兗州刺史部。治昌邑（今山東金鄉東北）。冀，冀州刺史部。治高邑（今河北柏鄉北）。部，刺史部的簡稱。❿霖雨　《說文》：「霖，雨三日以往。」以往即以上。前言「淫雨」，此言「霖雨」，《爾雅．釋天》：「久雨謂之淫，淫謂之霖。」是淫雨、霖雨義同。⓫大將軍　位比三公，掌征伐背叛，不常置。⓬謀害上所幸鄧貴人母宣　宣先嫁鄧香，生鄧貴人。香死，宣再嫁梁紀。鄧貴人見幸，梁冀欲認鄧貴人為其女，使其改姓梁，恐其不從，因使刺客刺殺宣，未逞。⓭擅殺議郎邴尊　議郎，俸祿六百石，無常員，特徵賢良方正敦樸有道之士充當。邴尊，是鄧貴人之姐婿，梁冀恐邴尊阻撓鄧貴人改姓，便遣刺客將尊刺死。⓮逆命　違抗詔命。⓯中常侍單超等　中常侍，俸千石，宦者充當，掌侍帝左右，從入內宮，贊導宮內眾事，顧問應對給事，權力極大。單超，河南（今河南洛陽）人，參與桓帝誅梁冀，被封為新豐侯。其他參與的宦官有左悺、具瑗、徐璜、唐衡，亦同日封侯。時稱「五侯」。⓰冀卒伏罪誅滅　桓帝詔司隸校尉張彪將兵，收大將軍印綬，冀自殺，其所置親信數十人皆伏誅，朝廷為空，斥賣其財產合三十餘萬萬，減天下稅租之半，百姓莫不稱慶。⓱竇武謀變廢中官　竇武，字游平，扶風平陵（今陝西咸陽）人。掌握朝政，與陳蕃謀誅宦官，事洩，自殺。自桓帝藉宦官勢力誅除梁冀，宦官勢力膨脹，遍置親信，侵害人民，故竇武謀欲廢除。中官，宦官，因給事於禁中，故名。⓲長樂五官史句　長樂，宮名。太后所居。五官史是宮中職吏，宦者。朱瑀偷看竇武誅宦官奏章，罵道：「中官放縱者自可誅耳，吾曹何罪，而當盡見誅滅？」遂大呼陳蕃、竇武造反。曹節，宦者，聽朱瑀呼叫，因劫帝、閉宮門，共誅陳蕃等。⓳追斬武兄弟　劉昭補注云，竇武無兄弟，有兄子。⓴誣白勃海王悝謀反　誣白，誣告。渤海王劉悝謀為不道，

詔貶為廮陶王。悝借助中常侍王甫求復國，許謝錢五千萬。桓帝遺詔復悝國，悝認為不是甫的功勞，不付謝錢，甫暗搜悝的過錯，與曹節奏悝大逆，迫令悝自殺。勃，後為渤。㉑大行尚在梓宮〈安帝紀〉李賢注引韋昭：「大行者，不返之辭也。天子崩未有謚，故稱大行也。」梓，材木優良，製為皇帝的棺木，稱曰梓宮。㉒何進 字遂高，南陽宛（今河南南陽）人。以妹為靈帝皇后，任大將軍。與袁紹謀誅宦官，事洩，被殺。㉓佐軍校尉袁紹 佐軍校尉，西園八校尉之一。〈何進傳〉謂紹為中軍校尉。袁紹，字本初，汝南汝陽（今河南商水縣）人。與何進謀誅宦官，進被殺，紹盡誅宦官。入三國後，紹成為最大的割據勢力之一，後為曹操所敗。㉔文陵 靈帝陵，在今洛陽東北。㉕張讓 潁川（今河南禹州）人，宦官，為靈帝所信，說「張常侍是我父」。霸占民田，參與殺何進，在袁紹殺宦官時投河自殺。

【語譯】和帝永元十年、十三年、十四年、十五年，都是下雨過量，淹傷莊稼。

2 安帝元初四年秋，有十個郡、國下雨過量傷害禾稼。

3 安帝永寧元年，有三十三個郡、國因大雨過多而損害農作物。

4 安帝建光元年，京師及二十九個郡、國下雨過多淹壞禾稼。當此時羌民反叛，長久沒有平定，百姓在邊疆屯田和戍守，苦難無法解脫。

5 安帝延光元年，二十七個郡、國雨過多傷禾稼。

6 延光二年，有五個郡、國因連續降雨傷害禾稼。

7 順帝永建四年，司隸、荊州、豫州、兗州、冀州等刺史部多雨傷害莊稼。

8 永建六年，冀州多雨傷害禾稼。

9 桓帝延熹二年夏季，大雨下了五十多天。這時，大將軍梁冀掌握朝政，謀害皇帝所寵愛的鄧貴人之母宣未得逞，又擅自殺害議郎邴尊。皇上打算誅除梁冀，害怕他掌權時間已經很久，威勢太強，有人不敢接受詔命，連累官民受害，祕密與身邊的中常侍單超等人訂立滅冀計策。這年八月，梁冀終於被殺並誅滅全族。

10 靈帝建寧元年夏，久雨六十多日。這時大將軍竇武計劃政變廢除宦官。這年九月，長樂宮五官史朱瑀等，與中常侍曹節共同起兵，先殺掉竇武，兩方交兵於宮闕下，武兵敗走，瑀等追斬竇武兄弟，死的有幾百人。

11 靈帝熹平元年夏，久雨七十多日。這時中常侍曹節等共同誣告渤海王劉悝謀反，這年十月殺劉悝。

12 靈帝中平六年夏，久雨八十多天。這時靈帝剛剛駕崩，遺體尚在棺中，大將軍何進與佐軍校尉袁紹等，共謀要消滅宦官。靈帝棺下葬文陵完畢，中常侍張讓等共同殺死何進，雙方在京城中打起來，死了幾千人。

1 更始❶諸將軍過雒陽❷者數十輩❸，皆幘而衣婦人衣繡擁⿱髟屈❹。時智者見之，以為服之不中，身之災也❺，乃奔入邊郡避之。是服妖也。其後更始遂為赤眉所殺。

2 桓帝元嘉中，京都婦女作愁眉、啼粧❻、墮馬髻、折要步、齲齒笑。所謂愁眉者，細而曲折。啼粧者，薄拭目下，若啼處。墮馬髻者，作一邊。折要步者，足不在體下。齲齒笑者，若齒痛，樂不欣欣。始自大將軍梁冀家所為❼，京都歙然❽，諸夏皆放效❾。此近服妖也。梁冀二世上將❿，婚媾王室⓫，大作威福，將危社稷⓬。天誡若曰⓭：兵馬將往收捕，婦女憂愁，踧眉⓮啼泣，吏卒掣頓⓯，折其要脊，令髻傾邪，雖強語笑，無復氣味也。到延熹二年，舉宗誅夷⓰。

3 延熹中，梁冀誅後，京都幘顏短耳長⓱，短上長下。時中常侍單超、左悺、徐璜、具瑗、唐衡⓲在帝左右，縱其姦慝。海內慍曰：一將軍死，五將軍出⓳。家有數侯，子弟列布州郡，賓客雜襲騰翥⓴，上短下長，與梁冀同占㉑。到其八年，桓帝因日蝕之變，乃拜故司徒韓寅為司隸校尉，以次誅鉏㉒，京都正清㉓。

4 延熹中，京都長者皆著木屐㉔；婦女始嫁，至作漆畫五采為系㉕。此服妖也。到九年，黨事㉖始發，傳黃門北寺㉗，臨時惶惑，不能信天任命，多有逃走不就考者㉘，九族拘繫㉙，及所過歷㉚，長少婦女皆被桎梏㉛，應木屐之象也。

5 靈帝建寧中，京都長者皆以葦方笥為糚具㉜，下士盡然。時有識者竊言：葦方笥，郡國讞篋㉝也；今珍用之，此天下人皆當有罪讞於理官㉞也。到光和三年癸丑㉟赦令詔書，吏民依黨禁錮者赦除之，有不見文，他以類比疑者讞㊱。於是諸有黨郡皆讞廷尉，人名悉入方笥中。

6 靈帝好胡服、胡帳、胡牀、胡坐、胡飯、胡空侯、胡笛、胡舞㊲，京都貴戚皆競為之。此服妖也。其後董卓多擁胡兵㊳，填塞街衢，虜掠宮掖㊴，發掘園陵。

7 靈帝於宮中西園駕四白驢，躬自操轡㊵，驅馳周旋，以為大樂。於是公卿貴戚轉相放效，至乘輜軿㊶以為騎從，互相侵奪，賈㊷與馬齊。案易曰：「時乘六龍以御天。」㊸行天者莫若龍，行地者莫如馬。詩云：「四牡騤騤，載是常服。」「檀車煌煌，四牡彭彭。」㊹夫驢乃服重致遠，上下山谷，野人之所用耳，何有帝王君子而驂服㊺之乎！遲鈍之畜，而今貴之。天意若曰：國且大亂，賢愚倒植㊻，凡執政者皆如驢也。其後董卓陵虐王室，多援(47)邊人以充本朝，胡夷異種(48)，跨蹈中國(49)。

8 熹平中(50)，省內冠狗帶綬(51)，以為笑樂。有一狗突出，走入司徒府門，或見之者，莫不驚怪(52)。京房易傳(53)曰：「君不正，臣欲篡，厥妖狗冠出。」後靈帝寵用便嬖(54)子弟，永樂賓客、鴻都群小(55)，傳相汲引(56)，公卿牧守(57)，比肩(58)是也。又遣御史(59)於西邸(60)賣官，關內侯顧五百萬者，賜與金紫(61)；詣闕上書占令長(62)，隨縣好醜，豐約有賈。強者貪如豺虎，弱者略不類物，實狗而冠者也。司徒古之丞相，壹(63)統國政。天戒若曰：宰相多非其人，尸祿素餐(64)，莫能據正持重，阿意曲從；今在位者皆如狗也，故狗走入其門。

9 靈帝(65)數遊戲於西園中，令後宮采女(66)為客舍主人，身為商賈服。行至舍，采女下酒食，因共飲食以為戲樂。此服妖也。其後天下大亂。

10 獻帝建安中，男子之衣，好為長躬(67)而下甚短，女子好為長裙而上甚短。時益州從事(68)莫嗣以為服妖，是陽無下而陰無上也，天下未欲平也。後還(69)，遂大亂(70)。

【章旨】以上所述之服飾、妝扮、用具、坐騎等異常現象，都屬於「服妖」，是對「貌不恭」行為的懲罰。凡是背離自己身分和社會常情的人，最後都得不到好結果。時人對惡勢力的憎恨可以理解，這種牽傅是不科學的，甚至反映出對外來生活方式（如胡服、胡舞等）的抵制，在一定程度上又限制了自己文化的發展。

【注釋】❶更始　南陽人劉玄，字聖公，西漢遠支皇族，王莽末起事，立為更始將軍，即天子位後，以更始為年號。❷雒陽　古豫州之雒水字作雒，雍州之洛水字作洛，兩字區別很清楚，三國以後雒水也寫為洛水，故雒陽也寫作洛陽了。❸輩　猶言群、夥。❹皆幘而衣婦人衣句　幘，用一幅布作頭巾包頭，古時是卑賤之人所戴。繡擁䯼，又名諸于，是古時婦人穿的大袖外衣，如今之敞袖披風。❺服之不中二句　《左傳・僖公二十四年》：「服之不衷，身之災也。」衷，同「中」。中謂適合穿者的身分，所服不稱其德，故災害及其身。❻糚　同「妝」。妝飾。❼始自大將軍梁冀家所為　始於梁冀妻孫壽。❽歙然　聚集貌。❾諸夏皆放效　諸夏，泛指中原地區。放，同「倣」。❿梁冀二世上將　冀父梁商亦為大將軍。⓫婚媾王室　梁商女為順帝皇后，妹為貴人，娶公主為妻者三人。婚，同「婚」。⓬將危社稷　梁冀一門在朝為卿相尹校者五十七人，冀故能專擅威柄，兇恣日積，近侍並樹所親。社稷，社，土神。稷，穀神。以此代表國家。⓭天誡若曰　天之告誡，其妖服為滅亡之先兆。⓮蹴眉　愁眉。蹴，同「蹙」。⓯掣頓　硬拉；強奪。⓰舉宗誅夷　誅冀之日，梁氏、孫氏中外宗親送詔獄，無少長皆棄市。舉宗，全族。⓱幘顏短耳長　幘前有顏題（似帽沿）以遮陽，兩旁有耳以遮風。⓲中常侍單超句　單超等五人因誅梁冀有功，同日封侯，但驕縱不法，民不堪命，起為盜賊。民間有「左回天，具獨坐，徐臥虎，唐兩墮」之諺。⓳一將軍死二句　一將軍謂梁冀，單超等五人只有單超拜為車騎將軍，唐衡卒後贈車騎將軍，餘三人只封侯未拜將，言五將軍，概括而言。⓴雜襲騰翥　雜襲，眾多而重疊。騰翥，飛揚跋扈。㉑與梁冀同占　謂人民痛恨宦官，藉幘之上短聯想其在位的時間必短。與梁冀同占，預示其與梁冀同樣下場。占，占驗。㉒韓寅為司隸校尉二句　韓寅奏左悺及其兄左稱罪，悺、稱皆自殺。又奏具瑗兄具恭罪，瑗入獄上還侯印，貶為鄉侯，單超、唐衡、徐璜襲爵者並降為鄉侯，子弟分封者悉奪爵土。是對五侯勢力依次誅鉏。鉏，同「鋤」。司隸校尉，簡稱司隸，掌察舉京師及其近郡犯法者，并領京師所在之州。㉓京都正清　劉昭案：「本傳，寅誅左悺貶具瑗，雖剋折奸首，群閹相蒙，京都未為正清。」言宦官之禍並未根除。㉔木屐　木底鞋。底下或有齒或無齒。行走不如平常鞋便當，此用其遇災難逃之義。㉕系　同「繫」。將木底鞋捆紮在腳上的帶子。㉖黨事　即黨錮之禍。李膺、陳蕃與太學生郭泰等抨擊宦官。延熹九年，宦官誣告他們「誹訕朝廷」，李膺等二百多人被指控為「黨人」，進行逮捕，後欲誅滅宦官，事洩，百餘人被下獄處死。㉗黃門北寺　獄名。屬黃門署管轄，主要拘禁將相大臣。㉘多有逃走不就考者　黨錮事起，朝廷刊章討捕，或拷死獄中，或亡命他鄉。有的為掩藏黨人而破家屠身。考，同「拷」。拷打逼問。㉙九族拘繫　九族，以自己為中，向上推四世至高祖，向下推四世至玄孫共為九族。〈靈帝紀〉建寧二年，黨人妻子徙邊，諸附從者錮及五族，制詔州郡大舉鉤黨。㉚過歷　經過。謂給逃走者提供接濟的人，如飯食、住宿、錢財等。㉛桎梏　刑具，在腳為桎，在手為梏。㉜以葦方笥為糊具　葦方笥，用蘆葦編織的小方形箱子。糊具，妝奩之器。㉝讞篋　盛案卷的箱子。㉞讞於理官　讞，審判。理官，獄官，今曰法官。或簡稱理。㉟三年癸丑　三年下脫「×月」二字。癸丑是日期。㊱有不見文二句　謂不見於詔令條款，以其他條文與之相類似的加以比照，審理判定。疑，同「擬」。㊲胡服句　胡服、胡帳等物，原為北方和西北各國或族居處使用之物，由於與中原長期戰爭、經濟和文化交流，器物和風習互有傳播。中原人把由外來的東西通加以「胡」稱。胡牀，一種可折疊的輕便坐具，曹操在馬超軍隊襲來時猶坐胡床不起，以後改名交床。胡坐，盤腿而坐，中國傳統方式是席地而坐，坐取跪的形式，盤腿而坐叫胡坐。胡空侯，今字作箜篌。《隋書・音樂志下》：「箜篌出自西域，非華夏舊器。」故加「胡」字。胡笛即羌笛。㊳董卓多擁胡兵　董卓，字仲穎，隴西臨洮（今甘肅岷縣）人。靈帝時為并州牧，所部有湟中義從及羌胡、秦胡兵眾，何進謀誅閹宦時，調董卓入京，胡兵所至，京師殘破。㊴宮掖　宮殿與掖庭。掖庭為妃嬪居住之處。㊵轡　控馭牲口的韁繩。㊶輜軿　有帷蔽的車，前後皆蔽曰輜，前有蔽曰軿。㊷賈　同「價」。㊸易曰二句　《易・乾卦・彖辭》謂六位不失其時而成，升降無常，隨時而用，處則乘潛龍，出則乘飛龍，故曰「時乘六龍」。御天，控馭天道；統治天下。㊹詩云五句　四牡二句，《詩・六月》之句。牡，雄馬。古制一車四馬曰一駟，兩服兩驂，故此言「四牡」。騤騤，強壯貌。常是畫日月的旗。服是韋弁服。檀車二句見《詩・大明》。檀車，檀木之兵車。煌煌，鮮明貌。彭彭，壯盛貌。㊺驂服　四馬之車，古車一轅在中間。靠轅兩馬曰服，服外二馬曰驂。㊻倒植　謂錯位。植，樹立。㊼援　引進。㊽胡夷異種　胡夷，對周邊國族的卑稱。異種，異類；非中原人。㊾跨蹈中國　跨蹈，踐踏。中國，中原地區。㊿熹平中　〈靈帝紀〉將弄狗與賣官事置於光和四年，與此不同。(51)省內冠狗帶綬　省內，亦名禁中，即皇宮內。〈靈帝紀〉：「又於西園弄狗，著進賢冠，帶綬。」進賢冠是文官的帽子，綬是繫在印紐上的帶子，不同的顏色代表不同的官爵，而今竟施之於狗。(52)莫不驚怪　袁山松《後漢書》：「光和四年，又於西園弄狗以配人。」(53)京房易傳　京房，字君明，西漢東郡頓丘（今河南清豐）人。好言災異，以「通變」說《易》，為《京氏易》的創始者。著有《京氏易傳》。(54)便嬖　佞邪大臣。(55)永樂賓客鴻都群小　永樂，宮名。太后所居。鴻都，洛陽門名。光和元年在此設學校，學生多官僚子弟不學之徒，極受社會卑視。56傳相汲引　傳，輾轉。汲引，引進。57公卿牧守　三公九卿州牧郡守。58比肩　一個挨一個。59御史　即侍御史，掌察舉非法。60西邸　官舍，在西園。61金紫　金印紫綬。62詣闕上書占令長　闕，宮闕，謂朝廷。占，自報。漢制縣級官稱，萬戶以上曰令，萬戶以下曰長。63壹　全；總。64尸祿素餐　空食俸祿而不盡職。65靈帝　據〈靈帝紀〉，此則也是光和四年事。66采女　即宮女。因其採自民間，故曰采女。67躬　同「衵」。衣身；中衣。68益州從事　益州，漢「十三刺史部」之一。治雒（今四川廣漢北）。從事，州牧下屬官吏，名從事史，有多人，各司其職。69還　迅速。70遂大亂　袁山松《後漢書》：「禪位於魏。」

【語　譯】更始帝劉玄的將軍們，有幾十夥經過雒陽，都是紮著頭巾，穿著婦人穿的繡花披風。當時有見識人見了以後，認為這些人穿的衣服不合乎他們的身分，必有災禍，便趕快跑到近邊疆的郡縣去躲避。這是衣服之怪。以後更始帝終被赤眉軍所殺。

2 桓帝元嘉年間，京城婦女作愁眉、啼妝、墮馬髻、折腰步、齲齒笑。所謂愁眉，就是眉細而曲折。啼妝，就是輕輕擦拭雙目下方，像啼泣過的痕跡。墮馬髻，就是髮側向一邊。折腰步，就是足不在身體的正下方。齲齒笑，就好像牙痛，笑得不自然。這些打扮和姿勢，是從大將軍梁冀妻孫壽創始的，京城成風，天下都跟著學。這近乎服妖。梁冀父子兩代為大將軍，娶妻嫁女，與王室聯姻，大作威福，將危害國家。這是天的告誡，彷彿在說：兵馬將往梁家收捕，婦女憂愁，蹙眉啼哭，吏卒強拉硬扯，折斷了她們的腰脊骨，使髮髻傾斜，雖強作言笑，不再有言笑的神態。到延熹二年，全家及近親無論大小全部被殺死。

3 延熹年間，誅除梁冀之後，京城流行的頭巾帽沿短護耳長，就是短上長下。當時中常侍單超、左悺、徐璜、具瑗、唐衡等在皇帝左右，大肆施展其奸猾。國內之人惱怒說：一將軍死了，五個將軍出來了。每家有好幾個人封侯，子弟分布到全國各州郡做官，其所養賓客更是又多又飛揚跋扈，上短下長，和梁冀一樣是不祥之兆。到延熹八年，桓帝因有日蝕的變異，便拜原司徒韓寅為司隸校尉，把五大常侍及其親屬一個一個除掉，京城從此政清人和。

4 延熹年間，京城的長者都穿木底鞋，婦女剛出嫁時，甚至有的在鞋的繫帶上用漆畫上彩色畫。這是服妖啊。到延熹九年，黨錮事起，傳喚他們到黃門北寺獄，事到臨頭，惶惑不安，又不能聽天由命，多有不去受拷問而逃走的人，便把他們的九族拘禁起來，連累到他們逃跑時所經過的人家，不論男女老少全被戴上銬鐐，應驗了穿木底鞋的先兆。

5　靈帝建寧年間，京城官宦人家都用蘆葦編方箱當妝奩之具，下等人士也都這樣做。當時有眼光的人私下說：蘆葦方箱是郡國裝案卷的箱子；現在把它當珍器使用，這是預示天下人都有罪，送到法官那裡去審判。到光和三年（某月）癸丑日，朝廷發下赦令詔書，吏民按黨人罪被禁錮的予以赦免，有不見於詔書條款所載者，用其他類似的條文相比照，進行審定。於是各有禁錮黨人的郡都找廷尉去判定，開出的名單都裝入方筥中。

6　靈帝喜歡胡服、胡帳、胡床、胡坐、胡飯、胡箜篌、胡笛、胡舞，京師皇親國戚都爭相去做。這是服用之妖。其後董卓擁有很多胡兵，擠滿街道，搶奪宮庭財物婦女，發掘陵園和墳墓。

7　靈帝在宮中西園坐著四頭白驢拉的車，親自持著韁繩，奔馳周旋，認為是最大的歡樂。於是公卿貴戚輾轉效法，甚至乘有帷帳的車作為隨從，互相搶購，驢價高如馬價。案：《易》說：「乃乘六龍以馭天下。」在天上快行的沒有比過龍的，在地上快行的沒有比過馬的。《詩》上說：「四匹雄馬真強壯，載此弁服與旗常。」又說：「檀木兵車鮮亮，四匹雄馬強壯。」那驢乃是載重物送達遠方，上山下谷，普通農民使用的，哪有帝王貴人用驢子駕車的呢！遲鈍的牲畜，現在卻尊貴了。天意好像在說：國家將要大亂，賢愚顛倒過來，凡執政者皆像驢啊。以後董卓欺陵王室，多引進邊地人入朝廷做官，胡夷這些外種人，踐踏中原之地。

8　熹平年間，宮內讓狗戴官帽、佩綬帶，當作玩樂。有一隻狗竄出來，跑進司徒府門內，有看到的人無不驚奇。《京房易傳》說：「君王行為不正，臣欲篡位，其妖邪是狗戴帽子跑出來。」以後靈帝重用佞邪大臣子弟、永樂宮賓客。鴻都門學校的小人們，互相引進，當公卿牧守的到處都是。又派御史在西邸賣官，關內侯一爵，出價五百萬錢的，還賜給金印紫綬；到皇宮上書自報當縣令、縣長，隨縣的好壞，貴賤有定價。強梁的貪如豺狼，懦弱的人模狗樣，實是狗戴帽子。司徒是古代的丞相，總攬國政。天好像告誡說：任命當宰相的大都是沒有宰相才能的人，白白拿著國家俸祿，不能行正道老成持重，一味看上面的眼色行事；現在居宰相之位的都像狗一樣，因此狗跑進司徒府門。

9 靈帝多次在西園中遊戲，令後宮采女當商店主人，皇帝本人穿商人服裝。他走到哪家商店，哪家店中采女就辦下酒食，便一起吃喝當作玩樂。這是服妖。那以後便天下大亂了。

10 獻帝建安年中，男子穿的衣服，喜歡做成衣身上長而下襬甚短，女子衣服愛做成長裙卻上部很短。當時益州從事史莫嗣認為是服妖，是陽沒有下而陰沒有上，天下難望安定。後來很快就天下大亂。

靈帝光和元年，南宮侍中寺❶雌雞欲化雄，一身毛皆似雄，但頭冠尚未變。詔以問議郎蔡邕❷。邕對曰：「貌之不恭，則有雞禍。宣帝❸黃龍元年，未央宮❹雌雞化為雄，不鳴無距❺。是歲元帝❻初即位，立王皇后❼。至初元❽元年，丞相史❾家雌雞化為雄，冠距鳴將❿。是歲后父禁為陽平侯，女立為皇后。至哀帝晏駕⓫，后攝政，王莽以后兄子為大司馬⓬，由是為亂。臣竊推之，頭，元首，人君之象；今雞一身已變，未至於頭，而上知之，是將有其事而不遂成之象也。若應之不精，政無所改，頭冠或成，為患茲⓭大。」是後張角⓮作亂稱黃巾，遂破壞。四方疲於賦役，多叛者。上不改政，遂至天下大亂。

【章旨】以上所記雌雞欲化雄的現象，在《五行傳》中稱為「雞禍」，因其不常見，一旦出現，且在皇宮，便以為不祥之兆，博學如蔡邕所作的解釋，也是由自然而強傅人事，以張角起事為驗，都是荒誕不經的。

【注釋】❶南宮侍中寺　洛陽宮殿有南宮、北宮，相距七里。侍中寺在南宮。侍中，俸比二千石，掌侍左右，贊導眾事，顧問應對。寺，官舍。❷議郎蔡邕　議郎，俸六百石，掌顧問應對，無常事，唯詔命所使。蔡邕，字伯喈，陳留圉縣（今河南杞縣）人。博學多通，明習掌故，是當時最著名的學者。❸宣帝　西漢皇帝劉詢。西元前七四—前四九年在位。❹未央宮　在今陝西西安西北，周回二十八里。❺距　雞足後趾。❻元帝　西漢皇帝劉奭。西元前四九—前三三年在位。❼王皇后　王莽之姑母，生成帝。❽初元　西漢元帝劉奭年號，西元前四八—前四四年。❾丞相史　俸四百石，為承相屬吏，掌視察監督諸州。❿將　調率領其群。⓫哀帝晏駕　哀帝，西漢皇帝劉欣，西元前七—前一年在位。晏駕，皇帝車駕晚出，謂皇帝去世。晏，晚。⓬王莽以后兄子為大司馬　王莽，字巨君，魏郡元城（今河北大名）人。以外戚掌權，終篡漢改新，實行一系列改制。大司馬，原太尉官，掌武事。⓭兹　同「滋」。更加。⓮張角　鉅鹿（今河北平鄉）人。創太平道，組織農民反對朝廷，十年間徒眾達數十萬，頭纏黃巾為標記，因稱黃巾軍。中平元年（西元一八四年）起事。

【語譯】靈帝光和元年，南宮侍中寺的雌雞將化為雄，全身毛皆像雄雞，唯有頭、冠尚未變。皇帝下詔問議郎蔡邕。邕答道：「貌之不恭則有雞禍。宣帝黃龍元年，未央宮裡母雞變成公雞，不鳴叫，無足距。此年元帝才即位，立王皇后。到初元元年，丞相史家雌雞化為雄，有冠、距，鳴叫，還帶領小雞。這一年皇后父王禁封為陽平侯，女兒立為皇后。到哀帝駕崩，皇后總管政事，王莽以后姪身分為大司馬，由此作亂。臣私下推想，頭，是元首，是人君的象徵；現在雞全身已變，尚未到頭，卻被皇上發現了，這是事故將發生但未成為現實的徵兆。如果對策不精細，政令無所改善，頭、冠一旦變成，為害更大。」這以後張角作亂，號稱「黃巾軍」，毀壞國家。全國各地被賦稅壓得喘不過氣來，許多人起來叛亂。皇上不刷新政治，終於釀成天下大亂。

桓帝永興二年四月丙午❶，光祿勳❷吏舍壁下夜有青氣，視之，得玉鉤、玦❸

各一。鉤長七寸二分，玦周五寸四分，身中皆雕鏤。此青祥也。玉，金類也。七寸二分，商數也。五寸四分，徵數也❹。商為臣，徵為事，蓋為人臣引決事者❺不肅，將有禍也。是時梁冀秉政專恣，後四歲❻，梁氏誅滅也。

【章旨】以上敘述因青氣而得玉鉤、玉玦，認為是《五行傳》所言之「青祥」，再由玉器的尺寸輾轉傅會得出人臣決事不肅，將有禍敗，漸說漸遠，最後坐實為誅梁氏。

【注釋】❶永興二年四月丙午　據陳垣《二十史朔閏表》永興二年四月己亥朔，丙午為八日。❷光祿勳　卿一人，俸中二千石，掌宿衛宮殿門戶。❸玦　玉圓形似璧而有缺口，故曰玦。❹七寸二分四句　律管長九九八十一為宮。三分去一，五十四以為徵。五十四，三分益一，七十二以為商。故以七寸二分為商數，五寸四分為徵數。❺商為臣三句　《史記・樂書》：「聲音之道，與正通矣。宮為君，商為臣。」《索隱》：「商是金，金為決斷，臣事也。」❻後四歲　延熹二年（西元一五九年）。

【語譯】桓帝永興二年四月初八丙午，光祿勳的官吏居舍牆下夜裡有青氣，探看冒青氣的地方，得到玉鉤和玉玦各一個。玉鉤長七寸二分，玉玦周長五寸四分，鉤和玦的本身都雕刻和挖空為花紋。這是青氣的凶兆。玉屬金類。七寸二分是五音的商數，五寸四分是徵數。商是臣，徵為事，因為人臣決定事不嚴肅，將有禍患。這時梁冀執政專擅而放肆，過了四年到延熹二年，梁氏被消滅。

1 延熹五年，太學門無故自壞❶。襄楷以為太學前疑所居❷，其門自壞，文德❸將喪，教化廢也。是後天下遂至喪亂。

2 永康元年十月壬戌❹，南宮平城門❺內屋自壞。金沴木，木動也❻。其十二月，宮車晏駕❼。

3 靈帝光和元年，南宮平城門內屋、武庫❽屋及外東垣屋前後頓❾壞。蔡邕對曰：「平城門，正陽之門，與宮連，郊祀法駕❿所由從出，門之最尊者也。武庫，禁兵所藏。東垣，庫之外障。易傳曰：『小人在位，上下咸悖，厥妖城門內崩。』潛潭巴⓫曰：『宮瓦自墮，諸侯強陵主。』此皆小人顯位亂法之咎也。」其後黃巾賊先起東方，庫兵大動。皇后同父兄⓬何進為大將軍，同母弟苗為車騎將軍⓭，兄弟並貴盛，皆統兵在京都。其後進欲誅廢中官，為中常侍張讓、段珪⓮等所殺，兵戰宮中闕下，更相誅滅⓯，天下兵大起。

4 三年二月，公府駐駕廡⓰自壞，南北三十餘間。

5 中平二年二月癸亥⓱，廣陽城門⓲外上屋自壞也。

6 獻帝初平二年三月，長安宣平城門⓳外屋無故自壞。至三年夏，司徒王允⓴使中郎將呂布㉑殺太師董卓㉒，夷三族㉓。

7 興平元年十月，長安市門㉔無故自壞。至二年春，李傕、郭汜鬭長安中，傕迫劫天子，移置傕塢㉕，盡燒宮殿、城門、官府、民舍，放兵寇鈔㉖公卿以下。

冬，天子東還雒陽，傕、汜追上到曹陽㉗，虜掠乘輿輜重，殺光祿勳鄧淵、廷尉㉘宣播、少府㉙田邠等數十人。

【章旨】以上所記都是宮禁和京師屋宇自壞事例。自壞原因很多，如年久失修之類，在人心浮動的情況下，都被解釋為社會將發生動盪。傅會是不科學的，但社會危機的存在是現實的。

【注釋】❶延熹五年二句 《桓帝紀》作「延熹五年四月己巳，太學西門自壞。」據《洛陽記》，太學在洛陽城南開陽門外，去宮八里。講堂長十丈，廣三丈，堂前石經四部。太學，即古代的大學。❷襄楷以為太學前疑所居 襄楷，字公矩，平原隰陰（今山東臨邑）人，好學博古，善天文陰陽之術。在其上疏中惟言「學門自壞」，無「前疑所居」語。前疑，古官名，四輔之一。《尚書大傳》卷二：「古者天子必有四鄰，前曰疑，後曰丞，左曰輔，右曰弼。」❸文德 指禮樂教化，與武功相對。❹永康元年十月壬戌 此年十月辛亥朔，壬戌為十二日。❺南宮平城門 平城門，洛陽城南門，與南宮相連。❻金沴木 木動也 《漢書·五行志》：「氣相傷，謂之沴。沴猶臨莅，不和意也。」又：「景帝三年十二月，吳二城門自傾，劉向以為近金沴木，木動也。」則「金沴木，木動」係劉向「說」。謂金氣衝傷木氣，故木動而城門壞。❼其十二月宮車晏駕 據〈桓帝紀〉十二月丁丑（二十八日）桓帝崩。❽武庫 藏宮衛武器之所。❾頓 突然。❿郊祀法駕 郊祀，天子於京城郊外祭祀天地，南郊祭天，北郊祭地。郊謂大祀，祀謂群祀。《漢書·郊祀志下》：「帝王之事莫大乎承天之序，承天之序莫重於郊祀。祭天於南郊，就陽之義也；祭地於北郊，就陰之義也。」法駕，天子車駕的一種。蔡邕：「天子有大駕、小駕、法駕。法駕上所乘，曰金根車，駕六馬，有五時副車，皆駕四馬，侍中參乘，屬車三十六乘。」⓫潛潭巴 解說《春秋》的緯書。⓬同父兄 言「同父」表明是同父異母。下言「同母弟」則為同母異父。⓭苗為車騎將軍 苗，何苗，字叔達，本姓朱，與皇后同母，為車騎將軍，在平宦官中被誅。車騎將軍，位比公，多以外戚任之。⓮段珪 濟陰人，在袁紹誅宦官中，珪投河死。⓯更相誅滅 謂宦官殺何進，進部曲吳匡、張璋攻長樂宮，袁紹殺樊陵、許相，紹與何苗殺宦官趙忠，吳匡等殺何苗，袁紹閉宮門捕宦者，無少長皆斬之，凡二千餘人，逼宦官張讓、段珪投河死。董卓入京專權欲廢帝，天下群起討董，天下大亂。⓰駐駕廡 停駐車駕的廊廡。⓱中平二年二月癸亥 二月朔日庚子，癸亥為二十四日。⓲廣陽城門 洛陽城西邊南頭第一門。

⑲長安宣平城門　漢代長安城東邊三門，宣平門為北端第一門。長安，今陝西西安。⑳司徒王允　司徒，三公之一，掌人民事，凡教民孝悌遜順謙儉、養生送死之事，則議其制。凡四方民事考績，歲盡則奏其優劣而行賞罰。王允，字子師，太原祁縣（今山西祁縣）人。獻帝時為司徒，參與謀殺董卓。後被卓部下所殺。㉑中郎將呂布　中郎將，俸比二千石。光祿勳屬官，主管宮殿宿衛諸郎事。呂布，字奉先，五原九原（今內蒙古包頭）人。為董卓將，又與王允合謀殺卓。後被曹操擒殺。㉒太師董卓　太師，與太傅、太保為三公，歷代相沿多為大官加銜，表示恩寵而無實職。但董卓之為太師，是迫使朝廷持節拜之，位在諸侯王上，實際握有兵權。㉓夷三族　夷，誅滅；屠殺。三族，父族、母族、妻族。㉔長安市門　《三輔黃圖》云，長安有九市，市各為一區，市各有門。㉕塢　營堡。㉖寇鈔　強取財物。鈔，同「抄」。㉗曹陽　澗名，俗名七里澗。在今河南靈寶東。㉘廷尉　九卿之一，俸中二千石，掌審判，郡國審案完畢將處罪結果上報，由廷尉衡定。㉙少府　九卿之一，俸中二千石，掌禁中服用諸物，衣服、寶貨、珍膳之屬。

【語譯】延熹五年，太學門無故毀壞。襄楷認為太學是朝廷輔弼之人所居住，太學門自壞，說明禮樂將淪喪，教化廢墜。此後天下便走向動亂。

2 桓帝永康元年十月十二日壬戌，南宮附近之平城門內房屋自行倒塌。這是金氣衝撞了木氣，木氣動搖了。這一年的十二月，皇帝去世。

3 靈帝光和元年，南宮平城門內屋、武庫屋及外圍東牆屋前後突然倒塌。蔡邕對曰：「平城門，是正南向陽之門，與南宮相連，郊祀時皇帝的車駕經過此門出城，是各門中最尊貴的。武庫，守衛皇宮所用之兵器收藏之地。東垣，是武庫的外面屏障。《易傳》說：『小人在位，上下都顛倒了，其妖異是城門內崩壞。』《春秋潛潭巴》說：『宮瓦自落，預示諸侯強盛陵逼天子。』這都是小人居大位亂法度所引起的災害。」那以後黃巾賊先從東方起事，庫中武器大批動用。皇后同父異母之兄何進為大將軍，同母異父之弟何苗為車騎將軍，兄弟二人同時尊貴勢強，都在京城掌握兵權。以後何進打算誅滅宦官，反被中常侍張讓、段珪等所殺，軍隊在宮中的闕下廝殺，互相你殺我，我殺你，天下大起兵革。

4 光和三年二月，三公府內停駐車駕的廊廡無故自壞，從南到北壞了三十多間。

5 靈帝中平二年二月二十四日癸亥，洛陽城廣陽門外的上屋無故自壞了。

6 獻帝初平二年三月，長安宣平城門外的房屋無故自壞。到初平三年夏天，司徒王允指使中郎將呂布殺死太師董卓，並誅滅其三族。

7 獻帝興平元年十月，長安城內一個市門無故自壞。到興平二年春天，李傕、郭汜在長安城中打仗，李傕逼迫劫持天子，遷住到自己的營壘中，把長安的宮殿、城門、官府、民舍全燒了，縱兵搶掠公卿以下人等的財物。冬天，天子向東回雒陽，李傕、郭汜追皇帝到曹陽澗，又搶奪了天子的車駕和所運財物，殺死光祿勳鄧淵、廷尉宣璠、少府田邠等幾十個人。

五行傳曰：「好攻戰，輕百姓，飾城郭❶，侵邊境，則金不從革❷。」謂金失其性而為災也。又曰：「言之不從，是謂不乂❸。厥咎僭❹，厥罰恆陽❺，厥極憂❻。時則有詩妖❼，時則有介蟲之孽❽，時則有犬禍❾，時則有口舌之痾❿，時則有白眚、白祥⓫，惟木沴金。」介蟲，劉歆傳以為毛蟲⓬。乂，治也。

【章旨】本段引用《五行傳》內容作為以下數事的綱領，說明「金不從革」表現出的各種災變，人們對這些災變賦予社會動盪、災難和不平，來證驗人間尤其是朝廷所發生的各種不正常現象。

【注釋】❶飾城郭 飾，同「飭」。修治。《穀梁傳・襄公二十三年》：「古者大國過小邑，小邑必飾城而請罪，禮也。」范甯注：「飾城者，修守備。」此謂飾城郭大耗民力。❷金不從革 革，更改。金屬鎔化注入模型（即範）中可鑄為器物，鑄成何器，是順從鑄者之意志，改鑄新器為革。鄭玄云，無故冶之不銷鑠，或入火而飛亡，或鑄之裂形，是為不從革。《漢書音義》：「言人君言不見從，則金鐵亦不從人意。」❸言之不從二句 君言不從，則是不能治其事。❹僭 謂超過身分冒用在上者的職權行事。❺厥罰恆陽　《春秋考異郵》：「君行非是，則言不見從；言不見從，則下不治；下不治，則僭差過制度，奢侈驕泰。天子僭天，大夫僭人主，諸侯僭上，陽無以制。從心之喜上憂下，則常陽從之。推設其跡，考之天意，則大旱不雨，而民庶大災傷。」❻厥極憂　《漢書・五行志》：「旱傷百穀，則有寇難，上下俱憂，故其極憂也。」憂是六極之三。❼詩妖　指預示災禍的歌謠。《漢書・五行志中之上》：「君炕陽而暴虐，臣畏刑而柑（鉗）口，則怨謗之氣發於謌（歌）謠，故有詩妖。」「炕陽」謂君無惠澤於下。❽介蟲之孽　鄭玄：「蝝、螽、蜩、蟬之類，生於火而藏於秋者也，屬金。」妖與孽，對文則異，互文則通，妖孽同義，惟程度有深淺之別。❾犬禍　鄭玄：「犬，畜之以口吠守者，屬言。」❿口舌之痾　鄭玄：「言氣失之病。」如喉痛、咳嗽之類。⓫白眚白祥　金屬西方，西方為白色。⓬介蟲二句　存異說。所謂「劉歆《傳》」，實為劉歆對《洪範五行傳》所作的解說。劉歆以為天文西方參為虎星，故為毛蟲。

【語　譯】伏生《五行傳》說：「好攻戰，輕忽百姓，整修城郭，侵略邊境，便發生鑄器時金屬不從人意之事。」就是說金屬失去其本有之性而為災禍。《五行傳》又說：「說話沒人聽從，這叫做不能治理。其災禍為下僭越上，其懲罰是常陽不雨，其極是使人憂慮。有時有詩妖，有時有介蟲之孽，有時有犬禍，有時有口舌之病，有時有自內或外來的白色凶兆，惟木氣可衝勝金氣。」介蟲，劉歆解說《五行傳》認為是毛蟲。乂，治之義。

安帝永初元年十一月，民訛言❶相驚，司隸、并❷、冀州民人流移。時鄧太后❸專政。婦人以順為道，故禮「夫死從子❹」之命。今專主事，此不從而僭❺也。

【章　旨】本段記述民眾訛言相驚，在《五行傳》屬於「言不從」，是「金不從革」的表現之一。聯繫到當時鄧太后，丈夫（和帝）已死，應當從子，她反而專政，是不從而僭越。

【注　釋】❶訛言　謠言；傳言。❷并　并州刺史部，治晉陽（今山西太原西南）。❸鄧太后　南陽新野（今河南新野）人，和帝皇后。和帝死後，立殤帝，殤帝死又立安帝，都是太后臨朝，抑制外戚權力，視察獄囚，勤於政事。治理比較清明。❹夫

死從子　《儀禮・喪服傳》：「婦人有三從之義，無專用之道，故未嫁從父，既嫁從夫，夫死從子。」❺不從而僭　劉昭注引《古今注》補章帝時訛言相驚事：「章帝建初五年，東海、魯國、東平、山陽、濟陰、陳留民訛言相驚有賊，捕至京師，民皆入城也。」

【語譯】安帝永初元年十一月，民眾聽了傳言驚慌起來，司隸、并州、冀州人民流轉逃亡。此時鄧太后獨攬國政。婦人以順從為常理，所以《儀禮》有「丈夫死聽從兒子」的教令。而今太后卻專擅君主之政事，這是不從兒子而僭越的表現。

1 世祖❶建武五年夏，旱。京房傳曰：「欲德不用，茲謂張❷，厥災荒❸，其旱陰雲不雨，變而赤因四陰❹。眾❺出過時，茲謂廣❻，其旱不生。上下皆蔽，茲謂隔，其旱天赤三月，時有雹殺飛禽。上緣❼求妃，茲謂僭，其旱三月大溫亡雲。君高臺府，茲謂犯，陰侵陽，其旱萬物根死，有火災。庶位踰節，茲謂僭，其旱澤物枯，為火所傷❽。」是時天下僭逆者未盡誅，軍多過時❾。

2 章帝章和二年夏，旱。時章帝崩後，竇太后兄弟用事奢僭❿。

3 和帝永元六年秋，京都旱。時雒陽有冤囚⓫，和帝幸雒陽寺⓬，錄⓭囚徒，理⓮冤囚，收令⓯下獄抵罪。行未還宮，澍雨⓰降。

4 安帝永初六年夏，旱⓱。

5 七年夏，旱。

6 元初元年夏，旱。

7 二年夏，旱[18]。

8 六年夏，旱[19]。

9 順帝永建三年夏，旱。

10 五年夏，旱。

11 陽嘉二年夏，旱。時李固對策[20]，以為奢僭所致[21]也。

12 沖帝永熹元年夏，旱。時沖帝幼崩[22]，太尉[23]李固勸太后兄梁冀立嗣帝，擇年長有德者，天下賴之，則功名不朽。年幼未可知，如後不善，悔無所及。時太后及冀貪立年幼，欲久自專，遂立質帝，八歲[24]。此不用德[25]。

13 桓帝元嘉元年夏，旱。是時梁冀秉政，妻子並受封，寵踰節[26]。

14 延熹元年六月，旱[27]。

15 靈帝熹平五年夏，旱[28]。

16 六年夏，旱。

17 光和五年夏，旱。

18 六年夏，旱。是時常侍㉙、黃門㉚僭作威福㉛。

19 獻帝興平元年秋，長安旱。是時李傕、郭汜專權縱肆㉜。

【章旨】以上記述自世祖建武至獻帝興平時的十九次旱災，都是從人事上去解釋致災的原因，意在說明《五行傳》中「言之不從，厥罰恆陽」。《京房易傳》更具體地說明什麼樣的錯誤行為引起什麼樣的旱情。這些都是無根之談，對於因旱災給農民造成的災難無一字涉及。

【注釋】❶世祖　光武帝廟號。《禮》「祖有功而宗有德」，光武有中興之功，故稱世祖。❷欲德不用二句　《漢書》注引孟康：「欲得賢者而不用，人君徒張此意。」張，驕傲。❸厥災荒　《漢書・五行志》：「荒，旱也。」❹因四陰　《漢志》作「因而除」。❺眾　師眾；軍隊。❻廣　韋昭：「謂怨曠也。」謂內有怨女，外有曠夫，引起民怨。❼緣　顏師古：「歷也。言歷眾處而求妃妾也。」謂在下位而攀附上求。❽為火所傷　《方儲對策》釋以上數句：「百姓苦，士卒煩碎，責租稅失中，暴師外營，經歷三時，內有怨女，外有曠夫。王者孰推其祥，揆合於天，圖之事情，旱災可除。夫旱者過日，天王無意於百姓，恩德不行，萬民煩擾，故天應以無澤。」❾是時天下僭逆者二句　建武五年時，赤眉大者已平，猶有殘餘，西州有隗囂，益州有公孫述尚未滅。軍多過時，軍隊久勞於外不得回家。❿竇太后兄弟用事奢僭　章帝崩，章帝竇皇后尊為太后，和帝十歲即位，竇太后臨朝稱制，其兄竇憲內管機密，外宣誥命，其弟竇篤為虎賁中郎將，篤弟景、瓌並為中常侍，兄弟均在親要之地，驕橫踰制。⓫冤囚　獄囚有冤者。⓬幸雒陽寺　九卿所在的辦事機構曰寺。蔡邕：「天子車駕所至，民臣以為僥倖，故曰幸。」⓭錄　甄別。⓮理　清理。⓯令　此指雒陽令。⓰澍雨　時雨。《論衡・雷虛》：「說雨者以為天施氣，天施氣，氣渥為雨，故雨潤萬物，名曰澍。」⓱安帝永初六年二句　據《古今注》與〈和帝紀〉，自永初元年至五年夏，並有旱災。⓲二年夏二句　劉昭注：「三年夏旱，時西羌寇亂，軍屯相繼，連十餘年。」⓳六年夏二句　《古今注》：「建光元年，郡國四旱。延光元年，郡國五並旱，傷稼。」⓴李固對策　李固，字子堅，漢中南鄭（今陝西南鄭）人。李固對策謂妃后之家爵位尊顯，專總權柄；梁氏子弟群從榮顯兼加。宜令梁冀及諸侍中還居黃門之官，使權去外戚，政歸國家。後被梁冀誣告殺害。㉑以為奢僭所致　劉昭注補云，〈順帝紀〉陽嘉元年二月，京師旱。〈郎顗傳〉：「人君恩澤不施於民，祿去公室，臣下專權所致也。」㉒沖帝幼崩　沖帝，劉炳，即位時二歲，在位六個月而死。㉓太尉　三公之一，掌四方兵事考績，歲終奏其殿最而行賞罰。國有大功勞、大疑事則與司徒、司空通而論之，國有過誤事，則與三公通諫諍之。㉔遂立質帝二句　據〈固傳〉，李固認為清河王劉蒜，年長有德，欲立之。謂梁冀曰：「今當立帝宜擇長年高明有德，任親政事者。」冀不從，乃立樂安王劉纘，年八歲，是為質帝。㉕此不用德　劉昭補引《古今注》：「（質帝）本初元年二月，京師旱。」㉖妻子並受封二句　桓帝，梁冀所立，益封冀一萬三千戶，增大將軍府，又封冀弟梁不疑為潁陽侯，弟梁蒙為西平侯，冀子梁胤為襄邑侯，各萬戶。和平元年，重增封冀一萬戶，加上以前襲封的合計三萬戶。封冀妻孫壽為襄城君，兼食陽翟租，歲入五千萬錢，加賜赤紱，比長公主。是封寵踰節。㉗延熹元年六月二句　劉昭引《京房占》：「人君無施澤惠利於下，則致旱也。不救，必蝗蟲害穀；其救也，貰（赦免）讁罰，行寬大，惠兆民，勞功吏，賜鰥寡，稟不足。」陳蕃上疏也說：「宮女多聚不御，憂悲之感，以致水旱之困也。」㉘靈帝熹平五年二句　蔡邕作〈伯夷叔齊碑〉：「熹平五年，天下大旱，禱請名山，求獲答應。時處士平陽蘇騰，字玄成，夢登首陽山，有神馬之使在道。天明醒而思之，以其夢登山狀上聞。天子開三府請雨使者，與郡縣戶曹掾吏登山升祠。手書要言：『君況（賜）我聖主以洪澤之福。』天少時興雲，即降甘雨。」㉙常侍　即中常侍，俸千石，宦者。㉚黃門　因給事於黃門，故名。宦者。掌侍左右，關通內外。㉛僭作威福　是時中常侍趙忠、張讓、夏惲、郭勝、段珪、宋典等皆封侯貴寵，皇帝常說：「張常侍是我公，趙常侍是我母。」此後宦官無所憚畏，並起第宅，擬則宮室。㉜是時李傕郭汜專權縱肆　李傕、郭汜原為董卓部將。卓被誅，傕、汜反攻京師，殺大臣，自為將軍，開府如三公，並參選舉，互相攻伐。穀貴，斛一萬錢，長安中人相食。

【語　譯】世祖建武五年夏季天旱。《京房易傳》說：「欲得賢德之人而不用，此叫做驕傲，其災害為旱，其旱災是陰雲不下雨，又變為赤雲四布。兵眾打仗不能回家團聚叫做怨，其旱是不長莊稼。上下都閉塞，這叫做阻隔，其旱是天色變赤三個月，時常有冰雹打死飛鳥禽獸。向上攀附求配偶，這叫做非分，其旱是三月高溫無雲。君王大興土木把臺榭和官府修建得很高，這叫做冒犯，是陰氣侵犯陽氣，其旱是萬物從根上枯死，有火災。處位庶孽而超越身分，這叫僭越，其旱是澤中之生物枯槁，如被火燒傷。」這時全國各地自稱王侯的勢力還未盡除，師眾在外長久不能回家。

2　章帝章和二年夏，旱災。當時章帝去世以後，竇太后的兄、弟等握有大權，奢侈僭越。

3 和帝永元六年秋，京城旱。當時洛陽有含冤的囚徒，和帝便到雒陽的官府，甄別囚徒，加以處理，並把造成冤獄的洛陽縣令收押入獄抵罪。出行尚未返回皇宮，雨便下起來了。

4 安帝永初六年夏季，乾旱。

5 永初七年夏季，乾旱。

6 元初元年夏季，乾旱。

7 元初二年夏季，乾旱。

8 元初六年夏季，天乾旱。

9 順帝永建三年夏季，乾旱。

10 永建五年夏季，乾旱。

11 順帝陽嘉二年夏天，天乾旱。此時李固回答皇帝的策問，認為是外戚之家的榮寵和權力太過分導致的。

12 沖帝永憙元年夏季，乾旱。當時沖帝幼年駕崩，太尉李固勸太后之兄梁冀，立嗣帝要選擇年長品德好的，天下都能得到他的好處，擁立的人也功名不朽。立年幼的，以後他的德行好壞不可預知，如果以後這人不好，後悔也來不及。當時太后和梁冀貪圖立年幼的，以便長久自己專擅政權，便立了質帝，才八歲。這是不用有德之人。

13 桓帝元嘉元年夏季，乾旱。這時梁冀掌權，妻、子都受了封爵，尊寵超過制度。

14 桓帝延熹元年六月，天乾旱。

15 靈帝熹平五年夏季，乾旱。

16 靈帝熹平六年夏季，乾旱。

17 靈帝光和五年夏季，乾旱。

18 光和六年夏季，乾旱。這時候中常侍、黃門等宦者行為僭越，作威作福。

19 獻帝興平元年秋季，長安乾旱。這時李傕、郭汜專斷朝權，放縱無忌。

1 更始時，南陽❶有童謠❷曰：「諧不諧，在赤眉。得不得，在河北。」是時更始在長安，世祖為大司馬❸平定河北。更始大臣並僭專權，故謠妖作❹也。後更始遂為赤眉所殺，是更始之不諧在赤眉也。世祖自河北興❺。

2 世祖建武六年，蜀❻童謠曰：「黃牛白腹，五銖當復❼。」是時公孫述❽僭號於蜀，時人竊言王莽稱黃❾，述欲繼之，故稱白；五銖，漢家貨❿，明當復也。述遂誅滅。王莽末，天水⓫童謠曰：「出吳門，望緹群。見一蹇人⓬，言欲上天；令天可上，地上安得民！」時隗囂⓭初起兵於天水，後意稍廣，欲為天子，遂破滅。囂少病蹇。吳門，冀⓮郭門名也。緹群，山名也。

3 順帝之末，京都童謠曰：「直如弦，死道邊。曲如鉤，反封侯。」案順帝即世⓯，孝質短祚⓰，大將軍梁冀貪樹疏幼⓱，以為己功，專國號令，以贍⓲其私。太尉李固以為清河王雅⓳性聰明，敦⓴詩悅禮，加又屬親㉑，立長則順，置善則固。而冀建白太后，策免㉒固，徵蠡吾侯，遂即至尊。固是日幽斃于獄㉓，暴屍道路，而太尉胡廣㉔封安樂鄉侯、司徒趙戒㉕廚亭侯、司空袁湯安國亭侯云㉖。

4 桓帝之初，天下童謠曰：「小麥青青大麥枯㉗，誰當穫者婦與姑㉘。丈人㉙何在西擊胡，吏買馬，君具車㉚，請為諸君鼓嚨胡㉛。」案元嘉中涼州諸羌㉜一時俱反，南入蜀、漢[33]，東抄三輔[34]，延及并[35]、冀，大為民害。命將出眾，每戰常負[36]，中國益發甲卒，麥多委棄[37]，但有婦女穫刈[38]之也。吏買馬，君具車者，言調發重及有秩[39]者也。請為諸君鼓嚨胡者，不敢公言，私咽語[40]。

5 桓帝之初，京都童謠曰：「城上烏[41]，尾畢逋[42]。公為吏，子為徒[43]。一徒死，百乘車。車班班[44]，入河間[45]。河間姹女工數錢[46]，以錢為室金為堂。石上慊慊[47]舂黃粱[48]。粱下有懸鼓，我欲擊之丞卿怒。」案此皆謂為政貪也。城上烏，尾畢逋者，處高利獨食，不與下共，謂人主多聚斂也。公為吏，子為徒者，言蠻夷[49]將畔逆，父既為軍吏，其子又為卒徒往擊之也。一徒死，百乘車者，言前一人往討胡[50]既死矣，後又遣百乘車往。車班班，入河間者，言上將崩，乘輿班班入河間迎靈帝也[51]。河間姹女工數錢，以錢為室金為堂者，靈帝既立，其母永樂太后好聚金以為堂[52]也。石上慊慊舂黃粱者，言永樂雖積金錢，慊慊常苦不足，使人舂黃粱而食之也。粱下有懸鼓，我欲擊之丞卿怒者，言永樂主教靈帝，使賣官受錢，所祿非其人，天下忠篤之士怨望，欲擊懸鼓以求見，丞卿主鼓者，亦復諂順，怒而止我也。

6 桓帝之初，京都童謠曰：「游平賣印自有平[53]，不辟[54]豪賢及大姓。」案到延熹[55]之末，鄧皇后[56]以譴自殺，乃以竇貴人代之，其父名武字游平，拜城門校尉[57]。及太后攝政[58]，為大將軍，與太傅陳蕃[59]合心戮力[60]，惟德是建，印綬所加，咸得其人，豪賢大姓，皆絕望矣[61]。

7 桓帝之末，京都童謠曰：「茅田一頃中有井，四方纖纖[62]不可整。嚼復嚼[63]，今年尚可後年鐃[64]。」案易曰：「拔茅茹以其彙，征吉。」[65]茅喻群賢也。井者，法也。于時中常侍管霸、蘇康憎疾海內英哲，與長樂少府[66]劉囂、太常[67]許詠、尚書[68]柳分、尋穆、史佟、司隸唐珍[69]等，代作脣齒[70]。河內牢川[71]詣闕上書：「汝、潁、南陽，上采虛譽，專作威福[72]；甘陵有南北二部[73]，三輔尤甚。」由是傳考黃門北寺，始見廢閣[74]。茅田一頃者，言群賢眾多也。中有井者，言雖阨窮，不失其法度也。四方纖纖不可整者，言姦慝大熾，不可整理。嚼復嚼者，京都飲酒相強[75]之辭也。言食肉者鄙[76]，不恤王政，徒耽宴飲歌呼而已也。今年尚可者，言但禁錮也。後年鐃者，陳、竇被誅[77]，天下大壞。

8 桓帝之末，京都童謠曰：「白蓋[78]小車何延延。河間來合諧[79]，河間來合諧！」案解犢亭屬饒陽河間縣也[80]。居無幾何而桓帝崩，使者與解犢侯皆白蓋車從河間來。延延，眾貌也。是時御史劉儵建議立靈帝[81]，以儵為侍中，中常侍侯覽[82]畏其親近，必當間己，白拜儵泰山太守，因令司隸迫促殺之。朝廷少長，思其功效，乃拔用其弟郃[83]，致位司徒，此為合諧也。

9 靈帝之末，京都童謠曰：「侯非侯，王非王，千乘萬騎上北芒[84]。」案到中平六年，史侯登躡至尊[85]，獻帝未有爵號，為中常侍段珪等數十人所執，公卿百官皆隨其後，到河上，乃得來還[86]。此為非侯非王上北芒者也。

10 靈帝中平中，京都歌曰：「承樂世董逃[87]，遊四郭董逃，蒙天恩董逃，帶金紫董逃，行謝恩董逃，整車騎董逃，垂欲發董逃，與中辭董逃，出西門董逃，瞻宮殿董逃，望京城董逃，日夜絕董逃，心摧傷董逃。」案「董」謂董卓[88]也，言雖跋扈，縱其殘暴，終歸逃竄，至於滅族也。

11 獻帝踐祚之初，京都童謠曰：「千里草，何青青。十日卜，不得生。」案千里草為董，十日卜為卓。凡別字之體[89]，皆從上起，左右離合，無有從下發端者也。今二字如此者，天意若曰：卓自下摩上[90]，以臣陵君也。青青者，暴盛之貌也。不得生者，亦旋破亡[91]。

12 建安初，荊州童謠曰：「八九年間始欲衰，至十三年無孑遺[92]。」言自中興[93]以來，荊州無破亂，及劉表為牧[94]，民又豐樂，至此逮[95]八九年。當始衰者，謂劉表妻當死，諸將並零落也。十三年無孑遺者，言十三年表又當死，民當移詣冀州也96。

【章　旨】以上所記為「童謠」，是所謂「言之不從」所產生的「詩妖」。但童謠與其他災異有根本的不同，它是現實生活的真實反映，桓、靈、獻時期社會最為黑暗，產生的民謠也最多，它表現出強烈的愛憎，於此可占民心之向背。好的民謠，雖千載之下常歌不衰，不可等閒視之。

【注　釋】❶南陽　郡名。因在南山之南，漢水之北（水北曰陽）得名。治所在宛（今河南南陽）。❷謠　徒歌曰謠。❸大司馬　原名太尉，世祖即位改為大司馬，建武二十七年又改為太尉。❹謠妖作　具有凶兆的歌謠興起。❺世祖自河北興　更始立劉秀為蕭王。黃河以北地區有銅馬、赤眉數十輩，各輩有數十百萬人，蕭王乃攻銅馬、尤來、大槍、五幡，連破其軍，於是即帝位於鄗（今河北柏鄉北）之南。是世祖得天下在河北也。❻蜀　郡名。治成都（在今四川）。❼五銖當復　五銖錢，漢錢，銅質，圓廓方好，其重五銖（一兩為二十四銖），錢面鑄有「五銖」二字。王莽篡位之後，廢五銖錢，另造泉布多種，於民不便，希望恢復五銖錢。❽公孫述　字子陽，扶風茂陵（今陝西興平）人。王莽新朝時，為導江卒正（蜀郡太守）。後起兵，據益州稱帝，號成家。後被殺。❾王莽稱黃　在五德終始說中，漢為火德，尚赤。王莽篡漢，以新為土德，尚黃。以黃代替赤。❿貨　錢幣，故又稱錢貨。⓫天水　郡名。治平襄（今甘肅通渭西）。⓬蹇人　跛子。⓭隗囂　字季孟，天水成紀（今甘肅秦安）人。新莽末，自稱西州上將軍，據有天水、武都、金城等郡。後憂憤而死。⓮冀　縣名。屬天水郡。今甘肅甘谷附近。⓯即世　去世。⓰孝質短祚　質帝在位一年，被梁冀鴆死。祚，帝位。⓱疏幼　與皇室血脈疏遠而年幼。李固等舉清河王劉蒜為帝，蒜於質帝為兄，位尊，同是樂安王劉寵之子，最親。而梁冀為專國柄，立十五歲之蠡吾侯劉志，是為桓帝。⓲贍　滿足。⓳雅　素來。⓴敦　注重。㉑屬親　於服屬為近親。李固致梁冀書謂，清河王蒜明德著聞，又屬最尊親，宜立為嗣。㉒策免　帝王以策書免官。㉓固是日幽斃于獄　〈質帝紀〉：質帝於本初元年閏六月甲申被梁冀毒死，三日後丁亥李固免官。〈桓帝紀〉：建和元年十一月「前太尉李固、杜喬皆下獄死」。是李固免官在桓帝即位三日後，死在一年以後，均非「是日」。㉔胡廣　字伯始，南郡華容（今湖北潛江市）人。㉕趙戒　字志伯，蜀郡成都人。㉖司空袁湯安國亭侯云司空，三公之一，掌水土事。凡修建城邑，疏浚河道，建墳墓國防工程，則計劃和督建。對四方水土管理的考績，則奏其殿最而行賞罰。國有大事參加三公議論。袁湯，字仲和，汝南汝陽（今河南商水縣）人。胡廣等人原與李固共主立清河王蒜，在大將軍梁冀威脅下，自胡廣、趙戒以下懼怕，說「唯大將軍令」，而固獨與杜喬堅守本議。故固、喬誅死，廣等封侯。直如弦，謂李固、杜喬，曲如鉤，謂胡廣等。云，語尾助詞，無義。㉗小麥青青大麥枯　大麥比小麥先熟，故小麥尚青而大麥已枯。㉘誰當穫者婦與姑　當，充當；擔當。婦，兒媳。姑，婆母。謂皆是女人。㉙丈人　既是老人，又是丈夫，此泛指男人。㉚君具車　官長亦稱君。具，置備。㉛鼓嚨胡　嚨胡即倒言胡嚨，喉嚨。為求押韻而倒言。鼓，鼓動。㉜元嘉中涼州諸羌　元嘉，東漢桓帝劉志年號，西元一五一—一五三年。涼州，漢「十三刺史部」之一。治今甘肅張家川回族自治縣。羌，族名。分布於青海、甘肅、四川等，其種類繁多，總稱西羌。事詳本書卷八十七。㉝蜀漢　蜀，蜀郡。漢，廣漢郡，東漢改為廣漢屬國。治陰平道（今甘肅文縣西北）。㉞東抄三輔　據《三輔黃圖》，漢武帝太初元年，改內史為京兆尹，以渭城以西屬右扶風，長安以東屬京兆尹，長陵以北屬左馮翊，以輔京師，謂之三輔。抄，掠奪。㉟并　并州，「十三刺史部」之一。治晉陽（今山西太原西南）。㊱負　失敗。㊲委棄　拋棄。㊳穫刈　收割。㊴有秩　王國維《敦煌漢簡跋九》：「漢朝計秩自百石始，不及百石者謂之斗食，百石則稱有秩矣。」秩，官吏之俸祿。㊵咽語　小聲私語。㊶烏　烏鴉。㊷畢逋　烏尾搖動的樣子。南朝梁吳均〈城上烏〉：「嗚嗚城上烏，翩翩尾畢逋。」㊸徒　步兵。㊹班班　絡繹不絕貌。㊺入河間　河間，封國名。治樂成（今河北獻縣東南）。〈靈帝紀〉：「桓帝崩，無子。皇太后與父城門校尉竇武定策禁中，使守光祿大夫劉儵持節，將左右羽林至河間奉迎」解瀆亭侯劉宏為皇帝，是為靈帝。㊻姹女工數錢　姹女，美女；少女。指靈帝母孝仁皇后。工，精通。㊼慊慊　不足的樣子。㊽黃粱　黃米，黍子所出之米，性黏。㊾蠻夷　中原人對周圍，尤其是南方族群的貶稱。㊿胡　中原人泛稱北方的族群。(51)車班班四句　劉昭注對此作出另一種解釋：「志家此釋豈未盡乎？往徒一死，何用百乘？其後驗竟為靈帝作。此言一徒，似斥桓帝，帝貴任群閹，參委機政，左右前後莫非刑人，有同囚徒之長，故言寄一徒也。且又弟廢黜，身無嗣，魁然單獨，非一而何？百乘車者，乃國之君。解犢後徵，正膺斯數，繼以班班，尤得以類焉。」(52)永樂太后好聚金以為堂　靈帝母居永樂宮，故稱永樂太后。〈皇后紀〉稱她「使帝賣官求貨，自納金錢盈滿堂室」。(53)游平賣印自有平　賣印，謂出印綬任命官吏。賣，出手。平，標準；公平。(54)辟　徵召。(55)延熹　東漢桓帝劉志年號，西元一五八—一六七年。(56)鄧皇后　桓帝皇后，其傳曰：「后恃尊驕忌，與帝所幸郭貴人更相譖訴，詔廢后，送暴室，以憂死。」暴室，織染之室，宮人有罪亦居此室。(57)城門校尉　俸比二千石，掌洛陽城門十二所。(58)太后攝政　鄧皇后死，竇貴人立為后。靈帝即位，竇后為太后，攝管政事。[59]太傅陳蕃　太傅，上公，掌善導皇帝。每帝初即位，輒置太傅，錄尚書事。薨輒省。陳蕃，字仲舉，汝南平輿（今河南平輿）人。桓帝時為太尉，與李膺等反對宦官專權，為太學生所敬重，時稱「不畏強禦陳仲舉」。靈帝時，與竇武謀誅宦官，事洩被殺。[60]戮力　併力。戮，同「勠」。合；併。[61]皆絕望矣　此首童謠直抒胸臆，毫無隱意，與其他童謠不同。[62]纖纖　細巧貌。[63]嚼復嚼　乾了一杯再乾一杯，勸酒之詞。嚼，乾杯。王先謙謂，嚼當為釂，釂，飲酒盡也，正是乾杯之意。[64]鐃　《風俗通義》作「譊」，均通「撓」。斷絕、困窘之意。[65]易曰三句　《易・泰卦・初九》爻辭。茹，相牽引貌。彙，同「類」。征，動。[66]長樂少府　長樂宮之少府卿，俸中二千石，管長樂宮中服務性事務。[67]太常　俸中二千石，掌禮儀祭祀。[68]尚書　俸六百石。因為分曹辦事，各曹主官皆曰尚書。應劭曰：「今尚書官，王之喉舌。」[69]司隸唐珍　司隸，司隸校尉之簡稱。唐珍，中常侍唐衡之弟，靈帝時為司空。[70]代作脣齒　互相褒揚，互相掩護。代，互相。脣，同「唇」。[71]河內牢川　河內，郡名。治懷縣（今河南武陟西南）。牢川，即牢脩，誣告李膺，引起黨事之人。[72]汝潁南陽三句　汝，汝南郡。治平輿（今河南平輿北）。潁，潁川郡。上采虛譽云云，是誣此三郡之士大夫皆高尚其道，汙穢朝廷。劃為著名「黨人」者多出此三郡。如汝南郡有范滂、蔡衍、陳翔，潁川郡有李膺、杜密、賈彪，南陽郡有宗慈、岑晊、何顒。采，文過其實。虛譽，吹捧。[73]甘陵有南北二部　謂周福與房植皆甘陵人。甘陵國，治甘陵（今山東臨清東）。〈黨錮傳〉：「初，桓帝為蠡吾侯，受學於甘陵周福（字仲進），及即帝位，擢周福為尚書。時同郡河南尹房植（字伯武）有名當朝，鄉人為之語曰：『天下規矩房伯武，因師獲印周仲進。』二家賓客互相譏揣（揣，量也。度量其長短而為譏刺。），遂各樹朋徒，漸成尤隙，由是甘陵有南北部，黨人之議自此始矣。」[74]始見廢閣　謂正直之士被禁錮。〈桓帝紀〉：「司隸校尉李膺等二百餘人，受誣為黨人，並坐下獄，書名王府。」閣，今作「擱」。擱置。[75]相強　互相勉強。[76]食肉者鄙　言為官者眼光短淺，不足與謀。語出《左傳》。[77]陳竇被誅　當時中常侍管霸頗有才略，專制宮內，竇武先告訴太后誅霸及中常侍蘇康等，然陳蕃、竇武竟被殺。[78]蓋　車蓋。車上遮陽的傘形物。[79]合諧　和諧；和解。[80]解犢亭屬饒陽河閒縣也　解犢亭，在今河北肅寧東南。漢制十里（一里二十五家）一亭。屬，連也。連結河閒、饒陽二縣。饒陽，治所在今河北饒陽東北。河閒縣，治所在今河北肅寧西南。劉宏為解犢亭侯。犢，或作「瀆」。[81]是時御史劉儵句　據〈竇武傳〉，其冬桓帝崩，無嗣，武召侍御史河間劉儵，參問其國中王子侯之賢者，儵稱解瀆亭侯宏，武入告太后，遂徵立之，是為靈帝。是劉儵建議立靈帝。[82]侯覽　山陽防東（今山東金鄉）人，宦官，倚勢貪蠹，殺害大臣。[83]其弟郃　劉郃於靈帝光和三年由大鴻臚而為司徒，與永樂少府陳球、衛尉陽球、步兵校尉劉納謀誅宦官，事洩，皆下獄死。[84]北芒　山名。在今河南洛陽東北，靠黃河。又作「北邙」，東漢王侯公卿多葬於此。

85史侯登躡至尊　史侯謂少帝劉辯，初養於史道人家，故曰史侯。中平六年，靈帝崩，皇子辯即帝位，後被董卓廢為弘農王。86獻帝未有爵號五句　獻帝劉協未即位時先為渤海王，後為陳留王。中平六年八月，中常侍段珪、張讓等殺大將軍何進，虎賁中郎將袁術燒東西宮攻宦者。珪、讓等劫少帝及陳留王幸北宮。司隸校尉袁紹勒兵盡誅閹人，珪、讓等復劫少帝與陳留王走小平津（在北芒山附近），珪、讓等投河死。少帝與陳留王返回宮。故下云非侯非王上北芒。87董逃　董卓為避此惡讖，改名董安。88董謂董卓　《風俗通》：「卓以〈董逃〉之歌主為己發，大禁絕之，死者千數。」89凡別字之體　別猶分，謂分拆字體的程序，如劉分拆為「卯金刀」之類。90自下摩上　《漢書・賈山傳論》云，自下劘上。劘，同「磨」、「摩」。切割之義，故云以臣陵君。91青青者四句　劉昭注補曰：獻帝初童謠：「燕南陲，趙北際，中央不合大如礪，唯有此中可避世。」公孫瓚以為易京（今河北易縣）之地可當此謠，遂徙鎮焉，乃修城積穀，以待天下之變。建安三年，袁紹殺瓚。92孑遺　殘留；遺存。《詩・雲漢》：「周餘黎民，靡有孑遺。」陳奐疏謂靡孑遺即無餘遺。93中興　同一個朝代中衰而復興，此指劉秀復建漢朝。94劉表為牧　劉表，字景升，山陽高平（今山東魚台）人。東漢皇族，為荊州牧，對中原混戰採取觀望態度，社會比較安定，中原人士多避亂其地。建安十三年卒。牧，由牧放牛羊轉而為管理人民。故州長稱牧。95逮　及。96言十三年二句　劉昭引干寶《搜神記》補荊州事：是時華容有女子忽啼哭道：「荊州將有大喪！」言語過分，縣以為妖言，在獄中拘押百餘日，忽然在獄中哭曰：「劉荊州今日死。」華容離州城（謂荊州治所漢壽，今湖南常德）數百里，即遣馬吏驗視，劉表果死，縣乃出之。續又歌吟曰：「不意李立為貴人。」後無幾，曹公平荊州，以涿郡李立，字建賢，為荊州刺史。

【語　譯】更始帝劉玄在位時，南陽郡有兒歌說：「成功不成功，就在於赤眉。能得到不能得到天下，就看河北。」當時更始帝在長安，拜光武為大司馬平定黃河以北。更始朝大臣都僭越專權，所以有凶兆的歌謠就出現了。以後更始帝終被赤眉所殺，是更始的不成功在於赤眉。世祖自河北興起。

2　光武帝建武六年，蜀郡兒歌說：「黃牛白腹，五銖當復。」那時有公孫述在蜀郡自立為天子，那時有人私下說王莽尚黃色，公孫述要繼王莽統一天下，故尚白色；五銖錢，是漢家錢幣，表明應當恢復行用。公孫述終被消滅。王莽末年，天水兒歌說：「出吳門，望緹群。見一跛人，說要上天；如果天能上去，地上哪裡還有人！」這時隗囂初在天水起兵，以後野心越來越大，想當皇帝，終歸敗亡。隗囂幼年跛腳。吳門，冀縣城門名。緹群，山名。

3 順帝末年，京城有兒歌說：「直如弦，死道邊。曲如鉤，反封侯。」案順帝去世，孝質帝在位時間短，大將軍梁冀貪圖立遠門皇族的幼年皇帝，作為自己的功勞，專權施令，以滿足其私心。太尉李固認為清河王劉蒜素性聰明，重詩書悅禮儀，再加之又是先帝最親近的兄長，立長於理為順，立善於國則牢固。而梁冀卻建議太后，以策書免李固官職，徵召蠡吾侯劉志，終就至尊之位。李固當天被收監並死於監獄，暴露屍體在路旁，而與李固同主之劉蒜的太尉胡廣封安樂鄉侯、司徒趙戒封廚亭侯、司空袁湯封安國亭侯。

4 桓帝即位之初，全國流行一則兒歌道：「小麥青青大麥枯，誰來收穫婦與姑，男人何在西擊胡，吏買馬，官備車，願為諸位鼓勁呼。」案元嘉年間，涼州諸羌民同時俱反，南入蜀郡、廣漢郡，東向抄掠三輔地區，擴展到并、冀二州，給百姓造成巨大災禍。朝廷命將出師，每戰常敗，從中原地區徵發更多的士卒去打仗，大麥小麥都拋棄在地裡，只有婦女收割。「吏買馬，君具車」，說的是調發太重攤派到有俸祿的人身上了。「請為諸君鼓嚨胡」，是說負擔雖重，人們不敢公開談論這件事，只能私下裡小聲地議論。

5 桓帝即位之初，京城有兒歌唱道：「城上烏鴉尾撲撲，老子為吏子為徒。一徒死，百輛車。車輛絡繹入河間。河間美女善數錢，以錢為室金作堂。石上光光春黃粱。樑下懸掛一面鼓，我欲擊之卿相怒。」案這都是說為政者貪婪啊。「城上烏，尾畢逋」的意思，是居於高位貪利獨享，不與下民同利，是說人主聚斂太多。「公為吏，子為徒」的意思，是說蠻夷之民將叛亂，父既為軍吏，其子又為卒徒去打仗。「一徒死，百乘車」的意思，是說從前一人前討伐胡人已經死去，後又派遣百輛兵車前去打仗。「車班班，入河間」的意思，言皇帝將駕崩，用皇帝車駕及大隊御林軍往河間國迎接靈帝。「河間姹女工數錢，以錢為室金為堂」的意思，言靈帝即位以後，其母永樂太后好聚錢以為堂室。「石上慊慊春黃粱」的意思，言永樂太后雖積金錢，心中空空仍覺不足，使人舂黃米為食。「梁下有懸鼓，我欲擊之丞卿怒」的意思，言永樂太后教靈帝賣官收錢，買到官職的人都不是當官的材料，天下忠誠篤厚之人怨氣很大，欲擊鼓求見皇帝，掌管鼓的卿相，也都對皇帝諂媚恭順，憤怒地不許我擊鼓。

6 桓帝初即位，京師有兒歌唱道：「寶武賣印有桿秤，不徵豪賢及大姓。」案直至延熹末年，鄧皇后因受斥責而自殺，便以竇貴人取代而為皇后，后父名武，字游平，官拜城門校尉。及靈帝即位，竇太后總攝朝政，竇武為大將軍，與太傅陳蕃同心併力，惟樹有德之人，所有給予印綬的，都是能勝任的人，豪賢大姓對於仕途都灰心絕望了。

7 桓帝末年，京城流傳兒歌唱道：「茅田一頃中有井，四方纖纖不可整。嚼復嚼，今年尚可後年鐃。」案《易・泰卦》說：「拔茅草帶出根鬚，行動吉利。」茅草比喻群賢。井是法的意思。當時中常侍管霸、蘇康憎恨海內英傑，與長樂少府劉囂、太常卿許詠、尚書柳分、尋穆、史佟、司隸校尉唐珍等，唇齒相依。河內郡牢川到宮殿上書：「汝南、潁川、南陽三郡的士大夫，在皇上面前文過其實互相吹捧，在下一味作威作福；甘陵國有南北二家勢力互相攻訐，三輔尤其嚴重。」由此把被告發的人傳喚到黃門北寺獄進行拷問，這些人便被罷官。「茅田一頃」，說群賢眾多。「中有井」，說被罷官的人雖至阨困地步，仍不失為官做人的尺度。「四方纖纖不可整」，言奸人勢盛，難於整治。「嚼復嚼」，是京城裡相聚飲酒互相勸酒時常說的話。說為官者眼光短淺，不憂恤國家政事，只是沉湎於酒筵歡呼之中。「今年尚可」，說正直之士現在但被勒令不准作官。「後年鐃」，幾年後陳蕃、竇武被殺，天下敗壞已極。

8 桓帝末年，京城童謠唱道：「白蓋小車何延延。河閒來合諧，河閒來合諧！」案解犢亭連接饒陽河閒二縣。過不多久桓帝就駕崩了，接侯的使者與解犢亭侯皆乘白蓋車從河閒來到京城。延延，眾多的樣子。這時御史劉儵建議立靈帝，拜劉儵為侍中，中常侍侯覽害怕他在皇帝身邊，一定會挑撥皇帝和自己的關係，向皇帝說拜劉儵為泰山太守，從而令司隸校尉逼迫並殺死他。朝廷中無論老少都想念他的功勞，就拔擢其弟劉郃達到司徒的官位，這就是合諧。

9 靈帝末年，京城兒歌說：「不論是侯，不論是王，千車萬馬上北芒。」案到中平六年，史侯登上皇帝高位，獻帝劉協當時尚為陳留王，尚無帝王爵號，被中常侍段珪等數十人所劫持，所有公卿大臣都隨其後，直到黃河邊北芒山，才得以還宮。這就是不分是侯是王都得上北芒山的意思。

10 靈帝中平年間，京城唱道：「承接樂世呀董逃，遊歷四郭呀董逃，蒙受天恩呀董逃，佩帶金印紫綬呀董逃，行將謝恩呀董逃，整頓車騎呀董逃，將欲出發呀董逃，辭別宮廷呀董逃，出了西門呀董逃，回望宮殿呀董逃，遠望京城呀董逃，永久難返呀董逃，我心摧傷呀董逃。」案「董」說的是董卓，言他雖然跋扈，殘暴無度，終歸逃竄，以至於族滅哩。

11 獻帝即位之初，京城有童謠說：「千里草，何青青。十日卜，不得生。」案千里草為「董」字，十日卜為「卓」字。拆字的一般順序都是從上開始，左右分合，沒有從下面開始的。現在「董卓」二字這樣拆法，天意似說：董卓自下陵上，以臣陵君。青青，是突然興盛的樣子。不得生，便是隨即滅亡。

12 獻帝建安初年，荊州有童謠說：「八九年間開始衰敗，至十三年無餘遺。」言自光武帝興復漢室以後，荊州地區無破壞戰亂，及至劉表為荊州牧，人民又富足安樂，至今到建安八九年了。正當開始衰敗的，是說劉表之妻正好死了，手下各將領都死的死散的散了。十三年無子遺，是說建安十三年劉表又正好死了，人民便流轉到黃河以北冀州之地。

順帝陽嘉元年十月中，望都、蒲陰❶狼殺童兒九十七人❷。時李固對策，引京房易傳曰：「君將無道，害將及人，去之❸深山以全身，厥妖狼食人。」陛下覺寤❹，比求隱滯❺，故狼災息。

靈帝建寧中，群狼數十頭入晉陽❻南城門齧❼人。

【章旨】以上所記為狼食人，用來說明《五行傳》中「言之不從」所產生的「毛蟲之孽」。古時地曠人稀，野多茂草，狼群出沒，農家籬落不完，常有狼入室食人者，以為民害，故自古以來常用「老馬虎子吃人」恐嚇小兒，馬虎即是狼，可見其為害之深遠。當然為政苛暴，不關心民瘼，也是狼災原因之一，並非不奉祠山嶽的結果。

【注釋】❶望都蒲陰　二縣名，均屬中山國。望都，在今河北唐縣東北。蒲陰，在今宛縣東南。❷狼殺童兒九十七人　《東觀書》謂，中山相朱遂到官，不去奉祠北嶽。詔曰「災暴緣類，符驗不虛，政失厥中，狼災為應，至乃殘食孩幼，害及孕婦，毒流未生，感和致災」云云，是不僅孩童，亦有孕婦被狼傷害。❸去之　逃往。去，離開。之，往。❹覺寤　清醒。今醒來用寤，頭腦清醒用悟。❺比求隱滯　比，接連；頻頻。隱滯，隱而不仕或仕而未達者。❻晉陽　太原郡屬縣。在今山西太原。❼齧　撕咬。

【語　譯】順帝陽嘉元年十月裡，望都、蒲陰二縣有狼咬死兒童九十七人。當時李固對策，引《京房易傳》說：「君上不行正道，將危害人民，逃往深山以保障人身安全，其妖孽是狼吃人。」陛下認識到此事的危害，頻頻尋求隱逸之士，所以狼災就消除了。

靈帝建寧年間，有數十隻的狼群竄入晉陽南城門內咬人。

【研　析】本卷在「金失其性而為災」的大題下，有「時而有詩妖」一目，文中舉出的是東漢時期的童謠。這些童謠絕不是「拉大鋸，扯大鋸，老娘門上唱大戲」之類完全娛樂性內容，而是帶有強烈的現實感，古人云「詩言志」，正是當時人民為了表達他們心中的鬱悶和反抗而發自肺腑的聲音，名曰「童謠」不僅傳唱於童稚之口，成人老人也會「口而誦，心而惟」，有著更深切的感受。統治者貶之為「妖詩」、「妖謠」，殊不知這正是人民的心聲。一首「千里草，何青青」，不是對董卓屠戮人民的詛咒嗎？荀子曰：「口言善，身行惡，國之妖也。」這才是真正的妖。不可小看這些童謠，有的在當時發揮過重大作用，董卓在朝炙手可熱，一似乾坤任其安排，一首〈董逃〉歌嚇得董卓改名董安，改名為「安」，正是他內心不安甚至恐懼的寫照。「黃牛白腹，五銖當復」，實是對王莽幣制紊亂的抗議。「小麥青青大麥枯」，如實反映了朝廷為鎮壓羌民徵發男人上前線，當收穫季節，田中只有「婦與姑」，到嘴的糧食被委棄。這種童謠在後世遇到類似情況時也會引起強烈的共鳴。其他如對好官的歌頌，對貪官的鞭撻，無不表現出鮮明的愛憎，與〈班固傳〉所載的廟堂之詩有天壤之別。

童謠產生於民間，有的比較粗糙，短的只有一、二句，此不足為病，正是有話則長，無話則短，意盡而止。有的則經過文人改造，如〈董逃〉謠中，去掉每句末的「董逃」二字，就其主幹語意論，都似經過加工提煉。逯欽立所輯《先秦漢魏南北朝詩》中有一首〈董逃行〉，五解二十五句，又一首題〈古董逃行〉僅二句，文中均不見「董逃」二字，據此則〈董逃〉似為歌行體的一種，其原意與董卓了不相干，只因董卓心虛，聽到「董逃」二字便嚇得魂不附體，急忙改名以「安」之。童謠的作用豈其小哉！每個時代有每個時代的童謠，每個時代的童謠都反映了那個時代人民的喜怒哀樂，不可視若等閒。（張文質注譯）

志第十四

五行二

災火　草妖　羽蟲孽　羊禍

【題解】本卷彙集「災火」等四方面的許多事例，用以解釋和證明《五行傳》中「火不炎上」的命題。火災與其他一些變異，在任何朝代都會發生，但在統治者日趨黑暗，社會不公日益暴露，整個社會秩序日加紊亂的東漢後期，這些怪異都被解釋為統治者倒楣的兆頭。光武帝晚年，宣布圖讖於天下，本來作為愚弄人民（同時也愚弄他自己）的工具，不料以讖語來解釋怪異的方式，卻被人們用來對付統治者，時時以各種由頭為統治者敲喪鐘，真是搬起石頭砸自己的腳。但對那種把自然現象或人為過失（如因疏忽釀成火災）作牽強傅會的解釋卻是不可取的。

五行傳曰：「棄法律❶，逐功臣❷，殺太子❸，以妾為妻❹，則火不炎上❺。」

謂火失其性而為災也。又曰：「視之不明，是謂不悊❻。厥咎舒❼，厥罰常燠❽，厥極疾❾。時則有草妖❿，時則有蠃蟲之孽⓫，時則有羊禍⓬，時則有赤眚、赤祥⓭，惟水沴火⓮。」蠃蟲，劉歆傳以為羽蟲⓯。

【章　旨】本段引《五行傳》中有關「火不炎上」的定義和規定，作為本卷所列內容的提綱。因為其定義是不科學的，規定是虛構的，儘管災變和歷史事件是真實的，對二者間關係的解釋卻是傅會的。

【注　釋】❶棄法律　法律，立國之本，棄法律則國無所依。❷逐功臣　鄭玄注《尚書大傳》：「功臣製法律者也。」❸殺太子　鄭玄：「五行火生土，天文以參繼東井，四時以秋代夏，殺太子之象也。《公羊傳・魯哀公六年》：『夫千乘之主，將廢正而立不正，必殺正者。』」春秋時晉君殺太子申生便是一例。❹以妾為妻　以庶為嫡，嫡庶分爭，國家之災。❺火不炎上　鄭玄：「君行此四者，為逆天南宮之政。南宮於地為火，火性炎上，然行人所用烹餁者也，無故因見作熱，燔熾為害，是為火不炎上。」❻視之不明二句　悊，智慧。言上不明，暗昧蔽惑，則不能知善惡親近身邊狎習之人、提拔意氣相投者。❼厥咎舒　厥，其。咎，災禍。《漢書・五行志》：「無功者受賞，有罪者不殺，百官廢亂，失在舒緩，故其咎舒也。」舒，遲緩；軟弱。❽厥罰常燠　《漢書》：「盛夏日長，暑以養物，政弛緩，故其罰常奧也。」奧，同「燠」。暖；熱。❾厥極疾　《漢書》：「奧則冬溫，春夏不和，傷病民人，故極疾也。」極疾，以疾為罰。疾，為「六極」之二。❿時則有草妖　時則，有時，有時無，不一定一時俱有。《漢書》：「誅不行則霜不殺草，繇臣下則殺不以時，故有草妖。」古人把草木之變異現象附會為人事之吉凶，稱為草妖，如桃李冬實、枯木復生之類。⓫蠃蟲之孽　《漢書》：「溫奧生蟲，故有蠃蟲之孽，謂螟螣之類當死不死，未當生而生，或多於故而為災也。」蠃，同「裸」。無鱗甲羽毛蔽體之昆蟲。⓬羊禍　《漢書》：「羊上角下蹏，剛而包柔，羊大目不精明，視氣毀則有羊禍。」羊因瘟疫而大批死亡或羊之怪胎，視為羊禍。⓭赤眚赤祥　於《易》，離為火為目，火色赤，故有赤眚、赤祥。⓮惟水沴火　《漢書》：「凡視傷者病火氣，火氣傷則水沴之。」又：「氣相傷，謂之沴。沴猶臨莅，不和意也。」⓯劉歆傳以為羽蟲　對於五行性能、災害的解釋，本無科學根據，故其說人人殊，此引劉歆「傳」，以存異說。此謂「傳」，實是劉歆對伏生《五行傳》所作之解說。

【語　譯】《洪範五行傳》說：「背棄法律，逐除功臣，殺害太子，以妾為妻，國君發生以上事情，火燄便不向上燃燒。」所謂火不炎上，就是說火失去其本性而造成災害。《五行傳》又說：「國君察事不明，叫做沒有智慧。其災禍在為政軟弱無力，所受懲罰為氣候常熱，最高的懲罰為人民患病。有時出現草木生長不正常，有時發生昆蟲變態，有時發生羊群生病，有時發生因火而成的赤色妖異和凶兆，只有水氣能衝掉火氣。」嬴蟲，劉歆在解釋《五行傳》時認為是毛羽之蟲。

1 建武中，漁陽太守彭寵被徵❶。書至，明日潞縣❷火，災起城中，飛出城外，燔千餘家，殺人❸。京房易傳❹曰：「上不儉，下不節，盛火數起，燔宮室。」儒說火以明為德而主禮。時寵與幽州牧朱浮有隙❺，疑浮見浸譖❻，故意狐疑，其妻勸無應徵，遂反叛攻浮，卒誅滅。

2 和帝永元八年十二月丁巳❼，南宮❽宣室殿火。是時和帝幸北宮，竇太后❾在南宮。明年，竇太后崩。

3 十三年八月己亥❿，北宮盛饌門閣⓫火。是時和帝幸鄧貴人⓬，陰后⓭寵衰怨恨，上有欲廢之意。明年，會得陰后挾偽道⓮事，遂廢遷于桐宮⓯，以憂死，立鄧貴人為皇后。

4 十五年六月辛酉⓰，漢中⓱城固南城門災。此孝和皇帝⓲將絕世⓳之象也。其後二年，宮車晏駕⓴，殤帝及平原王㉑皆早夭折，和帝世絕。

5 安帝永初二年四月甲寅㉒，漢陽阿陽㉓城中失火，燒殺三千五百七十人。先是和帝崩，有皇子二人，皇子勝長，鄧皇后貪殤帝少，欲自養長立之。延平元年，殤帝崩。勝有厥疾不篤[24]，群臣咸欲立之，太后以前既不立勝，遂更立清河王[25]子，是為安帝。司空周章[26]等心不厭服[27]，謀欲誅鄧氏，廢太后、安帝，而更立勝。元年十一月，事覺，章等被誅。其後涼州叛羌[28]為害大甚，涼州諸郡寄治馮翊、扶風界[29]。及太后崩，鄧氏被誅。

6 四年三月戊子[30]，杜陵園[31]火。

7 元初四年二月壬戌[32]，武庫火[33]。是時羌叛，大為寇害，發天下兵以攻禦之，積十餘年未已，天下厭苦兵役。

8 延光元年八月戊子[34]，陽陵園寢殿[35]火。凡災發于先陵[36]，此太子將廢之象也。若曰[37]：不當廢太子以自翦，如火不當害先陵之寢也。明年，上以讒言廢皇太子為濟陰王[38]。後二年[39]，宮車晏駕。中黃門孫程等十九人起兵殿省，誅賊臣，立濟陰王[40]。

9 四年秋七月乙丑[41]，漁陽城門樓災。

10 順帝永建三年七月丁酉[42]，茂陵[43]園寢災。

11 陽嘉元年，恭陵[44]廡災，及東西莫府火[45]。太尉李固[46]以為奢僭所致。陵之初造，禍及枯骨(47)，規廣治之尤飾。又上欲更造宮室，益臺觀(48)，故火起莫府，燒材木。

12 永和元年十月丁未(49)，承福殿火。先是爵號阿母宋娥為山陽君(50)；后父梁商本國侯(51)，又多益商封；商長子冀當繼商爵(52)，以商生在，復更封冀為襄邑侯；追號后母為開封君：皆過差(53)非禮。

13 漢安元年三月甲午(54)，雒陽劉漢等百九十七家為火所燒(55)，後四年，宮車比三晏駕(56)，建和元年君位乃定(57)。

14 桓帝建和二年五月癸丑(58)，北宮掖庭(59)中德陽殿(60)火，及左掖門(61)。先是梁太后兄冀挾姦枉(62)，以故太尉李固、杜喬(63)正直，恐害其事，令人誣奏固、喬而誅滅之(64)。是後梁太后崩，而梁氏誅滅(65)。

15 延熹四年正月辛酉(66)，南宮嘉德殿(67)火。戊子，丙署火(68)。二月壬辰(69)，武庫火。五月丁卯(70)，原陵(71)長壽門火。先是亳后因賤人得幸(72)，號貴人，為后。上以后母宣為長安君，封其兄弟，愛寵隆崇，又多封無功者(73)。去年春，白馬令李雲坐直諫死(74)。至此彗除心、尾，火連作(75)。

16 五年正月壬午(76)，南宮丙署火。四月乙丑(77)，恭北陵東闕(78)火。戊辰，虎賁(79)

掖門火。五月，康陵[80]園寢火。甲申，中藏府承祿署[81]火。七月己未[82]，南宮承善闥[83]內火。

17 六年四月辛亥[84]，康陵東署火。七月甲申[85]，平陵[86]園寢火。

18 八年二月己酉[87]，南宮嘉德署、黃龍[88]、千秋萬歲殿皆火。四月甲寅[89]，安陵[90]園寢火。閏月[91]，南宮長秋[92]、和歡殿後鉤盾[93]、掖庭朔平署各火。十一月壬子[94]，德陽前殿西閤及黃門北寺[95]火，殺人。

19 九年三月癸巳[96]，京都夜有火光轉行，民相驚譟[97]。

20 靈帝熹平四年五月，延陵[98]園災。

21 光和四年閏月辛酉[99]，北宮東掖庭永巷署[100]災。

22 五年五月庚申[101]，德陽前殿西北入門內永樂太后宮署[102]火。

23 中平二年二月己酉[103]，南宮雲臺[104]災。庚戌，樂成門災[105]，延及北闕，度道西燒嘉德、和歡殿[106]。案雲臺之災自上起，榱題[107]數百，同時並然[108]，若就縣華鐙，其日燒盡，延及白虎[109]、威興門、尚書[110]、符節[111]、蘭臺[112]。夫雲臺者，乃周家之所造也，圖書[113]、術籍、珍玩、寶怪皆所藏在也。京房易傳曰：「君不思道，厥妖火燒宮。」是時黃巾作慝[114]，變亂天常[115]，七州二十八郡同時俱發，命將出眾，雖頗有所禽[116]，然宛、廣宗[117]、曲陽[118]尚未破壞，役起負海[119]，杼柚空懸[120]，百姓死傷已過半矣。而靈帝曾不克己復禮[121]，虐侈滋甚，尺一雨布[122]，騶騎電激[123]，官非其人，政以賄成，內嬖鴻都[124]，並受封爵。京都為之語曰：「今茲諸侯歲也[125]。」天戒若曰：放賢賞淫，何以舊典為[126]！故焚其臺門祕府[127]也。其後三年，靈帝暴崩[128]，續以董卓之亂，火三日不絕，京都為丘墟矣[129]。

24 獻帝初平元年八月，霸橋[130]災。其後三年，董卓見殺[131]。

【章　旨】以上所引眾多火災事件，都是為說明「火不炎上」而導致的災難。對於這麼長時間內發生的這麼多次火災，各因其形勢的需要，作了不同的解釋。剝去穿鑿的外衣，可見當時的社會和民心。

【注　釋】❶漁陽太守彭寵被徵　漁陽，郡名。治漁陽（今北京市密雲西南）。彭寵，字伯通，南陽宛（今河南南陽）人。初附光武，以功高居下位不滿，又被朱浮譖訴，遂反被殺。事詳本書卷十二。被徵，朝廷以詔書召至京師。❷潞縣　今北京通縣。❸殺人　死了人。❹京房易傳　京房，字君明，東郡頓丘（今河南清豐）人。以「通變」說《易》，好言災異。著有《京氏易傳》三卷。《漢書》有傳。❺與幽州牧朱浮有隙　幽州，漢「十三刺史部」之一。治薊縣（今北京市區西南）。朱浮，字叔元，沛國蕭（今安徽蕭縣）人。封舞陽侯。後為大司空。明帝時被殺。事詳本書卷三十三。隙，隔閡；怨隙。❻見浸譖　長久相詆毀。❼和帝永元八年句　據陳表本年十二月朔日壬寅，丁巳為十六日。❽南宮　洛陽皇宮有南宮、北宮，相隔七里，有複道相連。❾竇太后　章帝皇后，在和帝朝專制朝政，其兄弟竇憲等皆擅權縱恣。永元九年崩。❿十三年八月己亥　八月乙亥朔，己亥為二十五日。⓫盛饌門閤　《資治通鑑》胡三省注：「盛饌門閤，御廚門閤也。」《晉書・天文志》謂，紫宮垣東北維外六星曰天廚，主盛饌，皇居則象於天極，故北宮有盛饌門閤。⓬鄧貴人　名綏，太傅鄧禹之孫女，為貴人常自謙遜。後以太后臨制於殤、安二朝。〈皇后紀・序〉：「光武中興，斲彫為朴，六宮稱號唯皇后、貴人，貴人金印紫綬，奉不過粟數十斛。」奉，同「俸」。⑬陰后　和帝皇后。鄧貴人愛幸，陰后恚恨，以巫蠱詛咒被廢。⑭偽道　邪道，即請巫師詛咒她所痛恨的人，或刻木為仇人形象，全身扎針使仇人生病等。當時看作犯罪行為。⑮桐宮　因伊尹放太甲桐宮，後世遂指為幽禁皇帝之處。⑯十五年六月辛酉　六月朔日甲午，辛酉為二十八日。⑰漢中　郡名。治南鄭（今陝西漢中東）。⑱孝和皇帝　即和帝。漢代以孝治天下，故每帝諡號之上加「孝」字。⑲絕世　世，繼承。無子嗣，故稱絕世。⑳宮車晏駕　不直言皇帝而言宮車，不直言死而言晏駕，都是因敬而避諱。晏，晚。㉑殤帝及平原王　和帝之二子。殤帝劉隆，即位時滿百日，在位八個月便死。〈諡法〉：「短折不成曰殤。」不成，謂不成人。平原王，名勝，少有痼疾，封王八年而薨，無子。㉒安帝永初二年四月甲寅　本年四月朔日丙申，甲寅為十九日。㉓漢陽阿陽　漢陽，郡名。原天水郡改。治冀縣（今甘肅甘谷東南）。阿陽，今甘肅靜寧南。㉔厥疾不篤　厥疾，病名。有突然昏倒，不省人事，手足僵冷等症狀。篤，病勢深重。㉕清河王　名慶，章帝子。㉖司空周章　司空，三公之一，掌水土事，修城郭，浚溝洫，修墳墓，防禦工程，議其利，建其功，管理全國水土考績，國有大事，則參加三公之議。周章，字次叔，南陽隨（今湖北隨州）人。鄧太后立劉祜為安帝，周章以眾心不附，密謀廢帝及太后，另立平原王勝。事洩自殺。本書卷三十三有傳。㉗厭服　厭、服同義。心服。㉘涼州叛羌　涼州，漢「十三刺史部」之一。治隴縣（今甘肅張家川回族自治縣）。羌，有多種，以其居地命名，如越嶲羌、武都羌、廣漢羌等，分布在今青海、四川、甘肅等地，漢朝廷常對其大加征伐，引起他們的反抗。參見本書卷八十七〈西羌傳〉。㉙寄治馮翊扶風界　寄治，把治所暫移他處。馮翊，全名左馮翊，三輔之一。轄區相當一郡，治高陵（今陝西高陵）。扶風，全名右扶風，亦三輔之一。轄區相當一郡，治槐里（今陝西興平東南）。㉚四年三月戊子　永初四年三月乙酉朔，戊子為四日。㉛杜陵園　杜陵，漢宣帝陵。在今陝西西安東南。帝王之陵，除陵墓之外還有寢廟，占地甚廣，將周圍圈起，即為陵園。㉜元初四年二月壬戌　二月朔日乙巳，壬戌為十八日。㉝武庫火　武庫，禁兵藏物之地。《東觀書》：「燒兵物百二十五種，直千萬以上。」㉞延光元年八月戊子　八月朔日癸酉，戊子為十六日。㉟陽陵園寢殿　陽陵，景帝陵。在長安東北，今陝西西安東北。漢諸陵皆有園，前廟後寢，模仿生時居處，廟藏死者牌位，陵上有寢殿，有衣冠几杖像在世時之用具。㊱先陵　先帝陵。㊲若曰　即「天誡若曰」。㊳明年二句　按〈安帝紀〉，廢皇太子在延光三年，〈順帝紀〉亦言：「延光三年，安帝乳母王聖、大長秋江京、中常侍樊豐，譖太子乳母王男、廚監邴吉，殺之。太子數為嘆息。王聖等懼有後禍，遂與豐、京共搆陷太子，太子坐廢為濟陰王。」則皇太子被廢在延光三年，不在延光元年之「明年」。皇太子，謂劉保。㊴後二年　前文「明年」為延光二年，之後的二年，即延光四年。安帝崩。㊵中黃門孫程三句　安帝崩，皇太后與兄閻顯定策立北鄉侯劉懿為帝，即少帝。少帝不踰年而崩，車騎將軍閻顯及江京等奏白太后祕不發喪，更徵立諸國王子，乃閉宮門屯兵自守，中黃門孫程等十九人共斬江京等，迎濟陰王劉保即皇帝位，是為順帝。孫程，字稚卿，涿郡新城（今河北徐水縣）人。本書卷七十八有傳。㊶四年秋七月乙丑　七月朔日丙辰，乙丑為十日。㊷順帝永建三年七月丁酉　永建三年七月朔日己巳，丁酉為二十九日。㊸茂陵　漢武帝陵。在今陝西興平東北。㊹恭陵　安帝陵。在今河南洛陽東北。㊺莫府火　上言災，此言火。災與火不同。人放火曰火，天然造成之火，如雷擊、自燃，曰災。莫府，即幕府。本指將帥在外的營帳，後亦泛指軍政大吏的府署。㊻太尉李固　太尉，三公之一，掌四方兵事，凡國有大事，則參與三公之議。李固，字子堅，漢中南鄭（今陝西漢中）人。因上疏直陳外戚、宦官之弊，為議郎。沖帝朝，為太尉，後被梁冀誣殺。事詳本書卷六十三。㊼禍及枯骨　為造皇帝陵，在此地段內之民間墓地必須遷走，翻屍撿骨，民以為禍。㊽臺觀　亦通謂樓臺。臺，高臺。觀，門外雙闕。㊾永和元年十月丁未　十月辛巳朔，丁未為二十七日。㊿爵號阿母宋娥為山陽君　阿母，乳母；奶媽。〈左雄傳〉：「尚書故事，無乳母爵邑之制。」此爵宋娥為山陽君，故為非禮。帝卒封之，後以宋娥交結宦官被廢退。(51)后父梁商本國侯　順帝梁皇后，其父梁商，字伯夏，封乘氏侯。列侯所食之縣曰國。國侯即食縣之侯。事詳本書卷三十四。(52)冀當繼商爵　冀字伯卓，因兩妹為順帝、桓帝皇后，商死，繼父為大將軍，手立沖、質、桓三帝，專擅朝政二十年。後被誅滅。事詳本書卷三十四。(53)過差　過分；失度。(54)漢安元年三月甲午　三月己卯朔，甲午為十六日。(55)雒陽劉漢句　《東觀書》：「其九十家不自存，詔賜錢廩穀。」《古今注》：「火或從室屋間物中，不知所從起，數月乃止。十二月雒陽失火。」(56)宮車比三晏駕　順帝建康元年八月崩，立沖帝，五個月後（即永嘉元年正月）崩，又立質帝，於本初元年閏六月被梁冀鴆死，在位一年又六個月，是在不足二年之內連崩三帝。(57)建和元年君位乃定　質帝崩，梁太后又立桓帝，年號建和，在位二十一年，是建和以後君位乃定。(58)桓帝建和二年五月癸丑　本年五月甲辰朔，癸丑為十日。(59)掖庭　宮中旁舍，嬪妃居住的地方。(60)德陽殿　在北宮崇賢門內。(61)及左掖門　及，燒及；延及。左掖門，即東掖門。掖門，宮殿正門兩旁的邊門。(62)冀挾姦枉　謂梁冀鴆死質帝事。時李固在側，問帝得病所由，並劾舉侍醫。冀慮其事洩，大恨李固。(63)杜喬　字叔榮，河內林慮（今河南林州）人。以反對梁冀專權而被殺。事詳本書卷六十三。(64)令人誣奏固喬而誅滅之　梁冀恨李固等立清河王劉蒜為天子，冀誣固等共為妖言下獄，太后赦之。及出獄，京師市里皆稱萬歲，冀畏固名德終為己害，遂誅之。(65)是後梁太后崩二句　桓帝延熹二年七月梁太后崩，八月，收梁冀大將軍印綬，梁冀自殺。(66)延熹四年正月辛酉　正月庚申朔，辛酉為二日。(67)嘉德殿　在南宮九龍門內。(68)戊子丙署火　戊子為正月二十九日。署以甲乙丙丁順序命名，署長七人，俸百石，宦者充當，主管宮中各處。(69)二月壬辰　二月庚寅朔，壬辰為三日。(70)五月丁卯　此月戊午朔，丁卯為十日。71原陵　光武帝陵。在今河南洛陽東北。72亳后因賤人得幸　亳后，桓帝鄧皇后。后母宣，先適鄧香生后，後改嫁梁紀，后隨母居，冒姓梁氏。梁冀誅，立后為皇后，帝惡梁氏，改其姓為薄，亳與「薄」古字相通。後有司奏后本鄧香之女，因恢復為鄧氏。73上以后母宣四句　后立為皇后，封其母宣為長安君，後增封為昆陽君，追封其父鄧香為車騎將軍、安陽侯，其兄鄧康為沘陽侯，賞賜巨萬計。宣死，康弟鄧統襲爵昆陽侯，位侍中，從兄鄧會襲封安陽侯，為虎賁中郎將，又封弟鄧秉為淯陽侯，宗族皆列將、校、郎。是愛寵隆崇，多封無功者。74白馬令李雲坐直諫死　白馬縣屬東郡。在今河南滑縣東。梁冀被誅後，封中常侍單超等五人為列侯，又以掖庭女亳氏為后（即前言「賤人得幸」），數月之間，后家封者四人，賞賜巨萬。李雲以公開信形式上書，並抄副本給三公府（太尉、司徒、司空），謂封賞過重，是「帝欲不諦（審視）」，帝大怒，李雲遂下獄死。李雲，字行祖，甘陵（今河北清河縣）人，本書卷五十七有傳。75彗除心尾火連作　彗星尾如帚，俗稱掃帚星，所過不祥。心，二十八宿之一，亦稱大火，是東方蒼龍七宿的第五星。尾，亦二十八宿之一，東方蒼龍七宿之第六星。作，起；發生。76五年正月壬午　甲辰朔，壬午為二十九日。77四月乙丑　四月癸未朔，乙丑及下戊辰均不在本月。78恭北陵東闕　恭北陵，順帝母李氏陵。東闕，東門之闕。闕，門兩旁之高臺，臺上起樓，下有通道。79虎賁　宮中衛隊。80康陵　殤帝陵。在今河南洛陽。81甲申二句　甲申，五月朔日癸丑，甲申不在本月。中藏府，內庫名。有令、丞，主金、銀、貨物之事。承，〈桓帝紀〉作丞。82七月己未　七月朔日壬子，己未為八日。83承善闥　李賢注引《爾雅》：「宮中門謂之闥。」84六年四月辛亥　四月丁未朔，辛亥為五日。85七月甲申　七月乙亥朔，甲申為十日。86平陵　西漢昭帝陵，在陝西咸陽。87八年二月己酉　二月丁酉朔，己酉為十三日。88嘉德署黃龍　嘉德署，嘉德殿之署，管理嘉德殿人員的官署。黃龍，殿名。89四月甲寅　四月朔日丙申，甲寅為十九日。90安陵　西漢惠帝陵，在陝西咸陽。91閏月　古時不說閏幾月，在幾月之後寫「閏月」即是閏幾月。此記在四月之後即為閏四月。〈桓帝紀〉，此次火災記在五月之後，即閏五月。92長秋　宮名。93鉤盾署名。鉤盾令之官署。鉤，或作「鈎」。94十一月壬子　十一月朔日壬辰，壬子為二十一日。95德陽前殿句　德陽前殿和黃門北寺均在北宮。袁山松《後漢書》：「是時連月有火災，諸宮寺或一日再三發。又夜有訛言，擊鼓相驚。陳蕃、劉矩、劉茂上疏諫曰：『古之火皆君弱臣強，極陰之變也。前始春而獄刑慘，故火不炎上。……災為已然，異為方來，恐卒有變，必於三朝（謂一年之正月初一），唯善政可以已之。願察臣前言，不棄愚忠，則元元幸甚。』書奏不省。」96九年三月癸巳　三月朔日庚寅，癸巳為四日。97民相驚譟　譟，同「噪」。喧鬧。袁山松《後漢書》：「是時宦豎專朝，鈎黨事起，上尋無嗣，陳蕃、竇武為曹節等所害，天下無復紀綱。」98延陵　西漢成帝陵。在今陝西咸陽西。〈靈帝紀〉：「遣使者持節告祠延陵。」

99閏月辛酉　據〈靈帝紀〉，此閏月為閏九月。朔日庚申，辛酉為二日。100永巷署　李賢注云，永巷，宮中署名。《漢官儀》：「令一人，宦者為之，俸六百石，掌宮婢侍使。」司徒楊賜罷，以應災變。101五年五月庚申　五月朔日丙辰，庚申為五日。102永樂太后宮署　即永樂宮，太后因居永樂宮而名永樂太后。永樂宮在北宮。103中平二年二月己酉　二月朔日庚子，己酉為十日。104雲臺　洛陽南宮中高臺，光武帝時用為召集群臣聚會場所，明帝時為追念前世功臣，圖畫鄧禹等二十八將於此。105庚戌二句　庚戌為十一日。樂成門，劉昭注：「南宮中門。」〈靈帝紀〉李賢注作「樂成殿」。106嘉德和歡殿　二殿亦在南宮。107榱題　椽頭。108然　即「燃」字。109白虎　殿名。110尚書　謂尚書臺，各曹尚書之官署，有往來文書。111符節　謂符節臺，掌各種節與符，如虎節、龍節、虎符、竹符之類。112蘭臺　令史掌奏及印，存有大量圖書，學者會集之處。113圖書　謂《河圖》、《洛書》。114是時黃巾作慝　黃巾作亂起於中平元年（西元一八四年），此時正熾烈之時。慝，邪惡。115天常　天之常道，謂社會之倫理綱常。116禽　同「擒」。擒獲。117廣宗　縣名。治今河北威縣東。黃巾軍在此擊敗盧植。118曲陽　即中山國之上曲陽。今河北曲陽西。119負海　背靠大海，此言自海邊起至內地無不服役。120杼柚空懸　杼柚，織機上的兩個物件。杼，梭，持緯用。柚，滕，載經用。語本《詩・大東》：「大東小東，杼柚其空。」謂女廢織業。121克己復禮　《論語・顏淵》載子曰：「克己復禮為仁。一日克己復禮，天下歸仁焉。」謂克制自己，使思想行為回到禮制的軌道上。122尺一雨布　尺一，謂詔書。詔板長度為一尺一寸，故稱詔書為尺一或尺一書。雨布，謂多而濫。123驟騎電激　驟騎，駕馭車馬的騎士。電激，比喻迅疾威猛。124內嬖鴻都　嬖，寵信。鴻都，門名。在其附近設學校，稱鴻都門學。〈蔡邕傳〉：「光和元年，遂置鴻都門學，其諸生皆勑州、郡、三公舉用辟召，或出為刺史、太守，入為尚書、侍中，乃有封侯賜爵者，士君子皆恥與為列焉。」125今茲諸侯歲也　今茲，今年。諸侯歲，出諸侯的年分。126何以舊典為　舊典，前世遺留之經典。為，語氣詞。與乎同義。句義為「何用舊典乎？」127祕府　收藏祕籍之府庫。128其後三年二句　靈帝崩於中平六年，是其後四年。129京都為丘墟矣　東漢獻帝初平元年，董卓欲遷都長安，卓悉燒洛陽宮廟、官府、居家，二百里內，室屋蕩盡，無復雞犬。又使呂布發諸帝陵及公卿以下冢墓，收其珍寶。是京都為丘墟。丘墟，廢墟。130霸橋　又作「灞橋」。橋建於灞水之上而得名。在今陝西西安東，故橋在今址西北十餘里處。131其後三年二句　董卓被殺在初平三年四月，實際與霸橋災相距時間僅一年多。劉昭補注：「〈劉焉傳〉，〈獻帝〉興平元年，天火燒其城府輜重，延及民家，館邑無餘也。」

【語　譯】光武帝建武年間，漁陽太守彭寵被朝廷徵召。詔書到達的第二天潞縣失火，火自城中燒起，火星飛到城外，焚毀一千多家，還燒死了人。《京房易傳》說：「上面不儉省，下面不節制，大火頻發，焚燒宮室。」儒生解釋為，火以明為其本性而落實在禮上。當時彭寵與幽州牧朱浮有隔閡，懷疑是朱浮在皇帝面前說他的壞話，所以心中拿不定主意，其妻勸他不要接受徵召，便反叛進攻朱浮，終於被殺。

2 和帝永元八年十二月十六日丁巳，位於南宮的宣室殿起火。這時和帝駕臨北宮，竇太后在南宮。次年，竇太后去世。

3 永元十三年八月二十五日己亥，北宮盛饌門閤起火。這時正當和帝寵愛鄧貴人，陰皇后失寵而懷恨，皇帝有廢陰后之意。第二年，正好了解到陰后使用邪道詛咒他人的行為，便廢了陰皇后，並把她遷往桐宮，陰皇后因此憂憤而死，把鄧貴人立為皇后。

4 永元十五年六月二十八日辛酉，漢中郡城固縣南城門發生火災。這是孝和皇帝將斷絕子孫的象徵。此後二年，和帝駕崩，殤帝和平原王劉勝都年歲不大便去世了，和帝後代就斷絕了。

5 安帝永初二年四月十九日甲寅，漢陽郡阿陽縣城中失火，燒死三千五百七十人。此前，和帝駕崩，有皇子二人，皇子劉勝年長，鄧太后貪圖殤帝劉隆年少，打算自己把他養大以後立為皇帝。延平元年，殤帝去世。劉勝有頭暈的病，但病勢並不深重，大臣們都想要立劉勝，太后認為從前已經決定不立劉勝為帝，便改立清河王慶之子劉祜為帝，這便是安帝。司空周章等心中不服，欲誅除鄧家在朝掌權者，廢除鄧太后和安帝，改立劉勝為帝。延平元年十一月，事被發覺，周章等被殺。這以後涼州反叛離的羌人為害太嚴重，涼州所屬各郡把治所搬到左馮翊和右扶風界內。等到鄧太后去世，鄧家被除掉。

6 永初四年三月四日戊子，杜陵園失火。

7 元初四年二月十八日壬戌，武庫失火。此時西羌反叛，侵犯掠奪，為害很重，徵發全國兵士攻打抵擋，連續十多年仍結束不了，全國人民都受夠了兵役之苦。

8 延光元年八月十六日戊子，陽陵園的寢殿失火。凡是火災發生在先帝陵園，是太子將被廢的象徵。上天好像告誡說：不當廢掉太子而自我滅亡，如同火災不當降臨在先帝陵之寢殿一樣。第二年，皇帝因為聽信讒言廢掉皇太子劉保，改封為濟陰王。以後的第二年，和帝去世。中黃門孫程等十九人在宮中起兵，殺掉賊臣，立濟陰王劉保為帝。

9 延光四年秋七月十日乙丑，漁陽郡城門樓發生火災。

10 順帝永建三年七月二十九日丁酉，茂陵的園寢發生火災。

11 陽嘉元年，恭陵的廊廡發生火災，和東西幕府起火。太尉李固對策認為是奢侈僭越所招致。開始造陵時，埋在地下的枯骨都不得安寧，規模宏大且修造華麗。加之皇帝還要造宮室，增樓臺宮觀，所以火從幕府燃起，燒毀木材。

12 永和元年十月二十七日丁未，承福殿失火。此前，皇帝賜爵乳母宋娥為山陽君；皇后父梁商本已封為國侯，后立以後，又多增加他的封土；商之長子梁冀按禮應當繼承其父的封爵，因其父梁商還在世，又另封梁冀為襄邑侯；還追號后母為開封君：都是過分的，不合禮制的。

13 順帝漢安元年三月十六日甲午，洛陽劉漢等一百九十七家被火燒毀，又過了四年，連續三個皇帝去世，桓帝建和元年起君位才穩定下來。

14 桓帝建和二年五月十當癸丑，北宮掖庭中德陽殿失火，延燒到左掖門。此前梁太后之兄梁冀心存奸邪，認為前太尉李固、杜喬二人正直，恐妨害他的野心，便指使人誣告李固、杜喬並殺害他們。此後梁太后死，梁氏一族被殺絕。

15 延熹四年正月初二辛酉，南宮嘉德殿失火，二十九日戊子，丙署失火。二月三日壬辰，武庫失火。五月初十丁卯，原陵長壽門失火。此前，亳后從掖庭女的卑賤身分得到皇帝寵愛，賜號貴人，又升為后。皇帝封亳后之母宣為長安君，又封其兄弟為列侯，恩寵隆盛，又封許多無功勞之人。去年春天，白馬縣令李雲因上書直諫而下獄死。至此時彗星侵入心、尾二宿，故火災接連發生。

16 延熹五年正月二十九日壬午，南宮丙署失火。四月乙丑日，恭北陵東門闕失火。戊辰日，皇宮衛隊所在之掖門失火。五月，康陵園之寢殿失火。甲申日，中藏府之承祿署失火。七月初八己未，南宮之承善闥內失火。

17 延熹六年四月初五辛亥，殤帝康陵東署失火。七月初十甲申，昭帝平陵園寢失火。

18 延熹八年二月十三日己酉，南宮之嘉德署、黃龍殿和千秋萬歲殿皆失火。四月十九日甲寅，惠帝安陵之園寢失火。閏五月，南宮之長秋殿、和歡殿後面之鉤盾署、掖庭的朔平署分別失火。十一月二十一日壬子，德陽前殿西閤和黃門北寺失火，還燒死了人。

19 延熹九年三月初四癸巳，京城裡晚上有火光轉著圈移動，居民驚恐喧囂。

20 靈帝熹平四年五月，成帝延陵園寢發生火災。

21 光和四年閏九月初二辛酉，北宮東掖庭的永巷署發生火災。

22 光和五年五月初五庚申，德陽前殿西北入門內永樂太后宮官署失火。

23 中平二年二月初十己酉，南宮雲臺發生火災。十一日庚戌，樂成門發生火災，延燒到北闕，越過通道向西燒毀嘉德殿與和歡殿。案雲臺的火災從上邊開始燃燒，數百個椽頭同時著火，就像是掛在那裡的花燈，當天就把兩座殿燒完了，還延及白虎殿、威興門、尚書臺、符節臺、蘭臺。雲臺，原是周朝建造的，《河圖》《洛書》、占卜星術之書、珍奇玩物、奇怪寶物都收藏在這裡。《京房易傳》說：「君主不思治道，其妖祥為火燒宮殿。」這時黃巾賊作亂，變亂天道，七州二十八郡同時發動。朝廷命將出師，雖然略有擒獲，但是宛、廣宗、上曲陽等縣對敵尚未造成大的損傷，服役之人自內地直至瀕海，連婦女也不得作業，織機空懸，百姓死傷超過半數了。但是靈帝從不要求自己按禮而行，暴虐泰侈越來越厲害，尺一詔書濫如雨下，朝廷之使狂暴迅猛，所任官吏非能勝任之人，政事靠賄賂才辦成，內寵宦豎和鴻都學卑鄙小人都受到封賞與爵祿。京城為此事編了一句話：「今年是封諸侯的年分。」上天好像告誡說：廢棄賢者而賞賜貪縱之人，還要舊典幹什麼！所以就把雲臺祕府的典籍給燒了。這以後的三年，靈帝突然去世，接著是董卓之亂，洛陽城裡火燒三日不停，京城變成一片廢墟了。

24 獻帝初平元年八月，霸橋發生火災。此後三年，董卓被殺。

庶徵之恆燠❶，漢書以冬溫應之❷。中興❸以來，亦有冬溫，而記不錄云❹。

【章旨】以上說明中興後沒有「冬溫」的記載。因為「火不炎上」的各種表現中有「厥罰恆燠」，謂不當暖而天暖，故視為不祥。《漢書・五行志》中有冬溫記錄，此書卻無，少了一份考察歷史上氣候變化的資料。

【注釋】❶庶徵之恆燠　庶徵，事物發生前的各種跡象。《尚書・洪範》：「八、庶徵：曰雨、曰暘、曰燠、曰寒、曰風。」五者各以其時，所以為眾驗。恆，常。燠，或作「奧」。義同為暖。《京房易傳》：「祿不遂行茲謂欺，厥咎奧，雨雪四至而溫。臣安祿樂逸茲謂亂，奧而生蟲。知罪不誅茲謂舒，其奧，夏則暑殺人，冬則物華實。重過不誅，茲謂亡徵，其咎當寒而奧六日也。」❷漢書以冬溫應之　《漢書・五行志》記有「亡（無）冰」、「隕霜不殺草」等冬溫現象。❸中興　中道而復興。宋陸游《南唐書・蕭儼傳》：「帝王，己失之，己得之，謂之反正；非己失之，自己得之，謂之中興。」前漢失天下，光武得之，故曰「中興」。❹記不錄云　記，史籍亦泛稱記。不錄，不記載。云，語末助詞，義同「矣」。

【語譯】眾多徵驗中之常暖，《漢書》用冬溫的事例作了相應的記載。光武中興以後，也有冬溫，史書中卻未加記錄。

1 安帝元初三年，有瓜異本共生，八瓜同蔕❶，時以為嘉瓜。或以為瓜者外延❷，離本而實，女子外屬❸之象也。是時閻皇后初立❹，後閻后與外親耿寶等共譖太子，廢為濟陰王❺，更外迎濟北王子犢立之❻，草妖也。

2 桓帝延熹九年，雒陽城局❼竹柏葉有傷者。占❽曰：「天子凶。」

3 靈帝熹平三年，右校別作❾中有兩樗樹❿，皆高四尺所⓫，其一株宿夕⓬暴長，長丈餘，大一圍⓭，作胡人狀，頭目鬢鬚髮備具⓮。京房易傳曰：「王德衰，下人將起，則有木生人狀。」⓯

4 五年十月壬午⓰，御所居殿後槐樹，皆六七圍，自拔，倒豎根在上⓱。

5 中平元年夏⓲，東郡⓳，陳留濟陽、長垣⓴，濟陰冤句、離狐縣界㉑，有草生，其莖靡纍㉒腫大如手指，狀似鳩雀龍蛇鳥獸之形，五色各如其狀，毛羽頭目足翅皆具㉓。近草妖也。是歲黃巾賊始起㉔。皇后兄何進，異父兄朱苗㉕，皆為將軍㉖，領兵。後苗封濟陽侯，進、苗遂秉威權，持國柄，漢遂微弱，自此始焉㉗。

6 中平中，長安城㉘西北六七里空樹中，有人面生鬢㉙。

7 獻帝興平元年九月，桑復生椹㉚，可食㉛。

【章　旨】以上所記為「火不炎上」產生的「草妖」。所謂「草妖」，只不過是植物生長過程中發生的變異，物離其常態，人們便視為妖異。再加口耳相傳，將不可能發生的事（如樹一宿暴長一丈）也說得活靈活現。

【注　釋】❶有瓜異本共生二句　本，根。蔕，同「蒂」。謂瓜與莖相連的部分。《宋書・符瑞志》：「東平陵有瓜異處共生，八瓜同蒂。」❷外延　指瓜蔓向四周擴展。❸女子外屬　女子生於自家，嫁於人家，故曰外屬。❹閻皇后初立　閻貴人於元初二年立為皇后。❺閻后與外親二句　外親，女系的親屬。安帝即位，追尊其皇考清河孝王劉慶為孝德皇，又追尊孝德皇之妃耿氏為甘陵大貴人。耿寶為孝德皇妃之兄，故為外親。閻后、耿寶與常侍江京等共譖皇太子劉保，延光三年，廢為濟陰王。安帝崩，耿寶被貶為亭侯，自殺。❻更外迎濟北王子犢立之　濟北惠王劉壽，其子北鄉侯劉懿，迎立之即位，是為少帝。〈安帝紀〉作劉懿，此志作劉犢，蓋為二名。惠棟：「豈因名子者不以畜牲而改為懿歟？」❼城局　城牆之彎曲處。局，曲。❽占　卜問吉凶。❾右校別作　將作大匠下領左校、右校，各有令一人，俸六百石，右校令掌右工徒，凡臣工犯法常輸作於此。其工徒又分作於不同處所。❿樗樹　臭椿樹。⓫所　約計之詞，在數詞之後，猶今「左右」。⓬宿夕　猶旦夕。言時間很短。⓭圍　兩臂合抱曰圍。⓮備具　皆具；都齊全。⓯京房易傳四句　劉昭補注：「木生人狀，下人將起，京房之占雖以證驗，貌類胡人，猶未辨了。董卓之亂，實擁胡兵，傕、汜之時，充斥尤甚，遂窺閒宮嬪，剽虐百姓。鮮卑之徒，踐藉畿封，胡之害深，亦已毒矣。」⓰五年十月壬午　十月朔日己未，壬午為二十四日。⓱御所居殿四句　御，皇帝所用稱御。〈靈帝紀〉作「御殿後槐樹自根倒拔」，語句更為簡明。周代朝廷前種三槐、九棘，公卿大夫分坐其下，以定三公九卿之位。劉昭補注：「槐是三公之象，貴之也。靈帝授位，不以德進，貪愚是升，清賢斯黜，槐之倒植（立），豈以斯乎？」⓲中平元年夏　〈靈帝紀〉：「郡國生異草，備龍蛇鳥獸之形。」次於中平元年之末，是不知其時。此云「夏」，時間明確。⓳東郡　治所在濮陽（今河南濮陽西南）。⓴陳留濟陽長垣　陳留，郡名。治所在陳留（今河南開封東南）。濟陽，今河南蘭考東北。長垣，在今河南長垣北。㉑濟陰冤句離狐縣界　濟陰，郡名。治所在定陶（今山東濟陰）。冤句，在今山東曹縣西北。離狐，今山東東明東南。劉昭注引《風俗通》：「西及成皋（今河南滎陽西北）、陽武（今中牟北）城郭路邊。」㉒靡纍　蔓延堆積。㉓毛羽頭目足翅皆具　《風俗通》謂，草生亦作人狀，操持弓弩，牛馬萬狀備具。㉔是歲黃巾賊始起　謂此年黃巾賊在朝廷進剿之下，同時俱起，其組織發動遠在此前。故去年（光和六年）太尉楊賜等上書獻策，以圖消解之。㉕異父兄朱苗　〈靈帝紀〉及〈何后紀〉均稱何苗，前卷稱「同母弟」，此稱「異父兄」。既曰何皇后，自當是先嫁朱姓，後歸何氏，朱苗是其異父兄。又曰何苗，冒其後父之姓。㉖將軍　何進為大將軍，朱苗為車騎將軍，故統稱將軍。據《續漢書・百官志》，將軍，不常置，掌征伐背叛，地位比三公。㉗漢遂微弱二句　自除滅宦官後，董卓廢除少帝，另立獻帝，並迫殺何太后，外有黃巾賊之禍，漢家自此敗亂。應劭曰《風俗通》：「關東義兵先起於宋、衛之郊，東郡太守橋瑁負眾怙亂，陵蔑同盟，忿嫉同類，以殞厥命。陳留、濟陰迎助，謂為離德，棄好即戎，吏民殲之。草妖之興，豈不或信！」㉘長安城　長安屬京兆尹。在今陝西西安西北。㉙人面生鬢　常人之鬢在近耳處，今生於面，故為異。鬢，面旁之髮毛。劉昭注補引《三國志・魏書》：「建安二十五年正月，曹公在洛陽，起建始殿，伐濯龍樹而血出。又掘徙梨，根傷而血出。曹公惡之，遂寢疾，是月薨。」㉚桑復生椹　椹，或作「甚」。

桑樹果實，可食，一般情況一年一次結果。今再椹，故以為異。㉛可食　劉昭注：「桑重生椹，誠是木異，必在濟民，安知非瑞乎？時蒼生死敗，周、秦殲盡，餓魂餒鬼，不可勝言，食此重椹，大拯危命，雖連理附枝，亦不能及。若以為怪，則建武野穀旅生，麻菽尤盛，復是草妖邪。」

【語譯】安帝元初三年，有瓜不同根而同蔓，八瓜長在同一個蒂上，當時人認為是祥瑞之瓜。有的人認為瓜苗生長，逐漸向四周延展，離根很遠的地方才結實，這是女子生於自家，終嫁他人之象。此時閻皇后才被策立，以後閻皇后與外親耿寶等共同讒毀太子劉保，將其廢為濟陰王，另外迎入濟北王之子劉犢而立之，這是草妖的表現。

2 桓帝延熹九年，洛陽城牆拐角處的竹葉、柏葉有傷害的痕跡。便行占卜，結果是：「天子不吉利。」

3 靈帝熹平三年，右校工徒別作院中有兩棵臭椿樹，都是高四尺左右，其中一棵一個晚上猛然增長，長到一丈多高，其粗有一人合抱，長得像胡人模樣，頭、眼、鬢角、鬍鬚、頭髮樣樣俱全。《京房易傳》說：「國君德衰，居下位的人將崛起，便會發生樹木長得像人的形狀。」

4 靈帝熹平五年十月二十四日壬午，皇帝所居宮殿後的槐樹，都有六七個人合抱那麼粗，無故拔起，倒立著，根在上。

5 靈帝中平元年夏季，東郡，陳留郡之濟陽、長垣，濟陰郡之冤句、離狐縣界，生出一種草，其莖蔓延腫脹大如手指，形狀像斑鳩、麻雀、龍、蛇、鳥獸等，各種色彩也像實際的鳥獸的顏色，毛羽頭目足翅樣樣俱全。近乎草妖。這一年黃巾賊開始起事。皇后之兄何進、異父兄朱苗，都拜為將軍，統領軍隊。後來朱苗封為濟陽侯，何進、朱苗兄弟二人便把持威權，掌握國家權力，漢家衰敗下來就是從此時開始的。

6 靈帝中平年中，長安城西北六七里處空樹中，有人鬚毛生在臉上。

7 獻帝興平元年九月，桑樹再次生椹，仍可以吃。

1 安帝延光三年二月戊子❶，有五色大鳥集濟南臺❷，十月，又集新豐❸，時以為鳳皇❹。或以為鳳皇陽明❺之應，故非明主，則隱不見。凡五色大鳥似鳳者，多羽蟲之孽。是時安帝信中常侍樊豐、江京❻、阿母王聖❼及外屬耿寶等讒言，免太尉楊震❽，廢太子為濟陰王，不悊❾之異也。章帝末，號鳳皇百四十九見❿。時直臣何敞以為羽孽似鳳，翱翔殿屋，不察也⓫。記者以為其後章帝崩，以為驗。案宣帝、明帝時，五色鳥群翔殿屋，賈逵以為胡降徵也⓬。帝⓭多善政，雖有過，不及至衰缺，末年胡降二十萬口，是其驗也。帝⓮之時，羌胡外叛，讒慝⓯內興，羽孽之時也。樂叶圖徵⓰說五鳳皆五色，為瑞者一，為孽者四⓱。

2 桓帝元嘉元年十一月，五色大鳥見濟陰己氏⓲。時以為鳳皇。此時政治衰缺，梁冀秉政阿枉⓳，上幸亳后，皆羽孽時也。

3 靈帝光和四年秋，五色大鳥見于新城⓴，眾鳥隨之，時以為鳳皇。時靈帝不恤㉑政事，常侍、黃門專權㉒，羽孽之時也。眾鳥之性，見非常班駮㉓，好聚觀之，至於小爵希見梟者㉔，虣㉕見猶聚。

4 中平三年八月中，懷陵㉖上有萬餘爵，先極悲鳴，已㉗因亂鬭相殺，皆斷頭，懸著樹枝枳棘㉘。到六年，靈帝崩，大將軍何進以內寵外嬖㉙，積惡日久，欲悉糾黜㉚，以隆更始冗政㉛，而太后持疑，事久不決。進從中出，於省內㉜見殺，因是有司盪滌虔劉㉝，後祿而尊厚者無餘矣㉞。夫陵者，高大之象也㉟。天戒若曰：諸懷爵祿而尊厚者，還自相害至滅亡也㊱。

【章旨】以上敘述飛禽的異常情況，以應「火不炎上」出現的「羽蟲之孽」。鳳凰是瑞鳥，朝廷政治黑暗而祥瑞之鳥出現，便成為羽蟲之孽。麻雀相鬥而死，原因不明，人們便聯繫到有爵祿（爵，古雀字）者自相殘害而至滅亡。

【注釋】❶安帝延光三年二月戊子　二月朔日甲子，戊子為二十五日。❷濟南臺　濟南，封國名。治東平陵（今山東章丘西）。臺，縣名。治今濟南東。❸新豐　縣名。治今陝西臨潼東北。❹鳳皇　古代傳說中的瑞應鳥，雄曰鳳，雌曰凰。羽毛五色，聲如簫樂。皇，通「凰」。❺陽明　光明。特別指政治清明。❻中常侍樊豐江京　中常侍，宦者，無定員，俸比二千石，掌侍帝左右，從入內宮，贊導宮內眾事，顧問應對給事。樊豐、江京迎立順帝時皆被殺。❼王聖　安帝乳母，順帝立後，因干亂朝政，被流放到鴈門。❽楊震　字伯起，弘農華陰（今陝西華陰）人。明經博覽，有「關西孔子」之譽。為官以「清白吏」著稱。數上奏宦官、王聖等不法，為其所恨。樊豐等乘安帝東巡，矯詔收楊震太尉印綬，震被誣，憤而自殺。事詳本書卷五十四。❾哲　明智。❿章帝末二句　〈章帝紀〉：「在位十三年，郡國所上符瑞合於圖書者數百千所。」《東觀漢記》載章帝時鳳凰出現一百三十九次，較此記載少十次，其他麒麟、白虎、黃龍各種符瑞日月不絕，載於史官，不可勝記。⓫直臣何敞三句　何敞，字文高，扶風平陵人。事詳本書卷四十三。京師及四方累有奇異鳥獸草木，言事者以為祥瑞，敞曰：「夫瑞應依德而至，災異緣政而生。今異鳥翔於殿屋，怪草生於庭際，不可不察。」過不久，章帝崩。⓬案宣帝明帝時三句　《漢書．宣帝紀》載，神爵二年、四年均有鳳凰集京師，因而改元為五鳳。五鳳三年三月，鸞鳳又集長樂宮樹上，紋章五色。是宣帝五色鳥群翔之事。賈逵，字景伯，扶風平陵人。事詳本書卷三十六。明帝永平年間，有神爵集宮殿官府，冠羽有五采色。帝異之，以問逵，對曰：「昔武王終父之業，鸑鷟在岐，宣帝威懷戎狄，神爵仍（頻）集，此胡降之徵也。」帝敕蘭臺給筆札，使作〈神雀頌〉。⓭帝　謂明帝。⓮帝　謂安帝。⓯讒慝　邪惡奸佞之人。⓰樂叶圖徵　漢時流行的緯書名。⓱為瑞者

一二句　劉昭注補引《樂叶圖徵》：「似鳳有四，並為妖：一曰鷫鸘，鳩喙，圓目，身義戴信嬰（繞於頸）禮膺（抱持）仁負（背）智，至則旱役之感也；二曰發明，烏喙，大頸，大翼，大脛，身仁戴智嬰義膺信負禮，至則喪之感也；三曰焦明，長喙，疏翼，圓尾，身義戴信嬰仁膺智負禮，至則水之感也；四曰幽昌，兌（同銳）目，小頭，大身，細足，脛若鱗葉，身智戴信負禮膺仁，至則旱之感也。」《說文》：「五方神鳥：東方曰發明，南方曰焦明，西方曰鷫鸘，北方曰幽昌，中央曰鳳凰。」由此可知，為瑞者一，為鳳凰，餘四並為孽。⑱己氏　縣名。在今山東曹縣東南。⑲阿枉　偏私不公正。⑳新城　縣名。屬河南尹。在今河南洛陽南。㉑恤　憂慮。㉒常侍黃門專權　常侍即中常侍。黃門，宮門為黃色，故稱宮門曰黃門。侍郎官給事於黃門，稱黃門侍郎，亦簡稱黃門，用宦者，俸六百石，掌侍從帝左右，給事禁中，關通內外。㉓班駁　即「斑駁」。顏色不一。㉔小爵希見梟者　爵，古「雀」字。即麻雀。梟，同「鴞」。貓頭鷹，猛禽。希，同「稀」。㉕虣　同「暴」。突然。㉖懷陵　東漢沖帝陵，在今河南洛陽北。㉗已　以後。㉘枳棘　皆叢生之木。㉙內寵外嬖　寵、嬖同義。內寵，指宦官。外嬖，指鴻都門學生、宣陵孝子之流。然內外只是相對的，故前文有「內嬖鴻都」之語。㉚糾黜　糾彈而黜去之。㉛以隆更始冗政　隆，興起；振興。更始冗政，改變冗政重新開始。冗政，腐敗混亂的政局。㉜省內　禁中。㉝有司盪滌虔劉　朝廷設官分職，各有所司，因指朝廷官吏為有司。盪滌，清除。虔、劉，都是斬殺之義。㉞後祿而尊厚者無餘矣　後祿而尊厚者，指宦官資歷淺而處崇位。此指袁紹誅宦官事，〈何進傳〉記載，袁紹閉北宮門，勒兵捕宦者，無少長皆殺之，或有無鬚而誤殺者，死者二千餘人。㉟夫陵者二句　大阜曰陵，天子冢皆高大，秦稱天子冢為山，漢稱陵，通稱為山陵。如光武原陵高漢尺六丈六尺，懷陵高漢尺四丈六尺。故云陵為高大之象。㊱自相害至滅亡也　自誅宦官後，漢室自此敗亂，再加諸侯混戰，遂至滅亡。劉昭注補羽蟲之孽謂，《古今注》：「建武九年，六郡八縣鼠食稼。」張璠《後漢紀》：「初平元年三月，獻帝初入未央宮（今陝西西安），翟雉（鳥名）飛入未央宮，獲之。」《獻帝春秋》：「建安七年，五色大鳥集魏郡（今冀南豫北地，治所在河北臨漳西南），眾鳥數千隨之。」

【語　譯】安帝延光三年二月二十五日戊子，有五彩大鳥聚止於濟南國臺縣，十月，又聚集在新豐，當時人們認為是鳳凰。有人認為鳳凰是政治清明的徵驗，所以非有明主，便隱避不出現。凡是五彩大鳥像鳳凰模樣的，大多是羽蟲之妖孽。這時安帝聽信中常侍樊豐、江京、奶媽王聖及外戚耿寶等人的讒言，免了太尉楊震的職，又廢棄太子劉保而改授濟陰王，這是不明智導致之災異。章帝末年，號稱鳳凰出現了一百四十九次。此時正直之臣何敞認為羽蟲之孽與鳳凰相似，盤旋於宮殿之上，人們不加分辨。作史者認為此後章帝駕崩，就是這種現象的應驗。案宣帝和明帝時，成群的五色鳥盤旋在宮殿屋頂之上，賈逵認為是匈奴投降的象徵。明帝在位期間多善政，雖有過失，不至於到衰敗地步，其晚年匈奴來降者達二十萬人，是五色鳥群翔殿屋的應驗。安帝之時，西羌和匈奴叛離於外，奸邪之徒興起於內，正是羽蟲妖孽發生的時機。《樂叶圖徵》說，五種鳳凰毛羽都是五彩，作為祥瑞象徵的只有一種，作為妖孽象徵的有四種。

2 桓帝元嘉元年十一月，五色大鳥出現在濟陰郡己氏縣。當時認為是鳳凰。這時政治衰敗，梁冀掌管朝廷權力，為政偏私，皇帝寵愛亳后，都是羽蟲妖孽呈現的時期。

3 靈帝光和四年秋天，五色大鳥出現在新城縣，許多鳥跟隨著牠，當時人們認為是鳳凰。這時靈帝不憂慮朝廷大事，常侍、黃門侍郎等宦者專權，正是羽蟲妖孽出現的時候。鳥類的本性，見了不常見的、顏色花稍的鳥，好群聚觀看，至於小麻雀更是很少見到貓頭鷹，突然見了就聚在一起了。

4 獻帝中平三年八月裡，沖帝懷陵上有麻雀萬餘隻，先是拼命哀鳴，以後因為亂鬥而死，都斷了頭，懸掛在樹枝叢木上。到中平六年，靈帝去世，大將軍何進認為內有宦官，外有邪惡之徒，長久勾結起來做壞事，意欲徹底清除，改變腐敗的政局，但是何太后遲疑，清除宦官事長久定不下來。何進從殿中出來，在宮中被殺，進而對朝中執事大臣清洗殺戮，以後食祿而位尊者互相殘殺殆盡。陵墓，是高大的象徵。上天好像告誡說：所有擁爵祿而尊顯的人，尚自相殘殺終至朝廷滅亡了。

桓帝建和三年秋七月，北地廉❶雨肉似羊肋❷，或大如手。近赤祥❸也。是時梁太后攝政，兄梁冀專權，枉誅漢良臣故太尉李固、杜喬，天下冤之。其後梁氏誅滅。

【章　旨】以上記述北地郡廉縣自天空落羊肉如雨，在《五行傳》稱之為「羊禍」，也是因「火不炎上」所施的懲罰之一。李固、杜喬被殺，天下以為冤枉，便把天雨羊肋應驗在梁冀被誅上，其實是了不相干的兩件事。

【注　釋】❶北地廉　北地，郡名。治今甘肅吳忠西南。廉，縣名。在今寧夏銀川市。❷雨肉似羊肋　雨肉，天上落肉如下雨。雨是動詞。肋，《說文》：「脅骨也。」謂腋下至腰部。〈桓帝紀〉李賢注引此作「肉似羊胏，或大如指」。❸赤祥　此謂羊禍，以應《五行傳》「棄法律，逐功臣」的惡果。

【語　譯】桓帝建和三年秋季之七月，北地郡廉縣天上落下的肉如同羊肋骨，有的像手那麼大。這近似赤祥。此時梁太后攝管國政，其兄梁冀專斷朝廷大權，枉殺漢室良臣原太尉李固、杜喬，天下人認為他們是冤枉的。那以後，梁氏一門全部被殺。

【研　析】本卷中我們看到中常侍樊豐、江京等讒陷皇太子劉保廢為濟陰王。安帝崩後，車騎將軍閻顯及江京欲徵立諸國王子，中黃門孫程等十九人共斬江京等，迎立濟陰王即位，是為順帝。江京、樊豐等又誣太尉楊震，收其太尉印綬，震因而自殺。驚怪這些刑餘之人權力如此之大，廢立皇帝，左右朝廷，枉害大臣。誠然如此，東漢中後期的政治無不與宦官相關連。這是因為東漢明帝之後幾次太后稱制，靠中官傳達旨意，於是他們「手握王爵，口含天憲」，隔斷大臣，把持朝廷。孫程等十九人因擁立順帝，皆得封侯，稱十九侯。其中多人互相貨賂以求高官增邑。單超等五人幫桓帝誅滅梁冀，五人同日封侯，世謂之五侯，自是權歸宦官，朝廷日亂。皆競起第宅，窮極壯麗，兄弟姻親宰州臨郡，霸占民財，與盜賊無異。忠貞之士憤怒稍形於顏色，言出禍至，宗族殄滅。東漢有名的黨錮之禍就是由中常侍侯覽、曹節煽起的，百餘精英死於獄中。州郡承旨，或有未曾交關亦遭死徙廢禁者六七百人，海內塗炭二十餘年。中常侍張讓、趙忠慫恿靈帝斂天下田畝稅十錢以修宮室，官吏凡有除調皆令出修宮錢，有清廉者不願剝割百姓而飲藥自殺。靈帝卻感恩說：「張常侍是我公，趙常侍是我母。」中官飛揚跋扈，百姓無不痛恨，正臣為之切齒，竇武、何進皆為大將軍，前後欲除宦豎，終被宦官所害。黃巾之起與宦官之貪殘有直接關係，從而導致東漢的滅亡。

如果說宦官皆壞，也不盡然，在濁流中亦有挺立不染者。和帝時有中常侍鄭眾，當時大將軍竇憲竊威權，朝臣上下莫不附之，眾卻一心王室，不事權貴，並且首先造謀誅除竇憲。桓帝時有曹騰，在禁省三十多年，奉事四帝，未曾有過錯，所薦舉皆海內名人。更難能的是，蜀郡太守因計吏賂遺於騰，益州刺史种暠搜得書信，因奏太守與騰罪，帝以曹騰並不知情而寢其奏。騰不以為意而常稱暠為能吏，暠後為司徒，告賓客曰：「今身為公，乃曹常侍之力。」靈帝時有中常侍呂強，不但辭去封侯，還上疏揭露曹節、張讓等「宦官祐薄，品卑人賤，讒諂媚主，佞邪徼寵，放毒人物，疾妬忠良，有趙高之禍，未被轘裂之誅，掩朝廷之明，成私樹之黨。」揭露這些人不當封侯。還對後宮浪費，忠臣受害，官吏任用等提出建議。赦免黨人就是由他提出的。後被趙忠等誣陷自殺。中官蔡倫，因發明造紙術，用破布、樹皮、麻頭、魚網等做成價廉適用的紙，稱為蔡侯紙，為今人所熟知；還典監通儒、博士等校讎經傳文字，凡此均對中國文化的發展和傳承起到良好的作用。由於鄭眾首謀誅竇憲，帝策勳班賞，眾每辭多受少，皇帝感謝他，常讓他參與議論國事，開創了宦官用權的惡例，後患深重，大大阻礙了東漢社會的發展，值得深思！（張文質注譯）

志第十五

五行三

大水　水變色　大寒　雹　冬雷　山鳴　魚孽　蝗

【題解】〈五行三〉所述內容，基本上都與「水不潤下」有關。水之性為潤下，反此則為災害。人們常說「水火無情」，據前篇可知，火災給人們造成的危害大多是局部的，而水災則不同，有的年分，幾郡甚至幾十個郡國發水，漂沒人民、房屋、莊稼及一切財物，給人民造成極大的災難。同時也可看出，這些災難與朝廷的政治腐敗有密切關係，所以東漢中期以後，尤其晚期各種災害特別多，而水災對人民更具滅頂的禍患。本篇還記載了「海溢」、「海水溢」，有學者謂即古代的「海嘯」。二〇〇四年年底發生在印尼的海嘯，災及印度洋沿岸許多國家，以古鑑今，不可掉以輕心。今人有謂黃河清為吉兆者，古人卻將「河清」列入本志，並以皇帝晏駕為徵驗，可見為災異，也是古今政治觀念之不同。他如蝗災，也於民生影響巨大，有時廣至幾州或幾十郡國。所有這些災難，造成民眾的痛苦，引起民眾的不滿，圖讖便成為解釋造成苦難原因的根據，反映了民眾對於政治清明的願望。

五行傳❶曰：「簡❷宗廟，不禱祠❸，廢祭祀❹，逆天時❺，則水不潤下❻。」

謂水失其性而為災也❼。又曰：「聽之不聰，是謂不謀❽。厥咎急❾，厥罰恆寒❿，厥極貧⓫。時則有鼓妖⓬，時則有魚孽⓭，時則有豕禍⓮，時則有耳痾⓯，時則有黑眚、黑祥⓰，惟火沴水⓱。」魚孽，劉歆傳以為介蟲之孽，謂蝗屬也⓲。

【章　旨】以上是對《五行傳》中關於「水不潤下」的原因及其表現的敘述，作為本卷內容的提綱。古人認為水之性為潤下，潤下則通利萬物，人主行政反此則各種災變雜沓而來。下述災變，被認為是水不潤下的結果。

【注　釋】❶五行傳　《尚書・洪範》載箕子對周武王所陳「九疇」，其中之一曰「五行」。《五行傳》是西漢經師伏生對「五行」所作的解說。《尚書》本文稱「經」，對經的注釋稱「傳」。❷簡　怠慢。❸禱祠　鄭玄注《周禮》：「求福曰禱，得求曰祠。」則祠為得福而後對神報謝，今曰「還願」。❹祭祀　對天神和祖先每年正常的祭奠活動。❺天時　天道運行的規律。人主行政，發號施令，也須順奉天時。❻水不潤下　《漢書・五行志》：「霧水暴出，百川逆溢，壞城邑，溺人民，及淫雨傷稼穡，是為水不潤下。」鄭玄曰：「水性浸潤下流，人所用灌溉者也。無故源流竭絕，川澤以涸，是為不潤下。」鄭玄從水缺少解說，《漢書》從水漫溢說，二說相反而相成，水不潤下之義完備。❼水失其性而為災也　《太公六韜》：「人主好破壞名(大)山，壅塞大川，決通名水，則歲多大水，五穀不成也。」❽聽之不聰二句　〈洪範〉：「聰作謀。」偽孔安國注：「所謀必成當。」鄭玄曰：「君聽不聰，則是不能謀其事也。」馬融曰：「上聰則下進其謀。」聰，謂聽覺靈敏。謀，謂集思廣益。❾厥咎急　厥，其。咎，災禍。《漢書・五行志》：「上偏聽不聰，下情隔塞，則不能謀慮利害，失在嚴急，故其咎急也。」鄭玄曰：「君臣不謀則急矣。」❿厥罰恆寒　恆，久。恆寒，久寒不退。《漢書・五行志》：「盛冬日短，寒以殺物，政促迫，故其罰常(長)寒也。」⓫厥極貧　《漢書・五行志》：「寒則不生百穀，上下俱貧，故其極貧也。」貧，是「六極」之四。⓬時則有鼓妖　時則謂有時有，有時無，或在前，或在後，未必同時俱至。《漢書・五行志》：「君嚴急猛而閉下，臣戰慄而塞耳，則妄聞之氣發於音聲，故有鼓妖。」鄭玄曰：「鼓，聽之應也。」⓭魚孽　《漢書・五行志》：「寒氣動，故有魚孽。」鄭玄曰：「魚，蟲之生水而游於水者也。」⓮豕禍　《漢書・五行志》：「於《易》，坎為豕，豕大耳而不聰察，聽氣毀，故有豕禍也。」鄭玄曰：「家，畜之居閑衛（圈欄）而聽者也，屬聽。」⑮耳痾　《漢書・五行志》謂寒歲豕多死，擴而至人則多病耳者，故有耳痾。鄭玄曰：「聽氣失之病。」⑯黑眚黑祥　《漢書・五行志》：「水色黑，故有黑眚、黑祥。」眚，災禍。祥，有吉凶二義，此用其凶義。⑰惟火沴水　沴，惡氣相衝。《漢書・五行志》：「凡聽傷者病水氣，水氣病則火沴之。」⑱魚孽三句　劉歆，字子駿，西漢沛縣（今江蘇沛縣）人。治《左氏春秋》，所解釋五行又有不同，此引劉歆〈聽傳〉，以存異說，「劉歆傳」實是劉歆對《五行傳》所作的解說。劉歆，《漢書》有傳。〈五行志〉記春秋時螽與蜚之害時，引劉歆說以為貪虐取民則有介蟲之孽，蝗類食穀為災，屬於介蟲之孽。因為本志下文是從和帝時記起，劉昭注時補充了光武帝建武年間和章帝時的水災，引《古今注》：「光武建武四年，東郡以北傷水。七年六月戊辰（六日），雒水盛溢，至津城門（洛陽南城西頭第一門），帝自行水（巡視水情），弘農都尉治析（今河南西峽縣）為水所漂殺，民溺，傷稼，壞廬舍。二十四年六月丙申（十三日），沛國睢水逆流，一日一夜止。章帝建初八年六月癸巳（三日），東昏（今河南蘭考）城下池水變赤如血。」引《東觀漢記》：「建武八年間，郡國比（連續）大水，湧泉盈溢。」謝承《後漢書》：「建武十年，雒水出，造（到達）津城門。」

【語　譯】伏生《五行傳》說：「怠慢宗廟，不向神祈禱和報謝，不祭天神祖先，做事違背天道運行規律，便出現水不潤下的徵兆。」這是說水失去其潤澤萬物的本性而釀成災害。又說：「上偏聽而不明辨，這叫做不能謀慮其事。其災嚴急，其懲罰久寒不退，其不幸之極是上下俱貧。有時有鼓妖，有時有魚孽，有時有豬禍，有時有耳病，有時有因水而生的災禍和凶兆，惟火氣可以衝剋水氣。」魚孽，劉歆〈聽傳〉認為是甲蟲之妖孽，認為是蝗蟲一類的災害。

1 和帝永元元年七月，郡國九大水❶，傷稼❷。京房易傳❸曰：「顓事有知❹，誅罰絕理❺，厥災水。其水也，雨殺人❻，隕霜，大風，天黃。飢而不損❼，茲謂泰❽，厥水水殺人。辟遏有德❾，茲謂狂❿，厥水水流殺人，已水⓫則地生蟲。歸獄不解⑫，茲謂追非⑬，厥水寒殺人。追誅⑭不解，茲謂不理，厥水五穀不收。大敗不解⑮，茲謂皆陰，厥水流入國邑，隕霜殺穀⑯。」是時和帝幼，竇太后攝政⑰，其兄竇憲幹事⑱，及憲諸弟皆貴顯⑲，並作威虣虐⑳，嘗所怨恨，輒任客殺之㉑。其後竇氏誅滅㉒。

2 十二年六月，潁川㉓大水，傷稼。是時和帝幸鄧貴人㉔，陰有欲廢陰后之意，陰后亦懷恚怨㉕。一曰㉖，先是恭懷皇后葬禮有闕，竇太后崩後，乃改殯梁后，葬西陵㉗，徵舅三人皆為列侯㉘，位特進㉙，賞賜累千金㉚。

3 殤帝延平元年五月，郡國三十七大水，傷稼。董仲舒㉛曰：「水者，陰氣盛也。」是時帝在襁抱㉜，鄧太后專政㉝。

4 安帝永初元年冬十月辛酉㉞，河南新城㉟山水虣出，突㊱壞民田，壞處泉水出，深三丈。是時司空周章㊲等以鄧太后不立皇太子勝而立清河王子，故謀欲廢置㊳。十一月，事覺，章等被誅㊴。是年郡國四十一水出，漂沒民人㊵。讖㊶曰：「水者，純陰之精也。陰氣盛洋溢者，小人專制擅權，妒疾賢者，依公結私，侵乘㊷君子，小人席勝㊸，失懷㊹得志，故涌水為災。」

5 二年，大水㊺。

6 三年，大水[46]。

7 四年，大水[47]。

8 五年，大水[48]。

9 六年，河東[49]池水變色，皆赤如血[50]。是時鄧太后猶專政[51]。

10 延光三年，大水，流殺民人，傷苗稼。是時安帝信江京、樊豐及阿母王聖等讒言[52]，免太尉楊震[53]，廢皇太子[54]。

11 質帝本初元年五月，海水溢樂安[55]、北海[56]，溺殺人物[57]。是時帝幼，梁太后專政[58]。

12 桓帝建和二年七月，京師大水。去年冬，梁冀枉殺故太尉李固、杜喬[59]。

13 三年八月，京都大水。是時梁太后猶專政。

14 永興元年秋，河水[60]溢，漂害人物[61]。

15 二年六月，彭城泗水增長[62]，逆流[63]。

16 永壽元年六月，雒水[64]溢至津陽城門[65]，漂流人物。是時梁皇后兄冀秉政，疾害忠直，威權震主。後遂誅滅。

17 延熹八年四月，濟北河水清[66]。九年四月，濟陰[67]、東郡[68]、濟北、平原[69]河水清。襄楷[70]上言：「河者諸侯之象，清者陽明之徵，豈獨諸侯有規京都計邪[71]！」其明年，宮車晏駕[72]，徵解犢亭侯為漢嗣[73]，即尊位[74]，是為孝靈皇帝[75]。

18 永康元年八月，六州大水[76]，勃海[77]海溢，沒殺人[78]。是時桓帝奢侈淫祀[79]，其十一月崩[80]，無嗣。

19 靈帝建寧四年二月，河水清[81]。五月，山水大出[82]，漂壞廬舍五百餘家。

20 熹平二年六月，東萊[83]、北海海水溢出，漂沒人物。

21 三年秋，雒水出[84]。

22 四年夏，郡國三水[85]，傷害秋稼。

23 光和六年秋，金城[86]河溢，水出二十餘里。

24 中平五年，郡國六水大出[87]。

25 獻帝[88]建安二年九月，漢水流[89]，害民人。是時天下大亂[90]。

26 十八年六月，大水[91]。

27 二十四年八月，漢水溢流，害民人[92]。

【章旨】以上敘述了東漢時期的水災、海溢及河清情況。水災和海溢是自然災害，時人歸結為朝廷政治腐敗，大獄長年不解。黃河流經黃土高原，攜帶大量泥沙，故古人以河水黃為正常，河清為反常，反常則為災，因而產生種種曲解。

【注釋】❶大水　《穀梁傳》：「高下有水災曰大水。」❷傷稼　禾稼遇大水或被沖走，或被水沖倒伏而減產，或被水浸泡而立枯沒有收成，皆為傷稼。❸京房易傳　京房，字君明，東郡頓丘（今河南清豐）人。以「通變」說《易》，好言災異。著有《京氏易傳》三卷。《漢書》有傳。❹顓事有知　顓，同「專」。專事；專擅行事。有知，有知覺；有知識。《禮記·三年問》：「凡生天地之間者，有血氣之屬，必有知。」此有知指人的生命。❺絕理　棄絕事理。即無理。❻雨殺人　落雨死了人。下「水殺人」、「寒殺人」、「水流殺人」與此同例，即淹死人、凍死人、沖死人。❼飢而不損　飢，同「饑」。年成很壞或顆粒無收。不損，不減損；不知減膳、節用。❽泰　奢侈；過分。❾辟遏有德　辟遏，阻斷。謂壅遏有德行之人不任用。❿狂悖逆。⓫已水　水過之後。已，止；完了。⓬歸獄不解　歸獄，張晏注《漢書·五行志》謂釋有罪之人，而歸罪無辜者。解，捨；停止。⓭追非　遂非，即因循錯誤而不知改正。⓮追誅　人死後仍然進行譴責。⓯大敗不解　《漢書·五行志》：「王者於大敗，誅其首，赦其眾，不（否）則皆函陰氣。」⓰隕霜殺穀　穀，《漢書》作「菽草」，菽，豆。此泛指秋稼未熟而遭霜打枯死。⓱竇太后攝政　竇太后，扶風平陵（今陝西咸陽）人，章帝皇后，事詳本書卷十上。和帝即位時，年十九，竇太后臨朝。⓲竇憲幹事　幹事，謂主持政務。竇憲，太后兄，以侍中身分，內管機密，出宣誥命。事詳本書卷二十三。⓳諸弟皆貴顯　憲弟竇篤為虎賁中郎將，篤弟竇景、竇瓌並為中常侍。⓴虣虐　即暴虐。虣，古「暴」字。㉑嘗所怨恨二句　《竇憲傳》謂憲性果急，睚眦之怨莫不報復。謁者韓紆曾考劾其父竇勳獄，憲遂令客斬紆子，以首祭勳冢。章帝崩，齊殤王子劉暢來弔，自通長樂宮得幸太后，被詔召詣上東門。憲懼劉暢見幸，分宮省之權，遣刺客殺暢於屯衛之中，而歸罪於暢弟劉剛，乃使侍御史與青州刺史共考剛等。輒，專擅；擅自。任，指使。客，門客。㉒其後竇氏誅滅　竇氏父子兄弟並居列位，充滿朝廷，圖謀殺害皇帝，和帝永元四年，帝與中常侍鄭眾定議誅之。先收捕其黨羽，下獄誅，又收憲大將軍印綬，更封為冠軍侯，遣其就國，迫令自殺。竇氏一門全被誅殺。㉓潁川　郡名。治所在陽翟（今河南禹州）。㉔鄧貴人　名綏，太傅鄧禹之孫女，年十六立為貴人，樸素謙退，不敢與陰皇后爭寵，博得和帝歡心。後廢陰氏而立為皇后。㉕陰有欲廢陰后二句　陰，暗地。陰后，即和帝陰皇后，鄧貴人立後，后愛寵稍衰，數有恚恨，乃與外祖母鄧朱共挾巫蠱之術，事發覺，奪其璽綬，遷於桐宮以憂死。㉖一曰　另一種說法。㉗先是恭懷皇后四句　恭懷皇后即和帝生母梁貴人。和帝生，章帝竇皇后養為己子，欲專有外家之名，而忌梁氏，乃作飛書（匿名信）陷害貴人，父梁竦被誅，貴人以憂死。和帝即位，尊竇氏為皇太后，臨朝稱制。其兄竇憲、弟竇景等並顯貴，擅威權。竇憲被誅後五年竇太后崩，被告發枉害梁貴人，和帝以生母酷歿，殮葬禮缺，便改殯於承光宮，上尊諡曰恭懷皇后，葬西陵。西陵蓋位於敬陵（章帝陵）之西而得名。㉘徵舅三人皆為列侯　梁貴人冤既得雪，乃迎梁竦喪改葬於恭懷皇后陵旁。從流放地九真（今越南）徵還其妻、子，因封其子梁棠為樂平侯，棠弟梁雍為乘氏侯，雍弟梁翟為單父侯，邑各五千戶，位皆特進，賞賜第宅、奴婢、車馬兵弩、什物以巨萬計，寵遇光於當世。列侯，爵位二十級為列侯，是漢爵之最高級。㉙特進　《漢官儀》：「諸侯功德優盛，朝廷所敬異者，賜位特進，在三公下。」東漢特進只是加官，是一種榮銜，無實職。㉚賞賜累千金　千金，黃金一千斤。東漢一斤合今二二〇克。劉昭注補引《廣州先賢傳》：「和帝時策問陰陽不和，或水或旱，方正鬱林布衣養奮，字叔高，對曰：『天有陰陽，陰陽有四時，四時有政令。春夏則予惠布施寬仁，秋冬則剛猛盛威行刑。賞罰殺生各應其時，則陰陽和，四時調，五穀升（豐登）。今則不然，長吏多不奉行時令，為政舉事干逆天氣，上不卹下，下不忠上，百姓困乏而不卹哀，眾怨鬱積，故陰陽不和，風雨不時，災害緣類（依惡行之類別而生相應的災害）。水者陰盛，小人居位，依公營私，讒言誦上。雨漫溢者，五穀有不升而賦稅不為減，百姓虛竭，家有愁心也。』」㉛董仲舒　西漢廣川（今河北棗強）人，治《春秋公羊傳》，任博士、江都相和膠西王相。武帝時，因對策提出「罷黜百家，獨尊儒術」，以及天人感應學說，並雜以陰陽五行思想，以解釋萬事萬物，為武帝所採納，著有《春秋繁露》等。事詳《漢書》卷五十六。㉜帝在襁抱　殤帝即位時才滿百日，故云在襁抱。襁，背負嬰兒的兜袋。抱，懷抱。㉝鄧太后專政　和帝鄧皇后，和帝崩後，稱鄧太后，擅權攬勢，為貪幼弱而立僅百日之殤帝劉隆，不逾年而崩，又立年僅十歲之劉祜，是為安帝。安帝在位十八年，鄧太后臨朝稱制十四年，至死而止。縱然為國家兢兢業業，畢竟遺害終朝。劉昭注謂本紀是年九月，六州大水。袁山松《後漢書》：「六州河、濟、渭、洛、洧水盛漲泛溢，傷秋稼。」㉞安帝永初元年句　十月朔日己亥，辛酉為二十三日。㉟河南新城　河南，謂河南尹。治今河南洛陽東。新城為其屬縣，在今洛陽南。㊱突　水沖。㊲司空周章　司空，三公之一，掌水土事，凡營城起邑、浚溝洫、修墳防之事，則議其利建其功，凡四方水土考績，則奏其殿最而行賞罰。凡國有大事，則參與三公之議。周章，字次叔，南陽隨（今湖北隨州）人。舉孝廉，六遷為五官中郎將，和帝永初元年為司空。事詳本書卷三十三。㊳謀欲廢置　周章以立劉祜為帝不附眾心，與王尊等密謀閉宮門，誅車騎將軍鄧騭兄弟及宦者鄭眾、蔡倫，劫尚書，廢太后，封劉祜為遠國王，立平原王劉勝為帝。置，立。廢置，廢除舊帝而立新帝。「皇太子勝」當作「皇子勝」，劉勝未嘗為太子。㊴章等被誅　事覺，劉勝被策免，周章自殺。㊵是年郡國四十一二句　〈安帝紀〉王先謙《集解》引《續志》謂郡國四十一，縣三百一十五雨水，四瀆溢，傷秋稼，壞城國，殺人民。所引較此為詳。㊶讖　即《河圖》、《洛書》，是巫師和方士所作的謎語式的預言。㊷侵乘　侵陵。㊸席勝　猶乘勝，憑藉勝利的形勢。席，藉。㊹失懷　喪心。㊺二年二句　劉昭：〈安帝紀〉「京師及郡國四十大水。」〈周嘉傳〉謂是夏旱，嘉之從弟周暢收葬客死骸骨，應時澍雨，年成豐稔，則水不為災。㊻三年二句　劉昭：〈安帝紀〉「京師及郡國四十一雨水。」㊼四年二句　劉昭：〈安帝紀〉「三郡大水。」㊽五年二句　劉昭：〈安帝紀〉言郡國八雨水。㊾河東　郡名。治所在安邑（今山西夏縣東北）。㊿皆赤如血　古人以為這是水變。占曰：「水化為血者，好任殘賊，殺戮不辜，延及親戚（親族），水當為血。」(51)鄧太后猶專政　猶，還在；仍然。鄧太后崩於永寧二年，尚在此後八年。劉昭注補引《古今注》：「元初二年，潁川襄城（今河南襄城縣治）流水化為血，不流。」《京房占》：「流水化為血，兵且起，以日辰占與其色。」(52)安帝信江京句　江京、樊豐俱宦者。阿母，奶媽。樊豐等譖楊震怨恨朝廷，夜遣使者策收震印綬。(53)太尉楊震　太尉，三公之一，掌四方兵事，凡國有大事，參與三公之論。震，字伯起，弘農華陰（今陝西華陰）人。習《歐陽尚書》，諸儒稱震為「關西孔子」。為太尉，清白正直。乳母王聖子女出入宮掖，中常侍樊豐及阿母王聖，用司農錢穀和將作大匠的人徒材木大起第宅，被楊震參奏。豐等懷恨，因譖訴震，震免官自殺。事詳本書卷五十四。(54)廢皇太子　皇太子劉保，因江京等人之譖，被廢為濟陰王。劉昭注補順帝時水災，〈左雄傳〉：順帝永建四年，司（司隸）、冀二州大水，傷禾稼。〈楊厚傳〉：永和元年夏，洛陽暴水，淹死千餘人。(55)樂安　封國名。治所在臨濟（今山東高青高苑鎮西北）。(56)北海　封國名。故治劇縣（今山東昌樂西）。(57)溺殺人物　〈質帝紀〉：「海水溢。使謁者案行，收葬樂安、北海人為水所漂沒死者，又稟給貧羸。」(58)是時帝幼二句　質帝立時八歲，本初元年為九歲。梁太后，順帝皇后。順帝崩，立沖帝，年二歲，尊皇后為皇太后，沖帝立不滿一年而崩。太后與其兄梁冀為攬權勢，乃立八歲之質帝，故梁太后仍專政。劉昭注補引《春秋漢含孳》：「九卿阿黨，擠排正直，驕奢僭害，則江河潰決。」《方儲對策》：「民悲怨則陰類強，河決海溢（起波），地動土湧。」(59)李固杜喬　李固，字子堅，漢中南鄭（今陝西漢中）人。杜喬，字叔榮，河內林慮（今河南林州）人。均處世公忠，反對梁冀專權，主張立清河王劉蒜為帝，被梁冀誣枉下獄死。二人事詳本書卷六十三。(60)河水　黃河。古書中一般以河或河水為黃河。(61)漂害人物　漂，沖走。〈桓帝紀〉：「河水溢，百姓飢窮，流冗（散）道路，至有數十萬戶，北州尤甚。」〈朱穆傳〉：「永興元年，河溢，漂害人庶數十萬戶，百姓荒饉，流移道路。」《京房占》：「江河溢者，天有制度，地有里數，懷容（涵括）水澤，浸漑萬物。」劉昭：今溢者，明在位者不勝任也，三公之禍不能容也，率（一般）執法者利刑罰，不用常法。(62)彭城泗水增長　彭城，封國名。治所在彭城（今江蘇徐州）。泗水，源出山東泗水縣東蒙山南麓，四源並發，故名。西流經泗水、曲阜、兗州，折南至濟寧入運河，直至江蘇沛縣、徐州、清江而入淮河，是淮河下游第一大支流，故古時「淮泗」並稱。長，今寫作「漲」。[63]逆流　下游之水不能順利排出而倒灌。劉昭注補引《梁冀別傳》：「冀之專政，天為見（現）異，眾災並湊，蝗蟲滋生，河水逆流，五星失次，太白經天，人民疾疫，出入六年，羌戎叛戾，盜賊略平民，皆冀所致。」《敦煌實錄》載張衡對策：「水者，五行之首，滯而逆流者，人君之恩不能下及而教逆也。」《春秋潛潭巴》：「水逆者，反命也，宜修德以應之。」此皆由自然現象的反常而聯繫到人世現象的反常，以諫君修德去邪愛民。

[64]雒水　今作洛水。段玉裁《說文解字注》謂雍州之水作洛，豫州之水作雒，二字判然有別，自魏文帝黃初之後，雒水字亦寫作洛水，遂與雍州之洛水字相混，相沿至今。洛水出今陝西雒南冢領山（即秦嶺），至河南鞏義入黃河。[65]津陽城門　洛陽城南面四門，最西頭門曰津門，或曰津陽門。洛水經洛陽南城邊，故能溢至津陽城門。〈桓帝紀〉：「六月，洛水溢，壞鴻德苑。」又曰：「南陽大水。」[66]濟北河水清　〈桓帝紀〉作「濟陰、東郡、濟北河水清。」濟北，封國名。治所在今山東長清南。此謂黃河經濟北國一段。[67]濟陰　郡名。治所在定陶（今縣西北）。當時黃河沒有經過此郡。[68]東郡　治所在濮陽（今河南濮陽南）。[69]平原　郡名。治今山東平原縣南。[70]襄楷　字公矩，平原濕陰（今山東臨邑）人。好學博古，善天文陰陽之術。所上書多以天道而主持正義。本書卷三十下有傳。[71]河者諸侯之象三句　〈襄楷傳〉作「臣以為河者諸侯位也，清者屬陽，濁者屬陰，河當濁而反清者，陰欲為陽，諸侯欲為帝也。」《爾雅・釋水》以「江、河、淮、濟為四瀆。」《禮記・王制》：「天子祭天下名山大川，五嶽視（視祭牲、祭器之數）三公，四瀆視諸侯。」故河有諸侯之象。豈獨，二字同義，獨亦豈義。規，謀求。[72]宮車晏駕　以皇帝的居乘借指皇帝。晏駕，晚駕，以代皇帝崩，都是古人對尊者避諱的說法。桓帝以永康元年十二月崩。[73]徵解犢亭侯為漢嗣　桓帝無子，皇太后與其父竇武定策，至河閒國迎解犢亭侯劉宏以續漢室之祀。嗣，承續。

[74]尊位　皇帝為至尊，尊位即皇帝之位。[75]孝靈皇帝　〈謚法〉：「亂而不損曰靈。」漢以孝治天下，故在謚號之前加「孝」字。「孝靈皇帝」是皇帝死後的稱呼。初即位便稱孝靈皇帝，是史家的追稱。[76]六州大水　州，即刺史部，全國十三個刺史部。六州，近一半之州部發大水。[77]勃海　郡名。因瀕鄰渤海而得名。治所在南皮（今河北南皮北）。[78]沒殺人　淹死人。沒，淹沒。[79]淫祀　不合禮制的祭祀。《禮記・曲禮下》：「非其所祭而祭之，名曰淫祀。」[80]崩　《禮記・曲禮下》：「天子死曰崩。」後世專稱為帝王之死。此言十一月，〈桓帝紀〉作十二月。[81]河水清　〈靈帝紀〉作「海水溢，河水清」。[82]山水大出　〈靈帝紀〉作「暴出」，與大出義同。袁山松《後漢書》謂是河東郡水暴出。[83]東萊　郡名。治所在黃縣（今山東龍口市東）。因北海國只瀕鄰渤海，知此次海溢在渤海灣。[84]雒水出　〈靈帝紀〉作「洛水溢」，是溢與出同義。[85]郡國三水　〈靈帝紀〉作「夏四月，郡國七大水。」[86]金城　郡名。治所在允吾（今甘肅永靖西北）。[87]郡國六水大出　劉昭補引袁山松《後漢書》：

「山陽、梁、沛、彭城、下邳、東海、琅邪」，則是七郡。〈靈帝紀〉作「郡國七大水」，與袁氏書吻合。(88)獻帝　劉協，是東漢最後一位皇帝。西元一八九年即位，西元二二〇年禪位於魏。(89)漢水流　東漢時之漢水又名沔水，二水互稱。自武當（今湖北丹江口市）以下又稱滄浪水。今統稱漢水，源自陝西寧強，至湖北武漢入長江。流，泛濫。(90)是時天下大亂　董卓立獻帝而專朝政，遭朝野反對。董卓死後，各諸侯又互相兼併，政權落入曹操手中，天子不過是偶人而已。劉昭補引袁山松《後漢書》：「曹操專政。十七年七月，大水，洧水溢。」(91)大水　劉昭補引《獻帝起居注》：「七月，大水，上親避正殿；八月，以雨不止，且還殿。」(92)漢水溢流二句　劉昭補引袁山松《後漢書》：「明年禪位于魏。」

【語　譯】和帝永元元年七月，有九個郡、國發大水，損傷禾稼。《京房易傳》說：「專斷人命，刑罰背棄事理，其災是發水。其行水的方式是下雨淹死人，降霜，颳大風，天變黃色。年成饑荒而在上者不知減膳節用，是為泰侈，其水災是水淹死人。壅蔽有德行之人，是為狂悖，其水災是沖死人，水過後地生害蟲。釋有罪而歸罪於無辜之人的做法不停止，是為有錯不改，其水災是湅死人。對死人還不放過，又加種種罪名，是為無情理，其水災是五穀不收。王者在誅首惡之後而不赦其眾，是為包涵陰氣，其水災是水沖入國都城邑，下霜使莊稼枯死。」此時和帝還年幼，竇太后臨朝攝管政事，其兄竇憲主管國事，還有竇憲的弟弟們都封侯顯貴，個個作威暴虐，過去誰得罪了他，私自指派刺客將其殺死。以後於永元四年竇氏被誅滅。

2　永元十二年六月，潁川郡發大水，傷害了莊稼。此時和帝寵愛鄧貴人，暗地有廢去陰皇后之意，陰皇后也心懷怨恨。另外有一種對潁川發大水的說法，前此恭懷皇后沒有按皇后之禮埋葬，在竇太后死後，便重新殯葬梁太后，把她葬於西陵，徵召三位舅父封為列侯，賜職位特進，賞賜黃金累計上千斤。

3　殤帝延平元年五月，有三十七個郡、國發大水，淹傷禾稼。董仲舒說過：「水災，是陰氣太盛。」此時皇帝尚未脫離懷抱，鄧太后專斷朝政。

4　安帝永初元年冬十月二十三日辛酉，河南尹新城縣山洪暴發，沖壞民田，在沖壞的地方冒出泉水，水深三丈。此時司空周章等，因為鄧太后不立皇太子劉勝，而立清河王之子劉祐，便打算廢劉祐而立劉勝。十一月，事情敗露，周章等被殺。此年有四十一個郡、國洪水泛濫，沖走和淹死民人。《讖》說：「水，是純陰之精。陰氣太盛而橫流，小人專權，嫉妒賢能，假公濟私，侵陵君子，小人得勢，喪心得意，所以水洶湧成災。」

5 永初二年，發大水。

6 永初三年，發大水。

7 永初四年，發大水。

8 永初五年，發大水。

9 永初六年，河東郡有池水變色，都赤紅如血。此時鄧太后仍然專政。

10 安帝延光三年，發大水，沖走淹死民人，傷害苗稼。此時安帝聽信中常侍江京、樊豐和奶媽王聖等人的讒言，免去太尉楊震的官職，又廢皇太子劉保為濟陰王。

11 質帝本初元年五月，樂安、北海二國海水溢出，淹死人畜莊稼，漂走財物。此時質帝幼小，梁太后專權。

12 桓帝建和二年七月，京城發大水。去年冬天，梁冀屈殺原太尉李固與杜喬。

13 建和三年八月，京城發大水。此時梁太后仍然專制國政。

14 桓帝永興元年秋季，黃河水溢出，沖走人民及財物。

15 永興二年六月，彭城國泗水水漲，倒流。

16 桓帝永壽元年六月，洛水溢到洛陽南城之津陽門，沖走了人民和財物。此時梁皇后之兄梁冀主政，疾恨並害死忠直之臣，威權震懾人主。以後終被誅滅。

17 桓帝延熹八年四月，濟北國段黃河水變清。九年四月，流經濟陰、東郡、濟北、平原等郡、國段的黃河水變清。襄楷上書說：「黃河是諸侯的象徵，清是陽明的象徵，莫非諸侯有圖謀京師的計劃嗎！」第二年，桓帝崩，徵迎解犢亭侯劉宏為漢室的繼承者，就皇帝之位，這就是孝靈皇帝。

18 桓帝永康元年八月，六個州部發大水。渤海郡海水溢出，淹死人民。此時桓帝奢侈而濫祀諸神，這年之十一月皇帝崩，無子嗣。

19 靈帝建寧四年二月，黃河水變清。五月，山洪暴發，沖毀民舍五百多家。

20 靈帝熹平二年六月，東萊郡、北海國海水溢出，淹死人民沖走財物。

21 熹平三年秋天，洛水決堤而出。

22 熹平四年夏天，有三個郡、國發生水災，秋莊稼受到損害。

23 靈帝光和六年秋天，金城郡地段的黃河溢出，河水流出二十多里。

24 靈帝中平五年，有六個郡、國發大水。

25 獻帝建安二年九月，漢水泛濫，為害人民。此時已天下大亂。

26 建安十八年六月，發大水。

27 建安二十四年八月，漢水橫流，給人民造成傷害。

庶徵之恆寒❶。

靈帝光和六年冬，大寒❷，北海、東萊、琅邪❸井中冰厚尺餘。

獻帝初平四年六月，寒風如冬時❹。

【章旨】《洪範》之「庶徵」分休徵和咎徵二類，此「恆寒」為咎徵之一。《漢書・五行志》謂盛冬日短，寒以殺物，政促迫，故其罰常寒。

【注釋】❶庶徵之恆寒　《漢書・五行志》謂劉歆以為大雨雪，及未當雨雪而雨雪，及大雨雹，隕霜殺菽草，皆常寒之罰也。光武帝建武七年，鄭興上奏謂今年正月繁霜，自爾以來率多寒日。即恆寒之應。庶徵，眾多之徵驗。❷大寒　極度寒冷。袁山松《後漢書》：「是歲群賊起，天下始亂。《讖》：『寒者，小人暴虐，專權居位，無道有位，適（同「謫」。懲罰）罰無法，又殺無罪，其寒必暴殺。』」❸琅邪　封國名。治開陽（今山東臨沂北）。❹寒風如冬時　京房《易飛候》：「誅過深，當燠而寒。」袁山松《後漢書》：「時帝流遷失政。」養奮對策曰：「當溫而寒，刑罰慘也。」

【語譯】各種徵候中的長久寒陰現象。

靈帝光和六年冬季，天氣極為寒冷，北海、東萊、琅邪等郡國的井中結了一尺多厚的冰。

獻帝初平四年六月，颳起像冬天那麼冷的風。

1 和帝永元五年六月，郡國三雨雹，大如雞子。是時和帝用酷吏周紆❶為司隸校尉❷，刑誅深刻❸。

2 安帝永初元年，雨雹❹。二年，雨雹❺，大如雞子。三年，雨雹❻，大如鴈子，傷稼。劉向❼以為雹，陰脅陽也。是時鄧太后以陰專陽政❽。

3 元初四年六月戊辰❾，郡國三雨雹，大如杅❿杯及雞子，殺六畜⓫。

4 延光元年四月，郡國二十一雨雹，大如雞子，傷稼。是時安帝信讒，無辜死者多⓬。

5 三年，雨雹，大如雞子⓭。

6 桓帝延熹四年五月己卯⓮，京都雨雹，大如雞子。是時桓帝誅殺過差，又寵小人⓯。

7 七年五月己丑⓰，京都雨雹。是時皇后鄧氏僭侈，驕恣專幸。明年廢，以憂死，其家皆誅⓱。

8 靈帝建寧二年四月⑱，雨雹⑲。

9 四年五月，河東雨雹。

10 光和四年六月⑳，雨雹，大如雞子。是時常侍、黃門用權㉑。

11 中平二年四月庚戌㉒，雨雹，傷稼。

12 獻帝初平四年六月，右扶風雹如斗㉓。

【章旨】以上記述東漢時期的冰雹。下冰雹大多在盛夏及秋天熱空氣流動急劇時，此記有在四月（陰曆）時。又冰雹代代有，此只記和帝以後，也與朝廷政治腐敗，給人民造成深重的苦難有關。

【注釋】❶周紆　字文通，下邳徐縣（今江蘇泗洪）人。為人刻削少恩，好韓非之術，為政專任刑罰，奉法疾奸，不事權貴。對貪官、外戚，尤疾惡如仇。事詳本書卷七十七。❷司隸校尉　俸比二千石，掌察百官以下及京師、近郡（河南、河內、右扶風、左馮翊、京兆、河東、弘農）犯法者。❸刑誅深刻　《易讖》：「凡雹者，過由人主惡聞其過，抑賢不揚，內與邪人通，取財利，蔽賢，施之（棄置不用），並當雨不雨，故反雹下也。」劉昭引《古今注》補和帝以前雨雹：「光武建武十年十月戊辰，樂浪（郡，在今朝鮮）、上谷（郡，今河北北部）雨雹，傷稼。十二年，河南平陽雨雹，大如杯，壞敗吏民廬舍。（明帝）永平三年八月，郡國十二雨雹，傷稼。十年，郡國十八或雨雹、蝗。」《易緯》：「夏雹者，治道煩苛，傜役急促，教令數變，無有常法。不救為兵，強臣逆謀，蝗蟲傷穀。救之，舉賢良，爵有功，務寬大，無誅伐，則災除。」❹安帝永初元年二句　〈安帝紀〉元年曰：「郡國二十八雨雹。」❺二年二句　〈安帝紀〉二年曰：「京師及郡、國四十大水、大風、雨雹。」《東觀漢記》：「雹大如芋塊、雞子，風拔樹發屋。」❻三年二句　〈安帝紀〉三年曰：「是歲京師及郡、國四十一雨水、雹。」❼劉向　字子政，沛郡沛縣（今屬江蘇）人。西漢經學家，官至中壘校尉。治《春秋穀梁傳》。《漢書》有傳。❽是時鄧太后以陰專陽政　古人以為自然界為陰陽二氣組成，陰陽調協，人世安寧。君為陽，臣為陰，男為陽，女為陰，雨雹、女主稱制，都是陰犯陽，使天道人心不平。❾元初四年六月戊辰　六月癸卯朔，戊辰為二十六日。❿杅　同「盂」。盛湯的器皿。⑪殺六畜　此殺字為被冰雹打死之義。六畜，詳言之為馬、牛、羊、雞、犬、豬，也泛指各種牲畜。劉昭補引《古今注》：「樂安（國，在今山東北部）雹如杆，殺人。」《京房占》：「夏雨雹，天下兵大作。」⑫安帝信讒二句　安帝信從乳母王聖、中黃門李閏、江京之譖毀，迫害鄧廣宗、鄧忠、鄧騭、鄧鳳、鄧豹、鄧遵、鄧暢、楊震等，這些人都是忠於王室，而被譖迫令自殺的。劉昭注引〈孔僖傳〉，謂是歲河西大雨雹，如斗。安帝見孔季彥，問其故，對曰：「此皆陰乘陽之徵也。今貴臣擅權，母后黨盛，陛下宜修聖德，慮此二者。」惠棟引《連叢子》謂河南（郡，治雒陽，在今河南黃河以南地）四縣雨雹，如棬杯，大者如斗，殺禽畜雉兔，折樹木，秋苗盡。⑬三年三句　劉昭注補引《古今注》：「順帝永建五年，郡國十二雨雹。六年，郡國十二雨雹，傷秋稼。」⑭延熹四年五月己卯　五月朔日戊午，己卯為二十二日。⑮桓帝誅殺過差二句　過差，過分；失度。延熹二年，殺白馬令李雲、弘農五官掾杜眾。賞誅梁冀之功，封單超等五人為縣侯，尹勳等七人為亭侯，自是權歸宦豎，傾動內外，時人有「左回天，具獨坐，徐臥虎，唐兩墮」之諺。⑯七年五月己丑　五月朔日辛未，己丑為十九日。⑰皇后鄧氏僭侈五句　桓帝鄧皇后恃其寵幸，兄弟姪宗族皆列校、郎、將，恃尊驕忌，與皇帝所幸郭貴人互相譖訴。八年，詔廢后，送暴室以憂死，其從父河南尹鄧萬世及姪鄧會皆下獄死。⑱建寧二年四月　〈靈帝紀〉具體日期為「四月癸巳（二十二日）」。⑲雨雹　〈靈帝紀〉作「大風雨雹」，凡下冰雹，皆伴有大風，此專記「雨雹」一類，故不言大風。⑳四年六月　〈靈帝紀〉作「四年六月庚辰（十九日）」。㉑常侍黃門用權　桓帝竇皇后崩，中常侍曹節、王甫欲別葬太后。王甫向渤海王劉悝索賄不成，告其大逆不道，迫責劉悝自殺，其婦妾、傅、相皆伏誅。光和三年，劉郃、陳球、陽球、劉納等欲除宦官，曹節以郃等圖謀不軌告白於皇帝，帝大怒，皆下獄死。楊賜奏曰：「今妾媵、閹尹之徒共專國政，欺罔日月。」常侍、黃門，皆用宦者。㉒中平二年四月庚戌　四月朔日己亥，庚戌為十二日。㉓獻帝初平二句　劉昭注補引袁山松《後漢書》：「雹殺人。前後雨雹，此為最大，時天下潰亂。」右扶風，前漢三輔之一，此時屬司隸校尉部。治所在槐里（今陝西興平東南）。此時黃巾未滅，而李傕、郭汜等擁兵擄掠，朝廷形同虛設，官吏任免如走馬燈。斗，有柄酒器。

【語　譯】和帝永元五年六月，有三個郡、國下冰雹，大如雞蛋。此時和帝用酷吏周紆為司隸校尉，誅殺嚴刻。

2　安帝永初元年，下冰雹。二年，下冰雹，大小如同雞蛋。三年，下冰雹，有雁蛋那麼大，砸傷了莊稼。劉向認為下冰雹是陰盛陽衰，陰脅迫陽。此時鄧太后稱制，是以陰專陽政。

3　元初四年六月二十六日戊辰，有三個郡、國下冰雹，大小像盂、杯和雞蛋那麼大，砸死六畜。

4 安帝延光元年四月，有二十一個郡、國下冰雹，有雞蛋那麼大，傷害莊稼。這時安帝聽信讒言，很多人無辜被殺。

5 延光三年，下冰雹，大小如同雞蛋。

6 桓帝延熹四年五月二十二日己卯，京城下冰雹，大如雞蛋。此時桓帝濫殺人命，又寵愛那些人格卑劣的人。

7 延熹七年五月十九日己丑，京都下冰雹。此時皇后鄧氏奢侈過度，驕橫放肆，欲專寵後宮。明年被廢，由此憂愁而死，其家人皆被誅。

8 靈帝建寧二年四月，下冰雹。

9 建寧四年五月，河東郡下冰雹。

10 靈帝光和四年六月，下冰雹，大如雞蛋。此時中常侍、中黃門等擅權攬政。

11 靈帝中平二年四月十二日庚戌，下冰雹，傷害禾稼。

12 獻帝初平四年六月，右扶風下冰雹，大如酒杯。

1 和帝元興元年冬十一月壬午❶，郡國四冬雷。是時皇子數不遂，皆隱之民間❷。是歲，宮車晏駕，殤帝生百餘日，立以為君；帝兄有疾，封為平原王，卒，皆夭無嗣。

2 殤帝延平元年九月乙亥❸，陳留❹雷，有石隕地四❺。

3 安帝永初六年十月丙戌，郡六冬雷❻。

4 七年十月戊子⑦，郡國三冬雷。

5 元初元年十月癸巳⑧，郡國三冬雷。

6 三年十月辛亥⑨，汝南⑩、樂浪⑪冬雷。

7 四年十月辛酉⑫，郡國五冬雷。

8 六年十月丙子⑬，郡國五冬雷。

9 永寧元年十月，郡國七冬雷。

10 建光元年十月，郡國七冬雷。

11 延光四年，郡國十九冬雷。是時太后攝政，上無所與⑭。太后既崩，阿母王聖及皇后兄閻顯兄弟更秉威權⑮，上遂不親萬機⑯，從容寬仁任臣下。

12 桓帝建和三年六月乙卯⑰，雷震憲陵寢屋⑱。先是梁太后聽兄冀枉殺李固、杜喬。

13 靈帝熹平六年冬十月，東萊冬雷。

14 中平四年十二月晦⑲，雨水，大雷電，雹。

15 獻帝初平三年五月丙申⑳，無雲而雷。

16 四年五月癸酉㉑，無雲而雷。

【章 旨】以上所記打雷多在冬季。一般打雷多在夏秋二季，冬季則無打雷的條件，偶然發生，便視為災異。古人經見有在今人常識之外的，如無雲而雷。至於有四石隕地而發出巨響，則似雷聲而非打雷。

【注 釋】❶十一月壬午　十一月朔日庚辰，壬午為三日。❷皇子數不遂二句　遂，成；存活。〈皇后紀〉：「長子平原王有疾，而諸皇子夭沒前後十數，後生者輒隱祕養於民間。」劉昭補引《古今注》：「光武建武七年，遼東（郡，在今遼東半島）冬雷，草木實。」❸殤帝延平元年九月乙亥　殤帝於延平元年八月晏駕，九月已是安帝在位。當時成法，新帝即位，逾年改元，延平元年未盡，所以仍用殤帝延平年號。乙亥，朔日，即初一。❹陳留　郡名。治所在陳留（今河南開封東南）。❺有石隕地四　此事在本書〈天文志〉已經寫入，作「隕石陳留四」，不言「雷」。並引《春秋・僖公十六年》「隕石于宋五」，董仲舒目為從高及下之象，或以為庶人惟星隕民困之象。則此處不當重出。此處言「雷」而隕石，當是隕石觸地之聲。劉昭補章帝時石墜，引《古今注》：「章帝建初四年五月戊寅，潁陰（縣，今河南許昌）石從天墜，大如鐵鑕（碪），色黑，始下時聲如雷。」❻安帝永初六年二句　六年十月朔日庚午，丙戌為十七日。劉昭補明帝時打雷，引《古今注》：「明帝永平七年十月丙子（二十七日），越巂（郡，跨今川南滇北一帶）雷。」《京房占》：「天冬雷，地必震。」又曰：「教令擾。」又曰：「此以春夏殺無辜，不須（待）冬刑致災。蟄蟲出行，不救之，則冬溫風，以其來年疾病。其救也，恤幼孤，振（救）不足，議獄刑，貰（赦）讁（同謫）罰，災則消矣。」❼七年十月戊子　十月朔日甲子，戊子為二十五日。❽元初元年十月癸巳　十月戊子朔，癸巳為五日。❾三年十月辛亥　十月丁未朔，辛亥為五日。❿汝南　郡名。治平興（今河南平輿北）。⓫樂浪　郡名。治所在朝鮮（今朝鮮國之平壤）。⓬四年十月辛酉　十月辛丑朔，辛酉為二十一日。⓭六年十月丙子　十月己未朔，丙子為十八日。⓮是時太后攝政二句　太后指和帝鄧皇后，和帝崩，殤帝即位，尊稱為太后。殤帝崩，安帝即位，太后仍臨朝稱制，安帝不親政事。延光四年前太后已崩，此「是時」，當為「先是」。⓯太后既崩二句　鄧太后崩於安帝建光元年，安帝奶媽王聖及后兄閻顯兄弟秉權，並為卿、校，典禁兵。后寵既盛，遂與大長秋江京、中常侍樊豐等共譖太子劉保，廢為濟陰王，與帝舅耿寶等枉殺太尉楊震。⓰萬機　或作「萬幾」。指帝王日常處理紛繁的政務。劉昭補順帝時雷震，引《古今注》：「順帝永和四年四月戊午，雷震擊高廟、世祖廟外槐樹。」⓱建和三年六月乙卯　六月朔日丁酉，乙卯為十九日。⓲憲陵寢屋　憲陵，順帝陵，在今河南洛陽。寢屋，陵墓的正殿。⓳晦　農曆每月的最後一天，即小盡的二十九日，大盡的三十日。此晦為二十九日。⓴初平三年五月丙申　五月朔日戊子，丙申為九日。㉑四年五月癸酉　五月壬子朔，癸酉為二十二日。

【語譯】和帝元興元年冬十一月初三壬午，有四個郡、國冬天打雷。此時接連好幾個皇子都不成人，以後生了皇子都隱藏在民間祕密撫養。這一年，和帝駕崩，殤帝劉隆生下來百多天，便立為國君；帝之兄有疾病，封為平原王，已死，都短命且沒有子嗣。

2 殤帝延平元年九月初一乙亥，陳留郡打雷，有四塊石頭落在地上。

3 安帝永初六年十月十七日丙戌，有六個郡冬天打雷。

4 永初七年十月二十五日戊子，有三個郡、國冬天打雷。

5 安帝元初元年十月初五癸巳，有三個郡、國冬天打雷。

6 元初三年十月初五辛亥，汝南、樂浪二郡冬季打雷。

7 元初四年十月二十一日辛酉，五個郡、國冬天打雷。

8 元初六年十月十八日丙子，五個郡、國冬天打雷。

9 安帝永寧元年十月，有七個郡、國冬天打雷。

10 安帝建光元年十月，有七個郡、國冬天打雷。

11 安帝延光四年，十九個郡、國冬天打雷。此時鄧太后攝理朝政，皇帝無法參與。鄧太后去世以後，安帝的奶媽王聖和皇后之兄閻顯兄弟進一步掌握朝中大權，皇帝便不親自處理國家的政務，悠閒寬厚讓大臣作主處理事情。

12 桓帝建和三年六月十九日乙卯，打雷震壞憲陵的正殿。此前，梁太后聽任其兄梁冀對太尉李固、杜喬無罪而殺害。

13 靈帝熹平六年冬季十月，東萊郡冬天打雷。

14 中平四年十二月二十九日晦，下雨，大閃電，響巨雷，下冰雹。

15 獻帝初平三年五月九日丙申，沒有雲卻打雷。

16 初平四年五月二十二日癸酉，天上無雲而打雷。

建安七八年中，長沙醴陵縣❶有大山常大鳴如牛呴❷聲，積數年。後豫章❸賊攻沒醴陵縣，殺略❹吏民。

【章　旨】以上記述山鳴。古書中還有記載石鼓鳴、石雞鳴之類，言之鑿鑿。山石絕不會自鳴，若真的能鳴，必有原因，只是未被人探知，因而產生如許傳會。此在《五行傳》為「鼓妖」。

【注　釋】❶長沙醴陵縣　長沙，郡名。治臨湘（今湖南長沙）。醴陵，治今湖南醴陵。❷呴　同「吼」。❸豫章　郡名。治南昌（今江西南昌）。❹略　掠奪。劉昭補引干寶曰：「《論語摘輔像》曰：『山土崩，川閉塞，漂淪移，山鼓哭，閉衡夷，庶傑合，兵王作。』時天下尚亂，豪傑並爭：曹操事二袁（袁紹、袁術）於河北；孫吳（孫權所建之吳國）創基於江外（江南）；劉表阻（恃）亂眾於襄陽（今湖北襄樊），南招零、桂（零陵、桂陽二郡之並稱），北割漢川，又以黃祖為爪牙，而祖與孫氏為深仇，兵革歲交。（建安）十年，曹操破袁譚於南皮（今河北南皮）；十一年，走（驅趕）袁尚於遼東（今瀋陽、本溪以南之遼東半島及朝鮮西北部）。十三年，吳擒黃祖，是歲，劉表死。曹操略荊州（刺史部，今河南之南部，湖北、湖南二省及廣東、廣西各一部），逐劉備於當陽（今湖北荊門南）。十四年，吳破曹操於赤壁（今湖北嘉魚）。是三雄者，卒共三分天下，成帝王之業，是所謂『庶傑合，兵王作』者也。十六年，劉備入蜀（此泛指今四川地），與吳再爭荊州，於時戰爭四分五裂之地，荊州為劇，故山鳴之異作其域也。」

【語　譯】建安七八年間，長沙郡醴陵縣有一座大山，常常發生洪大鳴聲，如同牛吼，一直延續了好幾年。後來豫章盜賊攻陷醴陵縣，殺戮掠奪當地官吏和民眾。

靈帝熹平二年，東萊海出大魚二枚，長八九丈，高二丈餘。明年，中山王暢❶、任城王博❷並薨。

【章　旨】以上記述大魚之異。盈尺之魚人們習見，長八九丈的大魚，雖乘舟入海以捕撈為業的人也絕少遇到。偶然一遇，便以為大異。此在《五行傳》為「魚孽」。

【注　釋】❶中山王暢　暢，中山孝王劉弘之子，在位三十四年薨，諡為中山穆王。❷任城王博　博，河間孝王劉開之子，有孝行，喪母，服制如禮，立十三年薨。劉昭補引《京房易傳》：「海出巨魚，邪人進，賢人疏。」「昭謂此占符靈帝之世，巨魚之出，於是為徵，寧獨二王之妖也！」

【語　譯】靈帝熹平二年，東萊郡瀕海出現二條大魚，長八九丈，高二丈多。第二年，中山王劉暢、任城王劉博皆去世。

1 和帝永元四年，蝗❶。

2 八年五月，河內❷、陳留蝗。九月，京都蝗❸。九年，蝗從夏至秋❹。先是西羌數反，遣將軍將北軍五校征之❺。

3 安帝永初四年夏，蝗❻。是時西羌寇亂，軍眾征距，連十餘年❼。

4 五年夏，九州蝗❽。

5 六年三月，去蝗處復蝗子生❾。

6 七年夏，蝗❿。

7 元初元年夏，郡國五蝗⓫。

8 二年夏，郡國二十蝗⓬。

9 延光元年六月，郡國蝗。

10 順帝永建五年，郡國十二蝗⑬。是時鮮卑寇朔方，用眾征之⑭。

11 永和元年秋七月，偃師⑮蝗。去年⑯冬，烏桓⑰寇沙南⑱，用眾征之⑲。

12 桓帝永興元年七月，郡國三十二蝗⑳。是時梁冀秉政無謀憲㉑，苟㉒貪權作虐。

13 二年六月，京都蝗㉓。

14 永壽三年六月，京都蝗。

15 延熹元年五月，京都蝗㉔。

16 靈帝熹平六年夏，七州蝗。先是鮮卑前後三十餘犯塞，是歲護烏桓校尉夏育、破鮮卑中郎將田晏、使匈奴中郎將臧旻將南單于以下，三道並出討鮮卑。大司農經用不足，殷斂郡國，以給軍糧。三將無功，還者少半㉕。

17 光和元年詔策問㉖曰：「連年蝗蟲至冬踊㉗，其咎焉在？」蔡邕對㉘曰：「臣聞易傳曰：『大作不時㉙，天降災，厥咎蝗蟲來。』河圖祕徵篇㉚曰：『帝貪則政暴而吏酷，酷則誅深必殺，主蝗蟲。』蝗蟲，貪苛之所致也㉛。」是時百官遷徙㉜，皆私上禮西園以為府㉝。

18 獻帝興平元年夏，大蝗。是時天下大亂㉞。

19 建安二年五月，蝗。

【章旨】以上記述東漢時期的蝗災，在《五行傳》此屬於「介蟲之孽」。蝗害本屬天災，天災又往往與人禍相連。所以和帝之後，蝗災史不絕書，讖緯之書詞多不經，但把災禍歸咎於朝廷黑暗，也曲折地反映了時人的意向。

【注釋】❶和帝永元四年二句 〈和帝紀〉永元四年「夏，旱，蝗。」十二月，詔「今年郡國秋稼為旱蝗所傷，其什四（十分之四）以上勿收田租、芻稾；其不滿者（不滿十分之四），以實除之。」可見此年旱蝗面積很大。劉昭補和帝以前蝗災：本紀光武建武六年詔稱「往歲水旱蝗蟲為災。」引《古今注》：「建武二十二年三月，京師、郡國十九蝗。二十三年，京師、郡國十八蝗，旱，草木盡。二十八年三月，郡國十八蝗。二十九年四月，武威、酒泉（二郡在今甘肅）、清河（郡，今河北東南及山東一部分）、京兆（今陝西東南部）、魏郡（今河北南部及河南一部分）、弘農（郡，今河南西部黃河以南）蝗。三十年六月，郡國十二大蝗。三十一年，郡國大蝗。中元元年三月，郡國十六大蝗。永平四年十二月，酒泉大蝗，從塞外入。」謝承《後漢書》：「永平十五年，蝗起泰山（郡，泰山以東數縣），彌行兗、豫（二州，上在今山東西部，下在今河南北部）。」謝沈《後漢書》鍾離意《譏起北宮表》：「未數年，豫章（郡，約當今江西全省地）遭蝗，穀不收。民飢死，縣數千百人。」❷河內 郡名。治懷縣（今河南武陟西南）。❸京都蝗 〈和帝紀〉謂吏民言事者，多歸責有司。詔曰：「蝗蟲之異，殆不虛生，萬方有罪，在予一人，而言事者專咎自下，非助我者也。百僚師尹勉修厥職，刺史、二千石詳刑辟，理冤虐，恤鰥寡，矜（憐）孤弱，思惟致災興蝗之咎。」❹蝗從夏至秋 〈和帝紀〉永元九年，「六月，蝗、旱。」詔謂今年秋稼為蝗蟲所傷，皆勿收租、芻稾，若有所損失，以實除之，餘當收租者亦半入。「秋七月，蝗蟲飛過京師。」六月為夏季最後一月，七月則入秋季，故云「蝗從夏至秋」。❺先是西羌數反二句 永元元年，先零種羌叛，斷隴道，大為寇掠，遣車騎將軍鄧騭將左右羽林、北軍五校士及諸部兵擊之，是其事。漢荀悅《申鑒・時事》黃省曾注：「五校者，一曰屯騎，二曰越騎，三曰步兵，四曰長水，五曰射聲。俱掌宿衛兵，所謂大駕、鹵簿、五校在前是也。」五校，即五校尉，屬北軍，俸比二千石。❻永初四年夏二句 〈安帝紀〉：「夏四月，六州蝗。」劉昭注引《東觀漢記》：「司隸（司隸部所轄七郡）、豫、兗、徐、青、冀六州。」❼西羌寇亂三句 〈西羌傳〉：「自羌叛十餘年間，兵連師老（時間久），不暫寧息，軍旅之費，轉運委輸，用二百四十餘億

（十萬曰億），府帑（財帛）空竭，延及內郡，死者不可勝數，并、涼二州遂至虛耗（空竭）。」漢軍與羌作戰，有勝有負，勝則出攻，敗則抵拒。劉昭補引《讖》：「主失禮煩苛，則旱之，魚螺變為蝗蟲。」❽九州蝗　劉昭注引《京房占》：「天生萬物百穀，以給民用。天地之性人為貴。今蝗蟲四起，此為國多邪人，朝無忠臣，蟲與民爭食，居位食祿如蟲矣。不救，致兵起；其救也，舉有道置於位，命諸侯試明經，此消災也。」❾去蝗處復蝗子生　〈安帝紀〉：「三月，十州蝗。」劉昭注引《古今注》：「郡國四十八蝗。」蝗子曰蝻，有翅曰蝗。去，過去；去年。❿七年夏二句　〈安帝紀〉：「七年八月丙寅，京師大風，蝗蟲飛過洛陽。詔賜民爵。郡國被蝗傷稼十五（十分之五，即一半）以上者，勿收今年田租；不滿者，以實除之。」又曰：「九月，調零陵、桂陽、丹陽、豫章、會稽（皆郡名）租米，賑給南陽、廣陵、下邳、彭城、山陽、廬江、九江飢民。」可見蝗害範圍之廣。唯本志作「七年夏」，而〈安帝紀〉作「七年八月」，八月已是秋季。⓫郡國五蝗　〈安帝紀〉作「京師及郡國五旱、蝗」。⓬郡國二十蝗　〈安帝紀〉作「河南及郡國十九蝗」。河南尹也相當一郡，所以本志與〈安帝紀〉意思相同。詔曰：「被蝗以來，七年於茲，今群飛蔽天，為害廣遠。」可見蝗害長久而深重。⓭郡國十二蝗　〈順帝紀〉作「京師及郡國十二蝗」。⓮是時鮮卑寇朔方二句　鮮卑，北方國族名。因鮮卑山而得名，據有今自蒙古西部起，東至遼河的廣大地區。本書有傳。朔方，郡名。治臨戎（今內蒙古磴口北）。〈鮮卑傳〉：「永建四年，鮮卑寇朔方。六年秋，護烏桓都尉耿曄遣司馬將胡兵數千人出塞擊破之。冬，漁陽太守又遣烏桓兵擊之，斬首八百級，獲牛馬生口（奴隸）。」可知此永建五年事是綜合永建四年至六年事而敘述的。眾，師旅。⓯偃師　縣名。屬河南尹。治今河南偃師。⓰去年　即陽嘉四年。⓱烏桓　本為東胡，漢初，匈奴冒頓滅其國，餘部退保烏桓山，因以為名。烏桓山，當在今遼寧阿魯科爾沁旗以北，即大興安嶺山脈南端。事詳本書卷九十。⓲沙南　雲中郡屬縣，有蘭池城。縣治在今內蒙古準噶爾旗東。⓳用眾征之　〈烏桓傳〉：「順帝陽嘉四年冬，烏桓寇雲中，遮截道上商賈車牛千餘輛。度遼將軍耿曄率二千餘人追擊，不利，又戰於沙南，斬首五百級，烏桓遂圍曄於蘭池城，於是發積射士二千人、度遼營千人，配上郡屯以討烏桓，烏桓乃退。」⓴郡國三十二蝗　〈桓帝紀〉：「秋七月，郡國三十二蝗。河水溢。百姓飢窮，流冗（散）道路，至有數十萬戶，冀州尤甚。詔在所（發生饑荒的地方）賑給乏絕，安慰居業。」㉑無謀憲　不思遵守法度。㉒苟　王引之《經傳釋詞》：「苟，猶但也。」但，只是。㉓京都蝗　〈桓帝紀〉二年六月泗水逆流，京師蝗災，詔謂蝗災為害，水變仍（連續）至，五穀不登，人無宿儲，令受災郡國種蕪菁以助人食。㉔京都蝗　劉昭注引〈劉歆傳〉：「皆逆天時，聽不聽之禍也」。養奮對策曰：「佞邪以不正食祿饗所致。」又補引謝沈《書》：「九年，揚州六郡連水、旱、蝗害。」㉕鮮卑前後三十餘犯塞八句　〈鮮卑傳〉：「桓帝即位以來，鮮卑屢寇邊部。熹平六年，自春以後三十餘發（發即撥）。遂遣夏育出高柳、田晏出雲中、使匈奴中郎將臧旻率南單于出雁門，各將萬騎，三道出塞二千餘里。育等大敗，喪其節傳（節旄和出入關憑證）輜重，各將數十騎奔還，死者十七八。三將檻（囚車）徵下獄，贖為庶人。」少半，三分之一。大司農，掌管國家錢穀金帛之官府。殷，厚。護烏桓校尉，官名。俸比二千石，掌烏桓胡騎。破鮮卑中郎將，官名。位同校尉，俸比二千石，掌屯尉，主征伐。使匈奴中郎將，官名。俸比二千石，掌護南單于。㉖策問　古代把記事的竹（或木）片編在一起的叫策。皇帝以經義或政事提出問題，要求臣下解答曰策問。㉗連年蝗蟲至冬踊　按一般規律，蝗蟲產卵，到冬季為蛹而越冬，至次年春季天氣暖而孵化出蝻，蝻長成蝗，如此循環，故連年有蝗災。踊，跳起。此言蝗蟲冬天當為蛹而藏匿，卻仍然跳躍，是為反常。㉘蔡邕對　蔡邕，字伯喈，陳留郡圉縣（今河南杞縣）人。好詞章、數術、天文，善音律。上疏用良吏，退宦豎。後下獄死。本書卷六十下有傳。對，對策。㉙大作不時　大作，大的工程，如築城，須在冬季，否則便是不時。㉚河圖祕徵篇　圖讖篇名。㉛帝貪則政暴五句　〈蔡邕傳〉李賢注引作「帝貪則政暴，吏酷則誅慘，生蝗蟲，貪苛之所致也。」㉜百官遷徙　遷謂提升，徙謂轉官，由一地調任另一地。㉝上禮西園以為府　〈桓帝紀〉：「光和元年，初開西邸賣官，自關內侯、虎賁、羽林，入錢各有差。私令左右賣公卿，公千萬，卿五百萬。」西邸即西園內之邸舍。《山陽載記》：「時賣官，二千石二千萬，四百石四百萬，其以德次應選者半之（半價），或三分之一，於西園立庫以貯之。」庫即府。劉昭注引蔡邕對曰：「蝗蟲出，息不急之作，省賦斂之費，進清仁，黜貪虐，分損承安，屈省別藏，以贍國用，則其救也。《易》曰：『得臣無家』，言有天下者何私家之有！」㉞是時天下大亂　謂平定黃巾之後，曹操、袁紹、呂布、李傕等各擁兵據地，互相攻伐，朝廷不能制，皇帝徒有空名，漢室到了末日。

【語譯】和帝永元四年，發生蝗災。

2 永元八年五月，河內、陳留二郡鬧蝗災。九月，京城鬧蝗災。永元九年，從夏季之六月到入秋之七月鬧蝗災。此前，西羌多次反叛，朝廷派遣將軍鄧騭率領北軍五校營士征討。

3 安帝永初四年夏天，發生蝗災。此時西羌寇掠為亂，軍旅出征，或攻或防，連續作戰十多年。

4 永初五年夏天，有九個州發生蝗災。

5 永初六年三月，從前發生蝗災的州郡又生出了蝻子。

6 永初七年夏天，發生蝗災。

7 安帝元初元年夏季，有五個郡、國有蝗災。

8 元初二年夏季，有二十個郡、國蝗蟲為害。

9 安帝延光元年六月，有的郡國有蝗災。

10 順帝永建五年，有十二個郡、國發生蝗害。此時鮮卑寇掠朔方郡，朝廷派軍隊征討。

11 順帝永和元年秋七月，偃師縣發生蝗災。陽嘉四年冬天，烏桓侵犯雲中郡沙南縣，朝廷派軍討伐。

12 桓帝永興元年七月，有三十二個郡、國發生蝗災。此時梁冀掌握朝權，無遵守法度之心，只是貪婪權力、作虐官民。

13 永興二年六月，京城鬧蝗災。

14 桓帝永壽三年六月，京師發生蝗災。

15 桓帝延熹元年五月，京師發生蝗災。

16 靈帝熹平六年夏季，有七個州部鬧蝗災。此前，鮮卑先後侵犯長城三十多起，這一年，護烏桓校尉夏育、破鮮卑中郎將田晏、使匈奴中郎將臧旻率領南單于以下官吏，三路人馬同時出征討伐鮮卑。大司農經管的錢糧不夠用，便厚斂郡國，以供軍糧。三將出征無功而還，士卒還者僅三分之一。

17 光和元年，皇帝下詔書提出問題：「連年發生蝗害，到冬天還那麼活躍，過錯何在？」蔡邕對策說：「我聽說《易傳》說：『大的興作不在農閒季節，天降災害，其禍是生蝗蟲。』〈河圖祕徵篇〉說：『皇帝貪婪則施政暴虐，官吏酷烈，官吏酷烈則誅罰深狠終必殺人，預示著要鬧蝗災。』生蝗蟲，是貪婪苛暴造成的。」此時各種官吏的遷升和調動，個人都得送禮，在西園把這些送禮的錢專開闢一庫儲存起來。

18 獻帝興平元年夏天，蝗災極為嚴重。這時天下已經大亂。

19 獻帝建安二年五月，有蝗害。

【研析】本卷中許多災異解釋都歸咎於太后專制，可見太后專制成為東漢社會矛盾的焦點。溯其原因，不能不說與皇帝的早逝和嗣帝的幼沖有關。自章帝之後，皇帝的崩年多在三十三歲左右，繼位皇帝在十歲左右，因為新帝年齡太小沒有行政能力，不得不由母后臨朝稱制。所謂臨朝稱制，就是太后臨前殿朝群臣，大臣面向東，少帝面向西，群臣奏事上書皆寫兩份，一份上太后，一份給少帝。母后詔書稱「朕」。所以真正主政的是太后，皇帝只是陪位的傀儡而已。太后要駕馭朝廷宰制天下，最得力的心腹自然是娘家父兄。太后為了長期握權，便選年齡小的皇子為帝，甚至迎藩王之子為帝。等這位新皇帝長大，依靠宦官奪回權力，新皇帝早逝又產生新的太后用權，東漢一代就是這樣一次又一次地重複著。要說東漢都是由於母后貪欲而立幼少，也不盡然。也有的則是對社稷負責，希望把國家治理好，如和帝鄧皇后，和帝崩時她二十五歲，和帝長子有疾，十幾個皇子夭折，有的隱祕在民間，乃立始滿百日的和帝幼子劉隆，是為殤帝，尊鄧后為皇太后，臨朝稱制。立刻下詔書，謂「至治之本，道化在前，刑罰在後」，於是大赦天下，因郡國水災，減朝廷費用，自二萬萬減至數千萬錢，對宗室坐事沒入宮廷者，免遣達五六百人。對「郡國欲獲豐穰虛飾之譽，遂覆蔽灾害，多張墾田，不揣流亡，競增戶口，掩匿盜賊，令姦惡無懲，署用非次，選舉乖宜，貪苛慘毒，延及平民，自今以後，將糾其罰」。要求「二千石長吏其各實覈所傷害，為除田租、芻稾」。殤帝一年而崩，又立章帝孫劉祜，是為安帝，皇太后仍臨朝稱制。詔受災郡國假（借給）民公田，令民種宿麥（過冬小麥）、蔬食，以盡地力，貸貧困者種糧，對外戚要求嚴格，詔告司隸校尉、河南尹、南陽太守（太后南陽人），外戚犯法不許寬貸。京師旱，太后親至洛陽寺錄冤獄，有一囚訴冤，查實後即收洛陽令下獄抵罪。直至去世仍言「朕以無德，託母天下，勤勤苦心，誠在濟度百姓，以安劉氏」。鄧太后稱制終身，勤則勤矣，但安帝即位十四年不親政事，其失彌大。至於其他母后稱制，則等而下之不足齒數。所以東漢朝廷的權力爭奪與殘殺，關鍵在母后擅權的制度，制度壞，誠心治國者亦無所施其力，適足助貪心者肆其欲，所以〈后妃紀‧序〉說：「向使因設外戚之禁，編著甲令，改正后妃之制，貽厥方來，豈不休哉！」誠哉斯言。（張文質注譯）

志第十六

五行四

地震　山崩　地陷　大風拔樹　螟　牛疫

【題解】《五行四》包括地震、山崩等六項內容，這六類事件在《洪範五行傳》都屬於「稼穡不成」，而稼穡不成又由於皇帝大興土木、淫亂、侵侮親戚所造成的。因此凡有地震、山崩之類事件發生，都聯繫到朝廷的政治和社會變亂，即社會矛盾的癥結所在。

東漢一朝政治上的最大特點，一是太后攝政，一是宦官用事。由於前者，出現了東漢最大的兩個外戚貪官和暴臣，即竇憲和梁冀；由於後者，甚至皇帝都可由他們廢置，兩者都對國家和人民造成極大的禍患。所以當地震、山崩等現象發生時，都寄託了官民對政治黑暗的厭惡和對政治清明的憧憬。安帝時，太尉李固因地震而言：「地者陰也，法當安靜。今乃越陰之職，專陽之政，故應以震動。」解釋當然不科學，但直指鄧太后不當攝政，用意非常明顯。桓、靈時宦豎用事，地震、螟蟲的發生又與宦官肆虐相聯繫。同時需要指出的是，本篇以主要篇幅對東漢時期的地震、時間、地域、危害，都有記載，為我國地震史留下寶貴的資料。

五行傳❶曰：「治宮室，飾臺榭，內淫亂，犯親戚，侮父兄，則稼穡不成❷。」謂土失其性而為災也❸。又曰：「思心不容，是謂不聖❹。厥咎霿❺，厥罰恆風❻，厥極凶短折❼。時則有脂夜之妖❽，時則有華孽❾，時則有牛禍❿，時則有心腹之痾⓫，時則有黃眚、黃祥，惟金、水、木、火沴土⓬。」華孽，劉歆傳為蠃蟲之孽，謂螟屬也⓭。

【章　旨】本段記《五行傳》中關於「稼穡不成」的內容，以及因「稼穡不成」引起的各種災禍，作為本卷的綱領。

【注　釋】❶五行傳　即《洪範五行傳》，西漢劉向撰，多用禍福因果解釋〈洪範〉本文。所以在《漢書・五行志》和《續漢書・五行志》中多引用其書的內容。❷治宮室六句　劉向《洪範五行傳》：「王者中央為內事，宮室、臺榭、夫婦、親戚也。古者自天子至於士，宮室寢居大小有差，高卑略等，骨肉有恩，故明主賢君修宮室之制，謹夫婦之別，加親戚之恩，敬父兄之禮，則中氣和。人君肆心縱意，大為宮室，高為臺榭，雕文刻鏤，以役人力，淫佚無別，妻妾過度，犯親戚，侮父兄，中氣亂，則稼穡不成。」四方而高曰臺，臺上有屋曰榭。內，同「納」。容納。種植為稼，收穫為穡。❸謂土失其性而為災也　〈洪範〉所列五行中，「土爰（曰）稼穡」，謂土的性質可以稼穡，故稼穡不成是土失其本性而釀成災患。❹思心不容二句　《說文》：「思，容也。」鄭玄謂心明曰聖，所謂聖包括言、視、聽，而載之以思心，通以待之，君思心不通則是非不能心明其事。無所不通曰聖。❺厥咎霿　厥，其。咎，災禍。霿，空中濛濛之氣，謂君臣心有不明則相隔。❻厥罰恆風　鄭玄謂思心為土，土王四時，主消息、生殺、長藏之氣，風也是出納雨陽、寒暖之微，皆所以生殖萬物之命者，生殖之氣失，故常風。❼厥極凶短折　鄭玄謂生殖之氣失，則於人為凶短折。小孩未長牙而死曰凶；未行冠禮（即二十歲）而死曰短；未婚而死曰折。凶短折，是「六極」之一。❽時則有脂夜之妖　時則謂有時有，有時無，有時在前出現，有時在後出現，不一定同時俱來。《漢書・五行志》謂有脂物而夜為妖，若脂水夜汙人衣。❾華孽　〈五行志〉謂風氣盛，至秋冬樹木再度開花，便是花孽。華，古「花」字。⑩牛禍　〈五行志〉謂在《易》，坤為土、為牛，牛大心卻不會思慮，思心氣毀，故有牛禍。⑪心腹之痾　在人，思心氣失，故有心腹之病。痾，病態；畸形。⑫時則有黃眚黃祥二句　土色黃，故有黃眚、黃祥。眚，災異。祥具吉凶二義，此指凶災。土為四方之中，故土氣盛以金木水火沴之。氣相傷謂之沴，沴猶臨莅，不和之意。以四衝氣所沴，明其災異大。⑬劉歆傳二句　劉歆，字子駿，西漢沛郡沛縣（今江蘇沛縣）人。治《春秋左氏傳》，王莽時為國師。也有解說《五行傳》之作，其〈思心傳〉謂華孽為蠃蟲之孽，即螟螣之屬。引劉歆說以存異說。

【語譯】《五行傳》說：「大造宮殿，整修臺榭，淫佚無度，侵犯親人，侮慢父兄，便莊稼成熟不好。」這是說，土失其本性而釀成的災禍。又說：「思心不通，這叫閉塞。其災為霧氣，其罰常颳大風，其極點為人短命而亡。有時有脂水夜汙人衣之妖，有時有花孽，有時有牛災，有時有心腹之病，有時有黃色凶兆，惟金、水、木、火能衝土氣。」華孽，劉歆〈思心傳〉認為是裸體昆蟲之孽，說的是螟蟲一類的昆蟲。

1 世祖建武二十二年九月❶，郡國❷四十二地震，南陽❸尤甚，地裂壓殺人❹。其後武谿蠻夷反❺，為寇害，至南郡❻，發荊州❼諸郡兵，遣武威將軍劉尚擊之，為夷❽所圍，復發兵赴之❾，尚遂為所沒❿。

2 章帝建初元年三月甲寅⓫，山陽⓬、東平⓭地震。

3 和帝永元四年六月丙辰⓮，郡國十三地震。春秋漢含孳⓯曰：「女主盛，臣制命，則地動坼⓰，畔震起，山崩淪。」是時竇太后⓱攝政，兄竇憲⓲專權，將以是受禍也。後五日，詔收憲印綬，兄弟就國，逼迫皆自殺。

4 五年二月戊午[19]，隴西[20]地震。儒說民安土者也[21]，將大動，行大震[22]。九月，匈奴單于於除鞬叛，遣使發邊郡兵討之[23]。

5 七年九月癸卯[24]，京都地震。儒說奄官無陽施[25]，猶婦人也。是時和帝與中常侍鄭眾[26]謀奪竇氏權，德之，因任用之，及幸常侍蔡倫[27]，二人始並用權。

6 九年三月庚辰[28]，隴西地震。閏月[29]，塞外羌[30]犯塞，殺略吏民，使征西將軍劉尚[31]擊之。

7 安帝永初元年[32]，郡國十八地震。李固[33]曰：「地者陰也[34]，法當安靜。今乃越陰之職，專陽之政，故應以震動。」是時鄧太后[35]攝政專事，訖建光中，太后崩，安帝乃得制政。於是陰類並勝，西羌亂夏[36]，連十餘年。

8 二年，郡國十二地震。

9 三年十二月辛酉，郡國九地震[37]。

10 四年三月癸巳，郡國四地震[38]。

11 五年正月丙戌，郡國十地震[39]。

12 七年正月壬寅，二月丙午[40]，郡國十八地震。

13 元初元年[41]，郡國十五地震。

14 二年十一月庚申[42]，郡國十地震。

15 三年二月，郡國十地震。十一月癸卯[43]，郡國九地震。

16 四年，郡國十三地震。

17 五年，郡國十四地震。

18 六年二月乙巳[44]，京都、郡國四十二地震，或地坼裂，涌水，壞敗城郭、民室屋，壓人。冬[45]，郡國八地震。

19 永寧元年[46]，郡國二十三地震。

20 建光元年九月己丑[47]，郡國三十五地震，或地坼裂，壞城郭室屋，壓殺人。是時安帝不能明察，信宮人及阿母聖等讒言，破壞鄧太后家[48]，於是專聽信聖及宦者，中常侍江京、樊豐等皆得用權。

21 延光元年七月癸卯[49]，京都、郡國十三地震。九月戊申[50]，郡國二十七地震。

22 二年，京都、郡國三十二[51]地震。

23 三年，京都、郡國二十三地震。是時以讒免太尉楊震[52]，廢太子[53]。

24 四年十一月丁巳[54]，京都、郡國十六地震。時安帝既崩[55]，閻太后攝政，兄弟閻顯等並用事，遂斥[56]安帝子，更徵諸國王子，未至，中黃門[57]遂誅顯兄弟。

25 順帝永建三年正月丙子[58]，京都、漢陽地震[59]。漢陽屋壞殺人，地坼涌水出。是時順帝阿母宋娥[60]及中常侍張昉[61]等用權。

26 陽嘉二年四月己亥[62]，京都地震[63]。是時爵號宋娥為山陽君。

27 四年十二月甲寅，京都地震[64]。

28 永和二年四月丙申[65]，京都地震。是時宋娥構姦誣罔[66]，五月事覺，收印綬，歸田里。十一月丁卯[67]，京都地震。是時太尉王龔[68]以中常侍張昉等專弄國權，欲奏誅之，時龔宗親有以楊震行事諫之止云[69]。

29 三年二月乙亥[70]，京都、金城[71]、隴西地震裂[72]，城郭、室屋多壞，壓殺人。閏月己酉[73]，京都地震。十月，西羌二千餘騎入金城塞[74]，為涼州[75]害。

30 四年三月乙亥[76]，京都地震。

31 五年二月戊申[77]，京都地震。

32 建康元年[78]正月，涼州部郡六地震[79]。從去年九月以來至四月，凡百八十地震[80]，山谷坼裂，壞敗城寺，傷害人物。三月，護羌校尉趙沖為叛胡所殺[81]。九月丙午，京都地震[82]。是時順帝崩[83]，梁太后[84]攝政，欲為順帝作陵，制度奢廣，多壞吏民冢。尚書欒巴諫事，太后怒，癸卯，詔書收巴下獄，欲殺之。丙午地震，於是太后乃出巳，免為庶人[85]。

33 桓帝建和元年四月庚寅[86]，京都地震。九月丁卯[87]，京都地震。是時梁太后攝政，兄冀[88]持權。至和平元年[89]，太后崩，然冀猶秉政專事，至延熹二年[90]，乃誅滅。

34 三年九月己卯[91]，地震，庚寅又震[92]。

35 元嘉元年十一月辛巳[93]，京都地震[94]。

36 二年正月丙辰[95]，京都地震。十月乙亥，京都地震[96]。

37 永興二年二月癸卯[97]，京都地震[98]。

38 永壽二年[99]十二月，京都地震。

39 延熹四年[100]，京都、右扶風、涼州地震[101]。

40 五年五月乙亥[102]，京都地震。是時桓帝與中常侍單超[103]等謀誅除梁冀，德之[104]，並使用事專權。又鄧皇后[105]本小人，性行無恆，苟有顏色，立以為后，後卒坐執左道廢[106]，以憂死。

41 八年九月丁未，京都地震[107]。

42 靈帝建寧四年二月癸卯[108]，地震[109]。是時中常侍曹節、王甫等皆專權[110]。

43 熹平二年[111]六月，地震[112]。

44 六年十月辛丑[113]，地震[114]。

45 光和元年二月辛未[115]，地震。四月丙辰，地震[116]。靈帝時宦者專恣。

46 二年三月，京兆地震[117]。

47 三年自秋至明年春，酒泉表氏[118]地八十餘動，涌水出，城中官寺民舍皆頓，縣易處，更築城郭。

48 獻帝初平二年六月丙戌[119]，地震[120]。

49 興平元年[121]六月丁丑，地震[122]。

【章旨】以上記述東漢一代地震情況。有時間、地點可指的五十多次，只言某時間地震的二百多次。每次地震後，朝廷照例是罷免三公之一以代罪，再是下詔減免租賦。由於受圖讖思想的影響，認為是朝廷內部或邊疆將發生變故的徵驗，引起震災以外的思想動盪。本卷所記東漢地震情況，為研究中國地震史提供了寶貴資料。

【注釋】❶世祖建武二十二年九月　世祖，東漢光武帝劉秀的廟號，開國皇帝廟號稱祖。建武二十二年為西元四六年。〈光武紀〉記此次地震為「九月戊辰（初五）」。❷郡國　皇子所封之郡曰國，郡與國同等，故合稱郡國。❸南陽　郡名。因在南山之南，漢水之北（山南水北曰陽）而得名。治所在宛縣（今河南南陽）。❹壓殺人　壓死人。今語常說「笑殺人」、「打殺人」，即此殺字之義。皇帝詔曰：「日者（近日）地震，南陽尤甚。而今震裂，咎在君上。其令南陽勿輸今年田租芻稾。遣謁者案行（巡查），其死罪繫囚在戊辰以前，減死罪一等；徒（刑徒）皆弛解鉗（項上刑具），衣絲絮。賜郡中居人壓死者棺錢，人三千。其口賦（人頭稅）、逋稅（所欠田租）而廬宅尤破壞者，勿收責（索取）。吏人死亡，或在壞毀屋之下，而家羸弱不能收拾者，其以現錢穀取傭，為尋求之。」大司空朱浮免。雖云「咎在君上」，但國君不可免職，故以三公代其罰。每次災後，朝廷作為大體相同，無特殊事件，不詳述。❺其後武谿蠻夷反　武谿蠻夷反在建武二十三年，故云「其後」。谿，「溪」的異體字。〈光武紀〉作「武陵蠻叛」。武陵郡臨沅縣有五溪，故又稱五溪蠻。武溪是五溪之一。據〈南蠻傳〉，武陵蠻渠帥於建武二十三年據其險隘，大寇郡縣，朝廷遣武威將軍劉尚，發南郡、長沙、武陵兵萬餘人，乘船入武溪擊之。劉尚輕敵入險，山深水疾，舟船不能上。蠻氏知劉尚糧少入遠，又不曉道徑，便屯聚守險，尚糧盡收兵，蠻人緣路徼（攔截）戰，尚軍大敗，悉為所沒。❻南郡　治所在江陵（今湖北荊州）。❼荊州　漢「十三刺史部」之一。治所在漢壽（今湖南常德東北）。南郡、長沙、武陵，即其屬郡。❽夷　自周以來，中原地帶稱四方邊族為東夷、西戎、南蠻、北狄，亦可統稱為夷或狄，故武溪蠻亦稱武溪蠻夷，亦可單稱夷。❾復發兵赴之　謂建武二十四年遣謁者李嵩、中山太守馬成往擊，不剋。二十五年又派伏波將軍馬援、中郎將劉匡、馬武、孫永等將兵至臨沅擊破之。❿沒　覆滅。⓫章帝建初元年三月甲寅　章帝，劉炟的謚號。〈謚法〉：「溫克令儀曰章。」建初元年為西元七六年。三月朔日癸卯，甲寅為十二日。⓬山陽　郡名。治昌邑（今山東金鄉西北）。⓭東平　封國名。治無鹽（今山東東平東）。⓮和帝永元四年六月丙辰　和帝，劉肇的謚號。〈謚法〉：「不剛不柔曰和。」永元四年為西元九二年。六月朔日戊戌，丙辰為十九日。⓯春秋漢含孳　解釋《春秋》的緯書。⓰坼　裂開。⓱竇太后　章帝皇后，和帝即位，稱太后，臨朝稱制。本書有傳。⓲竇憲　字伯度，扶風郡平陵（今陝西咸陽）人。妹為章帝皇后，和帝即位後，太后臨朝，憲以侍中內管機密，出宣誥命。其弟篤、景、瓌並在親要之地。永元四年收憲大將軍印綬，迫令自殺。本書有傳。⓳五年二月戊午　二月朔日甲午，戊午為二十五日。⓴隴西　郡名。治所在狄道（今甘肅臨洮南）。㉑民安土者也　安土，以本土為安穩，不願遷徙。㉒將大動行大震　地震又曰地動，大動大震即不安之義。行、將同義。㉓匈奴單于於除鞬叛二句　匈奴，又稱胡，北方國族名。光武建武二十四年（西元四八年）分為南北二部，北匈奴被漢打敗西遷，南匈奴附漢。於除鞬上書漢廷立為北匈奴單于。單于，廣大之貌，匈奴君長以為號，言其像天那樣廣大。據〈南匈奴傳〉，永元五年，於除鞬自叛北逃，和帝遣將兵長史王輔帶千餘騎，與中郎將任尚共追，誘捕斬首，消滅其餘眾。㉔七年九月癸卯　九月朔日己卯，癸卯為二十五日。㉕奄官無陽施　奄，同「閹」。閹官，男人被割去生殖器而在宮中服役的人。施，用。㉖中常侍鄭眾　中常侍，官名。俸千石，後增秩為比二千石，中興初用士人，後全用宦者，掌侍於皇帝左右，從入內宮，贊導內宮眾事，顧問應對，辦理事務。鄭眾，字季產，南陽郡犨縣（今河南魯山縣）人。中常侍。和帝時，竇太后秉政，大將軍竇憲竊威權，朝臣上下莫不附之，眾獨一心王室，不事豪黨，和帝非常信任他，及竇憲圖謀不軌，鄭眾首先提出消滅竇憲。論功班賞，每每辭多受少，因此常參與朝廷議事，中官用事自鄭眾始。㉗常侍蔡倫　蔡倫，字敬仲，桂陽郡人。宦者，為尚方令，鑄劍作器莫不精工，改進造紙術，稱蔡侯紙。以其曾受竇皇后諷旨誣陷安帝祖母宋貴人。安帝親政後，倫自殺。事詳本書卷七十八。㉘九年三月庚辰　三月朔日辛未，庚辰為十日。㉙閏月　古時不說閏幾月，「閏月」二字繫於某月之後便是閏此月。但此「閏月」不是閏三月，而是閏八月，輯錄《五行志》者刪去三月至八月間其他事件，直接將羌人犯塞事與三月地震連文，漏掉「八月」二字。〈和帝紀〉作「八月，……。閏月，……燒當羌寇隴西，殺長吏，遣行征西將軍劉尚、越騎校尉趙世等討破之。九月……。」㉚塞外羌　塞，邊界上築險固守的要地。邊界以外之羌，據〈和帝紀〉為燒當羌，燒當羌為羌人之一種，在今甘肅、青海交界一帶。㉛征西將軍劉尚　將軍，不常置，有征伐臨時設置，事訖則罷。前武威將軍劉尚已戰沒，此又一劉尚。㉜安帝永初元年　安帝是劉祜的諡號。〈諡法〉：「寬容和平曰安。」永初元年為西元一〇七年。㉝李固　字子堅，漢中郡南鄭（今陝西南鄭）人。沖帝時為太尉，沖帝死，他堅持立清河王劉蒜為帝，為梁冀所忌恨，被殺。事詳本書卷六十三。㉞地者陰也　古人以為自然界由陰陽二氣組成，天為陽，地為陰。男為陽，女為陰。中夏為陽，四夷為陰。㉟鄧太后　名綏，南陽郡新野（今河南新野）人。和帝皇后。和帝崩，她先後迎立殤帝、安帝，以太后臨朝執政，她雖然兼用外戚、宦官、士人，治政較好，但在男權為主的社會，以為她是陰專陽政。建光元年，鄧太后崩，安帝始親政。事詳本書卷十。㊱夏　指中原地區。㊲三年十二月辛酉二句　十二月朔日丁巳，辛酉為五日。惠棟引京房《易飛候》：「地動冬有音，以十二月者，其邑有行兵。」次年正月，海賊張伯路反，與渤海、平原劇賊劉文河、周文光攻縣城，殺縣令。遣御史中丞王宗督青州刺史法雄討破之。㊳四年三月癸巳二句　三月朔日乙酉，癸巳為九日。〈安帝紀〉作「郡國九地震」。㊴五年正月丙戌二句　正月朔日庚辰，丙戌為七日。〈安帝紀〉作「郡國十二地震」。免太尉張禹。㊵七年正月壬寅二月丙午　〈安帝紀〉永初七年，惟書「二月丙午，郡國十八地震。」沒有「正月壬寅」地震事。但是〈安帝紀〉和《續漢書．五行志》均書「四月丙申晦，日有食之。」前推二月不當有丙午日，則〈安帝紀〉為誤書，《續志》為誤引。七年正月己亥朔，壬寅為四日。惠棟引京房《易飛候》曰：「地以春動，歲不昌。」是歲秋蝗，南陽等八郡民饑。㊶元初元年　為西元一一四年。㊷二年十一月庚申　十一月壬子朔，庚申為初九。㊸十一月癸卯　三年十一月丙子朔，癸卯為二十八日。㊹六年二月乙巳　二月朔日甲午，乙巳為十二日。㊺冬　〈安帝紀〉作「十二月」，時間更為具體。㊻永寧元年　為西元一二〇年。㊼建光元年九月己丑　建光元年為西元一二一年。九月己丑，〈安帝紀〉作「十一月己丑」，且於震後詔「三公以下，各上封事（密封的奏章）陳得失。」九月己卯朔，己丑為十一日。㊽破壞鄧太后家　鄧太后是年三月崩，王聖與中常侍江京、李閏誣告太后兄弟鄧悝、鄧弘、鄧閶逆謀廢帝，帝怒，令有司奏其大逆無道，迫令皆自殺，鄧騭不預謀，免官，沒入田宅，不食而死。破壞，毀滅。㊾延光元年七月癸卯　延光元年為西元一二二年。七月朔日癸卯，即初一。㊿九月戊申　〈安帝紀〉作「九月甲申」。九月朔日壬寅，戊申為七日，九月無甲申，〈紀〉誤。(51)郡國三十二　〈安帝紀〉作「郡國三」，無「十二」二字。(52)太尉楊震　太尉，三公之一，掌四方兵事的考績，國有大事大疑，參與三公之議論諫諍。楊震，字伯起，弘農華陰（今陝西華陰）人。治《歐陽尚書》，人稱「關西孔子」。一生清白為吏，疾惡宦官，中常侍樊豐等誣其怨恨朝廷，收其印綬，遣歸本郡。以生平不能盡除奸猾，愧對日月而飲鴆自殺。事詳本書卷五十四。(53)廢太子　太子劉保因歎息王聖、江京等譖殺太子乳母，王聖等懼有後患，遂共搆陷太子，太子坐廢為濟陰王。(54)四年十一月丁巳　十一月朔日甲寅，丁巳為初四。(55)時安帝既崩　安帝崩於延光四年三月，閻皇后尊為太后，與其兄閻顯定策禁中，立章帝孫北鄉侯懿（或名犢，蓋二名）為帝，史稱少帝，閻氏專政。十月少帝崩，閻氏兄妹又欲徵立諸國王子為帝。地震之夜，中黃門孫程等十九人，斬宦官江京等，迎安帝子、被廢為濟陰王的劉保為帝，是為順帝。(56)斥　摒棄。(57)中黃門　宦者，俸比百石，掌給事禁中。(58)順帝永建三年正月丙子　永建三年當西元一二八年。正月辛未朔，丙子為六日。(59)京都漢陽地震　〈順帝紀〉作「京師地震，漢陽地陷裂。」分為二事。〈左雄傳〉作「京師、漢陽地皆震裂，水泉湧出。」漢陽，郡名。治所在冀縣（今甘肅甘谷東南）。(60)阿母宋娥　帝被廢為濟陰王時，乳母宋娥與黃門孫程等共議立帝。帝後以宋娥迎立有功，遂封為山陽君，邑五千戶。娥遇事多有請託。(61)中常侍張昉　〈虞詡傳〉謂張昉特用權勢，每請託受取，詡輒加案問，朝廷不予批覆，反而被送入左校，昉必欲害死詡，二日之中傳考四獄，孫程等面奏張昉臧罪明證，反搆陷忠良。昉坐徙邊。是昉用權。張昉，亦作「張防」。(62)陽嘉二年四月己亥　陽嘉二年當西元一三三年。四月朔日辛未，己亥為二十九日。(63)京都地震　司空王龔免官。(64)四年十二月甲寅二句　十二月甲寅（三十日）地震，次日乙卯，為永和元年正月初一，詔云：「典籍所忌，震、食（日蝕）為重，今日變方遠（上年閏九月丁亥朔，日蝕），地搖京師，咎徵不虛，必有所應。群公百僚其各上封事，指陳得失，靡有所諱。」(65)永和二年四月丙申　永和二年當西元一三七年。四月戊寅朔，丙申為十九日。(66)宋娥構姦誣罔　宦官黃龍、楊佗等以立帝有功，與阿母宋娥互相貨賂，求高官增邑，又誣罔中常侍曹騰、孟賁。發覺，並遣就國，減租四分之一，宋娥被奪爵歸田舍。(67)十一月丁卯　十一月朔日乙巳，丁卯為二十三日。(68)王龔　字伯宗，山陽郡高平（今山東微山縣）人。龔深疾宦官專權，志在匡正，乃上書亟言其狀，請加放斥。諸黃門使賓客誣奏龔罪。被救得釋。本書有傳。(69)云　猶「矣」，語末助詞。(70)三年二月乙亥　二月朔日癸丑，乙亥為二十三日。(71)金城　郡名。治允吾（今甘肅永靖西北)。轄今甘肅蘭州以西，青海省青海以東的河、湟二水流域及大通河下游地區。(72)地震裂　〈順帝紀〉作「二郡山岸崩，地陷」。雖未言及屋壞壓人事，但由四月「遣光祿大夫案行金城、隴西，賜壓死者年七歲以上錢，人二千；一家皆被害，為收斂之。除今年田租，尤甚者勿收口賦」。可見災害之嚴重。(73)閏月己酉　據〈順帝紀〉此閏月為閏四月，輯錄者遺漏「四月」二字。朔日壬寅，己酉為八日。(74)西羌三千餘騎入金城塞　〈西羌傳〉：「冬，燒當羌種那離等三千餘騎寇金城塞，護羌校尉馬賢將兵赴擊，斬首四百餘級，獲馬千四百匹。那離等復西招羌胡殺傷吏民。」(75)涼州　漢「十三刺史部」之一。治所在隴縣(今甘肅張家川回族自治縣)。(76)四年三月乙亥　三月丁卯朔，乙亥為九日。(77)五年二月戊申　二月朔日壬辰，戊申為十七日。(78)建康元年　當西元一四四年。(79)涼州部郡六地震　據〈順帝紀〉，六郡為隴西、漢陽、張掖、北地、武威、武都。(80)從去年九月二旬　按〈順帝紀〉上年末云「是歲，涼州地百八十震。」今年正月詔曰：「自去年九月以來，地百八十震。」至晚是至今年正月地震一百八十次，而不是至四月。(81)三月二旬　〈沖帝紀〉作「十二月，護羌校尉趙沖追擊叛羌於鸇陰河，戰歿。」此作三月，誤。(82)九月丙午京都地震　〈沖帝紀〉作「京師及太原、雁門地震，三郡(惠棟云，脫一郡名)水湧土裂。」是丙午所震不僅京師。九月朔日乙未，丙午為十二日。(83)是時順帝崩　順帝崩於八月庚午(六日)，沖帝即日即皇帝位。(84)梁太后　即順帝梁皇后，無子，立沖帝，繼立質帝，以太后秉政，委任李固，推良誅慝，其兄梁冀專權暴濫，以邪說誤太后，立桓帝，誅李固。在位十九年。事詳本書卷十。(85)尚書欒巴八句　尚書，為尚書令屬官，分六曹，各曹尚書一人，俸六百石。欒巴，字叔元，魏郡內黃(今河南內黃)人。性質直，所歷各任，皆有政績。徵拜尚書，會帝崩，營起憲陵，陵左右或有小民墳冢，主持者欲有所侵毀，巴連上苦諫，時梁太后臨朝，詔詰巴曰：「大行皇帝晏駕有日，卜擇陵園，務從省約，塋域所極裁二十頃，而巴虛言主者壞人冢墓，事既非實，寢不報下，巴猶固遂其愚，復上誹謗，苟肆狂瞽，益不可長。」巴坐下獄抵罪，禁錮還家。傳不言因丙午地震出獄事。九月朔日乙未，癸卯為九日，(86)桓帝建和元年四月庚寅　建和元年當西元一四七年。四月朔日庚辰，庚寅為十一日。(87)九月丁卯　九月朔日丁未，丁卯為二十一日。(88)冀　梁冀，字伯卓，安定郡烏氏(今甘肅平涼)人。其兩妹為順帝、桓帝皇后，繼父職為大將軍，專斷朝政近二十年，驕奢橫暴，強迫數千農民為奴婢，暴奪官民財產，後被桓帝誅滅，賣其財產得三十餘萬萬錢。事詳本書卷三十四。(89)和平元年　為西元一五〇年。(90)延熹二年為西元一五九年。(91)三年九月己卯　建和三年為西元一四九年。九月朔日丙寅，己卯為四日。(92)庚寅又震　〈桓帝紀〉謂，詔死罪以下及亡命者贖，各有差。郡國五山崩，太尉趙戒免。京師死者相枕，郡縣阡陌處處有之。庚寅為九月二十五日。(93)元嘉元年十一月辛巳　為西元一五一年。十一月朔日甲寅，辛巳為二十八日。(94)京都地震　惠棟引京房《易飛候》：「地震以十一月，遂有大喪及饑亡。」閏十二月任城王劉崇薨。(95)二年正月丙辰　正月朔日壬午，正月無丙辰。(96)十月乙亥京都地震　十月朔日戊申，乙亥為二十八日。十月地震，十一月免司空黃瓊官。(97)永興二年二月癸卯　永興二年為西元一五四年。二月朔日庚子，癸卯為四日。(98)京都地震　朝廷詔公、卿、校尉舉賢良方正、能直言極諫者各一人。(99)永壽二年　當西元一五六年。(100)延熹四年　為西元一六一年。(101)京都右扶風涼州地震　〈桓帝紀〉作「六月，京兆、扶風及涼州地震」。東漢都洛陽，京都指洛陽。京兆在今陝西西安東南一帶，不是一地。以右扶風、涼州地域推之，京兆近是。右扶風，亦簡稱扶風。西漢三輔之一，相當於郡，治所在長安（今陝西西安西北）。地震後，司空虞放免官。(102)五年五月乙亥　五月朔日癸丑，乙亥為二十三日。(103)單超　河南人，宦者。延熹二年梁太后、梁皇后相繼而亡，桓帝與宦者單超、左悺等五人謀誅梁冀，帝齧超臂出血為盟。於是下詔收捕梁冀及宗親黨與悉誅之，五人皆封侯，從此權歸宦官，朝廷日亂。(104)德之　舊本作「聽之」，上文和帝永元七年「和帝與中常侍鄭眾謀奪竇氏權，德之」此與之同，據改。(105)鄧皇后　桓帝皇后，鄧香之女。母宣，初嫁鄧香，生后，改嫁梁紀，后隨母而居，冒姓梁氏，入掖庭為采女（因採自民間，故名），絕幸。梁冀誅，立為皇后，帝惡梁氏，改后姓為亳，後知為鄧香女，復后姓為鄧氏。故云「本小人」。(106)卒坐執左道廢　〈皇后紀〉云，后恃尊驕忌，與帝所幸郭貴人更相譖訴，詔廢后送暴室，以憂死。則非執左道被廢。左道，邪道旁門。一般指巫蠱和方術等。(107)八年九月丁二句　九月朔日癸巳，丁未為十五日。因地震，司空周景免官。(108)靈帝建寧四年二月癸卯　建寧四年為西元一七一年。二月朔日辛卯，癸卯為十三日。(109)地震　〈靈帝紀〉作「地震，海水溢，河水清」。(110)中常侍曹節句　曹節，字漢豐，南陽郡新野（今河南新野）人。以迎靈帝功封侯，時竇太后臨朝，后父大將軍竇武與太傅陳蕃謀誅中官，節等矯詔以王甫為黃門令，將兵誅武、蕃等。事成皆封侯。曹節、王甫操弄國權，濁亂海內。(111)熹平二年　為西元一七三年。(112)地震　不言發生地點，〈靈帝紀〉作「北海地震」。司空楊賜免官，以塞天譴。(113)十月辛丑　據〈靈帝紀〉，十月癸丑朔，日蝕，則十月不應有辛丑日，日期當有誤。(114)地震　據〈靈帝紀〉，是「京師地震」，令天下在押囚犯未最後判決的，可入縑贖罪。司空陳球免官，司徒楊賜免官。(115)光和元年二月辛未　光和元年為西元一七八年。二月辛未，〈靈帝紀〉作「二月己未」。據〈靈帝紀〉，二月辛亥朔，日蝕，則二月有辛未（二十一日）和己未（九日），不知誰是。(116)四月丙辰二句　丙辰為六日。免司空陳耽官。(117)京兆地震　京兆，亦稱京兆尹。西漢三輔之一，東漢相沿不改。治所在長安（今陝西西安西北）。地震後，司空袁逢免官。(118)酒泉表氏　酒泉，郡名。治祿福（今甘肅酒泉市）。表氏，〈靈帝紀〉作「表是」，氏、是古字通。縣名，治在今甘肅高臺西。(119)獻帝初平二年六月丙戌　初平二年為西元一九一年。六月朔日甲子，丙戌為二十三日。(120)地震　司空种拂、太尉趙謙皆免官。《獻帝春秋》記董卓問蔡邕，邕對曰：

「天為陽，故轉運於上，地為陰，故安靜於下，而震是失其性，以陰而為陽也。明公車不當青蓋，宜改之以應變。卓改為綠蓋。」蓋謂車蓋，似傘形。121 興平元年　當西元一九四年。122 六月丁丑二句　六月朔日丙子，丁丑為二日。〈獻帝紀〉作「丁丑，地震；戊寅，又震。」連二日震，戊寅或前日之餘震，未書。因地震、日蝕、大蝗，太尉朱儁免官。

【語　譯】世祖光武皇帝建武二十二年九月，有四十二個郡、國發生地震，南陽郡地震最嚴重，地面開裂，壓死人。第二年，武谿蠻反叛，進行掠奪，危害人民，勢力達到南郡，朝廷派遣荊州各郡的軍隊，由武威將軍劉尚率領往擊，被蠻兵圍困，第三年、第四年又發兵赴戰，劉尚所率軍隊全部覆沒。

2 章帝建初元年三月十二日甲寅，山陽郡、東平國發生地震。

3 和帝永元四年六月十九日丙辰，有十三個郡、國發生地震。《春秋漢含孳》說：「女主盛強，大臣掌握朝權，則發生地動裂縫，河岸隆起，山嶺崩裂陷落。」此時竇太后攝理政事，其兄竇憲獨攬權力，將因此而遭禍之徵。地震後五天，皇帝下詔收繳竇憲大將軍印綬，令其兄、弟等皆回封國去，然後逼迫他們都自殺了。

4 和帝永元五年二月二十五日戊午，隴西郡發生地震。儒者解釋說，人民是安土重遷的，人民將有大的流動，大地會有大的震動。九月，匈奴君長於除鞬叛逃，朝廷派出使者調發沿邊之郡的軍隊討伐。

5 永元七年九月二十五日癸卯，京城發生地震。儒者解釋地震說，閹宦沒有男人的功能，如同婦人。此時和帝與中常侍鄭眾，謀劃奪取竇憲一族的權力，成功後，和帝非常感激鄭眾，從而重用他，以及被寵幸的常侍蔡倫，二人在朝廷開始掌握權力。

6 永元九年三月十日庚辰，隴西郡發生地震。閏八月，邊塞外燒當羌入侵隴西邊防，殺戮和俘虜官吏和人民，朝廷派遣征西將軍劉尚攻打他們。

7 安帝永初元年，有十八個郡、國發生地震。李固上奏說：「地屬於陰，按理應當靜而不動，現在竟然超越陰的本分，對陽實行專政，所以大地以震動相反應。」此時鄧太后總管政事而專斷行政，直至建光年間，太后崩逝，安帝才能夠管理政事。此時陰類都盛強，西羌也起來擾亂中原，連續十幾年不得平定。

8 永初二年，有十二個郡、國發生地震。

9 永初三年十二月初五辛酉，有九個郡、國發生地震。

10 永初四年三月初九癸巳，有四個郡、國發生地震。

11 永初五年正月初七丙戌，有十個郡、國發生地震。

12 永初七年正月初四壬寅，二月丙午，有十八個郡、國發生地震。

13 安帝元初元年，有十五個郡、國發生地震。

14 元初二年十一月初九庚申，有十個郡、國發生地震。

15 元初三年二月，有十個郡、國發生地震。十一月二十八日癸卯，有九個郡、國發生地震。

16 元初四年，有十三個郡、國發生地震。

17 元初五年，有十四個郡、國發生地震。

18 元初六年二月十二日乙巳，京城和四十二個郡、國發生地震，有的地方地面開裂，從裂縫中冒水，震壞了城牆、百姓房屋，壓住人。冬天，又有八個郡、國地震。

19 安帝永寧元年，有二十三個郡、國發生地震。

20 安帝建光元年九月十一日己丑，三十五個郡、國發生地震，有的地方地面裂開，毀壞城牆房屋，砸死人。此時安帝不能明察，誤信宮人及奶母王聖等的讒毀，誅殺了鄧太后一家，以後便只聽信王聖及宦官，中常侍江京、樊豐等都得以擅用權力。

21 安帝延光元年七月初一癸卯，京城和十三個郡、國發生地震。九月七日戊申，又有二十七個郡、國發生地震。

22 延光二年，京都及三十二個郡、國發生地震。

23 延光三年，京城與二十三個郡國發生地震。此時宦官用讒毀的手段，免去太尉楊震的官職，廢掉太子。

24 延光四年十一月初四丁巳，京城和十六個郡、國發生地震。安帝八月已去世，閻太后攝理國政，其兄弟閻顯等都握有權力，便摒棄安帝子不立，改徵諸國王之子為帝，尚未迎到，中黃門孫程等便消滅了閻顯兄弟。

25 順帝永建三年正月初六丙子，京城和漢陽郡發生地震。漢陽郡房倒屋塌，壓死人，地裂開，湧出水。此時順帝奶媽宋娥和中常侍張昉等掌握權力。

26 順帝陽嘉二年四月二十九日己亥，京都發生地震。此時順帝賜奶母宋娥爵號為山陽君。

27 陽嘉四年十二月三十日甲寅，京城地震。

28 順帝永和二年四月十九日丙申，京城發生地震。此時山陽君宋娥弄奸誣罔他人，五月被發覺，收繳印綬，放歸老家。十一月二十三日丁卯，京城又發生地震。此時太尉王龔因中常侍張昉等憑藉職位，濫用權力，想奏明皇帝予以誅除，這時王龔的同宗親屬，用楊震忠直得禍的事例，讓他不要這樣做，因而作罷。

29 永和三年二月二十三日乙亥，京城和金城、隴西二郡地震土地開裂，城牆、房屋多所破壞，壓死人。閏四月初八己酉，京城又發生地震。十月，西羌燒當種二千餘騎入金城郡堡塞，成為涼州的大害。

30 永和四年三月九日乙亥，京城發生地震。

31 永和五年二月十七日戊申，京城發生地震。

32 順帝建康元年正月，涼州部有六郡發生地震。從去年九月以來至今年四月，總共地震一百八十次，山崩地裂，毀壞城池和官署，傷害人民和財物。三月，護羌校尉趙沖被叛胡殺害。九月十二日丙午，京城地震。此時順帝已去世，梁太后攝管政事，欲為順帝修陵園，規模奢侈而廣大，毀壞許多吏民的墳墓。尚書欒巴上書諫諍，太后大怒，九日癸卯，下詔收捕欒巴下獄，想把他殺掉。十二日丙午發生地震，於是梁太后才將欒巴放出來，免職為平民。

33 桓帝建和元年四月十一日庚寅，京都發生地震。九月二十一日丁卯，京城又發生地震。此時梁太后攝理國政，其兄梁冀把持政權。到和平元年，梁太后崩逝，但是梁冀依然秉持政權，專斷國事，到延熹二年，梁冀才被消滅。

34 建和三年九月初四己卯，發生地震，十一日庚寅又發生地震。

35 桓帝元嘉元年十一月二十八日辛巳，京都發生地震。

36 元嘉二年正月丙辰，京城地震。十月二十八日乙亥，京城又地震。

37 桓帝永興二年二月初四癸卯，京城發生地震。

38 桓帝永壽二年十二月，京城發生地震。

39 桓帝延熹四年，京城、右扶風及涼州部發生地震。

40 延熹五年五月二十三日乙亥，京城發生地震。此時桓帝與中常侍單超等密謀誅除梁冀，皇帝信任他們，讓他們都專斷權力參與政事。另外，鄧皇后本是普通民女，性情反覆無常，只是長得好看，立為皇后，後來因為有左道旁門的行為被廢，因此憂愁而死。

41 延熹八年九月十五日丁未，京師發生地震。

42 靈帝建寧四年二月十三日癸卯，發生地震。此時中常侍曹節、王甫等皆專擅朝權。

43 靈帝熹平二年六月，發生地震。

44 熹平六年十月辛丑，發生地震。

45 靈帝光和元年二月二十一日辛未，發生地震。四月初六丙辰，又發生地震。靈帝時宦官專權橫行。

46 靈帝光和二年三月，京兆地區發生地震。

47 光和三年自秋天至第二年春天，酒泉郡表氏縣地動八十多次，水湧溢而出，縣城中官署民舍皆倒塌，表氏縣城換了一個地方重新修城。

48 獻帝初平二年六月二十三日丙戌，發生地震。

49 獻帝興平元年六月初二丁丑，發生地震。

1 和帝永元元年七月❶，會稽南山❷崩。會稽，南方大名山也❸。京房易傳曰：「山崩，陰乘陽，弱勝強也。」劉向❹以為山陽，君也；水陰，民也；君道崩壞，百姓失所也。劉歆以為崩猶弛也。是時竇太后攝政，兄竇憲專權❺。

2 七年七月❻，趙國易陽❼地裂。京房易傳曰：「地裂者，臣下分離，不肯相從也。」是時南單于眾乖離，漢軍追討❽。

3 十二年夏，閏四月戊辰❾，南郡秭歸❿山高四百丈，崩填谿，殺百餘人。明年冬，巫蠻夷反，遣使募荊州吏民萬餘人擊之⓫。

4 元興元年五月癸酉⓬，右扶風雍⓭地裂。是後西羌大寇涼州⓮。

5 殤帝延平元年五月壬辰⓯，河東垣山崩⓰。是時鄧太后專政。秋八月，殤帝⓱崩。

6 安帝永初元年六月丁巳⓲，河東楊⓳地陷，東西百四十步⓴，南北百二十步，深三丈五尺。

7 六年六月壬辰㉑，豫章員谿原山㉒崩，各㉓六十三所。

8 元初元年三月己卯㉔，日南地坼，長百八十二里㉕。其後三年正月，蒼梧、鬱林、合浦盜賊群起，劫略吏民㉖。

9 二年六月，河南雒陽新城㉗地裂。

10 延光二年七月，丹陽㉘山崩四十七所。

11 三年六月庚午[29]，巴郡閬中[30]山崩。

12 四年十月丙午[31]，蜀郡、越巂[32]山崩，殺四百餘人。丙午，天子會日[33]也。是時閻太后攝政[34]。其十一月，中黃門孫程等殺江京，立順帝，誅閻后兄弟，明年，閻后崩。

13 順帝陽嘉二年六月丁丑[35]，雒陽宣德亭地坼[36]，長八十五丈，近郊地。時李固對策[37]，以為「陰類專恣，將有分離之象，所以附郊城者，是上帝示象以誡陛下也」。是時宋娥[38]及中常侍各用權分爭，後中常侍張逵、蘧政與大將軍梁商爭權[39]，為商作飛語[40]，欲陷之。

14 桓帝建和元年四月，郡國六地裂[41]，水涌出，井溢，壞寺屋，殺人。時梁太后攝政，兄冀枉殺李固、杜喬[42]。

15 三年[43]，郡國五山崩[44]。

16 和平元年七月，廣漢梓潼山崩[45]。

17 永興二年六月，東海朐山崩[46]。冬十二月，泰山、琅邪盜賊群起[47]。

18 永壽三年[48]七月，河東地裂，時梁皇后兄冀秉政，桓帝欲自由[49]，內患之。

19 延熹元年[50]七月乙巳[51]，左馮翊雲陽[52]地裂。

20 三年五月甲戌[53]，漢中[54]山崩。是時上寵恣中常侍單超等[55]。

21 四年六月庚子[56]，泰山、博尤來山判解[57]。

22 八年六月丙辰[58]，緱氏[59]地裂。

23 永康元年[60]五月丙午[61]，雒陽高平永壽亭、上黨泫氏地各裂[62]。是時朝臣患中常侍王甫等專恣[63]。冬，桓帝崩[64]。明年，竇武等欲誅常侍、黃門[65]，不果，更[66]為所誅。

24 靈帝建寧四年五月，河東地裂十二處[67]，裂合長十里百七十步，廣者三十餘步，深不見底。

【章　旨】以上記述東漢一代的山崩、地裂和地陷，在五行說中謂之「水火金木沴土」。山崩地裂自古以為凶兆，東漢時期母后專政，皇帝有名無實，所以善說陰陽的學者便藉機提出了陰乘陽的說法，以圖改變這種現實。

【注　釋】❶和帝永元元年七月　和帝永元元年，為西元八九年。七月，〈和帝紀〉作「七月乙未」。乙未為十一日。❷會稽南山　會稽山，在今浙江紹興南。秦始皇巡遊登此山，刻石頌德，今名秦望山。❸會稽二句　《周禮・夏官・職方氏》：「東南曰揚州，其山鎮曰會稽。」「山鎮」即指此一地區最有名的山。大名山即大山，名亦大之意。❹劉向　字子政，西漢沛郡沛縣（今江蘇沛縣）人。官至中壘校尉，治《春秋穀梁傳》，著有《說苑》、《新序》等書，對〈洪範〉五行也有自己的解說。❺竇憲專權　憲依其妹竇太后之勢，培植私黨，權傾朝廷，竟至圖謀害帝。但此年竇憲尚在外征匈奴。❻七年七月　〈和帝紀〉作「七月乙巳」。乙巳為二十六日。❼趙國易陽　趙國，封國名。治所在邯鄲（今河北邯鄲西南）。易陽，縣名。治所在今永年西。〈和帝紀〉只言「易陽地震」，不冠「趙國」，故唐李賢注：「易陽，在易水之陽，今易州也。」即今河北之易縣，距永年距離遼遠，非其地。❽南單于眾乖離二句　〈和帝紀〉，去年秋南單于安國從弟子逢侯率叛胡逃出塞外，朝廷派兵追擊，大破之。是其事。❾閏四月戊辰　據陳垣《表》，四月朔日癸丑，五月朔日壬午，以彼五月當此閏四月，月中沒有戊辰。陳《表》謂「閏五月」，朔日壬子，則戊辰為十七日。此「四」或是「五」之訛。❿秭歸　今湖北屬縣。屈原為此縣人，流放暫歸，其姊亦來，因名其地為秭歸。秭，即姊。⓫巫蠻夷反二句　據〈南蠻傳〉，永元十三年，巫蠻許聖等以郡收稅不均懷怨恨，遂屯聚反叛。明年，朝廷遣使者督荊州諸郡兵萬餘人討之。聖等依恃險隘久不破，諸軍乃分道並進，蠻乃散走，斬其渠帥，乘勝追之，大破聖等。是巫蠻反及平巫蠻為永元十三、十四年事。巫，南郡之巫縣（今重慶市巫山縣）。⓬元興元年五月癸酉　元興元年當西元一〇五年。五月朔日癸丑，癸酉為二十一日。⓭雍　今陝西鳳翔。⓮是後西羌大寇涼州　指安帝永初元年（西元一〇七年）先零種羌叛，斷隴道，掠奪邊塞，遣車騎將軍鄧騭等征討，赦免諸羌相連結謀叛逆者罪。⓯殤帝延平元年五月壬辰　延平元年當西元一〇六年。五月丁丑朔，壬辰為十六日。⓰河東垣山崩　河東，郡名。治安邑（今山西夏縣東北）。垣山，謂垣曲縣之山。⓱殤帝　名隆，和帝少子，元興元年十二月立，立時才生百餘日，鄧太后臨朝，立不足一年而崩，謚曰殤。〈謚法〉：「短折不成曰殤。」⓲永初元年六月丁巳　六月辛丑朔，丁巳為十七日。⓳楊　縣名。在今山西洪洞東南。⓴步　一次舉足為跬，兩次舉足為步。古人也用作長度單位，《禮記．王制》：「古者以周尺八尺為步，今以周尺六尺四寸為步。」周尺小，故有八尺、六尺之數。今俗以五尺為步。㉑六年六月壬辰　六月壬申朔，壬辰為二十一日。㉒豫章員谿原山　豫章，郡名。治所在南昌（今江西南昌）。員谿、原山無考。〈安帝紀〉不言各六十三所。㉓各　疑「共」字。㉔元初元年三月己卯　三月壬戌朔，己卯為十八日。㉕日南地坼二句　日南，郡名。治所在西捲（今越南廣治廣治河與甘露河合流處）。坼，裂。《東觀漢記》記此次地裂，長度與此同，謂「廣五十六里」。㉖其後三年正月三句　〈安帝紀〉元初三年正月「蒼梧、鬱林、合浦蠻夷反叛，二月，遣侍御史任逴督州郡兵討之」，是其事。蒼梧，郡名。治所在廣信（今廣西梧州）。鬱林，郡名。治所在布山（今廣西桂平西故城）。合浦，郡名。治所在合浦（今廣西合浦東北）。㉗河南雒陽新城　河南，即河南尹，相當郡，因在京師之地故稱尹。治所在雒陽。雒陽，東漢都城，在今河南洛陽東。關中有洛水，河南有雒水，三國魏改雒為洛，遂與關中之洛水相混，雒陽也便改為洛陽。新城，縣名。在今洛陽南。㉘丹陽　郡名。治所在宛陵（今安徽宣城）。㉙三年六月庚午　六月癸亥朔，庚午為八日。㉚巴郡閬中　巴郡，治所在江州（今重慶市北嘉陵江北岸）。閬中，縣名。今四川屬縣。㉛四年十月丙午　十月乙酉朔，丙午為二十二日。㉜蜀郡越嶲　蜀郡，治成都（今四川成都）。越嶲，郡名。治邛都（今四川西昌東南）。

㉝會曰　胡三省：「謂三府（司徒、司空、太尉三府）掾屬會於朝堂之日也。」㉞閻太后攝政　安帝在位的前十四年由鄧太后臨朝，鄧太后崩後，安帝僅親政四年而崩。閻皇后與其兄閻顯及中常侍江京等謀立北鄉侯劉懿為皇帝，尊閻皇后為太后，臨朝稱制。少帝崩，宦官孫程等立安帝子劉保為帝，即順帝，並誅閻氏兄弟及江京等，遷太后於離宮，次年太后崩。閻太后實際攝政時間為八個月。㉟陽嘉二年六月丁丑　六月朔日庚午，丁丑為八日。㊱雒陽宣德亭地坼　〈順帝紀〉作「六月丁丑，洛陽地陷」，兩者同日同地發生，當為一事，宣德亭地坼即地陷之一部分。㊲時李固對策　〈李固傳〉對策中沒有針對近郊所作的示象等語。李賢謂范曄《後漢書》對《續漢書》「以意刊削，同者纔十之三，遂不得見元本」，大概因為這個緣故。㊳宋娥　順帝奶媽，封為山陽君，與宦者謀奸邪，被皇帝廢退。㊴中常侍張逵句　梁商，字伯夏，梁冀之父，女為順帝皇后。為大將軍，讓爵辭邑，虛己進賢，號為良輔。本書有傳。宦者忌恨梁商受皇帝寵任，想誣陷他，中常侍張逵、蘧政等連謀共譖梁商及中常侍曹騰，云欲徵諸王子圖議廢立，請收捕梁商等案罪。帝收張逵等，悉伏誅。㊵飛語　即流言蜚語，無根之談。飛，同「蜚」。㊶郡國六地裂　〈桓帝紀〉謂，太尉胡廣罷官。㊷杜喬　字叔榮，河南林慮（今河南林州）人。因反對梁冀專權，與李固同時被殺。事詳本書卷六十三。㊸三年　建和三年，為西元一四九年。〈桓帝紀〉謂在九月。㊹郡國五山崩　〈桓帝紀〉：「九月己卯（十四日），地震。庚寅（十五日），地又震。郡國五山崩。」是因連續兩日地震而引起的山崩。十月太尉趙戒免官。㊺廣漢梓潼山崩　廣漢，郡名。治所在雒縣（今四川廣漢北）。梓潼，即今四川梓潼。因山崩減天下死罪一等，徙邊戍守。㊻東海朐山崩　東海，郡名。治所在郯（今山東郯城北）。朐，縣名。在今江蘇連雲港市東南。縣東有山曰朐山。㊼泰山琅邪盜賊群起　泰山，郡名。治所在奉高（今山東泰安東北）。琅邪，封國名。治所在開陽（今山東臨沂北）。〈桓帝紀〉：「太山、琅邪賊公孫舉等反叛，殺長吏。」次年（永壽元年），詔太山、琅邪遇賊者，勿收租、賦，復更、算（免除戍守和口錢、財產稅）三年。泰山，〈紀〉作太山，范曄避父范泰諱而改。㊽永壽三年　為西元一五七年。㊾自由　政由己出。㊿延熹元年　為西元一五八年。(51)七月乙巳　〈桓帝紀〉作「七月己巳」，又云「甲子，太尉黃瓊免」，據此，七月不當有己巳，作乙巳是。乙巳為朔日，初一。(52)左馮翊雲陽　左馮翊，前漢三輔之一，因地處畿輔故不稱郡，後漢以前朝宗廟所在，因而不改。治所在高陵（今陝西高陵）。雲陽，縣名。在今陝西淳化西北。(53)三年五月甲戌　五月朔日甲子，甲戌為十一日。(54)漢中　郡名。治所在南鄭（今陝西漢中東）。(55)是時上寵恣句　為除梁冀，桓帝與宦者單超等五人密謀，事成，單超等五人皆封侯。此延熹二年八月事。十月單超病，帝遣使者就拜車騎將軍，三年正月單超病故，五月漢中郡山崩，不得言「是時」上寵恣單超等。然單超雖死，餘四侯更為驕橫，競起第宅，兄弟姻親皆宰州臨郡，搜刮百姓，如同盜賊。故連類而言以單超為罪

首。(56)四年六月庚子　六月朔日戊子，庚子為十三日。(57)泰山博尤來山判解　〈桓帝紀〉作「庚子，岱山及博尤來山並積裂」。泰山是帝王禪代告天之所，故又稱岱山。泰山，在今山東泰安北。博，泰山郡屬縣，在今泰安東南。尤來山，又名徂來山，在博縣之東南。判解，分裂。(58)八年六月丙辰　六月乙未朔，丙辰為二十二日。(59)緱氏　河南尹屬縣。治今河南偃師東南。(60)永康元年　當西元一六七年。(61)五月丙午　〈桓帝紀〉作「五月丙申」，據〈紀〉，本月壬子晦，日蝕，則五月內丙申（十四日）、丙午（二十四日）皆有。姑存其異。(62)雒陽高平永壽亭句　〈桓帝紀〉統言「京師及上黨地裂」。高平，惠棟謂可能是鄉名。永壽亭，漢制，鄉下有亭，亭間十里，設亭長。上黨，郡名。治所在長子（今山西長子西）。泫氏，縣名。在今山西高平。(63)中常侍王甫等專恣　桓帝時竇太后攝政，中常侍曹節、王甫等與帝乳母趙嬈互相交結，諂事太后，數出詔命，私任官吏，所樹黨羽多行貪虐，王甫竟至向廮陶王劉悝強索賄賂不成，陰求悝過，迫令自殺。朝臣深以為憂。(64)冬二句　〈桓帝紀〉桓帝崩於十二月丁丑（二十八日）。此泛言「冬」。(65)竇武等欲誅句　竇武，舊本作「竇氏」，中華本謂當作「竇武」，據改。常侍、黃門，皆宦者給事宮中。(66)更　反而；卻。(67)河東地裂十二處　〈靈帝紀〉作「五月，河東地裂，雨雹，山水暴出。秋七月，司空來豔免」。

【語　譯】和帝永元元年七月，會稽山南山崩裂。會稽山是南方有名的大山。《京房易傳》說：「山崩，是陰淩駕在陽上，是弱勝強。」劉向以為山屬陽，是君；水屬陰，是民；君道崩壞，百姓流離失所之象。劉歆以為崩好比鬆弛。此時竇太后總管國政，其兄竇憲專擅權力。

2　永元七年七月，趙國易陽縣發生地裂。《京房易傳》說：「地裂，是由於臣下分離，誰也不服誰的緣故。」此時南匈奴單于民眾叛離，漢軍進行追討。

3　永元十二年夏天，閏四月戊辰，南郡秭歸縣有山高四百丈，崩塌下來填壓溝壑，壓死了一百多人。明年冬天，南郡巫縣蠻夷反叛。十四年，朝廷派遣使者招募荊州地區的官民一萬多人攻打他們。

4　和帝元興元年五月二十一日癸酉，右扶風雍縣發生地裂。此後西羌大舉侵奪涼州地區。

5　殤帝延平元年五月十六日壬辰，河東郡垣縣山崩。此時鄧太后臨朝專政。這年秋天八月分，殤帝便駕崩了。

6 安帝永初元年六月十七日丁巳，河東郡楊縣發生地陷，東西寬一百四十步，南北長一百二十步，深三丈五尺。

7 安帝永初六年六月二十一日壬辰，豫章郡之員谿和原山發生山體崩裂，各六十三處。

8 安帝元初元年三月十八日己卯，日南郡地裂，長一百八十二里。以後，於元初三年正月，蒼梧、鬱林、合浦等郡盜賊成群成群地興起，搶掠官民。

9 元初二年六月，河南尹之洛陽和新城縣發生地裂。

10 安帝延光二年七月，丹陽郡發生山崩四十七處。

11 延光三年六月初八庚午，巴郡閬中縣發生山崩。

12 安帝延光四年十月二十二日丙午，蜀郡、越巂郡發生山崩，壓死了四百多人。二十二日丙午這一天，是天子朝會三府的日子。此時閻太后總理朝政。這一年的十一月，中黃門孫程等殺江京，立劉保為帝，殺閻太后兄弟。第二年，閻太后崩逝。

13 順帝陽嘉二年六月初八丁丑，洛陽宣德亭地裂，裂縫長八十五丈，接近城郊之地。當時李固對策，認為「陰類專擅恣肆，將有分離之象，地裂在靠近城郊處的原因，是上天垂示象徵用來警戒陛下的」。此時奶母宋娥及中常侍各自弄權相爭奪；後來中常侍張逵、蘧政與大將軍梁商爭奪權力，對梁商散布流言蜚語，想陷害他。

14 桓帝建和元年四月，有六個郡、國發生地裂，裂縫中有水湧出，井也溢出水，震壞了官府的房屋，砸死了人。當時梁太后攝理朝政，其兄梁冀捏造罪名，殺害李固和杜喬。

15 建和三年，有五個郡、國發生山崩。

16 桓帝和平元年七月，廣漢郡梓潼縣發生山崩。

17 桓帝永興二年六月，東海郡朐縣朐山崩裂。至冬季十二月，泰山郡、琅邪國盜賊成群起事。

18 桓帝永壽三年七月，河東郡發生地裂，當時梁皇后之兄梁冀執掌朝政，桓帝想擺脫控制，政由己出，內心十分憂慮。

19 桓帝延熹元年七月初一乙巳，左馮翊之雲陽縣發生地裂。

20 延熹三年五月十一日甲戌，漢中郡山崩。此時皇帝正寵幸縱容中常侍單超等人。

21 桓帝延熹四年六月十三日庚子，泰山和博縣之尤來山都自行分裂。

22 桓帝延熹八年六月二十二日丙辰，緱氏縣發生地裂。

23 桓帝永康元年五月二十四日丙午，洛陽高平鄉永壽亭和上黨郡泫氏縣分別發生地裂。此時朝中大臣憂慮中常侍王甫等專權放肆。冬天，桓帝晏駕。第二年，竇武等欲誅殺宮中宦者，沒有成功，反被宦官殺害。

24 靈帝建寧四年五月，河東郡有十二處地裂，裂縫長十里一百七十步，寬的地方有三十多步，深不見底。

1 和帝永元五年五月戊寅❶，南陽大風，拔樹木❷。

2 安帝永初元年，大風拔樹❸。是時鄧太后攝政，以清河王子年少，號精耳❹，故立之，是為安帝。不立皇太子勝❺，以為安帝賢，必當德鄧氏也；後安帝親讒❻，廢免鄧氏，令郡縣迫切，死者八九人，家至破壞。此為瞉霿❼也，是後西羌亦大亂涼州十有餘年❽。

3 二年六月，京都及郡國四十大風拔樹❾。

4 三年五月癸酉❿，京都大風，拔南郊⓫道梓樹九十六枚。

5 七年八月丙寅⓬，京都大風拔樹。

6 元初二年二月癸亥⑬，京都大風拔樹。

7 六年夏四月，沛國⑭、勃海⑮大風，拔樹三萬餘枚。

8 延光二年三月丙申⑯，河東、潁川⑰大風拔樹。六月壬午⑱，郡國十一大風拔樹。是時安帝親讒，曲直不分。

9 三年，京都及郡國三十六大風拔樹⑲。

10 靈帝建寧二年四月癸巳⑳，京都大風雨雹㉑，拔郊道樹十圍已上百餘枚。其後晨迎氣黃郊㉒，道於雒水西橋㉓，逢暴風雨，道鹵簿車㉔或發蓋㉕，百官霑濡㉖，還不至郊，使有司㉗行禮。迎氣西郊㉘，亦壹㉙如此。

11 中平五年六月丙寅㉚，大風拔樹㉛。

12 獻帝初平四年㉜六月，右扶風大風，發屋拔木㉝。

【章　旨】以上記述東漢時期的大風拔木，其範圍有至三四十個郡國，一次拔木多至三萬餘株，甚至十圍之樹亦被拔起，可見風害之廣泛而嚴重。陰陽家認為雨旱寒暖以風為本，四氣皆失，其罰常風，政悖德隱則大風暴起，發屋拔木。

【注　釋】❶永元五年五月戊寅　五月朔日癸亥，戊寅為十六日。❷南陽大風二句　〈和帝紀〉不載此事。惠棟引京房《別對災異》：「人君賊罰良善，政教無常，使命數變，則致暴風折木，發屋鳴瓦，或害殺人。其救也，修舊典，任忠臣，思過自改，則風災消。」❸大風拔樹　〈安帝紀〉永初元年無大風拔樹記載，只於年末總述「是歲，郡國二十八大風，雨雹」，故此志不標月日和地點，也是概括而言。❹號精耳　《東觀漢記》謂清河王子「少聰明敏達，慈仁惠和，寬容博愛，好善樂施，其父常異之，年十歲，善史書，喜經籍，和帝甚嘉重焉，號曰諸生。」黃山《校補》謂「精耳」疑當作「精敏」。以「號曰諸生」例之，此「精」字猶今語小精人、小人精之類。❺不立皇太子勝　平原王勝，和帝長子，以有痼疾，不得立。❻安帝親讒　《鄧騭傳》謂安帝少號聰敏，及長多不德，而乳母王聖與中常侍李閏誣告鄧氏為官者，有廢立之謀，安帝聞之大怒，令有司奏鄧悝等大逆無道，迫令鄧廣宗、鄧忠自殺，鄧騭及子鄧鳳不食而死，鄧遵、鄧暢自殺，共九人。❼瞉霿　鄙吝；心不明。《漢書·五行志》引《五行傳》：「貌言視聽，以心為主，四者皆失，則區霿無識，故其咎霿也。」區霿，即瞉霿。無識，即心不明之意。❽是後西羌亦大亂句　漢與西羌交戰至安帝末不絕，今摘其要者：永初二年正月，車騎將軍鄧騭為種羌所敗於冀西（冀屬天水郡）；十月，征西校尉任尚與先零羌戰於平襄（屬天水郡），尚軍敗績。三年正月，遣騎都尉任仁討先零羌，不利，羌遂破沒臨洮（屬隴西郡）。四年三月，先零羌寇褒中（屬漢中郡），漢中太守鄭勤戰沒。徙金城郡於襄武（屬隴西郡）。四年二月，先零羌寇河東，遂至河內。三月，詔隴西徙襄武，安定徙美陽（在右扶風），北地徙池陽（在左馮翊），上郡徙衙（亦在左馮翊）。元初元年五月，先零羌寇雍城（在右扶風），九月，先零羌寇武都、漢中，絕隴道。十月，先零羌敗涼州刺史皮陽於狄道。二年三月，先零羌寇益州，遣中郎將尹就討之。十月，右扶風仲光、安定太守杜恢、京兆虎牙都尉耿溥與先零羌戰於丁奚城（在北地郡），光等大敗，並沒。三年五月，度遼將軍鄧遵率南匈奴擊先零羌於靈州（在北地郡），破之。四年十二月，任尚及騎都尉馬賢與先零羌戰於富平上河（富平縣在北地郡），破之。虔人羌率眾降，隴右平。永寧元年六月沈氏種羌叛，寇張掖，護羌校尉馬賢討沈氏羌，破之。建光元年八月，護羌校尉馬賢討燒當羌於金城，破之。延光元年六月，虔人羌叛，攻穀羅城（屬西河郡），度遼將軍耿夔討破之。前後共十五年。❾京都及郡國句　風拔樹，《東觀漢記》作「風拔樹發屋」。〈安帝紀〉載七月詔曰：「其百僚及郡國吏人，有道術明習災異陰陽之度琁璣之數者，各使指變以聞。」❿五月癸酉　〈安帝紀〉：「五月癸丑，京師大風。」按〈紀〉五月有丙申、丁酉，則不當有癸酉，〈志〉誤。〈紀〉癸丑為二十四日。⓫南郊　京城之南的郊野。⓬七年八月丙寅　八月朔日乙丑，丙寅為二日。⓭二月癸亥　〈安帝紀〉作「三月癸亥」。相連兩月之內不應有兩個癸亥，二者必有一誤。據陳垣《表》，二月朔日丁亥，無癸亥。三月朔日丙辰，癸亥為八日。⓮沛國　治所在相（今安徽濉溪縣西北）。⓯勃海　郡名。治今河北南皮東北。勃，今作「渤」。⓰三月丙申　〈安帝紀〉作「正月丙辰」。三月朔日庚子，無丙申。⓱潁川　郡名。治所在陽翟（今河南禹州）。按〈安帝紀〉，永寧元年三月至十月，「京師及郡國三十三大風，雨水。」延光元年載「是歲京師及郡國二十七雨水，大風，殺人。」〈續志〉皆不載。⓲六月壬午　六月朔日戊辰，壬午為十五日。⑲京都及郡國句 〈安帝紀〉是總括而言「是歲，京師及郡國三十六疾風」。順、桓世風災，〈志〉不載，〈紀〉亦缺。⑳靈帝建寧二年四月癸巳 建寧二年為西元一六九年。四月朔日壬申，癸巳為二十二日。㉑京都大風雨雹 〈靈帝紀〉謂詔公卿以下各上封事（上密封的奏章大膽言事）。五月太尉聞人襲（聞人，姓）罷官，司空許栩免職。㉒迎氣黃郊 京城有五郊，除四方四郊，有中郊，即黃郊，在京城西南五里。據〈祭祀志〉，立秋前十八天，百官皆衣黃，迎氣於黃郊，祭黃帝后土，車旗服飾皆黃色，歌《朱明》，八佾（列），舞《雲翹》、《育命》之舞。㉓道於雒水西橋 道，經過。洛水傍洛陽城南，洛陽城南面四門，各門皆有橋跨洛水，黃郊在城西南，故出入經由洛水西橋。㉔鹵簿車 蔡邕《獨斷》：「天子出，車駕次第謂之鹵簿。」即帝王出行時前面的儀仗隊。㉕發蓋 車有傘形車蓋，以避日曬和雨淋。發，揭去；颳走。㉖霑濡 被雨淋溼。㉗有司 司其事的官吏。古代設官分職，各有專司，故稱。㉘迎氣西郊 春迎青氣於東郊，夏迎赤氣於南郊，秋迎白氣於西郊，冬迎黑氣於北郊。此於西郊，是秋迎白氣。㉙壹 皆；完全。㉚中平五年六月丙寅 中平五年為西元一八八年。六月朔日辛亥，丙寅為十六日。㉛大風拔樹 〈靈帝紀〉只記「大風」。太尉樊陵罷官，以塞天變。㉜獻帝初平四年 為西元一九三年。㉝右扶風大風二句 〈獻帝紀〉作「扶風大風，雨雹。華山崩裂。太尉周忠免」。

【語譯】和帝永元五年五月十六日戊寅，南陽郡颳大風，樹木連根拔起。

2 安帝永初元年，大風拔樹。此時鄧太后攝理政事，因為清河王之子年紀小，號稱小人精，故立為帝，是為安帝。鄧太后不立皇太子劉勝，認為安帝賢明，一定會感恩鄧家；以後安帝親近讒言小人，或廢或免鄧氏的官職，放回老家，令本郡縣官吏嚴加逼迫，有八九個人被迫自殺，家破人亡。這就是《五行傳》中所說的心不明，此後十多年西羌大亂涼州部。

3 永初二年六月，京城和四十個郡、國颳大風，拔起樹木。

4 永初三年五月癸酉，京城颳大風，拔起南郊路旁梓樹九十六株。

5 安帝永初七年八月初二丙寅，京城颳大風，拔起樹木。

6 安帝元初二年二月癸亥，京城大風，拔掉樹木。

7 元初六年夏季四月，沛國和渤海郡颳大風，三萬多棵樹連根拔起。

8 安帝延光二年三月丙申，河東和潁川二郡颳大風，拔起樹木。六月十五日壬午，十一個郡、國大風拔樹。此時安帝親信奸人，是非不分。

9 延光三年，京城及三十六個郡、國大風拔起樹木。

10 靈帝建寧二年四月二十二日癸巳，京城颳大風，下冰雹，城外道旁的樹，十摟粗以上的便拔掉了一百多棵。在這以後，一天早晨到黃郊迎黃氣，路過洛水西橋，遇上暴風雨，在前面開道的儀仗車，有的被風揭去車蓋，百官都被淋溼了，便返回，不去郊壇，派遣管祭祀的官員代為行禮。在到西郊迎氣時，遇到暴風雨，也全是這麼做的。

11 靈帝中平五年六月十六日丙寅，大風拔起樹木。

12 獻帝初平四年六月，右扶風颳大風，颳走屋頂，拔起樹木。

1 中興❶以來，脂夜之妖無錄者❷。

2 章帝七八年間，郡縣大螟傷稼，語在魯恭傳，而紀不錄也❸。是時章帝用竇皇后讒，害宋、梁二貴人，廢皇太子❹。

3 靈帝熹平四年❺六月，弘農❻、三輔❼螟蟲為害。是時靈帝用中常侍曹節等讒言，禁錮海內清英之士，謂之黨人❽。

4 中平二年❾七月，三輔螟蟲為害。

【章旨】以上記述東漢的幾次螟害。嚴重的螟害使莊稼顆粒無收，直接危及廣大農民的生命，故為治政者所關注。此在《五行傳》屬「蠃蟲之孽」。

【注釋】❶中興 在一個朝代之內，帝位不是由自己失掉，而是由自己復得，名曰中興。此指光武帝重建漢政權而言。❷脂夜之妖無錄者 脂夜之妖，篇首已著一說。顏師古分為脂妖與夜妖。《漢書・五行志》謂夜妖是「雲風並起而杳冥」。大概因為其說分歧，內容又難琢磨，故無記錄。❸章帝七八年間四句 自漢武帝以後，皇帝在位皆有年號紀年，章帝亦有三個年號，此之「章帝七八年」，不合紀年成規。據〈魯恭傳〉，恭拜中牟令，建初七年，郡國螟傷稼，犬牙緣界，不入中牟。是則「章帝」下應有「建初」二字。〈章帝紀〉建初七年、八年均書「是歲，京師及郡國螟」，並非「〈紀〉不錄」。此不言京師，但中牟縣屬河南尹，表明為京師近縣。螟，食苗心蟲。❹章帝用竇皇后讒三句 章帝竇皇后，建初三年立，寵幸殊特，專固後宮。初，宋貴人生皇太子劉慶，梁貴人生和帝，后無子，一併忌恨二人，因誣宋貴人挾妖邪巫蠱，遂自殺。又養和帝為己子，欲專名外家，便寫匿名信誣陷梁貴人父竦，竦自殺，貴人以憂卒。皇后忌慶為皇太子，暗地派人尋找他的過錯，離間其父子之情，章帝遂下詔曰：「皇太子有失惑無常之性，爰自孩乳，至今益彰，恐襲其母凶惡之風，不可以奉宗廟，為天下主，今廢慶為清河王。」❺靈帝熹平四年 為西元一七五年。❻弘農 郡名。治所在弘農（今河南靈寶北）。❼三輔 西漢在京師周圍置京兆尹、左馮翊、右扶風三個相當於郡的政區，因在京畿之地，故稱三輔。治所均在長安城中。東漢因先帝宗廟所在，故仍稱三輔。❽靈帝用中常侍三句 東漢社會到桓、靈之際，主荒政謬，國命委於閹寺，士人羞與為伍，故匹夫抗憤，處士橫議，形成批評時政的風氣。於是宦官慫恿人誣告李膺等，養太學遊士共為部黨，訕謗朝廷，天子詔下郡國逮捕「黨人」二百多人，禁錮終身。中常侍曹節指示有司，捕捉黨人百餘人，皆死獄中。詞語連及，被死徙廢禁者六七百人，皆天下善士。至黃巾賊起，始赦黨人，然朝野已處於崩離地步。❾中平二年 為西元一八五年。

【語譯】光武中興以後，脂夜之妖沒有記錄。

2 章帝建初七八年間，郡縣大面積螟蟲傷害莊稼極為嚴重，對於這種情況記述在〈魯恭傳〉裡，〈章帝紀〉中卻沒有記述。此時章帝聽信竇皇后的讒言，害死了宋貴人和梁貴人，皇太子劉慶也被廢黜。

3 靈帝熹平四年六月，弘農郡和三輔地區螟蟲成災。此時靈帝聽信中常侍曹節等的讒毀之言，把國內有頭腦有見解之士禁錮在家中，把他們稱作「黨人」。

4
靈帝中平二年七月，三輔地區螟蟲造成災害。

明帝永平十八年❶，牛疫死❷。是歲遣竇固等征西域，置都護、戊己校尉❸。固等適還而西域叛，殺都護陳睦、戊己校尉關寵❹。帝於是大怒❺，欲復發興討，會秋明帝崩❻，是思心不容也❼。

章帝建初四年❽冬，京都牛大疫❾。是時竇皇后以宋貴人子為太子，寵幸，令人求伺貴人過隙，以讒毀之❿。章帝不知竇皇后不善⓫，厥咎霿也⓬。或曰，是年六月馬太后⓭崩，土功非時興故也。

【章　旨】以上記述東漢前期牛疫情況。牛疫直接影響農民的生活和生產。在東漢，用牛耕田和引重致遠比較普遍，犁具的改進，由二牛抬槓出現了一牛挽犁，此種現象反映在當時的畫像磚和壁畫中。故牛疫引起朝廷的重視，章帝時詔書說：「比年牛多疾疫，墾田減少，穀價頗貴，人以流亡。」此在《五行傳》中稱為「牛禍」。

【注　釋】❶明帝永平十八年　為西元七五年。❷牛疫死　〈章帝紀〉記此事於永平十八年之末，言「是歲，牛疫」。明帝八月分已崩，此時實為章帝初登極，尚未改元。明年正月詔書言「比年牛多疾疫」，則牛疫早已發生。❸是歲遣竇固二句　永平十七年，遣奉車都尉竇固、駙馬都尉耿秉、騎都尉劉張出敦煌郡昆侖塞，擊破白山虜於蒲類海上，遂入車師。初置西域都護、戊己校尉，則為永平十七年，而非十八年。竇固，字孟孫，扶風平陵（今陝西咸陽）人。本書有傳。西域，漢以來對玉門關、陽關以西至葱嶺間地域的總稱。都護，官名。即總監，督護西域諸國，因為並護南北道，故曰都護。戊己校尉，管理漢軍在西北邊遠地方屯田的官員，各處屯田相距遼遠，校尉駐於中央地帶，便於管理。古人對四方用天干命名，東方為甲乙，南方丙丁，西方庚辛，北方壬癸，中央為戊己，故稱戊己校尉。❹固等適還二句　永平十八年六月，焉耆、龜茲攻西域都護陳睦，全軍覆滅。北匈奴及車師後王圍戊己校尉耿恭、關寵。❺帝於是大怒　舊本句首無「帝」字，中華本謂當有「帝」字，據改。❻會秋明帝崩　明帝崩於永平十八年八月。❼是思心不容也　回照卷首《五行傳》：「思心不容，是謂不聖。」❽章帝建初四年　當西元七九年。❾京都牛大疫　〈章帝紀〉只言「冬，牛大疫」，不言地域。❿令人求伺貴人過隙二句　竇皇后寵盛，嫉恨宋貴人子劉慶為太子，乃使外內尋其過失。後於掖庭門截獲慶母宋貴人給慶書信，云病思生菟，令求之，因誣宋貴人欲作蠱道祝詛，以菟為厭勝之術，日夜毀譖貴人，宋貴人自殺，太子被廢。⓫章帝不知竇皇后不善　太后當為皇后。⓬厥咎霿也　以卷首《五行傳》評章帝心不明。⓭馬太后　即明帝馬皇后，伏波將軍馬援之女。〈皇后紀〉有傳。

【語　譯】明帝永平十八年，牛得傳染病而死。此年派遣竇固等征討西域，並設立西域都護和戊己校尉。竇固等剛剛班師回朝西域便反叛了，殺死都護陳睦和戊己校尉關寵。明帝於是大怒，欲再發兵征討，恰在秋季明帝崩逝，這就是《五行傳》所說的「思心不容」了。

章帝建初四年冬天，京師牛傳染病大規模流行。此時竇皇后因為宋貴人之子立為太子，皇后甚得寵愛，便派人暗地伺察宋貴人的過錯，對皇帝說宋貴人的壞話。章帝不知道竇皇后不是好人，便是《五行傳》說的「厥咎霿」。也有人說，這一年六月馬太后崩逝，是因為在農忙季節興修墳墓的緣故。

【研　析】本卷提到東漢史一樁大的冤案，即靈帝時「用中常侍曹節等讒言，禁錮海內清英之士，謂之黨人」。所謂黨人，並不是什麼組織或黨派，只是一些社會精英對當時的社會問題，如宦官擅權、政治腐敗等有相同的看法，被宦官誣告為結黨誹訕，欲為不軌，圖謀社稷，從而施加迫害。如所周知，東漢社會崇尚名節，這是當時選舉人才進入仕途的需要，一個人在鄉里口碑好，便易為人所薦舉，即和帝永元五年詔所謂「科別行能，必由鄉曲」。反之在鄉里為人所棄，則一世沒有出頭之日。這種對人物的評論之風便是應此需要出現的。此風傳入太學，諸生三萬多人評論世上名人：「天下楷模李元禮（李膺字），不畏強禦陳仲舉（陳蕃字），天下俊秀王叔茂（王暢字）。」公族進階、魏齊並危言深論，不避豪傑。自公卿以下莫不畏其貶議。由社會一時風尚轉為一大政治事件，則是由於牢脩誣告河南尹李膺「養太學游子，共為部黨，誹訕朝廷，疑亂風俗」。於是，皇帝震怒，頒詔郡國，逮捕黨人，布告天下，使同忿疾。太尉陳蕃不肯平署，曰：「今所案者皆海內人譽，憂國忠公之臣，豈有罪名不彰而收掠者乎？」帝愈怒，於是捕李膺等入獄，詞所牽連達二百多人。一年後，由於尚書霍諝和城門校尉竇武的表請，皆赦歸田里，禁錮終身，猶書名王府。自是正氣廢滅，邪枉熾，人們不滿，便互相標榜，指天下名士為之稱號，如指竇武、劉淑、陳蕃為三君，君謂一世之所尊。又有所謂八俊（俊謂人之精英）、八顧（顧言能以德行引導人）、八及（及謂能引導人追仰前賢）、八廚（廚謂以財救人）。中常侍侯覽家在山陽郡防東縣（今山東金鄉西南），殘害百姓，張儉為該郡東部督郵，上奏舉劾誅覽，覽於是嗾使儉同鄉無賴朱並上書，告儉與同鄉二十四人共為部黨，而儉為魁首。靈帝詔捕張儉，曹節諷有司奏捕以前的黨人，自此上至三公下至郡國守相百餘人皆死獄中，諸為怨隙者皆告對方為黨人，凡天下豪傑及儒學有行誼的人都被宦官指為黨人，因此而被死徙廢禁的有六七百人。直至黃巾起才赦免黨人。前後二十多年，使天下塗炭。這是一場朝中正直官吏反對宦官專權的鬥爭，他們前仆後繼，得到人民的支持，但最後失敗了。然而其信義足以維持民心，漢世亂而不亡，正賴數公之力。宦官表面是勝利了，卻將其殘無人道暴露在朝野官民面前，埋下了自取滅亡的種子。（張文質注譯）

志第十七

五行五

射妖　龍蛇孽　馬禍　人痾　人化　死復生　疫　投蜺

【題解】本卷為說明《洪範五行傳》之「皇之不極，是為不建」而舉的各方面事例，其中包括射妖、龍蛇孽等八項內容。其中有的是捕風捉影，以訛傳訛，如所謂黃龍出現。黃龍究竟是什麼樣子，都無具體描述，甚至把一句戲言當成黃龍現形。有的是一些偶然現象，如生兒兩頭、死人復生，人們少見多怪，以為妖異。唯有「大疫」是實有災難，對人們的威脅驚嚇最為嚴重，並不言徵驗，於此足見圖讖之無徵，人事為虛驗。但也不要認為〈五行志〉所載都是荒唐無稽，讀之徒費時間。因為從這些今人看來是可笑的事情或行為，在古代科學欠發展的情況下，有時導致人們做出重大的行動，甚至在某種程度上影響社會的走向。人類社會正是在科學發展與克服愚昧的過程中前進的。

五行傳❶曰：「皇之不極，是謂不建❷。厥咎眊❸，厥罰恆陰❹，厥極弱❺。時則有射妖❻，時則有龍蛇之孽❼，時則有馬禍❽，時則有下人伐上之痾❾，時則有日月亂行，星辰逆行⑩。」皇，君也。極，中也。眊，不明也。說云：此沴天⑪也。不言沴天者，至尊之辭也。春秋「王師敗績」，以自敗為文⑫。

【章旨】本段為《五行傳》中關於「皇之不極，是謂不建」的內容和注釋。在此作為本卷的提綱。這些內容支配著古人的思想，因而對社會產生相當的影響。

【注釋】❶五行傳　即《洪範五行傳》，西漢劉向撰，多用禍福徵應解釋〈洪範〉本文，所以在正、續《漢書・五行志》中多引用其書的內容。❷皇之不極二句　〈洪範〉本文為「皇建其有極」，此則為其反題。皇，君。極，中，即準則。建，立。人君貌、言、視、聽、思心五事皆失，不得其中，則不能立萬事。❸厥咎眊　厥，其。咎，災禍。眊，目少睛。謂不能立萬事，失在昏昧不明，故其咎眊。❹厥罰恆陰　《漢書・五行志》：「王者自下承天理物。雲起於山，而彌於天；天氣亂，故其罰常陰。」❺厥極弱　《詩・菀柳》鄭玄箋：「極，誅也。」是極亦誅罰之義。《易》釋「亢龍有悔」：「貴而無位，高而無民，賢人在下位而無輔。」如此君有南面之尊，而無一人之助，故極弱。弱，是「六極」之六。❻時則有射妖　時則，謂有時有，有時無，有時在前，有時在後，不一定同時出現。《禮》，春天舉行大射，以順陽氣。上微弱則下奮動，故有射妖。❼龍蛇之孽　龍蛇同類，龍無角者為蛇。陰氣動故有龍蛇之孽。孽，災害。❽馬禍　在《易》，乾為君為馬，馬可為人所用而且力量強大。君氣毀，故有馬禍。❾下人伐上之痾　天地之性人為貴，君亂且弱，人不助，天不與，不有明王之誅，則有篡弒之禍，故有下人伐上之痾。痾，病災。❿日月亂行二句　日月之行各有常道，不亂其軌。古人認為，皇極不建，則有日月亂行星辰逆行現象出現。《太公六韜》謂人主好武事兵革，則日月薄（日月無光）蝕，太白星失去正常軌道。⓫沴天　氣相傷謂之沴，沴猶臨蒞，不和之意。沴天，氣衝於天。⓬不言沴天四句　本是君道傷，五行沴天，而不言五行沴天，是因天至高無上，至尊無匹，不敢說五行沴天，而說「日月亂行，星辰逆行」，好像是日月自行亂道，《春秋》魯成公元年書「王師敗績」，不說是誰把周王的軍隊打敗的，以自敗行文，是尊崇天子之意。敗績，失敗。

【語譯】《五行傳》說：「君主沒有施政的標準，這叫做沒有建立。其災禍是昏惑不明，其罰是久陰不雨，厥誅罰則是君主孤弱。有時有射妖，有時有龍蛇之害，有時有馬禍，有時有下人伐上之災，時而有日月不遵行其軌道和星辰倒行。」皇，其義為君。極之義為中，即準則。眊是不明之義。有人對《五行傳》解釋，認為這是五行之氣衝天。不說五行之氣衝天，是對至尊之天用了避諱的字眼，如同《春秋》中書「王師敗績」，不說誰打敗王師，以王師自敗行文書事。

恆陰❶，中興❷以來無錄者。

靈帝光和中❸，雒陽❹男子夜龍以弓箭射北闕❺，吏收考問❻，辭「居貧負責❼，無所聊生❽，因買弓箭以射」。近射妖也。其後車騎將軍何苗❾，與兄大將軍進部兵還相猜疑，對相攻擊，戰於闕下❿。苗死兵敗，殺數千人，雒陽宮室內人燒盡⓫。

【章　旨】以上記述一男子箭射雒陽宮北闕，被認為是《五行傳》所說之「射妖」。實是此人窮極無聊之舉。

【注　釋】❶恆陰　劉昭注引〈郎顗傳〉，陽嘉二年，顗上書云：「正月以來，陰暗連日。久陰不雨，亂氣也。得賢不用，猶久陰不雨也。」❷中興　政權不由自己失去，而由自己得到，謂之中興。所以西漢滅亡，而由劉秀重建漢家政權，史稱中興。❸靈帝光和中　夜龍射北闕事，據應劭《風俗通義》，劭當時為太尉議曹掾，向太尉鄧盛稟明此事。鄧盛為太尉在中平元年四月，至中平二年五月罷。則夜龍事當在中平中，而非光和中。❹雒陽　即洛陽，三國魏時把雒字改為洛，原來的雒水、雒陽，便寫作洛水、洛陽了。❺北闕　北宮門之闕。闕，宮門兩旁的高臺，臺上起樓觀，中間有道路。兩邊臺高，中間道路低，是闕。闕，古「缺」字。❻吏收考問　收，收捕。考問，拷打審問。考，同「拷」。❼居貧負責　居貧，日子貧窮。負責即負債，背負著債務。❽無所聊生　謂無可賴以生存。所，可。聊，依賴。❾車騎將軍何苗　車騎即騎兵。車騎將軍掌征伐背叛，秩位比公，但不常置，有事則任命，事訖則罷。何苗，原姓朱，是何進的同母異父兄。❿與兄大將軍進三句　一說何進是何苗之兄。何進之妹為靈帝皇后。帝崩，皇子劉辯即位，尊后為皇太后，兄進為大將軍，大將軍為四將軍之首，位比三公，故執朝政。何進謀誅宦官，反被宦官所害，何進部下疑苗與宦官通謀害進，乃攻殺苗。⓫雒陽宮室內人燒盡　何苗被殺，宦官閉宮閤門，袁術因燒南宮九龍門。

【語譯】恆陰方面的事例，東漢沒有記錄。

靈帝光和年間，洛陽男子夜龍用弓箭射皇宮北門闕樓，守吏將其收捕，並加拷問，他說是「家境貧窮，還欠債務，沒有生存依靠，便買弓箭來射北闕門」。這近乎射妖。以後，車騎將軍何苗，與其兄大將軍何進的部下互相猜疑，向對方攻擊，戰於闕門之下。何苗被殺，其部下失敗，殺死了數千人，洛陽宮殿及裡面的人也被燒光。

1 安帝延光三年❶，濟南言黃龍見歷城❷，琅邪言黃龍見諸❸。是時安帝聽讒，免太尉楊震，震自殺❹。又帝獨有一子，以為太子，信讒廢之❺。是皇不中，故有龍孽，是時多用佞媚，故以為瑞應。明年正月，東郡❻又言黃龍二見濮陽。

2 桓帝延熹七年❼六月壬子❽，河內野王❾山上有龍死，長可數十丈❿。襄楷以為夫龍者為帝王瑞，易論大人⓫。天鳳⓬中，黃山宮⓭有死龍，漢兵誅莽而世祖復興⓮，此易代之徵也。至建安二十五年，魏文帝代漢⓯。

3 永康元年⓰八月，巴郡⓱言黃龍見。時吏傅堅以郡欲上言，內白事⓲以為走卒戲語，不可。太守不聽。嘗見堅語云：「時民以天熱，欲就池浴⓳，見池水濁，因戲相恐『此中有黃龍』，語遂行人間。聞郡欲以為美，故言。」時史以書帝紀。

桓帝時政治衰缺，而在所多言瑞應，皆此類也。又先儒言：瑞興非時，則為妖孽，而民訛言生龍語，皆龍孽也。

4 熹平元年四月甲午，青蛇見御坐上⑳。是時靈帝委任宦者，王室微弱㉑。

【章旨】以上記述龍蛇出現，以應《五行傳》之「龍蛇之孽」。龍是傳說中的神物，帝王以為瑞應。所謂龍現某地，只是變幻迷離的雲氣，並非實有其物。地方官為了邀功，往往虛報瑞應，甚至以戲言為真。

【注釋】❶安帝延光三年　當西元一二四年。❷濟南言黃龍見歷城　〈安帝紀〉謂「九月辛亥濟南上言黃龍見歷城」。濟南，封國名。治所在東平陵（今山東章丘西）。歷城，今山東濟南。見，今「現」字。❸琅邪言黃龍見諸　〈安帝紀〉謂在此年十二月乙未。琅邪，封國名。治開陽（今山東臨沂北）。❹是時安帝聽讒三句　太尉，三公之一，掌四方兵事之考績，國有大事大疑，參與三公之議論和諫諍。楊震，字伯起，弘農郡華陰（今陝西漢陰）人。治《歐陽尚書》，人稱「關西孔子」。一生清白為吏，疾惡宦官不法。本書有傳。延光三年，帝東巡守，宦官樊豐等競起第宅，詐下詔書，用將作的材料，懼事洩，遂共譖楊震怨恨朝廷，奏免震官，收其印綬，遣歸本郡。震以生平不能盡除奸猾，愧對日月，飲鴆自殺。❺帝獨有一子三句　安帝閻皇后無子，帝幸宮人李氏，生皇子劉保，閻后鴆殺李氏。永寧元年，劉保立為皇太子。延光三年，安帝乳母王聖、大長秋江京、中常侍樊豐等共譖殺太子乳母王男，太子數為歎息。王聖等懼有後禍，遂與豐、京共搆陷太子，太子坐廢為濟陰王。❻東郡　治所在濮陽（今河南濮陽西南）。❼桓帝延熹七年　當西元一六四年。劉昭補引干寶《搜神記》謂桓帝即位，有大蛇出現在德陽殿上，洛陽市令淳于翼說：「蛇有鱗，是甲兵之象，出現在宮中，將有外戚大臣受甲兵之誅。」乃棄官遁去。到延熹二年，誅大將軍梁冀，捕治宗屬，興兵京師。❽六月壬子　〈襄楷傳〉作「六月十三」，是壬子即十三日。❾河內野王　河內，郡名。治所在懷縣（今河南武陟西南）。野王，縣名。治今河南沁陽。❿長可數十丈　袁山松《後漢書》作「長可百餘丈」。可，大約。⓫襄楷以為夫龍者二句　襄楷，字公矩，平原郡濕陰（今山東臨邑）人。好學博古，善天文陰陽之術。所上書奏，多以天道而主持正義。本書有傳。〈襄楷傳〉謂夫龍形狀不一，小大無常，故《周易》比作「大人」，帝王以為瑞應。或聞河內龍死，諱以為蛇。龍能變化，蛇亦有神，皆不當死。大人，指天子。《周易・乾卦》九五：「飛龍在天，大人造也。」

九五處天子之位，故以飛龍為喻。⑫天鳳　王莽所建新朝年號，西元一四－一九年。⑬黃山宮　漢惠帝二年建。宮在今陝西興平東南。⑭世祖復興　世祖，光武帝劉秀的廟號，禮制規定，祖有功而宗有德，故開國之君稱祖。復興，即中興。⑮至建安二十五年二句　建安，漢獻帝年號，二十五年為西元二二〇年。魏文帝，曹丕的諡號。丕，字子桓，曹操之子。建安二十五年正月曹操死，曹丕繼為魏王，改元延康。延康元年十月，曹丕受漢帝禪而為帝。故魏文帝代漢實為漢獻帝延康元年。劉昭辯黃龍出現與魏代漢的關係云：「夫屈伸躍現，變化無方，非顯死之體，橫強（暴烈）之畜。《易》況大聖（以龍比擬大人），實類（似）君道。野王之異，豈桓帝將崩之表（標記）乎？妖等（同）占殊，其例斯眾。苟欲附會以同天鳳，則帝涉（經歷）三主，年踰五十，此為迂闊，將恐非徵矣。」認為桓帝時死龍，經歷桓、靈、獻三帝，時隔五十多年，象徵魏文代漢是不可信的。⑯永康元年　當西元一六七年。⑰巴郡　治所在江州（今重慶市北嘉陵江北岸）。⑱內白事　內，暗地裡；不形於色。白事，敘說事情。白，稟告。⑲池浴　〈桓帝紀〉引此作「沱浴」。沱，水名。古沱江經流不在巴郡範圍內，故知非沱江。古池、沱同字，知為池塘。⑳熹平元年二句　王先謙《集解》引錢大昕說，謂青蛇事〈張奐傳〉作「建寧二年」，〈謝弼傳〉同，此志及〈楊賜傳〉並作「熹平元年」，非也。熹平元年為西元一七二年。建寧二年為西元一六九年。坐，同「座」。四月乙酉朔，甲午為十日。㉑靈帝委任宦者二句　宦官曹節等矯詔誅殺太傅陳蕃和大將軍竇武，製造了震驚全國的「黨錮」事件，王室衰微，張角等反叛朝廷。劉昭注引楊賜諫曰：「皇極不建，則有龍蛇之孽。《詩》：『惟虺惟蛇，女子之祥。』（賦詩斷章，此重在言女禍，不必與原詩意同）宜抑皇甫之權，割豔妻之愛（豔妻謂周幽王后褒姒，皇甫為后黨），則蛇變可消者也。」《敦煌實錄》：「蛇長六尺，夜於御前當軒（窗）而現。」委任，聽任；任憑。

【語　譯】安帝延光三年，濟南國上奏說在歷城出現黃龍，琅邪國也上奏在諸縣有黃龍出現。此時安帝聽信讒毀之言，免了太尉楊震的官，楊震自殺了。另外，安帝只有一子，立為皇太子，因信讒言而廢棄。在《五行傳》這是「君無施政準則」，故有龍害，因安帝此時多用諂媚之臣，所以把這些當作瑞應。第二年正月，東郡又上奏濮陽出現兩條黃龍。

2 桓帝延熹七年六月十三日壬子，河內郡野王縣山上有龍條死了，長約幾十丈。襄楷認為，龍是帝王的吉兆，《易》認為是「大人」。王莽天鳳年間，黃山宮有一條死龍，漢兵誅殺王莽而光武帝復建漢朝，這是改朝換代的象徵。到建安二十五年，魏文帝又取代了漢朝。

3　桓帝永康元年八月，巴郡上奏黃龍出現。當時郡吏傅堅因為郡守要向朝廷上報，便暗地裡向郡守說，那是下邊小卒們說的一句玩笑話，不能上報。太守不聽。曾經聽到傅堅說：「當時人們覺得天熱，想到池塘裡洗澡，見池水混濁，便恐嚇說『這池水中有黃龍』，這話便流傳到民間。聽說郡府要把這當成一件大好事上奏，所以我才向您說明真相。」當時史官就把這件事寫進〈桓帝紀〉裡。桓帝當時政治衰敗，多有缺失，而各地往往上報有瑞應出現，都是這一類的情況。以前有識之士曾說：瑞應出現在不應出現的時候，就成了妖孽，而民間訛傳龍出現的話，都是《五行傳》中所說的龍害。

4　靈帝熹平元年四月十日甲午，有青蛇出現在皇帝的御座上。此時靈帝聽任宦官弄權，王室衰弱。

1　更始二年❶二月，發雒陽，欲入長安❷，司直李松奉引❸，車奔❹，觸北宮❺鐵柱門，三馬皆死。馬禍也。時更始失道，將亡❻。

2　桓帝延熹五年❼四月，驚馬與逸象突入宮殿❽。近馬禍也。是時桓帝政衰缺❾。

3　靈帝光和元年❿，司徒長史馮巡馬生人⓫。京房易傳曰：「上亡⓬天子，諸侯相伐，厥妖馬生人。」後馮巡遷甘陵相⓭，黃巾⓮初起，為所殘殺，而國家⓯亦四面受敵。其後關東⓰州郡各舉義兵，卒相攻伐，天子西移⓱，王政隔塞。其占與京房同。

4　光和⓲中，雒陽水西橋⓳民馬逸走⓴，遂齧殺人。是時公卿大臣及左右數有被誅者㉑。

【章旨】以上所記為「馬禍」，實則只是人在馴服使用馬匹中的偶發事例，與更始滅亡、黃巾起事等無關。至於馬生人，從現代生物學上看則是不可能的。

【注釋】❶更始二年　當西元二四年。更始，劉玄稱帝的年號。玄，字聖公，光武帝族兄。參加推翻王莽的隊伍，號更始將軍，共議立為帝，建元曰更始。❷發雒陽欲入長安　《東觀漢記》：「關中咸想望天子，更始遂西，發雒陽。」❸司直李松奉引　司直，丞相府屬官，助督錄諸州。建武十八年省去。李松，後為更始帝丞相，最後戰死。奉引，為皇帝前導引車。❹車奔　以馬駕車，馬驚，故車亦奔馳。❺北宮　洛陽宮分南宮、北宮，二宮相距七里，有複道相連。❻更始失道將亡　更始帝據長安，縱於酒色，剛愎自用，所封將帥擅令不從，長安為他編了一段順口溜：「竈下養，中郎將；爛羊胃，騎都尉；爛羊頭，關內侯。」關中離心，四方怨叛，濫殺將率，終至失敗。以三馬觸鐵柱門而死為其將亡之先兆。❼桓帝延熹五年　為西元一六二年。❽驚馬與逸象突入宮殿　驚馬，受驚的馬，往往狂奔不受控馭。逸象，奔跑的象。突，衝撞。❾是時桓帝政衰缺　桓帝時梁冀秉權，宦官充朝，朝野之人以忠為忌諱。誅梁冀以後，宦官的兄弟姻親宰州臨郡，盤剝百姓，與盜賊無異，民不堪命，多為盜賊。是帝政衰缺之事。❿靈帝光和元年　當西元一七八年。⓫司徒長史句　司徒長史，俸千石，職無不統。據〈三公山碑〉，馮巡，字季祖，南陽郡冠軍（今河南鄧州）人。《風俗通》：「巡馬生胡子，問養馬胡蒼頭（胡人為奴僕），乃奸此馬以生子。」自今生物學而言，人與馬不同屬，相交配不能生人。⓬亡　同「無」。⓭後馮巡遷甘陵相　〈白石神君碑〉云，光和四年，甘陵相南陽馮巡詣三公神山請雨，賽以白羊、赤錫鬯，以為國將亡聽於神。甘陵，清河國改。封國置相，位當郡守。⓮黃巾　鉅鹿郡張角奉事黃、老道，養弟子，為人療病，十餘年間，有徒眾數十萬，置三十六方（將軍），言「蒼天已死，黃天當立，歲在甲子，天下大吉。」中平元年（此年為甲子年）二月，張角率三十六方，頭著黃巾，同時反叛，時人謂之黃巾，亦謂之蛾賊，蛾即蟻字，言其眾多。⓯國家　朝廷。⓰關東　秦漢定都今陝西境內，稱函谷關或潼關以東地區為關東。⓱天子西移　消滅宦官過程中，董卓掌握朝中權力，遭到東方各州郡的反對，董卓挾持漢獻帝，於初平元年遷都長安。⓲光和　東漢靈帝劉宏年號，西元一七八—一八四年。⓳水西橋　聚邑名。故址在今河南洛陽東。⓴逸走　疾奔。㉑是時公卿大臣句　議郎蔡邕被誣為大不敬、棄市，後減死徙朔方。司徒劉郃、永樂少府陳球、衛尉陽球、步兵校尉劉納謀誅宦官，事洩，皆下獄死。是其事。

【語譯】更始二年二月，自洛陽出發，要去長安，司直李松在前面領車，驚了馬，使車駕奔馳，碰撞了北宮鐵柱門，三匹馬都撞死了。這是馬禍。當時更始帝摒棄治國之道，預示著將要滅亡。

2 桓帝延熹五年四月，受驚的馬和奔跑的大象闖入宮殿。此近於馬禍。這時桓帝政事衰敗。

3 靈帝光和元年，司徒長史馮巡的馬生了一個小孩。《京房易傳》說：「上無天子，諸侯互相攻伐，其妖表現為馬生出人來。」以後馮巡升為甘陵國相，黃巾軍初起事時，巡被黃巾殘酷殺害，朝廷也四面受敵。以後關東各州郡高舉義旗起兵圍攻黃巾，最後他們又互相攻打，董卓挾持天子西遷長安，王政不通。其占驗與京房說的相同。

4 靈帝光和年間，住在洛陽水西橋附近一家的馬脫韁，便咬死了人。這時公卿大臣及皇帝左右屢有被殺的。

1 安帝永初元年十一月戊子❶，民轉相驚走，棄什物，去廬舍❷。

2 靈帝建寧三年❸春❹，河內婦食夫，河南夫食婦❺。

3 熹平二年❻六月，雒陽民訛言❼虎賁寺❽東壁中有黃人，形容鬚眉良是❾，觀者數萬，省內❿悉出，道路斷絕。到中平元年⓫二月，張角兄弟起兵冀州⓬，自號黃天⓭，三十六方⓮，四面出和⓯。將帥星布，吏士外屬⓰，因其疲餧⓱，牽而勝之。

4 光和元年五月壬午⓲，何人白衣欲入德陽門⓳，辭「我梁伯夏，教我上殿為天子」⓴。中黃門桓賢等呼門吏僕射㉑，欲收縛何人，吏未到，須臾還走，求索不得，不知姓名。時蔡邕以成帝時男子王褒㉒絳衣入宮，上前殿非常室，曰「天帝令我居此」，後王莽篡位。今此與成帝時相似而有異，被服不同，又未入雲龍門㉓而覺，稱梁伯夏，皆輕於言。以往況㉔今，將有狂狡之人，欲為王氏之謀，其事不成。其後張角稱黃天作亂，竟破壞㉕。

5 二年，雒陽上西門㉖外女子生兒，兩頭，異肩共胷，俱前向，以為不祥，墮地棄之㉗。自此之後，朝廷霿亂，政在私門，上下無別，二頭之象。後董卓戮太后，被以不孝之名，放廢天子，後復害之㉘。漢元以來，禍莫踰此㉙。

6 四年，魏郡㉚男子張博送鐵盧詣太官㉛，博上書室殿㉜山居屋後宮禁，落屋讙呼㉝。上收縛考問，辭「忽不自覺知」㉞。

7 中平元年六月壬申㉟，雒陽男子劉倉居上西門外，妻生男，兩頭共身㊱。

【章旨】以上所記是人們日常生活中的特異事例，甚至惡例（夫食妻和妻食夫）。至於生兒兩頭，即今所謂連體嬰兒，在當時的知識水平上看，自然不可理解，故視為妖異。

【注釋】❶安帝永初元年句　永初元年當西元一〇七年。十一月朔日己巳，戊子為二十日。❷民轉相驚走三句　〈安帝紀〉：「(十一月) 戊子，勑司隸校尉、冀并二州刺史：『民訛言相驚，棄捐舊居，老弱相攜，窮困道路。其各勑所部長吏，躬親曉喻。若欲歸本郡，在所為封長檄（蓋有官印的行路證明文書）；不欲，勿強（強迫）。』」惠棟引《續志》：「民訛言相驚，司隸、并、冀州民人流移。時太后專政，婦人以順為道，故《禮》『夫死從子之命』，今專主政，不從而僭也。」與此文不同。轉，猶傳也，或用語言，或用行動，向周圍傳播。什物，各種日常生活用品。❸靈帝建寧三年　當西元一七〇年。❹春　〈靈帝紀〉具體為「正月」。❺河內婦食夫二句　〈靈帝紀〉：「河內人婦食夫，河南人夫食婦。」意思相同。河內，郡名。治所在懷縣（今河南武陟西南）。河南，謂河南尹，京城所在，故不稱郡。治所在雒陽（今河南洛陽東）。劉昭注謂河是經天亙地之水，河內居河之陽，夫陽為尊，婦陰體卑，陰吞尊陽，是君道昏弱，無居剛之德，故為陰細之人所消毀。河南居河之陰，夫是家之主，竟食己妻。靈帝聽閹豎之言，而廢宋皇后，使宦官王甫得行其奸。干寶曰：「夫婦陰陽二儀，有情之深者也。今反相食，陰陽相侵，豈特（只是）日月之眚哉！靈帝既沒，天下大亂，君有枉誅之暴，臣有劫殺之逆，兵革相殘，骨肉為讎（同仇），生民之禍極矣。」較劉昭僅從黃河南北立論更近於事理。❻熹平二年　為西元一七三年。❼訛言　虛假、謠傳之言。❽虎賁寺　虎賁中郎將的官署。❾形容鬚眉良是　形容，形狀容貌。良，的確。應劭《風俗通》記自己當時為郎官，曾往視之，壁上哪裡有人形？是牆上有漏痕，牆皮剝落數寸，水與泥交渾下流，曲曲折折。並謂虎賁扞難禦侮，東者動也，天下動搖。❿省內　王宮中。⓫中平元年　西元一八四年。⓬張角兄弟起兵冀州　張角，鉅鹿郡人，平時以傳道療病聚合群眾，敗露後，乃敕三十六方同時俱起，角自稱天公將軍，角弟寶稱地公將軍，寶弟梁稱人公將軍，所在焚燒官府，劫掠聚邑，州郡失據，長吏多逃亡，旬月之間，天下響應，京師震動。冀州，漢「十三刺史部」之一。治高邑（今河北柏鄉北）。⓭自號黃天　張角提出的口號中有「蒼天已死，黃天當立」，因以自號。⓮方　相當於將軍，是軍隊編制，而非行政區域。⓯和　軍隊的營門。《周禮・夏官・大司馬》：「以旌為左右和之門。」鄭玄注：「軍門曰和，今謂之壘門，立兩旌以為之。」此泛指營壘。⓰屬　聚會。⓱餧　同「餒」。楊泉《物理論》：「黃巾被服純黃，不將尺兵，肩長衣，翔行舒步，所至郡縣無不從，是日天大黃也。」⓲光和元年五月壬午　光和元年為西元一七八年。五月朔日庚辰，壬午為三日。⓳何人白衣欲入德陽門　何人，即某人。故下云「不知姓名」。德陽門，〈靈帝紀〉作「德陽殿門」，是德陽門即德陽殿之門。德陽殿在北宮。⓴辭我梁伯夏二句　辭，告訴。《東觀漢記》作「白衣人言『梁伯夏教我上殿』，與中黃門桓賢語，因忽不見。」㉑中黃門桓賢句　中黃門，俸比百石，後增至比三百石，宦者，掌給事禁中。桓賢，袁宏《後漢紀》作桓覽。僕射，義為主射，古時重武，每官必有主射以督導考察。是僕射為門吏的領班。㉒王褒　西漢成帝時鄭縣通里男子，有瘋病，闖入宮殿，云「天帝令我居此」，下獄死。後王莽篡位。㉓雲龍門　德陽殿東門。㉔況　比擬。㉕其後張角稱黃天二句　《風俗通》記此事在光和四年四月，謂南宮中黃門寺曹騰家來一男子，中黃門解步呵問「汝何等人？」答曰：「我梁伯夏後，天使我為天子。」時間、地點、中黃門姓名、答語，皆與本志不同。蓋傳各異詞，因而解釋也不同，應劭謂梁氏之後為董氏，梁本為安定郡人，董卓是隴西郡人，都屬於涼州。兆示董卓自外入，廢帝殺后，百官總己。袁山松認為張角一時狡亂，不足招致如此大妖，應是曹氏滅漢之徵。

劉昭則反對應劭之說，認為「伯夏教我為天子」，以後曹操說：「若天命在吾，吾為周文王矣。」其子曹丕果然登帝位，故男子出現在曹騰之家。同是一事，眾說竟紛紜如此，愈見各說之隨心所欲，皆不可信。㉖雒陽上西門　洛陽城西面南頭第三門。㉗生兒六句　即今所謂連體嬰兒。今科學昌明，知為生殖之異形，在二千年前，人們則以為異。㉘後董卓戮太后四句　董卓在朝，先脅何太后廢少帝劉辯為弘農王，立陳留王劉協，是為獻帝。又議何太后蹙迫永樂太后，至令憂死，逆婦姑（婆媳）之禮，無孝順之節，遷於永安宮，遂以弒崩。㉙漢元以來禍莫踰此　董卓挾天子遷都長安，盡徙洛陽民數百萬口，步騎驅蹙，更相蹈藉，飢餓寇掠，積屍盈路，悉燒洛陽官府、宮廟、民家，二百里內無復人煙，又發諸帝陵，及公卿以下冢墓，收其珍寶。故云漢元以來，禍莫踰此。元，始。漢元，漢朝開國紀年。㉚魏郡　治鄴（今河北臨漳西南）。㉛送鐵盧詣太官　盧，即火爐。詣，往。太官，官府名。掌皇帝膳食燕享之事。㉜書室殿　故址在今河南洛陽東白馬寺一帶東漢故宮城中。㉝讙呼　喧嚷呼叫。讙，喧譁。㉞辭忽不自覺知　劉昭注云，魏人入宮，既是奪漢之徵，至後宮而讙呼，終亦禍廢母后。㉟中平元年六月壬申　中平元年為西元一八四年。六月朔日甲戌，六月無壬申。㊱兩頭共身　中山相張純言：「洛陽人妻生子兩頭，此漢祚衰盡，天下有兩主之徵也。」

【語譯】安帝永初元年十一月二十日戊子，民眾互相傳播驚慌逃跑，拋棄家中日常用具，捨棄房屋家園。

2 靈帝建寧三年春，河內郡有一個婦人吃了自己的丈夫，河南尹有丈夫吃了自己的妻子。

3 靈帝熹平二年六月，洛陽民眾謠傳，在虎賁中郎將官署的東牆上有黃人，形狀、眉毛、鬍鬚很像人的模樣，來看的人有好幾萬，宮裡的人也都出來看，道路上擁擠不通。到中平元年二月，張角兄弟在冀州起兵，自稱「黃天」，在全國置三十六將軍，到處都是兵營。朝廷派出的將帥很多，吏士聚合於外，乘著黃巾的連戰疲勞與飢餓，處處牽制並最後打敗他們。

4 靈帝光和元年五月初三壬午，有一個白衣人欲入德陽殿東門，揚言「我是梁伯夏，教我上殿為天子」。中黃門桓賢等就呼叫門吏領班，要捉拿綑綁住那個人，門吏還沒到，那人很快扭頭就跑，也未搜索到，也不知那人名姓。當時蔡邕認為，西漢成帝時有個男子叫王褒，穿著淺紅色衣服到宮中，上了前殿非常室，說「天帝教我住在這裡」，以後王莽篡漢。現在這件事與成帝時的相似也有所不同，著裝不同，又沒有進入雲龍門就被發現，自稱梁伯夏，都輕易放言。用過去比擬今天，將有狂妄之人，欲做王莽的謀劃，但事情不能成功。以後張角稱「黃天」作亂，終於被消滅。

5 光和二年，洛陽上西門外一女子生小兒，兩個頭，各自有肩，一個胸脯，面向前，其家人以為不吉利，落地之後便扔掉了。從此以後，朝廷便混亂起來，政權掌握在私家手裡，天子與大臣無別，這是二頭之象。以後董卓殺何太后，給她加個不孝順婆婆之名，又廢掉天子，以後又把他殺死。漢朝開國以來，禍患之大莫過於此。

6 光和四年，魏郡一男子叫張博送鐵製火爐給管御膳的官署，張博登上書室殿山，有一房屋在宮禁之後，張博跌落房屋裡，大聲呼喊，上前把他捉住捆綁起來審問，他宣稱「忽一下子自己什麼也不知道了」。

7 靈帝中平元年六月壬申日，洛陽一個男子叫劉倉，住在上西門外，其妻生一男孩，兩個頭長在一個身子上。

靈帝時，江夏❶黃氏之母，浴而化為黿，入于深淵，其後時出見。初浴簪❷一銀釵❸，及見，猶在其首❹。

【章　旨】本段記黃氏母浴而化為黿，以黃母銀釵猶在其首為證。《搜神記》敘此事之末，猶加一句「於是黃氏累世不敢食黿肉」，以加強其真實性。不過從事實衡量，人自是人，黿自是黿，黿在深淵無人注意，等淹死了人，引起人們警覺，才發現黿出沒。此類故事，《搜神記》還有兩條，可供飯後談資，不可據為信史。

【注　釋】❶江夏　郡名。治今湖北新洲西。❷簪　婦女頭上壓髮的簪子，此作動詞用，義為插簪。❸釵　雙股的壓髮簪子。❹猶在其首　劉昭注：「黃者，代漢（漢為赤色）之色。女人，臣妾之體。化為黿，黿者元也。入於深淵，水實制火（漢為火德）。夫君德尊陽，利見九五，飛在于天，乃備光盛（謂為帝）。俯等龜黿，有愧潛躍；首從戴釵，卑弱未盡。後帝者王，不專權極，天德雖謝，蜀猶傍纘（謂劉備猶繼漢偏制一方）。推求斯異，女為曉著矣。」

【語　譯】靈帝時，江夏郡黃家老母，洗澡時便化成黿，潛入深水之底，以後常常浮出水面。當初洗澡時老母插著一副銀釵，黿浮出時還插在牠的頭上。

1 獻帝初平中❶，長沙❷有人姓桓氏，死，棺斂❸月餘，其母聞棺中聲，發之，遂生。占曰：「至陰為陽，下人為上。」其後曹公❹由庶士起。

2 建安四年二月❺，武陵充縣❻女子李娥，年六十餘，物故❼，以其家杉木槥❽斂，瘞於城外數里上，已十四日❾，有行聞其冢中有聲，便語其家。家往視聞聲，便發出，遂活❿。

3 七年，越巂⓫有男化為女子。時周群⓬上言，哀帝時亦有此異⓭，將有易代之事⓮。至二十五年，獻帝封于山陽⓯。

4 建安中，女子生男，兩頭共身⓰。

【章　旨】以上記述人死復生事。人死大都不能復生，偶有一二例復生則是有條件的（如今人一氧化碳中毒程度較輕而又移至通風處）。古人死十幾日或月餘而復生，人們自然以為奇聞，並傳會到國事上來。

【注　釋】❶獻帝初平中　初平，東漢獻帝劉協年號，西元一九〇—一九三年。〈獻帝紀〉記此事於初平二年，云「是歲，長沙有人死經月復活。」❷長沙　郡名。治所在臨湘（今湖南長沙）。❸斂　將屍體放入棺中。❹曹公　謂曹操。操，字孟德，沛國譙縣（今安徽亳州）人。在與黃巾作戰中壯大力量，挾獻帝號令諸侯，統一北方，被封為魏王。其子曹丕受漢禪而為帝。❺建安四年二月　建安四年為西元一九九年。〈獻帝紀〉將此事記於年末，云「是歲，武陵女子死十四日復活。」❻武陵充縣　武陵，郡名。治所在臨沅（今湖南常德西）。充縣，今湖南桑植。❼物故　死亡。❽椑　小棺。❾瘞於城外二句　瘞，埋。干寶《搜神記》作「埋於城外，已十四日。」疑多一「上」字。❿家往視聞聲三句　《搜神記》記此事更詳細，且演化出一段陰司故事，可以參考。又《博物記》記東漢末關中大亂，挖掘前漢宮人冢，宮人猶活，常侍於魏郭皇后左右，講漢宮中事，甚為明瞭。則掩埋二百餘年的宮女尚能復活，更是離奇得無譜，只能當故事聽了。⓫越嶲　郡名。治所在邛都（今四川西昌東南）。⓬周群　字仲直，巴西郡人。時為益州從事。⓭哀帝時亦有此異　見《漢書・五行志》：「哀帝建平中，豫章有男子化為女子，嫁為人婦，生一子。」⓮將有易代之事　謂哀帝崩，平帝沒，而王莽篡漢。易代，謂改換朝代。⓯獻帝封于山陽　建安二十五年，魏王曹操薨，子丕襲位。三月，改元延康。十月，獻帝遜位，魏王丕稱天子，奉獻帝為山陽公，邑一萬戶，位在諸侯王上，奏事不稱臣，受詔不拜，以天子車服郊天地，宗廟、祖、臘皆如漢制。遜位後十四年，於魏青龍二年薨。山陽，縣名。在今河南修武東。⓰建安中三句　《搜神記》此與劉倉妻生兒兩頭共身為一條。

【語　譯】獻帝初平年間，長沙郡有一個姓桓的人，死了，屍體殮入棺材一個多月，他的母親聽到棺木中有聲音，揭開棺蓋，便活了。占卜說：「陰到了極點便轉為陽，最下的人便轉化為上位。」此後曹操從普通人興起而居上位。

2　獻帝建安四年二月，武陵郡充縣女人李娥，六十多歲，去世了，用她家的杉樹做的小棺入斂，埋在城外幾里的地方，過了十四天，有行人聽到她的墳墓中有聲音，便告訴她的家人。家人去看，聽到聲音，便挖出來，於是就活了。

3　建安七年，越嶲郡有男人變成女子。當時益州從事周群上奏，哀帝時也有這種怪異，這是將有改朝換代的事發生。到建安二十五年，魏曹丕代漢，封獻帝為山陽公。

4　獻帝建安年間，有女子生男孩，兩個頭長在一個身子上。

1 安帝元初六年❶夏四月，會稽大疫❷。

2 延光四年❸冬，京都大疫❹。

3 桓帝元嘉元年❺正月，京都大疫❻。二月，九江❼、廬江❽又疫。

4 延熹四年❾正月，大疫❿。

5 靈帝建寧四年⓫三月，大疫⓬。

6 熹平二年⓭正月，大疫⓮。

7 光和二年⓯春，大疫⓰。

8 五年⓱二月，大疫⓲。

9 中平二年⓳正月，大疫。

10 獻帝建安二十二年⓴，大疫㉑。

【章　旨】以上記述東漢大疫。因無藥可醫，死人很多，今民間稱之為「人災」。東漢中期以後，整個統治階級捲入爭權奪利的漩渦中，無暇顧及民命，到了春天，往往有疾疫流行，挨門合境，皆相傳染，迅疾如風，無問大小，病狀相似，人口大量死亡。雖然事後做出關注的姿態，派太醫巡行疫區，卻不能防患於未然。奇怪的是所輯十條「大疫」，無一條看作是國事變動的徵驗，是其特異之處。

【注　釋】❶安帝元初六年　為西元一一九年。❷會稽大疫　會稽，郡名。治所在吳縣（今江蘇蘇州）。〈安帝紀〉：「會稽大疫，遣光祿大夫將大醫循行疾病，賜棺木，除田租、口賦。」鄭眾《周禮注》：「今時一室二屍則予之棺。」可見疫情之重，死亡之多。劉昭補光武時大疫。《古今注》：「光武建武十三年，揚、徐部大疾疫，會稽、江左（即江東）甚。」鍾離意為督郵，建武十四年，會稽大疫，則會稽頻歲大疫。《古今注》：「二十六年，郡國七大疫。」❸延光四年　為西元一二五年。❹京都大疫　張衡明年上密奏謂京師為癘氣所及，民多病死，至有滅戶。人人恐懼，朝廷焦心，以為至憂。此疫因安帝崩不及時發喪和有司奏開恭陵神道所致，欲使天子知過改悔。❺桓帝元嘉元年　為西元一五一年。❻京都大疫　〈桓帝紀〉：「元嘉元年春正月，京師疾疫，使光祿大夫將醫藥案行。癸酉大赦天下，改元元嘉。」❼九江　郡名。治所在壽春（今安徽壽縣）。❽廬江　郡名。治所在舒縣（今安徽廬江縣西南）。❾延熹四年　為西元一六一年。❿大疫　劉昭注引《太公六韜》：「人主好重賦役，大宮室，多臺遊，則民多溫（瘟）也。」⓫靈帝建寧四年　為西元一七一年。⓬大疫　〈靈帝紀〉：「大疫，使中謁者巡行致醫藥。司徒許訓免。」⓭熹平二年　當西元一七三年。⓮大疫　〈靈帝紀〉：「大疫，使使者巡行致醫藥。二月壬午，大赦天下。」⓯光和二年　為西元一七九年。⓰大疫　〈靈帝紀〉：「二年春，大疫，使常侍、中謁者巡行致醫藥。三月，司徒袁滂免。」⓱五年　光和五年為西元一八二年。⓲大疫　〈靈帝紀〉：「二月，大疫。三月，司徒陳耽免。」⓳中平二年　為西元一八五年。⓴獻帝建安二十二年　為西元二一七年。㉑大疫　劉昭注引魏文帝〈與吳質書〉：「昔年疾疫，親故多離（遭遇）其災。」魏陳思王曹植說疫氣云：「家家有強尸之痛，室室有號泣之哀，或闔門（全家）而殪（死），或舉族（全族）而喪者。」

【語　譯】安帝元初六年夏季之四月，會稽郡發生大規模流行性急性傳染病。

2　安帝延光四年冬天，京城大規模流行瘟疫。

3　桓帝元嘉元年正月，京都地區瘟疫大流行。二月，九江、廬江二郡又流行瘟疫。

4　桓帝延熹四年正月，瘟疫大流行。

5　靈帝建寧四年三月，瘟疫大流行。

6　靈帝熹平二年正月，大規模流行瘟疫。

7　靈帝光和二年春天，大面積發生瘟疫。

8　光和五年二月，瘟疫流行情況嚴重。

9 靈帝中平二年正月，瘟疫嚴重。

10 獻帝建安二十二年，瘟疫大作。

靈帝光和元年六月丁丑❶，有黑氣墮北宮溫明殿❷東庭中，黑如車蓋，起奮訊❸，身五色，有頭，體長十餘丈，形貌似龍。上問蔡邕❹，對曰：「所謂天投蜺❺者也。不見足尾，不得稱龍。易傳❻曰：『蜺之比無德，以色親也。』潛潭巴❼曰：『虹出，后妃陰脅王者。』又曰：『五色迭至，照于宮殿，有兵革之事。』演孔圖曰：『天子外苦兵，威內奪，臣無忠，則天投蜺。』變不空生，占不空言。」先是立皇后何氏，皇后每齋，當謁祖廟，輒有變異不得謁。中平元年，黃巾賊張角等立三十六方，起兵燒郡國，山東七州❽處處應角。遣兵外討角等，內使皇后二兄為大將統兵❾。其年，宮車宴駕❿，皇后攝政，二兄秉權。譴讓帝母永樂后，令自殺⓫。陰呼并州牧董卓欲共誅中官⓬，中官逆殺大將軍進，兵相攻討，京都戰者塞道。皇太后母子遂為太尉卓等所廢黜，皆死⓭。天下之敗，兵先興於宮省，外延海內，二三十歲⓮，其殃禍起自何氏。

【章　旨】以上記述黑氣似龍墮宮殿中，以為不祥，於是聯繫到張角興起，宮車晏駕，中官殺何進，董卓掌朝權等。實在傅會無邊。蔡邕以為「天投蜺」。蜺是副虹，虹可單現，蜺不可單獨出現。

【注　釋】❶靈帝光和元年六月丁丑　光和元年為西元一七八年。六月朔日己酉，丁丑為二十九日。❷北宮溫明殿　洛陽宮分南宮、北宮，相距七里，有複道相連。溫明殿，〈靈帝紀〉作溫德殿。❸奮訊　奮疾。訊，同「迅」。❹蔡邕　字伯喈，陳留郡圉縣（今河南杞縣）人。為議郎，因議論朝政被流放朔方。董卓專權時，官左中郎將，後被王允殺害。他是漢代著名的學者。本書有傳。❺蜺　虹之一種，也叫副虹。有時虹出二道，鮮豔者為雄，曰虹，稍暗者為雌，曰蜺。❻易傳　西漢京房著。以禍福說《易》。❼潛潭巴　與下《演孔圖》，都是說《春秋》的緯書，所以又叫《春秋潛潭巴》和《春秋演孔圖》，其書精粗雜揉，既有古典釋義，又有無稽之談。❽山東七州　戰國、秦、漢通稱崤山或華山以東為山東，與關東同義。七州，指冀州、兗州、青州、徐州、豫州、荊州、揚州。❾皇后二兄為大將統兵　何皇后二兄，一為何進，官大將軍；一為何苗（又稱朱苗），為車騎將軍。❿其年宮車宴駕　靈帝崩於中平六年。其間時事未標年月，「其年」不是中平元年。宴，通作「晏」。義均為晚。諱言皇帝死，而言宮車晚駕。⓫譴讓帝母二句　靈帝母董皇后，居南宮嘉德殿，宮稱永樂。靈帝崩，何太后臨朝，奏永樂后交通州郡，壟斷珍寶貨賂。遷永樂后出京，回原河閒國，后憂怖暴崩。譴讓，譴責。⓬陰呼并州牧董卓句　陰，暗地。并州，漢「十三刺史部」之一。治晉陽（今山西太原西南）。牧，原為巡察性質，其官階低於郡守。靈帝時，改刺史為牧，居郡守之上，掌握一州的軍政大權。董卓，字仲穎，隴西郡臨洮（今甘肅岷縣）人。本書有傳。中官，宦官，給事於禁中，故名。⓭皇太后母子二句　靈帝何皇后生皇子劉辯，靈帝崩，立辯為帝，何太后臨朝。董卓廢劉辯為弘農王，立皇子劉協為帝，即獻帝。隨即殺何太后，次年殺弘農王劉辯。據〈靈帝紀〉，廢帝為弘農王時，董卓官為司空。殺何太后後為太尉，以後殺弘農王。此以卓後官銜統言。⓮外延海內二三十歲　自何進謀誅宦官，董卓廢立遷都，關東軍討董卓，關東諸將混戰，直至獻帝禪位於魏，東漢滅亡，其間三十餘年。故云二三十年。

【語　譯】靈帝光和元年六月二十九日丁丑，有黑氣落入北宮溫明殿東庭中，黑氣如車蓋那麼大，升起得非常迅速，身有五彩，有頭，全長十幾丈，形狀面貌像龍。皇帝問蔡邕，他答道：「這就是傳說中天投下蜺的事。看不見腳和尾巴，不能叫做龍。《京房易傳》說：『蜺是用來比況人沒有德行，只是以美色取得皇帝的親幸。』《春秋潛潭巴》說：『天空出現虹，是后妃之陰類脅迫君王之象。』又說：『五色交替而至，照射宮殿，就會發生戰爭。』《春秋演孔圖》說：『天子外苦兵革，威嚴被宮人侵奪，大臣不忠，天便降下蜺。』天變不無故發生，占驗也不說空話。」在此之前，何氏立為皇后，皇后每次齋戒，正當去拜祭祖廟，就有變異發生，使她拜祭不成。中平元年，黃巾賊張角等立三十六將軍，起兵燒毀郡國官府，崤山以東七個州部到處響應張角。朝廷派兵四出討伐張角，朝廷之內任命皇后之二位兄長何進、何苗為大將統帥軍隊。那一年，靈帝駕崩，何皇后攝理政事，二兄長掌握朝權。便譴責靈帝母永樂后，逼令其自殺。暗中傳令并州牧董卓，欲共謀消滅宦官，不料宦官反而把大將軍何進給殺了，幾方面的軍隊互相攻打，京城之內到處充滿戰事。何太后母子便被太尉董卓所廢黜，最後都被害死。天下之敗亂，兵革首先起於宮內，向外擴展到全國，前後二三十年，災禍都是由何家引起的。

【研　析】本卷言靈帝立何氏為皇后，在討伐黃巾張角時使其二兄為大將統兵。靈帝駕崩，太后攝政，二兄秉權。這是東漢太后臨朝稱制過程中反覆出現的外戚握權現象。東漢之初，鑑於王莽篡位，對外戚約束甚嚴，明帝在位，後宮之家不得封侯與政。馬皇后正位中宮，不以私家干朝廷，后父馬援，中興功勞，入二十八將無愧色。然明帝圖畫建武中名臣列將於雲臺，以椒房之故獨不及援。迄明帝之世，其兄馬廖、馬防、馬光不易官。章帝欲封諸舅，明德馬太后不許，常以前漢王氏五侯為戒，謂先帝防謹舅氏，不令在樞機之位。然自和帝時竇太后臨朝之後，竇憲兄弟並在宮省，傾動京師，憲雇兇殺人，弟景強奪財貨，妻略婦女，刺史守令多出其門，竇氏父子兄弟充滿朝廷，遂共圖弒帝，和帝與中常侍鄭眾共議誅滅竇氏家族。和帝后鄧氏手立殤、安二帝，為太后後多次拒絕對其兄弟封侯，待其崩後，有宮人受罰者誣其兄弟謀廢立，安帝聞之大怒，其弟姪皆免為庶人，沒收財產，徙之遠郡，迫令自殺。安帝親政，后兄弟閻顯、景、耀、晏並為卿校，典禁兵，其舅耿寶位至大將軍。與中官及帝乳母王聖等交結搖動朝廷，廢太子劉保為濟陰王。安帝崩，閻后及顯、中常侍江京等迎北鄉侯劉懿為帝，是為少帝，少帝立二百日而崩，閻顯等又欲迎蕃國王子，被中黃門孫程等十九人迎濟陰王保為帝，是為順帝。江京、顯、耀、晏等皆伏誅。順帝在位，拜后兄梁冀為大將軍，梁不疑為河南尹，兄弟多行非法，漢安元年遣八使巡行風俗，張綱埋其車輪於洛陽都亭，曰「豺狼當道，安問狐狸？」遂奏冀、不疑無君之心十五事。順帝崩，梁冀連立沖帝、質帝，質帝說冀一句「此跋扈將軍」，冀將其毒死，乃立蠡吾侯劉志，是為桓帝，因為李固、杜喬反對立劉志，而被梁冀誣告，李、杜皆死獄中。梁冀一門前後七侯、三皇后、六貴人、三大將軍、夫人女食邑稱君者七人、尚公主者三人，其餘卿將尹校五十七人，冀專擅威柄近二十年，天子拱手，稍有發不利於梁氏言論者，冀派人刺殺之。於是桓帝與宦官單超等謀誅滅梁冀，梁氏中外宗親無少長皆棄市，故吏賓客免黜者三百餘人，朝廷為空，收冀財產三十多萬萬錢，百姓莫不稱慶。梁冀為東漢外戚之巨惡，而能誅梁冀之宦官勢力亦令人刮目了。所以靈帝朝之外戚竇武與朝官陳蕃等聯合欲誅宦官，反被宦官所害，空留下徵用名賢、勠力國事的好口碑。靈帝時外戚何進亦欲誅宦官，未發即被殺。獻帝時曹操，曹皇后之父，終移漢鼎。

由此可見外戚擅權與母后稱制是一對孿生兄弟，是東漢社會的毒瘤，外戚以姻親關係控制了從朝廷到州郡的權力，所謂國家適成為他們欺壓良善搜刮民財的工具，正直的官吏以種種罪名被殺害。設外戚之禁，當時已有人提出，卻未能實行而釀成災難後果。（張文質注譯）

志第十八

五行六

日蝕　日抱　日赤無光　日黃珥　日中黑　虹貫日　月蝕非其月

【題　解】本卷所記皆為天象，其中十分之九的篇幅為記錄日蝕，其他如日抱、日赤無光等各記一二件，但也有重要內容。

日蝕是古人心目中最大的災異，圓圓的太陽，為什麼三二年便要缺一次，甚至有時完全被「天狗」吃去（即日全蝕），這是一種不可抗拒的災難，也是上天對人君最嚴重的譴告，因此孔子在《春秋》一書中，對日蝕的記載特別詳悉。《漢書・五行志》詳細記述了春秋以後直至漢代日蝕的時間及五行家所作的牽強附會的解釋。本〈五行志〉便是繼〈漢志〉而後專門記載東漢一代的日蝕，本書〈紀〉中，有的年分無他事可記，卻不忘記錄日蝕，可見對日蝕的重視。《公羊傳》說：「日蝕修德，月蝕修刑。」把太陽虧光看成元首不明，政失於民，譴責現於天的表現，使皇帝做出一些舉賢良、察民疾苦的舉動。

此外還記載了太陽中有黑氣如瓜或如鵲的變化，這應當是太陽黑子的現象。對日蝕的系統記錄和對太陽黑子的觀察，為研究天體變化提供了重要的歷史資料。

1 光武帝❶建武二年❷正月甲子朔，日有蝕之❸。在危八度❹。日蝕說曰：「日者，太陽之精，人君之象。君道有虧，為陰所乘❺，故蝕。蝕者，陽不克❻也。」其候雜說❼，漢書五行志著之必❽矣。儒說諸侯專權，則其應多在日所宿之國❾。諸象附從，則多為王者事。人君改修其德，則咎害除。是時世祖❿初興，天下賊亂未除。虛、危，齊也⓫。賊張步⓬擁兵據齊，上遣伏隆⓭諭步，許降，旋復叛稱王，至五年中乃破。

2 三年五月乙卯晦，日有蝕之⓮，在柳十四度⓯。柳，河南也⓰。時世祖在雒陽，赤眉降賊樊崇謀作亂⓱，其七月發覺，皆伏誅。

3 六年九月丙寅晦，日有蝕之⓲。史官不見，郡以聞。在尾八度⓳。

4 七年三月癸亥晦，日有蝕之⓴，在畢五度㉑。畢為邊兵㉒。秋，隗囂㉓反，侵安定㉔。冬，盧芳㉕所置朔方㉖、雲中㉗太守各舉郡降。

5 十六年三月辛丑晦，日有蝕之，在昴七度㉘。昴為獄事㉙。時諸郡太守坐度田不實㉚，世祖怒，殺十餘人，然後深悔之㉛。

6 十七年二月乙未晦，日有蝕之，在胃九度㉜。胃為廩倉㉝。時諸郡新坐租㉞之後，天下憂怖，以穀為言，故示象㉟。或曰：胃，供養之官㊱也。其十月，廢郭皇后[37]，詔曰「不可以奉供養」。

7 二十二年五月乙未晦，日有蝕之，在柳七度，京都宿也[38]。柳為上倉，祭祀穀也[39]。近輿鬼，輿鬼為宗廟[40]。十九年中[41]，有司[42]奏請立近帝四廟[43]以祭之，有詔「廟處所未定，且就高廟祫祭[44]之」。至此三年[45]，遂不立廟。有簡墮[46]心，奉祖宗之道有闕[47]，故示象也。

8 二十五年三月戊申晦，日有蝕之[48]，在畢十五度。畢為邊兵。其冬十月[49]，以武谿蠻夷[50]為寇害，伏波將軍馬援將兵擊之[51]。

9 二十九年二月丁巳朔，日有蝕之[52]，在東壁五度[53]。東壁為文章[54]，一名娵訾之口[55]。先是皇子諸王各招來文章談說之士[56]，去年中，有人上奏：「諸王所招待者，或真偽雜，受刑罰者子孫，宜可分別。」於是上怒，詔捕諸王客，皆被以苛法，死者甚多[57]。世祖不早為明設刑禁，一時治之過差[58]，故天示象。世祖於是改悔，遣使悉理侵枉[59]也。

10 三十一年五月癸酉晦[60]，日有蝕之，在柳五度，京都宿也。自二十一年示象[61]至此十年，後二年[62]，宮車晏駕[63]。

11 中元元年十一月甲子晦[64]，日有蝕之，在斗二十度[65]。斗為廟，主爵祿[66]。儒說十一月甲子，時王日也[67]，又為星紀[68]，主爵祿，其占重[69]。

12 明帝永平三年八月壬申晦[70]，日有蝕之[71]，在氐二度[72]。氐為宿宮[73]。是時明帝作北宮[74]。

13 八年十月壬寅晦，日有蝕之[75]，既[76]，在斗十一度。斗，吳也[77]。廣陵於天文屬吳[78]。後二年，廣陵王荊坐謀反自殺[79]。

14 十三年十月甲辰晦，日有蝕之[80]，在尾十七度[81]。

15 十六年五月戊午晦[82]，日有蝕之，在柳十五度。儒說五月戊午，猶十一月甲子也[83]，又宿在京都[84]，其占重。後二歲，宮車晏駕。

16 十八年十一月甲辰晦[85]，日有蝕之，在斗二十一度。是時明帝既崩[86]，馬太后制爵祿，故陽不勝[87]。

17 章帝建初五年[88]二月庚辰朔，日有蝕之[89]，在東壁八度。例在前建武二十九年[90]。是時群臣爭經[91]，多相非毀者。

18 六年六月辛未晦[92]，日有蝕之，在翼六度[93]。翼主遠客[94]。冬，東平王蒼等來朝[95]，明年正月，蒼薨[96]。

19 章和元年八月乙未晦[97]，日有蝕之。史官不見，佗官以聞。日在氐四度[98]。

20 和帝永元二年[99]二月壬午，日有蝕之[100]。史官不見，涿郡[101]以聞。日在奎八度[102]。

21 四年六月戊戌朔，日有蝕之，在七星二度，主衣裳[103]。又曰行近軒轅，在左角，為太后族[104]。是月十九日[105]，上免太后兄弟竇憲等官[106]，遣就國，選嚴能相[107]，於國蹙迫自殺。

22 七年四月辛亥朔，日有蝕之[108]，在觜觿，為葆旅，主收斂[109]。儒說葆旅宮中之象，收斂貪妬之象。是歲鄧貴人始入[110]。明年三月，陰皇后[111]立，鄧貴人有寵，陰后妬忌之，後遂坐廢。一曰是將入參[112]，參、伐為斬刈[113]。明年七月，越騎校尉馮柱捕斬匈奴溫禺犢王烏居戰[114]。

23 十二年秋七月辛亥朔，日有蝕之[115]，在翼八度，荊州宿也[116]。明年冬，南郡蠻夷反為寇[117]。

24 十五年四月甲子晦[118]，日有蝕之，在東井[119]二十二度。東井，主酒食之宿也[120]。婦人之職，無非無儀，酒食是議[121]。去年冬，鄧皇后立，有丈夫之性，與知外事[122]，故天示象。是年水，雨傷稼[123]。

25 安帝永初元年[124]三月二日癸酉，日有蝕之[125]，在胃二度。胃主廩倉。是時鄧太后專政[126]。去年大水傷稼，倉廩為虛[127]。

26 五年正月庚辰朔，日有蝕之，在虛[128]八度。正月，王者統事之正日也[129]。虛，空名也。是時鄧太后攝政，安帝不得行事，俱不得其正，若王者位虛，故於正月陽不克，示象也。於是陰預乘陽，故夷狄並為寇害，西邊諸郡皆至虛空[130]。

27 七年四月丙申晦[131]，日有蝕之，在東井一度。

28 元初元年[132]十月戊子朔，日有蝕之[133]，在尾十度。尾為後宮[134]，繼嗣之宮也。是時上甚幸閻貴人，將立，故示不善，將為繼嗣禍也。明年四月，遂立為后。後遂與江京、耿寶等共譖太子廢之[135]。

29 二年九月壬午晦[136]，日有蝕之，在心[137]四度。心為王者，明久失位也[138]。

30 三年三月二日辛亥，日有蝕之，在婁[139]五度。史官不見，遼東[140]以聞。

31 四年二月乙巳朔，日有蝕之，在奎九度。史官不見，七郡以聞。奎主武庫兵。其月十八日壬戌，武庫火，燒兵器也[141]。

32 五年八月丙申朔，日有蝕之，在翼十八度。史官不見，張掖[142]以聞。

33 六年十二月戊午朔，日有蝕之，幾盡，地如昏狀[143]。在須女十一度，女主惡之[144]。後二歲三月，鄧太后崩[145]。

34 永寧元年[146]七月乙酉朔，日有蝕之[147]，在張[148]十五度。史官不見，酒泉[149]以聞。

35 延光三年九月庚申晦[150]，日有食之，在氐十五度。氐為宿宮。宮，中宮[151]也。時上聽中常侍[152]江京、樊豐及阿母[153]王聖等讒言，廢皇太子。

36 四年三月戊午朔，日有蝕之，在胃十二度。隴西[154]、酒泉、朔方各以狀[155]上，史官不覺。

37 順帝永建二年[156]七月甲戌朔，日有蝕之[157]，在翼九度。

38 陽嘉四年[158]閏月[159]丁亥朔，日有蝕之，在角[160]五度。史官不見，零陵[161]以聞。

39 永和三年[162]十二月戊戌朔，日有蝕之，在須女十一度。史官不見，會稽[163]以聞。明年，中常侍張逵等謀譖皇后父梁商欲作亂，推考，逵等伏誅也[164]。

40 五年五月己丑晦，日有蝕之[165]，在東井三十三度。東井，三輔宿[166]。又近輿鬼，輿鬼為宗廟[167]。其秋，西羌為寇，至三輔陵園[168]。

41 六年九月辛亥晦[169]，日有蝕之，在尾十一度。尾主後宮，繼嗣之宮也。以為繼嗣不興之象[170]。

42 桓帝建和元年[171]正月辛亥朔，日有蝕之[172]，在營室[173]三度。史官不見，郡國以聞。是時梁太后[174]攝政。

43 三年四月丁卯晦[175]，日有蝕之[176]，在東井二十三度。例在永元十五年[177]。東井主法[178]，梁太后又聽兄冀枉殺公卿[179]，犯天法也。明年，太后崩[180]。

44 元嘉二年[181]七月二日庚辰，日有蝕之[182]，在翼四度。史官不見，廣陵以聞。翼主倡樂[183]。時上好樂過[184]。

45 永興二年[185]九月丁卯朔，日有蝕之[186]，在角五度。角，鄭宿也。十一月，泰山盜賊群起，劫殺長吏[187]。泰山於天文屬鄭[188]。

46 永壽三年[189]閏月庚辰晦[190]，日有蝕之，在七星二度。史官不見，郡國以聞。例在永元四年[191]。後二歲，梁皇后崩，冀兄弟被誅[192]。

47 延熹元年五月甲戌晦[193]，日有蝕之[194]，在柳七度，京都宿也[195]。

48 八年正月丙申晦[196]，日有蝕之，在營室十三度。營室之中，女主象也。其二月癸亥，鄧皇后坐酗，上送暴室，令自殺，家屬被誅[197]。呂太后崩時亦然[198]。

49 九年正月辛卯朔，日有蝕之[199]，在營室三度。史官不見，郡國以聞。谷永以為三朝尊者惡之[200]。其明年，宮車晏駕。

50 永康元年五月壬子晦[201]，日有蝕之[202]，在輿鬼一度。儒說壬子淳水日[203]，而陽不克，將有水害。其八月，六州大水，勃海[204]海溢。

51 靈帝建寧元年[205]五月丁未朔，日有蝕之[206]。冬十月甲辰晦，日有蝕之[207]。

52 二年十月戊戌晦，日有蝕之[208]。右扶風[209]以聞。

53 三年三月丙寅晦，日有蝕之[210]。梁相[211]以聞。

54 四年三月辛酉朔，日有蝕之[212]。

55 熹平二年[213]十二月癸酉晦，日有蝕之[214]，在虛二度。是時中常侍曹節[215]、王甫[216]等專權。

56 六年十月癸丑朔，日有蝕之[217]。趙[218]相以聞。

57 光和元年[219]二月辛亥朔，日有蝕之[220]。十月丙子晦，日有蝕之[221]，在箕四度[222]。箕為後宮口舌[223]。是月，上聽讒廢宋皇后[224]。

58 二年四月甲戌朔，日有蝕之[225]。

59 四年九月庚寅朔，日有蝕之[226]，在角六度。

60 中平三年五月壬辰晦[227]，日有蝕之。

61 六年四月丙午朔，日有蝕之[228]。其月浹辰[229]，宮車晏駕。

62 獻帝初平四年[230]正月甲寅朔，日有蝕之[231]，在營室四度。是時李傕、郭汜專政[232]。

63 興平元年六月乙巳晦[233]，日有蝕之[234]。

64 建安五年[235]九月庚午朔，日有蝕之[236]。

65 六年二月丁卯朔，日有蝕之。

66 十三年十月癸未朔，日有蝕之，在尾十二度。

67 十五年二月乙巳朔，日有蝕之。

68 十七年六月庚寅晦[237]，日有蝕之。

69 二十一年五月己亥朔，日有蝕之。

70 二十四年二月壬子晦[238]，日有蝕之[239]。

71 凡漢中興十二世[240]，百九十六年[241]，日蝕七十二：朔三十二，晦三十七，月二日三[242]。

【章　旨】以上記述東漢時期的日蝕。當時人們認為日蝕是凶象，是因為皇帝「德薄」所致，因此每當日蝕，皇帝往往發詔書承認「罪在朕躬」，舉賢良，出繫囚，除租賦，甚至改元，可見日蝕對統治者的震懾。不過朝廷有時也利用日蝕加強統治的目的。在東漢一百九十六年中，對七十二次日蝕記載得如此詳悉，這些材料是非常可貴的。

【注　釋】❶光武帝　東漢開國皇帝劉秀之諡號。〈諡法〉：「能昭前業曰光，克定禍亂曰武。」劉昭注《續漢志》補引《古今注》：「建武元年正月庚午朔，日有蝕之。」即更始三年日蝕。❷建武二年　當西元二六年。❸正月甲子朔二句　古時以干支紀日，自甲子至癸亥六十日循環一周。本月甲子日正好為朔日初一。由於一個月大盡三十天，僅當干支一周之半，而小盡又只二十九天，故每月初一的干支不是固定不變的。東漢始出現序數紀日，但以之代替干支紀日經歷了漫長的時間。《說文》：「朔，月一日始蘇也。」謂月相上月缺盡，至一日開始復生，因此朔為夏曆之每月初一。日蝕道理，今日比較普及。古時學者也有粗知其理的，晉杜預：「曆家之說，日月同會，月掩日，故日蝕。日光輪存而中食者，相掩密，故日光溢出。皆既（盡）者，正相當而相掩間疏也。然聖人不言月食日，而以自蝕為文，闕於所不見也。」蝕，或作「食」。虧損之義。說日蝕即可，為什麼說日「有」蝕之呢？《說文》：「有，不宜有也。」段玉裁注：「本是不當有而有之稱。」古人不明白地球繞日運行的道理，日為圓形，不當虧損，故以有蝕為不當有，視為災異。❹在危八度 《後漢紀》作「十度」。危，二十八宿之一，居北方七宿之第五宿。二十八宿是把沿天空黃、赤道的星分成二十八星組區域，用作量度日、月、五星行度的標誌。各宿所包含的恆星不止一顆，從中選定一顆作為測量天體座標的標準，叫做此宿距星，相鄰兩距星之間赤徑差，稱為本星宿的距度。據《淮南子・天文訓》（下同），危宿的距度為十七度，此蝕在八度位置。❺乘 侵陵。❻克 制勝。❼其候雜說 候，占驗。雜說，指劉向、董仲舒、京房、劉歆等人之說。❽必 通「畢」。謂詳盡、完備。❾日所宿之國 與二十八宿在天空的分布相應，在國土內也劃分出對應的區域，叫做分野，如虛、危二宿，其分野為齊地。凡日所行至之分野有變異，則其分野之國失政者承當。❿世祖 光武帝的廟號。開國之君的廟號稱「祖」。⓫虛危二句 虛，亦二十八宿之一，居北方七宿之第四宿，虛、危二宿相鄰，其分野在齊。《漢書・地理志》：「齊地，虛、危之分野也。東有菑川、東萊、琅邪、高密、膠東，南有泰山、城陽，北有千乘、清河以南，勃海之高樂、高城、重合、陽信，西有濟南、平原，皆齊分也。」以上郡國基本上在今山東境內。齊，本春秋戰國時之一國，秦滅六國後，漢代對原七國所居地作為地域概念常用原名稱，齊即其一例。⓬張步 字文公，琅邪郡不其（今山東嶗山縣）人。王莽末，聚眾數千，據有本郡。後降光武。事詳本書卷十二。⓭伏隆 字伯文，琅邪郡東武（今山東諸城）人。光武拜隆為太中大夫，持節曉諭青、徐二州。張步囚隆而殺之，光武稱隆有蘇武之節。事詳本書卷二十六。⓮五月乙卯晦二句 晦，每月的最後一日。此乙卯為三十日。日蝕不在朔，是因當時曆法尚未完密，而認為是司天者的失職。〈光武紀〉：「六月壬戌，大赦天下。」⓯在柳十四度 柳，為二十八宿之一，為南方七宿之第三宿。柳宿星距共十五度，此在其十四度位置。⓰柳二句 柳之分野為周，河南為東周地。河南，河南尹，京師洛陽所在，故不稱郡而稱尹。治所在雒陽（今河南洛陽東）。⓱赤眉降賊樊崇謀作亂 赤眉軍為王莽末農民軍之一支，以赤色染眉為標記，故稱。其首領為琅邪人樊崇，其眾至三十萬人，立劉盆子為帝，攻入長安。因搶掠燒殺，後失敗，投降光武，居洛陽，賜田宅。後謀反，被誅。事見本書〈劉盆子傳〉。⓲丙寅晦二句 《春秋潛潭巴》：「丙寅日蝕，蟲，久旱，多水徵。」丙寅為三十日。⓳在尾八度尾，二十八宿之一，東方七宿之第六宿。尾宿星距十八度，此在其八度，分野為燕地，故京師史官不見，郡以此奏聞，始知有此日蝕。對於此次日蝕，幽州牧朱浮上疏以為，凡居官治民，據郡典縣者多未稱職，小違理實，便被斥罷。守宰數換，迎新相代，疲勞道路。視事日淺，未足昭見其職，既加嚴切，人不自保，二千石及長吏迫於舉劾，爭飾詐偽，以希虛譽，此皆群陽騷動，日月失行之應。詳其本傳。⑳三月癸亥晦二句　〈光武紀〉詔謂吾德薄致災，譴責現於日月。其令有司各修職任，奉遵法度，惠此黎民，百僚各上封事，無有隱諱。又詔，百姓有過，在予一人，大赦天下。太中大夫鄭興上疏，謂頃年日蝕，每多在晦，皆月行疾速，君亢急，臣下促迫。癸亥為三十日。㉑在畢五度　畢，二十八宿之一，西方七宿第五宿。畢宿十六度，日蝕在五度。㉒畢為邊兵　二十八宿各有所管領，畢主邊兵。㉓隗囂　字季孟，天水郡成紀（今甘肅秦安）人。王莽末，據有天水、武都、金城等郡，後稱西州上將軍。以屢為漢軍所敗，憂憤而死。本書有傳。㉔安定　郡名。治臨涇（今甘肅鎮原西南）。㉕盧芳　字君期，安定郡三水（今寧夏固原）人。王莽時，芳詐稱武帝曾孫劉文伯，更始時受封騎都尉，鎮撫安定以西。後依匈奴據有五原、朔方、雲中、定襄、雁門五郡，並置守令。本書有傳。㉖朔方　郡名。治朔方（今內蒙古杭錦旗北）。㉗雲中　郡名。治雲中（今內蒙古托克托東北）。㉘十六年三月辛丑晦三句　辛丑為三十日。昴，二十八宿中西方七宿之第四宿，其距度為十一度，今在其七度。㉙昴為獄事　《史記·天官書》：「昴曰髦頭。」張守節《正義》：「昴七星為髦頭，亦為獄事。明，天下獄平；暗為刑罰濫。」㉚時諸郡太守坐度田不實　建武十五年，詔下州郡檢覈墾田頃畝及戶口年紀，又考實二千石長吏阿枉不平者。皇帝的近親近臣百般阻撓，帝探得其奸狀，於十六年九月，河南尹張伋及諸郡守十餘人，坐度田不實，皆下獄死。度田事不了了之。坐，犯罪。度，量度。㉛然後深悔之　《春秋潛潭巴》：「辛丑日蝕，是天子疑臣。」後光武向馬援說：「吾甚悔前殺守、相多也。」㉜十七年二月乙未晦三句　乙未為二十九日。胃，二十八宿中西方七宿之第三宿。其距度為十四度，今在其九度，其分野在趙。㉝胃為廩倉　《史記·天官書》：「胃為天倉。」《正義》：「胃主倉廩，五穀之府也。」㉞坐租　因租而獲罪，即上年度田殺守、相事。㉟示象　現出形象。㊱供養之官　胃主倉廩，故為供養之官。㊲郭皇后　諱聖通，真定國槀（今河北藁城）人。建武二年立為皇后，後以寵衰，數懷怨恨。十七年廢為中山后。事詳本書卷十。㊳二十二年五月乙未四句　建武二十二年為西元四六年。乙未為三十日。云「柳七度，京都宿」者，前文云「柳，河南也」，柳之分野在周，河南謂河南尹，河南即東周地，京師洛陽便在河南地，故云柳宿之七度為京都宿。㊴柳為上倉二句　《史記·天官書》謂柳為鳥喙，主領草木。《正義》謂柳為天之廚宰，主尚食，和滋味，與此為「上倉」義近。祭祀穀，謂皇帝躬耕藉田，所收糧食以供祭祀宗廟。㊵近輿鬼二句　輿鬼，又單稱鬼，是南方七宿之第二宿，與柳宿相鄰，《史記正義》謂與鬼主祠事，鬼星明大，穀收成好；不明，百姓散。[41]十九年中　謂建武十九年時。[42]有司　古代設官分職，各有專司，主管某一方面的官吏，即稱有司。[43]立近帝四廟　光武以中興為名，意為繼劉氏之漢而為帝，應祭所繼之上四帝，故立漢宣帝、元帝、成帝、哀帝、平帝五帝四世廟，哀、平為兄弟相及，皆元帝庶孫，共為一世。[44]高廟祫祭　高廟，即高祖劉邦廟。祫祭，天子諸侯所舉行的集合遠近祖先神主於太祖廟而合祭。[45]至此三年　謂自建武十九年至二十二年。[46]簡墮　簡慢而懈怠。墮，通「惰」。[47]闕　同「缺」。[48]二十五年二句　建武二十五年為西元四九年。戊申為二十九日。劉昭注引《春秋潛潭巴》：「戊申蝕，地動搖，侵兵強。」[49]其冬十月　據〈馬援傳〉，擊武陵蠻在春，援夏即病沒，不至冬。[50]武谿蠻夷　槃瓠之後在武陵，其後滋生繁衍，號曰蠻夷。居武陵者有雄溪、樠溪、辰溪、西溪、武溪，謂之五溪蠻。居住在武溪的，謂之武溪蠻夷。武陵郡在今湖南西部、貴州東部一帶。谿，同「溪」。[51]伏波將軍馬援將兵擊之　馬援，字文淵，扶風茂陵（今陝西興平）人。事詳本書卷二十四。建武二十四年，武谿蠻夷相單程攻下臨沅（今湖南常德），派兵征之，不克。派伏波將軍馬援率軍征討。二十五年春，援率軍至臨沅，單程等乞降。馬援卒於軍中，謁者宗均允其投降，為置吏司，群蠻遂平。伏波將軍為雜號將軍。凡將軍皆掌征伐。[52]日有蝕之　據〈光武紀〉，日蝕後朝廷派遣使者糾正冤獄，放出繫囚，並對男子賜爵，對鰥、寡、孤、獨等賜粟，對囚徒減罪，以謝天譴。[53]在東壁五度　東壁，二十八宿之壁宿，是北方七宿的第七宿。壁宿距度為九度，此日蝕在五度。[54]東壁為文章　《晉書・天文志》：「東壁二星主文章，天下圖書之祕府也。」[55]一名娵訾之口　《爾雅》郭璞注：「營室、東壁星四方似口，因名云。」娵訾，歎息之義。謂十月之時，陰氣始盛，陽氣伏藏，萬物失養育之氣，故哀愁歎息。[56]先是皇子諸王句　中興之初，禁網尚疏，諸王雖有封國，皆居京師，競修名譽，爭禮四方賓客。[57]詔捕諸王客三句　建武二十年，中山王劉輔徙封為沛王。壽光侯劉鯉，更始帝之子，得到劉輔的寵信，鯉怨劉盆子害其父，藉輔的權勢結賓客報仇，殺死盆子兄劉恭。劉輔因此繫詔獄，三日乃得出。此後諸王賓客多受到刑罰，遣諸王就國。建武二十八年詔郡縣捕王侯賓客，坐死者數千人，至有一家三屍橫陳庭堂的。[58]過差　超過限度，謂誅殺枉濫。差，限度；界限。[59]遣使悉理侵枉　理，清理；改正。侵枉，枉法行事。中元元年，就國諸王皆來朝，便是「悉理侵枉」的效果。[60]三十一年五月癸酉晦　癸酉為三十日。[61]自二十一年示象　按上次日蝕於柳宿為建武二十二年，非二十一年。[62]後二年　建武三十一年之後改元為中元。後二年謂改元後的二年，即中元二年。[63]宮車晏駕　不直言皇帝而言其車駕。晏，晚。諱言皇帝死，而說宮車晚駕。光武帝崩於中元二年二月。[64]中元元年十一月甲子晦　其全稱當云建武中元元年。中元元年為西元五六年。十一月甲子為二十九日。[65]在斗二十度　斗，二十八宿之北方七宿之第一宿，斗宿距度為二十六度，此在其二十度位置。[66]斗為廟

二句　廟指廟堂，謂朝廷，朝廷主管爵祿。(67)時王　當今之王，即「今上」。(68)星紀　星次名。十二次之一，與十二辰中之丑相對應。斗、牛二宿皆屬星紀。(69)其占重　謂所占驗，事關重大。此下當有闕文，如「明年，宮車晏駕」之類。(70)明帝永平三年句　永平三年為西元六〇年。八月壬申為二十九日。(71)日有蝕之　〈明帝紀〉因日蝕而下詔，謂日月薄蝕，下生愁困，有司勉修厥職，其言事者，靡有所諱。(72)在氐二度　氐宿距度為十五度，日蝕在其二度位置。(73)氐為宿宮　《史記正義》引《星經》：「氐四星為路寢，聽朝所居。」又引《春秋合誠圖》：「氐為宿宮。」謂日蝕於氐宿，則有宿宮之災。(74)是時明帝作北宮　以日蝕為作北宮示象。〈明帝紀〉於本年之末書：「是歲，起北宮及諸官府。」至永平八年十月書「北宮成」，歷時六年。〈五行志〉作者以為此次日蝕為明帝作北宮示象。(75)八年十月壬寅晦二句　壬寅為三十日。〈明帝紀〉載此次日蝕後有詔，謂朕以無德，奉承大業，下貽民怨，上動三光，日蝕之變，其災尤大。永思其咎，在予一人。並承認輕用人力，繕修宮宇。(76)既　食盡，日光全被遮住，即日全蝕。(77)斗二句　斗、牛二宿之分野為吳越之地。(78)廣陵於天文屬吳　《漢書・地理志》：「吳地，斗分野也。今之會稽、九江、丹陽、豫章、廬江、廣陵、六安、臨淮郡，盡吳分也。」廣陵，東漢為郡。治所在廣陵（今江蘇揚州）。(79)廣陵王荊坐謀反自殺　廣陵王劉荊，光武帝之子。光武崩，荊詐書與東海王劉彊，圖謀奪取江山，並召相面的為自己看相，說長得像光武帝，若起事，也與光武得天下年齡相當。明帝屢次原諒其罪，荊自殺。(80)十三年十月甲辰晦二句　依陳《表》甲辰為十月朔。三公因日蝕免冠自劾有罪。明帝謂災異屢現，咎在朕身。刺史、太守要詳刑理冤，存卹孤寡，勉思其職。(81)在尾十七度　尾之距度為十八度，此日蝕在十七度。(82)十六年五月戊午晦　戊午為五月三十日。(83)儒說五月戊午二句　前云十一月甲子為時王日，五月戊午與之相同。(84)宿在京都　謂柳宿分野為周地，洛陽屬周地。(85)十八年十一月甲辰晦　甲辰為三十日。(86)是時明帝既崩　明帝於本年八月崩，故此云「既崩」。既，已經。(87)馬太后制爵祿二句　馬太后即明帝馬皇后，伏波將軍馬援之女。章帝於明帝崩之同日即位，尊馬皇后為太后。章帝欲賜諸舅封爵，太后不允許，故云陽不勝陰。(88)章帝建初五年　為西元八〇年。(89)日有蝕之　為此，章帝下詔，謂自己新執朝權，愆咎眾著，上天降災異。公卿以下舉直言極諫、能指朕過失者各一人，將親自觀察訊問。(90)例在前建武二十九年　謂建武二十九年，日蝕在東壁，東壁主文章。此次日蝕在東壁，也關於文章事。(91)是時群臣爭經　建初四年，詔太常、將、大夫、博士、議郎、郎官及諸生諸儒聚於白虎觀，講論各家說釋《五經》的同異，使五官中郎將魏應承制提問，侍中淳于恭上奏問答內容，皇帝最後決斷，作《白虎議奏》，即以後由班固整理成書的《白虎通義》。(92)六年六月辛未晦　辛未為三十日。(93)在翼六度　翼宿，二十八宿中南方七宿之第六宿。翼宿的距度為十八度，此次日蝕在其六度。(94)翼主遠客　《史記・天官書》：「翼為羽翮，主遠客。」

[95]冬二句　東平王劉蒼，光武帝子，明帝時，拜驃騎將軍。事詳本書卷七十二。〈章帝紀〉，東平王蒼等來朝在建初七年春，而不在今年冬。〈章紀〉：「七年春正月，沛王輔、濟南王康、東平王蒼、中山王焉、東海王政、琅邪王宇來朝。」是其事。[96]明年正月二句　蒼之薨在建初八年正月，〈章紀〉：「八年春正月壬辰，東平王蒼薨。」而不在「明年」。東平王蒼來朝與薨均誤前一年。翼主遠客，驗不在朝廷，以東平王蒼薨應其遠客之義。[97]章和元年八月乙未晦　章和元年為西元八七年。八月乙未為八月三十日。[98]史官不見三句　史官唯朝廷才有，如日蝕距京師遠，史官不可見，他郡能見，以所見日蝕奏聞，史官才記錄下來。此次日蝕在氐四度，氐亢之分野在韓鄭，古韓鄭之地皆在今河南之中南部，距洛陽不遠，韓鄭之地能見，洛陽也能看見。只是史官未見，故其他官吏告訴他才記錄下來。佗，同「他」。[99]和帝永元二年　為西元九〇年。[100]二月壬午二句　不言朔晦，是蝕在二日。則壬午為二月二日。[101]涿郡　治所在涿縣（今河北涿州）。[102]日在奎八度　奎宿，西方七宿第一宿。奎宿之距度為十八度，蝕時日在奎八度。[103]在七星二度二句　七星，南方七宿之第四宿。七星距度為七度，蝕時日在其二度。《史記正義》謂七星主衣裳文繡，主急事。以明為吉，暗為凶。[104]又曰行近軒轅三句　《史記正義》謂軒轅十七星，在七星北，是七星近軒轅。軒轅十七星中，其大星為女主象，左一星，后宗；右一星，太后宗。與此以左角為太后族相反。[105]是月十九日　據〈和帝紀〉，庚申，詔捕竇憲等。戊戌朔，庚申為二十三日，當是先免官而後逮捕。[106]上免太后兄弟竇憲等官　竇憲，字伯度，扶風平陵（今陝西咸陽）人。其妹為章帝皇后。和帝即位，太后臨朝，憲為侍中，操縱朝政。後任大將軍，刺史、守、令多出其門，兄弟皆高位，暴橫京師。庚申，和帝收憲大將軍印綬，遣送憲及弟篤、景回其封國，迫使其自殺。[107]嚴能相　侯國置相，其相嚴酷而又幹練。[108]日有蝕之　因此次日蝕，和帝引公卿問得失，令各上封事。詔謂元首不明，政失於民，謫現於天。有司詳選郎官寬博有謀、才能典城者三十人出補縣長、國相。[109]在觜觿三句　觜觿，又單稱觜，二十八宿中西方七宿之第六宿。觜宿距度為二度，此不言蝕時日在幾度。葆，保藏。旅，野生禾。主保藏可食之物，故曰主收斂。[110]是歲鄧貴人始入　鄧貴人，即以後和帝鄧皇后，永元七年選入宮，八年冬立為貴人。[111]陰皇后　和帝皇后，永元八年二月立。此作「三月」，誤。自鄧貴人入宮，陰后愛寵稍衰，常懷恚恨，因巫蠱詛咒被廢。[112]一曰是將入參　一曰，另一種說法。參為西方七宿之第七宿，與觜宿相鄰，故出觜入參。[113]參伐為斬刈　伐，又作「罰」。罰星屬參宿。參，二十八宿之一，西方白虎七宿的末一宿。《春秋運斗樞》：「參伐事主斬艾。」艾，同「刈」。割斷。[114]明年七月二句　此明年依然指永元八年。[115]日有蝕之　因此次日蝕太尉張酺免官。[116]在翼八度二句　《史記．天官書》敘二十八宿之分野，云「翼、軫，荊州。」[117]明年冬

〈和帝紀〉：「南匈奴右溫禺犢王叛。秋七月，行度遼將軍龐奮、越騎校尉馮柱追斬右溫禺犢王。」此脫「右」字。

二句　〈和帝紀〉永元十三年：「十二月，巫蠻叛，寇南郡。」則寇南郡的蠻夷是巫蠻。巫蠻，居於巫縣（今重慶市巫山縣）的蠻夷。[118]十五年四月甲子晦　甲子為四月三十日。[119]東井　又單稱井，南方七宿之第一宿。[120]主酒食之宿也　謂主管酒食，不當干預本分以外的事。[121]無非無儀二句　《詩・斯干》中句。非，違背。儀，謀度。《列女傳》孟母云：「夫婦人之禮，精五飯，羃（覆蓋）酒漿，養舅姑（公婆），縫衣裳而已矣。故有閨門之修，而無境外之志。《詩》：『無非無儀，惟酒食是議。』以言婦人無擅制之義，有三從之道也。」[122]鄧皇后立三句　鄧貴人立為皇后，便有干政之舉。是時方國貢獻，競求珍麗之物，自后即位，悉令禁絕，歲時但供紙墨。和帝常欲賜鄧家人爵位，都被后哀請謙讓，所以她的哥哥鄧騭，直至和帝去世也不過虎賁中郎將。鄭玄注《禮記》：「后之言後，言在夫之後也。」后正位宮闈為內事，則朝堂之事為外事。[123]是年水二句　〈和帝紀〉：「是秋，四州雨水。」因為東井除主酒食外，又為水衡，主水事，所以述今秋雨水傷稼為徵驗。[124]安帝永初元年為西元一〇七年。[125]日有蝕之　〈安帝紀〉載因日蝕詔公卿內外眾官、郡國守相，舉賢良方正、有道術之士，能直言極諫者，各一人。[126]是時鄧太后專政　安帝即位時年十三，鄧皇后尊為太后，太后臨朝斷事。[127]去年大水傷稼二句　據〈安帝紀〉，去年九月六州大水，十月四州大水。以倉廩為虛作為日蝕於胃之驗。[128]虛　為北方七宿之第四宿。《史記正義》謂虛為天之冢宰，主平理天下，覆藏萬物。[129]王者統事之正日也　統事，治理眾事。《四民月令》：「正月之朔，是謂正日。」[130]故夷狄並為寇害二句　中原地區對周邊國族的稱呼，分而言之為東曰夷，西曰戎，南曰蠻，北曰狄。亦可用其中的一二名代表四方。此有「並」字，是分別言之。是年二月先零羌寇河東，入河內。三月，夫餘夷犯塞，殺傷吏民。詔徙西邊諸郡治所於內地，以避夷害。隴西郡治徙襄武（今甘肅隴西），安定郡治徙美陽（今陝西武功西北），北地郡治徙池陽（今陝西涇陽西北），上郡治徙衙（今陝西白水縣東北），西邊諸郡皆空虛。[131]七年四月丙申晦　永初七年為西元一一三年。丙申為四月三十日。[132]元初元年為西元一一四年。[133]日有蝕之　詔除三輔三歲田租、更賦、口算（年十五至五十六，每人一百二十錢，為一算。七歲至十四，出口錢，每人二十）。[134]尾為後宮　《春秋元命苞》：「尾九星，箕四星，為後宮之場。」[135]明年四月三句　鄧太后崩後，安帝始親政事。閻皇后寵盛，其兄弟閻顯等並居權要，后與大長秋江京、中常侍樊豐、大將軍耿寶等共譖皇太子劉保，被廢為濟陰王。[136]二年九月壬午晦　壬午為九月三十日。[137]心　二十八宿東方七宿第六宿。[138]心為王者二句　《史記・天官書》：「心為明堂。」明堂是王者布政之宮。日蝕於心，明王者久失位。安帝時，先由鄧太后臨朝，後由閻皇后黨專政，帝久失其位，以此次日蝕為徵驗。[139]婁　為二十八宿西方七宿之第二宿。[140]遼東　郡名。治所在襄平（今遼寧遼陽）。[141]武庫火二句　奎主武庫兵，故以武庫火，燒兵器為驗。[142]張掖　郡名。治觻得（今甘肅張掖西北）。[143]幾盡二句　幾盡，〈安帝紀〉作「既」，二者相差甚微。因日蝕既，故大地如昏夜狀，《古今注》：「星晝現。」昬，同「昏」。(144)在須女十一度二句　須女又稱女，北方七宿之第三宿。主布帛裁製嫁娶。惡謂禍害。之，猶「也」。語尾助詞。(145)後二歲三月二句　即建光元年三月癸巳，皇太后鄧氏崩。(146)永寧元年　為西元一二〇年。(147)日有蝕之　司空李郃免官。今推是年七月合朔乙酉，無日蝕。(148)張　南方七宿之第五宿。(149)酒泉　郡名。治祿福（今甘肅酒泉市）。(150)延光三年九月庚申晦　延光三年為西元一二四年。九月庚申為三十日。(151)中宮　皇后居住之宮。(152)中常侍　秩比二千石，宦者，掌侍於皇帝左右，從入內宮，贊唱引導宮內典禮，顧問應對。因常在皇帝左右，故權力很重。(153)阿母　奶媽。(154)隴西　郡名。治氐道（今甘肅臨洮南）。(155)狀　書面陳述。(156)順帝永建二年為西元一二七年。(157)日有蝕之　因此而太尉朱寵、司徒朱倀皆免官。(158)陽嘉四年　為西元一三五年。(159)閏月　古人書閏，一般把閏月放在某月之後，便是閏某月。據〈順帝紀〉，是閏六月。此脫。(160)角　角，東方七宿之第一宿。(161)零陵　郡名。治泉陵（今湖南零陵）。(162)永和三年　為西元一三八年。(163)會稽　郡名。治山陰（今浙江紹興）。(164)明年四句　據本書〈梁商傳〉，永和四年，中常侍張逵、蘧政，內者（署名）令石光，尚方令傅福，冗從僕射杜永連謀共同譖毀大將軍梁商及中常侍曹騰、孟賁，云欲徵來諸王之子圖謀廢帝而另立皇帝，請收梁商等人案罪，帝曰：「大將軍父子我所親，騰、賁我所愛，必無此事，只是汝輩共同妒嫉他們。」逵等知言不用，遂出矯詔在宮中收縛騰、賁。帝聞大怒，收逵等皆伏誅，詞所連及在位大臣。梁商怕連累人太多，上書請停止逮捕，皇帝採納其言，罪止犯法之人。推考，追究考問。(165)五年五月二句　五月己丑為三十日。〈順帝紀〉云，且凍羌寇三輔，殺令長。(166)東井二句　井宿之分野為秦地，三輔為秦地之一部分。西漢建國，在首都長安周圍，劃出三個相當於郡的行政區，作為京師的輔翼，故稱三輔。其名為京兆尹、左馮翊、右扶風，因處京畿之地，不稱郡。(167)又近輿鬼二句　輿鬼又稱鬼，為南方七宿之第二宿，與東井毗鄰，於天官同屬一個分野，故云近輿鬼。輿鬼主管宗廟事，羌人入侵三輔，危及宗廟。(168)至三輔陵園　西漢諸皇帝陵皆在三輔，各陵均有園以護陵。(169)六年九月辛亥晦　辛亥為九月三十日。(170)以為繼嗣不興之象　順帝年三十而崩，立其二歲之子劉炳為帝，是為沖帝，立四月而薨。立渤海王鴻之子劉纘為帝，時年八歲，是為質帝，立一年半被梁冀鴆殺。又立蠡吾侯翼之子劉志為帝，是為桓帝。三年之中連立三帝，順帝之後絕世，是為繼嗣不興之驗。(171)桓帝建和元年　為西元一四七年。(172)日有蝕之　〈桓帝紀〉載，詔三公、九卿、校尉各言得失。大赦天下。(173)營室　又單稱室，為北方七宿之第六宿。營室為女主之象，以為梁太后攝政之驗。(174)梁太后　名妠，大將軍梁商之女，順帝皇后。順帝崩，尊為太后，手立沖帝、質帝，前期尚能推心立賢，海內肅寧。後期聽信其兄梁冀及宦官，天下失望。事詳本書卷十。(175)三年四月丁卯晦　建和三年為西元一四九年。四月丁卯為三十日。(176)日有蝕之　因日蝕皇帝下詔，自順帝永建元年（西元一二六年）至於今歲，凡諸妖惡，旁系親屬連坐，及吏民減死徙邊者，悉歸本郡。[177]例在永元十五年　謂前述永元十五年日蝕於東井，東井，主酒食之宿。彼處所言，也適用於此。[178]東井主法　《晉書・天文志》：「東井，主水衡事，法令所取平也。王者用法平，則井星明而端列。」是東井又主法。[179]梁太后又聽兄冀句　梁冀鴆殺質帝，太尉李固、杜喬等欲立清河王劉蒜，冀患劉蒜嚴明，立為帝於己不利，便說太后策免李固，最後誅殺。杜喬為太尉，正色立朝，不畏梁冀，冀亦先得梁太后策免喬而後殺之。[180]明年二句　明年，和平元年，二月皇太后梁氏崩。[181]元嘉二年　為西元一五二年。[182]日有蝕之　《桓帝紀》亦言「七月庚辰，日有蝕之」。推是年七月合朔己卯，無日蝕。[183]翼主倡樂　《晉書・天文志》：「翼，天之樂府，主俳倡戲樂。」倡樂，歌舞雜技表演。[184]上好樂過　《東觀漢記》謂桓帝好音樂，善琴笙。阮籍《樂論》：「桓帝聞琴，悽愴傷心，倚扆（門與窗之間的屏風）而悲，慷慨長息曰：『善乎哉！為琴若此，一而足矣。』」[185]永興二年　為西元一五四年。[186]日有蝕之　有詔「太陽虧光，飢饉荐臻。其禁郡國不得賣酒，祠祀裁（僅僅）足。」又免太尉胡廣官職。[187]泰山盜賊群起二句　泰山，郡名。治今山東泰安東北。〈桓帝紀〉謂十一月，泰山、琅邪賊公孫舉等反叛，殺長吏。[188]泰山於天文屬鄭　二十八宿之分野，角宿為鄭，又為兗州。如果將二者等同，泰山郡既在兗州區域之內，則亦可云屬鄭。但實際地理位置，兗州既不包括鄭，鄭地也不達兗州。天文的分野與地面位置並不相符。[189]永壽三年　為西元一五七年。[190]閏月庚辰晦　據〈桓帝紀〉，此閏月在「夏四月」之後，知為閏四月。庚辰為二十九日。[191]例在永元四年　永元四年日蝕條，謂七星主衣裳，又近軒轅，為太后族。此與之相同。[192]後二歲三句　後二歲謂延熹二年，七月丙午梁氏崩，八月丁丑收梁冀大將軍印綬，冀即日自殺，梁氏宗親無少長皆棄市。[193]延熹元年五月甲戌晦　延熹元年為西元一五八年。五月甲戌為二十九日。[194]日有蝕之　因日蝕大赦天下，改元延熹。[195]在柳七度二句　〈梁冀傳〉謂延熹元年，太史令陳授因小黃門徐璜，陳述災異日蝕之變，咎在大將軍。冀將授考死獄中。為明年梁冀被誅之驗。[196]八年正月丙申晦　丙申為正月三十日。[197]鄧皇后坐酗四句　鄧皇后恃尊驕忌，與帝所幸鄧貴人互說對方不是，詔廢后，送暴室，以憂死。從父河南尹鄧萬世及兄子鄧會皆下獄死。此云「坐酗」，未聞。暴室，漢官署名。屬掖庭令，主管織作染練。宮中婦人有疾病及后妃之有罪者亦居此室。顏師古注《漢書》謂暴室取暴曬為名。[198]呂太后崩時亦然　呂太后，高祖劉邦皇后。高后七年正月己丑晦，日蝕，在營室九度。高后曰：「此為我也。」明年應，高后崩。[199]日有蝕之　因日蝕詔公、卿、校尉、郡國舉至孝。又謂災異日蝕，譴告累至。政亂在予，屢獲咎徵。大司農停止今年調度徵求。[200]谷永以為三朝尊者惡之　谷永，字子雲，西漢長安（今陝西西安）人。善《京氏易》，常以災異推論朝政得失。三朝，謂正月初一為一歲之始，一月之始，一日之始。三朝日蝕為災異最重的，故尊者惡之，其驗在次年宮車晏駕。[201]永康元年五月壬子晦　永康元年為西元一六七年。五月壬子為三十日。[202]日有蝕之　因日蝕詔公、卿、校尉舉賢良方正。大赦天下，悉除黨錮，改元永康。[203]壬子淳水日　古人將干支、方位與五行相配。《淮南子・時則》：「孟冬之月……其位北方，其日壬癸，盛德在水。」一般簡化為「北方壬癸水」。《論衡・譏日篇》：「夫子之性，水也。」王與子皆為水，故云。淳，純也。[204]勃海　郡名。治今河北南皮東北。[205]靈帝建寧元年　為西元一六八年。[206]日有蝕之　因日蝕詔公卿上封事，郡國舉有道之士；故刺史、二千石清高有遺惠，為眾所歸者，皆詣公車。[207]冬十月甲辰晦二句　甲辰為十月三十日。因日蝕令天下繫囚罪未決入縑贖罪，各有等差。太尉劉矩免官。[208]二年十月戊戌晦二句　十月戊戌為三十日。因日蝕免太尉劉寵官職。[209]右扶風　漢代三輔之一。治槐里（今陝西興平東南）。[210]三年三月丙寅晦二句　三月丙寅為三十日。因日蝕，太尉郭禧罷官。《靈帝紀》記日蝕月日與此同。今推是年四月合朔丁卯晨夜，日蝕不能見。[211]梁相　梁，封國名。治睢陽（今河南商丘南）。梁為封國，朝廷為國王置相以為輔佐，相位相當郡守。[212]日有蝕之　因日蝕太尉聞人襲免官。詔公卿至六百石各上封事。[213]熹平二年　為西元一七三年。[214]十二月癸酉晦二句　《靈帝紀》同。是年十二月乙巳朔，晦為甲戌而非癸酉。今推三年正月合朔甲戌，即時曆上年十二月晦，日蝕可見，紀、志俱誤。[215]曹節　字漢豐，南陽郡新野（今河南新野）人。宦者，因對桓帝有迎立之功，權勢日重，矯詔誅殺大將軍竇武和太傅陳蕃。事詳本書卷七十八。[216]王甫　宦者，曹節誅竇武時以王甫為黃門令，參與誅武，後遷中常侍。甫與曹節誣奏渤海王劉悝謀反，因功封侯。[217]日有蝕之　因日蝕太尉劉寬免官。[218]趙　封國名。治所在邯鄲（今河北邯鄲西南）。[219]光和元年　為西元一七八年。[220]二月辛亥朔二句　《靈帝紀》同。今推是年二月合朔辛亥，無日蝕，紀、志俱誤。[221]十月丙子晦二句　丙子為十月三十日。因日蝕太尉陳球免官。盧植上書，丙子蝕自巳過午，既蝕之後，雲霧晻曖，陳八事以諫。[222]在箕四度　箕，東方七宿之第七宿。[223]箕為後宮口舌　據《史記・天官書》，箕為口舌。《索隱》謂，箕以簸揚，調弄象。箕有舌，象讒言。[224]上聽讒廢宋皇后　靈帝宋皇后，無寵而居正位，眾姬共妒。王甫構言皇后挾左道巫蠱，帝遂策收后璽綬，后自至暴室，以憂死，父及兄弟並被誅。[225]日有蝕之　丁酉大赦天下，諸黨人禁錮小功以下皆除之。按小功之親，指祖父之兄弟，父親之從兄弟，本人的再從兄弟。[226]日有蝕之　因日蝕太尉劉寬免官。[227]中平三年五月壬辰晦　中平三年為西元一八六年。壬辰為三十日。[228]日有蝕之　太尉馬日磾因日蝕免官。[229]浹辰　古代以干支紀日，自子至亥一周十二日稱為浹辰。浹，周遍。辰，十二支的通稱。此次丙午日蝕，至丁巳為浹辰。靈帝四月丙辰晏駕，丙午至丙辰僅十一日。[230]獻帝初平四年　為西元一九三年。[231]日有蝕之　袁宏《後漢紀》謂太史令王立觀察日晷，至預測當蝕而無變化，朝臣皆賀。時過而蝕。賈詡奏王立司候不明，疑誤上下，應交法官審判。帝曰：「天道遠，事驗難明，欲歸咎史官，益重朕之不德。」丁卯，大赦天下。[232]是時李傕郭汜專政　初平三年，董卓被殺，其部下李傕、郭汜占據洛陽，屯南宮門，要挾天子以李傕為車騎將軍，領司隸校尉，假節；以郭汜為後將軍，樊稠為右將軍，皆封侯，管朝政。[233]興平元年六月乙巳晦　興平元年為西元一九四年。乙巳為三十日。[234]日有蝕之　獻帝因日蝕避正殿，寢兵（停止戰爭），不聽事五日。免太尉朱儁官職。[235]建安五年　為西元二〇〇年。[236]日有蝕之　因日蝕詔三公舉至孝二人，九卿、校尉、郡國守相各一人，皆上封事，靡有所諱。[237]十七年六月庚寅晦　庚寅為六月二十九日。[238]二十四年二月壬子晦　壬子為二月三十日。[239]日有蝕之　靈獻之時只記日蝕，多不記占驗。非無事可驗，而因國家紛亂，禍患叢生，記不勝記，不知何事為驗，遂一併省略。[240]凡漢中興十二世　東漢十二世為光武帝、明帝、章帝、和帝、殤帝、安帝、順帝、沖帝、質帝、桓帝、靈帝、獻帝。其中靈帝於中平六年四月崩，皇子劉辯即皇帝位，年十七，改元光熹。史稱少帝。至九月董卓廢少帝為弘農王，另立劉協為皇帝，是為獻帝。史家往往不把少帝在位統計在內。其實少帝在位這半年內發生了一件重大的事情，即長期危害東漢社會和人民的宦官勢力被誅滅，只是來得太晚，無助挽救社會的衰敗和人民的苦難。[241]百九十六年　自光武帝建武元年（西元二五年）至獻帝建安二十五年（西元二二〇年），為一百九十六年。[242]日蝕七十二四句　據本志所列日蝕統計，蝕朔三十二，蝕晦三十六，蝕於月二日的三，未記朔晦的一，共計七十二次。本志把未記晦朔的一次，據《穀梁傳》：「言日不言朔，食晦。」則食於晦的為三十七，與本志統計全合。注釋「和帝永元二年二月壬午，日有蝕之」時，是根據《公羊傳》漢代經師「蝕二日」的說法，定為蝕月二日，可供參考。

【語譯】光武皇帝建武二年正月甲子，為本月初一，發生日蝕，在危宿八度的位置。〈日蝕說〉云：「日是太陽之精魂，為人君的象徵。為君之道有缺失，被陰所侵陵，就發生日蝕。蝕是陽不勝的結果。」關於日蝕占驗的各種說法，《漢書·五行志》記載得很完備了。儒者認為諸侯專權，其應驗往往在日所止宿之國。各種天象隨日蝕而發生，大多是關於朝廷之事。人君如能改過而修行德政，禍害便可以消除。此時光武帝剛剛起兵，天下賊亂尚未消滅。虛與危二宿所在分野為齊地。盜賊張步掌握軍隊占據齊地，光武帝派遣伏隆向張步講明形勢，他答應投降，不久又叛漢自稱王，至建武五年中才打敗他。

2 建武三年五月三十日晦乙卯，日蝕，在柳宿之十四度。柳宿的分野是河南。當時世祖在洛陽，已經投降的赤眉賊首領樊崇圖謀作亂，於本年七月被發覺，將他們全部殺掉。

3 建武六年九月三十日丙寅晦，日蝕。在京史官沒有觀察到，是郡裡把日蝕奏報朝廷。日蝕發生在尾宿八度。

4 建武七年三月三十日癸亥晦，發生日蝕，在畢宿之五度。畢宿主領邊兵事。這年秋天，隗囂反叛，入侵安定郡。冬天，盧芳所任命的朔方、雲中等郡的太守各自以其郡降光武。

5 建武十六年三月三十日辛丑晦，發生日蝕，在昴宿之七度。昴宿是司監獄事的。當時各郡太守犯量度田地不實罪，世祖大怒，殺了十幾個郡國守相，此後他非常後悔。

6 建武十七年二月二十九日乙未晦，日蝕，在胃宿九度。胃宿是管倉廩的。當時各郡剛剛犯度田不實罪之後，天下恐怖，天也以糧穀為話題，在胃宿呈現徵兆。有的人說，胃是管供養的。這年十月，廢掉郭皇后，詔書中說的理由是「不能奉敬供養宗廟」。

7 建武二十二年五月三十日乙未晦，日蝕，在柳宿之七度，是京都所在之分野。柳宿主上倉，是管祭祀所用糧食的。柳宿與輿鬼相鄰近，鬼宿主管宗廟。建武十九年時，職司部門奏請立最近的四帝宗廟而祭祀，有詔書說「立廟的處所尚未定下來，暫且把先祖神主移入高祖廟一併祭祀」。自十九年至今又三年了，終於沒有立四帝廟。皇帝有倨傲怠惰之心，奉敬祖宗作法不周，故天用日蝕向皇帝昭示下來。

8 建武二十五年三月二十九日戊申晦，發生日蝕，在畢宿十五度。畢主管邊兵。這年冬十月，因為武谿蠻夷寇掠為害，伏波將軍馬援率軍前往征討。

9 建武二十九年二月初一丁巳，日蝕，在東壁五度。東壁是管文章圖書的，又名娵訾之口。在此以前，皇子、諸王各招徠善於作文談辯之士。去年，有人上奏：「諸王所招徠善待之人，有的真偽混雜，其中有受過刑罰之人的後代，應當加以區別剔除。」光武於是大怒，下詔逮捕諸王賓客，都加以苛刻的法律治罪，死的人很多。世祖不早日為諸王明確設立科條，一下子又治得太過分，所以天以日蝕顯形。世祖於是改過，派使臣對於受迫害和冤枉的全部平反。

10 建武三十一年五月三十日癸酉晦，日蝕，在柳宿之五度，柳宿是京師所在之分野。自建武二十一年日蝕至今是十年，以後二年，光武帝崩。

11 光武中元元年十一月二十九日甲子晦，發生日蝕，在斗宿之二十度。斗象徵廟堂，主管授爵頒祿之事。儒者說十一月甲子日是今上的日子，又為十二次中之星紀，主管爵祿，其所占驗，事關重大。

12 明帝永平三年八月二十九日壬申晦，發生日蝕，在氐宿之二度。氐宿主管居宿之宮。這時明帝始建北宮。

13 永平八年十月三十日壬寅晦，日全蝕，在斗宿十一度。斗宿分野為吳地。廣陵郡在天文分野中屬吳地。永平十年，廣陵王劉荊犯謀反罪自殺。

14 永平十三年十月甲辰晦，日蝕，在尾宿之十七度。

15 永平十六年五月三十日戊午晦，日蝕，在柳宿之十五度。儒者認為五月戊午如同十一月甲子，都是今上的日子，並且柳宿之分野包括京師，其占驗關係重大。二年之後明帝便晏駕了。

16 永平十八年十一月三十日甲辰晦，日蝕於斗宿二十一度。這時明帝已經崩逝，馬太后控制爵祿，所以是陽不能勝陰。

17 章帝建初五年二月初一庚辰，日蝕於東壁八度。日蝕於東壁的類例，在前面建武二十九年已經說過。此時大臣對《五經》的經義爭論很激烈，很多是互相攻擊。

18 章帝建初六年六月三十日辛未晦，日蝕在翼宿六度。翼宿主領遠客。冬天，東平王蒼等來朝見。明年正月，東平王蒼去世。

19 章帝章和元年八月三十日乙未晦，日蝕。史官沒有看到，其他官吏看到了告訴他的。此次日蝕，在氐宿四度。

20 和帝永元二年二月二日壬午，日蝕。史官沒有看到，涿郡把看到的日蝕向朝廷奏聞的。蝕時日在奎八度。

21 永元四年六月初一戊戌，發生日蝕，在七星宿之二度。七星主管衣裳。又一種說法，謂七星行度接近軒轅，在軒轅大星之左角，代表太后族。本月十九日，皇帝免去太后兄弟竇憲等的官職，遣送他們回到封國，挑選既嚴酷又幹練的人為相，在其封國內逼迫他們自殺。

22 永元七年四月初一辛亥，日蝕於觜觿宿，是保藏食物，主管收穫斂藏之事。儒者說葆旅是宮中的徵象，收斂是貪婪嫉妒的徵象。這一年鄧貴人才入宮。次年三月，陰皇后立，鄧貴人受到和帝的寵愛，陰皇后忌妒她，結果因罪而被廢。還有一種說法，是日行出觜宿將入參宿，參及伐主斬殺。次年七月，越騎校尉馮柱捕斬南匈奴右溫禺犢王，名烏居戰。

23 永元十二年秋七月初一辛亥，日蝕於翼宿八度，翼屬於荊州分野之宿。明年冬天，南郡之蠻夷反叛，並為寇掠。

24 永元十五年四月三十日甲子晦，日蝕於東井二十二度。東井是主管酒食的星宿。婦人的本分，就是不要違背男人的意志，不要謀慮婦道以外的事情，天天張羅吃的喝的就是了。去年冬天，鄧氏立為皇后，有男子漢大丈夫的氣度，參與掌管朝廷的事情，所以天以日蝕昭示皇帝。這一年雨水多，傷害了莊稼。

25 安帝永初元年三月二日癸酉，日蝕於胃二度。胃宿主管倉廩。此時鄧太后專斷政事。去年大水損傷莊稼，倉庫因此空虛。

26 永初五年正月初一庚辰，日蝕在虛宿八度。日蝕在正月，又是天子統理眾事的大年初一。虛是空有其名之義。這時鄧太后總管國政，安帝不能管國事，兩不得其正，如同天子位空缺，故在正月因陽不勝陰昭示以日蝕。此時陰陵駕於陽之上，所以夷、狄一起為害，西邊諸郡皆至空虛。

27 永初七年四月三十日丙申晦，發生日蝕，在東井宿一度。

28 安帝元初元年十月初一戊子，日蝕在尾宿十度。尾宿主管後宮，後宮是繼承人之宮。此時安帝非常寵幸閻貴人，將把她立為皇后，日蝕是昭示此舉不是好事，將成為繼承人的禍患。第二年四月，終於立為皇后。以後她與江京、耿寶等共譖毀太子劉保，太子終於被廢。

29 元初二年九月三十日壬午晦，日蝕在心宿四度。心宿主王位，昭示皇帝長久不理朝政，如同空位。

30 元初三年三月二日辛亥，日蝕發生在婁宿五度。史官沒有見到，遼東郡把日蝕情況奏報朝廷。

31 元初四年二月一日乙巳，日蝕，在奎宿九度。史官不見，七個郡上報。奎宿主管武庫的兵器，本月十八日壬戌，武庫起火，燒毀兵器。

32 元初五年八月一日丙申，日蝕，在翼宿十八度。史官在京城未見，張掖郡將此事上報。

33 元初六年十二月一日戊午，日蝕，幾乎是日全蝕，大地暗如黃昏。日蝕在女宿十一度，女主的災禍。後二年之三月，鄧太后去世。

34 安帝永寧元年七月一日乙酉，日蝕，在張宿十五度。史官在京師看不到，酒泉郡將此事上奏。

35 安帝延光三年九月三十日庚申，日蝕，在氐十五度。氐為宿宮，宮是皇后所居之中宮。當時皇帝聽信了中常侍江京、樊豐和奶母王聖等人的讒言，把皇太子給廢了。

36 延光四年三月初一戊午，日蝕，在胃宿十二度。隴西、酒泉、朔方等郡各以文書上奏，史官未察覺。

37 順帝永建二年七月初一甲戌，日蝕，在翼九度。

38 順帝陽嘉四年閏六月初一丁亥，日蝕，在角宿五度。京師史官未見，零陵郡將日蝕事上報。

39 順帝永和三年十二月初一戊戌，日蝕，在女宿十一度。史官沒見到，會稽郡上報的。第二年，中常侍張逵等出謀譖毀皇后之父梁商要作亂，皇帝追察，張逵等人都被處死。

40 永和五年五月三十日己丑晦，日蝕，在東井三十三度。東井的分野包括三輔。東井又與鬼宿相鄰近，鬼宿主管宗廟。這年秋天，西羌入為寇亂，到三輔的前漢陵園。

41 永和六年九月三十日辛亥晦，日蝕，在尾宿十一度。尾主後宮，是繼嗣之宮。日蝕於尾宿，是後嗣不興旺的徵象。

42 桓帝建和元年正月初一辛亥，日蝕，在營室三度。史官沒看到，郡國將此事上報。這時梁太后攝理國事。

43 桓帝建和三年四月三十日丁卯晦，日蝕，在東井二十三度。日蝕東井之例在永元十五年已作說明。東井主法，梁太后又聽任兄梁冀枉殺公卿大臣，犯了上天的法律。第二年，梁太后崩。

44 桓帝元嘉二年七月二日庚辰，日蝕，在翼宿四度。史官未見到，廣陵郡以日蝕上奏。翼宿主管樂舞，當時桓帝過分愛好樂舞表演。

45 桓帝永興二年九月一日丁卯，日蝕，在角宿五度。角宿之分野為鄭地。十一月，泰山郡盜賊四起，劫殺各縣長吏。泰山郡在天文分野上屬於鄭地。

46 桓帝永壽三年閏四月二十九日庚辰晦，日蝕，在星宿二度。史官不見，郡國上報的。星宿所主，在永元四年已說過。後二年，梁皇后崩，梁冀及兄弟全被誅滅。

47 桓帝延熹元年五月日二十九甲戌晦，日蝕在柳宿七度，柳是分野在京都之宿。

48 延熹八年正月三十日丙申晦，日蝕，在營室宿十三度。營室為女主之象。這年二月癸亥，鄧皇后犯沉迷於酒罪，被送至暴室，令其自殺，家屬也被誅殺。呂太后崩時也是日蝕於營室。

49 延熹九年正月初一辛卯，日蝕，在營室三度。史官未見，郡國將日蝕上報。谷永認為三朝日蝕，是尊者的禍惡。日蝕的第二年，桓帝便去世了。

50 桓帝永康元年五月三十日壬子晦，日蝕，在鬼宿一度。儒者認為壬子日的干支都是水的日子，若陽不能勝，將有水災。這年八月，六個州部發大水，渤海郡發生海水溢出。

51 靈帝建寧元年五月初一丁未，日蝕。冬季之十月三十日甲辰晦，日蝕。

52 建寧二年十月三十日戊戌晦，日蝕。右扶風上報。

53 建寧三年三月三十日丙寅晦，日蝕。梁國之相將日蝕上報。

54 建寧四年三月初一辛酉，日蝕。

55 靈帝熹平二年十二月晦日癸酉，日蝕，在虛宿二度。此時中常侍曹節、王甫專斷朝權。

56 靈帝熹平六年十月初一癸丑，日蝕。趙國之相上報。

57 靈帝光和元年二月初一辛亥，日蝕。十月三十日丙子晦，日蝕，在箕宿四度。箕宿主管後宮口舌。此月，皇帝聽信讒言廢去宋皇后。

58 光和二年四月初一甲戌，日蝕。

59 光和四年九月初一庚寅，日蝕，在角宿六度。

60 靈帝中平三年五月三十日壬辰晦，日蝕。

61 中平六年四月初一丙午，日蝕。這個月過了十二天，靈帝崩。

62 獻帝初平四年正月初一甲寅，日蝕，在營室四度。此時李傕、郭汜專斷朝權。

63 獻帝興平元年六月三十日乙巳晦，日蝕。

64 獻帝建安五年九月初一庚午，日蝕。

65 建安六年二月初一丁卯，日蝕。

66 建安十三年十月初一癸未，日蝕，在尾十二度。

67 建安十五年二月初一乙巳，日蝕。

68 建安十七年六月二十九日庚寅晦，日蝕。

69 建安二十一年五月初一己亥，日蝕。

70 建安二十四年二月三十日壬子晦，日蝕。

71 總計漢中興後十二世，一百九十六年，日蝕七十二次：朔蝕三十二次，晦蝕三十七次，月初二蝕的三次。

1 光武建武七年四月丙寅❶，日有暈抱❷，白虹貫暈❸，在畢八度。畢為邊兵。秋，隗囂反，侵安定。

2 靈帝時，日數出東方，正赤❹如血，無光，高二丈餘乃有景❺。且入西方，去❻地二丈，亦如之。其占曰，事天不謹❼，則日月赤。是時月出入去地二三丈，皆赤如血者數矣❽。

3 光和四年二月己巳❾，黃氣抱日，黃白珥在其表❿。

4 中平四年三月丙申⓫，黑氣大如瓜，在日中⓬。

5 五年正月，日色赤黃，中有黑氣如飛鵲⓭，數月乃銷⓮。

6 六年二月乙未，白虹貫日⓯。

7 獻帝初平元年二月壬辰⓰，白虹貫日⓱。

【章旨】以上所記為太陽對雲層照射而出現的反射現象，如日暈、日珥和白虹貫日，但日中黑氣如瓜或如鵲形，則可能是觀察到的太陽黑子，這種記錄對研究天象是很有用的。

【注釋】❶光武建武七年四月丙寅　建武七年為西元三一年。四月丙寅為三日。❷日有暈抱　高誘注《呂覽》謂氣圍繞日周匝，有似軍營相圍守，故曰暈。今北方俗稱陰屈聯（即陰圈）。如淳：「氣在旁如半環向日曰抱。」❸白虹貫暈　白虹，日月周圍的白色暈圈，本書〈郎顗傳〉云，凡日旁氣色而純者名為白虹。長虹穿日而過為白虹貫暈，是一種罕見的日暈現象，古人認為人間將有非常之事發生，才會出現這種變化。《古今注》記錄此次現象說，日在卯時（日出時），西面東面有抱，很快成暈，中間有兩鉤，分別在南面和北面，有白虹貫暈，在西、北、南有背向日，直到巳時（上午九至十一時）才完全消除。劉昭引《古今注》補充章帝至順帝時期的暈抱現象：「章帝建初元年正月壬申，白虹貫日。五年七月甲寅，夜白虹出乙丑地西北曲入。七年四月丙寅，日加卯，西面有抱，須臾成暈，有白虹貫日。殤帝延平元年六月丁未，日暈上有半暈，暈中外有僪、背、兩珥。十二月丙寅，日暈再重，中有背、僪。順帝永建二年正月戊午，白虹貫日。三年正月丁酉，日有白虹貫交暈中。六年正月丁卯，日暈兩珥，白虹貫珥中。永和六年正月己卯，暈兩珥，中赤外青，白虹貫暈中。」又本書〈郎顗傳〉，陽嘉二年正月乙卯，白虹貫日。本書〈唐檀傳〉，永建五年，白虹貫日，檀上便宜三事，陳其咎徵。如淳：「凡氣在日旁直對為珥，在旁如半環向外為背。有氣刺日為僪。」❹正赤　大紅。❺景　日光。❻去　距離。❼謹　恭敬。❽皆赤如血者數矣《京房占》：「國有佞讒，朝有殘臣，則日不光，闇冥不明。」❾光和四年二月己巳　光和四年為西元一八一年。己巳為二月六日。⑩黃白珥在其表　《春秋感精符》：「日朝珥則有喪孽。」珥，氣在日之兩旁，猶如人之耳在兩旁，故曰珥。黃白謂氣之顏色。表，外面。⑪中平四年三月丙申　中平四年三月朔日己未，則無丙申。干支有誤。為西元一八七年。⑫黑氣大如瓜在日中　日中黑氣即太陽黑子，也叫日斑，是太陽表面的氣體旋渦，溫度比鄰近的區域低，從地球上看去，像是太陽表面的黑斑。我國最早觀察到太陽黑子是西漢河平元年（西元前二八年），《漢書·五行志》：「河平元年三月乙未，日出黃，有黑氣大如錢，居日中央。」此次也是較早的紀錄。⑬中有黑氣如飛鵲　這也是太陽黑子的一種，因其不規則，古人便想像為飛鵲形狀。《淮南子·精神》有關於日中有三足烏的記載。《黃帝占書》：「日中三足烏，現者大旱赤地。」河南唐河縣出土的漢代畫像石，刻有日中三足烏的圖像。⑭銷　同「消」。散盡。⑮六年二月乙未二句　中平六年二月丁未朔，則無乙未。干支有誤。《春秋感精符》謂虹貫日，天下盡困，文法擾民，百官殘忍，酷法橫殺，下多相告，用刑滅族，世多深刻，獄多久怨，吏皆慘毒。⑯獻帝初平元年二月壬辰　初平元年為西元一九〇年。壬辰為二月二十二日。⑰白虹貫日　劉昭注引袁山松《後漢書》：「（初平）三年十月丁卯，日有重兩倍（同背）。」

【語　譯】光武帝建武七年四月三日丙寅，日有暈圈和半環向日，白虹穿暈，在畢宿八度。畢宿主領邊兵。秋天，隗囂反叛，入侵安定郡。

2 靈帝時，太陽自東方出時多次大紅如鮮血，沒有光亮，上升到二丈多時才有光。另外，太陽落入西方，離地二丈時，情況也是如此。對此所作的占驗說，皇帝奉天不敬，日月便成赤色。這段時間月亮在升起和落下離地二三丈時，紅得全像血一樣已是多次了。

3 靈帝光和四年二月六日己巳，有半環形黃氣向日如抱，黃白色雙珥更在黃氣之外。

4 靈帝中平四年三月丙申，黑氣有瓜那麼大，在太陽中間。

5 中平五年正月，太陽顏色赤黃，中間有黑氣就像飛翔的喜鵲，經過幾個月才消失。

6 中平六年二月乙未，白虹穿日。

7 獻帝初平元年二月二十二日壬辰，有白虹穿日。

桓帝永壽三年十二月壬戌❶，月蝕非其月。

延熹八年正月辛巳❷，月蝕非其月。

【章旨】以上記述了月蝕推步的錯誤，在《洪範五行傳》為「日月亂行」。東漢曆法多次討論，多次更定。「術（推步曆法之術）不差不改，不驗不用。未驗無以知其是，未差無以知其失，失然後改之，是然後用之，此謂允執其中。」（《續漢書．律曆志》）這說明曆法的改進是一個反覆實踐、驗證、修改的過程，故有推步與月蝕存在誤差。

【注釋】❶桓帝永壽三年句　永壽三年為西元一五七年。十二月戊寅朔，則月內無壬戌。❷延熹八年正月辛巳　延熹八年為西元一六五年。正月辛巳為十五日。

【語譯】桓帝永壽三年十二月壬戌，月蝕發生在不是曆法所推定之月。

桓帝延熹八年正月十五日辛巳，月蝕在不是曆法所推定之月發生。

贊❶曰：皇極惟建❷，五事剋端❸。罰咎入沴❹，逆亂浸干❺。火下水騰❻，木弱金酸❼。妖豈或❽妄，氣炎以觀❾。

【章旨】本「贊曰」是對〈五行志〉全六卷的總評議。五事能正則五行順，貌言視聽思失則五行之序亂，五行序亂則咎徵接踵而至，是以有「罰咎入沴」等情，文中未言五行，卻處處以五行為中心。故為全〈五行志〉的總結。

【注釋】❶贊　贊是用韻語形式總括全篇大意，並寓褒貶於其中。在范曄《後漢書》的紀和列傳中，一般為「論」和「贊」

兩部分，在《續漢書》的志中，每志只有一「贊」，有的志沒有「贊」。此「贊」即〈五行志〉全六卷之總贊。❷皇極惟建　《尚書・周書・洪範》：「建用皇極。」語序有變，語意相同。馬一浮：「皇者大君之稱，極則至德之號，謂大君之立，必有至德。」惟建，是建。賓語（「皇極」）提前。❸五事剋端　《尚書・周書・洪範》：「敬用五事：一曰貌，二曰言，三曰視，四曰聽，五曰思。」貌當恭，言當從，視當明，聽當聰，思當睿通。剋，同「克」。能夠。端，正。❹罰咎入沴　此皆《洪範五行傳》及傳「說」中用語，《洪範五行傳》：「貌之不恭，是謂不肅，厥咎狂，厥罰恆雨。」咎，災禍。罰，懲罰。五行家「說」：「凡草物之類謂妖。妖猶夭胎，言尚微。蟲豸之類謂之孽，孽則牙（芽）孽矣。及六畜謂之禍，言其著也。及人謂之痾。痾，病貌，言寖深也。」由夭至芽，及六畜，及人，一步步深入，即「入」。氣相傷，謂之沴。沴猶蒞，不和之意。❺逆亂浸干　讖緯家在解釋《洪範五行傳》時，常用陰對陽相干相浸，則引起逆亂。浸，同「侵」。侵犯。干，冒犯。侵、干義近。❻火下水騰　按《尚書・周書・洪範》，火之性為炎上，如果賢佞分別，任官有序，敬重功勳，區別嫡庶，則火得其性，即炎上。如果信道不誠，炫耀虛偽，讒夫昌，邪勝正，則火失其性，即火不炎上，故曰火下。同樣，水之性為潤下，如果簡慢祖宗，不禱祠，廢祭祀，逆天時，則水不潤下。是水失其性，故曰水騰。騰，上升。火下水騰皆是反其道而行。❼木弱金酸　馬一浮：「木以柔韌為體，曲直為性，曲而能直，謂其能從繩墨也。」木弱則曲而不能直，則失木之本性。據《尚書・周書・洪範》，木曰曲直，曲直作酸。金曰從革，從革作辛。「作酸」、「作辛」，作，指本性發生的作用。金之本性發生的作用當是辛，金不作辛而作酸，是金失其本性。物失其本性則有妖，此即寫〈五行志〉的動機。❽豈或　豈、或同義。有。❾氣炎以觀　炎，同「燄」。句謂由氣燄觀妖邪。「以觀」即是觀，賓語「氣炎」提前。

【語　譯】史官評議說：建立君長之至德，五事才能正位。懲罰、禍災、災漸深入、惡氣相撞，逆亂侵犯正道。火向下而水上升，木性弱而金為酸。妖邪或有虛妄，從氣燄可以看清楚。

【研　析】本卷主要記述東漢一代的日蝕，以及對日蝕和國家災難的聯繫，這聯繫的橋梁便是二十八宿。人為地給定每一宿的性質，便成為解釋日蝕所示災變的主要根據。如安帝元初四年二月乙巳朔，日蝕在奎九度，奎主武庫兵，其月十八日壬戌，武庫火，燒兵器，以此為徵驗。此先以所在宿解釋，所在宿不能解釋的用鄰宿，鄰宿也不能解釋的，用干支。今年不能驗的，驗在明年，甚至後年。例在篇內，此不贅舉。這種聯繫的極度勉強和解釋的隨意不定，使我們感到不是懸象以示後，而是以後事驗前兆，處處顯示出人工造作的痕跡。

同樣的日蝕，在〈紀〉中呈現另一種反映，幾乎每次日蝕，皇帝都要下詔承擔錯誤和改革朝政。〈日蝕說〉云：「日者，太陽之精，人君之象。君道有虧，為陰所乘，故蝕。蝕者，陽不克也。」所以人君把日蝕看作上天對自己最大的譴告，是上天還眷顧自己、認為自己還有藥可醫。如果上天屢屢示象而人君不改，上天就要另立君了。光武建武六年九月丙寅日蝕，皇帝下詔曰：「吾德薄不明，寇賊為害，強弱相凌，元元失所。永念厥咎，內疚於心。」皇帝為人王，天下地上唯彼一人為大，他的話就是法律，群臣之諫可以不聽，公卿上書可以不省，甚至因諫而被誅的也大有人在。誰能制約唯我獨尊的皇帝呢？那就是天。天為生民立君，王是代天行政，所以天時時在監視君王之所為，國家將有失道之敗，天就先示象進行譴告，天之譴告以日蝕為大，故明帝永平八年十月壬寅日蝕，詔曰：「朕以無德，奉承大業，而下貽人怨，上動三光，日蝕之變，其災尤大。《春秋》圖讖所為至譴，永思厥咎，在予一人。」在那皇權高於一切，權力握於一人的專制制度下，只有天譴才是使皇帝承認「皆朕之過」、「人冤不能理，吏黠不能禁，而輕用民力，繕修宮室，出入無節，喜怒過差」的唯一力量。所以明帝詔曰：「朕奉承祖業，無有善政，咎在朕躬，憂懼遑遑。」章帝詔「朕之不德，上累三光，刑罰不中，吏多不良，擅行喜怒，或案不以罪，迫脅無辜，致令自殺者一歲且多於斷獄，甚非為人父母之意。」和帝詔「元首不明，化流無良，政失於民，謫見於天。」桓帝詔「災異日蝕，譴告累至，政亂在予，仍獲咎徵。」並在日蝕時下詔公卿舉直言極諫之士，上封事無有所諱，遣使舉冤獄，出繫囚，減死罪，以至大赦天下。東漢最有名的黨錮之獄就是桓帝永康元年一次日蝕之後廢除的。

生於今日的我們，知道了日蝕的道理，把這些事看作愚蠢可笑。但是如果當時沒有一個「天監」的概念在人心中，使統治者慌恐驚懼，又有誰敢說他一個「不」字呢？歷史上許多事今天看來都是可笑的。社會的前進，永無休止，後之視今亦猶今之視昔，不要笑古人的愚昧，而應求今人的進步。（張文質注譯）

志第十九

郡國一

河南　河內　河東　弘農　京兆　馮翊　扶風

右司隸

【題解】史家治史，歷來重視修志。司馬遷《史記》首創「八書」，班固《漢書》承其例著為「十志」，並首創《地理志》。范曄修《後漢書》未竟而被殺。原著「十志」佚失，《後漢書》「八志」由劉昭取自司馬彪的《續漢書》補為完本。司馬彪的《續漢書》早已失傳，因而《後漢書》「八志」保存了珍貴的史料。劉昭補的「八志」，易《漢書》的《地理志》為《郡國志》。《郡國志》主要記述東漢一朝行政區劃，東漢對西漢的行政單位略有省併，是為了改革「官多役煩」的弊端，這一舉措體現了中興之主劉秀的為政清簡的指導思想。

《郡國志》首卷介紹京畿地區的司隸州部所轄河南、河內、河東、弘農、京兆、馮翊、扶風七個郡，縣、邑、侯國一百零六個。共計有戶口六十一萬六千三百五十五，人口二百九十二萬六千九百八十八。位在洛陽、長安兩京周圍，是東漢的心臟地帶，舉足輕重。對首都洛陽的介紹尤其詳細，凡城內及周邊的遺址遺存，一一在列，讀此可以對東漢時的首都名城洛陽有一個大致的了解。

漢書❶地理志❷記天下❸郡❹縣❺本末❻，及山川奇異，風俗所由，至❼矣。今但錄中興❽以來郡縣改異，及春秋❾、三史❿會同征伐⓫地名，以為郡國志⓬。凡前志有縣名，今所不載者，皆世祖⓭所并省⓮也。前無今有者，後所置也。凡縣名先書者，郡所治⓯也。

【章　旨】以上為〈郡國志〉的引言，說明本志撰寫目的、依據和作法。

【注　釋】❶漢書　書名。東漢班固著。凡一百卷。中國第一部紀傳體斷代史。體例大略與《史記》相同，惟改〈書〉為〈志〉，廢〈世家〉入〈列傳〉，並創〈刑法〉、〈五行〉、〈地理〉、〈藝文〉四志。成為後世紀傳體史書的準繩。是研究西漢歷史的重要資料，為二十四史之一。❷地理志　記載山川地理沿革之書。東漢班固撰《漢書》時，沿襲《史記》體例，改《史記》中的〈書〉為〈志〉，並增寫〈地理志〉，記述地方建制沿革。其後代歷官修史書多所沿用。❸天下　古時多指中國範圍內的全部土地。❹郡　中國古代行政區域，秦代以前比縣小，從秦代起比縣大。❺縣　行政區域。秦國所創。秦始皇統一中國後推行到全國，沿用至今。❻本末　樹的下部和上部，東西的底部和頂部，比喻事情從頭到尾的經過。❼至　形容事物的盡善盡美。猶言極至、完備。❽中興　指東漢建立。由於光武帝劉秀推翻了王莽新朝建立東漢，恢復了劉姓皇統，故稱「中興」。❾春秋　書名。春秋末期，孔子根據魯國史官編寫的《魯春秋》，並參考周王室及各諸侯國史官的記載修成，是現存最早的編年史。記述自魯隱公元年（西元前七二二年）至魯哀公十四年（西元前四八一年）共二百四十二年的歷史，內容為周王室及各諸侯國的政治、軍事活動。記事極簡短。本為史書，自西漢以後，被儒家奉為經典，列為《五經》之一，故又有《春秋經》之稱。❿三史　魏晉南北朝時期稱《史記》、《漢書》、《東觀漢記》為三史。唐以後《東觀漢記》失傳，以范曄《後漢書》與《史記》、《漢書》合稱三史。⓫會同征伐　匯合征集，取捨。⓬郡國志　記載郡、封國、縣等地方行政區劃的沿革之書。南朝梁劉昭補《後漢書》「八志」時沿襲《漢書・地理志》體例，著為〈郡國志〉，記述地方建制沿革。其後代曆官修史書多所沿用。⓭世祖　即光武帝劉秀（西元前六—西元五七年），字文叔，南陽蔡陽（今湖北棗陽）人。東漢王朝的建立者，西元二五—五七年在位，西漢遠支皇族。西漢末他與兄劉縯加入綠林起義軍，更始元年（西元二三年）取得昆陽大捷的巨大勝利。不久到河北活動，鎮壓和收編銅馬等起義軍，力量逐漸壯大。西元二五年，稱帝，隨後統一全國。在位期間，多次發布釋放奴婢和禁止殘害奴婢的命令，減輕賦稅，廢止地方更役制，興修水利，裁併四百餘縣，精簡官吏，並在中央加重尚書職權，在地方廢除掌握軍權的都尉，生產有所恢復和發展。⓮并省　合併裁撤。⓯治　舊稱地方政府所在地。

【語　譯】《漢書・地理志》記載全國郡縣沿革變遷以及山川奇異景象、各地風俗的起因，已經很完備了。現在只記錄光武帝中興以來郡縣沿革變化，以及《春秋》、三史中發生變化的地名，取名為〈郡國志〉。凡是《漢書・地理志》有縣名而現在沒有記載的，都是光武帝時併省的。前書沒有現在有的，是以後設置的。凡是縣名排在前面先敘述的，都是郡治所在地。

河南尹❶秦❷三川郡❸，高帝❹更名。世祖都雒陽❺，建武❻十五年改曰河南尹。二十一城，永和❼五年戶❽二十萬八千四百八十六，口❾百一萬八百二十七。

雒陽周❿時號成周⓫。有狄泉⓬，在城中。有唐聚⓭。有上程聚⓮。有士鄉聚⓯。有褚氏聚⓰。有滎錡澗⓱。有前亭⓲。有圉鄉⓳。有大解城⓴。

河南㉑周公㉒時所城雒邑㉓也，春秋㉔時謂之王城㉕。東城門名鼎門㉖，北城門名乾祭㉗。又有甘城㉘，有蒯鄉㉙。

梁㉚故國，伯翳㉛後。有霍陽山㉜。有注城㉝。

滎陽㉞有鴻溝水㉟。有廣武城㊱。有虢亭㊲，虢叔國㊳。有隴城㊴。有薄亭㊵。有敖亭㊶。有熒澤㊷。

卷㊸有長城㊹，經陽武㊺到密㊻。有垣雝城㊼，或曰古衡雍。有扈城亭㊽。

原武㊾

陽武㊿

中牟(51)有圃田澤(52)。有清口水(53)。有管城(54)。

有曲遇聚[55]。有蔡亭[56]。開封[57]苑陵[58]有棐林[59]。有制澤[60]。有瑣侯亭[61]。平陰[62]穀城[63]瀍水[64]出。有函谷關[65]。緱氏[66]有鄔聚[67]。有轘轅關[68]。鞏[69]有尋谷水[70]。有東訾聚[71]，今名訾城。有坎埳聚[72]。有黃亭[73]。有湟水[74]。有明谿泉[75]。成皋[76]有旃然水[77]。有瓶丘聚[78]。有漫水[79]。有汜水[80]。京[81]密有大騩山[82]。有梅山[83]。有陘山[84]。新城[85]有高都城[86]。有廣成聚[87]。有鄤聚[88]，古鄤氏，今名蠻中。匽師[89]有尸鄉[90]，春秋時日尸氏[91]。新鄭[92]詩[93]鄭國，祝融墟。平[94]

【注釋】❶河南尹　地區名。本秦三川郡，西漢高帝二年（西元前二〇五年）改名。治雒陽縣（今洛陽東北）。轄境相當今河南黃河以南，原陽、中牟等以西，孟津、汝陽等以東，汝州、新密、新鄭（登封除外）以北地區。又河南尹亦為官名，東漢建武十五年（西元三九年）置，為京都洛陽所在河南郡長官，秩二千石。主掌京都事務。❷秦　指秦國。開國君主為秦襄公，因護送周平王東遷有功，被周分封為諸侯。春秋時建都於雍（今陝西鳳翔東南），占有今陝西中部和甘肅東南端。秦穆公曾攻滅十二國，稱霸西戎。戰國時秦孝公任用商鞅變法，國力富強，並遷都咸陽（今陝西咸陽東北），成為戰國七雄之一。之後，疆域不斷擴大。西元前二二一年秦王政（即秦始皇）統一中國，建立秦朝。❸三川郡　秦莊襄王時置。地在今河南洛陽西南一帶，因有伊洛河三川，故名。❹高帝　即漢高祖劉邦（西元前二五六—前一九五年），字季，沛縣（今屬江蘇）人。西漢王朝的建立者，西元前二〇二—前一九五年在位。在秦末的反秦起義中，他與項羽領導的起義軍逐漸成為主力，並最終推翻了秦朝的統治。之後，又與項羽展開長達五年的戰爭。西元前二〇二年，戰勝項羽，即皇帝位，建立漢朝。在位期間，繼承秦制，實行中央集權制度。先後消滅韓信、彭越、英布等異姓諸侯王；實行重本抑末政策，發展農業生產，打擊商賈；以《秦律》為根據，制定《漢律九章》。❺雒陽　東漢都城。在今河南洛陽東北白馬寺東。❻建武　東漢光武帝劉秀年號，西元二五—五六年。❼永和　東漢順帝劉保年號，西元一三六—一四一年。❽戶　住戶。一家稱一戶。❾口　指單個人，古代一人稱為一口。❿周　朝代名。西元前十一世紀周武王滅商後建立，建都於鎬（今陝西長安灃河以東）。西元前七七一年申侯聯合犬戎攻殺周幽王。次年周平王東遷到雒邑（今河南洛陽）。歷史上稱平王東遷以前為西周，以後為東周。哲王，賢明的君主。⓫成周　即東周。《公羊傳》：「成周者何？東周也。」何休曰：「周道始成，王之所都也。」⓬狄泉　泉名。在西周時成周故城，今河南洛陽白馬寺一帶。《左傳・僖公二十九年》：「盟于狄泉。」杜預曰：「城內太倉西南池水。或曰本在城外，定元年城成周乃繞之。」案：此水晉時在東宮西北。《帝王世紀》：「狄泉本殷之墓地，在成周東北。」⓭唐聚　聚邑名。故址在今河南洛陽東。《左傳・昭公二十三年》：「尹辛敗劉師于唐。」⓮上程聚　古程國。故址即今河南洛陽東、洛水南岸。《史記》：「重黎之後，伯休甫之國也。關中更有程地。」《帝王世紀》：「文王居程，徙都豐。」故此加為上程。⓯士鄉聚　亭名、聚邑名。故址在今河南洛陽東。西漢馮異斬武勃之地。⓰褚氏聚　故址在今河南洛陽東北。《左傳・昭公二十六年》：「王宿褚氏。」杜預曰：縣南有褚氏亭。⓱滎錡澗　《左傳》周景王「崩於滎錡氏」，杜預曰：鞏縣西。⓲前亭　杜預曰：「縣西南有泉亭。即泉戎也。」⓳圉鄉　《左傳・昭公二十二年》：單氏「伐東圉」。杜預曰：「縣東南有圉鄉。又西南有戎城，伊雒之戎」。⓴大解城　城邑名。故址在今河南洛陽南、洛水南岸。《左傳・昭公二十二年》：「王師軍于解。」杜預注：洛陽西南有大解、小解即此。㉑河南　縣名。即周時雒邑王城。西漢改為河南縣。㉒周公　姬姓，名旦，西周初人。周武王弟，與呂尚同為西周開國元勳。以魯公封於曲阜，留朝執政，長子伯禽就封。武王卒，成王幼，攝政。管叔、蔡叔、霍叔等不服，聯合殷貴族武庚和東夷反叛。他率師東征，平定叛亂，滅奄（今山東曲阜東）後大舉分封諸侯，營建成周雒邑（今河南洛陽）。又制禮作樂，為西周典章制度的主要創制者，奠定了「成康之治」的基礎。㉓雒邑　西周成王時由周公主持加以擴建，稱為周城。戰國時改稱洛陽。㉔春秋　時代名。因孔子所編《春秋》得名。《春秋》編年從魯隱公元年（西元前七二二年）迄魯哀公十四年（西元前四八一年）。春秋結束的年代說法不一。現在一般以周平王元年（西元前七七〇年）到周敬王四十四年（西元前四七六年）為「春秋時代」。㉕王城　周成王居雒邑時的王宮。鄭玄《詩譜》：「周公攝政五年，成王宅雒邑，使邵公先相宅，既成，謂之王城。」《博物記》：「王城方七百二十丈，郛方一十里，南望雒水，北至陝山。」《地道記》：「去雒城四十里。」㉖鼎門　雒邑城門名。《帝王世紀》：「東南門九鼎所從入。」又曰：「武王定鼎雒陽西南，雒水北鼎中觀是也。」㉗乾祭　古遺跡。《左傳・昭公二十四年》：「士伯立於乾祭。」《皇覽》：「城西南柏亭西周山上周靈王塚，民祠之不絕。」㉘甘城　古地名。故址在今河南洛陽南、洛水南岸。杜預曰：縣西南有甘泉。㉙蒯鄉　古地名。《左傳・昭公二十三年》：「尹辛攻蒯。」《晉地道記》：「在縣西南，有蒯亭。」㉚梁　縣名。春秋時周小邑，後屬楚。戰國時謂之南梁，亂別以大樑少梁。漢置縣。故城在今河南臨汝東。㉛伯翳　即伯益，亦稱柏益、化益、或稱大費。相傳為少昊後裔，嬴姓，封於費，又稱費侯。

秦之先祖。善調馴鳥獸，為舜掌山澤之虞官，佐大禹治水平土，有功。禹繼舜位後，曾以皋陶為繼位人，皋陶死，乃以伯益為繼位人，委以政事。禹死後，益避讓禹子啟繼位。或說益於禹死後與啟爭位，為啟所殺。《史記》：「秦滅東周，不絕其祀，以陽人地賜周君。」㉜霍陽山　山名。在今河南臨汝東南。《通典》：「梁縣有漢霍陽縣，因此為名。」《左傳・哀公四年》：「楚為一昔之期，襲梁及霍。」㉝注城　古注邑。在河南臨汝西北，後訛為治城。《史記・魏世家》：「魏文侯三十二年敗秦於注。」《博物記》：「梁伯好土功，今梁多有城。」㉞熒陽　即滎陽。縣名。戰國韓滎陽邑，秦置縣。治所在今河南滎陽東北。㉟鴻溝水　在今河南滎陽，為楚漢分界之處。文穎曰：「于滎陽下引河東南為鴻溝，即官度水也。」應劭：鴻溝在滎陽東南三十里。㊱廣武城　地名。故址在今河南滎陽東北廣武山上。楚漢相爭時，項王與漢王俱臨廣武而軍，於滎陽築兩城相對曰廣武。劉昭《西征記》：「有三皇山，或謂三室山。山上有二城，東者曰東廣武，西者曰西廣武，各在山一頭，相去二百餘步，其間隔深澗，漢祖與項籍語處。」㊲虢亭　故東虢國地。在河南滎澤。㊳虢叔國　西周國名。姬姓，文王弟叔所封，號東虢。後為鄭所滅。平王即以其地與鄭。故城在今河南滎澤之虢亭。㊴隴城　古地名。《左傳・文公二年》：「盟於垂隴。」即該地。㊵薄亭　古地名。本商北亳，為「三亳」之一。春秋為宋邑。漢置簿縣。故城在今河南商丘北，與山東曹縣接界。㊶敖亭　古地名。周宣王狩於敖。《左傳・宣公十二年》：「晉師在敖、鄗之間。」秦立為敖倉。㊷熒澤　澤名。熒，一作「滎」。故址在今河南鄭州西北。《尚書・禹貢》：「導沇水，東流為濟，入於河，溢為滎。」鄭玄：「自平帝以後，滎澤塞為平地，滎陽民猶以其處為滎澤。」㊸卷　戰國魏邑。漢置卷縣。故城在今河南原陽西北。㊹長城　古代的一種軍事防禦工程。始建於春秋戰國時代。當時各國邊界多築此以禦敵。㊺陽武　縣名。秦置。故城在今河南原陽東南。㊻密　春秋鄭新密邑。漢置密縣。今河南新密東南三十里有古密城。《史記》蘇秦說襄王曰：「大王之地，西有長城之界。」即指密邑。㊼垣雝城　即古衡雍。春秋鄭地。戰國時為垣雍城。故址在今河南原陽西南。《左傳・僖公八年》，晉侯敗楚軍於城濮，還至於垣雍。即此。㊽扈城亭　古地名。《左傳・莊公二十三年》：「盟於扈。」杜預曰：「在縣西北。」㊾原武　縣名。漢置。故址在今河南原陽。㊿陽武　縣名。秦置。故城在今河南原陽東南。《史記》：「秦始皇東游至陽武博浪沙中，為盜所驚。」即此。(51)中牟　縣名。春秋鄭原圃地。漢置中牟縣。故城在今河南中牟東南。(52)圃田澤　水澤名。又名甫草澤或原圃。故址在今河南中牟西。是當時著名大澤，能對黃河下游及鴻溝水系的水量有調節的功能。宋以後漸淤積為平地。(53)清口水　濟河與大汶河交匯處稱清口。在山東東平西。《水經注》：「濟水東北過安民亭地，汶水從東北來注之，載延之所謂清口也。」《左傳・閔公二年》：「遇於清。」杜預曰：「縣有清陽亭。」(54)管城　古地名。周初管叔封地。春秋鄭地。戰國屬韓。故城即今河南鄭州治。(55)曲

遇聚　聚邑名。故址在今河南中牟東。《史記・曹參傳》「西擊將楊熊軍於曲遇」即此。56蔡亭　在今河南中牟縣東。57開封　戰國魏邑。漢為侯邑，後為縣。故城在今河南開封西南五十里。58菀陵　秦置縣。故城在今河南新鄭東北。59棐林　春秋鄭地。故址在今河南新鄭東南二十五里。《左傳・宣公元年》：「諸侯會於棐林。」杜預曰：「縣東南有林鄉。」60制澤　地名。在河南新鄭。《左傳・成公十六年》：「諸侯遷於制田。」杜預曰：「縣東有制澤。」61瑣侯亭　地名。在河南新鄭。《左傳・襄公十一年》：「諸侯之師次於瑣。」杜預曰：「縣西有瑣侯亭。」62平陰　春秋時平陰邑。漢置平陰縣。故城在今河南孟津東北。63穀城　地名。故址在河南洛陽西北。64瀍水　源出河南孟津西北任家嶺，南流經洛陽，東入於洛。65函谷關　舊函谷關，戰國秦置。在今河南靈寶東北。新函谷關在今河南新安東，西漢元鼎三年移此，去故關三百里。《西征記》：「函谷左右絕岸十丈，中容車而已。」66緱氏　原春秋周緱氏邑。秦置緱氏縣。故址在今河南偃師東南。《左傳》：「呂相絕秦伯，殄滅我費、滑。」杜預曰：「滑國都於費，今緱氏縣。」67鄔聚　地名。故址在今河南緱氏。《左傳》：「王取鄔、劉。」杜預曰：「鄔在縣西南。」68轘轅關　地名。在河南緱氏。瓚曰：「險道名，在縣東南。」69鞏　周鞏伯國。秦置鞏縣。故城在今河南鞏義西南三十里。70尋谷水　河水名。故址在河南鞏義。《左傳・昭公二十三年》：「王師、晉師圍鄩中。」《史記》：張儀曰：「下兵三川，塞什谷之口。」徐廣曰：「縣有尋口。」71東訾聚　聚邑名。故址在今河南鞏義西南、洛河南岸。《左傳・昭公二十三年》：「單子取訾。」杜預曰：「在縣西南。」《晉地道記》：「在縣之東。」72坎埳聚　聚邑名。故址在河南鞏義東。《左傳》：「周襄王出，國人納之坎埳。」杜預曰：「在縣東。」《晉地道記》：「在南。」73黃亭　地名。故址在河南鞏義西。《左傳・昭公二十二年》：「王子猛居於皇。」杜預曰：「有黃亭，在縣西南。」74湟水　河水名。在河南鞏義西。75明谿泉　泉水名。在河南鞏義。《左傳・昭公二十二年》：「賈辛軍於谿泉。」76成皐　即成皐。本古東虢國，春秋鄭置色，又名虎牢，春秋之鄭。戰國屬韓，皆為重地。漢楚亦相持於此。漢置成皐縣。今河南滎陽汜水鎮西有成皐故城。《左傳》：「破蕪師於北制。」杜預曰：「北制，一名虎牢。」亦即此縣也。《穆天子傳》：「七萃之士，生搏虎而獻天子，命為柙，而畜之東虢，是曰虎牢。」77旃然水　即今河南滎陽之索河。源出成皐縣，東入汴。《左傳・襄公十八年》：「楚伐鄭，次旃然。」78瓶丘聚　地名。故址在今河南成皐。79漫水　河水名。在今河南成皐。80汜水　河水名。在今河南成皐。《左傳》：「周襄王處鄭地汜。」81京　春秋時鄭京邑。漢置京縣。故城在今河南滎陽東南二十一里。鄭國共叔所居，《左傳》：「謂之京城大叔。」應劭曰：「有索亭。楚漢戰京、索。」82大騩山　山名。在河南禹州北。《山海經》：「大騩之山，其陰多鐵，多美堊。有草焉，狀如蓍而毛，青華而白實，其名曰蒗，服者不夭。」83梅山　山名。故址在今河南鄭州西南三十五里。《左傳・襄公十八年》：「楚伐鄭，右回梅山。」84陘山　山名。故址在今河南新鄭西南。《史記》：「魏襄王六年伐楚，敗之陘山。」秦破魏華陽，地亦在縣。杜預遺令曰：「山上有塚，或曰子產，邪東北向新鄭城，不忘本也。」85新城　古戎蠻子國。戰國時韓邑。漢置新成縣。後漢做新城。故城在今河南伊川縣西南。《史記》秦遷西周公於𢠸狐，徐廣曰：「與陽人聚相近，在雒陽南百五十里梁、新城之間。」86高都城　地名。故址在今河南洛陽南。《史記》：「蘇代說韓相國以高都與周者。」87廣成聚　地名。故址在今河南新城。88鄤聚　地名。故址在今河南洛陽東南。《河南通志》：「古名鄤氏。《左傳》楚殺鄤子是也。今名蠻子城。即漢祭遵殺獲張滿。」89偃師　即偃師。殷西亳地。春秋時為周尸氏邑。漢置偃師縣。即今河南偃師。《帝王世紀》：「帝嚳所都，殷盤庚復南亳，是為西亳。」90尸鄉　即西亳。春秋名尸氏，秦漢稱尸鄉，亦稱尸。在今河南偃師西。《帝王世紀》：「尸鄉在縣西二十里。」91尸氏　即尸鄉。《左傳・昭公二十六年》：「劉人敗子朝之師於尸氏。」《漢書》田橫自殺處。92新鄭　原祝融之墟。周宣王封其弟於鄭。《左傳・隱公十一年》：「鄭莊公曰：『吾先君新邑於此。』」戰國韓曾都之。秦置新鄭縣。故城在今河南新鄭北。93詩　即《詩經》。中國最早的詩歌總集。本只稱《詩》，後被儒家奉為經典，故又名《詩經》。流傳至今的有三百零五篇，分〈風〉、〈雅〉、〈頌〉三部分。所收作品上起周初，下至春秋中葉，大部分是今陝西、甘肅、山東、山西、河南等地民歌，小部分是貴族作品。《史記》、《漢書》等書認為曾經孔子刪定。94平縣名。漢置。故城在今河南孟津東。

【語譯】河南尹，即秦朝時設置的三川郡，漢高祖改名。光武帝建都洛陽，建武十五年改稱河南尹。共轄二十一個城邑，順帝永和五年有住戶二十萬八千四百八十六，人口一百零一萬八百二十七。

洛陽，東周時號成周。城中有狄泉。轄有唐聚、上程聚、士鄉聚、褚氏聚、榮錡澗、前亭、圉鄉和大解城。　河南縣，是周公時所建的雒邑城，春秋時稱為王城。東城門取名鼎門，北城門取名乾祭。還有甘城、蒯鄉。　梁，原為梁國，伯翳後人的封地。有霍陽山、注城。　滎陽縣，有鴻溝水、廣武城。有號亭，是號叔封國舊址。還有隴城、薄亭、敖亭、滎澤。　卷縣，有長城，經過陽武到密縣。有垣雝城，也稱古衡雍。有扈城亭。　原武縣。　陽武縣。　中牟縣，有圃田澤、清口水、管城、曲遇聚和蔡亭。開封縣。　菀陵縣，有棐林。還有制澤和瑣侯亭。　平陰縣。　穀城縣，是瀍水的源頭。縣內有函谷關。

緱氏縣，有鄔聚和轘轅關。　鞏縣，有尋谷水。縣內的東訾聚，現在名叫訾城。還有坎埳聚、黃亭、湟水和明谿泉。　成皋縣，有旃然水、瓶丘聚、漫水和汜水。　京縣。　密縣，有大騩山、梅山和陘山。新城縣，有高都城、廣成聚、鄤聚，鄤聚是古時的鄤氏，現在叫蠻中。　匽師縣，有尸鄉，春秋時叫尸氏。　新鄭縣，即《詩》所說的鄭國，也是祝融的故都。　平縣。

河內郡❶高帝置。雒陽北百二十里。十八城，戶十五萬九千七百七十，口八十萬一千五百五十八。

懷❷有隰城❸。　河陽❹有湛城❺。　軹❻有原鄉❼。有湨梁❽。　波❾有絺城❿。　沁水⓫　野王⓬有太行山⓭。有射犬聚⓮。有邘城⓯。　溫⓰蘇子⓱所都。濟水⓲出，王莽⓳時大旱，遂枯絕。　州⓴　平皋㉑有邢丘㉒，故邢國㉓，周公子所封。有李城㉔。　山陽邑㉕。有雍城㉖。有蔡城㉗。　武德㉘　獲嘉侯國㉙。　脩武㉚故南陽㉛，秦始皇㉜更名。有南陽城㉝，陽樊㉞、攢茅㉟田。有小脩武聚㊱。有隤城㊲。　共㊳本國。淇水㊴出。有汎亭㊵。　汲㊶　朝歌㊷紂㊸所都居，南有牧野㊹，北有邶國㊺，南有寧鄉㊻。　蕩陰㊼有羑里城㊽。　林慮㊾故隆慮，殤帝㊿改。有鐵。

【注釋】❶河內郡　地區名。秦置。治懷縣。西漢時轄境相當今河南黃河、衛河和人民勝利渠以北地區（包括衛輝）。❷懷　古地名。春秋鄭邑，戰國屬魏。漢置懷縣。故城在今河南武陟西南。❸隰城　地名。故址在今河南武陟西。《左傳》：「王取鄭隰城。」杜預曰：在縣西南。❹河陽　春秋晉河陽邑，戰國屬魏。漢置縣。故城在今河南孟州西三十五里。《春秋・僖公二十八年》：「天王狩於河陽。」❺湛城　地名。故址在今河南河陽。❻軹　縣名。戰國魏軹邑。漢置縣，為侯國。故城在今河南濟源南十三里。❼原鄉　地名。在今河南濟源。《左傳》：「王與鄭原。」杜預曰：沁水西北有原城。❽湨梁　地名。故址在今河南濟源西。梁，水堤也。言在湨水旁。《左傳・襄公十六年》：「公會諸侯於湨梁。」❾波　縣名。漢置。故城在今河南濟源東南。縣誌有裴城，在縣東南。疑即波城。❿絺城　春秋地名。在河南沁陽西南。《左傳》：「王與鄭絺。」杜預曰：在野王縣西南。⓫沁水　《山海經》：沁水出井陘東。⓬野王　縣名。西漢置。故址即今河南沁陽。⓭太行山　山名。南起河南濟源，北入山西晉城，迤向東北，與燕山接。《山海經》：「其上有金玉，下有碧。有獸焉，其狀如麢而四角，馬尾而有距，其名曰驒還。」⓮射犬聚　地名。在河南沁陽東北。本書〈光武紀〉：「世祖破赤眉於射犬。」⓯邘城　邘，周初國名。武王子封在縣西北。在河南沁陽西北。今為邘臺鎮。⓰溫　亦曰蘇城。周為畿內邑，漢置溫縣。故城在今河南溫縣西南三十里。⓱蘇子　即蘇忿生。周武王時司寇，能敬獄事，封於蘇。⓲濟水　古四瀆之一。《尚書・禹貢》：「導沇水，東流為濟。」源出河南濟源西王屋山，東南流入黃河。⓳王莽　（西元前四五—二三年），字巨君，魏郡元城（今河北大名）人。新王朝的建立者，西元八—二三年在位。漢元帝皇后姪。西漢末，以外戚掌握政權，成帝時封新都侯。元始五年（西元五年）毒死平帝，自稱假皇帝。次年立年僅二歲的劉嬰為太子，號「孺子」，初始元年（西元八年）稱帝，改國號為新，年號始建國。命令全國民間的土地改稱「王田」，奴婢改稱「私屬」，都禁止買賣，還實行五均六筦。統治期間，屢次改變幣制，造成經濟混亂。法令苛細，賦役繁重，社會矛盾激化。天鳳四年（西元一七年）爆發了全國性的農民大暴動。更始元年（西元二三年），新王朝終於在赤眉、綠林等農民軍的打擊下崩潰，王莽也在綠林軍攻入長安時被殺。⓴州　縣名。周畿內州邑，漢置縣。故城在今河南溫縣東北。㉑平皋　即平皐。春秋晉邢丘邑，漢置平皐縣，以其在河之皐，地勢平夷，故名。故城在今河南溫縣東二十里。㉒邢丘　春秋晉邑，戰國屬魏。即今河南溫縣平皐故城。㉓邢國　古國名。周公之子（名失傳）所封諸侯國。故址在今河北邢臺。㉔李城　地名。故址在河南溫縣。《史記》：「邯鄲李同卻秦兵，趙封其父李侯。」徐廣曰：即此城。㉕山陽邑　城邑名。戰國魏地，西漢於故邑置縣，東漢同為縣，故治在今河南焦作東南。㉖雍城　西周封國。姬姓。始封之君為文王子。在今河南焦作西南。杜預曰：「古雍國，在縣西。」㉗蔡城　周國名，姬姓。武王同母弟叔度封邑。故城在今河南上蔡西南。㉘武德　縣名。秦置。故城在今河南武陟東南。㉙獲嘉侯國　獲嘉，縣名。西漢置縣。《漢書・武帝紀》：「元鼎六年，將幸緱氏，至汲新中鄉，得呂嘉首，以為獲嘉縣。」東漢為侯國。故城在今河南新鄉西南十二里。㉚脩武　春秋晉南陽邑。秦置修武縣，治河南獲嘉縣。即今河南修武。㉛南陽　春秋晉南陽邑，在河南獲嘉北。《左傳・僖公二十五年》：「晉於是始啟南陽。」㉜秦始皇　（西元前二五九—前二一〇年），戰國時秦國國君、秦王朝的建立者。西元前二四六—前二一〇年在位。即位時年僅十三歲，呂不韋和太后寵信的宦官嫪毒專權用事。親政後，鎮壓嫪毒叛亂。次年，免呂不韋相職。旋即任用李斯，並派王翦等大將繼續進行統一戰爭。從西元前二三〇到前二二一年，先後消滅割據稱雄的六國，建立中國歷史上第一個統一的中央集權的封建國家。分全國為三十六郡，確定最高統治者的稱號為皇帝，國家一切重大事務由皇帝決定，統一法律、度量衡、貨幣和文字。又派兵北擊匈奴，築長城，南定百越。為加強統治，焚書阬儒，嚴刑酷法，租役繁重，廣大人民痛苦不堪，他去世後不久即爆發大規模的農民暴動。㉝南陽城　在河南獲嘉北。《左傳・僖公四年》：「晉文公圍南陽。」《史記》：「白起攻韓南陽，太行道絕之。」㉞陽樊　地名。故址在河南獲嘉。服虔曰：「樊仲山之所居，故名陽樊。」㉟攢茅　地名。故址在河南獲嘉。杜預曰：縣西北有攢城。㊱小脩武聚　地名。故址在河南獲嘉。《史記》：「高祖得韓信軍小修武。」㊲隤城　地名。春秋周地。後屬鄭。在河南獲嘉西北。《左傳・隱公十一年》：「以隤與鄭。」㊳共　地名。周共伯故國。漢置共縣。即今河南輝縣。㊴淇水　源出河南林縣東南臨淇鎮，東北流經淇陽合淅河，折東南流，經湯陰至淇縣，入衛河。㊵汎亭　汎，一作「凡」。凡伯故邑。周公之子凡伯所封。故址在河南輝縣西南。㊶汲　戰國魏邑，漢置縣。故址在今河南衛輝西南二十里汲城村。《史記》：「秦莊襄王三年，蒙驁攻魏汲，拔之。」㊷朝歌　縣名。本戰國魏邑，秦置縣。治今河南淇縣。屬河內郡。東漢建安十七年（西元二一二年）屬魏郡。㊸紂　商朝末代國君。亦稱帝辛。曾征服東夷，損耗大量人力物力。又殺死九侯、鄂侯、比干、梅伯等，囚禁周文王、箕子。沉迷酒色，重徵賦稅，統治暴虐。後周武王會合西南各族向商進攻，牧野（今河南淇縣南）之戰，他因「前徒倒戈」，兵敗自焚。商亡。《帝王世紀》：「紂糟丘、酒池、肉林在城西。」紂王鹿臺在城中。㊹牧野　地名。故址在河南淇縣南。《尚書・周書・牧誓》：「武王與受戰於牧野，作〈牧誓〉。」㊺邶國　古國名。在河南湯陰東南三十里。現名邶城鎮。㊻寧鄉　《史記》无忌說魏安僖王曰「通韓上黨於共寧」，徐廣曰：有寧鄉。當在河南湯陰境。㊼蕩陰　縣名。戰國魏邑。在今河南湯陰。㊽羑里城　地名。在河南湯陰北九里。羑里，亦名牖里。《史記・殷本紀》：「紂囚西伯羑里。」《水經注》：「夏曰夏台，殷曰羑里，周曰囹圄，皆圜土也。」牖、羑，古通用字。㊾林慮　縣名。西漢設隆慮縣，東漢更名為林慮縣，明改林縣。故治即今河南林州。㊿殤帝　即劉隆（西元一〇五—一〇六年），東漢皇帝，和帝少子。元興元年（西元一〇五年）十二月即位，生只百餘日，鄧太后臨朝稱制。延平元年（西元一〇六年）卒，在位八個月。

【語　譯】河內郡，漢高祖時設置。在洛陽北一百二十里處。轄十八個城邑，有住戶十五萬九千七百七十，人口八十萬一千五百五十八。

懷縣，境內有隰城。　河陽縣，境內有湛城。　軹縣，境內有原鄉和湨梁。　波縣，境內有絺城。　沁水縣。　野王縣，境內有太行山和射犬聚。還有邘城。　溫縣，是蘇子建都的地方。濟水發源於此，王莽在位時遇到大旱災，濟水由是枯絕。　州縣。　平皋縣，境內有邢丘，是舊邢國遺跡，周公之子所封的地方。有李城。　山陽縣，有雍城和蔡城。　武德縣。　獲嘉縣，東漢為侯國。　脩武縣，本來是南陽縣，秦始皇時改名。境內有南陽城、陽樊、攢茅田、小脩武聚和隤城。　共縣，原來是舊國名。淇水發源於此。還有汎亭。　汲縣。　朝歌，是商紂王首都，南部有牧野，北部有邶國，南面有寧鄉。　蕩陰縣，境內有羑里城。　林慮縣，原來稱隆慮，殤帝時改為今名。境內有鐵礦。

河東郡[1]秦置，雒陽西北五百里。二十城，戶九萬三千五百四十三，口五十七萬八百三。

安邑[2]有鐵，有鹽池[3]。　**楊**[4]有高梁亭[5]。　**平陽**[6]侯國。有鐵。堯[7]都此。　**臨汾**[8]有董亭[9]。　**汾陰**[10]有介山[11]。　**蒲坂**[12]有雷首山[13]。有沙丘亭[14]。　**大陽**有吳山[15]，上有虞城[16]，有下陽城[17]，有茅津[18]。有顛軨坂[19]。　**解**[20]有桑泉城[21]。有臼城[22]。有解城[23]。有瑕城[24]。　**皮氏**[25]有耿鄉[26]。有鐵。有冀亭[27]。　**聞喜邑**[28]，本曲沃[29]。有董池陂[30]，古董澤[31]。有稷山亭[32]。有涑水[33]。有洮水[34]。　**絳邑**[35]。有翼城[36]。　**永安**[37]故彘[38]，陽嘉[39]二年更名。有霍大山[40]。　**河北**[41]詩魏國[42]。有韓亭[43]。　**猗氏**[44]　**垣**[45]有王屋山[46]，兗水[47]出。有壺丘亭[48]。有邵亭[49]。　**襄陵**[50]　**北屈**[51]有壺口山[52]。有采桑津[53]。　**蒲子**[54]　**濩澤**侯國[55]。有析城山[56]。　**端氏**[57]

【注釋】❶河東郡　地區名。秦漢置郡。黃河流經山西西境，故郡轄區呈南北一線，山西境內在黃河以東者統稱河東。❷安邑　縣名。秦置。治今山西夏縣西北。❸鹽池　地名。在山西解縣東，安邑南。《前志》：池在縣西南。〈魏都賦〉注：在猗氏六十四里。楊佺期《雒陽記》：「河東鹽池長七十里，廣七里，水氣紫色。有別御鹽，四面刻如印齒文章，字妙不可述。」❹楊　古國名。姬姓。在今山西洪洞東南，春秋時滅於晉，為羊舌肸的采邑。❺高梁亭　古地名。春秋晉地。在今山西臨汾東北。《左傳・僖公二十四年》：「晉懷公死高梁。」杜預曰：在縣西南。《地道記》：「有梁城，去縣五十里，叔向邑也。」❻平陽　侯國名。春秋晉置平陽縣。東漢以平陽縣改置為侯國。故治在今山西臨汾西南。❼堯　即唐堯。號陶唐氏，名放勳。傳說中父系氏族社會後期部落聯盟領袖。傳曾命羲和掌管時令，制定曆法。諮詢四岳，選舜為其繼任人。對舜進行三年考核後，命舜攝位行政。他死後，即由舜繼位，史稱禪讓。《晉地道記》曰有堯城。❽臨汾　縣名。戰國曰汾城。漢置臨汾縣。故城在今山西新絳東北三十五里。❾董亭　古地名。春秋晉地。故址在今山西萬榮東。《左傳》：「晉改蒐于董。」杜預曰：縣有董亭。❿汾陰　古縣名。戰國魏邑。漢置縣。因臨汾水之南而得名。治今山西萬榮西南。《博物記》：「古之綸，少康邑。」⓫介山　在山西介休南四十里，與沁源、靈石二縣接界，春秋時晉介之推與其母陷於此山下。縣西北有狐穀亭。郭璞《爾雅注》：「縣有水口，如車輪許，濆沸湧出，其深無限，名之為瀵。」⓬蒲坂　古縣名。秦置。故治今山西永濟蒲州鎮。⓭雷首山　在山西永濟南。《尚書・禹貢》：「壺口雷首，山有九名，即產陽山、首山、獨頭山、襄山、堯山、薄山、中條山、陽山、並雷首為九也。」《括地志》：「此山西起雷首，東至吳阪長數百里，隨地異名。」《通典》：「雷首，在河東縣，此山凡有八名，歷山、首陽山、薄山、襄山、甘棗山、中條山、渠豬山、獨頭山也。」又名吳山、蒲山。《史記》：「趙盾田首山，息桑下，有餓人祇彌明。」縣南二十里有歷山，舜所耕處。又伯夷、叔齊隱於首陽山，馬融曰：「在蒲坂華山之北，河曲之中。」⓮沙丘亭　地名。在山西蒲坂。《左傳》：「文十二年，秦晉戰河曲。」杜預曰：在縣南。孔安國曰：河曲之南。⓯大陽有吳山　大陽，縣名。漢置。故城在今山西平陸西南。吳山，山名。又名虞山、虞阪、鹽阪。自上而下，七山相連。為伯樂遇騏驥駕鹽車之地。在今山西安邑東南三十二里。跨夏縣平陸縣界，為中條山支阜。⓰虞城　夏時虞國，秦虞縣地。故城在今河南虞城西南三里。杜預曰：虞國也。《帝王世紀》：「舜嬪於虞，虞城是也，亦謂吳城。」《史記》：「秦昭王伐魏取吳城」，即此城也。⓱下陽城　古地名。春秋北虢之都。在今山西平陸東北二十里。⓲茅津　古地名。在今山西平陸西南二里。即今之大陽渡。對岸即河南陝縣。《左傳》：「秦伐晉，遂自茅津濟。」杜預曰：在縣西。南有茅亭，即茅戎。⓳顛軨坂　古地名。在今山西平陸東北七十里。《左傳》：「入自顛軨。」《博物記》：「在縣鹽池東，吳城之北，今之吳坂。」杜預曰：

在縣東北。⑳解　春秋晉解梁城，漢置解縣。故城在今山西臨猗西南。㉑桑泉城　古地名。春秋晉地。故址在今山西臨猗西南。《左傳・僖公二十四年》：「晉文公入桑泉。」杜預曰：在縣西二十里。㉒臼城　古地名。一名臼衰。春秋晉大夫臼季邑。在今山西解縣西北二十里。《左傳》：「晉文公入取臼衰者也。」杜預曰：在縣東南。《博物記》：「臼季邑。縣西北皐耳山。縣西南齊桓公西伐所登。」㉓解城　地名。春秋晉解梁城。漢置解縣。故城在今山西臨晉西南五姓湖北。《左傳・僖公十五年》：「晉侯賂秦，內及解梁城。」㉔瑕城　古地名。春秋晉邑。在今河南陝縣西南三十二里。《左傳・文公十二年》「秦侵晉及瑕」即此。杜預曰：猗氏縣東北有瑕城。㉕皮氏　古縣名。戰國魏地。秦置縣。治今山西河津西。㉖耿鄉　耿，周國名。故城在今山西河津東南。《左傳・閔公元年》：「晉侯滅耿，賜趙夙。」杜預曰：縣東南有耿鄉。㉗冀亭　冀，周國名。滅於晉。今山西河津東北十五里有冀亭，即冀國都。《左傳・僖公二年》晉荀息曰：「冀為不道。」杜預曰：國，在縣東北。《史記》蘇代說燕王曰：「下南陽，封冀。」㉘聞喜邑　聞喜，縣名。秦、西漢為左邑縣，東漢置聞喜縣。治所在今山西聞喜。㉙曲沃　都邑名。春秋晉地，戰國魏地。《漢書・地理志》：「河東郡聞喜，故曲沃。」晉昭侯封其叔父城師於曲沃，即此。其後武公滅晉，仍為別都，一名下國，亦簡稱沃。在今山西聞喜東北。㉚董池陂　古地名。在山西聞喜東北。㉛董澤　古泊名。古豢龍氏董父居此，故名董池，亦稱董泊。在山西聞喜東北四十里。《左傳・文公六年》：「蒐於董澤。」《左傳・宣公十三年》廚武子曰：「董澤之蒲，可勝既乎。」㉜稷山亭　古地名。春秋晉地。今山西稷山南五十里有稷神山，山下有稷亭。即晉侯治兵處。《左傳・宣公十五年》：「晉侯治兵於稷。」㉝涑水　源出山西絳縣陳村峪，伏流到柳莊復出，西經聞嘉南，又西南經夏縣、安邑、猗氏、臨晉，至永濟西南入五姓湖，又西南入黃河。《左傳・成公十三年》：「入我河曲，伐我涑川。」杜預曰：「涑水出河東聞喜縣西南，至蒲阪縣入河。」㉞洮水　水名。黃河上游支流之一，即今甘肅西南部黃河支流洮河。另一說，源出今山西絳縣南橫嶺山。西北流，在今絳縣西南入涑水。㉟絳邑　縣名。西漢置絳縣。周勃封絳侯於此。東漢改為絳邑縣。治今山西侯馬東北。㊱翼城　春秋晉都翼邑。亦曰故絳。漢絳縣地。故城在今山西翼城東。《左傳・隱公五年》：「曲沃伐翼。」杜預曰：在縣東八十里。㊲永安　古縣名。東漢順帝改彘縣置。治今山西霍州。杜預曰：縣東北有彘城。㊳彘　古縣名。東漢順帝改彘縣為永安。治今山西霍州。㊴陽嘉　東漢順帝劉保年號，西元一三二—一三五年。㊵霍大山　山名，又稱太岳、霍太山。即今山西之霍山，《尚書・禹貢》壺口雷首，至於太嶽。《周禮・職方氏》冀州，其山鎮曰霍山，即此太嶽是也。蔣廷錫《尚書地理今釋》載：「太岳，一名霍太山，今為中鎮，在山西平陽府霍州東三十里，山週二百餘里，南接岳陽趙城二縣，北接靈石縣，東接沁源縣界。」《左傳》曰：「閔元年晉滅霍。」杜預曰：「縣東北有霍大山。」㊶河北　縣名。一名魏城，即周初魏國。漢置河北縣。故城在今山西芮城西。㊷魏國　中國周代諸侯國名。在今河南北部、陝西東部、山西西南部和河北南部等地。㊸韓亭　古地名。韓，戰國時國名。春秋晉封韓武子於韓原。在今陝西韓城南十八里。㊹猗氏　縣名。漢置陭氏縣。東漢改為猗氏。故城在今山西臨猗南。㊺垣　縣名，又稱襄垣。西漢置。在今山西垣曲東南。㊻王屋山　在山西陽城西南，南跨河南濟源，西跨垣曲縣界，山有三重，其關如屋，故名。《山海經》：「王屋山，上有金玉，下有陽石。」《通志》：「王屋子山四面如削玉，名為天下第一洞天，世傳軒轅訪道處。」㊼兗水　河水名。北源自王屋山，南入黃河。在垣縣境。㊽壺丘亭　《左傳・襄公元年》：「晉討宋五大夫，寘諸瓠丘。」杜預曰：「縣東南有壺丘亭。」㊾邵亭　地名。古曰郫。亦稱郫邵、邵源。在今河南濟源西一百二十里。《博物記》：「縣東九十里有郫邵之阨，賈季迎公子樂於陳，趙孟殺諸郫邵。」㊿襄陵　古縣名。在山西西南部。《晉地道記》：晉武公自曲沃徙此。(51)北屈　春秋時晉屈邑，漢置北屈縣。故治在今山西吉縣東北二十一里。傳曰：「屈產之乘」，有駿馬。(52)壺口山　山名。按《山西通志》謂即孟門山。在山西吉縣西七十里。陝西宜川縣東北、龍門之北、黃河兩岸，《山海經》孟門之山，上多金玉，下多黃堊涅石。《淮南子》：「龍門未辟，呂梁未鑿，河出孟門之上，名曰洪水，大禹疏通，謂之孟門。」(53)采桑津　古地名。故址在今山西鄉寧西，黃河渡口處。《左傳・僖公八年》：「晉敗狄于采桑。」杜預曰：「縣西南有采桑津。」(54)蒲子　縣名。漢置縣。故城在今山西隰縣。《左傳》：「晉文公居蒲城。」(55)濩澤侯國　濩澤，縣名。戰國魏邑。西漢置濩澤縣，東漢改為侯國。治所在今山西陽城西北。(56)析城山　山名。在山西陽城西南。《尚書・禹貢》：底出析城，至於王屋。《水經注》：「山甚高峻，上平坦，下有二泉，東濁西清，左右不生草木。」《山西通志》：「山峰四面如城，高大而峻，迥出諸山。」(57)端氏　戰國晉邑。《史記・趙世家》：「成侯十六年，與韓魏分晉，封晉君以端氏，肅侯元年，奪晉君端氏，徙處屯留。」漢置端氏縣。故城在今山西沁水縣東北。今為端氏鎮，其北三十五里則漢時縣治。

【語譯】河東郡，秦朝設置，在洛陽西北五百里處。轄二十個城邑，有住戶九萬三千五百四十三，人口五十七萬八千零三。

安邑縣，境內有鐵礦，還有鹽池。　楊縣，境內有高梁亭。　平陽縣，東漢為侯國。境內有鐵礦。堯曾在此建都。　臨汾縣，境內有董亭。　汾陰縣，境內有介山。　蒲坂縣，境內有雷首山和沙丘亭。　大陽縣，境內有吳山，有虞城、下陽城、茅津和顛軨坂。　解縣，境內有桑泉城、臼城、解城和瑕城。　皮氏縣，境內有耿鄉，境內有鐵礦，還有冀亭。　聞喜縣，本名稱為曲沃，境內有董池陂，就是古代的董澤、稷山亭，還有涑水和洮水。　絳邑縣，境內有翼城。　永安縣，原來稱彘，順帝陽嘉二年改今名，境內有霍大山。　河北縣，就是《詩》所說的魏國，境內有韓亭。　猗氏縣。　垣縣，境內有王屋山，兗水發源於此，還有壺丘亭和邵亭。　襄陵縣。　北屈縣，境內有壺口山和采桑津。　蒲子縣。　濩澤縣，東漢為侯國。境內有析城山。　端氏縣。

弘農郡❶武帝置。其二縣，建武十五年屬。雒陽西南四百五十里。九城，戶四萬六千八百一十五，口十九萬九千一百一十三。

弘農故秦函谷關，燭水❷出。有枯樅山❸。有桃丘聚，故桃林❹。有務鄉❺。有曹陽亭❻。　陝❼本虢仲國❽。有焦城❾。有陝陌❿。　黽池⓫穀水⓬出。有二崤⓭。　新安⓮澠水⓯出。　宜陽⓰　陸渾⓱西有虢略⓲地。　盧氏⓳有熊耳山⓴，伊水㉑、清水㉒出。　湖㉓故屬京兆。有閿鄉㉔。　華陰㉕故屬京兆。有太華山㉖。

【注釋】❶弘農郡　地區名。西漢元鼎四年（西元前一一三年）置。治弘農縣（今河南靈寶東北故函谷關城），轄境相當今河南黃河以南、宜陽以西的洛、伊、淅川等流域和陝西洛水、社川河上游、丹江流域。❷燭水　古河名。在今河南靈寶東源出於枯樅山，北注於黃河。《漢書·地理志》：出衙嶺下谷。❸枯樅山　赤眉立盆子於鄭北，《古今注》曰在此山下。即今河南靈寶南冠雲山。在河南靈寶南與盧氏西北交界一帶。❹桃林　在河南閿鄉西，接陝西潼關縣界。《左傳·文公十三年》：「晉侯使詹嘉處瑕，以守桃林之塞。」杜預注：「桃林在弘農華陰縣東潼關。」按《通鑑地理通釋》：「自潼關至函谷，俱謂之桃林塞。」❺務鄉　古地名。在今河南靈寶西北。赤眉破李松處。❻曹陽亭　地名。在河南靈寶東。《史記》：「章邯殺周章於曹陽。」晉灼曰：縣東十三里。又獻帝東歸敗處，曹公改曰好陽。❼陝　縣名。漢置。縣城瀕黃河南岸。周初周公召公分陝之處。《史記》：「自陝以西，邵公主之；自陝以東，周公主之。」❽號仲國　號，周國名。姬姓，文王弟仲所封，號西號。故城在今陝西寶雞東。杜預曰：號都上陽，在縣東南。有號城。❾焦城　故焦國。在河南中牟西南。《竹書紀年》：「梁惠成王十六年，秦公孫壯率師伐鄭，圍焦城，不克。」縣誌載：有焦城寺，在縣西南五十里，即取故城為名。《史記》：武王封神農之後於焦。❿陝陌　地名。亦名陝原。在河南陝縣西南。相傳為周召分陝所立，以別地里。《博物記》：「陝陌二伯所分。」⓫黽池　縣名。即河南澠池縣。⓬穀水　河水名。源出河南陝縣東境東崤山穀陽谷，東流經澠池，東合澠水、澗水，以下稱澗河，至洛陽西南入洛水。《前志》曰：出穀陽谷。⓭二崤　崤，又作「殽」。山名。為東、西崤合稱。二崤相距約二十公里，中間為狹長山谷。在今河南洛寧縣北，西北接陝縣界，東臨澠池縣界。⓮新安　縣名。秦置。屬三川郡。項羽擊坑秦卒二十餘萬於此縣南。西漢改屬弘農郡，東漢沿襲不變。故城在今河南澠池縣東。《史記．項羽本紀》：「項羽到新安，抗秦卒二十餘萬人新安城南。」⓯澗水　又名澗河。源出河南澠池縣東北白石山，稱澗水。南流合穀水，稱澗河。東流經新安至洛陽西南入洛水。《博物記》：「西漢水出新安入雒。」⓰宜陽　戰國時韓邑，西漢置縣。在今河南宜陽西五十里。《戰國策．東周策》：「東君曰『宜陽城方八里，材士十萬。』」⓱陸渾　古伊川地。春秋陸渾之戎居於此。先是允姓之戎居瓜州。陸渾，其別部也，在秦晉西北。二國誘之而徙伊川，其後遂從戎，號為陸渾。西漢置陸渾縣。故城在今河南嵩縣東北伏流城北三十里。⓲號略　地名。故址在今河南嵩縣東北。《左傳．僖公十五年》：「晉侯賂秦，東盡號略。」杜預曰：從河曲南行，而東盡故號。⓳盧氏　地名。春秋西號邑，西漢置盧氏縣。故址即今河南盧氏。⓴熊耳山　在河南盧氏南。《尚書．禹貢》：尋洛自熊耳。《漢書．地理志》：弘農盧氏縣東有熊耳山，伊水所出。兩峰相競如熊耳，故名，又宜陽縣西有熊耳山，漢光武破赤眉，積甲與熊耳齊，即此。《山海經》：「其上多漆，其下多椶。浮豪之水出焉，西北流注于雒，其中多美玉，多人魚。」㉑伊水　亦稱伊河。源出河南盧氏東南悶頓嶺，東北流經嵩縣、伊陽、洛陽、偃師南，入於洛。《尚書．禹貢》：「伊、洛、瀍、澗，既入子河。」胡渭《禹貢錐指》昔賈讓言：大禹鑿龍門、辟伊闕，當時伊水為害必甚，故禹治四水，以伊為先，伊既入洛，乃疏洛以入河，最後治瀍澗也。㉒清水　不詳。㉓湖　古地名。秦時湖關，漢置湖縣。故城在今河南靈寶閿鄉東四十里。㉔閿鄉　古地名。在河南靈寶。《皇覽》：「戾太子南出，葬在閿鄉南。」㉕華陰　縣名。〈禹貢〉華陽地。戰國魏陰晉邑。秦惠王更名曰寧秦。漢改華陰。以在華山之陰，故名。故治在今陝西華陰東南。㉖太華山　在陝西華陰南十里，即西嶽。《水經注》華山，遠而望之若華狀，又華嶽本一山，當河，河水過而曲行，河神巨靈，開而為兩，今靈足之跡仍存。《左傳》晉賂秦，南及華山。《山海經》：「太華之山，削成而四方，其高五千仞，其廣十里，鳥獸莫居。有蛇焉，名曰肥遺，六足四翼，見則天下大旱。」

【語譯】弘農郡，漢武帝時設置。其中的二縣，是光武帝建武十五年時劃為歸屬的。在洛陽西南四百五十里。

轄九個城邑，有住戶四萬六千八百一十五，人口十九萬九千一百一十三。

弘農縣，是原來秦函谷關，燭水從境內發源。境內有枯樅山、桃丘聚，先前叫桃林、務鄉和曹陽亭。　陝縣，本來是虢仲的封國。境內有焦城和陝陌。　黽池縣，穀水從這裡發源。境內有東崤、西崤兩座山。新安縣，澗水從這裡發源。　宜陽縣。　陸渾縣，西面有虢略地。　盧氏縣，境內有熊耳山，伊水、清水從這裡發源。　湖縣，原來屬京兆。境內有閿鄉。　華陰縣，以前屬京兆。境內有太華山。

京兆尹❶秦內史，武帝改。其四縣，建武十五年屬。雒陽西九百五十里。十城，戶五萬三千二百九十九，口二十八萬五千五百七十四。

長安高帝所都。鎬❷在上林苑❸中。有細柳聚❹。有蘭池❺。有曲郵❻。有杜郵❼。　霸陵❽有枳道亭❾。有長門亭❿。　杜陵⓫　鄠⓬在西南。　鄭⓭　新豐⓮有驪山⓯，東有鴻門亭⓰及戲亭⓱。有掫城⓲。　藍田⓳出美玉。　長陵⓴故屬馮翊。　商㉑故屬弘農。　上雒侯國㉒。有冢領山㉓，雒水㉔出。故屬弘農。有菟和山㉕。有蒼野聚㉖。　陽陵㉗故屬馮翊。

【注釋】❶京兆尹　漢代京畿行政區劃名。為三輔之一，行政制度上相當於郡。因所轄為京畿之地，故特示尊崇，長官不稱郡太守，轄區名即用長官名。故治長安縣（今陝西西安西北），轄境相當今陝西秦嶺以北、戶縣、咸陽以東、渭河以南地區。❷鎬　在今陝西長安西南。周武王始營之，謂之宗周，又曰西都。❸上林苑　宮苑名。苑，又作「菀」。在陝西長安西及盩厔、鄠縣界，本秦時舊苑，漢武帝增廣之。揚雄〈羽獵賦〉：「武帝廣開上林，南至宜春、鼎湖、御宿、昆吾，傍南山而西，至長陽、五祚，北繞黃山，瀕渭水而東，周袤數百里。」❹細柳聚　地名。在陝西咸陽西南。《漢書》稱為「柳市」。《元和郡縣志》稱為「細柳原」。《漢書》周亞夫屯兵處。❺蘭池　池名。在陝西咸陽東北。《史記》：「秦始皇微行夜出，逢盜蘭池。」《三秦記》：「始皇引渭水為長池，東西二百里，南北三十里，刻石為鯨魚二百丈。」❻曲郵　地名。在陝西臨潼東七里。《漢書》：高帝征黥布，張良送至曲郵。❼杜郵　地名。在陝西咸陽東五里。《史記》：白起死處。《三秦記》：「長安城西有九嵕山，西有杜山。」❽霸陵　縣名。秦芷陽縣，漢置霸陵縣。故城在今陝西西安東北。❾枳道亭　《漢書》秦王子嬰降於軹道旁，《地道記》：霸水西。❿長門亭　《漢書》：文帝出長門，若見五人於道北，立五帝壇。⓫杜陵　古杜伯國。秦置杜縣。西漢以杜陵原上為初陵，更名杜陵。故城在今陝西西安東南。⓬酆　周邑名。古崇國。酆，又作「豐」。與鎬同為西周國都。故址在今陝西西安西。《史記・周本紀》：「西伯伐崇侯虎而作豐邑，自岐下遷都豐。」《雍錄》武王改邑於鎬，每遇大事，如伐商作洛之類，皆步自宗周而往，以其事告於豐廟。《決錄注》：「鎬在酆水東，酆在鎬水西，相去二十五里。」⓭鄭　古國名，姬姓。開國君主是周宣王弟鄭桓公（名友）。西元前八〇六年分封於鄭（今陝西華縣東）。周幽王時，桓公見西周將亡，把財產、部族、家屬連同商人遷移到東虢和鄶之間。鄭武公即位，先後攻滅鄶和東虢，建立鄭國，都新鄭（今屬河南）。鄭武公、莊公相繼為周平王卿士，在春秋初年為強國。後漸衰弱，西元前三七五年為韓所滅。⓮新豐　縣名。漢置。《漢書・地理志》：「京兆尹新豐，秦曰驪邑。」應劭曰：太上皇思東歸，於是高祖改築城寺街里以象豐，徙豐民以實之，故號新豐。《西京雜記》：「高祖既築新豐，並移舊社，衢巷東宇，物色如舊，士女老幼，相依道路，各知其室，放犬羊雞鴨於通塗，亦竟識其家。」接漢故城在今陝西臨潼東北，今為新豐鎮。⓯驪山　山名。一曰「麗山」，亦曰「麗戎之山」。在陝西臨潼東南，與藍田藍田山相連。周幽王死於山下。秦始皇葬此。其麓有溫泉，唐明皇屢幸之，置溫泉宮，後改名華清宮。《三秦記》：始皇作閣道至驪山八十里，人行橋上，車行橋下，今石柱猶存。《長安志》：山在臨潼縣東南二里，驪戎來居此山，故名。⓰鴻門亭　《漢書》高帝見項羽處，孟康曰：「在縣東七十里，舊大道北下坂口名。」《關中記》：始皇陵北十餘里有謝聚。⓱戲亭　西周戲邑。周幽王為犬戎敗死於此。故址在今陝西臨潼東北、戲水西岸。⓲撖城　古地名。在今陝西臨潼東北。⓳藍田　《三秦記》：「有川，方三十里，其水北流。出玉、銅、鐵、石。」《地道記》：有虎候山。⓴長陵　縣名。漢置。為西漢五個陵縣之一。漢高祖葬此。故城在今陝西咸陽東北四十里。㉑商　古國名。即陝西商洛縣。《括地志》：「商卅東八十里商洛縣，本商邑，古之商國，帝嚳之子卨所封也。」㉒上雒侯國　上雒，春秋時晉邑。西漢置縣。故治在今陝西商州市。《左傳・

哀公四年》：「司馬起豐析與狄戎，以臨上雒。」《戰國策・秦策》：「楚魏戰於陘山，魏許秦以上洛。」東漢一度改為侯國。㉓冢領山　山名。在陝西洛南西，洛水發源於此。㉔雒水　亦作「洛水」。出陝西洛南冢嶺山，東南流合丹水，東經河南盧氏、洛寧，至宜陽受澗河，又經洛陽納瀍水，偃師受伊河，至鞏縣東北洛口入於黃河。㉕菟和山　山名。在陝西商縣東，通襄漢之道。《左傳・哀公四年》：「臨上雒，左師軍于菟和。」㉖蒼野聚　《左傳》：哀四年，楚右師軍于蒼野。杜預曰：在縣南。㉗陽陵　故戈陽縣。漢景帝更名陽陵，為西漢五個陵縣之一。故城在今陝西咸陽東。

【語譯】京兆尹，原為秦朝內史所轄，漢武帝時改稱京兆尹。其中的四縣，是光武帝建武十五年劃歸所屬的。

在洛陽西九百五十里處。轄十個城邑，有住戶五萬三千二百九十九，人口二十八萬五千五百七十四。

長安，是漢高祖建都之地。鎬城在上林苑中。境內有細柳聚、蘭池、曲郵和杜郵。　霸陵縣，境內有枳道亭和長門亭。　杜陵，酆在該縣西南。　鄭縣。　新豐縣，境內有驪山，東面有鴻門亭及戲亭。還有掫城。　藍田縣，出產美玉。　長陵縣，原來屬馮翊。　商縣，原來屬弘農郡。　上雒縣，東漢為侯國。境內有冢領山，洛水自這裡發源，原來屬弘農郡，境內有菟和山和蒼野聚。　陽陵縣，原來屬馮翊。

左馮翊❶秦屬內史❷，武帝分，改名。雒陽西六百八十里。十三城，戶三萬七千九十，口十四萬五千一百九十五。

高陵❸　池陽❹　雲陽❺　祋祤❻永元❼九年復。　頻陽❽　萬年❾　蓮勺❿　重泉⓫　臨晉⓬本大荔⓭。有河水祠⓮。有芮鄉⓯。有王城⓰。　郃陽⓱永平⓲二年復。　夏陽⓳有梁山⓴、龍門山㉑。　衙㉒　粟邑㉓永元九年復。

【注釋】❶左馮翊　西漢太初元年（西元前一〇四年）改左內史置。為漢時京畿地區郡級行政區。為三輔之一。東漢沿襲不改。治高陵縣（今陝西高陵西南）。轄境約今陝西渭河以北，涇河以東的洛河中下游地區。❷內史　周代有內史，秦漢因之，掌治京師。景帝分左右。武帝太初元年更右內史為京兆尹，左內史名左馮翊，並右扶風，稱為「三輔」。❸高陵　縣名。秦置。東漢為左馮翊治，故城在今陝西高陵西南一里。❹池陽　縣名。西漢置。應劭曰：「在池水之陽。」故城在今陝西涇陽西北，漢建池陽宮於此，受呼韓邪單于之朝。《十道志》：舊池陽城俗名迎冬城。❺雲陽　秦邑。漢置縣。故城在今陝西淳化西北。《史記・秦始皇本紀》：「三十五年，除道道九原，抵雲陽，塹山堙谷直通之，又徙五萬家雲陽。」《漢書・武帝紀》：「太始元年，徙郡國吏民豪傑於雲陽。」皆此。❻祋祤　縣名。漢置。故城在今陝西銅川市耀州區東。顏師古曰：「祋栩，蓋軍士禱祀之名。」❼永元　東漢和帝劉肇年號，西元八九－一〇五年。❽頻陽　縣名。接同官縣界，其地有頻山。秦厲公於山南置縣，故曰頻陽。秦將王翦謝病歸頻陽，即此地。故城在今陝西富平東北五十里。❾萬年　縣名。漢高祖父、太上皇葬櫟陽北原，因於櫟陽置萬年縣，以奉陵寢，故城在今陝西臨潼北。❿蓮勺　縣名。漢置。故城在今陝西渭南東北七十里，即來化鎮。《漢書・宣帝紀》曾孫嘗困於蓮勺鹵中。蓮勺縣有鹽池，縱廣十餘里，其鄉人名為鹵中。⓫重泉　縣名。秦置。故城在今陝西蒲城東南。⓬臨晉　古臨晉邑。秦置縣。西漢屬左馮翊。東漢末移至今陝西大荔。⓭大荔　古戎國。《後漢書・西羌傳》：洛川有大荔之戎。秦取大荔戎，築其地曰臨晉，西漢置臨晉縣。故址即今陝西大荔。⓮河水祠　為祭祠黃河所設祠廟。故址當在今陝西大荔東南渭水匯入黃河處。⓯芮鄉　古芮國。周初姬姓諸侯國之一，故址在今陝西大荔東南。⓰王城　古地名。故址在今陝西朝邑東。《左傳・僖公十五年》：「晉陰飴甥與秦伯，盟於王城。」《寰宇記》：「朝邑縣東一里有王城，蓋大荔戎王之國。」《史記》：「曰秦厲恭公伐大荔，取其王城。」即此城也。⓱郃陽　古有莘國。戰國魏合陽邑，漢置郃陽縣。應劭曰：「在郃水之陽也。」今屬陝西關中。⓲永平　東漢明帝劉莊年號，西元五八－七五年。⓳夏陽　即戰國魏少梁，秦置夏陽縣。故城在今陝西韓城南。韓信從夏陽以木罌渡軍襲魏安邑，即此。⓴梁山　即山西離石東北之呂梁山，離石水經此入黃河，亦名「骨脊山」、「穀積山」，宋儒謂即〈禹貢〉之梁山，在縣西北。《公羊傳》：河上之山也。杜預曰：古梁國。㉑龍門山　在山西河津、陝西韓城之間。《尚書・禹貢》：導河積石，至于龍門。《漢書・地理志》：龍門山在左馮翊夏陽縣北。《三秦記》：江海魚集龍門下，登者化龍，不登者點額暴腮。金履祥《尚書注》：「河南至河中府龍門縣之西，出開岸闊，自高而下，奔放傾瀉，聲如萬雷，是為龍門。」㉒衙　縣名。春秋秦彭衙邑，漢置衙縣。故城在今陝西白水縣東北四十里。㉓粟邑　縣名。漢置。故城在今陝西白水縣西北。

【語　譯】左馮翊，秦朝時屬內史所轄，漢武帝時開始分左右，改為現名。在洛陽西六百八十八里。轄十三個城邑，有住戶三萬七千零九十，人口十四萬五千一百九十五。

高陵縣。　池陽縣。　雲陽縣。　祋祤縣，和帝永元九年恢復。　頻陽縣。　萬年縣。　蓮勺縣。　重泉縣。　臨晉縣，原名大荔縣。境內有河水祠、芮鄉、王城。　郃陽縣，明帝永平二年恢復。　夏陽縣，境內有梁山和龍門山。　衙縣。　粟邑縣，和帝永元九年恢復。

右扶風❶秦屬內史，武帝分，改名。十五城，戶萬七千三百五十二，口九萬三千九十一。

槐里❷周曰犬丘❸，高帝改。　安陵❹　平陵❺　茂陵❻　鄠❼豐水❽出。有甘亭❾。　郿❿有邰亭⓫。　武功⓬永平八年復。有太一山⓭，本終南⓮。垂山⓯，本敦物⓰。有斜谷⓱。　陳倉⓲　汧⓳有吳嶽山⓴，本名汧，汧水㉑出。有回城㉒，名回中㉓。　渝麋侯國㉔。　雍㉕有鐵。　栒邑㉖有豳鄉㉗。　美陽㉘有岐山㉙，有周城㉚。　漆㉛有漆水㉜。有鐵。　杜陽㉝永和㉞二年復。

右司隸校尉部㉟，郡七，縣、邑、侯國百六。

【注　釋】❶右扶風　政區名。西漢太初元年（西元前一〇四年）改主爵都尉置，分右內史，西半部為其轄區，職掌相當於郡太守。因地屬畿輔，故不稱郡，為三輔之一。治長安（今陝西西安西北），轄境相當今陝西秦嶺以北，戶縣、咸陽、旬邑以西地。東漢移治槐里（今陝西興平東南），屬司隸校尉部。❷槐里　西周犬丘邑，周懿王自鎬徙都犬丘即此，秦更名廢丘，漢改為槐里縣。故城在今陝西興平東南十里。❸犬丘　古地名。又名廢丘，周懿王、章邯所都。❹安陵　周程邑，漢置安陵縣。

以惠帝安陵所在，故名。故城在今陝西咸陽東北。❺平陵　西漢五個陵縣之一。漢昭帝築陵置縣。治今陝西咸陽西北。屬右扶風。❻茂陵　陵、縣名。西漢五陵之一。武帝建元二年（西元前一三九年）築陵。《三輔黃圖》「本槐里縣（今陝西興平東南）之茂鄉，故曰茂陵」，並遷戶置縣。治今陝西興平東北。屬右扶風。後元二年（西元前八七年）武帝死後葬此。❼鄠　夏代扈國，秦為鄠邑，漢為鄠縣。故城在今陝西戶縣北。❽豐水　河水名。在陝西戶縣，源出縣東南，北流入渭，周時豐鎬二邑以此水為界。❾甘亭　古地名。在陝西戶縣西南。《水經注》：「甘亭，在甘水東，昔夏君伐有扈，作誓於是亭。」❿郿　西周郿邑，西漢置郿縣。故城在今陝西眉縣東北。《詩・大雅》：「申伯信邁，王餞於郿。」⓫邰亭　古國名。后稷所封。故址在今陝西武功西南。《史記・周本紀》：「后稷母有邰氏女曰姜原，生后稷，封於邰。」⓬武功　西漢置縣。故城在今陝西眉縣東四十里，東漢移置故斄城，此城廢。漢斄縣，後漢移置武功縣於此。故治在今陝西武功西南。⓭太一山　亦作「太乙」、「太壹」，即終南山。《漢書・地理志》：「武功，太壹山，古文以為終南。」今陝西眉縣，太一山在縣南，今曰太白山。⓮終南　即太一山。⓯垂山　山名。《漢書・地理志》：「垂山，古文以為敦物。皆在縣東。」⓰敦物　古地名。《漢書・地理志》：「垂山，古文以為敦物。」垂山，古文認為此山是敦物山。⓱斜谷　〈西征賦〉注曰：「褒斜谷，在長安西南。南口褒，北口斜，長百七十里。其水南流。」⓲陳倉　縣名。秦置。故城在今陝西寶雞東，秦文公築。《括地志》：「陳倉故城中，有寶雞神祠。」《三秦記》：「秦武公都雍，陳倉城是也。有石鼓山。將有兵，此山則鳴。」按：陳倉當雍梁之衝，漢魏以來，為攻守要地，漢王東出陳倉，敗雍王章邯之兵，遂定三秦。⓳汧　周時秦汧邑。漢置汧縣。故城在今陝西隴縣南。⓴吳嶽山　山名。郭璞曰：「別名吳山，《周禮》所謂嶽山者。」㉑汧水　河水名。源出陝西隴縣西北汧山南麓，東南流合北河，即古龍魚川，經汧陽、鳳翔，至寶雞東注渭河。㉒回城　古回中，在陝西隴縣西北。㉓回中　在陝西隴縣西北，今曰回城。本書卷十五〈李王鄧來列傳〉：建武八年，歙襲略陽，伐山開道，從番須、回中徑至略陽。㉔渝麋侯國　渝麋，西漢置縣。屬右扶風。治所在今陝西千陽東。東漢改為侯國。㉕雍　春秋秦國都。漢置雍縣。故城在今陝西鳳翔南。應劭曰：「四面積高曰雍。」《帝王世紀》：秦德公徙都。㉖栒邑　秦栒邑，晉曰邠邑，漢置縣。故城在今陝西栒邑東北。漢初酈商破章邯別將於栒邑即此。㉗豳鄉　鄭玄《詩譜》曰：「豳者，公劉自邰而出，所徙戎狄之地名。」又有劉邑。㉘美陽　縣名。漢置。故城在今陝西武功西北。㉙岐山　在陝西岐山縣東北。《國語・周語》：內史過曰，周之興也，鸑鷟鳴於岐山。《漢書・地理志》：「岐山在扶風美陽，即今之岐山縣箭括嶺也。」薛綜注云：「岐山在美陽縣界，山有兩岐，因以名焉，今鳳凰山在岐山縣北十里，一峰如柱，故名天柱，與兩岐之義不合，箭括嶺，今名前括山，在岐山東北六十里，嶺顛有缺，故名箭括，以兩岐之說按之，正相符。」《山海經》：「其上多白金，其下多鐵，城水出焉，東南流注于江。」㉚周城　杜預曰：城在縣西北。《帝王世紀》：「周太王所徙，南有周原。」㉛漆　縣名。漢置。今陝西邠縣治。本書卷二十四〈馬援列傳〉：建武八年，帝自西征隗囂至漆，援於帝前聚米為山谷，開示眾軍所從道徑。㉜漆水　在陝西邠縣西。《陝西通志》：「有水簾河在邠州南十里，北流入涇，即漆水也。」漆水源出陝西同官司東北大神山，西南流至耀縣，沮水一名宜群水，出縣北分水嶺，東南流來會，是為石洲河，又東南流經富平、臨潼，折西南會清谷水注於渭水。㉝杜陽　縣名。漢置。故城在今陝西麟遊西北。顏師古《漢書注》：「齊詩作自杜，言公劉避狄而來居杜與漆沮之地。」《詩譜》：「周原者，岐山陽，地屬杜陽，地形險阻而原田肥美。」㉞永和　東漢順帝年號，西元一三六─一四一年。㉟司隸校尉部　簡稱司隸。西漢征和四年（西元前八九年）置。掌京畿七郡社會治安，捕督奸猾，察舉百官以下犯法者。東漢成為行政區，治所在洛陽（今河南洛陽東北）。轄河南、河內、河東、弘農、京兆、左馮翊、右扶風七郡。相當今陝西秦嶺以北，郴縣、宜川以南，山西永和、霍州以南、浮山、陽城以西及河南安陽、汲縣、中牟以西，新鄭、登封、汝陽、西峽以北地區。

【語譯】右扶風，秦朝時屬內史所轄，漢武帝時開始分左右，改為現名。轄十五個城邑，有住戶一萬七千三百五十二，人口九萬三千零九十一。

槐里縣，西周時稱犬丘，漢高祖時改現名。　安陵縣。　平陵縣。　茂陵縣。　鄠縣，豐水從這裡發源。境內有甘亭。　郿縣，境內有邰亭。　武功縣，漢明帝永平八年恢復。境內有太一山，原名為終南山，有垂山，原名敦物山，還有斜谷。　陳倉縣。　汧縣，境內有吳嶽山，原名為汧山，汧水自此山發源。境內還有回城，原名回中。　渝麋縣，東漢為侯國。　雍縣，境內有鐵礦。　栒邑縣，境內有豳鄉。　美陽縣，境內有岐山，還有周城。　漆縣，境內有漆水，還有鐵礦。　杜陽縣，漢順帝永和二年恢復。

以上司隸校尉部所轄七個郡，縣、邑、侯國一百零六個。

志第二十

郡國二

潁川　汝南　梁國　沛國　陳國　魯國
右豫州
魏郡　鉅鹿　常山　中山　安平　河間　清河　趙國　勃海
右冀州

【題解】〈郡國志〉卷二介紹豫州的潁川、汝南、梁國、沛國、陳國、魯國，冀州的魏郡、鉅鹿、常山、中山、安平、河間、清河、趙國、勃海，共十五個郡、國以及兩州所屬一百九十九個縣、邑、侯國。共計有住戶五百六十七萬七千八百三十八，人口一千一百八十一萬一千一百一十二。兩州戶口稠密，人口過千萬，經濟發達，位在洛陽之東，為首都右屏，是東漢的肘腋部位，彌足輕重。王朝後期，在此發生大規模的黃巾之亂，郡、縣均受重創。後又成為地方勢力爭奪的主要地區，戰火連綿，百姓生命財產損失慘重。三國以後，北方人口大減，實與該地區多年戰亂有關。

潁川郡❶秦❷置。雒陽❸東南五百里。十七城，戶二十六萬三千四百四十，口百四十三萬六千五百一十三。

陽翟❹禹❺所都❻。有鈞臺❼。有高氏亭❽。有雍氏城❾。**襄**❿有養陰里⓫。**襄城**⓬有西不羹⓭。有汜城⓮。有汾丘⓯。有魚齒山⓰。**昆陽**⓱有湛水⓲。**定陵**⓳有東不羹⓴。**舞陽邑**㉑。**郾**㉒**臨潁**㉓**潁陽**㉔**潁陰**㉕有狐宗鄉㉖，或曰古狐人亭。有岸亭㉗。**許**㉘**新汲**㉙**鄢陵**㉚春秋㉛時曰鄢。**長社**㉜有長葛城㉝。有向鄉㉞。有蜀城㉟，有蜀津㊱。**陽城**㊲有嵩高山㊳，洧水㊴、潁水㊵出。有鐵。有負黍聚㊶。**父城**㊷有應鄉㊸。**輪氏**㊹建初㊺四年置。

【注釋】❶潁川郡　地區名。秦置。治陽翟縣（今河南禹州）。轄境相當今河南登封、寶豐以東，鄢陵、郾城以西，新密以南，葉縣、舞陽以北地。東漢以後治所屢有變化。❷秦　指秦國。開國君主為秦襄公，因護送周平王東遷有功，被周分封為諸侯。春秋時建都於雍（今陝西鳳翔東南），占有今陝西中部和甘肅東南端。秦穆公曾攻滅十二國，稱霸西戎。戰國時秦孝公任用商鞅變法，國力富強，並遷都咸陽（今陝西咸陽東北），成為戰國七雄之一。之後，疆域不斷擴大。西元前二二一年秦王政（即秦始皇）統一中國，建立秦朝。❸雒陽　東漢都城。在今河南洛陽東北白馬寺東。❹陽翟　縣名。相傳夏禹都此。春秋為鄭櫟邑，戰國屬韓，改名陽翟，秦置縣。故址在今河南禹州。❺禹　亦稱大禹、戎禹。姒姓，名文命。傳說中古代部落聯盟領袖。鯀之子。原為夏后氏部落領袖，奉舜命治理洪水。據後人記載，他領導人民疏通江河，興修溝渠，發展農業。後以治水有功，被舜選為繼承人，舜死後擔任部落聯盟領袖。傳曾鑄造九鼎。又傳三苗作亂，被平，辟土以王。其子啟建立中國歷史上第一個奴隸制國家，即夏代。❻所都　《汲冢書》：「禹都陽城。」❼鈞臺　地名。在今河南禹州南。《左傳》：

「夏啟有鈞臺之享」。杜預曰：有鈞臺陂。❽高氏亭　古地名。在河南禹州西南。《左傳．成公十七年》衛北宮括救晉侵鄭，至於高氏。杜預曰：高氏，在陽翟縣西南，《後漢書．地理志》陽翟縣有高氏亭。❾雍氏城　春秋鄭邑。在今河南禹州東北。杜預曰：河南陽翟東北有雍氏城。❿襄　縣名。東漢置。故治在今河南郟縣。⓫養陰里　古地名。在河南寶豐西北。⓬襄城　戰國時魏邑。秦置襄城縣。故治在今河南襄城。⓭西不羹　古地名。在今河南境，西不羹城在襄城東南。《左傳．昭公十一年》：楚子城陳、蔡、不羹。東不羹城在舞陽西北。⓮氾城　春秋鄭邑。在今河南襄城南一里。《左傳．僖公二十四年》：王出適鄭，處于氾。⓯汾丘　古地名。在河南襄城東北。《左傳．襄公十八年》：「楚伐鄭，治兵于汾。」杜預曰：襄城東北有汾丘城。⓰魚齒山　地名。在河南寶豐東南四十餘里。《左傳》謂魚陵，杜預曰：魚齒山也，在犨縣北。《左傳．襄公十八年》：「楚師伐鄭……涉於魚齒之下，甚雨及之，楚師多凍，役徒幾盡。」⓱昆陽　縣名。戰國時魏邑，後屬秦。漢置縣，東漢封傅俊為侯邑。故城即今河南葉縣。⓲湛水　源出今河南寶豐東南，經平頂山市、葉縣，至襄城縣界入北汝河。⓳定陵　縣名。西漢置。故城在今河南舞陽東北十五里。⓴東不羹　古地名。在今河南舞陽西北。㉑舞陽邑　舞陽，戰國時魏邑。漢高祖封樊噲為侯國於此。東漢有舞陽邑。故城在今河南葉縣東南。㉒郾　即郾邑。縣名。西漢置。故址在今河南郾城西南五里古城。㉓臨潁　縣名。西漢置。故城在今河南臨潁西北。㉔潁陽　縣名。秦置。故城在今河南許昌西南。㉕潁陰　縣名。西漢置。高祖封灌嬰為侯邑。今河南許昌。㉖狐宗鄉　古地名。春秋周邑。在河南許昌。㉗岸亭　古地名。故址在今河南許昌西北二十八里。㉘許　即許昌。縣名。春秋許國。秦置許縣。東漢建安元年，曹操迎獻帝都於此。故城在今河南許昌東。㉙新汲　縣名。春秋鄭曲洧地。漢置新汲縣，因河內有汲縣，故加「新」。故城在今河南扶溝西南二十里。㉚鄢陵　春秋鄭地。今河南鄢陵。《春秋．成公十六年》：戰於鄢陵。杜預注：「鄭地，屬潁川郡。」㉛春秋　時代名。因魯國編年史《春秋》得名。《春秋》編年從魯隱公元年（西元前七二二年）迄魯哀公十四年（西元前四八一年）。春秋結束的年代說法不一。現在一般以周平王元年（西元前七七〇年）到周敬王四十四年（西元前四七六年）為「春秋時代」。㉜長社　縣名。戰國時魏邑，後屬秦，置縣。故城在今河南長葛東北。㉝長葛城　春秋鄭邑。《左傳．隱公五年》宋人伐鄭，圍長葛。縣本名長葛。故址在今河南長葛東北。《地道記》：「社中樹暴長，漢改名。」㉞向鄉　春秋鄭地。故址在今河南尉氏西南五十里。《左傳．襄公十一年》諸侯伐鄭，會于北林，師于向。杜預注：向地在潁川長社縣東北。㉟蜀城　城邑名。在今河南新鄭西南。㊱蜀津　地名。在今河南長葛。㊲陽城　古陽城邑。西漢置縣。故城在今河南登封東南三十五里。㊳嵩高山　即嵩山。在河南登封北。《左傳．昭公四年》：「陽城太室，九州之險也。」韋昭曰：嵩高有太室少室之山，山有石室，故名。㊴洧水　源出河南登封東陽城山，東流經密縣會溱水，東流為雙洎河，東流經新鄭、長葛、洧川、鄢陵、扶溝入賈魯河。《左傳・襄公元年》：「晉伐鄭，入其郛，敗其徒兵於洧上。」㊵潁水　河流名。出河南登封西境潁谷，東南流，經禹州、臨潁、西華、商水縣，與沙河合而東流。㊶負黍聚　春秋周邑。在今河南登封西。世謂之黃城。㊷父城　春秋楚國父邑。漢置父城縣。故城在今河南寶豐東，今名父城保。㊸應鄉　周國名，姬姓。故城在今河南寶豐西南。㊹輪氏　東漢置縣。治今河南臨汝西北。㊺建初　東漢章帝劉炟年號，西元七六—八四年。

【語譯】潁川郡，秦朝設置。在洛陽東南五百里處。轄十七個城邑，有住戶二十六萬三千四百四十，人口一百四十三萬六千五百一十三。

陽翟，是禹建都的地方。縣內有鈞臺、高氏亭和雍氏城。襄縣，境內有養陰里。襄城，有西不羹、汜城、汾丘和魚齒山。昆陽縣，境內有湛水。定陵縣，境內有東不羹。舞陽邑。郾縣。臨潁縣。潁陽縣。潁陰縣，境內有狐宗鄉，有人說是古代的狐人亭。還有岸亭。許縣。新汲縣。隔陵縣，春秋時稱為隔。長社縣，境內有長葛城、向鄉、蜀城和蜀津。陽城縣，境內有嵩高山，洧水、潁水源自這裡，有鐵礦，還有負黍聚。父城縣，境內有應鄉。輪氏縣，章帝建初四年設置。

汝南郡❶高帝❷置。雒陽東南六百五十里。三十七城，戶四十萬四千四百四十八，口二百一十萬七百八十八。

平輿❸有沈亭❹，故國，姬姓❺。新陽侯國❻。西平❼有鐵。有柏亭❽，故柏國❾。

上蔡❿本蔡國⓫。南頓⓬本頓國⓭。汝陰⓮本胡國⓯。汝陽⓰新息侯國⓱。北

宜春⓲濦強侯國⓳。灈陽⓴期思㉑有蔣鄉㉒，故蔣國㉓。陽安㉔有道亭㉕，故

國㉖。項㉗、西華㉘、細陽㉙、安城侯國㉚。有武城亭㉛。吳房㉜有棠谿亭㉝。鮦陽侯國㉞。慎陽㉟、慎㊱、新蔡㊲有大呂亭㊳。安陽侯國㊴。有江亭㊵，故國，嬴姓。富波侯國㊶。永元中復。宜祿㊷永元中復。朗陵侯國㊸。弋陽侯國㊹。有黃亭㊺，故黃國㊻，嬴姓。召陵㊼有陘亭㊽。有安陵鄉㊾。征羌侯國㊿。有安陵亭51。思善52侯國。宋公國53。周54名郪丘55，漢改為新郪56，章帝建初四年徙宋公於此。有繁陽亭57。褒信侯國58。有賴亭59，故國。原鹿侯國60。定潁侯國61。固始侯國62。故寢63也，光武中興更名。有寢丘64。山桑侯國65。故屬沛66。有下城父聚67。有垂惠聚68。城父69故屬沛，春秋時曰夷70。有章華臺71。

【注釋】❶汝南郡　地區名。西漢置。轄境相當今河南潁河、淮河之間，京廣鐵路西側一線以東，安徽茨河、西淝河以西，淮河以北地區，治所在上蔡（今河南上蔡西南）。❷高帝　即漢高祖劉邦（西元前二五六—前一九五年），字季，沛縣（今屬江蘇）人。西漢王朝的建立者，西元前二〇二—前一九五年在位。在秦末的反秦起義中，他與項羽領導的起義軍逐漸成為主力，並最終推翻了秦朝的統治。之後，又與項羽展開長達五年的戰爭。西元前二〇二年，戰勝項羽，即皇帝位，建立漢朝。在位期間，繼承秦制，實行中央集權制度。先後消滅韓信、彭越、英布等異姓諸侯王；實行重本抑末政策，發展農業生產，打擊商賈；以《秦律》為根據，制定《漢律九章》。❸平輿　故沈國，戰國時為楚邑。西漢置縣。故城在今安徽阜陽南。❹沈亭　周國名，姬姓，子爵，春秋時滅於秦。今安徽阜陽西北一百二十里有沈丘集，即其地。❺姬姓　西周國王姓姬，姬姓為同宗。❻新陽侯國　西漢侯國，東漢沿置。治今安徽太和西北。❼西平　春秋時柏國。漢置西平縣。故城在今河南西平西四十五里。❽柏亭　周柏子國遺址。在今河南西平西。❾柏國　周國名，又稱柏子國。舊址在今河南西平西。❿上蔡　故蔡國，周武王叔庭所封。十八世平侯徙新蔡，遂以此為上蔡邑，後屬楚。西漢為侯國，尋置縣。故城在今河南上蔡西南。⑪蔡國　西周諸侯國。周武王封叔庭於蔡。後為楚所滅。⑫南頓　縣名。西漢置。故城在今河南項城西南。⑬頓國　即故頓子國。春秋時楚伐陳，頓迫於陳，其後南徙，故又稱南頓。⑭汝陰　縣名。秦置。即今安徽阜陽。⑮胡國　即鬍子國。在今安徽阜陽西北。⑯汝陽　縣名。西漢置。故城在今河南商水縣西北。⑰新息侯國　新息，春秋息國地。西漢置縣。東漢改為侯國。故城在今河南息縣。⑱北宜春　縣名。西漢置為侯國。東漢稱北宜春。故城在今河南汝陽西南六十里。⑲灈強侯國　灈陽，西漢置縣。東漢改為侯國。故城在今河南臨潁東。⑳灈陽　縣名。西漢置。以在灈水之北而得名。故治在今河南遂平東。㉑期思　春秋時楚期思邑。漢置侯國，後為縣。故城在今河南淮濱東南期思鎮。㉒蔣鄉　西周蔣國故址。即今河南淮濱東南期思鎮。㉓蔣國　西周國名，姬姓，滅於楚。故城即今河南淮濱東南期思鎮。㉔陽安　縣名。西漢置。故治在今河南確山縣東北古城北。㉕道亭　縣名。西漢置。故城在今河南確山縣東北。故項子國，為魯所滅，後屬楚。項氏世世為楚將，封於項，故姓項氏。㉖故國　縣名。西漢置。故城在今河南項城北五十里。㉗項　項氏世世為楚將，封於項，故姓項氏。西漢置項縣。故城在今河南項城東北。㉘西華　縣名。西漢置。東漢為侯邑。故城在今河南西華南。㉙細陽　縣名。西漢置。以在細水之北得名。故治在今安徽太和東南。㉚安城侯國　安城，即安成，縣名。西漢置。東漢為侯國。故城在今河南汝南東南七十里。㉛武城亭　古地名。一名武延城，春秋時申地，後屬楚。在河南南陽北。《左傳・僖公六年》：「蔡穆侯將許僖公以見楚子於武城。」㉜吳房　故房子國。漢置侯邑。即今河南遂平。㉝棠谿亭　古房國舊址。在河南西平西北百里。《左傳・定公五年》：吳夫槩奔楚為堂谿氏。堂、棠古字通。孟康曰：「房縣棠谿亭是也。」㉞鮦陽侯國　鮦陽，縣名。西漢置。因縣在鮦水之北，故名。東漢為侯邑。故治在安徽臨泉西北五十里鮦城鎮。㉟慎陽　縣名。西漢置侯國，後為縣。故城在今河南正陽北四十里。㊱慎　春秋地名。《左傳》：「吳人伐慎，楚白公敗之。」故城在今安徽潁上西北。㊲新蔡　縣名。秦置。《左傳・昭公十三年》：楚平王歸蔡，隱太子之子廬于蔡，是為平侯。故城在今河南新蔡。㊳大呂亭　古國名。《地道記》：故呂侯國。杜預曰：在縣東北。㊴安陽侯國　安陽，西漢置縣，東漢改置為安陽侯國。故治在今河南正陽南、淮水北岸。㊵江亭　地名。在湖北江陵城南大江北岸。㊶富波侯國　富波，以多陂塘溉稻，故名。西漢置縣。東漢為侯國。故城在今安徽阜陽南。㊷宜祿　縣名。西漢置。故城在今河南沈丘北。㊸朗陵侯國　朗陵，縣名。西漢置。東漢封臧宮侯邑。故城在今河南確山縣西南三十五里。㊹弋陽侯國　弋陽，縣名。西漢置。東漢末改為侯國。故城在今河南潢川縣西。㊺黃亭　今河南鞏義西。㊻黃國　西漢侯國。在今河南潢川縣西。㊼召陵　縣名。西漢置。故城在河南郾城東三十五里。㊽陘亭　古地名。在今河南郾城東南。㊾安

陵鄉　一稱「鄢陵」。在河南鄢陵西北。戰國時魏襄王封其弟為安陵君。後歸楚，楚主嬖臣封於安陵，是為安陵君纏。安陵鄉即此為名。㊿征羌侯國　征羌，侯國名。東漢建武十二年光武帝封來歙為征羌侯，又改汝南當鄉縣為征羌侯國。故城在河南郾城東南七十五里。51安陵亭　在河南鄢陵西北。戰國時魏襄王封其弟為安陵君。後歸楚，楚主嬖臣封於安陵，是為安陵君纏。安陵亭即其遺跡。52思善　侯國名。東漢置。今安徽亳州南八十里有古城集，即其遺址。53宋公國　宋，縣名。西漢置新郪縣。東漢章帝徙封殷後於此，改稱宋公國。故址在今安徽太和北七十里。54周　朝代名。西元前十一世紀周武王滅商後建立，建都於鎬（今陝西長安灃河以東）。西元前七七一年申侯聯合犬戎攻殺周幽王。次年周平王東遷到雒邑（今河南洛陽）。歷史上稱平王東遷以前為西周，以後為東周。55鄟丘　春秋齊地。《春秋》：「公子遂及齊侯侯盟於鄟丘。」在今山東東阿境。56新郪　西漢置新郪縣。東漢章帝封殷後於此，改稱宋新都。故城在今安徽太和北七十里。57繁陽亭　古地名。春秋楚地。在今汝南鮦陽南。杜預曰：在鮦陽東有繁陽亭。58褒信侯國　褒信，東漢侯國。今為包信集。故城在今河南息縣東北七十里。59賴亭　地名。東漢屬汝南郡褒信侯國。在今河南新蔡東南。60原鹿侯國　原鹿，西漢置縣。即春秋鹿上。東漢為侯國。故城在今安徽阜陽南。61定潁侯國　定潁，縣名。西漢置。東漢為侯邑。故城在今河南西平東。62固始侯國　固始，縣名。東漢改寢縣置固始縣，故治在今安徽臨泉。東漢併於此一度置為侯國。63寢　楚封邑。故址在今河南沈丘東南。64寢丘　《呂氏春秋》：「楚孫叔敖戒其子曰：『荊楚間有寢丘者，前有妬谷，後有戾丘，其名惡，可長有也。』」於是莊王乃封孫叔敖子四百戶於寢丘，以奉其祠。故址在今河南沈丘東南。65山桑侯國　山桑，縣名。西漢置。東漢改為侯國。故城在今安徽蒙城北三十七里。66沛　秦置縣。二世元年，陳涉起沛，父老共殺沛令，迎高祖，立為沛公，高祖定天下，以沛為湯沐邑，後以屬沛郡，亦謂之小沛，故城在今江蘇沛縣東。67下城父聚　《史記・陳涉世家》：「陳王之汝陰，還至下城父，其御莊賈殺以降。」故城在今安徽蒙城西北。68垂惠聚　古邑名。後漢建武三年，蓋延等攻破劉永於睢陽，劉永將領蘇茂、周建奔垂惠。四年，光武帝遣馬武等圍垂惠。故址在今安徽蒙城西北。69城父　又名夷邑。春秋陳地。即今安徽亳州東南城父集。後入楚，曾為許國都。漢置城父縣。70夷　古地名。又名夷城父、城父邑。春秋時陳邑，後為楚邑。在今安徽亳州東南城父集。71章華臺　地名。故址在湖北監利西北。《岳陽風土記》：「華容世傳有章臺，非也，古章華在今監利縣離湖上。」

【語　譯】汝南郡，漢高祖時設置。在洛陽東南六百五十里處。轄三十七個城邑，有住戶四十萬四千四百四十八，人口二百一十萬零七百八十八。

平輿縣，境內有沈亭，是古代姬姓舊國。　新陽，為侯國。　西平縣，境內有鐵礦，還有柏亭，是以前柏國遺跡。　上蔡縣，原來是蔡國故地。　南頓縣，原來是頓國故地。　汝陰縣，原來是胡國故地。　汝陽縣。　新息縣，東漢為侯國。　北宜春縣。　灈強縣，東漢為侯國。　灈陽縣。　期思縣，境內有蔣鄉，是原來蔣國舊地。　陽安縣，境內有道亭，是古代舊國。　項縣。　西華縣。　細陽縣。　安城縣，東漢為侯國。境內有武城亭。　吳房縣，境內有棠谿亭。　鮦陽縣，東漢為侯國。　慎陽縣。　慎縣。新蔡縣，境內有大呂亭。　安陽縣，東漢為侯國，境內有江亭，是古代嬴姓故國。　富波縣，東漢為侯國。和帝永元年間恢復。　宜祿縣，也是和帝永元年間恢復。　朗陵縣，東漢為侯國。　弋陽縣，東漢末為侯國，境內有黃亭，是古代嬴姓建的黃國。　召陵縣，境內有陘亭，還有安陵鄉。　征羌，為侯國，境內有安陵亭。　思善，為侯國。　宋公國。西周時稱郪丘，西漢時改為新郪，章帝建初四年把宋公遷徙於此。境內有繁陽亭。　褒信，為侯國。境內有賴亭，是古代舊國。　原鹿縣，東漢為侯國。　定潁縣，東漢為侯國。　固始，為侯國。是原來寢國，光武帝中興後更名，境內有寢丘。　山桑縣，東漢為侯國。原來屬沛郡，境內有下城父聚和垂惠聚。　城父，原來屬沛，春秋時稱為夷，境內有章華臺。

梁國❶秦碭郡❷，高帝改。其三縣，元和❸元年屬。雒陽東南八百五十里。九城，戶八萬三千三百，口四十三萬一千二百八十三。

下邑❹　睢陽❺本宋國❻閼伯墟❼。有盧門亭❽。有魚門❾。有陽梁聚❿。　虞⓫有空桐⓬地，有桐地，有桐亭⓭。有綸城⓮，少康⓯邑。　碭⓰山出文石⓱。　蒙⓲有蒙澤⓳。　穀熟⓴有新城㉑。有邳亭㉒。　鄢㉓故屬陳留㉔。　寧陵㉕故屬陳留。有葛鄉㉖，故葛伯國㉗。

薄㉘故屬山陽㉙，湯㉚所都。

【注釋】❶梁國 封國，漢章帝建初四年（西元七九年），改梁郡為梁國，徙淮南王劉暢為梁王，又增鄢、寧陵等六縣，都睢陽，轄境相當今河南商丘及寧陵、虞城、夏邑，安徽碭山縣，山東曹縣、成武、單縣等。❷碭郡 郡名。秦置。治所在碭縣（今山東永城東北）。轄境相當今河南開封、通許以東，永城以北，山東曹縣、嘉祥以南和安徽碭山縣、亳州等地區。漢高祖五年（西元前二〇二年）改為梁國。❸元和 東漢章帝劉炟年號，西元八四—八七年。❹下邑 故楚邑。楚滅魯，還頃公於下邑。秦置下邑縣。故治在今安徽碭山縣。按〈郡國志〉體例，郡國之下凡縣名先書者，為郡國所治。則下邑當為梁國治所。但王先謙《後漢書集解》等考定，東漢梁國治所同西漢，在睢陽，當是。則志此不合體例。❺睢陽 春秋宋地。秦置睢陽縣。漢為梁孝王都。故城在今河南商丘南。❻宋國 周代諸侯國名。子姓。周武王滅商後，封商王紂子武庚於商舊都（今河南商丘）。成王時，武庚叛亂，被殺，又以其地與紂的庶兄微子啟，號宋公，為宋國。戰國初年曾遷都彭城（今江蘇徐州）。西元前二八六年為齊所滅。轄地在今河南東部及山東、江蘇、安徽之間。❼鬭伯壚 古地名。在今河南商丘南。❽盧門亭 古遺跡。在今河南商丘南。《左傳・桓公十四年》：宋伐鄭，「取太宮之椽，為盧門之椽。」❾魚門 古地名。在今河南商丘南。《左傳・僖公二十二年》：邾人懸公胄于魚門。❿陽梁聚 一為「楊梁聚」。《左傳・襄公十二年》：「秦庶長無地，伐宋，師于楊梁。」故址在今河南商丘東南三十里。⓫虞 古虞國。商均所封。漢置虞縣。故城在今河南虞城西南三里。⓬空桐 地名。故址在今河南虞城南。《左傳・哀公二十六年》：宋大尹興空澤之士千甲，奉景公自空桐入沃宮。杜預注：「梁國虞縣東南，有地名空桐。」⓭桐亭 亭邑名。故址在今河南虞城東北。《左傳・哀公二十六年》：宋景公死空桐。⓮綸城 古地名。春秋虞邑，在今河南虞城東北，《左傳・哀公元年》伍員曰：省康逃奔有虞，虞思於是妻之以二姚，而邑諸綸。⓯少康 傳說中夏國王，姒姓，相之子。寒浞攻殺相後，少康生在母家有仍氏，後為有仍氏牧正，又逃奔有虞氏為庖正，有田一成（即方十里），有眾一旅（即五百人）。後得同姓部落有鬲氏幫助，攻殺寒浞，恢復夏代統治。舊史家稱「少康中興」。⓰碭 縣名。春秋宋邑，戰國屬楚，秦置碭縣及碭郡。因境有碭山，山出文石，以碭為名。西漢改屬梁國，故治在今河南永城東北。又碭山，《史記・高祖本紀》：秦始皇東游，高祖即自疑，亡匿，隱於芒、碭山澤巖石之間。即此。⓱文石 有紋理的石頭。⓲蒙 春秋宋蒙澤。漢置蒙縣。故城在今河南商丘東北二十二里。⓳蒙澤 春秋宋邑。今河南商丘東北蒙縣故城是，在故汳水之南，乃莊周本邑。漢置蒙於此。⑳穀熟　商之南亳。春秋宋穀丘是邑。東漢為穀熟侯國，尋置縣。故城在今河南商丘東南四十里。㉑新城　春秋宋邑。在梁國穀熟縣西。故址在今河南商丘西南。㉒邳亭　古邳國。故址在今河南商丘東南。㉓隱　周國名。妘姓。春秋時為鄭鄢邑。漢置鄢陵縣。故城在今河南鄢陵西北。㉔陳留　春秋鄭留邑。秦置陳留縣。漢置陳留郡，治此。故址在今河南開封西北。㉕寧陵　古葛國。戰國屬魏為寧邑。漢置寧陵縣。故城在今河南寧陵東南。㉖葛鄉　地名。在今河南寧陵北十五里。㉗葛伯國　古國名。嬴姓。故城在今河南寧陵北十五里。《水經注》：「葛於六國屬魏，魏以封信陵君，其地葛鄉，即是城也。」㉘薄　亦作簿。本商之北亳。春秋為宋邑。西漢置簿縣。故城在今山東曹縣南。㉙山陽　戰國魏邑。西漢置山陽縣。故城在今河南修武西北三十五里。㉚湯　又稱「成湯」。商朝的建立者。原是東方商族部落的首領，任用伊尹做大臣，積聚力量。先後經十一次征戰，陸續攻滅鄰近諸部落而更趨強大。西元前十六世紀，他聯合許多部落舉兵攻夏，推翻夏朝，在亳（今河南商丘）建立商朝。

【語譯】梁國，本是秦朝的碭郡，漢高祖時改為梁國。其三縣，章帝元和元年歸屬。在洛陽東南八百五十里處。轄九個城邑，有住戶八萬三千三百，人口四十三萬一千二百八十三。

下邑縣。　睢陽縣，本來是宋國閼伯墟。縣內有盧門亭、魚門和陽梁聚。　虞縣，境內有空桐地、桐地、桐亭、綸城和少康邑。　碭縣，境內的碭山出產文石。　蒙縣，境內有蒙澤。　穀熟縣，境內有新城和邳亭。　隱縣，原來屬陳留郡。　寧陵縣，原來也屬陳留郡，境內有葛鄉，是原來葛伯國舊地。　薄縣，原來屬山陽郡，是商湯建都的地方。

沛國❶秦泗水郡❷，高帝改。雒陽東南千二百里。二十一城，戶二十萬四百九十五，口二十五萬一千三百九十三。

相❸　蕭❹本國。　沛❺有泗水亭❻。　豐❼西有大澤❽，高祖斬白蛇❾於此。有枌榆亭❿。

酇⑪有鄛聚⑫。穀陽⑬　譙⑭刺史治。洨⑮有垓下聚⑯。蘄⑰有大澤鄉⑱，陳涉⑲起此。銍⑳　酇㉑　建平㉒　臨睢㉓故芒㉔，光武更名。竹邑㉕侯國。故竹。公丘㉖本滕國㉗。龍亢㉘　向㉙本國。符離㉚　虹㉛　太丘㉜　杼秋㉝故屬梁國，有澶淵聚㉞。

【注釋】❶沛國　東漢時封國。治相縣（今安徽濉溪縣西北），轄境相當今安徽淮河以北、西淝河以東，河南夏邑、永城及江蘇沛縣、豐縣等地。屬豫州。❷泗水郡　郡名。秦置。治今江蘇沛縣。漢初改為沛郡。按該郡有住戶二十萬四百九十五，人口二十五萬一千三百九十三。❸相　本宋邑。秦置相縣。故城在今安徽濉溪縣西北。❹蕭　春秋宋蕭邑。秦置蕭縣。故城在今安徽蕭縣西北。❺沛　秦置縣。秦二世元年，陳涉起沛，父老共殺沛令，迎高祖，立為沛公。高祖定天下，以沛為湯沐邑，後屬沛郡。故城在今江蘇沛縣。❻泗水亭　故址在今江蘇沛縣東一百步。漢高祖微時為亭長於此，亭有高祖碑，班固為文。❼豐　本秦沛縣之豐邑，漢高祖起兵於沛，收沛子弟還守豐，即此。漢置豐縣。故城在今江蘇豐縣。❽大澤　在江蘇豐縣北。《漢書・高帝紀》：「母媼常息大澤之陂，夢與神遇。」漢高祖斬白蛇起事即在此。❾高祖斬白蛇　漢高祖劉邦初為亭長，秦二世元年（西元前二〇九年），押送民夫赴咸陽修驪山墓，途中欲釋放民夫，民夫願從己，劉邦率眾夜上芒、碭山，路遇數丈白蛇阻路，即拔劍斬之。遂聚眾芒、碭山，參加反秦起義。❿枌榆亭　在江蘇豐縣東北，《史記・封禪書》高帝初起，禱豐枌榆社，《漢書・郊祀志注》晉灼曰，社在豐東北二十五里，高帝里社也。⓫酇　秦置縣。西漢封蕭何為侯國。東漢封臧宮為侯國。故城在今河南永城西。⓬鄛聚　東漢屬沛國酇縣。故地在今河南永城南。⓭穀陽　漢置縣。在穀水之陽，因名。故城在今安徽靈壁西南。⓮譙　春秋陳焦邑。譙、焦古字通。秦置縣。故城在今安徽亳州。⓯洨　西漢置為侯邑。故城在今安徽靈璧南五十里。⓰垓下聚　古地名。故址在今安徽靈璧東南，漢高祖與諸侯共擊楚軍，圍項羽於此。⓱蘄　古地名。本楚邑，秦置縣。二世二年（西元前二〇八年），陳勝起兵於此。漢高祖十三年，帝自將兵討黥布，與鯨軍遇於蘄西，即此。在今安徽宿州南。⓲大澤鄉　秦屬蘄縣。故址在今安徽宿州東南。秦末陳涉起事即在此。⓳陳涉　字涉，陽城（今河南登封）人。秦末農民軍領袖。傭農出身。西元前二〇九年被徵發戍守漁陽（今北京市密雲西南），途中同吳廣在蘄縣大澤鄉（今安徽宿州東南）發動同行戍卒九百人起義。義軍迅速發展到數萬人，並在陳縣（今河南淮陽）建立張楚政權，被推為王。他派周文率主力軍進攻關中，但被秦將章邯打敗。章邯以優勢兵力圍攻陳縣，他率義軍奮戰失利後退至下城父（今安徽渦陽西北），被車夫殺害。⑳銍　春秋宋邑。秦置縣。故城在今安徽濉溪縣西南。㉑酇　西漢置縣。故城在今安徽渦陽東北。㉒建平　漢侯國。故城在今河南永城西北。㉓臨睢　西漢芒縣。東漢改臨睢。故城在今河南永城東北三里。㉔芒　秦置縣。西漢屬沛郡。東漢改臨睢。故城在今河南永城東北三里。㉕竹邑　西漢置竹縣。東漢改曰竹邑，為侯國。故城在今安徽宿州北二十里。縣誌有符離城，今為符離集，亦曰舊宿州城，即古竹邑。㉖公丘　古滕國。漢置公丘縣，為侯國。故城在今山東滕州西南。㉗滕國　周時為國。戰國時為齊地。漢置蕃縣。後隋改為滕縣。故城在今山東滕州。㉘龍亢　漢置縣。故城在今安徽懷遠西北七十五里。㉙向　漢置縣。故城在今安徽懷遠西北古城鎮。㉚符離　本楚邑。秦置縣，漢為侯國。故城即今安徽宿州東北。㉛虹　漢置縣。東漢改虹。故城在今安徽五河縣西北。㉜太丘　春秋時宋地。漢於此置敬丘縣，為侯國。東漢改為太丘縣。故城在今河南永城西北三十里。㉝杼秋　漢置縣。故城在今安徽碭山縣東南。㉞澶淵聚　古邑名。故址約今安徽蕭縣與碭山縣之間。《春秋·襄公三十年》：晉、齊等諸侯會于澶淵。

【語譯】沛國，原是秦朝的泗水郡，漢高祖時改為沛國。在洛陽東南一千二百里處。轄二十一個城邑，有住戶二十萬四百零九十五，人口二十五萬一千三百九十三。

相縣。　蕭縣，原來是舊國。　沛縣，境內有泗水亭。　豐縣，西境內有大澤，漢高祖斬白蛇起事就在這裡。有枌榆亭。　酇縣，境內有鄍聚。　穀陽縣。　譙縣，是州刺史治所。　洨縣，境內有垓下聚。　蘄縣，境內有大澤鄉，陳涉起事就在此地。　銍縣。　酇縣。　建平縣。　臨睢縣，是以前的芒縣，光武帝更名臨睢縣。　竹邑縣，東漢為侯國。是以前的竹縣。　公丘縣，原來是滕國故地。　龍亢縣。　向縣，是向國故地。　符離縣。　虹縣。　太丘縣。　杼秋縣，以前屬梁國，境內有澶淵聚。

陳國❶高帝置為淮陽❷，章和❸二年改。雒陽東南七百里。九城，戶十一萬二千六百五十三，口百五十四萬七千五百七十二。

陳❹　陽夏❺有固陵聚❻。　寧平❼　苦❽春秋時曰相❾。有賴鄉❿。　柘⓫　新平⓬

扶樂⓭　武平⓮　長平⓯故屬汝南。有辰亭⓰。有赭丘城⓱。

【注釋】❶陳國　封國。東漢章和二年（西元八八年）置。治陳縣（今河南淮陽），轄境相當今河南淮陽、鹿邑、柘城、太康、西華等地。❷淮陽　郡名。西漢初曾置淮陽國，惠帝以後，時為郡時為國，東漢初為淮陽國，章和二年（西元八八年）改為陳國。治今河南淮陽。❸章和　東漢章帝劉炟年號，西元八七—八八年。❹陳　古國名。漢置陳縣。故址在今河南淮陽。古陳國在今河南東部和安徽北部一帶。《說文》：陳，宛丘，舜後嬀滿之所封。《左傳・昭公八年》：「陳，顓頊之族也。」❺陽夏　秦置縣。故址在今河南太康。❻固陵聚　古地名。秦置縣，西漢改為固始縣，東漢廢縣為固陵聚。《史記・項羽本紀》：漢五年，漢王追項王至固陵。晉灼曰：「即固始也。」故城在今河南太康南。❼寧平　漢置縣。故城在今河南鹿邑西南五十里。❽苦　春秋楚地。老子楚苦縣厲鄉曲仁人也。西漢置縣。故城在今河南鹿邑東十五里。❾相　參見上注苦縣。《水經・陰溝水注》：「過水又屈東，逕相縣故城南，其城卑小實中。邊韶〈老子碑〉文云：老子，楚相縣人也。相縣虛荒今屬苦。」❿賴鄉　亦名厲鄉。春秋楚地。故址在今河南鹿邑東十里。⓫柘　秦置縣。故城在今河南柘城北。⓬新平　漢置縣。故城在今河南淮陽東北。⓭扶樂　東漢置為侯國。故城在今河南太康西北三十五里。⓮武平　東漢置縣。故城在今河南鹿邑西北四十里。⓯長平　戰國魏地。西漢置長平縣。封衛青為侯邑。故城在今河南西華東北十八里。⓰辰亭　亦曰辰陵。在河南淮陽西六十里。《春秋・宣公十一年》：「楚子陳侯鄭伯盟于辰陵。」⓱赭丘城　在今河南西華西北。

【語譯】陳國，漢高祖時設置為淮陽郡，章帝章和二年改稱陳國。在洛陽東南七百里處。轄九個城邑，有住戶十一萬二千六百五十三，人口一百五十四萬七千五百七十二。

陳縣。　陽夏縣，境內有固陵聚。　寧平縣。　苦縣，春秋時稱為相。境內有賴鄉。　柘縣。　新平縣。

扶樂縣。　武平縣。　長平縣，以前屬汝南郡。境內有辰亭和赭丘城。

魯國❶秦薛郡❷，高后❸改。本屬徐州❹，光武改屬豫州❺。六城，戶七萬八千四百四十七，口四十一萬一千五百九十。

魯國❻，古奄國❼。有大庭氏庫❽。有鐵。有闕里❾，孔子所居❿。有牛首亭⓫。有五父衢⓬。騶⓭本邾國⓮。蕃⓯有南梁水⓰。薛⓱本國，六國⓲時曰徐州⓳。下⓴有盜泉㉑。有郚鄉城㉒。汶陽㉓

右豫州刺史部，郡、國六，縣、邑、公、侯國九十九。

【注釋】❶魯國　春秋諸侯國名。周武王封其弟周公旦於魯。戰國時為楚所滅。秦統一後把魯國屬地改為薛郡。本屬徐州，光武帝建東漢後，又改屬豫州。魯國都魯縣（今山東曲阜），轄境相當今山東曲阜、滕州、泗水縣等地。❷薛郡　郡名。秦置。治所在魯縣，故址在今山東曲阜東北。轄境約當今山東西南部。西漢高后元年（西元前一八七年）改為魯國。。❸高后　即呂后（西元前二四一—前一八〇年），名雉，字娥姁。漢高祖劉邦皇后，曾助漢高祖殺韓信、彭越等異姓諸侯王。後其子（惠帝）即位，她掌握實際權力。惠帝死後，臨朝稱制，並分封諸呂為王侯。共掌握權力十六年。❹徐州　西漢武帝所置「十三刺史部」之一。轄境相當今江蘇長江以北和山東東南部地區。東漢治郯（今山東郯城）。❺豫州　西漢武帝置「十三刺史部」之一。察郡國四，約有今淮河以北，南、北汝河流域以東的豫東、皖北和江蘇豐縣、沛縣二地。東漢治所在譙縣（今安徽亳州）。❻魯國　縣名。故址在今山東曲阜。❼奄國　古國名。嬴姓，今有奄里，故址在山東曲阜城東。《書序》成王東伐淮夷，遂踐奄，遷其君於蒲姑。《皇覽》：奄里伯公冢在城內祥舍中，民傳言魯五德奄里伯公葬其宅。❽大庭氏庫　古地名。在今山東曲阜。杜預：「大庭氏，古國名，在城內，魯于其處做庫。」❾闕里　地名。孔子故里及他最初教學之地，後建了孔廟。故址在今山東曲阜城內闕里街。❿孔子所居　按《家語》孔子始教學於闕里。《漢書・梅心傳》仲尼之廟，不出闕里。《注》師古曰：闕里，孔子舊里也。《清一統志》魯有兩觀，闕名也。《禮記》：仲尼與於蜡賓，事畢，出遊於觀之上。蓋闕門之下，其里即名闕里，而孔子之宅，適在是耳。⓫牛首亭　古地名。春秋鄭邑。在今河南通許東北。《左傳・桓公十四年》：宋人以諸侯伐鄭，取牛首。⑫五父衢　古地名。在今山東曲阜東南。《禮記・檀弓》：孔子少孤，不知其墓，殯于五父之衢。《左傳・襄公十一年》：季武子將作三軍，乃盟諸僖閎，詛諸五父之衢。杜預注：五父衢，道名。在魯國東南。⑬騶　春秋時邾國。漢置騶縣。故城在今山東鄒州東南二十六里。⑭邾國　周國名。曹姓。顓頊之後。周武王時始受封。後其地改曰鄒。今山東鄒州東南二十六里有邾城。⑮蕃　漢置縣。故城即今山東滕州。⑯南梁水　源出山東滕州東，西南流入運河。⑰薛　古奚仲所封之國。戰國時齊封田嬰於此。秦置薛縣。故城在今山東滕州南四十里。⑱六國　指戰國時，在函谷關以東的齊、楚、燕、韓、趙、魏六個諸侯國。後都被秦所滅。⑲徐州　聚邑名。一稱舒州邑。故址在今山東滕州有巷縣故城，即古薛國，戰國時曰徐州，越王句踐會齊、晉諸侯於此。⑳卞　春秋魯卞邑。漢置卞縣。故城在今山東泗水縣東五十里。㉑盜泉　泉水名。在山東泗水縣東北。《尸子・下》：孔子過於盜泉，渴矣而不飲，惡其名也。《泗水縣誌》：縣境之泉凡八十有七，唯盜泉不流，餘皆匯為泗河。㉒郚鄉城　春秋時魯邑。故城在今山東泗水縣東南。㉓汶陽　本春秋時魯地。漢置汶陽縣。故城在今山東寧陽東北五十四里。

【語譯】魯國，原是秦朝的薛郡，漢高祖呂后時改名。本來屬徐州，光武帝時改屬豫州。轄六個城邑，有住戶七萬八千四百四十七，人口四十一萬一千五百九十。

魯國，原來是古奄國，境內有大庭氏庫，有鐵礦，還有闕里，是孔子故居。有牛首亭和五父衢。　騶縣，原來是邾國故地。　蕃縣，境內有南梁水。　薛縣，原來是舊國，戰國時稱為徐州。　卞縣，境內有盜泉和郚鄉城。　汶陽縣。

以上豫州刺史部所轄，共有六個郡、國，九十九個縣、邑、公與侯國。

魏郡①高帝置。雒陽東北七百里。十五城，戶十二萬九千三百一十，口六十九萬五千六百六。

鄴②有故大河③。有滏水④。有汙水⑤，有汙城⑥。有平陽城⑦。有武城⑧。有九侯城⑨。　繁陽⑩　內黃⑪清河水出。有羛陽聚⑫。有黃澤⑬。　魏⑭　元城⑮五鹿墟⑯，故沙鹿，有沙亭⓱。黎陽⓲。陰安邑⓳。館陶⓴。清淵㉑。平恩㉒。沙㉓侯國。斥丘㉔有葛。武安㉕有鐵。曲梁侯國㉖。故屬廣平㉗。有雞澤㉘。梁期㉙。

【注釋】❶魏郡　西漢置。治鄴縣（今河北臨漳西南鄴鎮）。轄境相當今河北臨漳、大名、磁縣、涉縣、武安、魏縣、廣平、館陶等縣和邱縣部分，河南濬縣、內黃等縣和滑縣部分及山東冠縣地。武帝後北部轄境擴大，包有今河北成安、肥鄉等和邯鄲西南部分地。東漢末曾為冀州治。❷鄴　春秋齊邑。齊桓公築鄴城以衛諸侯，鄴由此始。漢置鄴縣，東漢袁紹為冀州牧，鎮鄴。故城在今河北臨漳西南四十里。❸大河　即黃河。❹滏水　即滏陽河。源出河北磁縣西滏山南，東流經磁縣、邯鄲、永年、曲周、雞澤、平鄉諸縣入大陸澤。東北經隆平境，入寧晉泊，合兩泊所受諸水，東折入新河境，復東北經冀縣、衡水、武邑、武強諸境，至獻縣與今滹沱河合，北流為子牙河。❺汙水　在今河北臨漳西南。《水經注》：汙水出武安山，東南流經汙城北，東注于漳水。今湮。❻汙城　在今河北臨漳西南十五里，城臨汙水，故名。❼平陽城　戰國趙邑。故址在今河北臨漳西。❽武城　戰國趙邑。故址在今河北磁縣西南。❾九侯城　古地名。徐廣《集解》：「一作『鬼侯』。鄴縣有九侯城。」正義《括地志》：「相州滏陽縣西南五十里有九侯城，亦名鬼侯城，蓋殷時九侯城也。」故城在今河北磁縣西南四十里。❿繁陽　戰國魏邑。漢置縣。因在繁水之北，故名。故城在今河南內黃西北。⓫內黃　戰國魏黃邑。漢置內黃縣。故城在今河南內黃西北。⓬羛陽聚　古地名。今河南內黃西南。本書〈光武帝紀〉：「帝自將征五校。丙辰，幸內黃，大破五校於羛陽，降之。」⓭黃澤　在河南封丘南。《春秋·哀公十三年》公會晉侯及吳子於黃池，杜注封丘縣南有黃亭，近濟水。《國語·吳語》闕為深溝於商魯之間，北屬之沂，西屬之濟，以會晉公午於黃池。⓮魏　戰國魏邑，魏武侯別都。漢置縣。在今河北大名西南四十里。⓯元城　戰國魏邑。漢置縣。故城有三，都在今河北大名東。⓰五鹿墟　又稱沙鹿。春秋地名。在今河北大名東南。⓱沙亭　春秋地名。在今河北大名東南。《春秋·定公七年》：「齊侯衛侯盟于沙。」《左傳》作盟于瑣，杜預注：元城縣東南有沙亭，瑣即沙也。⓲黎陽　漢置縣。因黎山在其南，河水經其東，縣取山之名，取水之陽以為名。故城在今河南浚縣東。⓳陰安邑　漢侯國。故城在今河南清豐西北二十里。⓴館陶　漢置縣。故城在今河北館陶。㉑清淵　漢置縣。故城在今山東臨清西南四十里。㉒平恩　漢侯國。東漢置縣。故城在今河北曲周東南。㉓沙　一作「涉」。侯國名。西漢置涉縣。東漢改為涉侯國。故治在今河北涉縣西北二十里。㉔斥丘　春秋時晉邑，漢侯國，後為縣。闞駰云：地多斥鹵，故曰斥丘，在今河北成安東南三十里。㉕武安　戰國趙邑。漢置武安縣。故城在今河北武安西南。㉖曲梁侯國　曲梁，春秋時赤狄地。西漢為侯國。故城在今河北永年東南。㉗廣平　漢為侯國。故城在今河北雞澤東二十里。㉘雞澤　漢廣平縣地。故城在今河北雞澤東二十里。㉙梁期　漢置縣。故城在今河北磁縣東北。

【語　譯】魏郡，為漢高祖時設置。在洛陽東北七百里處。轄十五個城邑，有住戶十二萬九千三百一十，人口六十九萬五千六百零六。

鄴縣，境內有黃河故道，有滏水和汙水，還有汙城、平陽城、武城和九侯城。　繁陽縣。　內黃縣，這裡是清河水發源地。縣內有羛陽聚，境內有黃澤。　魏縣。　元城縣，境內的五鹿墟是以前的沙鹿，有沙亭。　黎陽縣。　陰安邑。　館陶縣。　清淵縣。　平恩縣。　沙縣，東漢為侯國。　斥丘縣，境內有葛。　武安縣，境內有鐵礦。　曲梁，為侯國。原來屬廣平。有雞澤。　梁期縣。

鉅鹿郡❶秦置。建武❷十三年省廣平國，以其縣屬。雒陽北千一百里。十五城，戶十萬九千五百一十七，口六十萬二千九十六。

廮陶❸有薄落亭❹。　鉅鹿❺故大鹿，有大陸澤❻。　楊氏❼　鄡❽　下曲陽❾有鼓聚❿，故翟鼓子國⓫。有昔陽亭⓬。　任⓭　南和⓮　廣平⓯　斥章⓰　廣宗⓱　曲周⓲　列人⓳　廣年⓴　平鄉㉑　南䜌㉒

【注　釋】❶鉅鹿郡　地區名。秦置。漢武帝時轄境相當今河北寧晉、晉州、柏鄉、隆堯、鉅鹿、平鄉、廣宗、新河、辛集等地，治所在廮陶縣（今河北寧晉西南）。❷建武　東漢光武帝劉秀年號，西元二五—五六年。❸廮陶　漢置縣。東漢降勃海王悝為廮陶王。故城在今河北寧晉西南三十里。❹薄落亭　古地名。在河北寧晉東南。按：漳水有異名薄洛河，亭在河旁，故名。❺鉅鹿　戰國趙邑。秦置縣，漢因之。故城在今河北平鄉西南。❻大陸澤　在今河北任縣東北。古又名廣阿、鉅鹿、泰陰、沃川等。俗稱張家泊。古時澤地甚廣，與寧晉泊相連為一，後世淤斷，遂分為二。俗以寧晉泊為北泊，大陸為南泊。今已湮為窪地。❼楊氏　漢置縣。故城在今河北寧晉。❽鄡　西漢置鄡縣。東漢曰鄡。故治在今河北辛集東南。❾下曲陽　戰國燕地。漢置縣。故城在今河北晉州西北。❿鼓聚　古地名。春秋時白狄之別種所居之地，後為晉所滅。故址即今河北晉州西北。⓫鼓子國　春秋時夷國，祁姓，子爵，白狄之別種，後為晉所滅，地即今河北晉州。《左傳・昭公十五年》：晉荀吳帥師伐鮮虞，圍鼓，取之。即此。⓬昔陽亭　春秋鼓國都。隋置昔陽縣，尋改為鼓城。故址在今河北晉州西。《左傳・昭公十二年》：「晉荀吳假道於鮮虞，遂入昔陽，秋滅肥，以肥子綿皋歸。」杜預注：「昔陽，肥國都，樂平沾縣東有昔陽城。」按杜說即今山西昔陽之地，非鼓國都也，劉炫謂肥鼓並在鉅鹿昔陽，即是鼓都，在鮮虞東南。《漢書・地理志・下曲陽注》：「應劭曰，晉荀吳滅鼓，今鼓聚昔陽亭是也。」是鼓聚昔陽亭為一地，杜於昭公十五年釋鼓注不誤，十二年注則誤也。⓭任　春秋時晉任邑。西漢置任縣。故城在今河北任縣東。⓮南和　西漢置縣。故治在今河北南和。⓯廣平　西漢為侯國。故城在今河北雞澤東南二十里。⓰斥章　西漢置縣。故城在今河北曲周東南。⓱廣宗　西漢置侯國。東漢為縣。故城在今河北威縣東二十里。⓲曲周　西漢置侯國。尋置為縣。故治在今河北曲周東北四十里。⓳列人　西漢置縣。故城在今河北肥鄉東北十五里。⓴廣年　西漢置縣。故城在今河北永年西。㉑平鄉　西漢置縣。故城在今河北平鄉西南。㉒南䜌　縣名。西漢置。封趙敬肅王子佗為侯國。故城在今河北鉅鹿北。

【語　譯】鉅鹿郡，為秦朝設置。建武十三年裁撤廣平國，作為其屬縣。在洛陽北千一百里處。轄十五個城邑，有住戶十萬九千五百一十七，人口六十萬二千零九十六。

廮陶縣，境內有薄落亭。　鉅鹿縣，原來稱大鹿，境內有大陸澤。　楊氏縣。　鄡縣。　下曲陽縣，境內有鼓聚，是原來翟人建的鼓子國。境內有昔陽亭。　任縣。　南和縣。　廣平縣。　斥章縣。　廣宗縣。　曲周縣。　列人縣。　廣年縣。　平鄉縣。　南䜌縣。

常山國❶高帝置。建武十三年省真定國，以其縣屬。十三城，戶九萬七千五百，口六十三萬一千一百八十四。

元氏❷　高邑❸故鄗❹，光武更名。刺史治。有千秋亭❺、五成陌❻，光武即位❼於此矣。

都鄉❽侯國。有鐵。　南行唐❾有石臼谷❿。　房子⓫贊皇山⓬，濟水⓭所出。　平棘⓮

有塞。　欒城⓯　九門⓰　靈壽⓱衛水⓲出。　蒲吾⓳　井陘⓴　真定㉑　上艾㉒

故屬太原。

【注釋】❶常山國　常山，郡、國名。漢置。漢置恆山郡，因避文帝劉恆諱，改常山郡。高后及景帝、武帝時曾為國，後又為郡。故治今河北元氏。❷元氏　戰國趙元氏邑。漢置元氏縣。為常山郡治。東漢因之。故城在今河北元氏西北。❸高邑　縣名。漢鄗縣。東漢改為高邑縣。故城在今河北柏鄉北。❹鄗　春秋晉邑。戰國為趙邑。《左傳・哀公四年》：齊國夏伐晉，取邢、任、欒、鄗。即此。漢侯國，後漢改為高邑。故城在今河北柏鄉北。❺千秋亭　古地名。在今河北柏鄉北十五里。一名檀亭。本書卷一上〈光武帝紀〉：建武元年，行至鄗，光武於是命有司設壇場於鄗南千秋亭五成陌。光武帝即位於此。❻五成陌　古地名。在今河北柏鄉北，千秋亭之畔，東漢光武帝即位於此。❼光武即位　光武帝劉秀為部將所促，於西元二十五年六月在鄗（今河北柏鄉北）即皇帝位，建元建武，是為世祖光武皇帝。❽都鄉　侯國名。東漢常山國（治所在今河北元氏西北）有都鄉侯國。今地在河北境西。❾南行唐　本戰國趙南行唐邑。漢置南行唐縣。故址在今河北行唐西北。❿石臼谷　古地名。在河北平山縣北。⓫房子　戰國趙邑。漢置房子縣。故城在今河北高邑西南。⓬贊皇山　在今河北贊皇西南。漢時在房子縣境。⓭濟水　發源於贊皇山，東流至今河北高邑南，至寧晉南注於泜水。⓮平棘　古縣名。西漢置縣。東漢謂之南平棘。以平棘山為名，故城在今河北趙縣東南。⓯欒城　春秋時晉欒邑，戰國屬趙。西漢置關縣。東漢改置欒城縣。故城在今河北趙縣西北。⓰九門　戰國趙邑。西漢置九門縣。故城在今河北藁城西北。⓱靈壽　戰國時中山國地。漢置靈壽縣。故城在今河北靈壽西北十里。⓲衛水　今名衛河。源出河北靈壽東北十四里，南流至縣東南入滹沱河。⓳蒲吾　戰國趙番吾邑。西漢置縣。故城在今河北平山縣東南。⓴井陘　秦置。屬恆山郡。因境有井陘山為名。故址在今河北井陘西北。㉑真定　本戰國時中山國東垣邑。漢初置東垣縣。漢高祖更名真定。武帝元鼎四年，置真定國治此。故城在今河北正定南二十里。㉒上艾　西漢置縣。故城在今山西平定西南。

【語　譯】常山國，為漢高祖時設置。光武帝建武十三年裁撤真定國，作為其屬縣。轄十三個城邑，有住戶九萬七千五百，人口六十三萬一千一百八十四。

元氏縣。高邑縣，故稱鄗縣，光武帝時更名。是州刺史治所。縣內有千秋亭、五成陌，光武帝即位就是在此地。都鄉，為侯國。境內有鐵礦。南行唐，境內有石臼谷。房子縣，境內有贊皇山，濟水發源於此。平棘縣，境內有險塞。欒城縣。九門縣。靈壽縣，境內是衛水發源地。蒲吾縣。井陘縣。真定縣。上艾縣，以前屬太原郡。

中山國❶高祖置。雒陽北一千四百里。十三城，戶九萬七千四百一十二，口六十五萬八千一百九十五。

盧奴❷　北平❸有鐵。　毋極❹　新市❺有鮮虞❻亭，故國，子姓。　望都❼　唐❽有中人亭❾，有左人鄉❿。　安國⓫　安憙⓬本安險，章帝⓭更名。　漢昌⓮本苦陘⓯，章帝更名。　蠡吾侯國⓰。故屬涿⓱。　上曲陽⓲故屬常山⓳。恆山⓴在西北。　蒲陰㉑本曲逆㉒，章帝更名。有陽城㉓。　廣昌㉔故屬代郡㉕。

【注　釋】❶中山國　本周諸侯國名。春秋白狄別族之鮮虞地，戰國時為中山國，被趙武靈王所滅。其地在今河北定州、唐縣一帶。漢高祖時設郡，景帝三年置諸侯國。❷盧奴　漢置縣。景帝立子勝為中山王，以為國治。故城以黑色水河取名。故治即今河北定州。❸北平　漢置縣。故城在今河北滿城北。❹毋極　漢置毋極縣。故城在今河北無極西。❺新市　本古鮮虞國，後為中山國。漢景帝時置為侯邑。後置縣。故城在今河北新樂西南四十五里。❻鮮虞　古族名。春秋時白狄的一支，常受晉國的侵犯。分布在今河北境內，以定州為中心。春秋末年建立中山國。❼望都　漢置望都縣。故治在今河北唐縣東北。❽唐　漢置縣。堯時為唐侯國。春秋時北燕之邑。故城在今河北唐縣東北。❾中人亭　春秋地名。在今河北唐縣西北。《左傳・昭公十三年》：晉荀吳自著雍以上軍侵鮮虞，及中人。《史記・趙世家》：敬侯十一年，伐中山，又戰於中人。張曜《中山記》：中山郡初治中人城，城中有山，故曰中山，靖王受封，始移治盧奴。❿左人鄉　春秋時狄邑。故址在今河北唐縣西。戰國趙襄子伐狄於此。⓫安國　漢置侯國，後為縣。故城在今河北安國東南。⓬安憙　漢置安險縣，為侯邑。後漢更名安憙，後偽為安喜。故城在今河北定州東南三十里。⓭章帝　即劉炟（西元五六－八八年），東漢皇帝，漢明帝第五子，西元七五－八八年在位。即位後一改明帝苛察，事從寬厚。少好儒術，建初四年（西元七九年），令諸儒於白虎觀討論《五經》異同，令班固等據以作《白虎通義》。頒布〈胎養令〉，以獎勵人口生育。在位期間，社會民生尚稱安定，生產有所發展。後世史家將其與明帝統治時期並稱為「明章之治」。然外戚竇憲驕擅，帝待以寬容，遂開外戚專政之始。廟號肅宗。⓮漢昌　漢苦陘縣。東漢更名漢昌縣。故治在今河北無極東北。⓯苦陘　即漢昌縣。⓰蠡吾侯國　蠡吾，西漢置縣。東漢屬中山國，改為侯國。故治在今河北博野西南。⓱涿　漢置縣。為涿郡治。素以繁榮著稱。故城在今河北涿州。⓲上曲陽　本戰國時趙邑，秦置曲陽縣。漢置上曲陽縣。《水經注》：「秦罷井田，因以立縣。城在山曲之陽，是曰曲陽，有下，故此為上矣。」故城在今河北曲陽西。⓳常山　本漢九門縣地。故城在今河北正定西南二十里。⓴恆山　一名大茂山，五嶽之北嶽。在今河北曲陽西北，舊保定府西境及山西舊大同府東境。《尚書・舜典》：「歲十有一月朔，巡狩至於此嶽。」㉑蒲陰　西漢曲逆縣。東漢改為蒲陰。故城在今河北順平東南。㉒曲逆　古地名。春秋時曰逆時，《左傳・哀公四年》：齊國夏伐晉，取邢、任、欒、鄗逆時。戰國時曰曲逆，《國策・齊策》：「魏處曰，趙可取唐、曲逆。」是也，漢置縣，高帝擊韓王信於代，南過曲逆，上其城，望室屋甚大，曰：「壯哉縣，吾行天下，獨見曲逆耳。」於是更封陳平為曲逆侯，東漢改曰蒲陰。故城在今河北順平東南。《漢書・地理志》曲逆縣注引張晏曰：「濡水于城北曲而西流，古曰曲逆。」㉓陽城　城邑名。在今河北順平。㉔廣昌　西漢置縣。故城在今河北淶源北。㉕代郡　古代國。戰國屬趙，置代郡。秦亦為代郡。漢初為代國，尋為代郡。治桑乾縣。故治在今河北蔚縣東。東漢移郡治高柳縣（今山西陽高西北）。

【語　譯】中山國，為漢高祖時設置。在洛陽北一千四百里處。轄十三個城邑，有住戶九萬七千四百一十二，人口六十五萬八千一百九十五。

盧奴縣。　北平縣，境內有鐵礦。　毋極縣。　新市縣，境內有鮮虞亭，是故鮮虞國遺地，子姓。　望都縣。　唐縣，境內有中人亭和左人鄉。　安國縣。　安憙縣，本名安險，章帝時改名。　漢昌縣，本名苦陘縣，章帝時改名。　蠡吾縣，東漢為侯國。以前屬涿郡。　上曲陽縣，以前屬常山郡。恆山在縣西北。　蒲陰縣，本名曲逆縣，章帝時改名。境內有陽城。　廣昌縣，以前屬代郡。

安平國❶故信都❷，高帝置。明帝❸名樂成❹，延光❺元年改。雒陽北二千里。十三城，戶九萬一千四百四十，口六十五萬五千一百一十八。

信都有絳水❻、呼沱河❼。　阜城❽故昌城❾。　南宮❿　扶柳⓫　下博⓬　武邑⓭　觀津⓮　經⓯西有漳水⓰，津名薄落津⓱。　堂陽⓲故屬鉅鹿。　武遂⓳故屬河閒⓴。　饒陽㉑故名饒，屬涿。有無蔞亭㉒。　安平㉓故屬涿。　南深澤㉔故屬涿。

【注釋】❶安平國　西漢郡國名。故信都，漢高祖時置。東漢明帝改名樂成，延光元年又改為安平。❷信都　國名。漢高祖置國。治所在信都（今河北冀州）。轄境相當今河北冀州、深州、武邑、棗強、衡水縣、南宮、景縣及山東德州的一部。景帝時曾改為廣川國，又曾改置信都郡。宣帝時復為信都郡。東漢明帝永平十五年（西元七二年）改為樂成國。❸明帝　即劉莊（西元二八—七五年），字子麗。東漢皇帝，漢光武帝劉秀第四子，西元五七—七五年在位。在位期間，遵奉光武制度，整頓吏治，嚴明法令，禁止外戚封侯預政。提倡儒術，減租傜，修治汴河，民生比較安定。數發兵進擊北匈奴，遣班超經營西域，西域諸國皆遣子入侍。後世史家將其與章帝統治時期並稱為「明章之治」。❹樂成　即信都。見注❷。❺延光　東漢安帝劉祜年號，西元一二二—一二五年。❻絳水　河水名。在今河北新河、冀州、棗強南。西接古漳水，東連古清河。❼呼沱

河　一作「滹沱河」。即今山西、河北境內之滹沱河。源出山西繁峙東大戲山，西南流經代縣、崞縣、忻縣、定襄，折東至五臺，又東南經盂縣，入河北境，經平山縣、靈壽、正定、至藁城，折東北流經無極、深澤、安平、深州、饒陽、獻縣，合滏陽河，為子牙河，又東北經河間、大城、靜海縣獨流鎮，又東北注於海河。❽阜城　西漢置縣。東漢徙廢。故城在今河北阜城東二十二里。❾昌城　漢置縣。東漢廢。故城在今河北冀州西北。❿南宮　西漢置縣。呂后封張敖子偃為南宮侯。故城在今河北南宮西北。⓫扶柳　戰國時中山邑，後屬趙，西漢置縣，為侯邑。故城在今河北冀州西北六十里。⓬下博　西漢置縣。故城在今河北深州東南二十里。⓭武邑　西漢置縣。故城在今河北武邑。⓮觀津　戰國時趙邑，西漢置縣。故城在今河北武邑東南二十五里。《決錄注》：「孝文竇皇后父隱身漁釣，墜淵而卒。景帝立，后為太后，遣使者更填父所墜淵而葬，起大墳于縣城南，民號曰『竇氏青山』。」⓯經　縣名。西漢與鉅鹿郡堂陽縣置。故治在今河北廣宗東北。⓰漳水　今名漳河。上源有二，清漳水出山西平定東南沾嶺，西南流經和順，折東南經遼縣，入河北涉縣，合源泉河水，又東南分支並流，既復合，至林縣北，會於濁漳。濁漳水有二源，西源出山西長子西南發鳩山，東流至長治，折北流經潞城至襄垣東北，北源出沁縣西北伏牛山，東南流來會，又東南經黎城、平順至回風峪，入於清漳，由是東經安陽、臨漳，折東北流至河北大名入衛河。⓱薄落津　漳水上的渡口。在今河北廣宗東北漳河上。《水經・濁漳水注》：「漳水又歷經縣故城西。水有故津，謂之薄洛津。」⓲堂陽　西漢侯邑，後為縣。在堂水之陽，因名。故城在今河北新河縣西北。⓳武遂　西漢置武隧縣。東漢改為武遂。故城在今河北武強西北。⓴河閒　西漢置縣。故城在今河北河間。㉑饒陽　本戰國時趙國饒邑。西漢置縣。故城在今河北饒陽東北。㉒無蔞亭　古地名。故址今河北肅寧南。本書卷十七〈馮異列傳〉：更始二年，光武自薊東南馳，晨夜草舍，至饒陽無蔞亭。時天寒烈，眾皆饑疲，異上豆粥，即此。㉓安平　西漢置縣。漢高祖封鄂千秋為侯邑。故城在今河北安平。㉔南深澤　西漢置縣。故城在今河北深澤東南。

【語譯】安平國，以前稱信都，漢高祖時設置。漢明帝時改名樂成，安帝延光元年又改為安平國。在洛陽北二千里處。轄十三個城邑，有住戶九萬一千四百四十，人口六十五萬五千一百一十八。

信都縣，境內有絳水和呼沱河。　阜城縣，是過去的昌城。　南宮縣。　扶柳縣。　下博縣。　武邑縣。

觀津縣。　經縣，境西有漳水，渡口又稱薄落津。　堂陽縣，以前屬鉅鹿郡。　武遂縣，以前屬河閒郡。

饒陽縣，以前名饒，屬涿郡，縣城內有無蔞亭。　安平縣，以前屬涿郡。　南深澤縣，以前也屬涿郡。

河間國❶文帝❷置，世祖❸省屬信都，和帝永元二年復故。雒陽北二千五百里。十一城，戶九萬三千七百五十四，口六十三萬四千四百二十一。

樂成❹　弓高❺　易❻故屬涿。　武垣❼故屬涿。　中水❽故屬涿。　鄚❾故屬涿。

高陽❿故屬涿。有葛城⓫。　文安⓬故屬勃海。　東州⓭故屬勃海。　成平⓮故屬勃海。

東平舒⓯故屬勃海。

【注釋】❶河間國　封國。轄境相當今河北雄縣及大清河以南，南運河以西，高陽、肅寧以東，阜城以北地區。❷文帝　劉恆（西元前二〇二—前一五七年），漢高祖劉邦之子，西元前一八〇—前一五七年在位。呂后死後，周勃等平定諸呂之亂，他以代王入為皇帝。執行「與民休息」的政策，減輕田租、賦役和刑獄，使農業生產有所恢復發展。又削弱諸侯王勢力，以鞏固中央集權。史家把他同景帝統治時期並舉，稱為「文景之治」。❸世祖　即漢光武帝劉秀（西元前六—西元五七年），字文叔，南陽蔡陽（今湖北棗陽）人。東漢王朝的建立者，西元二五—五七年在位。❹樂成　漢置縣。為河間國治，景帝立子德為河間王都此。故城在今河北獻縣東南。❺弓高　漢置縣。文帝封韓頹當為弓高侯。故城在今河北阜城西南。❻易　本燕故邑。秦置縣。西漢屬涿郡，東漢改屬河間國。故城在今河北雄縣西北十五里。❼武垣　漢置縣。故城在今河北肅寧東南。❽中水　漢置縣。漢高祖封呂馬童為中水侯國，後為縣。故城在今河北獻縣西北三十里。❾鄚　本戰國趙邑。漢置縣。故城在今河北任邱東北三十五里。❿高陽　本戰國燕邑。漢置縣。故城在今河北高陽東二十五里。⓫葛城　舊名葛鄉城，又名西阿城，一名依城。即今河北安新西南。《史記・趙世家》：成侯十九年，與燕會阿。《正義》引《括地志》：故葛城，一名依城，又名西阿城。孝成王十九年，趙與燕易土，以龍兌、汾門、臨東與燕；燕以葛、武陽、平舒與趙。⓬文安　漢置縣。故城在今河北文安東北。⓭東州　漢置縣。故城在今河北河間東北四十里。⓮成平　西漢置。屬勃海郡。故治在今河北滄縣西景城南二十里。⓯東平舒　漢置縣。故治在今河北大城。

【語譯】河間國，為漢文帝時設置，光武帝時併信都，和帝永元二年又恢復。在洛陽北二千五百里處。轄十一個城邑，有住戶九萬三千七百五十四，人口六十三萬四千四百二十一。

樂成縣。 弓高縣。 易縣，原來屬涿郡。 武垣縣，原來屬涿郡。 中水縣，原來屬涿郡。 鄚縣，原來屬涿郡。 高陽縣，原來屬涿郡，境內有葛城。 文安縣，原來屬勃海郡。 東州縣，原來屬勃海郡。 成平縣，原來屬勃海郡。 東平舒縣，原來屬勃海郡。

清河國❶高帝置。桓帝❷建和❸二年改為甘陵。雒陽北千二百八十里。七城，戶十二萬三千九百六十四，口七十六萬四百一十八。

甘陵❹故厝❺，安帝更名。 貝丘❻ 東武城❼ 鄃❽ 靈❾和帝❿永元⓫九年復。 繹幕⓬ 廣川⓭故屬信都。有棘津城⓮。

【注釋】❶清河國 清河，郡、國名。西漢分鉅鹿郡置，以後或為封國，或為郡，多次變更。西漢治清陽（今清河縣東南），元帝後轄境相當今河北清河縣、故城縣及棗強、南宮各一部分，山東臨清、夏津、武城及德州、高唐、平原縣各一部分地。東漢移治甘陵（今臨清東北）。❷桓帝 即劉志（西元一三二—一六七年），東漢皇帝。章帝曾孫。本初元年（西元一四六年）被梁太后與兄大將軍梁冀迎立為帝。❸建和 東漢桓帝劉志年號，西元一四七—一四九年。❹甘陵 漢置厝縣。東漢安帝以孝德皇后葬於厝，故改為甘陵，屬清河國。故治在今河北臨清東北。❺厝 西漢置厝縣。東漢改為甘陵。❻貝丘 西漢置縣。故城在今山東臨清東南。❼東武城 戰國時趙邑。漢置縣。故城在今河北清河縣東北。❽鄃 西漢置縣。故城在今山東平原縣西南。❾靈 西漢置縣。故城在今山東高唐南。❿和帝 即劉肇（西元七九—一〇五年）。即位時年十歲，竇太后臨朝，后兄竇憲等掌實權。永元四年（西元九二年）與宦官鄭眾定計捕殺竇氏及其黨羽後親政。⓫永元 東漢和帝劉肇年號，西元八九—一〇五年。⓬繹幕 西漢置縣。故城在今山東平原縣西北。⓭廣川 縣名。西漢置。《水經·淇水注》引闞駰曰：「縣中有長河為流，故廣川也。」故城在今河北景縣西南廣川鎮。⓮棘津城 西漢置縣。故城在今河北棗強東三十里。

【語譯】清河國，為漢高祖時設置。桓帝建和二年改為甘陵縣。在洛陽北一千二百八十里處。轄七個城邑，有住戶十二萬三千九百六十四，人口七十六萬四百一十八。

甘陵縣，原名厝，安帝時改今名。　貝丘縣。　東武城縣。　鄃縣。　靈縣，和帝永元九年恢復。　繹幕縣。　廣川縣，原來屬信都，境內有棘津城。

趙國❶秦邯鄲❷郡，高帝改名。雒陽北千一百里。五城，戶三萬二千七百一十九，口十八萬八千三百八十一。

邯鄲有叢臺❸。　易陽❹　襄國❺本邢國❻，秦為信都❼，項羽❽更名。有檀臺❾。有蘇人亭❿。　柏人⓫　中丘⓬

【注釋】❶趙國　本戰國時國名。晉卿趙、魏、韓三家分晉自立。趙在今河北南部、山西北部。後趙國為秦所滅，置邯鄲郡。漢高祖置封國改稱趙國。❷邯鄲　郡名。秦始皇十九年（西元前二二八年）置。治所在邯鄲（今河北邯鄲）。轄境相當今河北泜河以南，滏陽河上游和河南內黃、浚縣，山東館陶、冠縣西部地區。漢高祖四年（西元前二〇三年）改為趙國。景帝時又一度改為邯鄲郡。❸叢臺　古遺跡名。故址在今河北邯鄲舊城東北。相傳為趙武靈王所築。❹易陽　本燕故邑。西漢置縣，縣處易水之陽，故名。故城在今河北永年東南。❺襄國　古邢國。春秋屬晉，後屬趙。秦置信都縣，項羽改曰襄國。以趙襄子諡為名。故治在今河北邢臺。❻邢國　古國名。姬姓。西元前十一世紀周公之子所封的諸侯國。在今河北邢臺境。西元前六六二年，齊桓公曾遷邢於夷儀（今山東聊城西南）。西元前六三五年為衛所滅。❼信都　見注❺。❽項羽　（西元前二三二—前二〇二年），名籍，字羽，下相（今屬江蘇）人。楚將之後，隨叔父項梁響應陳勝起義，勇猛善戰，在鉅鹿之戰中，消滅秦軍主力，秦亡後，入關自封為西楚霸王。後與劉邦爭天下，在垓下被圍，突圍至烏江自刎身亡。❾檀臺　古遺址。故址在今河北永年北。《史記・趙世家》：趙成侯二十年，魏獻榮椽，因以為檀臺。❿蘇人亭　地名。故址在今河北邢臺沙河南岸。⓫柏人　古邑名。春秋晉地，戰國時屬趙。西漢置縣。古城在今河北隆堯西。更始二年（西元二四年），光武帝破王郎部將李育於此。⓬中丘　縣名。漢置。故城在今河北內丘西十里。

【語　譯】趙國，原來是秦朝邯鄲郡，漢高祖時改名。在洛陽北一千一百里處。轄五個城邑，有住戶三萬二千七百一十九，人口十八萬八千三百八十一。

邯鄲，城內有叢臺。易陽縣。襄國，原來稱邢國，秦朝稱為信都，項羽時又更名為襄國。境內有檀臺和蘇人亭。柏人縣。中丘縣。

勃海郡❶高帝置。雒陽北千六百里。八城，戶十三萬二千三百八十九，口百一十萬六千五百。

南皮❷　高城侯國❸。　重合侯國❹。　浮陽侯國❺。　東光❻　章武❼　陽信❽　延光❾元年復。　脩❿故屬信都⓫。

右冀州⓬刺史部，郡、國九，縣、邑、侯國百。

【注　釋】❶勃海郡　勃，又作「渤」。地區名。西漢置。初治所在浮陽（今河北滄州東南），轄境相當今河北滄縣、黃驊、東光、阜城、大城和河間東北部分地。武帝以後轄境擴大，有今河北文安、廊坊、青縣、南皮、鹽山縣、海興和景縣北部，天津西南部，山東寧津、樂陵、慶雲、無棣等地。東漢移治南皮（今河北南皮東北），屬冀州。❷南皮　秦置縣。故城在今河北南皮東。❸高城侯國　高城，西漢置縣。東漢為高城侯國。故城在今河北鹽山縣東南。❹重合侯國　重合，西漢置縣。東漢改為侯國。故城在今山東樂陵西北。❺浮陽侯國　浮陽，西漢置縣。東漢為侯國。故城在今河北滄縣東南四十里。❻東光　西漢置縣。東漢為侯國。故城在今河北東光東二十里。❼章武　西漢置縣。故治在今河北黃驊西北。❽陽信　西漢置縣。故治在今山東無棣北。❾延光　東漢安帝劉祜年號，西元一二二—一二五年。❿脩　縣名。西漢置縣。文帝封周亞夫為侯國。亦名亞夫城。在今河北景縣南。⓫信都　郡國名。西漢時，時為郡時為國。東漢時改為樂成國，又改為安平國。治信都（今河北冀縣)。轄境相當於今河北中部安平、饒陽、深州、武強、武邑、衡水縣、新河縣、冀州、南宮、廣宗等地。⑫冀州　漢武帝所置「十三刺史部」之一。轄境相當今河北中南部、山東西端及河南北端。東漢治高邑(今河北柏鄉北),末期移置鄴縣(今河北臨漳西南)。

【語譯】渤海郡,為漢高祖時設置。在洛陽北一千六百里處。轄八個城邑,有住戶十三萬二千三百八十九,人口一百一十萬六千五百。

南皮縣。　高城縣,東漢為侯國。　重合縣,東漢為侯國。　浮陽縣,東漢為侯國。　東光縣。　章武縣。　陽信縣,安帝延光元年恢復。　脩縣,原來屬信都。

以上冀州刺史部共轄九個郡、國,一百個縣、邑與侯國。

志第二十一

郡國三

陳留　東郡　東平　任城　泰山　濟北　山陽　濟陰

右兗州

東海　琅邪　彭城　廣陵　下邳

右徐州

【題解】〈郡國志〉卷三介紹兗州的陳留、東郡、東平、任城、泰山、濟北、山陽、濟陰，徐州的東海、琅邪、彭城、廣陵、下邳共十三個郡以及兩州所屬一百四十二個縣、邑、侯國。共計有住戶一百二十萬三千三百五十六，人口六百八十四萬三千六百九十四。兩州戶口稠密，經濟發達，是王朝的主要財賦區域之一，位在洛陽之東，為首都右屏，是東漢的肘腋部位，彌足輕重。終東漢一朝，除泰山有小股農民暴動外，這一地區始終穩定，是王朝的東方後院。

陳留郡❶武帝❷置。雒陽❸東五百三十里。十七城，戶十七萬七千五百二十九，口八十六萬九千四百三十三。

陳留❹有鳴鴈亭❺。浚儀❻本大梁❼。尉氏❽雍丘❾本杞國❿。襄邑⓫有滑亭⓬。有承匡城⓭。外黃⓮有葵丘聚⓯，齊桓公⓰會此。城中有曲棘里⓱。有繁陽城⓲。小黃⓳東昏⓴濟陽㉑平丘㉒有臨濟亭㉓，田儋㉔死此。有匡㉕。有黃池亭㉖。封丘㉗有桐牢亭㉘，或曰古蟲牢。酸棗㉙長垣㉚侯國。有匡城㉛。有蒲城㉜。有祭城㉝。己吾㉞有大棘鄉㉟。有首鄉㊱。考城㊲故菑㊳，章帝㊴更名。故屬梁㊵。圉㊶故屬淮陽。有高陽亭㊷。扶溝㊸故屬淮陽。

【注釋】❶陳留郡　地區名。治今河南開封東南陳留城，轄今河南東至民權、寧陵，西至開封、尉氏，北至延津、長垣，南至杞縣、睢縣地。❷武帝　即漢武帝劉徹（西元前一五六—前八七年），西漢皇帝，漢景帝之子。西元前一四一—前八七年在位。❸雒陽　東漢都城。在今河南洛陽東北白馬寺東。❹陳留　縣名。春秋時鄭邑，後為陳所併，故曰「陳留」。秦置陳留縣。故城即今河南開封東南。❺鳴鴈亭　古「鴈」同「雁」。古地名。在今河南杞縣北，《左傳．成公十六年》：衛侯伐鄭，至于鳴鴈。杜預曰：鳴雁，在陳留雍丘縣西北。❻浚儀　即戰國魏大梁。秦置浚儀縣。故城在今河南開封。❼大梁　戰國魏所都。今河南開封西北。❽尉氏　縣名。漢置。應劭曰：古獄官曰尉氏，鄭之別獄也。臣瓚曰：鄭大夫尉氏之邑，故遂以為邑。故址在今河南尉氏。❾雍丘　春秋杞都。故治即今河南杞縣。❿杞國　周國名。姒姓。武王克商，求夏禹苗裔，得東樓公，封杞以奉禹祀。故址即今河南杞縣。⓫襄邑　春秋時宋邑。秦置襄邑縣。故城在今河南睢縣西一里許。⓬滑亭　古地名。春秋鄭地。《春秋．莊公三年》：「公次于滑。」杜預注：「滑，鄭地，在陳留襄邑縣西北。」即今河南睢縣西北之滑亭。⓭承匡城　春秋時宋地。在今河南睢縣西。⓮外黃　秦置。屬碭郡。故治在今河南民權西北三十八里內黃集。漢屬陳留郡，為都尉治。《漢書．地理志》陳留郡外黃縣注引張晏曰：「魏郡有內黃，故加外。」臣瓚曰：「縣有黃溝，故氏之也。」⓯葵丘聚春秋宋地。《春秋・僖公九年》：「公會宰周公，齊侯、宋子、衛侯、鄭伯、許男、曹伯于葵丘。」杜預曰：「陳留外黃縣東有葵丘。」即齊桓公會盟諸侯處。故址在今河南民權東北。⑯齊桓公　（？—西元前六四三年），春秋時齊國國君。姜姓，名小白。西元前六八五—前六四三年在位。⑰曲棘里　古地名。春秋宋邑。故址在今河南民權西北內黃集。《春秋・昭公二十五年》：「宋公佐卒于曲棘。」杜注：陳留外黃縣城中有曲棘里。⑱繁陽城　戰國魏邑。因在繁水之北，故名。漢置縣。故城在今河南內黃西北。⑲小黃　戰國魏邑。漢置縣。故城在今河南開封東北。⑳東昏　故陽武戶牖鄉。漢置東昏縣，王莽改曰「東明」。故城在今河南蘭考北。㉑濟陽　戰國魏地，漢置縣。故城在今河南蘭考東北。㉒平丘　本戰國衛邑，漢置平丘縣。故城在今河南封丘東南。㉓臨濟亭　故址在平丘，齊田儋死於此，在今河南封丘東。㉔田儋　狄人，故齊王族。陳涉使周市略地至狄，儋擊殺守令，自立為齊王，略定齊地。秦將章邯圍魏，儋將兵救魏，被章邯擊敗，殺儋於臨濟城下。㉕匡　亭邑名。故址在今河南長垣南。〈郡國三〉劉昭注曰：匡人之亭，曹公破袁術處。㉖黃池亭　古地名。在河南封丘西南。《春秋・哀公十三年》：「公會晉侯及吳子于黃池。」杜預曰：封丘縣南有黃亭，近濟水。《國語・吳語》：「闕為深溝，通于商、魯之間，北屬之沂，西屬之濟，以會晉公午于黃池。」㉗封丘　古封父國。漢置封丘縣。故城在今河南封丘。㉘桐牢亭　古地名。春秋鄭地，亦曰「蟲牢」。在今河南封丘北。《春秋・成公五年》：公會諸侯同盟于蟲牢。杜預注：蟲牢，鄭地，陳留封丘，縣北有桐牢。㉙酸棗　春秋鄭邑。秦漢置。西漢改屬陳留郡。故城在今河南延津西南。㉚長垣　侯國名。戰國魏之長垣邑（一作首垣邑）。西漢置長垣縣，東漢改置為侯國。故城在今河南長垣東北十里。㉛匡城　古地名。春秋衛匡邑。故址在今河南長垣西南。㉜蒲城　古地名。春秋衛地。今河南長垣治。杜預注：蒲，衛地，在長垣縣西南。《孔子家語》：「子路治蒲三年，孔子過之，三稱其善。」㉝祭城　地名。杜預認為鄭邑曾是祭仲之封邑，故名。故址在今河南長垣東北。㉞己吾　東漢置縣。故城在今河南寧陵西南四十里。㉟大棘鄉　鄉邑名。又名棘壁。春秋宋邑。故址在今河南睢縣南。㊱首鄉　古地名。春秋衛地。在今河南睢縣東南。《春秋・僖公五年》：「會王世子於首止」。杜預曰：「首止，衛地也。陳留襄邑縣東南有首鄉也。」㊲考城　古地名。西周時戴國，秦置甾縣。東漢改為考城。故城在今河南民權東北。㊳菑　秦置甾縣。東漢改為考城。㊴章帝　即劉炟（西元五六—八八年），東漢皇帝，漢明帝第五子，西元七五—八八年在位。㊵梁　古地名。春秋時周小邑，後屬楚，戰國時謂之南梁，以別大梁、少梁。漢置縣。故城在今河南臨汝。㊶圉　古地名。春秋時鄭邑，後屬魏。漢置圉縣。故城在今河南杞縣南五十里。㊷高陽亭　故址在今河南杞縣西。《漢書・高帝紀》：沛公西過高陽。《注》文穎曰：聚邑名，屬陳留圉縣。《寰宇記》：高陽城，顓項高陽氏佐少昊有功，受封此邑。㊸扶溝　縣名。西漢置。東漢為侯國。故城在今河南扶溝東北五十里。

【語譯】陳留郡，為漢武帝時設置。在洛陽東五百三十里處。轄十七個城邑，有住戶十七萬七千五百二十九，人口八十六萬九千四百三十三。

陳留縣，境內有鳴鴈亭。浚儀縣，原來稱大梁。尉氏縣。雍丘縣，原來是杞國故地。襄邑縣，境內有滑亭和承匡城。外黃縣，境內有葵丘聚，齊桓公曾在此會盟諸侯，城中有曲棘里，境內有繁陽城。小黃縣。東昏縣。濟陽縣。平丘縣，境內有臨濟亭，田儋死於此地。還有匡和黃池亭。封丘縣，境內有桐牢亭，一說就是古代的蟲牢。酸棗縣。長垣縣，東漢為侯國。境內有匡城、蒲城和祭城。己吾縣，境內有大棘鄉和首鄉。考城縣，原來稱菑，章帝時更名，原來屬梁國。圉縣，原來屬淮陽郡。境內有高陽亭。扶溝縣，原來屬淮陽郡。

東郡[1]秦[2]置。去雒陽八百餘里。十五城，戶十三萬六千八十八，口六十萬三千三百九十三。

濮陽[3]古昆吾國[4]，春秋[5]時曰濮[6]。有鹹城[7]，或曰古鹹國。有清丘[8]。有鉏城[9]。　燕[10]本南燕國[11]。有雍鄉[12]。有胙[13]城，古胙國[14]。有平陽亭[15]。有瓦亭[16]。有桃城[17]。　白馬[18]有韋鄉[19]。　頓丘[20]　東阿[21]有清亭[22]。　東武陽[23]濕水[24]出。　范[25]有秦亭[26]。　臨邑[27]有泲廟。　博平[28]　聊城[29]有夷儀聚[30]。有聶城[31]。　發干[32]　樂平侯國[33]。故清[34]，章帝更名。　陽平侯國[35]。有莘亭[36]。有岡成城[37]。　衛公國[38]。本觀[39]故國，姚姓，光武[40]更名。有河牧城[41]。有竿城[42]。　穀城[43]春秋時小穀。有蔦下聚[44]。

【注釋】❶東郡　戰國末期秦國置。治濮陽縣（今河南濮陽西南），西漢轄境相當今河南滑縣、濮陽、清豐、南樂以東，山東東阿、梁山縣以西，北起山東茌平、聊城、莘縣，南抵山東鄆城、東明及河南延津中部。東漢以後，轄境逐漸縮小，移治東武陽（今山東莘縣西南）。❷秦　指秦國。開國君主為秦襄公，因護送周平王東遷有功，被周分封為諸侯。春秋時建都於雍（今陝西鳳翔東南），占有今陝西中部和甘肅東南端。秦穆公曾攻滅十二國，稱霸西戎。戰國時秦孝公任用商鞅變法，國力富強，並遷都咸陽（今陝西咸陽東北），成為戰國七雄之一。之後，疆域不斷擴大。西元前二二一年秦王政（即秦始皇）統一中國，建立秦朝。❸濮陽　古帝丘。漢置縣。故城在今河南濮陽西南。❹昆吾國　古國名。故址在今河南濮陽西南。《漢書・地理志》東郡濮陽：「故帝丘，顓頊虛。」❺春秋　《春秋》本書名，春秋末期，孔子根據魯國史官編寫的《魯春秋》，記述自魯隱公元年（西元前七二二年）至魯哀公十四年（西元前四八一年）共二百四十二年的歷史，後人以此書記事所包括的時代，稱為「春秋時期」。❻濮　古地名。春秋衛地。《春秋・僖公二十八年》：「晉侯齊師宵師秦師及楚人戰於城濮，楚師敗績。」在今河南陳留。一云即今山東濮縣南臨濮城。❼鹹城　古地名。春秋衛地，故址在今河南濮陽東南六十里，《春秋・僖公十三年》：同會于鹹。❽清丘　古衛地。故址在河南濮陽東南。❾鉏城　古國名。故址在今河南滑縣東。⑩燕　漢置南燕縣。故城在今河南延津東北三十五里。⑪南燕國　周國名。姞姓，伯爵，黃帝之後。故城在今河南延津東北。⑫雍鄉　周國名。姬姓。故址在今河南延津東北。《左傳・僖公二十四年》：「郜、雍、曹、滕，……文之昭也。」杜預注：「雍國，在河內山陽縣西。」⑬胙　原胙國地。故城在今河南延津東北。⑭胙國　周國名。在今河南延津東北。《左傳・僖公二十四年》富辰諫曰：凡、蔣、邢、茅、胙、祭，周公之胤也。⑮平陽亭　古地名。春秋衛地。在今河南滑縣南。《左傳・哀公十六年》：衛侯飲孔悝酒于平陽，醉而送之。杜預注：東郡燕縣東北有平陽亭。⑯瓦亭　古地名。一名「瓦岡」，故址在今河南滑縣南。《春秋・定公八年》公會晉師于瓦。杜預注：「東郡燕縣東北有瓦亭。」今縣南有瓦岡集。⑰桃城　古地名。戰國魏邑。故城在今河南延津東北。⑱白馬　古地名。春秋衛曹邑，秦置白馬縣。故城在今河南滑縣東二十里。⑲韋鄉　古地名。本豕韋氏國。在今河南滑縣東南。⑳頓丘　古地名。春秋時魏邑。故址在今河南浚縣西。㉑東阿　古地名。春秋時齊柯邑，後為阿邑，秦時謂之「東阿」，漢置東阿縣。故城在今山東陽穀東北五十里。㉒清亭　古地名。春秋衛地。《春秋・隱公四年》：「夏，公及宋公遇于清。」杜預注：「清，衛邑。濟北東阿縣有清亭。」今山東東阿西南之清亭。㉓東武陽　古地名。在武水之陽，故名。漢置東武陽縣。為東郡治所。故城在今山東莘縣東南。㉔濕水　一作漯水，或漯川。古代黃河主要支流之一。故道自今河南濬縣西南，別黃河東北流經濮陽、范縣，山東莘縣、聊城、臨邑、濱州等地入海。㉕范　古地名。春秋晉范武子士會邑。戰國時屬齊。漢置范縣。故城在今河南范縣東南二十里。㉖秦亭　古地名。故址在河南范縣東南。《春秋・莊公三十一年》：築臺于秦。《魏書・地形志》濟州東平郡范縣：「俱治秦城。」秦城，即秦亭也。㉗臨邑　漢置縣。故城在今山東東阿北。㉘博平　古地名。戰國齊博陵邑，西漢置博平縣。故城在今山東茌平西北三十里之博平鎮。㉙聊城　本春秋齊聊地，漢置聊城縣。故城在今山東聊城西北十五里。㉚夷儀聚　古地名。在山東聊城西南十二里。㉛聶城　古地名。春秋邢地，故齊國西界。故城在今山東茌平博平鎮西。㉜發干　古地名。西漢置縣。為侯邑。故城在今山東冠縣東南。㉝樂平侯國　樂平，縣名。春秋齊邑。西漢置清縣，東漢改為樂平侯國。故城在今山東聊城西南。㉞清　古地名。春秋齊清邑，漢置清縣，東漢為樂平侯國。故城在今山東聊城西南。㉟陽平侯國　陽平，縣名。西漢置陽平縣。東漢改為侯國。故治即今山東莘縣。㊱莘亭　古地名。春秋時衛莘邑，漢置陽平縣，即其地。故址在今山東莘縣北。㊲岡成城　古地名。秦封蔡澤為岡成君。故址在今山東莘縣境。㊳衛公國　衛，戰國魏邑，稱觀。西漢置觀縣，東漢初為衛國。光武帝封姬武，置衛公國。故地在今河南清豐東南。㊴觀　古觀國。春秋時為衛地，西漢置觀縣，東漢更名衛國縣。故址在今河南清豐東南。㊵光武　即漢光武帝劉秀（西元前六－五七年），字文叔，南陽蔡陽（今湖北棗陽）人。東漢王朝的建立者，西元二五－五七年在位。㊶河牧城　古地名。故址在今河南清豐東南。㊷竿城　漢置，為侯邑。故城在今河南濮陽東北。㊸穀城　古地名。春秋時齊穀邑，秦曰穀城。東漢置縣。故城即今山東平陰西南東阿鎮。㊹巂下聚　古地名。春秋齊巂邑，又作酅邑。漢稱巂下聚。故址在今山東東阿西南。

【語譯】東郡，秦朝設置。在洛陽八百餘里處。轄十五個城邑，有住戶十三萬六千零八十八，人口六十萬三千三百九十三。

濮陽縣，原來是古昆吾國，春秋時改名為濮，境內有鹹城，也稱作古鹹國。還有清丘和鉏城。　燕縣，本來是南燕國。有雍鄉有胙城，古胙國。又有平陽亭、瓦亭和桃城。　白馬縣，境內有韋鄉。　頓丘縣。　東阿縣，境內有清亭。　東武陽縣，境內是漯水發源地。　范縣，城境內有秦亭。　臨邑縣，境內有泲廟。　博平縣。　聊城縣，境內有夷儀聚和聶城。　發干縣。　樂平，東漢為侯國。原來稱清，章帝時更現名。　陽平縣，東漢為侯國。境內有莘亭和岡成城。　衛，東漢為公國。本是觀國的舊地，姚姓所建，光武帝時更名。境內有河牧城和竿城。　穀城縣，春秋時稱小穀，境內有巂下聚。

東平國❶故梁❷，景帝❸分為濟東國，宣帝❹改。雒陽東九百七十五里。七城，戶七萬九千一十二，口四十四萬八千二百七十。

無鹽❺本宿國❻，任姓。有章城❼。

東平陸❽六國❾時曰平陸。有闞亭❿。有堂陽亭⓫。

富成⓬

章⓭

壽張⓮春秋曰良，漢曰壽良，光武改曰壽張。有堂聚⓯，故聚屬東郡。

須昌⓰故屬東郡。有致密城⓱，古中都。有陽穀城⓲。

寧陽⓳故屬泰山。

【注釋】❶東平國　東平，郡、國名。原西漢東平國，後改為郡。治所在無鹽（今山東東平東）。❷梁　封國。漢章帝建初四年（西元七九年），改梁郡為梁國，徙淮南王劉暢為梁王，又增鄳、寧陵等六縣，都睢陽。轄境相當今河南商丘及寧陵、虞城、夏邑縣，安徽碭山縣，山東曹縣、成武、單縣等。❸景帝　即西漢景帝劉啟（西元前一八八—前一四一年），西元前一五七—前一四一年在位。❹宣帝　即西漢宣帝劉詢（西元前九二—前四九年），西元前七四—前四九年在位。❺無鹽　春秋時宿國，戰國為齊邑。漢置縣。故城在今山東東平東二十里。❻宿國　古國名。風姓，相傳為太皞之後。故址在今山東東平東二十里。❼章城　春秋時鄣國。在無鹽城東北。漢置縣。今為鄣城集。故城在今山東東平東六十里。❽東平陸　戰國為齊平陸邑。西漢置東平陸縣。故城在今山東汶上北。❾六國　指戰國七雄中除秦以外的六個國家：齊、楚、燕、韓、趙、魏。❿闞亭　古地名。《左傳・桓公十一年》：會于闞。杜預曰：在須昌縣東南。有闞城，《博物記》云即此亭是。故址在今山東東平東南。⓫堂陽亭　地名。故址在今山東汶上北。⓬富成　西漢置富城縣，東漢改為富成縣。故址在今山東肥城西南。⓭章　春秋時鄣國，無鹽東北有章城。漢置縣，今為鄣城集。故城在今山東東平東六十里。⓮壽張　戰國齊壽邑。漢置壽良縣，東漢改曰「壽張」。故城在今山東東平西南。⓯堂聚　古地名。故址在今山東東平湖附近。⓰須昌　本春秋須句國。漢初曰「須昌」，為侯國，後為縣。故城在今山東東平西北。⓱致密城　城邑名。古中都。故址在今山東東平西。⓲陽穀城　春秋時齊邑。《國語・齊語》：「桓公大朝諸侯于陽穀。」即此。故城在今山東東平陰西南。⓳寧陽　本春秋魯闡邑。漢初置寧陽侯國，後為縣。故城在今山東寧陽南。

【語　譯】東平國，是原來梁國，漢景帝時分為濟東國，宣帝又改為東平國。在雒陽東九百七十五里處。轄七個城邑，有住戶七萬九千零一十二，人口四十四萬八千二百七十。

無鹽縣，原來是宿國舊地，任姓所建。境內有章城。　東平陸縣，戰國時稱為平陸，境內有闞亭和堂陽亭。　富成縣。　章縣。　壽張縣，春秋時稱良，漢代稱壽良，光武時改稱壽張。境內有堂聚，故聚原屬東郡。　須昌縣，原來屬東郡，境內有致密城，是古代中都，還有陽穀城。　寧陽縣，原來屬泰山郡。

任城國❶章帝元和❷元年，分東平為任城。雒陽東千一百里。三城，戶三萬六千四百四十二，口十九萬四千一百五十六。

任城本任國❸。有桃聚❹。　亢父❺　樊❻

【注　釋】❶任城國　封國。東漢元和元年（西元八四年）分東平國置，封東平王劉蒼子尚為任城孝王。治任城縣（今山東濟寧東南）。轄境相當今山東濟寧附近地區。❷元和　東漢章帝劉炟年號，西元八四—八七年。❸任國　周國名。風姓。故址在今山東微山縣西北。戰國時為齊國附庸。漢置任城縣，東漢改為任城國。❹桃聚　聚邑名。一名桃鄉。光武帝破龐萌于桃鄉。故址在今山東鄒城西南、泗河下游南陽湖東。❺亢父　本春秋齊地，秦置亢父縣。故城在今山東濟寧南五十里。❻樊　西漢置縣。故城在今山東兗州西南。

【語　譯】任城國，章帝元和元年分東平郡為任城國。在洛陽東一千一百里處。轄三個城邑，有住戶三萬六千四百四十二，人口十九萬四千一百五十六。

任城縣，原來是任國舊地，境內有桃聚。　亢父縣。　樊縣。

泰山郡❶高帝置。雒陽東千四百里。十二城，戶八千九百二十九，口四十三萬七千三百一十七❷。

奉高❸有明堂❹，武帝造。**博**❺有泰山廟。岱山❻在西北。有龜山❼。有龍鄉城❽。**梁甫**侯國❾。有菟裘聚❿。**鉅平**⓫侯國。有亭禪山⓬。有陽關亭⓭。**嬴**⓮有鐵。**山茌**侯國⓯。**萊蕪**⓰有原山⓱，潘水⓲出。**蓋**沂水⓳出。**南武陽**侯國⓴。有顓臾城㉑。**南城**㉒故屬東海。有東陽城㉓。**費**侯國㉔，故屬東海。有祊亭㉕。有台亭㉖。**牟**㉗故國。

【注釋】❶泰山郡　地區名。西漢高帝置。因境內泰山得名。治博縣（今山東泰安東南），元封以後移治奉高縣（今泰安東）。轄境相當今山東長清、淄博博山以南，寧陽、平邑等縣以北，平陰、肥城以東和沂源、蒙陰以西地區。東漢以後縮小。❷十二城三句　據查袁祖亮主編、袁延勝著《中國人口通史》（四：東漢卷）兗州七郡平均每城（縣）有戶一萬左右。泰山郡十二城，應有戶十萬萬方以上方符合兗州郡國戶口分布情況。因此，泰山郡「戶八千九百二十九」，當為「戶十萬八千九百二十九」之誤，即漏掉「十萬」二字。❸奉高　西漢置縣。故城在今山東泰安東北十七里。❹明堂　古代天子朝會及舉行封賞、慶典等活動的地方。❺博　春秋時齊博邑，亦曰「博陽」。漢田安為濟北王，都博陽，即此縣。故城在今山東泰安東南。❻岱山　泰山的別稱。五嶽之一。因地處東部故稱東嶽，主峰玉皇頂，海拔一五三二公尺。古以東方為萬物交替，初春發生之地，故有「群嶽之長」美譽。古帝王登基之初，太平之歲，多來此山舉行封禪大典，祭告天地。其山位今山東泰安北。❼龜山　山名。在山東泰安東南。❽龍鄉城　春秋時魯龍邑。在今山東泰安東南。❾梁甫侯國　梁甫，一名「梁父」。西漢置梁父縣，以境內梁父山為名。東漢改為梁甫侯國。故城在今山東新泰西。❿菟裘聚　春秋魯邑。故址在今山東新泰西。《左傳・隱公十一年》公曰：使營菟裘，吾將老焉。杜預曰：「菟裘，魯邑，在泰山梁父縣南。」後因稱致仕退居之所為菟裘。⓫鉅平　侯國名。西漢置鉅平縣。東漢改為侯國。故城在今山東泰安西南。⓬亭禪山　又名「亭亭山」，泰山之支阜。《史記・封禪書》：「黃帝封泰山，禪亭亭。」即此。故址在今山東泰安南五十里。⓭陽關亭　春秋魯邑。故址在山東泰安東南。《春秋・襄公十七年》：齊高厚圍臧紇于防，(魯)師自陽關逆臧孫，至于旅松。又《左傳・定公七年》：「齊人歸鄆、陽關，陽虎居之以為政。」⓮嬴　春秋齊嬴邑。漢置嬴縣。古城在今山東萊蕪西北四十里北汶水之北，俗名「城子縣」，即古嬴城。⓯山茌侯國　山茌，縣名。西漢置茌縣。東漢為侯國。故城在今山東長清東南。⓰萊蕪　西漢置縣。故城在今山東淄博南。⓱原山　一名「飴山」，又名「馬耳山」。聳群山之上，為扼險之所，淄水源於此。在今山東萊蕪東北七十里。⓲淄水　入濟之汶，為運河上源，正流曰大汶河，出山東萊蕪東北原山，西南流經泰安治東，石汶水自泰山東麓東南流來會，牟汶水自萊蕪東山合語汶嬴汶諸水西流來會，北汶水自泰山西麓東南流來會，北汶水自泰山西比率分流來會，小汶河即柴汶水，自新泰東北龍堂山合諸流來會，匯以西流，界舊泰安兗州二府間，至東平，與入黃河之大清河小清河合流相會，又西至汶上，西南入運河。⓳沂水　又名「大沂河」。源出山東蒙陰北，東南流經沂水縣西，又南流入臨沂東北，經郯城入江蘇邳州境，分為二支，一支入運河，一支入駱馬湖。⓴南武陽侯國　南武陽，縣名。西漢置縣。東漢為侯國。故治在今山東平邑。㉑顓臾城　周代東夷小國。春秋時為魯之附庸。風姓。故城在今山東平邑東南。㉒南城　春秋魯武城邑。戰國又名南武城、南城。西漢置南成侯國，東漢改稱南城縣。故治在今山東平邑南。㉓東陽城　聚邑名。故址在今山東費縣東南。㉔費侯國　費，縣名。春秋魯季氏邑。西漢置縣，東漢改為侯國。故城在今山東費縣西北二十里。㉕祊亭　春秋鄭國祭祀泰山的湯沐邑。故址在今山東費縣東。《左傳・隱公八年》：「鄭伯使宛來歸祊。」㉖台亭　春秋時魯地。故址在今山東費縣南。《春秋・襄公十二年》：「莒人伐我東鄙，圍台。」杜預注：「琅邪費縣南有台亭。」㉗牟　春秋時牟國。西漢置牟縣。故城在今山東萊蕪東二十里。

【語　譯】泰山郡，漢高祖時設置。在洛陽東一千四百里處。轄十二個城邑，有住戶十萬八千九百二十九，人口四十三萬七千三百一十七。

奉高縣，境內有明堂，漢武帝所建造。　博縣，境內有泰山廟，岱山在縣西北部，境內有龜山和龍鄉城。　梁甫縣，東漢為侯國，境內有菟裘聚。　鉅平縣，東漢為侯國，境內有亭禪山和陽關亭。　嬴縣，境內有鐵礦。　山茌縣，東漢為侯國。　萊蕪縣，境內有原山，淄水自此發源。　蓋縣，沂水自這裡發源。　南武陽縣，東漢為侯國，境內有顓臾城。　南城縣，原來屬東海郡，境內有東陽城。　費縣，東漢為侯國，原來屬東海郡，境內有祊亭和台亭。　牟縣，是古代舊國。

濟北國❶和帝❷永元❸二年，分泰山置。雒陽東千一百五十里。五城，戶四萬五千六百八十九，口二十三萬五千八百九十七。

盧❹有平陰城❺。有防門❻。有光里❼。有景茲山❽。有敖山❾。有清亭❿。有長城至東海⓫。

蛇丘⓬有遂鄉⓭。有下讙亭⓮。有鑄鄉城⓯。

成⓰本國。

茌平⓱本屬東郡。

剛⓲。

【注釋】❶濟北國　東漢和帝永元二年（西元九〇年）分泰山郡西部地置，封皇弟劉壽為濟北王，都盧（今山東長清南）。轄境相當於今山東長清、茌平、肥城及平陰東部、泰安西南部、寧陽北部地。❷和帝　即劉肇（西元七九—一〇五年），漢章帝第四子，西元八九—一〇五年在位。❸永元　東漢和帝劉肇年號，西元八九—一〇五年。❹盧　春秋齊盧邑。漢初置盧國。文帝封東牟侯興居為濟北王，都盧。和帝後分泰山郡置濟北國，亦都此。故城在今山東長清東南。❺平陰城　古地名。春秋齊平陰邑。故址在今山東平陰東北。❻防門　春秋齊邑。故址在今山東平陰東北。《左傳・襄公十八年》：「齊侯禦諸平陰，塹防門。」杜預注：平陰城其城南有防門，于門外作塹。橫行廣一里。❼光里　春秋齊之廣里。故址在今山東長清西南。《水經・濟水注》：「今防門北有光里，齊人言廣音與光同，即《春秋》所謂守之廣里者也。」❽景茲山　春秋齊地。故址在今山東長清東南。❾敖山　山名。在今山東蒙陰西北四十里，接新泰界。《國語・晉語》：「范獻子聘于魯，問具山、敖山。」即此。❿清亭　春秋時齊地。故址在今山東長清東南。《左傳・哀公十一年》：齊伐魯及清是也。杜預注：「齊地，濟北盧縣東有清亭。」⓫東海　古代之東海，所指因時而異。先秦之東海，相當今之黃海。秦漢以後，始以今黃海、東海為東海。明代以後，北部稱為黃海，南部仍稱東海。⓬蛇丘　春秋魯蛇淵囿，亦曰「鑄鄉」。漢置蛇丘縣。故城在今山東肥城東南。⓭遂鄉　周國名。舜後，春秋時滅於齊，亦作「隧」。今山東寧陽西北與肥城接界處有遂鄉，是其地。《春秋・莊公十三年》：齊人滅遂而戍之。又十七年齊人殲于遂。⓮下讙亭　古地名。故址在今山東肥城南。《左傳・桓公三年》：送姜氏于讙。⓯鑄鄉城　即今山東肥城東南之鑄鄉，春秋時小國。《禮記・樂記》：周武王未及下車，封堯後於鑄。《左傳・襄公二十三年》：「臧宣叔娶于鑄。」謂此。杜預曰：「鑄國，濟北蛇丘縣所治。」《水經注》：蛇水經鑄城西，春秋所謂蛇淵囿也，劉昫曰：蛇丘縣有鑄鄉城，似非一處矣。⓰成　東漢置縣。故城在今山東寧陽東北。⓱茌平　秦置茌平縣，東漢改名為茌平縣。故城在今山東茌平西南。⑱剛　戰國時齊之剛邑。漢置剛縣。故城在今山東寧陽東北三十五里。

【語譯】濟北國，東漢和帝永元二年分泰山郡一部分設置。在洛陽東一千一百五十里處。轄五個城邑，有住戶四萬五千六百八十九，人口二十三萬五千八百九十七。

盧縣，境內有平陰城、防門、光里、景茲山、敖山、清亭，縣內有長城直通至東海。　蛇丘縣，境內有遂鄉、下讙亭和鑄鄉城。　成縣，原來是舊國。　茌平縣，原來屬東郡所轄。　剛縣。

山陽郡①故梁，景帝分置。雒陽東八百一十里。十城，戶十萬九千八百九十八，口六十萬六千九十一。

昌邑②刺史治。有梁丘城③。有甲父亭④。　東緡⑤春秋時曰緡。　鉅野⑥有大野澤⑦。

高平⑧侯國。故橐⑨，章帝更名。有茅鄉城⑩。　湖陸⑪故湖陵，章帝更名。　南平陽侯國⑫。有漆亭⑬。有閭丘亭⑭。　方與⑮有武唐亭⑯，魯侯觀魚臺。有泥母⑰亭，或曰古甯母⑱。　瑕丘⑲　金鄉⑳　防東㉑

【注釋】①山陽郡　地區名。治昌邑縣（今山東巨野南），轄境相當今山東鄆城、嘉祥等縣以南，成武、曹縣以東，單縣以北，獨山湖以西，兼有湖東的兗州、鄒城一部，西南延伸至今河南民權境。②昌邑　秦置縣。漢為昌邑王國。山陽郡、東漢兗州刺史皆治此。故城在今山東巨野南。③梁丘城　古地名。故地在今山東成武東北三十有梁丘山，山南有梁丘城。④甲父亭　國名。在今山東金鄉南。《左傳・昭公十六年》：齊侯伐徐，徐人行成，賂以甲父之鼎。杜預曰：「甲父，古國名也。高平昌邑縣東南有甲父亭。」按《山東通志》：亭在金鄉縣西北境，古侯國，炎帝後，此從《清一統志》。⑤東緡　本夏時緡國。春秋屬宋。漢置東緡縣。故城在今山東金鄉東北二十里。⑥鉅野　古地名。《禹貢》大野地。漢置鉅野縣。故城在今山東巨野東北。❼大野澤　又名「鉅野澤」、「巨澤」。濟水所入。故址在今山東巨野北五里。❽高平　侯國名。東漢改槖縣置。故治在今山東微山縣西北。❾槖　見注❽。❿茅鄉城　西周封國。姬姓。故址在今山東金鄉西北。《左傳・僖公二十四年》：富辰曰：「凡、蔣、邢、茅、胙、祭，周公之胤也。」杜預注：「高平昌邑縣西有茅鄉。」⓫湖陸　縣名。即湖陵，戰國宋湖陵邑。秦置湖陵縣，東漢封東平王蒼子為侯國，改為「湖陸」。故城在今山東魚台東南六十里。⓬南平陽侯國　南平陽，縣名。本春秋時邾地，後為魯平陽邑。戰國時為齊南陽邑。西漢置南平陽縣（今山東鄒城）。⓭漆亭　古地名。春秋邾邑。在今山東鄒城東北。《春秋・襄公二十一年》：「邾庶其以漆、閭丘來奔。」杜預曰：南平陽縣東北有漆鄉。《十三州記》：「漆鄉，邾邑也。」⓮閭丘亭　古地名。春秋邾邑。東漢設亭。故址在今山東鄒城東北。⓯方與　古地名。本春秋時宋方與邑。秦置方與縣。故城在今山東魚台北。⓰武唐亭　即唐，又作棠。春秋魯邑。《春秋・隱公五年》：「公矢魚于棠。」杜預曰：「今高平方與縣北有武唐亭，魯侯觀魚之臺也。」故址在今山東魚台西北。隱公二年公及戎盟于唐，亦此。⓱泥母　古地名。即「甯母」。錢大昕曰：泥、甯聲相近。⓲甯母　古地名。在山東魚台東十二里。《春秋・僖公七年》：「公會齊侯、宋公、陳世子款、鄭世子華盟于寧母。」⓳瑕丘　即「負瑕」。古地名。本春秋時魯地，漢置瑕丘縣。故址在今山東兗州東北。⓴金鄉　古地名。東漢置縣。故址在今山東嘉祥南。㉑防東　古地名。東漢置縣。故址在今山東單縣東北。

【語譯】山陽郡，原是梁國，漢景帝時分置。在洛陽東八百一十里。轄十個城邑，有住戶十萬九千八百九十八，人口六十萬六千零九十一。

昌邑縣，兗州刺史治所，境內有梁丘城和甲父亭。　東緡縣，春秋時稱為緡。　鉅野縣，境內有大野澤。高平，為侯國。原來是槖國故地，章帝時更名。境內有茅鄉城。　湖陸縣，原來稱湖陵，章帝時更名。南平陽縣，東漢為侯國，境內有漆亭和閭丘亭。　方與縣，境內有武唐亭、魯侯觀魚臺，還有泥母亭，也稱為古甯母。　瑕丘縣。　金鄉縣。　防東縣。

濟陰郡❶故梁，景帝分置。雒陽東八百里。十一城，戶十三萬三千七百一十五，口六十五萬七千五百五十四。

定陶❷本曹❸國，古陶❹，堯❺所居。有三鬷亭❻。冤句❼有煑棗城❽。成陽❾有堯冢❿、靈臺⓫，有雷澤⓬。乘氏⓭侯國。有泗水⓮。有鹿城鄉⓯。句陽⓰有垂亭⓱。鄄城⓲離狐⓳故屬東郡。廩丘⓴故屬東郡。有高魚城㉑。有運城㉒。單父侯國㉓，故屬山陽㉔。成武㉕故屬山陽。有郜城㉖。己氏㉗故屬梁。

右兗州㉘刺史部，郡、國八，縣、邑、公、侯國八十。

【注釋】❶濟陰郡　地區名。治所在定陶（今山東定陶西北）。轄境相當今山東菏澤附近，南至定陶，北至濮城地區。❷定陶　周武王弟振鐸封於曹，以為都邑。春秋時宋滅曹，遂為宋邑。秦置定陶縣。漢彭越為梁王，都定陶。故城在今山東定陶西北四里。❸曹　周國名。周武王封其弟振鐸於曹，都定陶。春秋時為宋所滅，遂為宋邑。故城在今山東定陶西北四里。❹陶　古地名。《寰宇記》：「舜陶於河濱。」皇甫謐以為即在今山東定陶。❺堯　即唐堯。號陶唐氏，名放勳。傳說中父系氏族社會後期部落聯盟領袖。傳曾命羲和掌管時令，制定曆法。諮詢四岳，選舜為其繼任人。對舜進行三年考核後，命舜攝位行政。他死後，即由舜繼位，史稱禪讓。❻三鬷亭　三鬷，又作「三朡」、「三嵕」。夏、商時方國。故址在今山東定陶北。❼冤句　亦作「宛朐」、「宛句」。漢置縣。景帝封楚元王子執為宛朐侯。故址在今山東曹縣西北。❽煑棗城　古地名。在山東東明南。《史記・蘇秦列傳》：蘇秦說魏襄王曰：大王之地，東有淮、潁、煑棗。❾成陽　漢置縣。故址即今山東菏澤東北。❿堯冢　故成陽有堯冢。故址在今山東菏澤東北。《通鑑外記注》鄭玄曰：「堯游成陽而死，葬焉。」⓫靈臺　古地名。故址在今山東菏澤東北。⓬雷澤　一名雷夏澤。故址在今山東菏澤東北。《水經・瓠子河注》：「瓠河又左逕雷澤北，其澤藪在大成陽縣故城西北十餘里，昔華胥履大跡處也，其陂東西二十餘里，南北十五里，即舜所漁也。」⓭乘氏　侯國名。西漢置縣，東漢改置為侯國。故城在今山東巨野西南。⓮泗水　即今泗河。源出山東泗水縣陪尾山，四源併發，故名。泗水南下邳州東南流，東經角城北而注於淮河。⓯鹿城鄉　古地名。在今山東巨野境。⓰句陽　古地名。春秋時宋穀丘邑，漢置句陽縣。東漢廢。

今名「句陽店」。在今山東菏澤北三十五里。⓱垂亭　古地名。春秋衛邑，戰國屬魏。《春秋・隱公八年》：「宋公衛侯遇于垂。」傳作犬丘，杜預曰，犬丘，垂也。即今山東曹縣北句陽店。⓲鄄城　古地名。春秋時衛鄄邑，後為齊邑。秦置鄄城縣。故治在今山東鄄城北。⓳離狐　古地名。西漢置縣。舊傳初置縣在濮水南，嘗為神狐所穿穴，遂移城濮水之北，故曰離狐。故治在今河南濮陽東南黃河北岸。⓴廩丘　古地名。春秋時齊邑。漢置廩丘縣。故城在今山東鄆城西北。㉑高魚城　古地名。春秋時魯地，在廩丘縣東北。《左傳・襄公二十六年》：「齊烏餘以廩丘奔晉，襲衛羊角，取之；遂襲我高魚。」即此。故址今山東鄆城西北。㉒運城　春秋時魯地。故址在今山東鄆城東。㉓單父侯國　單父，一作「亶父」。縣名。春秋時魯邑，秦置縣。西漢屬山陽郡。東漢為侯國。故城在今山東單縣南一里。㉔山陽　郡名。西漢景帝分梁國置山陽國，武帝時改為郡，東漢同。故治在今山東金鄉西北。㉕成武　古地名。西漢置縣。故治在今山東成武。㉖郜城　古地名。西漢置縣。東漢廢。故城在今山東成武東南八十里。㉗己氏　古地名。春秋時己氏邑，戎姓。西漢置己氏縣。故城在今山東曹縣東南。㉘兗州　西漢武帝所置「十三刺史部」之一。約當今山東西南部及河南東部，即北至山東萊蕪、茌平、長清等，東至沂河上游和莒縣，東南至平邑、蒙陰等縣，南至魚台、單縣、曹縣，西南至河南鹿邑、淮陽、扶溝等，西至開封、延津和古黃河。東漢治所在昌邑縣（今山東金鄉西北）。

【語譯】濟陰郡，原來是梁國，漢景帝時分置。在洛陽東八百里處。轄十一個城邑，有住戶十三萬三千七百一十五，人口六十五萬七千五百五十四。

定陶縣，原來是曹國舊地，古代的陶地，是堯的故居，現在還有三鬷亭。　冤句縣，境內有煮棗城。　成陽縣，境內有堯冢、靈臺。縣境內有雷澤。　乘氏縣，東漢為侯國。境內有泗水，還有鹿城鄉。　句陽縣，境內有垂亭。　鄄城縣。　離狐縣，原來屬東郡。　廩丘縣，原來也屬東郡，境內有高魚城和運城。單父縣，東漢為侯國。原來屬山陽郡。　成武縣，原來也屬山陽郡，境內有郜城。　己氏縣，原來屬梁國。

以上兗州刺史部共轄八個郡和封國，八十個縣、邑、公和侯國。

東海郡❶高帝置。雒陽東千五百里。十三城，戶十四萬八千七百八十四，口七十萬六千四百一十六。

郯❷本國，刺史治。　蘭陵❸有次室亭❹。　戚❺　朐❻有鐵。有伊盧鄉❼。　襄賁❽　昌慮❾有藍鄉❿。　承⓫　陰平⓬　利城⓭　合鄉⓮　祝其⓯有羽山⓰。春秋時曰祝其，夾谷⓱地。　厚丘⓲　贛榆⓳本屬琅邪，建初⓴五年復。

【注釋】❶東海郡　地區名。秦置。治郯縣（今山東郯城北）。西漢末轄境相當今山東費縣、臨沂及江蘇贛榆以南，山東棗莊、江蘇邳州以東和宿遷、灌南以北地區。東漢後轄境縮小。❷郯　周時郯國。西漢置郯縣。故城在今山東郯城西北。❸蘭陵　古地名。戰國楚邑，春申君以荀卿為蘭陵令即此。西漢置縣。故城在今山東蒼山縣西南蘭陵鎮。❹次室亭　春秋魯邑。故址在今山東蒼山縣西南蘭陵鎮附近。《地道記》：「故魯次室邑。」《列女傳》有漆室之女，或作「次室」。❺戚　古地名。秦置縣。故城在今山東微山縣。《漢書・高帝紀》：「沛公引兵之薛，秦泗州守壯兵敗於薛，走至戚。」即此。❻朐　古地名。秦置縣。故城在今江蘇連雲港市西南。❼伊盧鄉　古地名。故址在今江蘇灌雲東北。《史記・淮陰侯列傳》：「項王亡將鍾離眛家在伊盧。」《寰宇記》：伊盧鄉，亦名中盧。《元和郡縣志》：中盧，盧石在東，句盧在西，故曰中盧，又名伊萊山，「盧」、「萊」相近，音訛也。❽襄賁　古地名。戰國時齊邑，西漢置縣。故城在今山東蒼山縣南。❾昌慮　古地名。春秋郳濫邑。西漢置昌慮縣，為侯國，東漢析置昌慮郡。故城在今山東滕州東南六十里。❿藍鄉　古地名。《左傳・昭公三十一年》：「郳黑肱以濫來奔。」杜預曰：縣所治。故城在今山東滕州東南。⓫承　即丞縣。西漢置，以丞水所經而名。故城在今山東棗莊南舊嶧縣西北一里。《續山東考古錄》：「丞古皆作承，舊唐志變作氶，新唐志又省作丞。」徐松曰：丞以丞水得名，作承者誤。⓬陰平　西漢侯國，東漢改縣。故城在今山東棗莊舊嶧縣西南陰平鎮。⓭利城　地名。西漢置利成縣，東漢為利城。故城在今江蘇贛榆西四十里古城村。⓮合鄉　縣名。西漢置，東漢作「合城」。故城在今山東滕州東北。即《論語》所謂的互鄉。⓯祝其　縣名。西漢置。《左傳・定公十年》：「公會齊侯于祝其，實夾谷。」即此地。故城在今江蘇贛榆西北夾谷山附近。

⑯羽山　山名。《尚書・禹貢》：「蒙、羽其藝。」羽，羽山。《左傳・昭公七年》：「昔堯殛鯀于羽山。」故址在今山東郯城東北。⑰夾谷　鄉邑名。故址在今江蘇贛榆西北。《春秋・定公十年》：「夏，公會齊侯于夾谷。」《左傳》：公會齊侯于祝其，實夾谷。其地所在，說法不一，一說是春秋齊地。故址在今山東萊蕪西南。⑱厚丘　西漢置縣。故址在今江蘇沭陽北四十里厚鎮。⑲贛榆　一名「鹽倉城」。古地名。西漢置縣。故城在今江蘇贛榆東北。⑳建初　東漢章帝年號，西元七六—八四年。

【語譯】東海郡，漢高祖時設置，在洛陽東一千五百里。轄十三個城邑，有住戶十四萬八千七百八十四，人口七十萬六千四百一十六。

郯縣，原來是舊國名，為徐州刺史治所。蘭陵縣，境內有次室亭。戚縣。朐縣，境內有鐵礦，有伊盧鄉。襄賁縣。昌慮縣，境內有藍鄉。承縣。陰平縣。利城縣。合鄉縣。祝其縣，境內有羽山，春秋時稱為祝其，即夾谷地。厚丘縣。贛榆縣，原來屬琅邪郡，章帝建初五年恢復。

琅邪國❶秦置。建武❷中省城陽國，以其縣屬。雒陽東一千五百里。十三城，戶二萬八百四，口五十七萬九百六十七❸。

開陽❹故屬東海，建初五年屬。東武❺　琅邪❻　東莞❼有鄆亭❽。有邳鄉❾。有公來山❿，或曰古浮來⓫。西海⓬　諸⓭　莒⓮本國，故屬城陽⓯。有鐵。有崢嶸谷⓰。東安⓱故屬城陽。陽都⓲故屬城陽。有牟臺⓳。臨沂⓴故屬東海。有叢亭㉑。即丘侯國㉒。故屬東海，春秋曰祝丘。繒侯國㉓。故屬東海。有概亭㉔。姑幕㉕

【注釋】❶琅邪國　琅邪，亦作「瑯邪」。秦置。今山東舊兗、青、沂、萊四府東南境及膠州之地。西漢治東武（今山東諸城治）。東漢治開陽，故治在今山東臨沂北，轄境約今山東半島東南部。❷建武　東漢光武帝劉秀年號，西元二五—五六年。❸十三城三句　張森楷〈校勘記〉謂：若如此文，則一城只千餘戶，太少，一戶凡三十口，太多，殊不近情，疑「戶」下脫去一「十」字。即「戶十二萬八百四，口五十七萬九百六十七」為當。❹開陽　春秋時鄅國，後改名「啟陽」，屬魯。西漢置縣，避景帝諱，改名「開陽」。故城在今山東臨沂北十五里鄅古城。❺東武　縣名。西漢置。高帝封郭蒙為東武侯即此。故治在今山東諸城。❻琅邪　本齊邑。西漢置縣。故城在今山東膠南市西南。❼東莞　西漢置為侯國。故治在今山東沂水縣。❽鄆亭　春秋魯地。故址在今山東沂水縣東北。《春秋・文公十二年》：「季孫行父帥師城諸及鄆。」杜預曰：「城陽故幕縣南有員亭。員，即鄆也。」又成公九年：「楚公子嬰齊帥師伐莒，庚申莒潰，楚人入鄆。」《左傳・襄公十二年》：「季武子救台，遂人鄆。」《春秋・昭公元年》：「三月，取鄆。」《左傳・昭公元年》：「莒魯爭鄆，為日久矣。」《十三州記》：「魯有東西兩鄆。」魯昭公所居者為西鄆，在東平。此謂莒魯所爭者，謂之東鄆。❾邳鄉　即古邳邑。故址在今山東沂水縣北。《左傳・定公元年》薛宰曰：「奚仲遷于邳，仲虺居薛，以為湯左相。」《漢書・地理志》：東海郡下邳。《注》：臣瓚曰：「有上邳，故曰下邳也。」又〈王子侯表〉：上邳侯郢客，楚元王子。❿公來山　古地名。即「浮來」。⓫浮來　春秋莒邑。故址在今山東莒縣西三十里。《春秋・隱公八年》：「公及莒人盟于浮來。」杜預曰：「浮來，紀邑也。東莞縣北有邳鄉，邳鄉西有公來山，號曰邳來間也。」⓬西海　西漢海曲縣，東漢改曰「西海」。故城在今山東日照西。⓭諸　春秋魯諸邑。西漢置諸縣。故城在今山東諸城西南三十里。⓮莒　周為莒國。秦置縣。西漢文帝封朱虛侯劉章為城陽王，以莒為都。故治在今山東莒縣。⓯城陽　西漢初置。文帝時為城陽國，治莒，東漢復為郡。故治即今山東莒縣。⓰崢嶸谷　山谷名。在今山東莒縣東南。⓱東安　西漢置。故城在今山東沂水縣西南三十里。⓲陽都　春秋時陽國。西漢置陽都縣。故城在今山東沂南縣南。⓳牟臺　周國名，子爵。故城在今山東萊蕪東二十里。《春秋・桓公十五年》：「邾人、牟人、葛人來朝。」杜預曰：「牟國，今泰山牟縣也。」⓴臨沂　西漢置縣。故城在今山東臨沂西北。㉑叢亭　古地名，即次睢。故址在今山東臨沂東北。《左傳・僖公十九年》：「宋公使邾文公用鄫子於次睢之社。」《博物記》：「縣東界次睢有大叢社，民謂之食人社，即次睢之社。」㉒即丘侯國　祝丘，春秋魯邑。故址在今山東郯城東北。《左傳・桓公五年》：「城祝丘。」西漢置即丘縣。孟康曰：即丘，故祝丘也。東漢於此置即丘侯國。㉓繒侯國　繒，古地名。秦置縣。東漢以繒縣改置侯國。故城在今山東蒼山縣西北。㉔概亭　古地名。故址在在今山東蒼山縣西北。㉕姑幕　縣名。西漢置。故城在今山東諸城西北。《水經・濰水注》：浯汶水經姑幕縣舊城東，蓋後魏移治也，或以「姑幕」為「薄姑」誤。

【語　譯】琅邪國，為秦朝設置。光武帝建武年間裁撤城陽國，以其轄縣來屬。在洛陽東一千五百里處。轄十三個城邑，有住戶二萬八百四，人口五十七萬零九百六十七。

開陽縣，原來屬東海郡，章帝建初五年劃歸琅邪國。　東武縣。　琅邪縣。　東莞縣，境內有鄆亭，有邳鄉，還有公來山，有人說是古代的浮來。　西海縣。　諸縣。　莒縣，原是舊國，以前屬城陽郡，境內有鐵礦，還有崢嶸谷。　東安縣，原來屬城陽郡。　陽都縣，原來也屬城陽郡，境內有牟臺。　臨沂縣，原來屬東海郡，境內有叢亭。　即丘，東漢為侯國。原來屬東海郡，春秋時稱為祝丘。　繒縣，東漢為侯國。原來屬東海郡，境內有概亭。　姑幕縣。

彭城國❶高祖❷置為楚，章帝改。雒陽東千二百二十里。八城，戶八萬六千一百七十，口四十九萬三千二十七。

彭城❸有鐵。　武原❹　傅陽❺有柤水❻。　呂❼　留❽　梧❾　菑丘❿　廣戚⓫故屬沛。

【注　釋】❶彭城國　封國。轄境相當今山東微山縣及江蘇徐州、銅山縣、沛縣東南部等地，治所在彭城（今江蘇徐州）。❷高祖　即漢高祖劉邦（西元前二五六－前一九五年），字季，沛縣（今屬江蘇）人。西漢王朝的建立者，西元前二〇二－前一九五年在位。❸彭城　古大彭氏國。春秋宋邑，秦置彭城縣。二世二年，楚懷王徙盱台，都彭城，項羽自立為西楚霸王，亦都之。即今江蘇徐州。❹武原　西漢置縣。故城在今江蘇邳州西北。❺傅陽　古逼陽國。秦置傅陽縣。故城在今山東棗莊舊城南五十里。❻柤水　一名祖水。故道在今山東棗莊南與江蘇徐州東北，邳州交界一帶。❼呂　春秋宋邑。西漢置呂縣。故治在今江蘇銅山縣東南。《左傳・襄公元年》：「秋，楚子辛救鄭，侵宋呂、留。」杜預曰：「呂、留二縣，今屬彭城郡。」❽留　縣名。秦置。故治在今江蘇沛縣東南。❾梧　縣名。西漢置。治所在今安徽淮北東北。❿菑丘　西漢置甾丘縣，東漢作菑丘。故治在今安徽宿縣東北六十里。⓫廣戚　縣名。西漢置。屬沛郡。東漢屬彭城國。縣西北有灌城，相傳為漢將軍灌嬰所築。故城在今江蘇沛縣東南。

【語　譯】彭城國，漢高祖時設置為楚國，漢章帝改現名。在洛陽東一千二百二十里處。轄八個城邑，有住戶八萬六千一百七十，人口四十九萬三千零二十七。

彭城縣，境內有鐵礦。　武原縣。　傅陽縣，境內有相水。　呂縣。　留縣。　梧縣。　菑丘縣。　廣戚縣，原屬沛國管轄。

廣陵郡❶景帝置為江都，武帝更名。建武中省泗水國❷，以其縣屬。雒陽東一千六百四十里。十一城，戶八萬三千九百七，口四十一萬百九十。

廣陵❸有東陵亭❹。　江都❺有江水祠。　高郵❻　平安❼　淩❽故屬泗水。　東陽❾故屬臨淮❿。有長洲澤⓫，吳王濞⓬太倉在此。　射陽⓭故屬臨淮。　鹽瀆⓮故屬臨淮。　輿侯國⓯。故屬臨淮。　堂邑⓰故屬臨淮。有鐵。春秋時曰堂。　海西⓱故屬東海。

【注　釋】❶廣陵郡　地區名。西漢置。治廣陵（今江蘇揚州西北蜀岡上），後分置廣陵國、臨淮郡。東漢又改廣陵國為廣陵郡，轄境相當今江蘇、安徽交界的洪澤湖東部和六合以東，泗陽、寶應、灌南諸縣以南，串場河以西，長江以北地區。❷泗水國　西漢置。東漢改為縣。故治在今江蘇泗陽西北。❸廣陵　縣名。六國時楚地，楚懷王十年城廣陵，秦置廣陵縣。故城在今江蘇揚州西北蜀岡上。❹東陵亭　聚邑名。故址在今江蘇江都西南、運河東岸入長江處。❺江都　戰國時楚廣陵邑，西漢置縣。故城在今江蘇揚州西南四十六里夾江北小沙洲上。❻高郵　縣名。西漢置。本秦之高郵亭，因以立名。故治在今江蘇高郵。❼平安　縣名。西漢置。故治在今江蘇寶應西南。❽淩　縣名。秦置。西漢為泗水國治。故城在今江蘇泗陽西北。

❾東陽　縣名秦置，二世時陳嬰為東陽令史，東陽少年殺其令，立嬰為長，即此。故治在今江蘇盱眙東南東陽城。❿臨淮郡名。西漢置。故治在今江蘇泗洪南。轄境約今長江以北睢寧、漣水縣以南江蘇大部，以及安徽一部分地區。東漢移治下邳(今江蘇睢寧西北)。⓫長洲澤　洲名。故址在今江蘇金湖西南。⓬吳王濞　漢高祖兄劉仲子，立為吳王。文帝時吳太子入見，侍王太子飲博，爭道不恭，皇太子引博局提殺之。濞怨望，稱疾不朝。鼂錯議削吳。濞說膠西王，約膠東王、菑川王、濟南王、楚王、趙王皆反。周亞夫將軍擊之。濞走保東越。東越使人縱殺之。⓭射陽　縣名。西漢置。在射水之陽，故名。故治在今江蘇寶應東北射陽鎮。⓮鹽瀆　縣名。西漢置。故城在今江蘇鹽城。⓯輿侯國　輿，縣名。西漢置，東漢為侯國。故治在今江蘇儀征東北。⓰堂邑　縣名。春秋時楚棠邑，後又屬吳，西漢為侯國，後置縣。故城在今江蘇六合西北。⓱海西　縣名。西漢置。故城在今江蘇灌南南。漢封李廣利為海西侯，東漢劉永立董憲為海西王，皆此。按《漢書・地理志》作「海曲」，錢大昕曰：曲、當作「西」，李兆洛亦謂「海曲」為「海西」之訛。

【語　譯】廣陵郡，漢景帝時設置為江都郡，漢武帝時更現名。光武帝建武中裁撤泗水國，以其地為屬縣。在洛陽東一千六百四十里處。轄十一個城邑，有住戶八萬三千九百零七，人口四十一萬零一百九十。

廣陵縣，境內有東陵亭。　江都縣，境內有江水祠。　高郵縣。　平安縣。　淩縣，原來屬泗水郡。　東陽縣，原來屬臨淮郡，境內有長洲澤，吳王劉濞曾在此設太倉。　射陽縣，原來屬臨淮郡。　鹽瀆縣，原來屬臨淮郡。　輿縣，東漢為侯國。原來屬臨淮郡。　堂邑縣，原來屬臨淮郡，境內有鐵礦，春秋時稱為堂。　海西縣，原來屬東海郡。

下邳國❶武帝置為臨淮郡，永平❷十五年更為下邳國。雒陽東千四百里。十七城，戶十三萬六千三百八十九，口六十一萬一千八十三。

下邳❸本屬東海。葛嶧山❹，本嶧陽山❺。有鐵。　徐❻本國。有樓亭❼，或曰古蔞林。　僮侯國❽。睢陵❾　下相❿　淮陰⓫　淮浦⓬　盱台⓭　高山⓮　潘旌⓯　淮陵⓰　取慮⓱有蒲姑陂⓲。東成⓳　曲陽⓴侯國。故屬東海。司吾侯國㉑。故屬東海。良成㉒故屬東海。春秋時曰良。夏丘㉓故屬沛。

右徐州㉔刺史部，郡、國五，縣、邑、侯國六十二。

【注釋】❶下邳國　侯國名。東漢永平十五年（西元七二年）改臨淮郡置。屬徐州。治所在下邳縣（今江蘇睢寧西北古邳鎮東）。轄境北至今江蘇新沂、邳州，南至盱眙和安徽明光，東至江蘇漣水縣、淮安、淮陰等地。❷永平　東漢明帝劉莊年號，西元五八—七五年。❸下邳　縣名。秦置。故治在今江蘇睢寧西北古邳鎮東，地處沂、泗兩水交匯處，自古為淮北戰場。兩漢同。東漢時還為下邳國治所。❹葛嶧山　亦名「嶧陽山」，俗名「距山」，以其與沂水相距也。即今江蘇邳州西南之岠山，接睢寧縣界。《尚書・禹貢》：「嶧陽孤桐。」《漢書・地理志》：東海郡下邳有葛嶧山，在西，古文以為「嶧陽」，當誤。❺嶧陽山　即江蘇邳州之葛嶧山。❻徐　古國名。伯益之後，周初僭稱王，為穆王所滅，後復封為子國，故治在今江蘇泗洪南大徐台子。❼樓亭　古地名。杜預曰：在僮縣東南。伏滔《北征記》：「縣北有大冢，徐君墓，延陵解劍之處。」故址在今江蘇泗洪西北與安徽交界處。❽僮侯國　僮，縣名。秦置。西漢屬臨淮郡。東漢改為侯國。故城在今安徽泗縣東北。❾睢陵　縣名。西漢置，為侯國。故治在今江蘇泗洪東南。❿下相　縣名。秦置。相，水名。相水出沛國相縣，其水下流又置縣，故名下相也。故城在今江蘇宿遷西南。項羽為下相人，曹操攻徐州，屠男女四十餘萬口於下相，即此。⓫淮陰　縣名。秦置，漢封韓信為淮陰侯。故城在今江蘇淮陰西南。⓬淮浦　縣名。西漢置。治今江蘇漣水縣西。⓭盱台　春秋時吳善道邑。秦置盱眙縣，二世二年，項梁立楚懷王孫心為義帝，都盱眙。許慎曰：張目為盱，舉目為眙，城居山上，可以眺遠，故名。故治在今江蘇盱眙東北。⓮高山　縣名。西漢置。治今江蘇盱眙南。⓯潘旌　縣名。西漢置。播旌縣，東漢改為潘旌。治今江蘇邳州西南。⓰淮陵　西漢侯國，後為縣。故城在今安徽明光東北。⓱取慮　縣名。秦置。故址在今安徽靈璧東北。⓲蒲姑陂　古地名。《左傳・昭公十六年》：齊師至蒲隧。杜預曰：縣東有蒲姑陂。故址在今江蘇睢寧西南。⓳東成　又作「東城」。秦置。漢高祖五年，項羽兵敗，自陰陵引而東，至東城，乃有二十八騎。漢文帝封淮南厲王子良為侯邑。故城在今安徽定遠東南。⑳曲陽　侯國名。西漢置縣，東漢改置為侯國。故治在今江蘇沭陽東南。㉑司吾侯國　司吾，春秋時鍾吾國。西漢置司吾縣，應劭曰：鍾吾國，即司吾也。《水經注》：「司吾城，在司吾山東，俗訛『司吾』。」東漢改為侯國。故治在今江蘇新沂南。㉒良成　春秋地名。《左傳・昭公十六年》：「晉侯會吳子于良。」漢置良成縣。故址在今江蘇邳州東南。㉓夏丘　西漢置縣。故治即今安徽泗縣。㉔徐州　西漢武帝所置「十三刺史部」之一。轄境相當今江蘇長江以北和山東東南部地區。東漢治郯（今山東郯城）。

【語　譯】下邳國，漢武帝時設置臨淮郡，永平十五年更名為下邳國。在雒陽東一千四百里處。轄十七個城邑，有住戶十三萬六千三百八十九，人口六十一萬一千零八十三。

下邳縣，原來屬東海郡。境內有葛嶧山，本來稱嶧陽山，有鐵礦。　徐縣，原來是舊國名，境內有樓亭，有人說是古代的蔞林。　僮縣，東漢為侯國。　睢陵縣。　下相縣。　淮陰縣。　淮浦縣。　盱台縣。高山縣。　潘旌縣。　淮陵縣。　取慮縣，境內有蒲姑陂。　東成縣。　曲陽縣，東漢為侯國。原來屬東海郡。　司吾縣，東漢為侯國。原來屬東海郡。　良成縣，原來屬東海郡，春秋時稱為良。　夏丘縣，原來屬沛郡。

以上徐州刺史部共轄五個郡、國，六十二個縣、邑和侯國。

志第二十二

郡國四

濟南　平原　樂安　北海　東萊　齊國

右青州

南陽　南郡　江夏　零陵　桂陽　武陵　長沙

右荊州

九江　丹陽　盧江　會稽　吳郡　豫章

右揚州

【題解】〈郡國志〉卷四介紹青州地區的濟南、平原、樂安、北海、東萊、齊國，荊州地區的南陽、南郡、江夏、零陵、桂陽、武陵、長沙，揚州地區的九江、丹陽、盧江、會稽、吳郡、豫章。共十九個郡、國以及三州所屬二百六十一個縣、邑、侯國。共計有住戶二百八十四萬四千九十一，人口一千三百三十一萬二千七百一十五。三個州位在洛陽東部和南部，地域遼闊，覆蓋王朝東南半壁江山，地廣人眾，人口過千萬，經濟發達，特別是揚州地區，土地肥沃，物產豐富，譽為「魚米之鄉」。西漢吳王劉濞，建太倉於此，屯集糧草，富以敵國，「七國之亂」後，化封國為郡縣，為中央政府管轄，是東漢的主要賦稅之源，彌足輕重。整個東漢時期，三州除有小規模農民暴動之外，尚屬穩定，王朝後期，黃巾之亂和諸侯勢力爭奪的影響也未波及。得益於此。東漢以後，江南經濟的發展更有長足進步。

濟南國❶故齊❷，文帝❸分。雒陽東千八百里。十城，戶七萬八千五百四十四，口四十五萬三千三百八。

東平陵❹有鐵。有譚城❺。有天山❻。　**著**❼　**於陵**❽　**臺**❾　**菅**❿有賴亭⓫。　**土鼓**⓬

梁鄒⓭　**鄒平**⓮　**東朝陽**⓯　**歷城**⓰有鐵。有巨里聚⓱。

【注釋】❶濟南國　兩漢郡國名。漢初分置濟南郡，治東平陵縣。在山東歷城東七十五里。後為濟南國，尋仍為郡。東漢復為濟南國。❷齊　即齊國。西元前十一世紀周分封的諸侯國。姜姓。在今山東北部，開國君主姜尚，建都營丘（後稱臨淄，今山東淄博東、舊臨淄北）。春秋初期齊桓公任用管仲改革內政，國力強盛，成為霸主。西元前五六七年，齊靈公滅萊，領土擴展到山東東部。疆域東至海，西至黃河，南至泰山，北至無棣水（今河北鹽山縣南）。後田氏代齊，成為戰國七雄之一。西元前二二一年為秦所滅。❸文帝　即漢文帝劉恆（西元前二〇二—前一五七年），漢高祖劉邦之子。呂后死後，周勃等平定諸呂之亂，他以代王入為皇帝。執行「與民休息」的政策，減輕田租、賦役和刑獄，使農業生產有所恢復發展。又削弱諸侯王勢力，以鞏固中央集權。史家把他同景帝統治時期並舉，稱為「文景之治」。❹東平陵　春秋齊平陵邑。西漢置東平陵縣。故城在今山東章丘西。❺譚城　亦作「覃」、「郯」。周國名，嬴姓，子爵，春秋時滅於齊。故城在今山東章丘西。《春秋．莊公十年》：「齊師滅譚。」杜預注：「譚國在濟南平陵縣西南。」《水經．濟水注》：「譚，國也。齊桓之出過譚，譚不禮焉；魯莊公九年即位，又不朝。十年，滅之。」❻天山　山名。位今山東章丘西北。❼著　春秋齊著縣。故城在今山東濟陽西。《史記．曹相國世家》：「還定濟北郡，攻著、漯陰、平原、鬲、盧。」著即此。《寰宇記》：「著城，相傳地生蓍草，每年上貢，故名。」❽於陵　春秋齊於平陵邑。西漢置於陵縣。故城在今山東鄒平東南。❾臺　縣名。西漢置。故址在今山東歷城東北。❿菅　西漢侯國，後置縣。故城在今山東章丘西北。⓫賴亭　古地名。《左傳・哀公六年》：「公如賴。」故址在今山東章丘西北。⓬土鼓　縣名。西漢置。故城在今山東章丘東。⓭梁鄒　西漢侯國。後置縣。故城在今山東鄒平北。⓮鄒平　縣名。西漢置。故城在今山東鄒平東北。⓯東朝陽　西漢置朝陽縣，東漢曰「東朝陽」。故城在今山東鄒平西北。⓰歷城　縣名。戰國齊歷下邑。秦置縣。故城在今山東濟南。⓱巨里聚　鄉邑名。一名巨合城，又名巨里城。故址在今山東章丘龍山鎮。

【語　譯】濟南國，原來是齊國舊地，漢文帝分置濟南郡。在洛陽東一千八百里處。轄十個城邑，有住戶七萬八千五百四十四，人口四十五萬三千三百零八。

東平陵縣，境內有鐵礦，還有譚城和天山。　著縣。　於陵縣。　臺縣。　菅縣，境內有賴亭。　土鼓縣。　梁鄒縣。　鄒平縣。　東朝陽縣。　歷城縣，境內有鐵礦，還有巨里聚。

平原郡❶高帝置。雒陽北一千三百里。九城，戶十五萬五千五百八十八，口百萬二千六百五十八。

平原❷　高唐❸濕水❹出。　般❺　鬲侯國❻。夏❼時有鬲君❽，滅浞❾立少康❿。　祝阿⓫春秋⓬時曰祝柯。有野井亭⓭。　樂陵⓮　濕陰⓯　安德⓰侯國。　厭次⓱本富平⓲，明帝⓳更名。

【注　釋】❶平原郡　地區名。西漢高帝置。治平原縣（今山東平原縣西南），轄境相當今山東平原縣、陵縣、禹城、齊河縣、臨邑、商河縣、惠民、陽信及河北吳橋等。❷平原　古平原邑。齊西境地，屬趙。趙惠文王封弟勝為平原君。秦置縣。屬濟北郡。故城在今山東平原縣西南二十五里。❸高唐　古平原邑。春秋齊邑。西漢於其地置縣。故城在今山東禹城西南。❹濕水　水名。一作漯水或漯川。古代黃河下游主要支津之一。故道自今河南浚縣西南，別黃河東北流經濮陽、范縣、山東茌縣、聊城、臨邑、濱州等地入渤海。❺般　縣名。西漢置。故城在今山東樂陵西南。❻鬲侯國　鬲，縣名。古鬲國地。《左傳・襄公四年》：「靡奔有鬲氏。」後屬齊為鬲邑。春秋齊邑。西漢置鬲縣，東漢改為侯國。故城在今山東德州東南。❼夏　朝代名。中國歷史上第一個王朝。相傳為夏后氏部落領袖禹子啟建立的國家。建都陽城（今河南登封東），傳到桀，為商湯所滅。共傳十三代，十六王。約當西元前二十一世紀到前十六世紀左右。❽鬲君　皋陶後有鬲氏，殷末賢人膠鬲之後。鬲為夏諸侯國名，其國君稱鬲君。夏遺臣靡奔有鬲氏，藉鬲君之力滅寒浞而立少康。❾浞　即寒浞。后羿篡相位代夏政，號有窮氏。使寒浞為相，浞行媚於內，施賂於外，愚弄其民，殺后羿而烹之，遂代夏立為帝。襲有窮氏之號。夏遺臣靡藉有鬲氏之力滅浞而立少康。❿少康　傳說中夏國王，姒姓，相之子。寒浞攻殺相後，少康生在母家有仍氏，後為有仍氏牧正，又逃奔有虞氏為庖正，有田一成（即方十里），有眾一旅（即五百人）。後得同姓部落有鬲氏幫助，攻殺寒浞，恢復夏代統治。舊史家稱「少康中興」。⓫祝阿　古國名。《禮記・樂記》：武王封帝堯之後於祝。春秋時稱祝柯。西漢為縣。故城在今山東濟南西南。⓬春秋　時代名。孔子根據魯國史官編寫的《魯春秋》，記述自魯隱公元年（西元前七二二年）至魯哀公十四年（西元前四八一年）共二百四十二年的歷史，後人以此書記事所包括的時代，稱為「春秋時期」。⓭野井亭　春秋時齊野井邑。故址在今山東齊河縣東南。《春秋・昭公二十五年》：「齊侯唁公于野井。」《漢書・地理志》：「祝阿縣有野井亭。」⓮樂陵　西漢置。為侯邑。故城在今山東樂陵東南。⓯濕陰　按《集解》引惠棟說，謂《前志》亦作「漯陰」。杜預注《左傳》又作「隰」也。本春秋齊之犂邑，亦曰犂丘，又名曰隰。縣在漯水之南，故名。東漢改作濕陰。故城在今山東濟河縣東北。⓰安德　侯國名。西漢置縣。東漢改為侯邑。故城即在今山東平原縣東北。⓱厭次　古縣名。秦置。西漢改為「富平」。東漢復故名。厭次治自古凡六徙。東漢厭次治今山東陽信東南三十里，今桑落墅。⓲富平　西漢侯國。東漢改曰「厭次」。⓳明帝　即劉莊（西元二八—七五年），字子麗，東漢光武帝劉秀第四子。在位期間，遵奉光武制度，整頓吏治，嚴明法令，禁止外戚封侯預政。提倡儒術，減租傜，修治汴河，民生比較安定。數發兵進擊北匈奴，遣班超經營西域，西域諸國皆遣子入侍。後世史家將其與明帝統治時期並稱為「明章之治」。廟號顯宗。

【語譯】平原郡，漢高祖時設置，在洛陽北一千三百里處。轄九個城邑，有住戶十五萬五千五百八十八，人口一百萬二千六百五十八。

平原縣。　高唐縣，境內有濕水發源。　般縣。　鬲縣，東漢為侯國。在夏代時有鬲君殲滅了寒浞，擁立少康為王。　祝阿縣，春秋時稱為祝柯，境內有野井亭。　樂陵國。　濕陰縣。　安德，為侯國。　厭次縣，原來稱富平，明帝更為今名。

樂安國❶高帝西平昌❷置，為千乘❸，永元❹七年更名。雒陽東千五百二十里。九城，戶七萬四千四百，口四十二萬四千七十五。

臨濟❺本狄❻，安帝❼更名。　千乘　高菀❽　樂安❾　博昌❿有薄姑城⓫。有貝中聚⓬。有時水⓭。　蓼城侯國⓮。　利⓯故屬齊。　益⓰侯國。故屬北海⓱。　壽光⓲故屬北海。有灌亭⓳。

【注釋】❶樂安國　兩漢郡國名。原為漢千乘郡，東漢改稱「樂安國」。治臨濟，故址在今山東高青西北。轄境約今山東博興、高青、桓臺、廣饒、壽光等地。❷西平昌　按《集解》引錢大昕曰：案文當云「高帝置」，不應有「西平昌」三字，其為衍字無疑。後讀〈宦者傳〉，彭愷為西平昌侯，注云：西平昌縣屬平原郡，乃悟此三字當屬上文平原郡，而平原郡九城當為十城，因此三字錯入樂安注中，校書者遂改「十」為「九」，以合見存之數耳。又按：張森楷謂錢說致確，但《前志》平原有平昌縣，當即此西平昌，漏未引及。❸千乘　封國、郡名。轄境相當今山東博興、高青、利津、濱州等地，治今山東高青東南高苑鎮北。❹永元　東漢和帝劉肇年號，西元八九－一〇五年。❺臨濟　本春秋齊之狄邑。西漢於其地置狄縣，東漢改為臨濟。故城在今山東高青西北。❻狄　春秋齊邑。東漢改為臨濟。❼安帝　即劉祜（西元九四－一二五年），東漢皇帝，漢章帝孫，清河孝王劉慶子，西元一〇六－一二五年在位。❽高菀　縣名。菀，一作「宛」。西漢置。故治在今山東鄒平東北苑城。❾樂安　縣名。西漢置。故城在今山東博興北。❿博昌　戰國齊邑。西漢置博昌縣。故城在今山東博興東南二十里。⓫薄姑城　薄，又作「蒲」，或「亳」。薄姑，為商、西周時方國。成王東伐淮夷，遂踐奄，遷其君於蒲姑。故址在今山東博興東南。⓬貝中聚　即「貝丘」。《左傳・莊公八年》：「齊侯遊于姑棼，遂田于貝丘。」杜預曰：「縣南有地名貝丘也。」故址在今山東博興東南。⓭時水　今名「烏河」，又曰「如水」，因水色黑，俗稱「黑水」。出山東臨淄西南矮槐樹鋪，合澅水系水北流，西折再向北注入廡大湖。⑭蓼城侯國　蓼城，縣名。西漢置縣。東漢改為侯國。故治在今山東利澤西南。⑮利　縣名。西漢置。故城在今山東博興東四十里，遺跡尚存。⑯益　縣名。西漢置縣。東漢改為侯國。故城在今山東壽光南。⑰北海　封國名。西漢景帝置郡。治營陵縣（今山東昌樂東南）。西漢末轄境相當今山東濰坊、安丘、昌樂、壽光、昌邑等地。東漢改為國，移治劇縣（今昌樂西）。⑱壽光　縣名。西漢置。東漢為侯邑。故城在今山東壽光東北。⑲灌亭　古灌國遺址。故地在今山東壽光東北。

【語譯】樂安國，漢高祖時設置，稱為千乘國，和帝永元七年改今名。在洛陽東一千五百二十里處。轄九個城邑。有住戶七萬四千四百，人口四十二萬四千七十五。

臨濟縣，原來稱狄，安帝時改今名。　千乘縣。　高菀縣。　樂安縣。　博昌縣，境內有薄姑城、貝中聚和時水。　蓼城縣，東漢為侯國。　利縣，原來屬齊國。　益縣，東漢為侯國。原來屬北海郡。　壽光縣，原來屬北海郡，境內有灌亭。

北海國❶景帝❷置。建武❸十三年省菑川❹、高密❺、膠東❻三國，以其縣屬。十八城，戶十五萬八千六百四十一，口八十五萬三千六百四。

劇❼有紀亭❽，古紀國❾。　營陵❿　平壽⓫有斟城⓬。有寒亭⓭，古寒國⓮，浞封此。　都昌⓯　安丘⓰有渠丘亭⓱。　淳于⓲永元⓳九年復。有密鄉⓴。　平昌㉑侯國。故屬琅邪㉒。有蔞鄉㉓。　朱虛㉔侯國。故屬琅邪，永初㉕元年屬。　東安平㉖故屬菑川。六國㉗時曰安平㉘。有酅亭㉙。　高密侯國。　昌安侯國㉚。安帝復。　夷安㉛侯國。安帝復。　膠東侯國。　即墨侯國㉜。有棠鄉㉝。　壯武㉞安帝復。　下密㉟安帝復。　挺㊱　觀陽㊲

【注釋】❶北海國　封國。西漢景帝置郡。治營陵縣（今山東昌樂東南）。西漢末轄境相當今山東濰坊、安丘、昌樂、壽光、昌邑等地。東漢改為國，移治劇縣（今山東壽光南）。❷景帝　即漢景帝劉啟（西元前一八八—前一四一年），西元前一五七—前一四一年在位。❸建武　東漢光武帝劉秀年號，西元二五—五六年。❹菑川　郡國名。菑，一作「淄」。西漢文帝分齊國置，景帝時為叛亂七國之一。故治在今山東壽光南。❺高密　侯國名，故齊邑。文帝十六年，封齊悼惠王子卬為膠西王，都高密。故城在今山東高密西南。❻膠東　侯國名。西漢置膠東國。治即墨，故城在今山東平度東南。❼劇　戰國時齊邑。漢初置劇縣。文帝以悼惠王子賢為菑川王都此。東漢為北海國治。故城在今山東壽光南。❽紀亭　古紀國遺址。在今山東壽光南紀臺村。❾紀國　周國名。姜姓，侯爵。春秋時滅於齊。故城在今山東壽光南紀臺村。❿營陵　即古營丘，亦曰「緣陵」。武王封師尚父於營丘。西漢置營陵縣。故城在今山東昌樂東南五十里。⓫平壽　縣名。西漢置。東漢初，張步為耿弇所敗，自劇退保平壽，即此。故治在今山東濰坊西南。⓬斟城　古國名。故治在今山東濰坊東南。⓭寒亭　古寒國遺址。東漢設亭。故址在今山東濰坊東北寒亭鎮。⓮寒國　夏代方國國。寒浞封於此，故名。故址在今山東濰坊東北。⓯都昌　春秋齊邑。齊景公封晏子以都昌，辭不受。漢侯國，後為縣。故城在今山東昌邑西二里。⓰安丘　漢侯國，後為縣。故城在今山東安丘西南。⓱渠丘亭　春秋莒國遺址，故址在今山東安丘南一里許。⓲淳于　古淳于國。西漢置淳于縣。故址在今山東安丘東北三十里。⓳永元　東漢和帝劉肇年號，西元八九—一〇五年。⓴密鄉　古地名。《左傳·隱公二年》：「紀子帛、莒子盟于密。」即此。西漢置縣。屬北海郡，東漢省，以其地入北海國。故地在今山東昌邑東南。㉑平昌　侯國名。西漢置縣，東漢改為侯國。故城在今山東諸城西北。㉒琅邪　亦作「瑯邪」。秦置。今山東舊兗、青、沂、萊四府東南境及膠州之地。西漢治東武。即今山東諸城。東漢為琅邪國，治開陽。故址在今山東臨沂北十五里。㉓蔞鄉　古地名。《左傳·昭公五年》：「莒牟夷以牟婁及防、兹來奔。」杜預曰：「縣西南有防亭。」故地在今山東諸城西。㉔朱虛　侯國名。西漢置縣。呂后封齊悼惠王子為朱虛侯，國於此。東漢改為侯國。故城在今山東臨朐東南六十里。㉕永初　東漢安帝劉祜年號，西元一〇七—一一三年。㉖東安平　秦置縣。故城在今山東淄博東北。㉗六國　指戰國七雄中除秦以外的六個國家：齊、楚、燕、韓、趙、魏。㉘安平　即東安平，縣名。故治在今山東淄博東北。㉙酅亭　春秋紀邑。在今山東淄博臨淄東。《春秋·莊公三年》：「紀季以酅入于齊。」杜預曰：「酅，紀邑。在齊國東安平縣。」《國語·齊語》：齊地東至于紀酅。故址在今山東益都西北。㉚昌安侯國　昌安，縣名。西漢置縣，東漢改為侯國。故城即今山東安丘東南。㉛夷安　侯國名。春秋齊邑。西漢置縣，東漢改為侯國。故治即今山東高密。㉜即墨侯國　即墨，縣名。春秋齊邑。漢元年，項羽徙齊王田市為膠東王，都即墨。尋為即墨縣。東漢改為侯國。故治在今山東平度東南。㉝棠鄉　春秋時萊邑。《左傳・襄公六年》：齊侯滅萊，萊共公浮柔奔棠。杜預注：「萊邑也，北海即墨縣有棠鄉。」故址在今山東昌邑南。㉞壯武　西漢置侯國，後為縣。東漢初，安帝復置。故城在今山東即墨西。㉟下密　西漢置縣。故城在今山東昌邑東南七十里。東漢初，安帝復置。故城在今山東昌邑東南二十里。㊱挺　西漢置縣，東漢誤作「拒」。故城在今山東萊陽南七里。㊲觀陽　西漢置縣。以觀水之陽為名。故城在今山東海陽西北。

【語　譯】北海國，漢景帝時設置。光武帝建武十三年裁省菑川、高密、膠東三國，以其地為屬縣。轄十八城邑，有住戶十五萬八千六百四十一，人口八十五萬三千六百零四。

劇縣，境內有紀亭，是古紀國遺跡。　營陵縣。　平壽縣，境內有斟城。還有寒亭，是古寒國地，寒浞被封於此地。　都昌縣。　安丘縣，境內有渠丘亭。　淳于縣，明帝永元九年恢復，境內有密鄉。　平昌，為侯國。原來屬琅邪郡，境內有蔞鄉。　朱虛，為侯國。原來屬琅邪郡，安帝永初元年來屬。　東安平縣，原來屬菑川郡，戰國時稱為安平，境內有酅亭。　高密，為侯國。　昌安縣，東漢為侯國。安帝時恢復。　夷安，為侯國。安帝時恢復。　膠東縣，東漢為侯國。　即墨縣，東漢為侯國。境內有棠鄉。　壯武縣，安帝時恢復。　下密縣，安帝時恢復。　挺縣。　觀陽縣。

東萊郡❶高帝置。雒陽東三千一百二十八里。十三城，戶十萬四千二百九十七，口四十八萬四千三百九十三。

黃❷　牟平❸　惤侯國❹。　曲成侯國❺。　掖侯國❻。有過鄉❼。　當利❽侯國。　東牟侯國❾。　昌陽❿　盧鄉⓫　長廣⓬故屬琅邪。　黚陬侯國⓭。故屬琅邪。有介亭⓮。

葛盧⓯有尤涉亭。　不其侯國⓰。故屬琅邪。

【注　釋】❶東萊郡　西漢置。治掖縣（今山東萊州），轄境相當今山東膠萊河以東，平度北部和招遠、棲霞、乳山以北、以東至海地區。東漢移治黃縣（今山東龍口市東南）。❷黃　春秋萊子國。亦謂「郲」。秦置黃縣。西漢屬東萊郡。王莽曰意母。東漢復名黃縣。故城在今山東龍口市黃城鎮東。❸牟平　西漢置縣，在牟山之陽，其地夷坦，故謂「牟平」。故城在今山東煙台西北。❹惤侯國　惤，縣名。西漢置縣，東漢為侯國。故城在今山東龍口市東南。❺曲成侯國　曲城，縣名。西漢置縣，東漢改為侯國。故治在今山東萊州東北。❻掖侯國　掖，縣名。西漢置縣，東漢為侯國。故治在今山東萊州。❼過鄉　夏、西周方國。故址在今山東萊州西北。《左傳・襄公四年》：魏絳曰：寒浞處澆于過。杜預曰：過，國名，東萊掖縣北有過鄉。❽當利　侯國名。西漢置縣，東漢改為侯國。故治在今山東萊州西南。❾東牟侯國　東牟，縣名。西漢置縣，呂后封齊悼惠王子興居為侯國。故治在今山東煙台東南牟平。❿昌陽　西漢置縣。因縣在昌水之陽，故名。故城在今山東文登西南三十里。⓫盧鄉　西漢置縣，為侯國。故城在今山東平度西北。⓬長廣　西漢置縣。故城在今山東萊陽東。⓭黔陬侯國　黔陬，縣名。春秋時介國。西漢置縣，東漢改為侯國。故治在今山東膠州西南。⓮介亭　地名。在山東膠州西南七十里。《水經・膠水注》：「〈地理志〉曰：故介國也。」⓯葛盧　縣名。東漢置。故址確地無考，當在今山東東部。⓰不其侯國　不其，縣名。西漢置縣，後因呂种封於此為侯而改為侯國。故治在今山東青島城陽區北。

【語　譯】東萊郡，漢高祖時設置。在洛陽東三千一百二十八里處。轄十三個城邑，有住戶十萬四千二百九十七，人口四十八萬四千三百九十三。

黃縣。　牟平縣。　惤縣，東漢為侯國。　曲成縣，東漢為侯國。　掖縣，東漢為侯國。境內有過鄉。　當利，為侯國。　東牟縣，東漢為侯國。　昌陽縣。　盧鄉縣。　長廣縣，原來屬琅邪郡。　黔陬縣，東漢為侯國。原來屬琅邪郡，境內有介亭。　葛盧縣，境內有尤涉亭。　不其縣，東漢為侯國。原來屬琅邪郡。

齊國❶秦置。雒陽東千八百里。六城，戶六萬四千四百一十五，口四十九萬一千七百六十五。

臨菑❷本齊，刺史治。西安❸有棘里亭❹。有蘧丘里❺，古渠丘❻。昌國❼臨朐❽有三亭，古郱邑❾。廣❿般陽⓫故屬濟南。

右青州⓬刺史部，郡、國六，縣六十五。

【注釋】❶齊國　封國。東漢建武十一年（西元三五年），以齊郡為齊國，治臨淄縣。轄境相當於今山東淄博、青州、臨朐等地。❷臨菑　即臨淄。古營丘地。周封太公望為齊國，都此。秦滅齊，因故城置齊郡。西漢置臨淄縣，為齊郡治。東漢作「臨甾」，並為青州治。故城在今山東臨淄。❸西安　縣名。西漢置為侯國，後為縣。故城在今山東臨淄西北三十里。❹棘里亭　即戟里亭。故址在今山東淄博臨淄西北。《左傳・昭公十年》：陳桓子召公子山而反棘焉。杜預注：「齊國西安縣東有戟里亭。」即此。❺蘧丘里　亦作「蘧里」，即春秋齊之渠丘。故址在今山東莒縣北。《左傳・成公八年》：「晉侯使申公巫臣如吳，假道于莒。與渠丘公立于池上。」杜預注：「渠丘，邑名。莒縣有蘧里。」❻渠丘　古地名。春秋齊地。今山東臨淄西。《左傳・昭公十一年》：楚申無宇曰，齊渠丘實殺無知。《春秋地理考實》：「渠丘，當是公孫無知之邑，齊僖公寵之以大邑，是以致亂，而雍廩殺之，非雍廩之邑也。」❼昌國　西漢置為侯國，東漢因之。故城在今山東淄博東南。❽臨朐　西漢置縣，東漢因之。故城在今山東臨朐。❾郱邑　春秋紀邑。故址在今山東臨朐東南。《春秋・莊公元年》：「齊師遷紀郱、鄑、郚。」杜預曰：「齊欲滅紀，故徙其三邑之民而取其地。郱在東莞臨朐縣東南。」❿廣　西漢置為侯國。故城在今山東青州西南四里。⓫般陽　西漢置縣，因在般水之陽，故名。故城在今山東淄博淄川區。⓬青州　西漢武帝時所置「十三刺史部」之一。轄境相當於今山東德州、平原縣、高唐東，河北吳橋及山東馬頰河以南，濟南、臨朐、安丘、即墨、萊陽以北地。東漢治臨菑（今山東淄博臨淄鎮北）。

【語譯】齊國，秦朝設置。在洛陽東一千八百里處。轄六個城邑，有住戶六萬四千四百一十五，人口四十九萬一千七百六十五。

臨菑縣，原來是齊國舊地，州刺史治所。西安縣，境內有棘里亭，蘧丘里就是古代的渠丘。昌國縣。臨朐縣，境內有三亭就是古代的郱邑。廣縣。般陽縣，原來屬濟南郡。

以上青州刺史部共轄六個郡國，六十五個縣。

南陽郡❶秦置。雒陽南七百里。三十七城，戶五十二萬八千五百五十一，口二百四十三萬九千六百一十八。

宛❷本申伯國❸。有南就聚❹。有瓜里津❺。有夕陽聚❻。有東武亭❼。　冠軍邑❽。　葉❾有長山❿，曰方城⓫。有卷城⓬。　新野⓭有東鄉⓮，故新都⓯。有黃郵聚⓰。　章陵⓱故舂陵⓲，世祖⓳更名。有上唐鄉⓴。　西鄂㉑　雉㉒　魯陽㉓有魯山㉔。有牛蘭累亭㉕。　犫㉖　堵陽㉗　博望㉘　舞陰㉙邑。　比陽㉚　復陽㉛侯國。有杏聚㉜。　平氏㉝桐柏㉞大復山㉟，淮水㊱出。有宜秋聚㊲。　棘陽㊳有藍鄉㊴。有黃淳聚㊵。　湖陽邑㊶。　隨㊷西有斷蛇丘㊸。　育陽㊹邑。有小長安㊺。有東陽聚㊻。　涅陽㊼　陰㊽　酇㊾　鄧㊿有鄾聚(51)。　山都侯國(52)。　酈侯國(53)。　穰(54)　朝陽(55)　蔡陽侯國(56)。　安眾侯國(57)。　筑陽侯國(58)。有涉都鄉(59)。　武當(60)有和成聚(61)。　順陽侯國(62)。故博山(63)。有須聚(64)。　成都(65)　襄鄉(66)　南鄉(67)　丹水(68)故屬弘農(69)。有章密鄉(70)。有三戶亭(71)。　析(72)故屬弘農，故楚(73)白羽邑(74)。有武關(75)，在縣西。有豐鄉城(76)。

【注釋】❶南陽郡　地區名。戰國時置。治宛縣（今河南南陽），東漢同。轄境相當今河南熊耳山以南葉縣、內鄉間和湖北大洪山以北廣水市、隨州、襄樊直至鄖縣間地，以及陝西山陽等縣地。❷宛　春秋楚邑。秦昭襄王二十七年，使司馬錯攻楚，赦罪人，遷之南陽宛，於是始兼南陽之名。三十五年，初置南陽郡，治宛。秦、漢置宛縣。故治即今河南南陽。❸申伯國　周國名，姜姓，伯夷之後，春秋時滅於楚。故城在今河南南陽北二十里。❹南就聚　古地名。故址在今河南南陽南。❺瓜里津　津渡名。一作「瓜里」。故址在今河南南陽北四十里，即古淯水（今白河）之津渡。《東觀瓜里書》：「鄧奉拒光武瓜里。」《水經・淯水注》：淯水又西為瓜里津，水上有三梁，謂之瓜里渡。即此。❻夕陽聚　古地名。故址在今河南南陽西北。袁山松《後漢書》曰：「賈復從擊鄧奉，追至夕陽聚。」即此。❼東武亭　古地名。鄉亭臺。故址在今河南南陽北、伏牛山南。❽冠軍邑　冠軍，縣名。本古邑名。西漢置為侯國，後為縣。應劭曰：「武帝以封霍去病，去病仍出匈奴，功冠諸軍，故曰冠軍。」故治在今河南鄧州西北四十里。❾葉　春秋楚葉邑。西漢置葉縣。故城在今河南葉縣南三十里。❿長山　山名。在河南葉縣南四十里，跨方城縣境。⓫方城　在河南葉縣南四十里，跨方城縣境，後魏因置方城縣。《左傳・僖公四年》：楚屈完對齊侯曰，楚國方城以為城。《荊州記》：葉東界有故城，始犨城，東至瀙水，達沘陽界，南北聯數百里，號為方城，一謂之長城。近代學者楊寬先生認為，北方城東半部早在春秋時代已有。這是利用山脈高地連結瀙水和沘水的堤防築成，所以方城也稱連堤。方城大概就是由於它築成矩形而得名。⓬卷城　春秋楚邑。故址在今河南葉縣西南。《左傳・昭公二十五年》：楚子「使熊相禖郭巢，季然郭卷。」杜預注：「使二大夫為巢、卷築郭也。卷城在南陽葉縣南也。」⓭新野　西漢置縣。故治在今河南新野。⓮東鄉　即「都鄉」。在河南新野東南。⓯故新都　在河南新野東南。本新野之都鄉，漢封王莽為新都侯國，東漢省。⓰黃郵聚　古地名。故址在今河南新野東。本書卷十八〈吳漢列傳〉：吳漢與秦豐戰黃郵水上，破之。唐李賢注：「南陽新野縣有黃郵水、黃郵聚也。」⓱章陵　西漢置舂陵侯國，東漢改為章陵縣。故城在今湖北棗陽南。⓲舂陵　漢侯國。長沙定王子賣封於冷道之舂陵鄉，號「舂陵侯」。故城在今湖南寧遠西北，後徙南陽之白水鄉，仍號舂陵。東漢改為章陵縣。故城在今湖北棗陽南。⓳世祖　東漢光武帝劉秀的廟號。⓴上唐鄉　即周時唐國。春秋時滅於楚。故址即今湖北隨州西北九十里之唐縣鎮。㉑西鄂　西漢置縣。故城在今河南南陽北。東漢同。因江夏郡有鄂（縣），故此加「西」以示區別。㉒雉　西漢置縣。故治在今河南南召東南。㉓魯陽　古魯縣，春秋時為楚邑。西漢置魯陽縣。故治即今河南魯山縣。㉔魯山　在河南魯山縣東十八里，孤高聳拔，為一邑巨鎮，縣以此得名，又曰露山。㉕牛蘭累亭　古地名。故址在今河南魯山縣西北。㉖犨　春秋楚犨邑。秦置縣。故城在今河南魯山縣東南五十五里。㉗堵陽　本秦陽城縣，西漢改名堵陽縣。故城在今河南方城東六里。㉘博望　西漢置縣。武帝封張騫為侯國。故城在今河南方城西南博望鎮。㉙舞陰　西漢置縣。故治在今河南泌陽西北六十里。㉚比陽　亦作「沘陽」。西漢置縣。故治在今河南泌陽。㉛復陽　侯國名。西漢置侯國。應劭曰：在桐柏大復山之陽。故城在今河南桐柏東。㉜杏聚　古地名。故址在今河南桐柏南與湖北隨州北交界的桐柏山中。㉝平氏　西漢置縣。故城在今河南桐柏西北平氏鎮。㉞桐柏　漢平氏縣地。故城在今河南桐柏東六十里。㉟大復山　在河南桐柏東三十里，桐柏山之支峰。淮水源於此。㊱淮水　古四瀆之一。源出河南之桐柏山，東流入安徽境，瀦於江蘇、安徽間之洪澤湖，其下游本由江蘇漣水縣入海。金元以來，黃河自淮陰縣西南清江入淮，淮水下流，遂為黃河所占，清初，黃河北徙，淮水下游亦淤，其幹流遂自淮陰縣合於運河。㊲宜秋聚　聚邑名。故址在今河南唐河縣東南。本書卷十四〈宗室四王三侯列傳〉：「伯升甚患之。會下江兵五千餘人至宜秋。」㊳棘陽　西漢置，為侯國，因在棘水之陽，故名。故城在今河南南陽南。㊴藍鄉　古地名。故址在今河南新野東。㊵黃淳聚　古地名。故址在今河南南陽東南。㊶湖陽邑　湖陽，縣名。一作「胡陽」，秦置縣。東漢光武帝封姐為「湖陽公主」，公主食湖陽，故曰湖陽邑。故址在今河南唐河縣西南。㊷隨　春秋隨國。秦置隨縣。故治在今湖北隨州。㊸斷蛇丘　古地名。故址在今湖北隨州西北。㊹育陽　一作「淯陽」。西漢置縣。故治在今河南南陽南六十里，有故城，俗呼為「綠楊村」，古淯陽城。㊺小長安　古地名。漢軍為王莽前隊大夫甄阜所破處。㊻東陽聚　聚邑名。朱祐破張成處。故址在今河南南陽西南、趙河東岸附近。㊼涅陽　西漢置縣。因在涅水之陽，故名。故城在今河南鎮平南。㊽陰　春秋楚下陰邑，漢置陰縣。故城在今湖北老河口市西北。㊾酇　秦置縣。西漢封蕭何為侯國。東漢封臧宮為侯國。故城在今湖北老河口市西北。㊿鄧　春秋鄧國地，秦置鄧縣。故治在今湖北襄陽西北。(51)鄾聚　古鄾子國。故址在今湖北襄樊北。(52)山都侯國　山都，縣名。秦置縣。東漢改為侯國。故治在今湖北襄陽西北。(53)酈侯國　酈，縣名。本楚酈邑。秦置縣，東漢改為侯國。故治在今河南內鄉縣北。(54)穰　戰國時韓邑，後入秦，秦置穰縣。故治在今河南鄧州。(55)朝陽　縣名。西漢置。故治在今河南新野西南。(56)蔡陽侯國　蔡陽，縣名。西漢置縣，東漢改為侯國。故治在今湖北棗陽西南。(57)安眾侯國　安眾，縣名。西漢置，東漢改為侯國。故治在今河南鄧州東。(58)筑陽侯國　筑陽，縣名。西漢置縣，東漢改為侯國。故治在今湖北穀城東北。(59)涉都鄉　鄉邑名。漢武帝封南海守降侯子嘉為侯國。故址在今湖北穀城西北。(60)武當　西漢置縣。以武當山名。故城在今湖北丹江口市西北、漢水南岸。(61)和成聚　聚邑名。在湖北丹江口市西北。(62)順陽侯國　順陽，縣名。本西漢置博山縣，東漢改為侯國。故治在今河南淅川縣南。(63)博山　侯國名。西漢置。治今河南內鄉縣西南。(64)須聚　春秋衛邑。故址在今河南滑縣東南。《水經・濟水注》：「濮渠又東，逕須城北。」(65)成都　縣名。東漢置。故治當在今河南南陽地區，或湖北襄樊以北地帶。(66)襄鄉　東漢置縣。故城在今湖北棗陽東北。(67)南鄉　東漢置侯國。故城在今河南淅川縣西南。(68)丹水　古都國。秦置丹水縣。故城在今河南淅川縣西丹江東岸。(69)弘農　郡名。西漢元鼎三年（西元前一一四年）置，取「弘大農桑」為名。治弘農縣（今河南靈寶北舊靈寶西南），轄境相當今河南黃河以南，新安、嵩縣以西，伏牛山以北和陝西華陰、潼關地。(70)章密鄉　古地名。故址在今河南淅川縣西南。(71)三戶亭　春秋時楚邑。《左傳・哀公四年》：晉人執戎蠻子與其五大夫，以畀楚師于三戶。即此。故址在今河南淅川縣西北。(72)析　春秋時楚析邑。秦置析縣。故治在今河南西峽縣。(73)楚　古國名。始祖鬻熊。西周時立國於荊山一帶，建都丹陽（今湖北秭歸東南）。常與周發生戰爭，周人稱為「荊蠻」。熊渠為國君時，疆土擴大到長江中游。楚文王時建都於郢（今湖北江陵西北紀南城）。春秋時兼併周圍小國，不斷與晉爭霸。疆域西北到武關（今陝西丹鳳東南），東南到昭關（今安徽含山縣北），北到今河南南陽，南到洞庭湖以南。戰國時疆域又有所擴大，東北到今山東南部，西南到今廣西東北角，東南至今江蘇和浙江。西元前二二三年為秦所滅。(74)白羽邑　即析。春秋楚析邑。故治在今河南西峽縣。《左傳・昭公十八年》：「冬，楚子使王子勝遷許于析，實白羽。」(75)武關　戰國秦置。故址在今陝西丹鳳東南。即春秋「少習」，秦之「南關」。漢高祖自武關入秦，即此。(76)豐鄉城　地名。故治在今陝西山陽。

【語譯】南陽郡，秦朝設置。在洛陽南七百里處。轄三十七個城邑，有住戶五十二萬八千五百五十一，人口二百四十三萬九千六百一十八。

宛縣，原來是申伯國舊地，境內有南就聚、瓜里津、夕陽聚和東武亭。　冠軍邑。　葉縣，境內有長山，取名方城，還有卷城。　新野縣，境內有東鄉，原名新都，境內有黃郵聚。　章陵縣，原稱舂陵，光武帝時改為今名，境內有上唐鄉。　西鄂縣。　雉縣。　魯陽縣，境內有魯山和牛蘭累亭。　犨縣。　堵陽縣。　博望縣。　舞陰縣。　比陽縣。　復陽，為侯國。境內有杏聚。　平氏縣，有桐柏大復山，淮水自此發源，境內還有宜秋聚。　棘陽縣，境內有藍鄉和黃淳聚。　湖陽邑。　隨縣，西境內有斷蛇丘。育陽縣。境內有小長安和東陽聚。　涅陽縣。　陰縣。　酇縣。　鄧縣，境內有鄾聚。　山都縣，東漢為侯國。　酈縣，東漢為侯國。　穰縣。　朝陽縣。　蔡陽縣，東漢為侯國。　安眾縣，東漢為侯國。筑陽縣，東漢為侯國。境內有涉都鄉。　武當縣，境內有和成聚。　順陽縣，東漢為侯國。本是原來的博山侯國，境內有須聚。　成都縣。　襄鄉縣。　南鄉縣。　丹水縣，原來屬弘農郡，境內有章密鄉和三戶亭。

析縣，原來屬弘農郡，是原來楚國的白羽邑，境內有武關，在縣城西部，還有豐鄉城。

南郡❶秦置。雒陽南一千五百里。十七城，戶十六萬二千五百七十，口七十四萬七千六百四。

江陵❷有津鄉❸。**巫**❹西有白帝城❺。**秭歸**❻本國。**中盧**侯國❼。**編**❽有藍口聚❾。**當陽**❿。**華容**侯國⓫。雲夢澤⓬在南。**襄陽**⓭有阿頭山⓮。**邔**⓯侯國。有犁丘城⓰。**宜城**⓱侯國。**鄀**侯國⓲。永平元年復。**臨沮**侯國⓳。有荊山⓴。**枝江**侯國㉑。本羅國㉒。有丹陽聚㉓。**夷道**㉔。**夷陵**㉕有荊門㉖，虎牙山㉗。**州陵**㉘。**很山**㉙故屬武陵㉚。

【注釋】❶南郡　戰國時置。初治郢縣（今湖北荊州北紀南城），後移治江陵縣（今湖北荊州江陵區）。漢武帝時割東部數縣置江夏郡。宣帝後轄有相當今湖北襄樊以南，荊門市、洪湖市以西，長江、清江河流域以北的地區，西至重慶市巫山縣。❷江陵　春秋楚郢都，漢置江陵縣。故城即今湖北荊州江陵區。❸津鄉　古地名。故址在今湖北荊州江陵區東。❹巫　戰國楚巫都，秦置巫縣。故城在今重慶市巫山縣北。❺白帝城　故址在今重慶市奉節東白帝山上，歷代皆為州郡治。❻秭歸　西漢置縣。故治即今湖北秭歸。❼中盧侯國　中盧，縣名。古盧戎地。西漢置縣，東漢改為侯國。故治在今湖北襄陽西南。❽編　西漢置縣，東漢為侯國。故城在今湖北荊門西北。❾藍口聚　古地名。故地在今湖北鍾祥西北漢水岸。《左傳・莊公十八年》：鬭緡以權叛，楚遷於那處。杜預曰：「南郡編縣東南有那處城也。」即此。❿當陽　西漢置縣。故治在今湖北荊門西南。⓫華容侯國　華容，縣名。春秋許容城地。西漢置縣，東漢為侯國。故城在今湖北監利西北。⓬雲夢澤　湖名。故址在今湖北安陸南，本二澤，合稱雲夢澤。⓭襄陽　西漢置縣。城在漢水之曲，自古為攻守必爭之地。故城即今湖北襄樊。⓮阿頭山　山名。在今湖北襄樊西。本書卷十七〈岑彭傳〉：「彭乃潛兵渡沔水，擊其將張楊於阿頭山。」⓯邔　戰國楚邑。秦置縣。故城在今湖北宜城北、漢水西岸。⑯犁丘城　又作「黎丘城」。故址在今湖北襄樊東南。⑰宜城　侯國名。春秋楚鄢地。秦置鄢縣，西漢改宜城，東漢為侯國。故治在今湖北宜城東南。⑱鄀侯國　鄀，縣名。春秋鄀國，楚滅以為邑，秦置鄀縣，東漢為侯國。故治在今湖北宜城東南。⑲臨沮侯國　臨沮，縣名。西漢置縣，東漢為侯國。故治在今湖北遠安西北、沮水西岸。⑳荊山　山名。在今湖北西部、武當山東南，漢水西岸。出玉，卞和抱璞即在此山。㉑枝江侯國　枝江，縣名。古羅國。西漢置縣，東漢改為侯國。故治在今湖北百里洲上枝江市東北。㉒羅國　周國名。《左傳‧桓公十二年》：「楚師分涉于彭，羅人欲伐之。」杜預曰：「羅，熊姓國。在宜城縣西山中。」後徙枝江市東北。又徙今湖南汨羅西北。故址在今湖北宜城西二十里羅川城。㉓丹陽聚　故址在今湖北枝江市西，楚丹陽之一，別於熊繹所封，故曰「南楚」。《通典》：枝江縣，楚文王自丹陽徙都，亦曰丹陽。㉔夷道　西漢置縣。故治在今湖北枝城市西。《水經‧江水注》：「漢武帝伐西南夷，路由此出，故曰夷道矣。」㉕夷陵　西漢置縣。故治在今湖北宜昌東南、長江北岸。㉖荊門　即荊門山。在今湖北宜昌東南、長江西南岸，與北岸虎牙山相對。其山上合下開，形狀如門，為長江絕險處。《水經‧江水注》：荊門虎牙二山，楚之西塞，水勢急峻。故有郭景純〈江賦〉：「虎牙嵥豎以屹崒，荊門闕竦而磐礴。」㉗虎牙山　在今湖北宜昌東南長江北岸，與南岸荊門山隔江相對，江流其間，水勢峻爭，為長江絕險處。《水經‧江水注》稱為楚之西塞。《名勝志》：荊門山，在城南，虎牙山，在城西，各去五里，其山亂石巉岩，上合下開，有如虎牙重門之狀。㉘州陵　西漢置縣。故城在今湖北洪湖市東北、長江北岸。㉙很山　疑為「佷山」之誤。西漢置縣。故城在今湖北長陽西南、清江北岸。㉚武陵　西漢置縣。故城在今湖北竹溪縣東。

【語譯】南郡，秦朝設置。在洛陽南一千五百里處。轄十七城邑，有住戶十六萬二千五百七十，人口七十四萬七千六百零四。

江陵縣，境內有津鄉。　巫縣，西境內有白帝城。　秭歸縣，本來是舊國。　中盧縣，東漢為侯國。　編縣，境內有藍口聚。　當陽縣。　華容縣，東漢為侯國。雲夢澤在其南部。　襄陽縣，境內有阿頭山。　邔，為侯國。境內有犁丘城。　宜城，為侯國。　鄀縣，東漢為侯國。明帝永平元年恢復。　臨沮縣，東漢為侯國。境內有荊山。　枝江縣，東漢為侯國。原來是羅國，境內有丹陽聚。　夷道縣。　夷陵縣，境內有荊門和虎牙山。　州陵縣。　很山縣，原來屬武陵郡。

江夏郡❶高帝置。雒陽南千五百里。十四城，戶五萬八千四百三十四，口二十六萬五千四百六十四。

西陵❷　西陽❸　軑❹侯國。　鄳❺　竟陵侯國❻。有鄖鄉❼。有章山❽，本內方❾。

雲杜❿　沙羨⓫　邾⓬　下雉⓭　蘄春侯國⓮。　鄂⓯　平春⓰侯國。　南新市⓱侯國。

安陸⓲

【注釋】❶江夏郡　地區名。西漢置，以夏水為名。治西陵縣（今湖北新洲西），轄境相當今湖北鍾祥、潛江市、仙桃、嘉魚、蒲圻、崇陽以東，麻城、羅田、蘄春、陽新及河南光山縣、新縣以西，信陽以東、淮河以南地。東漢屬荊州。❷西陵　西漢置縣。故城在今湖北新洲縣西北、舉水西岸。❸西陽　西漢置縣。故城在今河南光山縣西。❹軑　侯國名。西漢置侯國，後為縣。東漢復改置為侯國。故治在今河南光山縣西北。❺鄳　春秋冥阸之地，亦作「黽阸」。西漢置鄳縣。故城在今河南羅山縣西南九里。❻竟陵侯國　竟陵，縣名。戰國楚邑。秦置縣。東漢為侯國。故治在今湖北潛江市西北。❼鄖鄉　鄖，亦作「邧」。西周國名。故址在今湖北安陸。《左傳・桓公十一年》：「鄖人軍于蒲騷。」《史記正義》引《括地志》：「安州安陸縣城，本春秋時鄖國城也。」後為楚所滅。❽章山　山名。即古「內方山」，在今湖北鍾祥南，接荊門縣界。《尚書・禹貢》：「導嶓冢，至於荊山；內方，至於大別。」❾內方　山名。今名章山。在今湖北鍾祥南、漢水西岸。❿雲杜　西漢置縣。故治在今湖北京山縣。⓫沙羨　西漢置縣。故城在今湖北武漢西南。⓬邾　秦置縣，為衡山郡治所。故城在今湖北黃岡市北。⓭下雉　西漢置縣。故城在今湖北陽新東、富水南岸。⓮蘄春侯國　蘄春，縣名。西漢置縣，東漢改為侯國。以水限多蘄菜而得名。故治在今湖北蘄春西南、蘄水東岸。⓯鄂　秦置縣。故治即今湖北鄂州。⓰平春　侯國名。東漢初始置平春王國，後為侯國。故城在今河南信陽西北。⓱南新市　侯國名。西漢置新市縣，東漢改為侯國。故城在今湖北京山縣東北六十里。⓲安陸　春秋鄖國。秦置安陸縣。故治在今湖北安陸西北。

【語譯】江夏郡，漢高祖時設置。在洛陽南一千五百里處。轄十四個城邑，有住戶五萬八千四百三十四，人口二十六萬五千四百六十四。

西陵縣。 西陽縣。 軑，侯國。 鄳縣。 竟陵縣，東漢為侯國。境內有鄖鄉和章山，章山即古內方山。 雲杜縣。 沙羨縣。 邾縣。 下雉縣。 蘄春縣，東漢為侯國。 鄂縣。 平春，為侯國。 南新市，為侯國。 安陸縣。

零陵郡❶武帝置。雒陽南三千三百里。十三城，戶二十一萬二千二百八十四，口百萬一千五百七十八。

泉陵❷ **零陵**❸陽朔山❹，湘水❺出。 **營道**❻南有九疑山❼。 **營浦**❽ **泠道**❾ **洮陽**❿ **都梁**⓫有路山⓬。 **夫夷**侯國⓭。 **始安**侯國⓮。 **重安**⓯侯國。故鍾武⓰，永建⓱三年更名。 **湘鄉**⓲ **昭陽**⓳侯國。 **烝陽**侯國⓴。故屬長沙㉑。

【注釋】❶零陵郡 西漢元鼎六年（西元前一一一年）分桂陽郡置。治所在零陵（今廣西興安東北）。東漢徙治泉陵（今湖南零陵）。轄境相當今湖南邵陽、衡陽以南，祁陽、寧遠以西，道縣及廣西桂林以北，湖南武岡、城步以東地區。❷泉陵 西漢置泉陵侯國，東漢改縣。故治在今湖南零陵。❸零陵 秦置縣。西漢為零陵郡治所，東漢移郡治泉陵，以縣屬之。❹陽朔山 即「陽海山」。在今廣西興安南九十里，亦作「海陽山」。湘水源於此山。❺湘水 源於廣西興安之海陽山。東北流入湖南零陵西，會瀟水匯入，曰「瀟湘」。曲折東北流，會蒸水匯，曰「蒸湘」，是為「三湘」。再東北流經醴陵、湘潭、長沙、湘陰入洞庭湖。❻營道 西漢置縣。故城在今湖南寧遠東南。❼九疑山 又作「九嶷山」。山名。在今湖南寧遠南六十里。《史記・五帝本紀》：舜葬於江南九疑。❽營浦 西漢置縣。故城在今湖南道縣北。❾泠道 西漢置縣。故城在今湖南寧遠東。❿洮陽 西漢置縣。故城在今廣西全州東北。⓫都梁 西漢侯國，東漢置縣。故城在今湖南武岡東北。⓬路山 山名。又名

「唐糺山」。為古資水所出。在今湖南城步東北。⓭夫夷侯國　夫夷，縣名。西漢置，東漢改為侯國。故治在今湖南邵陽西。⓮始安侯國　始安，縣名。西漢置縣，東漢改為侯國。故治即今廣西桂林。⓯重安　侯國名。西漢置鍾武縣。東漢改置重安侯國。故治在今湖南衡陽西北。⓰鍾武　縣名。即東漢重安縣。⓱永建　東漢順帝劉保年號，西元一二六－一三二年。⓲湘鄉　縣名。東漢置。故治在今湖南湘鄉。⓳昭陽　縣名、侯國名。東漢置侯國。故治在今湖南邵東東。⓴烝陽侯國　烝陽，縣名。西漢置縣。東漢改為烝陽侯國。故治在今湖南邵東東南。㉑長沙　郡名。故治臨湘（即今湖南長沙）。

【語　譯】零陵郡，漢武帝時設置。在洛陽南三千三百里處。轄十三個城邑，有住戶二十一萬二千二百八十四，人口一百萬一千五百七十八。

泉陵縣。　零陵縣，境內有陽朔山，湘水自此發源。　營道縣，南部有九疑山。　營浦縣。　泠道縣。洮陽縣。　都梁縣，境內有路山。　夫夷縣，東漢為侯國。　始安縣，東漢為侯國。　重安，為侯國。原來是鍾武舊地，順帝永建三年改為今名。　湘鄉縣。　昭陽，為侯國。　烝陽縣，東漢為侯國。原來屬長沙郡。

桂陽郡❶高帝置。上領山。在雒陽南三千九百里。十一城，戶十三萬五千二十九，口五十萬一千四百三。

郴❷有客領山❸。　便❹　耒陽❺有鐵。　陰山❻　南平❼　臨武❽　桂陽❾　含洭❿　湞陽⓫有茬領山⓬。　曲江⓭　漢寧⓮永和⓯元年置。

【注　釋】❶桂陽郡　地區名。西漢置。治郴縣（今湖南郴州），轄境約當今湖南耒陽以南的耒水、舂陵水流域，北至洣水入湘處附近，南至廣東英德以北的北江流域。❷郴　秦置縣。故治在今湖南郴州。❸客嶺山　即「馬嶺山」。在今湖南郴州蘇仙嶺。一名「蘇仙山」，一名「牛皮山」，又名「白馬嶺」，亦名「龍頭嶺」。《水經・耒水注》：「黃溪東有馬嶺山，高六百餘丈，廣圓四十許里，漢末有郡民蘇耽棲遊此山。」《方輿勝覽》：晉蘇耽入山學道，其母往窺之，見其乘白馬飄然，故又謂之白馬嶺。❹便　西漢置縣。故治即今湖南永興。❺耒陽　秦置縣。故治即今湖南耒陽。❻陰山　西漢置縣。故址在今湖南攸縣西南。❼南平　西漢置縣。故城在今湖南藍山縣東北。❽臨武　戰國楚臨武邑，西漢置臨武縣。故城在今湖南臨武東南。❾桂陽　西漢置縣。以其在桂水之陽，故名。故治即今廣東連州。❿含洭　西漢置縣。以縣界洭水，故名。故治在今廣東英德西北。⓫湞陽　西漢置縣。以其在湞水之陽，故名。故城在今廣東英德東。⓬芏領山　山名。在今廣東英德西北。⓭曲江　西漢置縣。故城在今廣東韶關東南。⓮漢寧　東漢置縣。故城在今湖南資興東南。⓯永和　東漢順帝劉保年號，西元一三六—一四一年。

【語　譯】桂陽郡，漢高祖時設置。境內有上領山。在洛陽南三千九百里處。轄十一個城邑，有住戶十三萬五千零二十九，人口五十萬一千四百零三。

郴縣，境內有客嶺山。　便縣。　耒陽縣，境內有鐵礦。　陰山縣。　南平縣。　臨武縣。　桂陽縣。　含洭縣。　湞陽縣，境內有芏領山。　曲江縣。　漢寧縣，順帝永和元年設置。

武陵郡❶秦昭王❷置，名黔中郡，高帝五年更名。雒陽南二千一百里。十二城，戶四萬六千六百七十二，口二十五萬九百一十三。

臨沅❸　漢壽❹故索，陽嘉❺三年更名，刺史治。　孱陵❻　零陽❼　充❽　沅陵❾先有壺頭山❿。　辰陽⓫　酉陽⓬　遷陵⓭　鐔成⓮　沅南⓯建武⓰二十六年置。　作唐⓱

【注　釋】❶武陵郡　地區名。西漢置。治義陵（今湖南漵浦南）。轄境約當今湖南沅江流域以西，貴州東部及廣西龍勝，重慶市秀山縣，湖北鶴峰、來鳳、長陽、五峰縣等地。東漢移治臨沅（今湖南常德）。❷秦昭王　即秦昭襄王。戰國時秦武王異母弟，名稷。以太后弟魏冉為相，白起為將，攻破諸侯之師。東周君來朝。西周君盡獻其邑，取周九鼎，其一飛入泗水，餘八入於秦。時秦強盛，天下來賓。在位五十六年，卒謚昭襄。❸臨沅　西漢置縣。故治在今湖南常德。❹漢壽　西漢置索縣，東漢改曰「漢壽」。故城在今湖南常德東北六十里。❺陽嘉　東漢順帝劉保年號，西元一三二—一三五年。❻孱陵　西漢置縣。故城在今湖北公安西。❼零陽　西漢置縣。以其在零水之陽，故名。故城在今湖南慈利東北。❽充　西漢置縣。故治即今湖南桑植。❾沅陵　西漢置縣。故城在今湖南沅陵南、沅江東岸。❿壺頭山　山名。在今湖南沅陵東北一百三十里，接桃源縣界，因山頭與東海方壺相似，故名。本書卷二十四〈馬援列傳〉：「三月，進營壺頭。賊乘高守隘，水疾，船不得上。會暑甚，士卒有疫死，援亦中病，遂困，乃穿岸為室，以避炎氣。」《水經·沅水注》：「壺頭山，山高一百里，廣圓三百里。山下水際，有新息侯馬援征五（武）溪蠻停軍處。壺頭徑曲多險，其中紆折千灘。」⓫辰陽　戰國時楚地，西漢置縣。地當辰水之陽，故名。《楚辭·九章·涉江》：「朝發枉陼兮，夕宿辰陽。」即此。故城在今湖南辰溪縣西。⓬酉陽　西漢置縣。故城在今湖南永順東南。⓭遷陵　西漢置縣。故城在今湖南保靖東北。⓮鐔成　西漢置縣。故城在今湖南靖州南。⓯沅南　東漢置縣。故城在今湖南常德西南。⓰建武　東漢光武帝劉秀年號，西元二五—一五六年。⓱作唐　東漢置縣。故城在今湖南安鄉縣北。

【語　譯】武陵郡，秦昭王時設置，初名為黔中郡，漢高祖五年更名。在洛陽南二千一百里處。轄十二個城邑，有住戶四萬六千六百七十二，人口二十五萬零九百一十三。

臨沅縣。　漢壽縣，原來稱索，順帝陽嘉三年改為今名，是州刺史治所。　孱陵縣。　零陽縣。　充縣。　沅陵縣，原來有壺頭山。　辰陽縣。　酉陽縣。　遷陵縣。　鐔成縣。　沅南縣，光武帝建武二十六年設置。　作唐縣。

長沙郡❶秦置。雒陽南二千八百里。十三城，戶二十五萬五千八百五十四，口百五萬九千三百七十二。

臨湘❷ 攸❸ 荼陵❹ 安城❺ 酃❻ 湘南侯國❼。衡山❽在東南。 連道❾ 昭陵❿ 益陽⓫ 下雋⓬ 羅⓭ 醴陵⓮ 容陵⓯

右荊州⓰刺史部，郡七，縣、邑、侯國百一十七。

【注釋】❶長沙郡　秦置。有萬里沙祠，故名「長沙」。西漢時設長沙國。治今湖南長沙。轄境相當今湖南東部、南部和廣西全州、廣東連州、陽山縣等地。❷臨湘　戰國時楚青陽地，漢王國，高祖立吳芮為長沙王，都臨湘，即此。東漢為縣。故城在今湖南長沙。❸攸　西漢置縣。故城在今湖南攸縣東北。❹荼陵　荼，一作「茶」。古荼王國。漢荼陵侯所築。西漢置荼縣，東漢改為荼陵縣。故城在今湖南荼陵東北。❺安城　縣名。西漢置安成縣，東漢改為安城。故治在今江西福安西、瀘水北岸。❻酃　西漢置縣。故城在今湖南衡陽東。❼湘南侯國　湘南，縣名。西漢置縣，東漢改為侯國。故治在今湖南湘潭西六十里。❽衡山　即古之南嶽。主峰在湖南衡山西北、衡陽北，為湘、資二水之分水嶺。❾連道　西漢置縣。故治在今湖南漣源東。❿昭陵　西漢置縣。故治即今湖南邵陽。⓫益陽　西漢置縣。故城在今湖南益陽東。⓬下雋　西漢置縣。故城在今湖南通城西北。⓭羅　秦置縣。故城在今湖南汨羅西北。⓮醴陵　縣名。西漢醴陵侯國，東漢置醴陵縣。故治在今湖南醴陵。⓯容陵　西漢置縣。故治在今湖南攸縣西南。⓰荊州　漢武帝所置「十三刺史部」之一。有今湖北、湖南兩地及河南、貴州、廣東、廣西各一部。東漢治漢壽縣（今湖南常德東北）。

【語譯】長沙郡，秦朝設置。在洛陽南二千八百里處。轄十三個城邑，有住戶二十五萬五千八百五十四，人口一百零五萬九千三百七十二。

臨湘縣。　攸縣。　荼陵縣。　安城縣。　酃縣。　湘南縣，東漢為侯國。衡山在其東南部。　連道縣。
昭陵縣。　益陽縣。　下雋縣。　羅縣。　醴陵縣。　容陵縣。

以上荊州刺史部，共轄七個郡，一百一十七個縣、邑和侯國。

九江郡❶秦置。雒陽東一千五百里。十四城，戶八萬九千四百三十六，口四十三萬二千四百二十六。

陰陵❷　壽春❸　浚遒❹　成德❺　西曲陽❻　合肥❼侯國。　歷陽侯國❽。刺史治。　當塗❾有馬丘聚❿，徐鳳反於此。　全椒⓫　鍾離侯國⓬。　阜陵⓭　下蔡⓮故屬沛⓯。　平阿⓰故屬沛。有塗山⓱。　義成⓲故屬沛。

【注釋】❶九江郡　地區名。秦置。初治所在壽春（今安徽壽縣），東漢移治陰陵縣（今安徽定遠西北）。轄境相當今安徽淮河以南、瓦埠湖流域以東、巢湖以北地區。❷陰陵　秦置縣。故城在今安徽定遠西北。❸壽春　戰國楚邑。秦置縣。故治即今安徽壽縣。❹浚遒　西漢置縣。故城在今安徽肥東縣東。❺成德　西漢置縣。故城在今安徽壽縣東南。❻西曲陽　秦置縣。西漢於此設歷陽都尉，東漢為揚州刺史治所。故治在今安徽淮南東南。❼合肥　侯國名。西漢置縣，東漢改侯國。故治在今安徽合肥。❽歷陽侯國　歷陽，縣名。秦置縣，項羽封范增為侯邑。東漢為侯國。故治即今安徽和縣。❾當塗　西漢置，為侯國。應劭曰：「禹所娶塗山侯國也。」有禹墟。故治在今安徽懷遠南。❿馬丘聚　古地名。故址在今安徽懷遠南。⓫全椒　西漢置縣。故治在今安徽全椒。⓬鍾離侯國　鍾離，縣名。秦置縣。兩漢屬九江郡，東漢改為侯國。故治在今安徽鳳陽東北。⓭阜陵　秦置縣。故城在今安徽全椒東南。⓮下蔡　春秋時州來邑。《左傳・哀公二年》：蔡昭侯自新蔡遷于州來，謂之下蔡。西漢置縣。故治即今安徽鳳臺。⓯沛　秦置泗水郡，漢高祖改置沛郡。故治即今安徽濉溪縣西北。轄境在今安徽、江蘇、河南、山東四省交界，約當今安徽淮水流域以北之淮北、宿州、固鎮、五河縣、泗縣、蕭縣、碭山縣、鳳臺、利辛、懷遠、渦陽、亳州，河南永城、夏邑，江蘇豐縣、沛縣，山東微山縣等地區。東漢改置為沛國，轄境縮小。⓰平阿　兩漢侯國。後為縣，今安徽懷遠西南六十里有平阿集，在平阿山下，即其故城遺址。⓱塗山　又名當塗山。在今安徽懷遠東南八里淮河東岸。《左傳・哀公七年》：「禹合諸侯於塗山，執玉帛者萬國。」⓲義成　西漢侯國，後為縣。故城在今安徽懷遠東北十五里。

【語譯】九江郡，秦朝設置。在洛陽東一千五百里處。轄十四個城邑，有住戶八萬九千四百三十六，人口四十三萬二千四百二十六。陰陵縣。壽春縣。浚遒縣。成德縣。西曲陽縣。合肥，為侯國。歷陽縣，東漢為侯國。是州刺史治所。當塗縣，有馬丘聚，徐鳳造反即在此地。全椒縣。鍾離縣，東漢為侯國。阜陵縣。下蔡縣，原來屬沛郡管轄。平阿縣，原來也屬沛郡，境內有塗山。義成縣，原來屬沛郡轄。

丹陽郡❶秦鄣郡❷，武帝更名。雒陽東二千一百六十里。建安十三年，孫權分新都郡。十六城，戶十三萬六千五百一十八，口六十三萬五百四十五。

宛陵❸ 溧陽❹ 丹陽❺ 故鄣❻ 於潛❼ 涇❽ 歙❾ 黝❿ 陵陽⓫ 蕪湖⓬中江⓭在西。 秣陵⓮南有牛渚⓯。 湖熟侯國⓰。 句容⓱ 江乘⓲ 春穀⓳ 石城⓴

【注釋】❶丹陽郡 地區名。陽，一作「揚」。西漢元狩二年（西元前一二一年）改鄣郡置。治宛陵縣（今安徽宣州），轄境相當今安徽長江以南，江蘇大茅山及浙江天目山以西和新安江支流武強溪以北地區。❷鄣郡 楚、漢之際置，一說秦置。故治在今浙江安吉。轄境當今安徽、江蘇兩省長江以南、江蘇茅山以西、浙江新安江以北地區。❸宛陵 西漢初置縣，為丹陽郡治。故治即今安徽宣城。❹溧陽 秦置縣，以在溧水之陽為名。故城在今江蘇溧陽西北四十五里。❺丹陽 秦置縣，始皇東巡，由丹陽至錢塘，即此。故址在今安徽當塗東北。❻故鄣 秦置鄣郡，西漢廢郡為故鄣縣。故城在今浙江安吉北。❼於潛 秦鄣郡地。西漢置於朁縣，東漢始加水旁為於潛。故城在今浙江臨安西。《吳越春秋》：「秦徙大越鳥語人置之朁。」即此。❽涇 漢初置縣，為丹陽郡治。故治即今安徽涇縣西。❾歙 秦置縣。故治即今安徽歙縣。❿黝 即「黟縣」。秦置黝縣，宋始名「黟縣」。故址在今安徽黟縣東。⓫陵陽　西漢置縣。故治在今安徽石臺東北。⓬蕪湖　西漢置縣。故治在今安徽蕪湖東。⓭中江　河水名。《漢書・地理志》指今安徽蕪湖東經江蘇高淳、東埧、溧陽至宜興通太湖的青弋江、水陽江、胥溪、荊溪，中間連結丹陽、固城諸湖，此水在東埧附近穿越茅山餘脈，當出於人工開鑿，現已不再通流。⓮秣陵　秦置縣。更名凡六次。秦改金陵為秣陵。故址在今江蘇江寧東南六十里秣陵橋東北。⓯牛渚　即「牛渚山」，又名「採石山」。在今安徽馬鞍山市西南。⓰湖熟侯國　湖熟，即「胡孰」，縣名。西漢置縣，東漢改為「湖熟」侯國。故治在今江蘇江寧東南湖熟鎮。⓱句容　西漢置縣，武帝封長沙定王子党為侯邑。章懷太子曰：「縣近句曲山，山有所容，故名。」故治在今江蘇句容。⓲江乘　秦置縣。故城在今江蘇句容西北。⓳春穀　西漢置縣。故治在今安徽繁昌西北。⓴石城　西漢置縣。《一統志》所釋石城縣為西晉所徙縣治，在今安徽貴池西南。東漢石城縣故城，在今安徽馬鞍山市東南。

【語譯】丹陽郡，為原秦朝鄣郡，漢武帝時更名。在洛陽東二千一百六十里處。漢獻帝建安十三年，孫權分為新都郡。轄十六個城邑，有住戶十三萬六千五百一十八，人口六十三萬零五百四十五。

宛陵縣。　溧陽縣。　丹陽縣。　故鄣縣。　於潛縣。　涇縣。　歙縣。　黝縣。　陵陽縣。　蕪湖縣，中江在其西部。　秣陵縣，南部有牛渚。　湖熟縣，東漢為侯國。　句容縣。　江乘縣。　春穀縣。　石城縣。

廬江郡❶文帝分淮南置。建武十三年省六安國❷，以其縣屬。雒陽東一千七百里。十四城，戶十萬一千三百九十二，口四十二萬四千六百八十三。

舒❸有桐鄉❹。　**雩婁**侯國❺。　**尋陽**❻南有九江❼，東合為大江❽。　**潛**❾　**臨湖**侯國❿。　**龍舒**侯國⓫。　**襄安**⓬　**皖**⓭有鐵。　**居巢**⓮侯國。　**六安**國⓯。　**蓼**侯國⓰。　**安豐**⓱有大別山⓲。　**陽泉**侯國⓳。　**安風**⓴侯國。

【注釋】❶廬江郡　地區名。楚漢之際分九江郡置，轄有今安徽長江以南大部分地區。西漢景帝後移轄江北地，治所在舒縣（今安徽廬江縣西南），轄境相當今安徽巢湖市、舒城、霍山縣以南，長江以北，湖北英山縣、武穴（廣濟）、黃梅和河南商城等縣市地。東漢末廢。❷六安國　封國名。分九江郡置。治所在六縣（今安徽六安北）。轄境相當今安徽淮河以南，霍邱、六安以西和河南固始縣地。東漢建武十三年（西元三七年）併入廬江郡。❸舒　春秋時舒國，西漢置舒縣。故城在今安徽廬江縣西南。❹桐鄉　春秋時桐國。故址在今安徽桐城北。❺雩婁侯國　雩婁，縣名。春秋時吳地，後屬楚。西漢置縣，東漢改為侯國。故治在今河南固始東南。❻尋陽　西漢置縣。故治在今湖北黃梅西南。❼九江　河水名。《漢書・地理志》：尋陽「〈禹貢〉九江在南，皆東合為大江。」即今湖北武穴、黃梅一帶，皆東合為長江。❽大江　即長江。此指今湖北、江西、安徽境內的長江。❾灊　縣名，即「灊縣」。春秋時楚灊邑，西漢置灊縣。故城在今安徽霍山縣東北三十里。❿臨湖侯國　臨湖，縣名。西漢置縣，東漢廢，樂成靖王子萇改封為湖陽侯，國於此，今為臨湖汙。故治在今安徽無為西南八十里臨壁山下。⓫龍舒侯國　龍舒，縣名。春秋時舒國。西漢置龍舒縣，東漢為侯國。故治在安徽舒城西南。⓬襄安　西漢置縣。故城在今安徽無為西南。⓭晥　春秋時晥國，西漢置晥縣。故城即安徽灊山縣治。⓮居巢　縣名、侯國名。古南巢。楚居巢邑，秦置居巢縣，亦曰「居鄛」。東漢永平中，徙封劉般為居巢侯國，故治在安徽巢湖市東北。⓯六安國　侯國、郡國名。漢六安王國。治六縣（縣名）。東漢改六縣為六安侯國。故治在今安徽六安北三十里。⓰蓼侯國　蓼，縣名。春秋時蓼國。西漢置縣，東漢改為侯國。故治在今河南固始東北七十里。⓱安豐　秦置縣。故城在今河南固始東南。⓲大別山　此指《尚書・禹貢》大別山。即在今湖北東北與安徽西南部交界處。⓳陽泉侯國　陽泉，縣名。西漢置縣，東漢為侯國。故治在今安徽霍邱西北。⓴安風　侯國名。西漢置縣，東漢為侯國。故治在今安徽霍邱西南一百三十里。

【語　譯】廬江郡，漢文帝時分淮南郡置。光武帝建武十三年裁六安國，作為其屬縣。在洛陽東一千七百里處。

轄十四個城邑，有住戶十萬一千三百九十二，人口四十二萬四千六百八十三。

舒縣，境內有桐鄉。　雩婁，為侯國。　尋陽縣，南部有九江，向東匯入長江。　灊縣。　臨湖縣，東漢為侯國。　龍舒縣，東漢為侯國。　襄安縣。　晥縣，境內有鐵礦。　居巢，為侯國。　六安國。　蓼縣，東漢為侯國。　安豐縣，境內有大別山。　陽泉縣，東漢為侯國。　安風，為侯國。

會稽郡❶秦置。本治吳❷，立郡吳，乃移山陰❸。雒陽東三千八百里。十四城，戶十二萬三千九十，口四十八萬一千一百九十六。

山陰❹會稽山❺在南，上有禹冢❻。有浙江❼。　鄮❽　烏傷❾　諸暨❿　餘暨⓫　太末⓬　上虞⓭　剡⓮　餘姚⓯　句章⓰　鄞⓱　章安⓲故冶，閩越⓳地，光武更名。　永寧⓴永和三年以章安縣東甌鄉㉑為縣。　東部㉒侯國㉓。

【注釋】❶會稽郡　地區名。秦置。治所在吳縣（今江蘇蘇州），轄境約當今江蘇長江以南（包括上海）、浙江衢州、金華、奉化以北及安徽長江以南蕪湖、黟縣以東地，以境內會稽山為名。東漢順帝永建四年（西元一二九年）分浙江以西置吳郡，會稽郡移治山陰縣（今浙江紹興）。轄境縮小，相當今杭州灣及富春江以南的浙江及福建二省地。❷本治吳　按《國語》：周太王長子太伯奔荊蠻，以避，居於梅里，今江蘇無錫也。《一統志》：故泰伯城在無錫縣東南四十里梅里平墟，自泰伯以下至王僚二十三君，皆都於此。太伯卒，仲雍嗣，後十七世至壽夢始稱王，其後闔閭築太城而都之，即今吳縣治也，有今淮泗以南及浙江嘉湖等地，魯哀公時為越句踐所滅。❸山陰　秦置，隋廢入會稽縣，唐復置，明清時會稽並為浙江紹興府治，民國廢府，併山陰會稽為紹興縣。❹山陰　縣名。秦置。後併入浙江紹興。❺會稽山　古稱「防山」。山上多出金玉，其下多砆石。在今浙江紹興東南十三里。❻禹冢　陵墓名，後改稱「禹陵」。遺址在浙江紹興東南會稽山上。❼浙江　古漸水。以其多曲折，故曰「浙江」。有二源，北曰「新安江」，南曰「蘭溪」。二水相匯而稱「浙江」，東北流至杭縣城東南後稱「錢塘江」。❽鄮　縣名。秦置。故城在今浙江鄞縣東。❾烏傷　縣名。秦置。故治即今浙江義烏。❿諸暨　縣名。秦置。越王允常所居，境內有諸山暨浦，因名。故城在今浙江諸暨。⓫餘暨　縣名。西漢置。吳王闔閭弟夫暨之所邑。故城在今浙江蕭山市。⓬太末　縣名。秦置。故城即今浙江衢州東北龍遊鎮。⓭上虞　縣名。西漢置。本漢司鹽都尉治，地名「虞賓」。舜避丹朱於此，故名。故治在今浙江上虞。⓮剡　縣名。西漢置。故城在今浙江嵊縣西南二十里。⓯餘姚　縣名。舜支庶所封，舜姚姓，故曰「餘姚」。西漢置縣。故城即今浙江餘姚。⓰句章　縣名。秦置。故城在今浙江餘姚東南。⓱鄞　縣名。本春秋越地，秦置縣。故城在今浙江奉化東五十里。⑱章安　縣名。西漢置回浦縣，東漢曰「章安」。故城在今浙江臨海東南一百十五里。⑲閩越　古族名。古代越人的一支。秦漢時分布在今福建北部、浙江南部的部分地區。秦於其地置閩中郡。其首領無諸相傳是越王句踐的後裔，漢初受封為閩越王。治東冶（今福州）。後分為繇和東越兩部。漢武帝元鼎六年（西元前一一一年），東越王餘善反抗漢朝統治失敗，部分族人被迫遷到江淮地區。⑳永寧　縣名。東漢永和三年（西元一三八年），順帝以章安縣東甌鄉置縣，故治即今浙江溫州。㉑東甌鄉　地名。東甌王故城，在今浙江溫州。《史記・東越列傳》：「孝惠三年，舉高帝時越功，曰閩君搖功多，其民便附，乃立搖為東海王，都東甌，世俗號為東甌王。」㉒東部　又名「東冶」。侯國名。西漢封置，東漢同。故治在今福建福州市。㉓侯國　應作「候官」。漢「候官」是設於邊境地區的一種軍事機構。如〈郡國五〉涼州刺史部的張掖屬國、并州刺史部的上郡都有一候官。候官相當東漢的縣級單位，但為都尉之屬。故上文「故治，閩越地，光武更名」似應釋於此候官之下。

【語譯】會稽郡，秦朝設置。原來治所在吳縣，後設立吳郡，於是移至山陰縣。在洛陽東三千八百里處。轄十四個城邑，有住戶十二萬三千零九十，人口四十八萬一千一百九十六。

山陰縣，會稽山在其南部，山頂上有大禹的冢墓，境內還有浙江。　鄮縣。　烏傷縣。　諸暨縣。　餘暨縣。　太末縣。　上虞縣。　剡縣。　餘姚縣。　句章縣。　鄞縣。　章安縣，原名冶縣，是閩越族活動地域，光武帝時改名。　永寧，順帝永和三年以章安縣東甌鄉置縣。　東部，有侯官。

吳郡❶順帝❷分會稽❸置。雒陽東三千二百里。十三城，戶十六萬四千一百六十四，口七十萬七百八十二。

吳❹本國。震澤❺在西，後名具區澤❻。　海鹽❼　烏程❽　餘杭❾　毗陵❿季札⓫所居。北江⓬在北。　丹徒⓭　曲阿⓮　由拳⓯　安⓰　富春⓱　陽羨邑⓲。　無錫侯

國[19]。婁[20]

【注釋】❶吳郡　東漢順帝永建四年（西元一二九年）分會稽郡置。治所在今江蘇蘇州。轄境相當今江蘇省、上海市長江以南，大茅山東、浙江長興及吳興、天目山以東，與建德以下的錢塘江兩岸。❷順帝　即劉保（西元一一五—一四四年），東漢皇帝，西元一二五—一四四年在位。❸會稽　郡名。秦置。治所在吳縣（今江蘇蘇州）。轄境約當今江蘇長江以南（包括上海）、浙江衢州、金華、奉化三市以北及安徽長江以南蕪湖市、黟縣以東地，以境內會稽山為名。東漢順帝永建四年（西元一二九年）分浙江以西置吳郡，會稽郡移治山陰縣（今浙江紹興）。❹吳　周初太伯邑。也稱「句吳」、「攻吳」。吳王夫差二十三年（西元前四七三年），為越國所滅。戰國時吳曾為越都。秦以吳縣為會稽郡治。西漢沿襲不變，王莽曰泰德，東漢復名吳縣。故城即今江蘇蘇州。❺震澤　又名「具區」。古澤藪名。即今江蘇太湖。《尚書・禹貢》：「三江既入，震澤底定。」即此。❻具區澤　《爾雅・十藪》：吳越之間有具區。郭璞曰：縣南太湖也。❼海鹽　春秋越武原鄉，秦置縣。故治在今上海松江區南拓山。西漢移治今浙江平湖市東古當湖。東漢順帝時淊為湖，又移治今浙江平湖市東南乍浦鎮。❽烏程　古烏程氏居此，故名。秦置縣，漢因之。故城即今浙江湖州南下菰城。❾餘杭　秦置縣。始皇舍舟杭於此，故名。故城即今浙江餘杭西南。❿毗陵　西漢置縣。故治即今江蘇常州。⓫季札　即吳季札。春秋時吳國人，又稱公子札，吳王壽夢少子。先封於延陵（今江蘇常州），稱延陵季子，後封於州來（今安徽鳳臺），稱延州來季子。以其賢，其兄諸樊、餘祭、夷昧數次推讓君位於他，俱不受。先後出使魯、齊、鄭、衛、晉等國，對晏嬰、蘧伯玉、子產、叔向等人都有勸勉。⓬北江　泛指今長江下游幹流為北江。⓭丹徒　春秋吳朱方邑。秦置丹徒縣。故城在今江蘇鎮江市丹徒鎮。⓮曲阿　本名「雲陽」，秦始皇以其地有天子氣，鑿北岡以敗其勢，截直道使阿曲，改曰「曲阿縣」，漢因之。故城即今江蘇丹陽。⓯由拳　秦置縣。西漢沿襲不改，東漢屬吳郡。故城在今浙江嘉興南。⓰安　東漢置縣，今缺。故址當在今浙江境。⓱富春　西漢置縣。故城即今浙江富陽治。⓲陽羨邑　秦置縣。西漢置侯國。故城在今江蘇宜興南五里。⓳無錫侯國　無錫，縣名。西漢置，封東越降將多軍為侯邑。東漢為侯國。故治即今江蘇無錫。⓴婁　秦置縣。今江蘇昆山市東北三里有村曰婁縣，故縣治所。

【語譯】吳郡，東漢順帝時設置。在洛陽東三千二百里處。轄十三個城邑，有住戶十六萬四千一百六十四，人口七十萬零七百八十二。

吳縣，原來是舊國。震澤在其西部，後改名為具區澤。　海鹽縣。　烏程縣。　餘杭縣。　毗陵縣，有季札居住的舊址。北江在其北部。　丹徒縣。　曲阿縣。　由拳縣。　安縣。　富春縣。　陽羨邑。　無錫縣，東漢為侯國。　婁縣。

豫章郡❶高帝置。雒陽南二千七百里。二十一城，戶四十萬六千四百九十六，口百六十六萬八千九百六。

南昌❷　建城❸　新淦❹　宜春❺　廬陵❻　贛❼有豫章水❽。　雩都❾　南野❿有臺領山⑪。　南城⑫　鄱陽⑬有鄱水⑭。黃金采⑮。　歷陵⑯有傅昜山⑰。　餘汗⑱　鄡陽⑲　彭澤⑳彭蠡澤㉑在西。　柴桑㉒　艾㉓　海昏㉔侯國。　平都㉕侯國。　故安平㉖。　石陽㉗　臨汝㉘永元八年置。　建昌㉙永元十六年分海昏置。

右揚州㉚刺史部，郡六，縣、邑、侯國九十二。

【注釋】❶豫章郡　地區名。西漢高帝六年（西元前二〇一年）分九江郡置，治南昌縣（今江西南昌）。漢武帝元狩二年（西元前一二一年）以後轄境相當今江西省地。❷南昌　西漢置縣。故城即今江西南昌。❸建城　西漢侯邑。故城即今江西高安治。❹新淦　西漢置縣，縣有淦水，因以為名。故城在今江西樟樹。❺宜春　西漢置縣，後為侯邑。故城即今江西宜春。❻廬陵　秦置縣。故城在今江西吉安西南。❼贛　西漢置縣。高祖時使灌嬰略定江南，始為贛縣，立城以防趙佗。故址在今江西贛州西南。❽豫章水　即「章水」。亦名「南江」。江西贛江西源，出崇義聶都山，有南北二源，南源自山南東流，經大餘南，東入地康境，折而北流入贛縣境，北源自山北東北流至崇義北，折東南流經上鋒至贛縣境，與南源合，又東與貢水合流為贛江。❾雩都　西漢置縣。故城在今江西于都北。❿南野　秦置埜縣，東漢曰「南野縣」。故城在今江西南康西南、章水南岸。⓫臺領山　山名。即今江西、廣東邊境的大庾嶺。古代為嶺南、嶺北的交通咽喉。⓬南城　縣名。西漢分豫章南境置。故治在今江西南城東南。東漢同。⓭鄱陽　春秋時楚番邑，秦置番陽縣，漢曰「鄱陽」。故城在今江西鄱陽東北。⓮鄱水　即「鄱江」，古番水。上游有二源：一出江西婺源，曰「婺江」，西南流至江西樂平，為樂安江；一出安徽祁門，曰「大共水」，西南流至江西浮梁以下，為昌江。二水至鄱陽縣合流為鄱江。入鄱陽湖。⓯黃金采　西漢鄱陽縣地。故址在今江西鄱陽湖區南山附近。《漢書・地理志》豫章郡鄱陽縣：「武陽鄉右十餘里有黃金采。」顏師古注：「采者，謂采取金之處。」⓰歷陵　西漢置縣，王莽改曰「蒲」亭，東漢復故。故城在今江西德安東。⓱傅昜山　山名。在今江西德安境。⓲餘汗　本春秋時越西界於越地，西漢置為縣。故城在今江西餘干東北。⓳鄡陽　縣名。西漢置。故治在今江西都昌東南。⓴彭澤　西漢置縣。故城在今江西湖口東三十里。㉑彭蠡澤　澤藪名。在彭澤之西，即今江西鄱陽湖。一說在長江北岸，相當今鄂東皖西一帶濱江渚湖。《史記・封禪書》載漢武帝南巡「自尋陽出樅陽，過彭蠡」即此。西漢以後，彭蠡逐漸南移並擴展成今鄱陽湖。㉒柴桑　西漢置縣。故城在今江西九江市西南二十里。㉓艾　春秋時吳艾邑。西漢置縣。故城在今江西修水縣西。㉔海昏　侯國名。西漢置縣，後為昌邑王劉賀封國，東漢亦為侯國。故治在今江西永修西北。㉕平都　侯國名。西漢置安平縣，東漢改平都侯國。故治在今江西安福東南。㉖安平　西漢置，為侯國，王莽改曰「蒲亭」，東漢改曰「平都」。故城在今江西安福東南。㉗石陽　東漢置縣。故城在今江西吉水縣東北。㉘臨汝　東漢置縣。故城在今江西臨川市西南。㉙建昌　東漢置縣。故城在今江西奉新西。㉚揚州　州名，漢武帝所置「十三刺史部」之一。轄境相當今安徽淮河和江蘇長江以南及江西、浙江、福建、湖北武穴和英山、黃梅，河南固始、商城等縣地。東漢治歷陽（今安徽和縣），末年移治壽春（今安徽壽縣）、合肥（今安徽合肥西北）。

【語　譯】豫章郡，漢高祖時設置。在洛陽南二千七百里處。轄二十一個城邑，有住戶四十萬六千四百九十六，人口一百六十六萬八千九百零六。

南昌縣。　建城縣。　新淦縣。　宜春縣。　廬陵縣。　贛縣，境內有豫章水。　雩都縣。　南野縣，境內有臺領山。　南城縣。　鄱陽縣，境內有鄱水，又有黃金采。　歷陵縣，境內有傅昜山。　餘汗縣。　鄡陽縣。　彭澤縣，彭蠡澤在其西部。　柴桑縣。　艾縣。　海昏，為侯國。　平都，為侯國。為原來安平國。石陽縣。臨汝縣，和帝永元八年設置。建昌縣，和帝永元十六年分海昬縣置。

以上揚州刺史部，共轄六個郡、九十二個縣、邑和侯國。

志第二十三

郡國五

漢中　巴郡　廣漢　蜀郡　犍為　牂牁　越巂　益州　永昌　廣漢屬國　蜀郡屬國　犍為屬國

右益州

隴西　漢陽　武都　金城　安定　北地　武威　張掖　酒泉　敦煌　張掖屬國　張掖居延屬國

右涼州

上黨　太原　上郡　西河　五原　雲中　定襄　鴈門　朔方

右并州

涿郡　廣陽　代郡　上谷　漁陽　右北平　遼西　遼東　玄菟　樂浪　遼東屬國

右幽州

南海　蒼梧　鬱林　合浦　交趾　九真　日南

右交州

【題解】〈郡國志〉卷五介紹益州地區的漢中、巴郡、廣漢、蜀郡、犍為、牂牁、越巂、益州、永昌、廣漢屬國、蜀郡屬國、犍為屬國，涼州地區的隴西、漢陽、武都、金城、安定、北地、武威、張掖、酒泉、敦煌、張掖屬國、張掖居延屬國，并州地區的上黨、太原、上郡、西河、五原、雲中、定襄、鴈門、朔方，幽州地區的涿郡、廣陽、代郡、上谷、漁陽、右北平、遼西、遼東、玄菟、樂浪、遼東屬國，交州地區的南海、蒼梧、鬱林、合浦、交趾、九真、日南，共五十一個郡和屬國，以及五州所屬四百六十個縣、邑、侯國。共計有住戶二百三十九萬九千七百五十五，人口七百六十六萬八千六百三十一。五個州位於王朝周邊，地域遼闊，覆蓋王朝國土的大半，地廣人稀，環境惡劣，交通不便，經濟落後，多是少數民族聚集之地。東漢中期以後，北部、西部戰事不斷，西部羌族起事綿延六七十年，東漢不惜巨大的代價，平息了邊界戰亂，始終保持了對邊疆的有效管理，對維護中華民族版圖，使少數民族接受中華文化的熏陶，都是有益的。本卷記載的邊界行政建制、戶數和人口數量基本可信。以後數百年，北方陷入大混亂，政局動盪，基本統計資料失傳，因此東漢留下的原始資料是彌足珍貴的，這一點尤須引起讀者注意。

漢中郡❶秦❷置。雒陽❸西千九百九十里。九城，戶五萬七千三百四十四，口二十六萬七千四百二。

南鄭❹　成固❺媯墟❻在西北。　西城❼　褒中❽　沔陽❾有鐵。　安陽❿　錫⓫有錫，春秋⓬時曰錫穴⓭。　上庸⓮本庸國。　房陵⓯

【注釋】❶漢中郡　地區名。戰國後期秦國置。轄境相當今陝西秦嶺以南，米倉山、大巴山以北，留壩、勉縣以東，湖北鄖縣、保康以西地區。東漢時治所在南鄭（今陝西漢中）。❷秦　指秦國，開國君主為秦襄公，因護送周平王東遷有功，被周分封為諸侯。春秋時建都於雍（今陝西鳳翔東南），占有今陝西中部和甘肅東南端。秦穆公曾攻滅十二國，稱霸西戎。戰國時秦孝公任用商鞅變法，國力富強，並遷都咸陽（今陝西咸陽東北），成為戰國七雄之一。之後，疆域不斷擴大。西元前二二一年秦王政（即秦始皇）統一中國，建立秦朝。❸雒陽　東漢都城，故址在今河南洛陽東北白馬寺東。❹南鄭　戰國時秦邑，後置縣。故城在今陝西漢中東二里。❺成固　秦置縣。故治在今陝西成固東。❻嬀墟　舜之居。故址在今陝西安康西北。❼西城　西漢置縣，東漢末為西城郡治。故城在今陝西安康西北。❽褒中　古褒國。西漢置褒中縣，今名褒城縣。故治在今陝西漢中西北。❾沔陽　西漢置縣，以在沔水之陽而名。故城在今陝西勉縣東。❿安陽　西漢置縣。故城在今陝西洋縣北。⓫錫　古麋國地，即錫穴。西漢置錫縣。故城在今陝西白河縣東。⓬春秋　時代名。春秋末期，孔子根據魯國史官編寫的《魯春秋》，記述自魯隱公元年（西元前七二二年）至魯哀公十四年（西元前四八一年）共二百四十二年的歷史，本為史書，自西漢以後，後人以此書記事所包括的時代，稱為「春秋時期」。⓭錫穴　古麋國地。故址在今陝西白河縣東。⓮上庸　古庸國。秦置上庸縣，東漢末置上庸郡。故城在今湖北竹山縣西南。⓯房陵　縣名。秦置。建安十三年屬新城郡，為其治所。故城即今湖北房縣。

【語譯】漢中郡，秦朝設置。在洛陽西一千九百九十里處。轄九個城邑，有住戶五萬七千三百四十四，人口二十六萬七千四百零二。

南鄭縣。　成固縣，有嬀墟，在縣西北。　西城縣。　褒中縣。　沔陽縣，境內有鐵礦。　安陽縣。　錫縣，境內有錫礦，春秋時稱為錫穴。　上庸縣，原為庸國舊地。　房陵縣。

巴郡❶秦置。雒陽西三千七百里。十四城，戶三十一萬六百九十一，口百八萬六千四十九。

江州❷　**宕渠**❸有鐵。　**朐忍**❹　**閬中**❺　**魚復**❻扞水❼有扞關❽。　**臨江**❾　**枳**❿

涪陵⑪出丹。　墊江⑫　安漢⑬　平都⑭　充國⑮永元⑯二年分閬中置。　宣漢⑰
漢昌⑱永元中置。

【注釋】❶巴郡　郡名。戰國時秦國置。治江州縣（今重慶市江北區），轄境約當今四川閬中、南充、瀘州以東和重慶市奉節以西，綦江縣、武隆以北地區。❷江州　本巴國都，秦置縣，為巴郡治。故城在今重慶市江北區。❸宕渠　西漢置縣。故城在今四川渠縣東北。❹朐忍　西漢置縣。故城在今四川雲陽西。❺閬中　古巴國別都，秦置閬中縣。故城在今四川閬中。❻魚復　春秋時庸國魚邑，秦置魚復縣。故城在今重慶市奉節東白帝城。❼扞水　水名。在今重慶市奉節東。春秋楚臨水築關，故名扞關。其水源出長江北岸大巴山支脈，南流至今奉節東注入長江，為長江一小支流。❽扞關　即江關。古地名，春秋屬楚。西元前三七七年巴伐楚，楚築扞關以拒之。故址在今重慶市奉節東赤甲山。《史記・楚世家》：楚為扞關以拒蜀。❾臨江　西漢置縣。故治即今重慶市忠縣。❿枳　古巴邑。秦置枳縣。故城在今重慶市涪陵區東烏江東岸。⓫涪陵　西漢置縣。故治即今重慶市彭水縣治。⓬墊江　秦置縣。故治即今重慶市合川市。⓭安漢　秦置縣。故城在今四川南充北。⓮平都　春秋戰國時巴國別都。故址在今重慶市豐都。⓯充國　縣名。西漢置。故城在今四川南部縣西北。⓰永元　東漢和帝劉肇年號，西元八九—一〇五年。⓱宣漢　東漢置縣。故治即今四川達縣。⓲漢昌　漢閬中縣地，東漢置漢昌縣。故治即今四川巴中。

【語譯】巴郡，秦朝設置。在洛陽西三千七百里處。轄十四城邑，有住戶三十一萬零六百九十一，人口一百零八萬六千零四十九。

江州縣。　宕渠縣，境內有鐵礦。　朐忍縣。　閬中縣。　魚復縣，境內有扞水，扞水上設有扞關。　臨江縣。　枳縣。　涪陵縣，境內出丹砂。　墊江縣。　安漢縣。　平都縣。　充國縣，和帝永元二年從閬中郡分出設置。　宣漢縣。　漢昌縣，和帝永元年間設置。

廣漢郡❶高帝置。雒陽西三千里。十一城，戶十三萬九千八百六十五，口五十萬九千四百三十八。

雒❷刺史❸治。　新都❹　緜竹❺　什邡❻　涪❼　梓潼❽　白水❾　葭萌❿

郪⓫　廣漢⓬有沈水⓭。　德陽⓮

【注釋】❶廣漢郡　地區名。西漢置。治雒縣乘鄉（今四川金堂東）。轄境相當今甘肅文縣、陝西寧強以南，四川旺蒼、劍閣、蓬溪縣以西，潼南、遂寧、新都以北，什邡、北川縣以東地區。東漢復廣漢郡。東漢永初二年（西元一〇八年）移治涪縣（今四川綿陽東），後又移治雒縣（今四川廣漢）。轄境到東漢時大為縮減。❷雒　西漢置縣。故城即今四川廣漢北。❸刺史　官名。西漢武帝始置，分全國為十三部（州），各置刺史一人，秩六百石。無治所，奉詔巡行諸郡，以六條問事，察治政，黜陟能否，斷理冤獄。東漢時沿置，有固定治所，實際上成為比郡守高一級的地方行政長官。靈帝時，改刺史為州牧，掌握一州的軍政大權。❹新都　西漢置縣。故治在今四川新都。❺緜竹　西漢置縣。故城在今四川德陽北。❻什邡　西漢置縣。故治在今四川什邡。❼涪　西漢置縣。故城即今四川綿陽治。❽梓潼　西漢置縣。以縣東依梓林，西枕潼水為名。故治即今四川梓潼。❾白水　西漢置縣。故城在今四川青川縣東北。❿葭萌　古苴侯國。西漢置葭明縣。東漢改作葭萌縣。故城在今四川廣元西南昭化鎮。⓫郪　西漢置縣。故城在今四川中江縣東南。⓬廣漢　西漢置縣。故城在今四川射洪南。⓭沈水　水名。《水經・涪水注》：「沈水出廣漢縣，下入涪水。」即今四川中部涪江支流楊桃溪。源出四川西充北，西南流至今射洪東南注入涪江。本書卷一上〈光武帝紀〉：建武十一年，岑彭伐公孫述，「輔威將軍臧宮與公孫述將延岑戰於沈水，大破之。」即此。⓮德陽　東漢置縣。故城在今四川遂寧東南。

【語譯】廣漢郡，漢高祖時設置。在洛陽西三千里處。轄十一個城邑，有住戶十三萬九千八百六十五，人口五十萬九千四百三十八。

雒縣，是州刺史治所。　新都縣。　緜竹縣。　什邡縣。　涪縣。　梓潼縣。　白水縣。　葭萌縣。

郪縣。　廣漢縣，境內有沈水。　德陽縣。

蜀郡❶秦置。雒陽西三千一百里。十一城，戶三十萬四百五十二，口百三十五萬四百七十六。

成都❷　郫❸　江原❹　繁❺　廣都❻　臨邛❼有鐵。　湔氐道❽岷山❾在西徼外。

汶江道❿　八陵⓫　廣柔⓬　緜虒道⓭

【注釋】❶蜀郡　古蜀國地。戰國秦置郡。治所在成都（今四川成都），東漢時轄境約當今四川松潘以南、邛峽以北、邛崍山以東的岷江上游兩岸地區。❷成都　古蜀山氏國。戰國秦惠文王二十七年（西元前三一一年）置成都縣。故城在今四川成都。❸郫　本古郫邑。秦置郫縣。故城在今四川郫縣北五十里。❹江原　西漢置縣。故治在今四川崇州東南。❺繁　西漢置縣。因繁江而名。故城在今四川彭州西北。❻廣都　西漢置縣。故治在今四川成都東南。❼臨邛　秦置縣。故治在今四川邛崍。❽湔氐道　周氏羌道，秦置湔氐縣，西漢稱湔氐道。故城在今四川松潘北。❾岷山　亦作汶山。在今四川松潘北。綿延川、甘二省邊境，為長江、黃河的分水嶺，嘉陵江發源地。又因漢之政區所屬不及此，故為徼外。❿汶江道　古汶江道。西漢置縣，東漢改汶江縣。故治今四川茂縣北。⓫八陵　西漢置蠶陵縣，東漢改為八陵縣。故治在今四川茂縣西北。⓬廣柔　西漢置縣，東漢因之。故治在今四川汶川縣西北。⓭緜虒道　西漢置。故治在今四川汶川縣西南。

【語譯】蜀郡，秦朝設置。在洛陽西三千一百里處。轄十一城邑，有住戶三十萬零四百五十二，人口一百三十五萬零四百七十六。

成都縣。　郫縣。　江原縣。　繁縣。　廣都縣。　臨邛縣，境內有鐵礦。　湔氐道，岷山在西部邊界以外。

汶江道。　八陵縣。　廣柔縣。　緜虒道。

犍為郡❶武帝置。雒陽西三千二百七十里。劉璋❷分立江陽郡❸。九城，戶十三萬七千七百一十三，口四十一萬一千三百七十八。

武陽❹有彭亡聚❺。資中❻牛鞞❼南安❽有魚涪津❾。僰道❿江陽⓫符節⓬南廣⓭漢安⓮

【注釋】❶犍為郡　又作「楗為郡」。地區名。西漢建元六年（西元前一三五年）分廣漢郡南部及夜郎國地置，屬益州。治所在鄨縣（今貴州遵義西），後屢移治所。轄境初時較大，有今四川簡陽、彭山等縣以南，廣西北部及貴州大部。東漢永初元年（西元一〇七年）又分南境置犍為屬國，並移治武陽縣（今四川彭山縣東）。轄境縮小，大致相當今四川新津、簡陽以南，樂山市以東，榮昌及貴州大婁山以西，雲南鎮雄以北地區。❷劉璋　字季玉。東漢劉焉子。劉焉卒，襲益州刺史職。曹操加璋為振威將軍。別駕張松說璋迎劉備入川。劉備圍成都，璋出降。備遷璋於南郡。孫權取荊州，以璋為益州牧，駐秭歸卒。❸江陽郡　東漢末劉璋置。治所在江陽縣（今四川瀘州）。❹武陽　西漢置縣。故城在今四川彭山縣東十里。❺彭亡聚　古地名。故址在今四川彭山縣東北。本書卷十七〈岑彭傳〉：建武十一年，岑彭攻公孫述至武陽，所營地名彭亡，彭聞而惡之。❻資中　西漢置縣，東漢改為八陵縣。故治在今四川資陽。❼牛鞞　西漢置縣。故治在今四川簡陽。❽南安　西漢置侯邑，後為縣。故治在今四川樂山市。❾魚涪津　古渡名。涪，又作「符」。故址在今四川樂山市北，為岷江津渡。《續漢書・郡國志》：南安縣有魚涪津。南朝梁劉昭注：「〈蜀都賦〉注曰：『魚符津數百步，在縣北三十里。』」❿僰道　故僰侯國。《地理風俗記》：「僰於夷中最仁，有人道，故字從人。」西漢置僰道縣，故治在今四川宜賓西南安邊鎮。漢武帝時為犍為郡治所。⓫江陽　西漢置縣。故治即今四川瀘州。⓬符節　西漢置符縣，東漢改名符節縣。故治在今四川合江縣。⓭南廣　西漢置縣。故治在今四川筠連西南。⓮漢安　東漢置縣。故城在今四川內江市西。

【語譯】犍為郡，漢武帝時設置。在洛陽西三千二百七十里處。劉璋分立江陽郡。轄九個城邑，有住戶十三萬七千七百一十三，人口四十一萬一千三百七十八。

武陽縣，境內有彭亡聚。　資中縣。　牛鞞縣。　南安縣，境內有魚涪津。　僰道縣。　江陽縣。　符節縣。　南廣縣。　漢安縣。

牂牁郡❶武帝置。雒陽西五千七百里。十六城，戶三萬一千五百二十三，口二十六萬七千二百五十三。

故且蘭❷　平夷❸　鷩❹　毋斂❺　談指❻出丹。　夜郎❼出雄黃❽、雌黃❾。　同並❿　談稾⓫　漏江⓬　毋單⓭　宛溫⓮　鐔封⓯　漏臥⓰　句町⓱　進乘⓲　西隨⓳

【注釋】❶牂牁郡　地區名。西漢武帝時設置。治所原為且蘭縣（今貴州黃平西南），轄境約當今貴州大部、雲南東南部和廣西、越南西北一小部分地區。東漢同。❷故且蘭　故且蘭侯邑。漢置且蘭縣。故治在今貴州黃平西南。❸平夷　西漢置平夷縣。故城在今貴州畢節境內。❹鷩　西漢置縣。故治在今貴州遵義西。❺毋斂　西漢置縣，東漢因之。故治在今貴州獨山縣附近。❻談指　西漢置縣。故治在今貴州貞豐西北。❼夜郎　古夜郎國地。西漢置縣，東漢因之。故治在今貴州關嶺縣西南。❽雄黃　礦物名，亦稱「雞冠石」。可入藥，性溫，味苦辛，用為解毒、治外瘡。❾雌黃　礦物名。可作顏料。❿同並　西漢置縣，東漢因之。故治在今雲南彌勒東南。⓫談稾　西漢置縣，東漢因之。故治在今貴州盤縣西南。⓬漏江　西漢置縣，東漢因之。故治在今雲南羅平東。⓭毋單　西漢置縣，東漢因之。故治在今雲南宜良南。⓮宛溫　西漢置縣。故治在今雲南硯山縣西北。⓯鐔封　西漢置縣。故治在今雲南硯山縣西北。⓰漏臥　西漢置縣，東漢因之。故治在今雲南羅平東。⓱句町　西漢置縣。故城在今雲南廣南北。⓲進乘　西漢置進桑縣，東漢作進乘。故治在今雲南屏邊東。⓳西隨　西漢置縣，東漢因之。故治在今雲南金平西北。

【語譯】牂牁郡，漢武帝時設置。在洛陽西五千七百里處。轄十六個城邑，有住戶三萬一千五百二十三，人口二十六萬七千二百五十三。

故且蘭縣。　平夷縣。　鷩縣。　毋斂縣。　談指縣，境內出丹砂。　夜郎縣，境內出雄黃、雌黃。　同並縣。　談稾縣。　漏江縣。　毋單縣。　宛溫縣。　鐔封縣。　漏臥縣。　句町縣。　進乘縣。　西隨縣。

越嶲郡❶武帝置。雒陽西四千八百里。十四城，戶十三萬一百二十，口六十二萬三千四百一十八。

邛都❷南山❸出銅。　遂久❹　靈關道❺　臺登❻出鐵。　青蛉❼有禺同山❽，俗謂有金馬碧雞。　卑水❾　三縫❿　會無⓫出鐵。　定莋⓬　闡⓭　蘇示⓮　大莋⓯　莋秦⓰　姑復⓱

【注釋】❶越嶲郡　地區名。西漢元鼎六年（西元前一一一年）置。治所在邛都（今四川西昌東南），轄境約當今雲南麗江縣以東、以西，祥雲、大姚以北和四川木里、石棉、甘洛、雷波以南地區。❷邛都　古西南夷邛都。西漢通西南夷後置縣。故城在今四川西昌東南。❸南山　山名。即今四川西昌東南螺髻山。❹遂久　西漢置縣。故城在今麗江縣北。❺靈關道　亦作「零關道」。西漢置。在今四川甘洛東北。一說在今四川峨邊南。❻臺登　西漢置縣。故治在今四川冕寧南。❼青蛉　西漢置縣。故治即今雲南大姚。❽禺同山　山名。即今雲南大姚東北紫丘山。《水經・淹水注》：青蛉「縣有禺同山，山神有金馬、碧雞，光景倏忽，民多見之。」❾卑水　西漢置縣。故城在今四川昭覺東北。❿三縫　「絳」誤為「縫」。三絳，西漢置縣。故城在今雲南元謀北。⓫會無　西漢置縣。故城在今四川會理西。⓬定莋　西漢置縣。故城在今四川鹽源北。⓭闡　為「闌」之訛。西漢置闌縣。故治在今四川越西縣北。⓮蘇示　西漢置縣。故治在今四川西昌西北。⓯大莋　西漢置縣。故治在今四川鹽邊北。⓰莋秦　西漢置縣。故治在今四川冕寧西。⓱姑復　西漢置姑復縣，東漢因之。故治在今雲南永勝北。

【語譯】越嶲郡，漢武帝時設置。在洛陽西四千八百里處。轄十四個城邑，有住戶十三萬一百二十，人口六十二萬三千四百一十八。

邛都縣，境內南山有銅礦。　遂久縣。　靈關道。　臺登縣，境內有鐵礦。　青蛉縣，境內有禺同山，俗稱金馬碧雞。　卑水縣。　三縫縣。　會無縣，境內出鐵礦。　定莋縣。　闡縣。　蘇示縣。　大莋縣。莋秦縣。姑復縣。

益州郡❶武帝置。故滇王國❷。雒陽西五千六百里。諸葛亮❸表❹有耽文山❺、澤山❻、司彌瘥山❼、妻山❽、辟龍山❾，此等並皆未詳所在縣。十七城，戶二萬九千三十六，口十一萬八百二。

滇池❿出鐵。有池澤⓫。北有黑水祠⓬。　勝休⓭　俞元⓮裝山⓯出銅。　律高⓰石室山⓱出錫。盢町山⓲出銀、鉛。　賁古⓳采山⓴出銅、錫。羊山㉑出銀、鉛。　毋棳㉒　建伶㉓　穀昌㉔　牧靡㉕　味㉖　昆澤㉗　同瀨㉘　同勞㉙　雙柏㉚出銀。　連然㉛　梇棟㉜　秦臧㉝

【注釋】❶益州郡　地區名。西漢置。治滇池（今雲南晉寧東北）。轄境相當今雲南怒江以東，洱海以西及姚安、元謀東川以南，曲靖、宜良、華寧、蒙自以西，哀牢山以北地區。❷滇王國　古國。在今雲南東部滇池附近地區。戰國時，楚將莊蹻至其地稱滇王。從事農、牧、漁、紡織，並經營採礦。漢武帝元狩年間，滇王曾協助漢使探求通往今印度的道路。元封二年（西元前一〇九年），西漢於此置益州郡。❸諸葛亮　（西元一八一—二三四年），字孔明，琅邪陽都（今山東沂南）人。父母早死，為避戰亂，隨叔父到荊州，後在南陽隆中（今湖北襄樊西）隱居十年，觀察天下形勢。劉備三顧茅廬，請他出山輔助。他向劉備提出「聯吳抗曹、據有荊益、三分天下」的大計，史稱〈隆中對策〉。赤壁之戰前夕，他往江東聯絡孫吳，結成聯盟，一戰打敗曹操。他幫劉備建立蜀漢政權。劉備征吳失敗，臨死前在白帝城將自己的孩子及復興漢室的大業託付給他。從此諸葛亮負起管治蜀漢及興復漢室的重擔。他重新與孫吳修好，又平定南方的叛亂，並屢次北伐曹魏，以致積勞成疾，西元二三四年病逝於五丈原。❹表　封建時代稱臣子給君主的奏章。❺耽文山　不詳。❻澤山　山名。在今雲南東北部。❼司彌瘥山　不詳。❽妻山　山名。在今雲南東北部。❾辟龍山　山名。在今雲南東北部。❿滇池　故滇國地。西漢置縣。故治在今雲南晉寧東北。⓫池澤　此指滇池。即今雲南昆明南滇池。⓬黑水祠　地名。故址在滇地縣北(今雲南澄江縣西北)。⓭勝休　西漢置縣，東漢因之。故治在今雲南江川縣北。⓮俞元　西漢置縣。故治在今雲南澄江縣南。⓯裝山　山名。在今雲南澄江縣境。⓰律高　西漢置縣，東漢因之。故治在今雲南彌勒南。⓱石室山　山名。在今雲南澄江縣境。⓲監町山　山名。在今雲南澄江縣境。⓳賁古　西漢置縣。故治在今雲南蒙自東南。⓴采山　山名。在今雲南個舊北。個舊市是中國最大產錫基地，被稱為「中國錫都」。㉑羊山　山名。在今雲南個舊西。㉒毋棳　西漢置縣。故城在今雲南華寧東南。㉓建伶　西漢置縣。故城在今雲南晉寧南。㉔穀昌　西漢置縣。故城在今雲南昆明東北。㉕牧靡　西漢置收靡縣，東漢作牧靡縣。故城在今雲南尋甸東北。㉖味　西漢置縣。故城在今雲南曲靖西。㉗昆澤　西漢置縣，東漢因之。故城在今雲南宜良北。㉘同瀨　西漢置銅瀨縣，東漢作「同瀨」。故城在今雲南馬龍西南。㉙同勞　西漢置縣。故治在今雲南陸良西。㉚雙柏　西漢置縣。今雲南雙柏東南。㉛連然　西漢置縣。東漢因之。故治在今雲南安寧南。㉜梇棟　西漢置縣。故城在今雲南姚安北。㉝秦臧　一名「秦藏」。西漢置縣。故城在今雲南祿豐東北。

【語　譯】益州郡，漢武帝時設置。其地是原來的滇王所建之國。在洛陽西五千六百里處。諸葛亮表奏中有耽文山、澤山、司彌瘞山、婁山、辟龍山，這些山並不知所在。轄十七城邑，有住戶二萬九千零三十六，人口十一萬零八百二。

滇池縣，境內有鐵礦，還有池澤，北部有黑水祠。　勝休縣。　俞元縣，境內的裝山有銅礦。　律高縣，境內的石室山有錫礦。監町山出銀和鉛。　賁古縣，采山出銅和錫。羊山縣，出銀和鉛。　毋棳縣。　建伶縣。　穀昌縣。　牧靡縣。　味縣。　昆澤縣。　同瀨縣。　同勞縣。　雙柏縣，出銀。　連然縣。　梇棟縣。　秦臧縣。

永昌郡❶明帝❷永平❸十二年分益州置。雒陽西七千二百六十里。八城，戶二十三萬一千八百九十七，口百八十九萬七千三百四十四。

不韋④出鐵。巂唐⑤　比蘇⑥　楪榆⑦　邪龍⑧　雲南⑨　哀牢⑩永平中置，故牢王國。博南⑪永平中置。南界出金。

【注釋】①永昌郡　地區名。東漢永平十二年（西元六九年）置。治不韋縣（今雲南保山市東北），轄境相當今滇西、滇南地區，西至印緬交界的巴特開山，東南至禮社江與把邊江間的哀牢山，南部包有西雙版納等地。②明帝　即劉莊（西元二八—七五年），字子麗。東漢皇帝，漢光武帝劉秀第四子，西元五七—七五年在位。③永平　東漢明帝劉莊年號，西元五八—七五年。④不韋　西漢置縣。故城在今雲南保山市東北金雞村。⑤巂唐　西漢置縣。故城在今雲南雲龍西南。⑥比蘇　西漢置茈蘇縣，東漢作「比蘇」。故治在今雲南雲龍。⑦楪榆　西漢置葉榆縣，東漢作「楪榆」。故城在今雲南大理西北。⑧邪龍　西漢置縣。故治在今雲南巍山縣北。⑨雲南　西漢置縣。故城在今雲南祥雲東南。⑩哀牢　東漢置縣。故城在今雲南盈江縣東。⑪博南　東漢置縣。故城在今雲南永平西南。

【語譯】永昌郡，漢明帝永平十二年從益州分出設置。在洛陽西七千二百六十里處。轄八個城邑，有住戶二十三萬一千八百九十七，人口一百八十九萬七千三百四十四。

不韋縣，境內有鐵礦。　巂唐縣。　比蘇縣。　楪榆縣。　邪龍縣。　雲南縣。　哀牢縣，明帝永平年間設置，是原來牢王國舊地。　博南縣，明帝永平年間設置，南部邊界處有金礦。

廣漢屬國故北部都尉①，屬廣漢郡②，安帝時以為屬國都尉③，別領三城。戶三萬七千一百一十，口二十萬五千六百五十二。

陰平道④　甸氐道⑤　剛氐道⑥

【注釋】❶北部都尉　官名。漢武帝以後於新闢邊疆地區往往分部設置都尉以統兵。其時廣漢、武威、酒泉、北地、上郡、西河等邊郡皆設北部都尉。東漢邊郡設十三部都尉。廣漢郡有北部都尉，安帝時改為屬國都尉。❷廣漢郡　治所在今四川廣漢北。❸屬國都尉　官名。掌邊郡安置歸屬的少數民族。秦置典屬國，管理歸義蠻夷。漢因之，仍置典屬國。漢武帝時，置屬國都尉，東漢沿置。都尉一人，秩比二千石，丞一人。屬國都尉分治所屬縣，職掌與郡守同。❹陰平道　古羌氐地。漢武帝開西南夷，置陰平道，為北部都尉治。故城在今甘肅文縣西北。❺甸氐道　西漢置。故治在今四川九寨溝。❻剛氐道　西漢置。故治在今四川平武東。

【語譯】廣漢屬國，原來稱北部都尉，屬廣漢郡管轄，安帝時設為屬國都尉，在郡之外另轄三個城邑。有住戶三萬七千一百一十，人口二十萬五千六百五十二。

陰平道。　甸氐道。　剛氐道。

蜀郡屬國❶故屬西部都尉，延光❷元年以為屬國都尉，別領四城。戶十一萬一千五百六十八，口四十七萬五千六百二十九。

漢嘉❸故青衣❹，陽嘉❺二年改。有蒙山❻。　嚴道❼有邛僰九折坂❽者，邛郵置。　徙❾

旄牛❿

【注釋】❶蜀郡屬國　東漢延光元年改蜀郡西部都尉置。治所在今四川名山縣北。❷延光　東漢安帝劉祜年號，西元一二二—一二五年。❸漢嘉　縣名。西漢置青衣縣，東漢改曰「漢嘉」。故城在今四川名山縣北。❹青衣　故羌國。青衣，指羌人。東漢順帝時，青衣王子求內附，改曰漢嘉。故治在今四川名山縣北。❺陽嘉　東漢順帝劉保年號，西元一三二—一三五年。❻蒙山　在四川雅安、名山縣、蘆山縣三縣界。山頂陽光充足，其所產茶稱「蒙頂茶」，味芳香。❼嚴道　秦始皇滅楚，徙嚴王之族以實此地。漢置縣。有蠻夷曰道。故治在今四川滎經。❽邛僰九折坂　道路名、山名。一作「邛崍山道」。簡稱九折坂。

邛僰，山名，亦作「邛崍山」。即今四川滎經與漢源縣交界之大相嶺山。《華陽國志》形容其地「岩阻峻，回曲九折，乃至山上，凝冰夏結，冬則劇寒」。❾徙　西漢置縣。故治在今四川天全東南。❿旄牛　周初為髳人居地，後為羌地，漢初於此置縣。故城在今四川漢源南。

【語譯】蜀郡屬國，原來屬西部都尉管轄，安帝延光元年設屬國都尉，在郡之外另轄四個城邑。有住戶十一萬一千五百六十八，人口四十七萬五千六百二十九。

漢嘉縣，原來稱「青衣」，順帝陽嘉二年改今名，境內有蒙山。　嚴道，有邛僰九折坂和邛郵。　徙縣。

旄牛縣。

犍為屬國❶故郡南部都尉，永初❷元年以為屬國都尉，別領二城。戶七千九百三十八，口三萬七千一百八十七。

朱提❸山出銀、銅。　漢陽❹

右益州❺刺史部，郡、國十二，縣、道一百一十八。

【注釋】❶犍為屬國　東漢永初元年（西元一〇七年）析犍為郡南部置。治所在朱提縣（今雲南昭通）。轄境相當今雲南東川市東北至大關、綏江縣，貴州六盤水市、威寧等市縣地。❷永初　東漢安帝劉祜年號，西元一〇七－一一三年。❸朱提　西漢置縣。故治在今雲南昭通。❹漢陽　西漢置縣。故治在今貴州六盤水市西北一帶。❺益州　西漢武帝所置「十三刺史部」之一。東漢初治雒縣（今四川廣漢北），中平中移治綿竹縣（今四川德陽東北）；興平中又移治成都縣（今四川成都）。轄境相當今四川邛崍山、雲南怒山、緬甸那拉山、薩爾溫江以東，甘肅疊部、岷縣、西和與陝西秦嶺以南，東面與湖北、湖南交界，除貴州東部外，包括今雲南全部，四川、貴州大部，陝西、甘肅、廣西、越南、緬甸等各一部分地區。

【語譯】犍為屬國，原來屬郡南部都尉管轄，永初元年設屬國都尉，在郡之外另轄二個城邑。有住戶七千九百三十八，人口三萬七千一百八十七。

朱提縣，內有山出產銀和銅。　漢陽縣。

以上益州刺史部，共轄十二個郡和封國，一百一十八個縣與道。

隴西郡❶秦置。雒陽西二千二百二十里。十一城，戶五千六百二十八，口二萬九千六百三十七。

狄道❷　安故❸　氐道❹養水❺出此。　首陽❻有鳥鼠同穴山❼，渭水❽出。　大夏❾

襄武❿有五雞聚⓫。　臨洮⓬有西頃山⓭。　枹罕⓮故屬金城⓯。　白石⓰故屬金城。

鄣⓱　河關⓲故屬金城。積石山⓳在西南，河水⓴出。

【注釋】❶隴西郡　地區名。秦置，兩漢因之。治所在狄道（今甘肅臨洮南）。西漢時轄境相當今甘肅隴山以西、黃河以東、西漢水和白龍江上游以北、祖歷河和六盤山以南之地。東漢以後逐漸縮小。❷狄道　秦置縣。故城在今甘肅臨洮。❸安故　西漢置縣。故城在今甘肅臨洮南。❹氐道　西漢置縣。故治在今甘肅武山縣東南。❺養水　又作「漾水」。〈禹貢〉：「嶓冢導漾，東流為漢。」因古人誤認西漢水是漢水上源，故班固《漢書・地理志》氐道下謂：「〈禹貢〉養水所出」，本志同之。則養水指今西漢水上游，源於今甘肅禮縣東北。後知西漢水實非漢水上源，又謂養水即出今陝西寧強嶓冢山，東北流經勉縣，西南合沔水，又東經南鄭之漢江上游。❻首陽　西漢置縣。故城在今甘肅渭源縣東北。❼鳥鼠同穴山　又名「鳥鼠山」、「青雀山」。在今甘肅渭源縣西南。❽渭水　黃河最大支流。在今陝西中部。源出甘肅渭源縣西南鳥鼠山，東流經隴西、武山、甘谷、天水、清水諸縣，入陝西境，經寶雞、郿縣、長安、臨潼、渭南、華縣、華陰，在潼關入黃河。今稱渭河。❾大夏　西漢置縣。故城在今甘肅廣河縣西。❿襄武　西漢置縣。故城在今甘肅隴西東南。⓫五雞聚　聚邑名。雞，又作谿、溪。故址在今甘肅渭源縣東。本書卷一下〈光武帝紀〉，建武十年冬十月，「先零羌寇金城、隴西，來歙率諸將擊羌於五谿，大破之。」

即此。⓬臨洮　秦置縣。因臨洮水而得名。故治即今甘肅岷縣。⓭西頃山　山名。又稱西強山、嵹臺山。在今青海東部與甘肅西南邊境，屬秦嶺山脈西端。《尚書・禹貢》：「西傾、朱圉、鳥鼠至于太華。」為西北—東南走向，平均海拔四千公尺以上。黃河及其支流洮河、白龍江分水嶺。⓮枹罕　秦置縣。故治在今甘肅臨夏西南。⓯金城　郡名。西漢置。治所在允吾（今甘肅永靖西北），轄境約當今甘肅蘭州以西，青海青海湖以東，黃河以北和大通河下游以東地區。東漢末以後，轄境縮小，僅有今大通河下游以東地區。⓰白石　西漢置縣。故城在今甘肅臨夏。⓱鄣　東漢置縣。故城在今甘肅鄣縣西。⓲河關　西漢置縣。故城在今青海同仁西北。⓳積石山　山名。即今青海東南、甘肅南境的阿尼瑪卿山。本書卷七〈孝桓帝紀〉：延熹三年，「燒何羌叛，寇張掖，護羌校尉段熲追擊於積石，大破之。」即此。⓴河水　黃河。《水經・河水注》：「河出崑崙山，伏流地中萬三千里，禹導而通之，出積石山。」古以為河水源於此。其實河水源於今青海巴顏喀拉山脈雅拉達澤山麓。

【語　譯】隴西郡，秦朝設置。在洛陽西二千二百二十里處。轄十一個城邑，有住戶五千六百二十八，人口二萬九千六百三十七。

狄道縣。　安故縣。　氐道縣，養水自此發源。　首陽縣，境內有鳥鼠同穴山，渭水自此發源。　大夏縣。　襄武縣，境內有五雞聚。　臨洮縣，境內有西頃山。　枹罕縣，原來屬金城郡。　白石縣，原來也屬金城郡。　鄣縣。　河關縣，原來屬金城郡，積石山在其西南，黃河自此發源。

漢陽郡❶武帝置為天水❷，永平❸十七年更名。在雒陽西二千里。十三城，戶二萬七千四百二十三，口十三萬一百三十八。

冀❹有朱圄山❺。有緹羣山❻。有雒門聚❼。　望恆❽　阿陽❾　略陽❿有街泉亭⓫。　勇士⓬　成紀⓭　隴⓮刺史治。有大坂⓯名隴坻⓰。豲坻聚⓱有秦亭⓲。　豲道⓳　蘭干⓴

平襄㉑　顯親㉒　上邽㉓故屬隴西。　西㉔故屬隴西。有嶓冢山㉕，西漢水㉖。

【注釋】❶漢陽郡　地區名。東漢改天水郡置。治冀縣（今甘肅甘谷東），轄境相當今甘肅定西、隴西、禮縣以東，靜寧、莊浪以西，黃河以南，嶓冢山以北地區。❷天水　西漢置天水郡。治平襄（今甘肅通渭）。東漢改為漢陽郡，並移治冀縣。❸永平　東漢和帝劉肇年號，西元八九—一〇五年。❹冀　春秋秦武公十年（西元前六八八年）置。故治在今甘肅甘谷東。❺朱圄山　一作「朱圉山」。在今甘肅甘谷西南。《水經．渭水注》：朱圉山「有石鼓，不擊自鳴，鳴則兵起」。山色帶紅，上有石勒四大字曰「禹奠朱圉」。❻緹羣山　本書〈五行一〉：「王莽末，天水童謠曰：『出吳門，望緹群。』」吳門，冀郭門名也。緹群，山名也。在今甘肅甘谷北。❼雒門聚　地名。亦作「落門聚」。故址在今甘肅武山縣東。東漢初，來歙破隗囂處。❽望恆　西漢置縣。故城在今甘肅天水市西北。❾阿陽　西漢置縣。故城在今甘肅靜寧西南。❿略陽　東漢置縣。故城在今甘肅秦安東北九十里。⓫街泉亭　地名。又稱「街亭」。西漢為街泉縣，東漢省。故址在今甘肅莊浪東南。西元二二八年諸葛亮出師祁山，先鋒馬謖為魏將張郃戰敗於此。⓬勇士　西漢置縣。故城在今甘肅榆中東北。⓭成紀　西漢置縣。故城在今甘肅靜寧西南，南河西岸。⓮隴　西漢置縣。東漢為涼州刺史治。故城在今甘肅清水縣北。⓯大坂　即隴山。《三秦記》：「其坂九回，不知高幾許，欲上者七日乃越，高處可容百餘家，清水四注下。」⓰隴坻　即隴山。在陝西隴縣，西北跨甘肅清水縣，亦名隴阪、隴首，由高而長，延亙隴縣、靜寧、鎮原、清水縣之境，隨地異名，關中四塞，此為西面之險地。《秦州記》：「隴山東西百八十里，登山嶺，東望秦川四五百里，極目泯然山東人行役升此而顧瞻者，莫不悲思。」山下有隴關，即大震關，為秦雍喉隘。⓱獂坻聚　古地名。在今甘肅張家川回族自治縣境。⓲秦亭　古地名。故址在今甘肅清水縣東。《水經．渭水注》：「秦川有故秦亭，秦仲所封也。秦之為號，始自是矣。」⓳獂道　秦時隴西翟獂之戎，西漢置獂道縣。故城在今甘肅隴西東南。⓴蘭干　西漢置縣。故址當在今甘肅通渭縣境。㉑平襄　西漢置縣。故城在今甘肅通渭西。㉒顯親　東漢侯國。建武中封竇融弟友為顯親侯。故城在今甘肅秦安西北。㉓上邽　古邽戎地。秦置邽縣，漢曰上邽。故城在今甘肅天水市。㉔西　秦置西縣。故城在今甘肅天水市西南一百二十里。㉕嶓冢山　在今甘肅天水市西南六十里。西漢水自此山源出。㉖西漢水　即今甘肅東南部西漢水與四川境之嘉陵江中、下游。古以今西漢水為嘉陵江正源，故稱嘉陵江為「西漢水」，因其東有漢水（即今漢江），故名。西漢水源出甘肅天水市西南嶓冢山。西南流經禮縣、西和縣，折轉東南流經成縣南入陝、川境，在略陽北匯入嘉陵江，河道南流經廣元至昭化受白水江。曲折東南流，經蒼溪、閬中、南部、蓬安諸縣，折西南流，又經南充、武勝至合川市與涪江相會，南流至重慶注入長江。

【語　譯】漢陽郡，漢武帝時設置天水郡，永平十七年更現名。在洛陽西二千里處。轄十三個城邑，有住戶二萬七千四百二十三，人口十三萬零一百三十八。

冀縣，境內有朱圄山、緹羣山。還有雒門聚。　望恆縣。　阿陽縣。　略陽縣，境內有街泉亭。　勇士縣。　成紀縣，　隴縣，是涼州刺史治所，境內有大坂，稱為隴坻。豲坻聚有秦亭。　豲道縣。　蘭干縣。　平襄縣。　顯親縣。　上邽縣，原來屬隴西郡。　西縣，原來也屬隴西郡，境內有嶓冢山和西漢水。

武都郡❶武帝置。雒陽西一千九百六十里。七城，戶二萬一百二，口八萬一千七百二十八。

下辨❷　武都道❸　上祿❹　故道❺　河池❻　沮❼沔水❽出東狼谷❾。　羌道❿

【注　釋】❶武都郡　地區名。西漢武帝時置。治武都縣（今甘肅西和西南）。東漢移治下辨道（今甘肅成縣西）。轄境相當今甘肅西和、成縣、康縣、武都、兩當、徽縣及陝西略陽、鳳縣等地。❷下辨　西漢置下辨道，東漢為縣。故城在今甘肅成縣西。❸武都道　古白馬氐地。西漢置武都道，後改為縣，為武都郡治。東漢移郡治於下辨，以武都縣屬之。故城在今甘肅西和西南。❹上祿　西漢置縣。故治在今甘肅西和東南。❺故道　秦置縣。故城在今陝西寶雞西南、大散關東南。❻河池　西漢置縣。故城在今甘肅徽縣西北。❼沮　西漢置縣。因地處沮水（一名上沮水，今漢水北源之一。又名沔水）東岸，故名。故治在今陝西略陽東。❽沔水　古代通稱漢水為沔水，即今漢江。據《水經注》載，北源出自今陝西留壩西一名沮水者為沔，西源出自今寧強北者為漢，二源合流後通稱沔水或漢水。本志謂沔水出沮縣東狼谷，則以北源為正源，東流至勉縣東，又東南經陝西南部、湖西北部和中部，在武漢市入長江。❾東狼谷　山谷名。古沔水發源地。在今陝西鳳縣南。❿羌道　西漢置縣。故治在今甘肅舟曲北。

【語　譯】武都郡，漢武帝時設置。在洛陽西一千九百六十里處。轄七個城邑，有住戶二萬零一百二，人口八萬一千七百二十八。

下辨縣。　武都道。　上祿縣。　故道縣。　河池縣。　沮縣，境內沔水從東狼谷發源。　羌道縣。

金城郡❶昭帝置。雒陽西二千八百里。十城，戶三千八百五十八，口萬八千九百四十七。

允吾❷　浩亹❸　令居❹　枝陽❺　金城　榆中❻　臨羌❼有昆崙山❽。　破羌❾

安夷❿　允街⓫

【注釋】❶金城郡　地區名。西漢置。治所在允吾（今甘肅永靖西北），轄境約當今甘肅蘭州以西，青海青海湖以東，黃河以北和大通河下游以東地區。東漢末以後，轄境縮小，僅有今大通河下游以東地區。故城在今甘肅永靖西北。❷允吾　西漢置縣。故城在今甘肅永靖西北。❸浩亹　西漢置縣。以浩亹水（今大通河）名。故城在今甘肅永登西南大通河東岸。❹令居　西漢置縣。為護羌校尉治。故城在今甘肅永登西北。❺枝陽　漢置縣。故城在今甘肅永登東南。❻榆中　西漢置縣。故城在今甘肅榆中西北。❼臨羌　西漢置縣。故城在今青海湟中北。❽昆崙山　亦稱「崑崙山」。此指在今甘肅肅南裕固族自治縣西北。❾破羌　西漢置縣。故城在今青海樂都東南。❿安夷　西漢置縣。故城在今青海樂都西。⓫允街　西漢置縣。故城在今甘肅永登南莊浪河西岸。

【語譯】金城郡，漢昭帝時設置。在洛陽西二千八百里處。轄十個城邑，有住戶三千八百五十八，人口一萬八千九百四十七。

允吾縣。　浩亹縣。　令居縣。　枝陽縣。　金城縣。　榆中縣。　臨羌縣，境內有昆崙山。　破羌縣。

安夷縣。　允街縣。

安定郡❶武帝置。雒陽西千七百里。八城，戶六千九十四，口二萬九千六十。

臨涇❷、高平有第一城❸。朝那❹、烏枝❺有瓦亭❻，出薄落谷❼。三水❽、陰盤❾、彭陽❿、鶉觚⓫故屬北地。

【注　釋】❶安定郡　地區名。西漢置。治所在高平縣（今寧夏固原），轄境相當今甘肅景泰、靖遠、會寧、平涼、涇川縣、鎮原及寧夏中寧、中衛、同心、固原、彭陽等地。東漢移治臨涇縣（今甘肅鎮原東南）。屬涼州。❷臨涇　西漢置縣。故城在今甘肅鎮原東南。❸第一城　城名。西漢所置高平縣因其城險固，故號稱「第一城」。在今寧夏固原。東漢初隗囂將高峻擁兵據城，漢將耿弇等圍攻一年不克。❹朝那　西漢置縣。故城在今寧夏固原東南。❺烏枝　縣名。戰國秦惠王置烏氏縣。故城在今寧夏固原東南。東漢一作「烏支」。古一作「閼氏」、「焉氏」。本烏氏戎地。戰國秦兼併其地後置縣，兩漢同。❻瓦亭　鄉亭名。故址在今寧夏固原南瓦亭山麓。本書卷十三〈隗囂傳〉：建武八年，來歙從山道襲得略陽城。囂乃使「牛邯軍瓦亭，囂自悉其大眾圍來歙。」即此。❼薄落谷　山名。在今寧夏六盤山，又稱雞頭山、秤頭山。❽三水　西漢置縣，東漢末廢。故城在今寧夏同心東北。❾陰盤　西漢置陰槃縣，東漢曰「陰盤」。故城在今陝西長武西北。❿彭陽　西漢置縣。故城在今甘肅鎮原東。⓫鶉觚　西漢置鶉孤縣，東漢改曰「鶉觚」。故城在今甘肅靈臺東北。

【語　譯】安定郡，漢武帝時設置。在洛陽西一千七百里處。轄八個城邑，有住戶六千零九十四，人口二萬九千零六十。

臨涇縣。　高平縣，境內有第一城。　朝那縣。　烏枝縣，境內有瓦亭，有薄落谷自此始。　三水縣。

陰盤縣。　彭陽縣。　鶉觚縣，原來屬北地郡。

北地郡❶秦置。雒陽西千一百里。六城，戶三千一百二十二，口萬八千六百三十七。

富平❷、泥陽❸有五柞亭❹。弋居❺有鐵。廉❻、參䜌❼故屬安定。靈州❽

【注　釋】❶北地郡　地區名。戰國時秦國置。治義渠（今甘肅西峰市東），西漢移治馬嶺（今甘肅慶陽西北），東漢移治富平（今寧夏吳忠西南）。轄境相當今寧夏賀蘭山、山水河以東及甘肅環江、馬蓮河流域。屬涼州，東漢末地入羌胡。❷富平　秦置縣。故城在今寧夏吳忠西南。❸泥陽　秦置縣。故城在今甘肅寧縣東南。❹五柞亭　古地名。故址在今甘肅寧縣馬蓮河東岸附近。❺弋居　西漢置縣，東漢因之。治所在今甘肅寧縣東南。❻廉　西漢置縣。故城在今寧夏銀川市西。❼參䜌　西漢置縣。故城在今甘肅慶陽西北。❽靈州　西漢置靈洲縣，東漢改「洲」曰「州」。故城在今寧夏靈武北。

【語　譯】北地郡，秦朝設置。在洛陽西一千一百里處。轄六個城邑，有住戶三千一百二十二，人口一萬八千六百三十七。

富平縣。　泥陽縣，境內有五柞亭。　弋居縣，有鐵礦。　廉縣。　參䜌縣，原來屬安定郡。　靈州縣。

武威郡❶故匈奴休屠王❷地，武帝置。雒陽西三千五百里。十四城，戶萬四十二，口三萬四千二百二十六。

姑臧❸　張掖❹　武威❺　休屠❻　揟次❼　鸞鳥❽　樸劋❾　媼圍❿　宣威⓫　倉松⓬　鸇陰⓭故屬安定⓮。　租厲⓯故屬安定。　顯美⓰故屬張掖。　左騎⓱千人官⓲。

【注　釋】❶武威郡　地區名。西漢元狩二年（西元前一二一年）武帝以匈奴休屠王地置。治姑臧縣（今甘肅武威）。轄境相當今甘肅黃河以西，武威以東及大東河、大西河流域地區。❷匈奴休屠王　匈奴部名。亦作「休屠」、「休屠各胡」、「獨孤」等稱謂。原為西漢匈奴休屠王屬降漢者。東漢末分布於武威、北地、五原、西河、并州等地。❸姑臧　西漢置縣。故治即今甘肅武威。❹張掖　西漢置縣。故城在今甘肅武威東南。❺武威　西漢置縣。故城在今甘肅民勤東北。❻休屠　匈奴屬王之號，漢初為匈奴休屠王地，漢置休屠縣。故城在今甘肅武威北。❼揟次　西漢置縣。故城在今甘肅古浪西北。❽鸞鳥　西漢置縣。故城在今甘肅武威南。❾樸劋　西漢置縣。故城在今甘肅古浪東北。❿媼圍　西漢置縣。故城在今甘肅皋蘭北。⓫宣威　西漢置縣。故城在今甘肅民勤西南。⓬倉松　西漢置縣，東漢曰倉松。故城在今甘肅武威東南。⓭鸛陰　西漢置鶉陰縣，東漢改曰「鸛陰」。故城在今甘肅靖遠西北。⓮安定　西漢置縣。故城在今甘肅涇川縣北五里。⓯租厲　也作「祖歷」。西漢置祖厲縣，東漢改曰「租厲」。故城在今甘肅會寧西北。⓰顯美　西漢置縣。故城在今甘肅永昌東。⓱左騎　東漢置縣。本官名，因別居一城，其職相當於縣，故為左騎縣，屬武威郡。故治確地無可考。⓲千人官　縣名。東漢為武威郡所轄，故址在今甘肅黃河流域以西至永昌以東，包括內蒙古騰格里沙漠一帶。

【語譯】武威郡原來是匈奴休屠王舊地，漢武帝時設置。在洛陽西三千五百里處。轄十四個城邑，有住戶一萬零四十二，人口三萬四千二百二十六。

姑臧縣。張掖縣。武威縣。休屠縣。揟次縣。鸞鳥縣。樸劋縣。媼圍縣。宣威縣。倉松縣。鸛陰縣，原來屬安定郡。租厲縣，原來也屬安定郡。顯美縣，原來屬張掖郡。左騎縣，原千人官縣。

張掖郡❶故匈奴❷昆邪王❸地，武帝置。雒陽西四千二百里。獻帝❹分置西郡❺。八城，戶六千五百五十二，口二萬六千四十。

觻得❻　昭武❼　刪丹❽弱水❾出。　氐池❿　屋蘭⓫　日勒⓬　驪靬⓭　番和⓮

【注釋】❶張掖郡　地區名。西漢元鼎六年（西元前一一一年）分武威郡置。治所在觻得（今甘肅張掖西北）。轄境相當今甘肅高臺以東，永昌以西，以及今內蒙古西部部分地區。❷匈奴　中國古代北方少數民族，亦稱「胡」。戰國時活動於燕、趙、秦以北地區。秦漢之際，冒頓單于統一各部，勢盛，統轄大漠南北廣大地區。漢初不斷南下攻擾，漢朝基本上採取防禦政策。武帝對其轉取攻勢，多次進軍漠北，使其受到很大打擊，勢漸衰。宣帝甘露二年（西元前五二年）呼韓邪單于附漢，翌年來朝。其後六七十年間，漢與匈奴之間經濟文化交流頻繁。東漢光武帝建武二十四年（西元四八年）分裂為二部，南下附漢的稱為南匈奴，留居漠北的稱為北匈奴。南匈奴屯居朔方、五原、雲中（今內蒙古自治區境內）等郡，東漢末分為五部。北匈奴在漢和帝時被東漢和南匈奴所擊敗，部分西遷。❸昆邪王　匈奴部落名。昆邪王分得張掖地。霍去病過焉支山，收休屠王祭天金人，虜其太子，昆邪王懼，殺休屠王以其眾降，分徙邊郡，故塞外因其俗為屬國。元鼎六年（西元前一一一年），始置張掖郡。治觻得（今甘肅張掖西北明水鄉黑水國故城址）。自漢至魏為張掖治所。❹獻帝　即劉協（西元一八一—二三四年），東漢皇帝。即位時東漢政權已名存實亡，成為軍閥董卓的傀儡。西元一九六年，他被曹操迎都於許（今河南許昌），此後又成為曹操的傀儡。二二〇年，曹丕代漢稱帝，他被廢為山陽公。❺西郡　東漢興平二年（西元一九五年）析張掖郡置，屬雍州。治所在日勒縣（今甘肅永昌西北）。轄境相當今甘肅山丹、民樂東部及永昌西部等地。❻觻得　西漢置縣。故城在今甘肅張掖西北。❼昭武　西漢置縣。故城在今甘肅臨澤西北。❽刪丹　西漢置縣，後魏改曰「山丹」。故治即今甘肅山丹。❾弱水　古代凡水道淺，或不通舟者，人們常認為是弱水不能勝舟，故稱「弱水」。古籍中所載弱水甚多，本志所指即《尚書・禹貢》雍州：「弱水既西」「導弱水至于合黎，餘波入于流沙」。上源指今甘肅山丹河，下游既今山丹河與甘州河合流後的黑河，入內蒙古境後稱額濟納河。❿氐池　西漢置縣。故治在今甘肅民樂。⓫屋蘭　西漢置縣。故城在今甘肅山丹西北。⓬日勒　西漢置縣。故城在今甘肅永昌西北。⓭驪靬　西漢置縣。故城在今甘肅永昌西南。⓮番和　西漢置縣。故治在今甘肅永昌。

【語　譯】張掖郡，原來是匈奴昆邪王地，漢武帝時設置。在洛陽西四千二百里處。漢獻帝時分置西郡。轄八個城邑，有住戶六千五百五十二，人口二萬六千零四十。

觻得縣。　昭武縣。　刪丹縣，境內有弱水發源於此。　氐池縣。　屋蘭縣。　日勒縣。　驪靬縣。　番和縣。

酒泉郡❶武帝置。雒陽西四千七百里。九城，戶萬二千七百六。

福祿❷　表氏❸　樂涫❹　玉門❺　會水❻　沙頭❼　安彌❽故曰綏彌。　乾齊❾

延壽⑩

【注釋】❶酒泉郡　地區名。西漢元狩二年匈奴昆邪王降後置。因郡城下有泉，泉味如酒得名。治祿福縣（今甘肅酒泉市）。轄境相當今甘肅河西走廊西部。其後分武威、酒泉地置張掖、敦煌郡，其轄境僅及今甘肅疏勒河以東、高臺以西地區。❷福祿　西漢置祿福縣，東漢改曰「福祿」。故治即今甘肅酒泉市。❸表氏　西漢置表是縣，東漢改曰「表氏」。故城在今甘肅高臺西。❹樂涫　西漢置縣。故治在今甘肅酒泉市南。❺玉門　西漢置縣。故城在今甘肅玉門西北。❻會水　西漢置縣。因眾水所匯，故名。故城在今甘肅高臺鎮夷城西北。❼沙頭　西漢置池頭縣，東漢改為「沙頭」。故治在今甘肅玉門西北。❽安彌　安彌，西漢置綏彌縣，東漢改曰「安彌」。故治在今甘肅酒泉市東。❾乾齊　西漢置縣。故治在今甘肅玉門西北。❿延壽　東漢置縣。故治在今甘肅玉門東南。

【語譯】酒泉郡，漢武帝時設置。在洛陽西四千七百里處。轄九個城邑，有住戶一萬二千七百零六。

福祿縣。　表氏縣。　樂涫縣。　玉門縣。　會水縣。　沙頭縣。　安彌縣，原來稱綏彌。　乾齊縣。

延壽縣。

敦煌郡❶武帝置。雒陽西五千里。六城，戶七百四十八，口二萬九千一百七十。

敦煌❷古瓜州❸，出美瓜。　冥安❹　效穀❺　拼泉❻　廣至❼　龍勒❽有玉門關❾。

【注釋】❶敦煌郡　地區名。西漢元鼎六年（西元前一一一年）武帝分酒泉郡置。治敦煌縣（今甘肅敦煌西）。轄境相當今甘肅疏勒河以西及以南地區。東漢屬涼州。❷敦煌　西漢置縣，為敦煌郡治。故治即今甘肅敦煌西。❸古瓜州　亦月氏戎地。西漢為敦煌郡地。故址一說即今甘肅敦煌西。❹冥安　西漢置縣。故治在今甘肅安西東南。❺效穀　西漢置縣。故城在今甘肅敦煌東北。《漢書・地理志》師古注：「本魚澤障也。桑欽說，孝武元封六年濟南崔不意為魚澤尉，教力田，以勤效得穀，因立為縣名。」❻拼泉　東漢敦煌郡淵泉縣之訛。故址在今甘肅安西縣東疏勒河南岸。❼廣至　西漢置縣。故城在今甘肅安西西南。❽龍勒　西漢置縣。故城在今甘肅敦煌西南。❾玉門關　古時通西域要道，因西域玉石皆經此輸入，故名。西漢武帝置。故址在今甘肅敦煌西北小方盤城。

【語　譯】敦煌郡，漢武帝時設置。在洛陽西五千里處。轄六個城邑，有住戶七百四十八，人口二萬九千一百七十。

敦煌縣，古稱瓜州，出產美味的瓜。　冥安縣。　效穀縣。　拼泉縣。　廣至縣。　龍勒縣，境內有玉門關。

張掖屬國武帝置屬國都尉，以主蠻夷降者。安帝時，別領五城。戶四千六百五十六，口萬六千九百五十二。

候官　左騎　千人　司馬官　千人官❶。

【注　釋】❶候官五句　候官、左騎、千人、司馬官、千人官皆官名，非城名。蓋各官分領一城，以官名代城名。此五城確址不詳，當在今甘肅境。

【語　譯】張掖屬國，漢武帝時設置屬國都尉，以主持辦理蠻夷歸降者事宜。到安帝時，劃出五個城歸其管轄。有住戶四千六百五十六，人口一萬六千九百五十二。

候官。　左騎。　千人。　司馬官。　千人官。

張掖居延屬國故郡都尉，安帝別領一城。戶一千五百六十，口四千七百三十三。

居延❶有居延澤❷，古流沙❸。

右涼州❹刺史部，郡十二，縣、道、侯官九十八。

【注釋】❶居延　西漢置縣，為都尉治。故治在今甘肅酒泉邊地內蒙古額濟納旗。❷居延澤　即居延海。故澤在今內蒙古額濟納旗北境。為漢初匈奴中地名。武帝時於其澤南置縣，是當時河西地區與漠北往來要道所經。❸流沙　地區名。泛指古漠北或漠北巴丹吉林沙漠北部地區。也泛指西北沙漠地區。《水經注》：流沙即居延澤。❹涼州　西漢武帝置「十三刺史部」之一。東漢治隴縣（今甘肅張家川回族自治縣），轄境相當今甘肅、寧夏、青海湟水流域，陝西定邊、吳旗、鳳縣、略陽和內蒙古額濟納旗一帶。

【語譯】張掖居延屬國，原為郡都尉，安帝時，劃出一城歸其管轄。有住戶一千五百六十，人口四千七百三十三。

居延縣，境內有居延澤，即古居延澤。

以上涼州刺史部，共轄十二個郡，九十八個縣、道與侯官。

上黨郡❶秦置。雒陽北千五百里。十三城，戶二萬六千二百二十二，口十二萬七千四百三。

長子❷　屯留❸絳水❹出。　銅鞮❺　沾❻　涅❼有閼與聚❽。　襄垣❾　壺關❿有黎亭⓫，故黎國⓬。　泫氏⓭有長平亭⓮。　高都⓯　潞⓰本國。　猗氏⓱　陽阿侯國⓲。　穀遠⓳

【注釋】❶上黨郡　地區名。秦治壺關縣（今山西長治北），西漢時移治長子縣（今山西長子西南），轄境相當今山西和順、榆社以南，沁河流域以東地區。東漢末又移治壺關縣（今山西長治北）。❷長子　古邑名。文王封於長子。春秋時為晉邑，後為趙地。秦置縣。故城在今山西長子西南。❸屯留　春秋時為赤狄邑，謂之「留邑」。後為晉邑，謂之「純留」。戰國謂之「屯留」。西漢置屯留縣。故城在今山西屯留南。❹絳水　源出山西屯留西南八十里盤秀山之陰，八泉湧出如珠，合而東流，至潞城縣界交漳村入漳河。❺銅鞮　春秋時為晉邑，魯昭公二十八年（西元前五一四年）置縣。故城在今山西沁縣南。❻沾　西漢置縣。故城在今山西昔陽西南三十里。❼涅　西漢置涅氏縣。東漢曰「涅縣」。故城在今山西武鄉西北。❽閼與聚　古地名。《史記》：「趙奢破秦兵閼與。」故址在今山西和順境。❾襄垣　西漢置縣。趙襄子所築，因以為名。故城在今山西襄垣北。❿壺關　秦置縣。東漢末為上黨郡治。故城在今山西長治北。⓫黎亭　即古黎國遺址。故址在今山西長治北。⓬黎國　西周國名。後屬晉。故址在今山西長治西北。⓭泫氏　戰國趙邑，西漢置泫氏縣，因在泫水之上，故名。東漢為侯國。故治即今山西高平。⓮長平亭　戰國趙邑。故址在今山西高平西北二十里王報村。《史記・秦本紀》：昭襄王四十七年（西元前二六〇年），使武安君白起擊趙，「大破趙于長平，四十餘萬盡殺之」，即此。⓯高都　戰國魏邑，西漢置高都縣。故城在今山西晉城。⓰潞　古潞子國，西漢置潞縣。故城在今山西潞城東北四十里。⓱猗氏　西漢置陭氏縣。東漢改為「猗氏」。故城在今山西安澤南。⓲陽阿侯國　陽阿，縣名。西漢置縣，東漢為侯國。故治在今山西陽城西北。⓳穀遠　西漢置縣。故治在今山西沁源。

【語譯】上黨郡，秦朝設置。在洛陽北一千五百里處。轄十三個城邑，有住戶二萬六千二百二十二，人口十二萬七千四百零三。

長子縣。　屯留縣，境內有絳水發源自此。　銅鞮縣。　沾縣。　涅縣，境內有閼與聚。　襄垣縣。　壺關縣，境內有黎亭，是原來黎國遺跡。　泫氏縣，境內有長平亭。　高都縣。　潞縣，原來是舊國。　猗氏縣。　陽阿縣，東漢為侯國。　穀遠縣。

太原郡❶秦置。十六城，戶三萬九百二，口二十萬一百二十四。

晉陽❷本唐國❸。有龍山❹，晉水❺所出。刺史治。　界休❻有界山❼，有緜上聚❽。有千畝聚⑨。榆次⑩有鬻壺⑪。中都⑫于離⑬茲氏⑭狼孟⑮鄔⑯盂⑰平陶⑱京陵⑲春秋時九京⑳。陽曲㉑大陵㉒有鐵。祁㉓慮虒㉔陽邑㉕有箕城㉖。

【注釋】❶太原郡　地區名。戰國秦莊襄王四年（西元前二四六年）置。治晉陽縣（今山西太原西南），轄境相當今山西五臺山和管涔山以南、霍山以北地區。西漢以後轄境逐漸縮小。❷晉陽　本唐國，春秋晉邑。秦置縣。東漢末為上黨郡治。故城在今山西太原西南。❸唐國　國名。部落名。相傳為帝堯所建之國。即陶唐氏，為傳說中的遠古部落。堯為其酋長或國君。初都唐後遷唐，即今山西太原西南古城營西古城。後又遷平陽。因堯建唐國，故有陶唐、唐堯之稱。❹龍山　又名懸甕山、汲甕山。即今山西太原西南懸甕山。❺晉水　源出山西太原西南懸甕山，分三渠，東流入汾河，今謂之晉渠。山麓有晉祠，祀唐叔虞。❻界休　秦置縣。故城在今山西介休東南十五里。❼界山　界，又作「介」。一名介休山、綿山。在今山西介休東南。《史記・晉世家》：春秋時晉介之推隱居綿山後，「文公環綿上山中而封之，以為介推田號曰介山。」❽緜上聚　緜上，又作「綿上」。春秋晉綿上邑。晉文公元年（西元前大三六年），介子推隱居於此而死，晉文公「以綿上為之田」。東漢為聚。故址在今山西沁源西北綿上。❾千畝聚　春秋晉地。故址在今山西介休南。《左傳・桓公二年》：「其弟以千畝之戰生，命之曰成師。」❿榆次　春秋時晉魏榆邑，戰國屬趙，曰榆次。秦置縣。故治即今山西榆次。⓫鬻壺　或作「鬻臺」。戰國趙地。故址在今山西榆次南。《戰國策・秦第四》：「知氏伐趙，勝有曰矣，韓、魏反之，殺之于鬻臺之下。」唐代為洞渦水所侵，無復遺跡。⓬中都　春秋時晉中都邑，戰國屬趙，漢文帝為代王時曾都此，漢置中都縣。故城在今山西平遙西南。⓭于離　西漢置于離縣，東漢因之。今地無考。當在今山西汾陽一帶。⓮茲氏　秦置縣，為侯國。東漢建安中分匈奴左部居此。故城即今山西汾陽東南。⓯狼孟　西漢置縣。故治在今山西陽曲。⓰鄔　縣名。春秋晉鄔邑，漢置鄔縣。故城在今山西介休東北。⓱盂　本春秋時晉大夫祁氏邑，漢置盂縣。故城在今山西陽曲東北。⓲平陶　西漢置縣。故城在今山西文水縣西南。⓳京陵　西漢置縣。故城在今山西平遙東。⓴九京　古地名。又名「九原」。晉大夫趙盾葬所。故址在今山西新絳西北二十里，接汾城縣界，有土阜九座。㉑陽曲　西漢置縣。故治在今山西定襄東。㉒大陵　本春秋時晉平陵邑，西漢置大陵縣。故城在今山西文水縣東北。㉓祁　本春秋時晉大夫祁奚邑，西漢置祁縣。故城在今山西祁縣東南。㉔慮虒　西漢置縣。故城在今山西五臺東北。㉕陽邑　西漢置縣。故城即今山西太谷東北。㉖箕城　春秋晉地。故城在今山西太谷東。《左傳・僖公三十三年》：「狄伐晉及箕。八月戊子，晉侯敗狄于箕。」即此。

【語　譯】太原郡，秦朝設置。轄十六個城邑，有住戶三萬零九百零二，人口二十萬零一百二十四。晉陽縣，原來是舊唐國，境內有龍山，晉水自此發源，是州刺史治所。界休縣，境內有界山、緜上聚和千畝聚。榆次縣，境內有鑿壺。中都縣。于離縣。茲氏縣。狼孟縣。鄔縣。盂縣。平陶縣。京陵縣，春秋時稱為九京。陽曲縣。大陵縣，境內有鐵礦。祁縣。慮虒縣。陽邑縣，境內有箕城。

上郡❶秦置。十城，戶五千一百六十九，口二十萬六千五百九十九。

膚施❷　白土❸　漆垣❹　奢延❺　雕陰❻　楨林❼　定陽❽　高奴❾　龜茲屬國❿　候官⓫

【注　釋】❶上郡　戰國時魏文侯置。東漢屬并州。治所在膚施縣（今陝西榆林東南），轄境相當今陝西富縣以北，榆林、米脂、子長等及延安以西和內蒙古烏審旗一帶。❷膚施　戰國秦置縣，為上郡治所。故治在今陝西榆林東南。東漢縣與郡俱廢。❸白土　西漢置縣。故治在今陝西神木縣西北禿尾河上游。東漢末縣廢。❹漆垣　西漢置縣，東漢因之。治所在今陝西銅川市西北。❺奢延　西漢置縣。故城在今內蒙古烏審旗西南。❻雕陰　戰國魏邑。西漢置縣。故城在今陝西甘泉南。❼楨林　西漢置縣，東漢因之。故治在今內蒙古準噶爾旗西南。東漢末縣廢。❽定陽　戰國時秦魏界上之邑，因在定水之陽，故名。西漢置定陽縣。故城在今陝西延安東南。❾高奴　秦置縣。漢初為翟國都，項羽立董翳為翟王，都高奴，即此。故城在今陝西延安東北。❿龜茲屬國　漢置縣，為上郡屬國都尉治。因處龜茲降胡而名。故城在今陝西榆林北。⓫候官　東漢置縣。

故址在今陝西榆林北長城一帶。《中國歷史地圖集》載其為無考縣名。王國維《遺書》外編載：「候官者，都尉之屬也」「其候官或與都尉同治或分治，都尉下之有候官，猶校尉之下之有軍候」即候官係指沒有都尉之邊遠地區所轄下之縣級政區。

【語　譯】上郡，秦朝設置。轄十個城邑，有住戶五千一百六十九，人口二萬八千五百九十九。

膚施縣。　白土縣。　漆垣縣。　奢延縣。　雕陰縣。　楨林縣。　定陽縣。　高奴縣。　龜茲屬國。

候官縣。

西河郡❶武帝置。雒陽北千二百里也。十三城，戶五千六百九十八，口二萬八百三十八。

離石❷　平定❸　美稷❹　樂街❺　中陽❻　皋狼❼　平周❽　平陸❾　益蘭❿

圜陰⓫　藺⓬　圜陽⓭　廣衍⓮

【注　釋】❶西河郡　地區名。西漢元朔四年（西元前一二五年）置。治平定縣（今內蒙古伊金霍洛旗東南），轄境相當於今內蒙古伊克昭盟東部，山西呂梁山、蘆芽山以西，石樓以北，陝西宜川縣以北黃河沿岸地區。東漢永和五年（西元一四〇年）移治於離石（今山西離石）。屬并州。❷離石　戰國趙地。秦置離石縣。故城在今山西離石。❸平定　西漢置縣。故治在今內蒙古伊金霍洛旗東南。東漢末縣廢。❹美稷　西漢置縣。故治在今內蒙古準噶爾旗西北。東漢光武帝徙南單于居西河美稷，即此。東漢靈帝中平中縣治南徙至今山西汾陽西北。漢末縣廢。❺樂街　西漢置縣，東漢因之。治所在今山西離石。❻中陽　戰國趙中陽邑。西漢置中陽縣。故治在今山西中陽。東漢末廢。❼皋狼　戰國時趙地。西漢置皋狼縣。故城在今山西離石西北。東漢末廢。❽平周　戰國時魏邑。西漢置平周縣。故城在今山西孝義西南。東漢末廢。❾平陸　西漢置縣，東漢因之。故址當在今山西與陝西、內蒙古交界的黃河流域。❿益蘭　西漢置縣，東漢因之。故址當在今山西石樓與陝西清澗交界的黃河以北地區。⓫圜陰　一作「圁陰」。西漢置圜陰縣，因縣在圜水之南，故名。故城在今陝西佳縣北。⓬藺　戰國時趙邑。西漢置藺縣，故城在今山西離石西。東漢末廢。⓭圜陽　西漢置圜陽縣。因在圜水之北，故名。故城在今陝西神木縣南。東漢末縣廢。⓮廣衍　西漢置縣，東漢因之。治所在今內蒙古準噶爾旗西南亙爾吐溝。

【語　譯】西河郡，漢武帝時設置。在洛陽北一千二百里處。轄十三個城邑，有住戶五千六百九十八，人口二萬八百零三十八。

離石縣。　平定縣。　美稷縣。　樂街縣。　中陽縣。　皋狼縣。　平周縣。　平陸縣。　益蘭縣。
圜陰縣。　藺縣。　圜陽縣。　廣衍縣。

五原郡❶秦置為九原，武帝更名。十城，戶四千六百六十七，口二萬二千九百五十七。

九原❷　五原❸　臨沃❹　文國❺　河陰❻　武都❼　宜梁❽　曼柏❾　成宜❿

西安陽⓫北有陰山⓬。

【注　釋】❶五原郡　地區名。西漢置。治九原（今內蒙古包頭西），轄境相當今內蒙古後套以東、陰山以南、包頭以西和達拉特、準噶爾等旗地。東漢初，匈奴南單于分部眾屯於此，東漢末年郡廢。❷九原　西漢置縣，為五原郡治。即今內蒙古包頭西。❸五原　西漢置縣。故城在今內蒙古包頭西北。東漢末縣廢。❹臨沃　西漢置縣。故治在今內蒙古包頭昆都侖區南麻池鄉古城。東漢末縣廢。《水經．河水》：河水「屈東過九原縣南，又東過臨沃縣南。」❺文國　西漢置縣，東漢因之。故址當在今內蒙古河套地區。❻河陰　西漢置縣，東漢因之。故城在今內蒙古達拉特旗西北、黃河南岸。東漢末縣廢。❼武都　西漢置縣，東漢因之。當在內蒙古準噶爾旗西北。東漢末縣廢。❽宜梁　西漢置縣。故城在今內蒙古烏拉特前旗東、黃河北岸。東漢末縣廢。❾曼柏　西漢置縣，東漢因之。故址在今內蒙古準噶爾旗西北榆樹壕古城。東漢末縣廢。❿成宜　西漢置縣，東漢因之。故城在今內蒙古烏拉特前旗東南。東漢末縣廢。⓫西安陽　戰國安陽邑。西漢置縣。故城在今內蒙古烏拉特前旗東南、黃河北岸。東漢末縣廢。⓬陰山　即今內蒙古河套西北之陰山山脈。昆侖山北支，起於河套西北，綿亙於內蒙古南境，西北與興安嶺接，隨地易名，自古為中原屏障。

【語譯】五原郡，秦朝設置九原郡，漢武帝時更現名。轄十個城邑，有住戶四千六百六十七，人口二萬二千九百五十七。

九原縣。 五原縣。 臨沃縣。 文國縣。 河陰縣。 武都縣。 宜梁縣。 曼柏縣。 成宜縣。

西安陽縣，北有陰山。

雲中郡❶秦置。十一城，戶五千三百五十一，口二萬六千四百三十。

雲中❷ 咸陽❸ 箕陵❹ 沙陵❺ 沙南❻ 北輿❼ 武泉❽ 原陽❾ 定襄❿故屬定襄。 成樂⓫故屬定襄。 武進⓬故屬定襄。

【注釋】❶雲中郡 地區名。戰國趙武靈王置。秦代治雲中（今內蒙古托克托東北），轄境相當今內蒙古土默特右旗以東，大青山以南，卓資以西，黃河南岸及長城以北。西漢轄境縮小。東漢屬并州。東漢末郡廢。❷雲中 秦置縣。故城在今內蒙古托克托東北。東漢徙至今山西原平西南。❸咸陽 西漢置縣。故治在今內蒙古土默特右翼東。東漢末縣廢。❹箕陵 西漢置楨陵縣，東漢作箕陵。故城在今內蒙古清水河縣西北、黃河東岸。東漢末縣廢。❺沙陵 西漢置縣。故城在今內蒙古托克托北。當黑河入黃河處。東漢末縣廢。❻沙南 西漢置縣，東漢因之。故城在今內蒙古準噶爾旗東北、黃河南岸。東漢末縣廢。❼北輿 西漢置縣。故城在今內蒙古呼和浩特東城區。東漢末縣廢。❽武泉 西漢置縣。故城在今內蒙古呼和浩特東北。東漢末縣廢。❾原陽 西漢置縣。故城在今內蒙古呼和浩特東南八拜鄉古城。東漢末縣廢。❿定襄 西漢置縣。故城在今內蒙古呼和浩特東南二十家子古城。東漢末縣廢。⓫成樂 西漢置縣。故城在今內蒙古和林格爾西北。東漢末縣廢。⓬武進 西漢置縣。故城在今內蒙古和林格爾東北。東漢末縣廢。

【語譯】雲中郡，秦朝設置。轄十一個城邑，有住戶五千三百五十一，人口二萬六千四百三十。

雲中縣。 咸陽縣。 箕陵縣。 沙陵縣。 沙南縣。 北輿縣。 武泉縣。 原陽縣。 定襄縣，原來屬定襄郡。　成樂縣，原來也屬定襄郡。　武進縣，原亦屬定襄郡。

定襄郡❶高帝置。五城，戶三千一百五十三，口萬三千五百七十一。

善無❷故屬鴈門。　**桐過**❸　**武成**❹　**駱**❺　**中陵**❻故屬鴈門。

【注釋】❶定襄郡　地區名。西漢置。治成樂縣（今內蒙古和林格爾西北），轄境相當今內蒙古和林格爾、清水河縣、卓資、察哈爾右翼中旗等地。東漢移治善無縣（今山西右玉南）。漢靈帝末年郡廢。❷善無　秦置縣。故城在今山西右玉西北。❸桐過　西漢置縣。故城在今內蒙古清水河縣西。東漢末縣廢。❹武成　西漢置縣。故治在今內蒙古清水河縣北。東漢末縣廢。❺駱　西漢置縣，東漢因之。故城在今內蒙古清水河縣西南。東漢末縣廢。❻中陵　西漢置縣。故治在今山西朔州平魯北。東漢末縣廢。

【語譯】定襄郡，漢高祖時設置。轄五個城邑，有住戶三千一百五十三，人口一萬三千五百七十一。

善無縣，原來屬鴈門郡。　桐過縣。　武成縣。　駱縣。　中陵縣，原來屬鴈門郡。

鴈門郡❶秦置。雒陽北千五百里。十四城，戶三萬一千八百六十二，口二十四萬九千。

陰館❷　**繁時**❸　**樓煩**❹　**武州**❺　**汪陶**❻　**劇陽**❼　**崞**❽　**平城**❾　**埒**❿　**馬邑**⓫　**鹵城**⓬故屬代郡。　**廣武**⓭故屬太原。有**夏屋山**⓮。　**原平**⓯故屬太原。　**彊陰**⓰

【注釋】❶鴈門郡　地區名。戰國時趙武靈王置。秦、漢因之，治善無縣（今山西右玉南）。轄境相當今山西河曲、五寨、寧武等縣以北，恒山以西，內蒙古黃旗海、岱海以南地。東漢移郡治陰館縣（今山西朔州東南）。❷陰館　漢初為樓煩地，後置縣。故治在今山西朔州東南。❸繁畤　西漢置縣。故治在今山西渾源西南。東漢末縣廢。❹樓煩　古樓煩國及漢所置樓煩縣。故址俱在今山西寧武北一帶。❺武州　西漢置縣。故城在今山西左雲南。東漢移治今山西偏關東北。漢末縣廢。❻汪陶　西漢置縣。故城在今山西應縣西。❼劇陽　西漢置縣。故城在今山西應縣東北。❽崞　西漢置縣。故治在今山西渾源西。❾平城　秦置縣。故治在今山西大同東北。❿埒　西漢置縣。故治在今山西寧武北二十里。東漢末縣廢。⓫馬邑　秦置縣。故治即今山西朔州。⓬鹵城　西漢置縣。故城在今山西繁峙東北。東漢末縣廢。⓭廣武　西漢置縣。故城在今山西代縣西南。⓮夏屋山　俗稱「草垛山」。又名「賈屋山」，今名「賈母山」。即今山西代縣東北五十里草垛山。為今山西北部古代險要之地。⓯原平　西漢置縣。故城在今山西原平東、滹沱河西岸。⓰彊陰　西漢置縣。故城在今內蒙古涼城東。

【語　譯】鴈門郡，秦朝設置。在洛陽北一千五百里處。轄十四個城邑，有住戶三萬一千八百六十二，人口二十四萬九千。

陰館縣。　繁畤縣。　樓煩縣。　武州縣。　汪陶縣。　劇陽縣。　崞縣。　平城縣。　埒縣。　馬邑縣。　鹵城縣，原來屬代郡。　廣武縣，原來屬太原郡，境內有夏屋山。　原平縣，原來屬太原郡。　彊陰縣。

朔方郡❶武帝置。六城，戶千九百八十七，口七千八百四十三。

臨戎❷　三封❸　朔方❹　沃野❺　廣牧❻　大城❼故屬西河。

右并州❽刺史部，郡九，縣、邑、侯國九十八。

【注　釋】❶朔方郡　地區名。西漢置。治朔方縣（今內蒙古杭錦旗北），轄境相當今內蒙古河套西北部及後套地區。東漢移治臨戎縣（今內蒙古磴口東北）。東漢末年廢。❷臨戎　西漢置縣，東漢為朔方郡治，後廢。故址在今內蒙古磴口東北布隆淖鄉古城。❸三封　西漢置縣。故址在今內蒙古磴口西北。❹朔方　西漢置縣。故城在今內蒙古杭錦旗北、黃河南岸。❺沃

野　西漢置縣。故城在今內蒙古杭錦旗西北、黃河南岸。❼大城　東漢改大成縣置。故治在今內蒙古杭錦旗東南古城梁村。東漢末縣廢。❽并州　西漢武帝所置「十三刺史部」之一。領太原、上黨、雲中、定襄、鴈門、代等六郡，轄境相當於今山西大部及河北、內蒙古一部。東漢治晉陽（今山西太原西南），後轄境擴大，增領西河、五原、朔方、上郡四郡，而少領代郡，相當今山西大部、陝西北部及內蒙古狼山、陰山以南地區。

【語譯】朔方郡，漢武帝時設置。轄六個城邑，有住戶一千九百八十七，人口七千八百四十三。

臨戎縣。　三封縣。　朔方縣。　沃野縣。　廣牧縣。　大城縣，原來屬西河郡。

以上并州刺史部，共轄九個郡，九十八個縣、邑和侯國。

涿郡❶高帝置。雒陽東北千八百里。七城，戶十萬二千二百一十八，口六十三萬三千七百五十四。

涿❷　迺侯國❸。　故安❹易水❺出，雹水❻出。　范陽侯國❼。　良鄉❽　北新城❾有汾水門❿。

方城⓫故屬廣陽。有臨鄉⓬。有督亢亭⓭。

【注釋】❶涿郡　西漢高帝置。治今涿縣（今河北涿州），轄境相當今北京市房山區以南，河北易縣、清苑以東，安平、河間以北，霸州、任丘以西地區。❷涿　秦置縣，為涿郡治。故治即今河北涿州。❸迺侯國　迺，縣名。西漢置縣。景帝封匈奴降王陸彊為迺侯，東漢為侯國。故治在今河北淶水縣。❹故安　戰國燕武陽邑，西漢置故安縣，為侯國。故城在今河北易縣東南。❺易水　源出河北易縣西，一曰「中易水」，一曰「北易水」，二水東流至定興後合稱沙河。❻雹水　即雹河，今瀑河。源出河北易縣西南，曰「南易」水，東流入徐水、安新後稱雹河。❼范陽侯國　范陽，縣名。秦置縣，東漢改為侯國。故城在今河北定興西南固城。❽良鄉　西漢置縣，東漢因之。故治在今北京市房山區東南。❾北新城　西漢置縣。《太平寰宇記》卷六八引《十三州志》云：「河間有新城，故此加北字」。故城在今河北徐水縣西南。❿汾水門　亦稱「汾門」、「梁門」。燕、趙分界處。故址即今河北徐水縣西北。⓫方城　本燕方城邑，西漢置方城縣，為涿郡治。故城在今河北固安西南。⓬臨

鄉　西漢置侯國。故治在今河北固安西南。⑬督亢亭　古地名。故址在今河北涿州東南。督亢，為戰國時燕國著名亭腴之地。燕太子丹派荊軻獻督亢地圖，藏匕首於圖中，謀刺秦始皇。

【語譯】涿郡，漢高祖時設置。在洛陽東北一千八百里處。轄七個城邑，有住戶十萬二千二百一十八，人口六十三萬三千七百五十四。

涿縣。　迺縣，東漢為侯國。　故安縣，是易水發源地，霑水也源於此。　范陽縣，東漢為侯國。　良鄉縣。　北新城縣，境內有汾水門。　方城縣，原來屬廣陽郡，境內有臨鄉和督亢亭。

廣陽郡❶高帝置，為燕國❷，昭帝❸更名為郡。世祖❹省并上谷，永元八年復。五城，戶四萬四千五百五十，口二十八萬六百。

薊❺本燕國。刺史治。　廣陽❻　昌平❼故屬上谷。　軍都❽故屬上谷。　安次❾故屬勃海。

【注釋】❶廣陽郡　地區名。秦始皇二十一年（西元前二二六年）滅燕後置郡，漢初改置燕國，昭帝元鳳初復廣陽郡。治所在薊縣（今北京市區西南）。轄境相當今北京市大興區及河北固安等縣地。❷燕國　周代諸侯國名。本作「匽」、「郾」。姬姓，周召公之後，世稱「北燕」，擁有今河北北部和遼寧西端，建都薊縣。戰國時成為七雄之一。後滅於秦。❸昭帝　即劉弗陵（西元前九四－前七四年），西漢皇帝，武帝少子。❹世祖　即光武帝劉秀（西元前六－西元五七年），字文叔，南陽蔡陽（今湖北棗陽）人。東漢王朝的建立者，西元二五－五七年在位。❺薊　秦置縣。故城在今北京市區西南。❻廣陽　西漢置縣，以其在廣陽國，亦稱之小廣陽。故城在今北京市房山區良鄉鎮東北。❼昌平　西漢置縣。故城在今北京市昌平區東南。❽軍都　西漢置縣。故城在今北京市昌平區西南。❾安次　西漢置縣。故城在今河北廊坊西北。

【語　譯】廣陽郡，漢高祖時設置，原為燕國故地，漢昭帝時更名為郡。光武帝時併於上谷郡，永元八年又回復。轄五個城邑，有住戶四萬四千五百五十，人口二十八萬零六百。

薊縣，原來是燕國故地，是州刺史治所。　廣陽縣。　昌平縣，原來屬上谷郡。　軍都縣，原來也屬上谷郡。　安次縣，原來屬渤海郡。

代郡❶秦置。雒陽東北二千五百里。十一城，戶二萬一百二十三，口十二萬六千一百八十八。

高柳❷　桑乾❸　道人❹　當城❺　馬城❻　班氏❼　狋氏❽　北平邑❾永元八年復。　東安陽❿　平舒⓫　代⓬

【注　釋】❶代郡　地區名。戰國趙武靈王置。因位處古代國地，故名。秦、西漢治所在代縣（今河北蔚縣東北）。東漢移治高柳縣（今山西陽高西北）。轄境相當今河北懷安、蔚縣以西，山西陽高、渾源以東之內、外長城間地及長城外的東洋河流域。❷高柳　西漢置縣，東漢因之。故治在今山西陽高西北。東漢末縣廢。❸桑乾　西漢置縣。西漢時，代縣、桑乾縣同為代郡治。東漢移郡治高柳，以桑乾為屬縣。故城在今河北陽原東桑乾河南岸。❹道人　西漢置縣，東漢因之。故城在今山西陽高東南。❺當城　西漢置縣，東漢因之。故城在今河北蔚縣東北。❻馬城　西漢置縣。故城在今河北懷安西。❼班氏　西漢置縣。故城在今山西大同東南。東漢末縣廢。❽狋氏　西漢置縣。故城在今山西陽高東南。❾北平邑　聚邑名、縣名。東漢永元八年復置為縣。故城在今山西陽高西南。❿東安陽　西漢置縣。故城在今河北陽原東南。⓫平舒　西漢置東平舒縣，後改為「平舒」。故城在今山西廣靈西。⓬代　古代國。秦置代縣，為代郡治所。故治在今河北蔚縣東北。

【語　譯】代郡，秦朝設置。在洛陽東北二千五百里處。轄十一個城邑，有住戶二萬一百二十三，人口十二萬六千一百八十八。

高柳縣。　桑乾縣。　道人縣。　當城縣。　馬城縣。　班氏縣。　狋氏縣。　北平邑縣，和帝永元八年恢復。 東安陽縣。 平舒縣。 代縣。

上谷郡❶秦置。雒陽東北三千二百里。八城，戶萬三百五十二，口五萬一千二百四。

沮陽❷ 潘❸永元十一年復。 甯❹ 廣甯❺ 居庸❻ 雊瞀❼ 涿鹿❽ 下落❾

【注釋】❶上谷郡　地區名。戰國時燕國置，秦治沮陽縣（今河北懷來東南）。轄境相當今河北張家口、小五臺山以東，赤城、北京市延慶以西，內長城和北京市昌平區以北地區。❷沮陽　秦置縣。故城在今河北懷來東南大古城。❸潘　西漢置縣。故城在今河北涿鹿西南七十里。❹甯　西漢置寧縣，東漢曰「甯」。故治在今河北萬全。❺廣甯　西漢置縣。故城在今河北張家口。❻居庸　西漢置縣。故治在今北京市延慶。❼雊瞀　西漢置縣。故城在今河北蔚縣東北。❽涿鹿　西漢置縣。故城在今河北涿鹿東南。❾下落　西漢置下落縣，晉改曰「洛」。故治在今河北涿鹿。

【語譯】上谷郡，秦朝設置。在洛陽東北三千二百里處。轄八個城邑，有住戶一萬三百五十二，人口五萬一千二百零四。

沮陽縣。 潘縣，和帝永元十一年恢復。 甯縣。 廣甯縣。 居庸縣。 雊瞀縣。 涿鹿縣。 下落縣。

漁陽郡❶秦置。雒陽東北二千里。九城，戶六萬八千四百五十六，口四十三萬五千七百四十。

漁陽❷有鐵。 狐奴❸ 潞❹ 雍奴❺ 泉州❻有鐵。 平谷❼ 安樂❽ 傂奚❾ 獷平❿

【注　釋】❶漁陽郡　地區名。戰國燕置，秦漢治漁陽（今北京市密雲西南）。轄境相當今河北灤河上游以南，薊運河以西，天津海河以北，北京市懷柔、通州區以東地區。❷漁陽　秦置縣，為漁陽郡治。因城在漁水之陽，故名。故城在今北京市密雲西南。❸狐奴　西漢置縣。故城在今北京市順義區東北三十里。❹潞　西漢置路縣，東漢曰「潞縣」。故城在今河北三河市西南。❺雍奴　西漢置縣，東漢建武二年，封寇恂為侯邑。故城在今天津市武清區西北。❻泉州　西漢置縣。故城在今天津市武清區西南。❼平谷　西漢置縣。故城在今北京市平谷區東北。❽安樂　西漢置縣，東漢末廢。故城在今北京市順義區西北。❾傂奚　西漢置厗奚縣，東漢改為「傂奚」。故城在今北京市密雲東北。❿獷平　西漢置縣。故城在今北京市密雲東北。

【語　譯】漁陽郡，秦朝設置。在洛陽東北二千里處。轄九個城邑，有住戶六萬八千四百五十六，人口四十三萬五千七百四十。

漁陽縣，境內有鐵礦。　狐奴縣。　潞縣。　雍奴縣。　泉州縣，境內有鐵礦。　平谷縣。　安樂縣。　傂奚縣。　獷平縣。

右北平郡❶秦置。雒陽東北二千三百里。四城，戶九千一百七十，口五萬三千四百七十五。

土垠❷　徐無❸　俊靡❹　無終❺

【注　釋】❶右北平郡　地區名。戰國燕置。秦故治無終（今天津市薊縣）。西漢移治平剛縣（今遼寧凌源西南）。東漢移治土垠（今河北豐潤東）。其轄境已大為縮小，僅相當於今之天津市薊縣、河北興隆、遵化、豐潤、唐山等縣、市地。❷土垠　西漢置縣，為右北平郡治。故城在今河北豐潤東。❸徐無　西漢置縣。故城在今河北遵化東。❹俊靡　西漢置縣。故城在今河北興隆東南。❺無終　故無終子國。秦置縣。故治即今天津市薊縣。

【語　譯】右北平郡，秦朝設置。在洛陽東北二千三百里處。轄四個城邑，有住戶九千一百七十，人口五萬三千四百七十五。

土垠縣。徐無縣。俊靡縣。無終縣。

遼西郡❶秦置。雒陽東北三千三百里。五城，戶萬四千一百五十，口八萬一千七百一十四。

陽樂❷　海陽❸　令支❹有孤竹城❺。　肥如❻　臨渝❼

【注釋】❶遼西郡　地區名。戰國燕置。秦漢治所在陽樂縣（今遼寧義縣西）。西漢轄境相當今河北遷西、唐山市以東、遼寧醫巫閭山、大凌河下游以西及長城以南地區。東漢轄境西部增加河北青龍河東西地區，東部省去遼寧錦西、錦州、義縣等地。❷陽樂　秦置縣。故城在今遼寧義縣西。❸海陽　西漢置縣。故城在今河北灤縣西南。❹令支　春秋時山戎屬國，秦置縣。故城在今河北遷安西。❺孤竹城　商、周時方國之一孤竹國國都城邑名。故址在今河北盧龍南、灤河東岸附近。相傳孤竹為神農之後，孤竹君，為商湯所封。姓墨胎氏。伯夷、叔齊，為孤竹君之二子，周滅商，伯夷、叔齊恥食周粟，隱居於首陽山，後人在孤竹城西之孤竹山上設祠，城在山側。❻肥如　本春秋時肥子國。漢置肥如縣。故城在今河北盧龍北。❼臨渝　亦作「臨榆」。西漢置縣，東漢因之。故治移至今河北撫寧東北榆關。

【語譯】遼西郡，秦朝設置。在洛陽東北三千三百里處。轄五個城邑，有住戶一萬四千一百五十，人口八萬一千七百一十四。

陽樂縣。海陽縣。令支縣，境內有孤竹城。肥如縣。臨渝縣。

遼東郡❶秦置。雒陽東北三千六百里。十一城，戶六萬四千一百五十八，口八萬一千七百一十四。

襄平❷　新昌❸　無慮❹　望平❺　候城❻　安市❼　平郭❽有鐵。　西安平❾

汶❿　番汗⓫　沓氏⓬

【注 釋】❶遼東郡 地區名。戰國燕置。秦漢治所在襄平（今遼寧遼陽），轄境相當於今遼寧醫巫閭山以東和丹東、撫順本溪以西地區，東漢玄菟郡、遼東屬國占去一部分，轄境縮小。❷襄平 戰國燕地。故城在今遼寧遼陽老城區。❸新昌 西漢置，為侯國，東漢廢。故城在今遼寧海城東北。❹無慮 西漢置縣，為西部都尉治。故城在今遼寧北寧東南。❺望平 西漢置縣。故城即今遼寧新民東南。❻侯城 西漢置縣，東漢因之。故城在今遼寧瀋陽東南。❼安市 西漢置縣，東漢因之。故城在今遼寧海城東南營城子。❽平郭 西漢置縣。故城在今遼寧海城蓋州西南。❾西安平 西漢置縣。何焯曰：涿郡有安平，故遼東加西。東漢因之。故城在今遼寧遼陽丹東東北九連城鎮靉河尖古城。❿汶 西漢置文縣，東漢曰「汶縣」。故城在今遼寧營口東南。⓫番汗 西漢置縣，東漢因之。故城在今朝鮮平安北道博川城南古博陵城。⓬沓氏 西漢置縣。故城即今遼寧普蘭店西南。

【語 譯】遼東郡，秦朝設置。在洛陽東北三千六百里處。轄十一個城邑，有住戶六萬四千一百五十八，人口八萬一千七百一十四。

襄平縣。 新昌縣。 無慮縣。 望平縣。 候城縣。 安市縣。 平郭縣，境內有鐵礦。 西安平縣。 汶縣。 番汗縣。 沓氏縣。

玄菟郡❶武帝置。雒陽東北四千里。六城，戶一千五百九十四，口四萬三千一百六十三。

高句驪❷遼山，遼水❸出。 西蓋馬❹ 上殷台❺ 高顯❻故屬遼東。 候城❼故屬遼東。 遼陽❽故屬遼東。

【注 釋】❶玄菟郡 地區名。西漢元封三年（西元前一〇八年）置。治沃沮縣（今朝鮮咸鏡南道咸興）。始元五年（西元前八二年）移治高句驪縣（今遼寧新賓西南）。東漢安帝時與高句驪縣同移治今遼寧瀋陽東。東漢轄境相當今遼寧瀋陽、撫順、鐵嶺等市縣地區。比西漢初置時轄地大為縮小。❷高句驪 漢武帝開朝鮮，以古高句驪國故地置。故地在今遼寧新賓西南與京老城附近。東漢安帝時移治今遼寧瀋陽東約二十公里。❸遼水　一名小遼水，即今遼寧境內渾河。源於今清原縣東北的古遼山。西南流經清原南、撫順市北、瀋陽市南，在今海城西北入大遼水。《漢書・地理志》高句驪：「遼山，遼水所出，西南至遼隊入大遼水。」❹西蓋馬　西漢置縣。因蓋馬山為名，後漢因之。〈郡國志〉誤作「西蓋鳥」，舊治在朝鮮境內，後徙內地，即今遼寧撫順北。❺上殷台　西漢置縣，東漢因之。故治在今吉林通化。❻高顯　西漢置縣，東漢因之。故治在今遼寧鐵嶺市。❼候城　西漢置縣。故城在今遼寧瀋陽東南古城子。❽遼陽　西漢置縣，東漢因之。故城當在今遼寧遼中縣南偏堡子古城。

【語譯】玄菟郡，漢武帝時設置。在洛陽東北四千里處。轄六個城邑，有住戶一千五百九十四，人口四萬三千一百六十三。

高句驪，有遼山，遼水自此發源。　西蓋馬縣。　上殷台縣。　高顯縣，原來屬遼東郡。　候城縣，原來也屬遼東郡。　遼陽縣，原屬遼東郡。

樂浪郡❶武帝置。雒陽東北五千里。十八城，戶六萬一千四百九十二，口二十五萬七千五十。

朝鮮❷　䛁邯❸　浿水❹　含資❺　占蟬❻　遂城❼　增地❽　帶方❾　駟望❿

海冥⓫　列口⓬　長岑⓭　屯有⓮　昭明⓯　鏤方⓰　提奚⓱　渾彌⓲　樂都⓳

【注釋】❶樂浪郡　地區名。西漢元封三年置。治所在朝鮮（今朝鮮平壤南）。轄境相當今朝鮮平安南道、黃海南北道、江原道和咸鏡南道等地。❷朝鮮　西漢置縣，東漢因之。故城在今朝鮮首都平壤南。❸䛁邯　縣名。故治在今朝鮮平安南道順川西。❹浿水　西漢置縣，以浿水為名，誤作「俱水」，東漢因之。故治在今朝鮮慈江道熙川郡以東院站附近。❺含資　西漢置縣，東漢誤作「貪資」。故城在今朝鮮黃海北道瑞興郡治。❻占蟬　西漢置黏蟬縣，東漢作「占蟬」。故城在今朝鮮平安南道龍岡郡西于乙洞古城。❼遂城　西漢置遂成縣，東漢作遂城。故城在今朝鮮平壤西南江西以西之咸從里。❽增地　西漢置縣，東漢因之。故城在今朝鮮平安南道安州附近。❾帶方　西漢置縣。以帶水為名，帶水乃今之漢江。故治在今朝鮮黃海北道鳳山郡土城內。❿駟望　西漢置縣，東漢因之。故城在今朝鮮平安南道江東郡附近。⓫海冥　西漢置縣，東漢因之。故城在今朝鮮黃海南道海州北。⓬列口　西漢置縣，東漢因之。故治在今朝鮮黃海南道殷栗郡。⓭長岑　西漢置縣，東漢因之。故治在今朝鮮黃海北道松禾郡。⓮屯有　西漢置縣，東漢因之。故治在今朝鮮黃海南道黃州。⓯昭明　西漢置縣，東漢因之。故城在今朝鮮黃海南道信川郡西湖里。⓰鏤方　西漢置縣，東漢因之。故城在今朝鮮平安南道成川、陽德二郡間。⓱提奚　西漢置縣，東漢因之。故城在今朝鮮黃海北道平山郡附近。⓲渾彌　西漢置縣，東漢因之。故城在今朝鮮平安南道肅川附近。⓳樂都　東漢置縣。故城在今朝鮮平安南道寧遠附近。

【語譯】樂浪郡，漢武帝時設置。在洛陽東北五千里處。轄十八個城邑，有住戶六萬一千四百九十二，人口二十五萬七千零五十。

朝鮮縣。䛁邯縣。浿水縣。含資縣。占蟬縣。遂城縣。增地縣。帶方縣。駟望縣。海冥縣。列口縣。長岑縣。屯有縣。昭明縣。鏤方縣。提奚縣。渾彌縣。樂都縣。

遼東屬國故邯鄉，西部都尉，安帝❶時以為屬國都尉，別領六城。雒陽東北三千二百六十里。

昌遼❷故天遼❸，屬遼西。　賓徒❹故屬遼西。　徒河❺故屬遼西。　無慮❻有醫無慮山❼。　險瀆❽　房❾

右幽州❿刺史部，郡、國十一，縣、邑、侯國九十。

【注釋】❶安帝　即劉祜（西元九四－一二五年），東漢皇帝，漢章帝孫，清河孝王劉慶子，西元一〇六－一二五年在位。❷昌遼　西漢置交黎縣，東漢為昌黎。王先謙《漢書補注》：「昌遼即昌黎，遼、黎雙聲變轉。」故址在今遼寧義縣。❸天遼　縣名。東漢改名昌遼，原屬遼西郡，東漢改為遼東屬國所轄。故址當在今遼寧義縣一帶。按譚其驤主編《中國歷史地圖集》載，天遼縣即為交黎縣，昌遼縣即為昌黎縣。一說《後漢書・郡國志》昌遼即為昌黎之誤；天遼即為交黎之誤。交黎，西漢置縣，東漢改名昌黎。即此。❹賓徒　西漢置賓從縣，東漢作賓徒縣。故城在今遼寧錦州北。❺徒河　古地名。相傳虞舜時已有此城。齊桓公救燕，破屠河，即徒河。西漢置縣。故城在今遼寧錦州。❻無慮　西漢置縣，為西部都尉治所。無慮縣已見前遼東郡，此當作「扶黎縣」。故城在今遼寧北鎮縣東南。❼醫無慮山　即「醫巫閭山」，又名「醫無閭山」。在今遼寧北鎮縣西與義縣之間，為陰山山脈分支。相傳虞舜封十二山，以此為幽州之鎮。高達一千六百公尺，為北方避暑勝地。❽險瀆　西漢置縣，東漢因之。《漢書・地理志》遼東郡，險瀆，應劭注曰：「朝鮮王滿都也。依水險，故曰險瀆。」故城當在今遼寧遼陽西北。❾房　西漢置縣。故城當在今遼寧盤山縣境內濱海之地。❿幽州　西漢武帝所置「十三刺史部」之一。東漢時治所在薊縣（今北京市區西南），轄境相當今北京市、河北北部、遼寧大部、天津市海河以北及朝鮮（北韓）大同江流域。

【語譯】遼東屬國，是原來的邯鄉，置西部都尉，安帝時改為屬國都尉，轄六個城邑。在洛陽東北三千二百六十里處。

昌遼縣，原來名天遼，屬遼西郡。　賓徒縣，原來也屬遼西郡。　徒河縣，原來亦屬遼西郡。　無慮縣，境內有醫無慮山。　險瀆縣。　房縣。

以上幽州刺史部，共轄十一個郡國，九十個縣、邑和侯國。

南海郡❶武帝置。雒陽南七千一百里。七城，戶七萬一千四百七十七，口二十五萬二百八十二。

番禺❷　博羅❸　中宿❹　龍川❺　四會❻　揭陽❼　增城❽有勞領山❾。

【注釋】❶南海郡　地區名。秦始皇三十三年（西元前二一四年）置，治所在番禺縣（今廣東廣州）。秦漢之際地入南越國，西漢元鼎六年（西元前一一一年）滅南越國復置。轄境約當今廣東滃江、大羅山以南，珠江三角洲及綏江流域以東。其後漸小。❷番禺　戰國邑名。秦置縣。以番山、禺山為名。故治在今廣東廣州。❸博羅　秦置縣。故治即今廣東博羅。❹中宿　西漢置縣。故城在今廣東清遠西北。❺龍川　秦置縣。故城在今廣東龍川縣西。❻四會　秦置縣。《太平寰宇記》卷一百五十七：「四會者，東有古津水，南有湞江，西有建水，北有龍江，四水俱臻，因以為名。」故治在今廣東四會。❼揭陽　西漢置縣。故城在今廣東揭陽西北。❽增城　西漢番禺縣地，東漢於此置增城縣。故縣在今廣東增城東北。❾勞領山　在今廣東增城縣境。

【語　譯】南海郡，漢武帝時設置。在洛陽南七千一百里處。轄七個城邑，有住戶七萬一千四百七十七，人口二十五萬零二百八十二。

番禺縣。　博羅縣。　中宿縣。　龍川縣。　四會縣。　揭陽縣。　增城縣，境內有勞領山。

蒼梧郡❶武帝置。雒陽南六千四百一十里。十一城，戶十一萬一千三百九十五，口四十六萬六千九百七十五。

廣信❷　謝沐❸　高要❹　封陽❺　臨賀❻　端谿❼　馮乘❽　富川❾　荔浦❿

猛陵⓫　鄣平⓬

【注　釋】❶蒼梧郡　地區名。西漢元鼎六年（西元前一一一年）置。治所在廣信縣（今廣西梧州），轄境約當今廣西都龐嶺、大瑤山以東，廣東肇慶、羅定以西，湖南江永、江華以南，廣西藤縣、廣東信宜以北地。❷廣信　西漢置縣。故城即今廣西梧州。❸謝沐　西漢置縣。故城在今湖南江永西南。❹高要　西漢置縣。故城在今廣東肇慶境內。❺封陽　西漢置縣。因在封水之陽，故名。故城即今廣西賀縣東南信都。❻臨賀　西漢置縣。因對臨賀二水交匯處故名。故城即今廣西賀縣東南。❼端谿　西漢置縣。故治在今廣東德慶。❽馮乘　西漢置縣。因界內有馮水，故名。故城在今湖南江華西南，接廣西富川縣界。❾富川　西漢置縣。故治在今廣西鍾山縣。❿荔浦　西漢置縣。因界內有荔水，故名。故城在今廣西荔浦西南。⓫猛陵　西漢置縣。故城在今廣西蒼梧西北、潯江北岸。⓬鄣平　東漢永平十四年（西元七一年）置縣。故治不詳，當在今廣西平南以東、廣東肇慶以西潯江流域一帶。

【語　譯】蒼梧郡，漢武帝時設置。在洛陽南六千四百一十里處。轄十一個城邑，有住戶十一萬一千三百九十五，人口四十六萬六千九百七十五。

廣信縣。　謝沐縣。　高要縣。　封陽縣。　臨賀縣。　端谿縣。　馮乘縣。　富川縣。　荔浦縣。
猛陵縣。　鄣平縣。

鬱林郡❶秦桂林郡，武帝更名。雒陽南六千五百里。十一城。

布山❷　安廣❸　阿林❹　廣鬱❺　中溜❻　桂林❼　潭中❽　臨塵❾　定周❿
增食⓫　領方⓬

【注　釋】❶鬱林郡　地區名。始皇三十三年置桂林郡。西漢元鼎六年改置鬱林郡，治所在布山縣（今廣西桂平西），轄境約當今廣西除桂林、梧州及部分玉林地區以外的廣大區域。❷布山　西漢置縣。故城在今廣西桂平西故城。❸安廣　西漢置縣。故治在今廣西橫縣西北。❹阿林　西漢置縣。故治在今廣西桂平東南。❺廣鬱　西漢置縣，東漢因之。故治在今廣西凌雲東南。❻中溜　西漢置中溜縣，東漢曰「中留」。故治在今廣西武宣西南。❼桂林　西漢置始安縣，後世改稱桂林縣。故治在今廣西象州東南。❽潭中　西漢置縣。故治在今廣西柳州東南。❾臨塵　秦置縣。故治在今廣西崇左。東漢後廢。❿定周　西漢置縣，東漢因之。故治在今廣西宜山縣。⓫增食　西漢置縣，東漢因之。故治在今廣西隆安東。⓬領方　西漢置縣。故治在今廣西賓陽西南。

【語　譯】鬱林郡，原是秦朝設的桂林郡，漢武帝時更現名。在洛陽南六千五百里處。轄十一個城邑。

布山縣。　安廣縣。　阿林縣。　廣鬱縣。　中溜縣。　桂林縣。　潭中縣。　臨塵縣。　定周縣。
增食縣。　領方縣。

合浦郡❶武帝置。雒陽南九千一百九十一里。五城，戶二萬三千一百二十一，口八萬六千六百一十七。

合浦❷　徐聞❸　高涼❹　臨元❺　朱崖❻

【注　釋】❶合浦郡　地區名。西漢元鼎六年置。治所在合浦縣（今廣西合浦東北），轄境約當今廣東新興、開平西南（海南島除外），廣西容縣、橫縣以南地區。❷合浦　西漢置縣。故治在今廣西合浦東北。❸徐聞　西漢置縣。故城在今廣東徐聞南海邊。❹高涼　西漢置縣。故治在今廣東陽江市北。❺臨元　西漢置臨允縣，東漢改名臨元。故治在今廣東新興南。❻朱崖　西漢置朱盧縣，東漢作「朱崖縣」。故治在今海南海口東南。

【語　譯】合浦郡，漢武帝時設置。在洛陽南九千一百九十一里處。轄五個城邑，有住戶二萬三千一百二十一，人口八萬六千六百一十七。

合浦縣。　徐聞縣。　高涼縣。　臨元縣。　朱崖縣。

交趾郡❶武帝置，即安陽王國。雒陽南萬一千里。十二城。

龍編❷　羸𨻻❸　安定❹　苟漏❺　麊泠❻　曲陽❼　北帶❽　稽徐❾　西于❿

朱鳶⓫　封谿⓬建武⓭十九年置。　望海⓮建武十九年置。

【注　釋】❶交趾郡　地區名。西漢武帝所置「十三刺史部」之一。交趾，一作「交阯」。先秦泛指五嶺以南地區。西元前二世紀初，南越趙佗置郡。西元前一一一年歸漢。轄境相當今越南北部諸省。西漢故治羸𨻻（今越南河內市西北）。東漢移治龍編（今越南河內市東）。❷龍編　西漢置縣。故城在今越南河內市東天德江北岸。❸羸𨻻　西漢置縣。故治在今越南河內市西北。❹安定　西漢置縣。故治在今越南南河省南定西北紅河南岸。❺苟漏　西漢置縣。故治在今越南河西省石實縣。❻麊泠　西漢置縣。故治在今越南永富省山西北。❼曲陽　西漢置縣。故治在今越南海興省海陽附近。❽北帶　西漢置縣。故治在今越南河內市東文林附近。❾稽徐　西漢置縣。故治在今越南海興省計瑟附近。❿西于　西漢置縣。故治在今越南永富省東英縣古螺鄉。⓫朱䳒　西漢置縣。故治在今越南河西省河東東南、紅河西岸。⓬封谿　東漢置縣。故治在今越南永富省安朗東。⓭建武　東漢光武帝年號，西元二五—五六年。⓮望海　東漢置縣。故治在今越南河北省北寧西北求河北岸。

【語譯】交阯郡，漢武帝時設置，即原來的安陽王國。在洛陽南一萬一千里處。轄十二個城邑。

龍編縣。羸𨻻縣。安定縣。苟漏縣。麊泠縣。曲陽縣。北帶縣。稽徐縣。西于縣。

朱䳒縣。封谿縣，建武十九年置。望海縣，建武十九年置。

九真郡❶武帝置。雒陽南萬一千五百八十里。五城，戶四萬六千五百一十三，口二十萬九千八百九十四。

胥浦❷　居風❸　咸懽❹　無功❺　無編❻

【注釋】❶九真郡　地區名。西元前三世紀末，南越趙佗所置。西元前一一一年入漢。治所在胥浦縣（今越南清化省清化西化）。轄境相當今越南清化、河靜兩省及義安省東部地區。❷胥浦　西漢置縣。故治在今越南清化省清化西北東山縣楊舍村。❸居風　西漢置縣。故治在今越南清化省清化北馬江南岸。❹咸懽　西漢置咸驩縣，東漢曰咸懽。故治在今越南義安省演州西。❺無功　西漢置縣。故城在今越南寧平省寧平附近。❻無編　西漢置縣。故治在今越南清化省靖嘉西龍施。

【語譯】九真郡，漢武帝時設置。在洛陽南一萬一千五百八十里處。轄五個城邑，有住戶四萬六千五百一十三，人口二十萬九千八百九十四。

胥浦縣。居風縣。咸懽縣。無功縣。無編縣。

日南郡❶秦象郡❷，武帝更名。雒陽南萬三千四百里。五城，戶萬八千二百六十三，口十萬六百七十六。

西卷❸　朱吾❹　盧容❺　象林❻　比景❼

右交州❽刺史部，郡七，縣五十六。

【注釋】❶日南郡　地區名。西漢元鼎六年置。治所在西捲縣（今越南平治天省廣治西北廣治河與甘露河合流處）。始皇三十三年置，治所在臨塵縣（今廣西崇左）。轄境相當今廣西西部、廣東西南部及貴州南部。西漢廢。另說象郡治所在今越南中部東漢西卷縣附近。❷象郡　秦轄境相當今越南中部，北起橫山南抵大嶺地區。❸西卷　西漢置西捲縣，東漢曰「西卷」。故治在今越南平治天省廣治西北廣治河與甘露河合流處。❹朱吾　西漢置縣。故治在今越南廣平省美麗附近。❺盧容　西漢置縣。故治在今越南承天省順化北。❻象林　西漢置縣。故治在今越南廣南省維川南茶蕎附近。❼比景　西漢置縣。故治在今越南廣平省宋河下游高牢下村。❽交州　西漢置。轄廣東廣西及越南境。東漢交州刺史治龍編，在越南河內省，建安間徙治廣信（今廣西蒼梧）。後又徙治番禺（今廣東廣州）。

【語譯】日南郡即秦朝設的象郡，漢武帝時改今名。在洛陽南一萬三千四百里處。轄五個城邑，有住戶一萬八千二百六十三，人口十萬零六百七十六。

西卷縣。　朱吾縣。　盧容縣。　象林縣。　比景縣。

以上交州刺史部，共轄七個郡，五十六個縣。

漢書地理志承秦三十六郡，縣邑數百，後稍分析，至于孝平，凡郡、國百三，縣、邑、道、侯國千五百八十七。世祖中興，惟官多役煩，乃命并合，省郡、國十，縣、邑、道、侯國四百餘所。至明帝置郡一，章帝置郡、國二，和帝置三，安帝又命屬國別領比郡者六，又所省縣漸復分置，至于孝順，凡郡、國百五，縣、邑、道、侯國千一百八十，民戶九百六十九萬八千六百三十，口四千九百一十五萬二百二十。

贊曰：眾安后載❶，政洽❷區分。侯罷守列❸，民無常君。稱號遷隔，封割糾紛；略存減益，多證前聞。

【章旨】以上說明東漢行政區域劃分省併、增復的過程，並以順帝時期全國政區、戶數和人口總數作結。

【注釋】❶載　承載。❷洽　和諧；融洽。❸列　排列。

【語譯】《漢書‧地理志》承襲秦朝三十六郡，數百個縣邑，以後稍加分置，到平帝時，共計郡、國一百三十個，縣、邑、道、侯國一千五百八十七個。光武中興以來，顧慮到官員太多，民役繁重，於是下令合併一些郡縣，共計裁減郡、國十個，縣、邑、道、侯國四百餘所。到明帝時，又增置一郡，章帝時，增置二郡、國，和帝時增置三郡，安帝時，又下令讓屬國另轄六個郡級政區，所裁撤的縣又逐漸恢復建置。到順帝時，共有郡、國一百零五個，縣、邑、道、侯國一千一百八十個，有民戶九百六十九萬八千六百三十，人口四千九百一十五萬零二百二十。

史官評議說：民眾安居樂業，後人有地可居，政治融洽，行政區域得到合理劃分；以前的王侯被罷免，現在由地方官員列守各方，民眾不再受世襲封君統治。不同名稱的郡縣互相隔離，轄地如犬牙交錯。本朝對郡縣設置略加增減，多數郡縣和以前一樣，沒有變動。

【研　析】《後漢書》「八志」保存了珍貴的史料。劉昭補的「八志」，把《漢書・地理志》改名為〈郡國志〉，所記內容，側重點亦有所不同。《漢書・地理志》重在記述全國山川地理位置，走向和變化，並追溯各地風俗習慣的由來，以自然地理為重。《後漢書・郡國志》則以記行政區劃沿革為主，兼以各地重要古跡、山川和主要特產。〈郡國志〉共五卷，完整地記載了東漢一代行政區劃沿革全部內容，在介紹各郡時附以戶數和人口數，由此可以窺見東漢的人口布局和社會大體狀況，這是彌足珍貴的。此外，〈郡國志〉以十三州部為綱，以郡為目，目下詳列縣、邑、道、侯國，綱舉目張，層次分明，內容疏而不漏，為讀者查閱提供了極大方便。在記述各縣和侯國時，簡略介紹其沿革變化，並突出介紹各地重要的古跡、山川和主要特產，使枯燥的行文增加了韻味，吸引了讀者研讀興趣。（聶樹鋒注譯）

志第二十四

百官一

太傅　太尉　司徒　司空　將軍

【題解】本書〈百官志〉共五卷，記述東漢官吏及官僚機構的設置：自中央至地方鄉、里，自上公太傅至里魁、什伍等眾多官吏、官僚機構的職責及職能。卷一，寫太傅、太尉、司徒、司空、將軍的職責及其官屬。卷二、三，寫九卿的職責及其官屬。卷四，寫執金吾至司隸校尉的職責及其官屬。卷五，寫州郡、縣鄉官吏的設置及匈奴中郎將、護羌校尉、諸侯王、列侯、四夷國與百官俸祿等等，凡東漢政府所設置的官吏，皆囊括其中。作者在〈百官志·序言〉中說：「漢之初興，……略依秦制，後嗣因循。……及至武帝，多所改作，然而奢廣，民用匱乏。世祖中興，務從節約，并官省職，費減億計。」說孝武帝「奢廣」，意在批評，對光武帝的「并官省職」，表示讚賞。以為「世祖節約之制，宜為常憲」。故作者「依其官簿，粗注職分」寫成了〈百官志〉。

本書〈百官志〉是研究、了解東漢官制的第一手資料，我們從中可以看出：其一，東漢官吏及官僚機構的設置，繼承西漢而有所減損；其二，光武帝的「并官省職」，節約國家開支，有助於東漢政權的鞏固；其三，其中央官吏和官僚機構的設置，為皇帝、宮廷、皇室服務的性質突出；其四，可以看出東漢封建中央集權國家的組織形式及其施行統治的具體手段。

漢之初興，承繼大亂，兵不及戢❶，法度草創，略❷依秦制，後嗣因循。至景帝❸，感吳楚之難❹，始抑損諸侯王。及至武帝❺，多所改作，然而奢廣❻，民用匱乏。世祖中興❼，務從節約，并官省職，費減億計，所以補復殘缺❽，及身未改，而四海從風❾，中國安樂者也。

昔周公作周官❿，分職著明，法度相持⓫，王室雖微，猶能久存。今其遺書，所以觀周室牧民⓬之德既至，又其有益來事之範，殆未有所窮也。故新汲令王隆作小學漢官篇⓭，諸文倜說⓮，較略不究。唯班固⓯著百官公卿表⓰，記漢承秦置官本末，訖于王莽⓱，差有條貫⓲；然皆孝武⓳奢廣之事，又職分未悉。世祖節約之制，宜為常憲，故依其官簿，粗注職分，以為百官志。凡置官之本，及中興所省⓴，無因復見者，既在漢書百官表，不復悉載。

【章　旨】以上為〈百官志〉之序言，首述漢承秦制置官之本，及至漢武帝時「多有改作」與世祖中興「并官省職」等情況；次述《周官》為後世立了範本，其益處無窮無盡。又述王隆之《小學漢官篇》其文倜說及班固〈百官公卿表〉之職分未悉；又述世祖節約之制宜為常憲，故依其官簿作〈百官志〉。

【注釋】❶戢　止息。❷略　全。❸景帝　（西元前一八八—前一四一年），西漢第五帝，文帝子，名啟。西元前一五七—前一四一年在位。其事見《史記・孝景本紀》、《漢書・景帝紀》。❹吳楚之難　指發生於景帝前元三年（西元前一五四年）的吳楚七國之亂。漢初，高祖劉邦在消滅異姓諸侯王的同時，開始封其子弟為諸侯王。於是，皇帝的親屬被分封到各地，封地大的王國「跨州兼郡，連城數十」，其中吳、楚、齊三國的封地最大。諸侯王的勢力膨脹，成為對中央政權的威脅。景帝採用鼂錯的建議，開始逐步削減諸侯王國的封地。削楚之東海郡，吳之豫章、會稽郡，趙之河間郡及膠西之六縣。於是吳王劉濞於景帝前元三年正月，聯合楚王劉戊、趙王劉遂、濟南王劉辟光、淄川王劉賢、膠東王劉雄渠，以「誅鼂錯，清君側」為名，發動武裝叛亂，發兵西向，直指國都長安。景帝迫於壓力，聽信袁盎讒言，殺鼂錯，並遣袁盎前往諭告。七國仍繼續進兵，遂西圍梁國（漢文帝子劉武的封國，都城睢陽，在今河南商丘南），景帝乃派大將軍竇嬰、太尉周亞夫將兵討伐，不到三個月即平定了叛亂，諸王或被殺或自殺。從此景帝把諸侯王國的軍政大權收歸中央。又經過漢武帝的進一步實行削弱諸侯王的措施，加強中央集權，諸侯王的勢力大為削弱。❺武帝　即漢武帝（西元前一五六—前八七年），西漢第六帝，景帝子，名徹。西元前一四一—前八七年在位。其事見《史記・孝武本紀》、《漢書・武帝紀》。❻奢廣　猶廣大、浩大。指漢武帝的外事四夷，內興功利，好大喜功，國庫虛耗。❼世祖中興　世祖，東漢光武帝劉秀的廟號。中興，中途振興，轉衰為盛。指光武帝建立東漢。❽補復殘缺　補充缺職。❾從風　迅即附和或響應、擁護。❿周公作周官　周公，姬姓名旦，因食采於周（今陝西岐山縣北），故稱周公。西周宗室大臣，政治家。周文王子，周武王弟。輔佐周武王滅商，卓有功績，被封於曲阜，為魯公。周公留佐周室，以其子伯禽就封。武王去世，成王年幼，周公乃攝政當國。其弟管叔、蔡叔疑周公有二心，散布流言蜚語，勾結商紂子武庚（武王滅商後，封武庚以續商祀，以管叔、蔡叔相武庚）發動叛亂。周公率師東征，討平叛亂，殺武庚、管叔，流放蔡叔。周室復安。成王長大，周公還政於成王，乃致力於制禮作樂，建立各種典章制度。並注意禮賢下士。常告誡子孫勿以國驕人。周公在政治上有許多建樹，如分封諸侯，以屏藩周，營建洛邑為東都，主張「明德慎罰」等。為我國古代著名的政治家，儒家心目中的聖人，與孔子並稱。其言論見於《尚書》之〈大誥〉、〈康誥〉、〈多士〉、〈無逸〉、〈立政〉諸篇，其事見《史記》之〈周本紀〉、〈魯周公世家〉。周官，王先謙《後漢書集解》引惠棟曰：「即《周禮》六篇。」《周禮》，亦稱《周官》或《周官經》。搜集周王室官制和戰國時代各國制度，添附儒家政治思想，增減排比而成的彙編。古文經學家認為是周公所作，今文經學家認為出於戰國，也有人認為是西漢末劉歆偽作。近人曾從周、秦銅器銘文所載官制，參證該書中的政治、經濟和學術思想，定為戰國時代的作品。全書共有〈天官〉、〈地官〉、〈春官〉、〈夏官〉、〈秋官〉、〈冬官〉等六篇。

〈冬官〉早佚，漢時補以《考工記》。今本《十三經注疏》中的《周禮注疏》為東漢鄭玄注，唐賈公彥疏。⓫法度相持　謂法度與《周官》互相依存。⓬牧民　治民。⓭故新汲令王隆句　新汲，縣名。東漢屬潁川郡。故城在今河南扶溝西。王隆，字文山，左馮翊雲陽（今陝西淳化）人。王莽時以父任為郎，後避難河西，為竇融左護軍。建武中為新汲令。能文章，所著詩、賦、銘、書凡二十六篇。傳見本書卷八十。小學漢官篇，即《漢官篇》，東漢王隆撰。前冠「小學」者，清孫星衍敘錄說：《漢官篇》仿《凡將》、《急就》（皆古代字書名，即《凡將篇》、《急就篇》，為教學童識字的書），四字一句，故在小學中。劉昭注曰：該書「略道公卿內外之職，旁及四夷，博物條暢，多所發明，足以知舊制儀品。」該書，東漢中後期重臣胡廣為其作注，稱為《漢官解詁》。由於該書以童蒙之書的形式出現，雖稱精要，卻難言其詳。其正文漸為胡廣之解詁所代替，因而正文基本散亡。現存《漢官解詁》一卷，清孫星衍輯。（見《漢官六種》，周天游點校，中華書局一九九〇年九月版）⓮倜說　特異非常的論述。⓯班固　（西元前三二—前九二年），字孟堅，右扶風安陵（今陝西咸陽）人。東漢史學家、文學家，徐令班彪長子。家世顯貴，祖姑母為西漢成帝婕妤。伯祖班斿因外戚的關係，受到成帝的寵幸，賞賜宮廷藏書的副本，從此班氏成為吸引學者文士造門的文化貴族。班固青年時，讀書太學。班彪去世，班固在居喪期間，決定修改其父的《史記後傳》。明帝永平元年（西元五八年）開始改寫。後被人告發為私改國史，下獄。其弟班超上書力辯，得釋，並以為蘭臺令史，遷為郎，奉詔撰寫《漢書》。歷時二十餘年，到班固去世時，尚有「八表」和〈天文志〉未完成，後由其妹班昭和馬續繼續修成。《漢書》文辭淵雅，敘事詳贍。繼司馬遷之後，整齊了紀傳體史書的形式，並開創了「包舉一代」的斷代史體例。永元（西元八九年）元年，班固從大將軍竇憲征匈奴，為中護軍。大破匈奴後，作〈燕然山銘〉以紀功。永元四年，竇憲以擅權迫令自殺，班固受到牽連，被捕入獄，死獄中。年六十一歲。班固的著作後人輯有《班蘭臺集》。傳見《漢書》卷一〇〇〈敘傳〉、本書卷四十〈班彪傳〉附。⓰百官公卿表　為《漢書》「八表」之一。在《漢書》卷十九。其表上卷概述了先秦各代設官分職的變遷，詳記秦、漢官制設置。下卷列出漢高祖劉邦建立漢朝（西元前二〇六年）至平帝元始五年（西元五年），三公、九卿及列將軍的在任時間及遷、免、死等情況。顏師古注：「此表中記公卿姓名不具及但舉其官而無名或言若干年不載遷、免、死者，皆史之闕文，不可得知。」⓱王莽　（西元前四五—西元二三年），字巨君，西漢元城（今河北大名）人。元帝皇后之姪。父曼早死，叔伯皆封列侯，莽獨孤貧。折節讀書，敬事諸父，結交名士，聲譽甚盛。平帝立，以莽為大司馬，元后以太皇太后臨朝稱制，委政於莽，號安漢公。平帝死，立孺子嬰為帝，莽自稱攝皇帝，三年即真，改國號曰「新」。紛事改革，土地皆稱王田，禁民買賣，鹽酒鐵錢等皆由官營，法令苛細，犯輕罪者，往往至死；又連年征戰，勞役頻繁，民不聊生。王莽地皇四年

（西元二三年）十月，新市、平林等農民軍攻入長安，王莽被殺。⑱差有條貫　差，尚；略。條貫，條理；系統。⑲孝武　即漢武帝劉徹。漢朝廷以孝相標榜，每位皇帝之謚號前皆冠以「孝」字。⑳省　廢除；去掉。

【語　譯】漢朝初建，繼承了大亂的局面，戰事尚未止息，法度的建立，全依秦朝之制，後嗣因循未改。至景帝時，鑑於吳楚七國叛亂的教訓，開始削弱諸侯王國的勢力。及至武帝時，多有改作，然而奢侈浩大，使百姓用度匱乏。世祖中興，務從節約，併官省職，所減省之費用以億計算，原因是其只補充缺職，不額外設官，其在世之時，未曾改變，因而四海向順，國家安樂。

從前周公作《周官》，居官者之定位分職明著，與國家法度互相依存，所以周王室雖然衰微，其制度仍然能長久保存。今從其遺書中，可以看出周王朝治民之盛德，另外，《周官》為未來官制之設置所作出的榜樣，其益處，那簡直是無窮無盡的。從前新汲縣令王隆所作之《小學漢官篇》，其文特異，簡略不詳。只有班固所作之〈百官公卿表〉，記漢承秦制置官之本末，止於王莽之時，尚較為系統；然而盡是漢武帝奢侈浩大之事，於官吏之職分，卻未能詳備。世祖中興，其節約之制度，宜為經常之法，所以根據其設置官職之簿冊，粗略注其官職之職分，以為〈百官志〉。至於置官之本原及中興所罷省之官，無由再出現者，已在《漢書·百官公卿表》之內，不再詳細記載。

太傅❶，上公一人。本注曰❷：掌以善導，無常職。世祖以卓茂❸為太傅，薨，因省。其後每帝初即位，輒置太傅錄尚書事❹，薨，輒省。

【章　旨】以上記述太傅之職責及設置省罷情況。

【注　釋】❶太傅　《漢書·百官公卿表》：「夏、殷亡聞焉，周官則備矣，太師、太傅、太保，是為三公，蓋參天子，坐而議政，無不總統，故不以一職為官名。」又曰：「太傅，古官，高后元年初置，後省，哀帝元壽二年（西元前一年）復置，位在三公上。」東漢以太傅為上公，即其位在三公（太尉、司徒、司空）之上，無太師、太保之設置。南朝梁劉昭注引《大戴記》：「傅，傅之德義也。」❷本注曰　即司馬彪《續漢書》之舊注。劉昭注稱：「本志既久，是注曰百官簿，今昭又採異同，俱為細字（小字），如或相冒，兼應注本注，尤須分顯，故凡是舊注，通為大書（大字），稱「本注曰」，以表其異。」即劉昭將司馬彪《續漢書》之舊注大字書寫，已成為本志的正文，其自注皆書寫小字。范曄的《後漢書》只有紀傳，無志，當時人已感到是一種缺陷。到南朝梁時，剡令劉昭取司馬彪《續漢書》的八志三十卷，加以增補注釋，附於范曄《後漢書》之後，以相配合。但當時仍單獨流傳。直到北宋，才將范曄《後漢書》的紀傳與司馬彪《續漢書》的八志重新校勘，合為今本《後漢書》。❸卓茂　（？—西元二八年），字子康，南陽宛（今河南南陽）人。西漢元帝時，卓茂學於長安，事博士江生。習《詩》、《禮》及曆算，究極師法，稱為通儒。性寬仁，恭愛鄉黨故舊。初辟丞相府史。後以儒術舉為侍郎，給事黃門，遷密令。王莽秉政，遷茂為京部丞。及王莽攝居，以病免歸郡。卓茂與上黨鮑宣等六人同志，不仕王莽，名重當時。更始（劉玄）立，以茂為侍中祭酒。茂見更始政亂，以年老乞骸骨歸。光武即位，訪求茂，茂詣河南謁見。光武以茂為太傅，封褒德侯，食邑二千戶。賜几杖、車馬、衣物。建武四年（西元二八年）去世。事詳本書卷二十五。❹錄尚書事　即總攬大權，無所不總。初稱領尚書事，西漢後期始置。昭帝即位，大將軍霍光秉政，領尚書事。東漢每帝即位，則置太傅錄尚書事。錄，總領。

【語譯】太傅，上公一人。本注說：其職為善導君主，無固定之職務。世祖即位，以卓茂為太傅，卓茂去世，即省罷太傅之官不置。以後每帝即位，即置太傅錄尚書事，去世，即省罷不再設置。

1 太尉❶，公一人。本注曰：掌四方兵事功課❷，歲盡即奏其殿最❸而行賞罰。凡郊祀❹之事，掌亞獻❺；大喪則告謚南郊❻。凡國有大造大疑❼，則與司徒、司空通而論之。國有過事，則與二公通諫爭之。世祖即位，為大司馬❽。建武❾二十七年，改為太尉。

2 長史⑩一人，千石⑪。本注曰：署諸曹事⑫。

3 掾史屬⑬二十四人。本注曰：漢舊注東西曹掾比⑭四百石，餘掾比三百石，屬比二百石，故曰公府掾，比古元士三命⑮者也。或曰，漢初掾史辟⑯，皆上言之，故有秩⑰比命士⑱。其所不言，則為百石屬。其後皆自辟除⑲，故通為百石云。西曹主⑳府史署用。東曹主二千石長吏遷除及軍吏。戶曹主民戶、祠祀、農桑。奏曹主奏議事。辭曹主辭訟事。法曹主郵驛科程㉑事。尉曹主卒徒轉運事。賊曹主盜賊事。決曹主罪法事。兵曹主兵事。金曹主貨幣、鹽、鐵事。倉曹主倉穀事。黃閤主簿㉒錄省眾事。

4 令史㉓及御屬㉔二十三人。本注曰：漢舊注公令史百石，自中興以後，注不說石數。御屬主為公御。閤下令史主閤下㉕威儀事。記室令史主上章表報書記。門令史主府門。其餘令史，各典曹文書。

5 司徒㉖，公一人。本注曰：掌人民事。凡教民孝悌、遜順、謙儉，養生送死之事，則議其制，建其度。凡四方民事功課，歲盡則奏其殿最而行賞罰。凡郊祀之事，掌省牲視濯㉗，大喪則掌奉安梓宮㉘。凡國有大疑大事，與太尉同。世祖即位，為大司徒，建武二十七年，去「大」。

6 長史一人，千石。掾屬三十一人。令史及御屬三十六人。本注曰：世祖即位，以武帝故事29，置司直30，居丞相府，助督錄諸州，建武十八年31省也。

7 司空32，公一人。本注曰：掌水土事。凡營城起邑、浚溝洫、修墳防33之事，則議其利，建其功。凡四方水土功課，歲盡則奏其殿最而行賞罰。凡郊祀之事，掌埽除樂器，大喪則掌將校復土34。凡國有大造大疑，諫爭，與太尉同。世祖即位，為大司空，建武二十七年，去「大」。

8 屬長史一人，千石。掾屬二十九人。令史及御屬四十二人。

【章旨】以上記述三公太尉、司徒、司空之職責及三公官屬之設置、祿秩、職責。

【注釋】❶太尉 《漢書・百官公卿表》：「秦官，掌武事。」西漢以丞相、太尉、御史大夫為三公。劉昭注引應劭曰：「自上安下曰尉，武官悉以為稱。」❷功課 古代對下屬工作成績的考核。❸殿最 古代考核政績或軍功，下等稱為「殿」，上等稱為「最」。《漢書・宣帝紀》顏師古注：「凡言殿最者：殿，後也，課居後也；最，凡要之首也，課居先也。」❹郊祀 古代天子於郊外祭祀天地。南郊祭天，北郊祭地。郊為大祀，祀為群祀。《漢書・郊祀志下》：「帝王之事，莫大乎承天之序，承天之序，莫重於郊祀。祭天於南郊，就陽之義也；瘞地於北郊，即陰之象也。」❺亞獻 古代祭祀時獻酒三次，即初獻爵、亞獻爵、三獻爵，合稱「三獻」。亞獻，為第二次獻酒。❻大喪則告謚南郊 大喪，指帝王、皇后、世子之喪。告謚南郊，即遣太尉率群臣於南郊向上天告喪者之謚號。謚，古代帝王、貴族、大臣死後，以其一生所行，給予的稱號。同「諡」。《禮記・樂記》：「故觀其舞，知其德；聞其謚，知其行也。」王先謙《後漢書集解・禮志下》，引《白虎通義》：「天子崩，臣下至南郊謚之者何？以為人臣之義，莫不欲褒大其君，掩惡揚善者也，故之南郊，明不得欺天也。」據《逸周書・謚法解》，謚法為周公旦、太公望所訂制：「惟周公旦、太公望開嗣王（指周武王）業，建功于牧野，終將葬，乃制謚，遂敘謚法。」又曰：

「謚者，行之謚；號者，功之表。是以大行受大名，細行受細名；行出於己，名生於人。」❼大造大疑　大造，指大工程。大疑，指大的疑難問題。❽大司馬　官名。漢武帝罷太尉置大司馬。西漢一朝，常以此官授掌權的外戚，多與大將軍、驃騎將軍、車騎將軍等聯稱。東漢初為三公之一，旋改太尉。末年又別置大司馬。❾建武　東漢光武帝劉秀年號，西元二五—五六年。❿長史　官名。秦置。西漢丞相、太尉、御史大夫屬官均有長史。東漢太尉、司徒、司空三公府亦設長史。署理諸曹事，職任頗重，號為三公輔佐。另，兩漢與少數民族鄰接各郡太守的屬官有長史，輔佐太守，掌一郡兵馬。又，兩漢將軍之屬官亦有長史，以總理幕府。⓫千石　謂長史的年俸祿米為一千石。石，古代重量單位，一石為一百二十斤。東漢一石等於現在二六四〇〇克（據《漢語大詞典》附錄〈中國歷代量制演變測算簡表〉）。⓬署諸曹事　署，管理；部署。曹，古代官署分科辦事的單位。⓭掾史屬　掾史，漢代以後職權較重的官職都有掾屬，分曹治事，通稱掾史，多由長官自行辟舉。屬，劉昭注引《漢書音義》：「正為掾，副為屬。」⓮比　同。⓯比古元士三命　元士，周代稱天子之士為元士。班固《白虎通義・爵》：「天子獨稱元士何？士賤不得體君之尊，故加『元』以別諸侯之士也。」後亦指低級官吏。三命，周代官分九等，稱九命。三命為公、侯、伯之卿。此以太尉、司徒、司空三公比公、侯、伯，以公府掾比公、侯、伯之卿。故曰：「公府掾，比古元士三命者也。」⓰辟　徵召。⓱有秩　古代鄉官名。漢承秦制，鄉五千戶，則置有秩，秩百石，掌管一鄉。⓲命士　古代稱受有爵命的士。⓳除　拜官受職。⓴主　掌管；主持。㉑郵驛科程　郵驛，驛站；傳舍。傳送文書，步遞曰郵，馬遞曰置，曰驛。科程，規程；標準。㉒黃閤主簿　即太尉府之主簿。黃閤，亦作「黃閣」。漢代三公官署避用朱門，廳門塗黃色，以區別於天子。衛宏《漢舊儀》卷上：「丞相聽事閤曰黃閤。」主簿，官名。漢代中央及郡縣官署均置此官。以典領文書，辦理事務。㉓令史　官名。漢代為郎以下掌文書的官職。㉔御屬　官名。掌總錄眾官署文簿。劉昭注引荀綽《晉百官表注》：「御屬如錄事也。」㉕閤下　謂官署之中。㉖司徒　西周始置。金文多作「司土」。春秋時沿置。掌國家的土地和人民。西漢哀帝時，改丞相為大司徒。㉗省牲視濯　省牲，古代祭祀前，主祭及助祭者須審視祭祀用的牲畜，以示虔誠，稱為「省牲」。視濯，古代祭祀時檢查洗濯祭器，使之清潔。㉘梓宮　皇帝、皇后的棺材。《漢書・霍光傳》顏師古注引服虔曰：「棺也，以梓木為之，親身之棺也。為天子制，故亦稱梓宮。」㉙故事　舊例。㉚司直　官名。西漢武帝時置。幫助丞相檢舉不法。㉛建武十八年　西元四二年。㉜司空　西周始置，金文作「司工」。春秋、戰國時沿置，掌管工程。西漢時，成帝改御史大夫為大司空。㉝墳防　堤岸；防水工程。㉞復土　指建陵墓。《周禮・地官・小司徒》：「大喪。」鄭玄注：「喪役，正棺引窆復土。」賈公彥疏曰：「復土者，掘坎之時，掘土向外，下棺之後，反復此土，以為丘陵，故云復土也。」

【語譯】太尉，公一人。本注說：掌管四方兵事之考核，年終，即奏其優劣而進行賞罰。凡祭祀天地之事，掌第二次獻酒；國家有大喪，則告謚於南郊。凡國家有興建大工程和大疑難問題，太尉即與司徒、司空共同討論。國家政策有失誤，即與二公共同向皇帝進諫。世祖即位，稱為大司馬。建武二十七年，改為太尉。

2 太尉屬官有長史一人，其祿秩千石。本注說：掌管諸曹的事務。

3 太尉之屬官還有掾史屬二十四人。本注說：《漢舊注》說東西曹掾祿秩比四百石，其餘掾史比三百石，屬比二百石，所以說公府掾比古之元士三命。有一說，漢初掾史之徵辟，皆上書報告，所以有秩比命士之說。其所不報告的，則為百石之屬。其後皆自行辟除僚屬，所以通為百石之屬。西曹主管太尉府掾史的任用。東曹主管二千石長吏及軍吏的遷升、授官。戶曹主管民戶、祭祀、農桑。奏曹主管奏議之事。辭曹主管訴訟之事。法曹主管驛站傳舍之規章制度。尉曹主管兵卒徒眾轉運之事。賊曹主管盜賊之事。決曹主管罪犯判處之事。兵曹主管兵事。金曹主管貨幣、鹽、鐵之事。倉曹主管儲藏糧穀之事。黃閤主簿登記審察眾事。

4 太尉之屬官還有令史及御屬二十三人。本注說：《漢舊注》說公之令史百石，自中興以後，注不說石數。御屬主管為公駕御車馬。閤下令史主管官署中之禮儀。記室令史主管上章表報的記載。門令史主管府門。其餘令史，各掌管其曹的文書。

5 司徒，公一人。本注說：掌管人民之事。凡教民孝敬父母、善事兄長、辭讓恭順、謙虛節儉；養生送死之事，則議其規程，立其法度。凡對四方治民官吏的考核，年終則奏其優劣而進行賞罰。凡祭祀天地之事，掌管審察所用之牲是否合格，檢查所用之祭器是否清潔，國有大喪，則掌管安葬梓宮。凡國家有大的疑難問題及大舉措，其職責與太尉同。世祖即位，稱為大司徒，建武二十七年去「大」，只稱司徒。

6 司徒屬官有長史一人，其祿秩千石。掾屬三十一人。令史及御屬三十六人。本注說：世祖即位，按照武帝舊例，設置司直，居丞相府，協助丞相督察諸州之事，建武十八年省罷。

7 司空，公一人。本注說：掌管水土之事。凡國家營城建邑、疏通河道、修築堤岸之事，則議其利，建其功效。對四方治水、土之官吏的考核，年終則奏其優劣而進行賞罰。凡祭祀天地之事，掌管掃除、樂器，國家有大喪，則掌管將校營建陵墓。凡國家興建大工程和有大的疑難問題，向皇帝進諫，與太尉同。世祖即位，稱為大司空，建武二十七年，去「大」，只稱司空。

8 司空屬官有長史一人，其祿秩千石。掾屬二十九人。令史及御屬四十二人。

1 將軍❶，不常置。本注曰：掌征伐背叛。比公者四：第一大將軍，次驃騎將軍，次車騎將軍，次衛將軍。又有前、後、左、右將軍❷。

2 初，武帝以衛青❸數征伐有功，以為大將軍，欲尊寵之。以古尊官唯有三公，皆將軍始自秦、晉，以為卿號，故置大司馬官號以冠之❹。其後霍光❺、王鳳❻等皆然。成帝綏和❼元年，賜大司馬印綬，罷將軍官。世祖中興，吳漢❽以大將軍為大司馬，景丹❾為驃騎大將軍，位在公下，及前、後、左、右雜號將軍眾多，皆主征伐，事訖皆罷。明帝❿初即位，以弟東平王蒼⓫有賢才，以為驃騎將軍；以王故，位在公上，數年後罷。章帝⓬即位，西羌⓭反，故以舅馬防⓮行車騎將軍征之，還後罷。和帝⓯即位，以舅竇憲⓰為車騎將軍，征匈奴⓱，位在公下；還復有功，遷大將軍，位在公上；復征西羌，還免官，罷。安帝⓲即位，西羌寇亂，復以舅鄧騭⓳為車騎將軍征之，還遷大將軍，位如憲，數年復罷。自安帝政治衰缺，始以嫡舅耿寶⓴為大將軍，常在京都。順帝㉑即位，又以皇后父、兄、弟相繼為大將軍，如三公焉。

3 長史、司馬㉒皆一人，千石。本注曰：司馬主兵，如太尉。從事中郎㉓二人，六百石。本注曰：職參謀議。掾屬二十九人。令史及御屬三十一人。本注曰：此皆府員職也。又賜官騎㉔三十人，及鼓吹㉕。

4 其領軍皆有部曲㉖。大將軍營五部，部校尉㉗一人，比二千石；軍司馬㉘一人，比千石。部下有曲，曲有軍候㉙一人，比六百石。曲下有屯㉚，屯長一人，比二百石。其不置校尉部，但軍司馬一人。又有軍假㉛司馬、假候，皆為副貳㉜。其別營領屬㉝為別部司馬，其兵多少各隨時宜。門有門候㉞。其餘將軍，置以征伐，無員職，亦有部曲、司馬、軍候以領兵。其職吏部集㉟各一人，總知營事。兵曹掾史主兵事器械。稟假掾史㊱主稟假禁司㊲。又置外刺、刺姦㊳，主罪法。

5 明帝初置度遼將軍㊴，以衛南單于㊵眾新降有二心者，後數有不安，遂為常守。

【章　旨】以上記述將軍之設置及等次；次述西漢武帝至東漢順帝時大將軍之設置情況；又述將軍之官屬、部曲之設置、祿秩、職責。

【注　釋】❶將軍　官名。春秋時晉國以卿為軍將，因而有將軍之稱。戰國時始為武官官名。漢代有大將軍、驃騎將軍、車騎將軍、衛將軍，前、後、左、右將軍等。臨時出征的統帥有別加稱號者，如樓船將軍、材官將軍、度遼將軍等。❷前後左右將軍　皆周末官。秦因之，位上卿。漢不常置，或有前、後，或有左、右，皆掌兵及四夷。❸衛青　（？—西元前一〇六年），字仲卿，河東平陽（今山西臨汾）人。西漢名將。漢武帝衛皇后之弟，本為平陽公主家奴。衛皇后名子夫，本平陽公主家歌伎，得幸於漢武帝，生太子，立為皇后，故衛青得重用。衛青初為侍中、太中大夫，至車騎將軍。元朔二年（西元前一二七年），他率大軍出雲中（今內蒙古托克托東北），大敗匈奴，收復河套地區，漢置朔方郡。衛青封長平侯。元朔五年，衛青率軍出高闕（今內蒙古杭錦後旗東北），得匈奴右賢裨王十餘人，眾男女一萬五千人，牲畜數千百萬。漢武帝即軍中拜衛青為大將軍，並封衛青三子為侯。元狩四年（西元前一一九年），又與驃騎將軍霍去病共出擊匈奴，擊敗匈奴主力。他前後七次出擊匈奴，解除了匈奴對漢王朝的威脅。傳見《史記・衛將軍驃騎列傳》、《漢書・衛青傳》。❹故置大司馬官號以冠之　即大司馬大將軍。《通志・職官略》武官第八下，〈大將軍〉注：「初武帝以衛青數征伐有功，以為大將軍，欲尊寵之，故置大司馬官號以冠之。青為車騎將軍，擊匈奴有功，帝因軍中拜青為大將軍，位在公上，又加青大司馬位冠於大將軍上，共為一官。」❺霍光　（？—西元前六八年），字子孟，河東平陽（今山西臨汾）人。西漢大臣。驃騎將軍霍去病異母弟。去病帶霍光至長安，任為郎，稍遷諸曹侍中，去病死後，霍光為奉車都尉、光祿大夫。小心謹慎，未嘗有過，甚見親信。漢武帝後元二年（西元前八七年）崩，昭帝即位，他與金日磾、上官桀、桑弘羊等受武帝遺詔輔政。他任大司馬大將軍，封博陸侯。元平元年（西元前七四年），昭帝崩，迎立昌邑王劉賀為帝，不久即廢，又立宣帝（武帝曾孫，戾太子劉據之孫）。霍光秉政前後二十餘年，地節二年，霍光去世。傳見《漢書・霍光傳》。❻王鳳　（？—西元前二二年），字孝卿，魏郡元城（今河北大名）人。王莽之伯父，元帝皇后王政君之兄。其先居東平陵（今山東濟南市東），據王莽《自本》說他們為齊王建之後，至其祖父王翁孺遷魏郡元城委粟里。王鳳初為衛尉，襲父爵陽平侯。成帝即位，以外戚為大司馬大將軍，領尚書事。其兄弟五人皆封侯，他專斷朝政，內外官員皆出其門下。其事見《漢書・元后傳》。❼成帝綏和　成帝（西元前五一—前七年），名驁，西漢第十帝。元帝子，元后王政君生。西元前三二—前七年在位。綏和，成帝劉驁年號，西元前八—前七年。❽吳漢　（？—西元四四年），字子顏，南陽宛人。王莽末年，亡命漁陽，以販馬為業。後歸劉秀，為偏將軍。徵發漁陽等郡的騎兵，助劉秀滅王郎，並平定銅馬、重連等農民軍。劉秀即位，任大司馬，封廣平侯。轉戰各地，率軍攻滅割據益州的公孫述。為雲臺二十八將之一。事詳本書卷十八。❾景丹　（？—西元二六年），字孫卿，左馮翊櫟陽（今陝西臨潼）人。少學於長安，王莽時，為固德侯相，有幹事稱，遷朔調（即上谷）連率副貳。更始立，與連率耿況降，復為上谷長史，後歸劉秀，為偏將軍。從破王郎、征河北。

劉秀即位，詔舉可為大司馬者，群臣推吳漢與景丹。光武帝以吳漢有建大策之勳，又以舊制驃騎將軍官與大司馬相兼。乃以吳漢為大司馬，景丹為驃騎大將軍。建武二年（西元二六年）定封為櫟陽侯。秋與吳漢、耿弇等擊破五校（河北的一支農民軍）。會陝賊蘇況攻破弘農郡，生獲郡守。光武帝乃召景丹將兵以鎮之，時景丹病，不敢辭，乃力疾拜命，將營到郡，到郡十餘日，去世。景丹為雲臺二十八將之一。事詳本書卷二十二。❿明帝　（西元二八－七五年），名莊。東漢光武帝第四子，陰皇后生。西元五七－七五年在位。廟號顯宗。⓫東平王蒼　蒼（？－西元八三年），光武帝子，陰皇后生，建武十五年封東平公，十七年進爵為王。蒼好經書，雅有智思。明帝甚愛重之。拜驃騎將軍，置長史、掾史四十人，位在三公之上，永平二年，以東郡之壽張、須昌，山陽郡之南平陽、橐、湖陵五縣益東平國。五年就國。章帝即位，尊重恩禮，踰於前世，諸王莫與為比。建初八年去世，諡憲。事詳本書卷四十二。⓬章帝　（西元五六－八八年），名炟。東漢明帝第五子，西元七五－八八年在位。廟號肅宗。⓭西羌　羌，古族名。主要分布在今甘肅、青海、四川一帶。羌字最早見於甲骨卜辭。殷、周時，部分曾雜居於中原地區。秦、漢時，部落眾多，有先零、燒當、婼、廣漢、武都、越嶲等部。西羌，為東漢時羌人內徙的一支，居住在金城、隴西、漢陽等郡。因其住地偏西，稱為西羌。⓮馬防　（？－西元一〇一年），字江平，扶風茂陵（今陝西興平）人。伏波將軍馬援次子。妹為明帝皇后，撫養章帝，勞悴過於所生。馬防初為黃門侍郎，章帝即位，拜中郎將，遷城門校尉。建初二年，金城、隴西保塞羌皆反，乃拜馬防行車騎將軍，率軍擊破之。還拜車騎將軍，城門校尉如故。建初四年，封潁陽侯，以特進就第。後拜光祿勳，數言政事，多見採用。馬防兄弟貴盛，奴婢各千人以上，資產巨億，買京師膏腴美田。又大起第觀，連閣臨道，彌亘街路，多聚聲樂曲度，比諸郊廟。賓客奔湊，四方畢至，刺史守令，多出其家。後有司奏馬防兄弟奢侈踰僭，濁亂聖化。悉免就國。永元十三年去世，事詳本書卷二十四。⓯和帝　（西元七九－一〇五年），名肇。東漢章帝第四子，西元八九－一〇五年在位。⓰竇憲　（？－西元九二年），字伯度，扶風平陵（今陝西咸陽）人。妹為章帝皇后。章帝死，和帝即位，太后臨朝，他為侍中，操縱朝政。不久，任車騎將軍。永元元年（西元八九年），率軍擊敗北匈奴，追至燕然山。後為大將軍，刺史守令等地方官多出其門，弟兄橫暴京師。永元四年，和帝與宦官鄭眾定議誅滅竇氏，他自殺。事詳本書卷二十三。⓱匈奴　中國古族名。《史記》謂為夏后氏之苗裔。商時稱獯粥，周時稱獫狁，秦漢稱匈奴。戰國時活動於燕、趙、秦以北地區。秦漢之際冒頓單于統一各部，勢力強盛，統治了大漠南北的廣大地區。漢初，不斷南下攻擾，漢朝基本上採取防禦政策。漢武帝時，對匈奴採取攻勢，多次進軍漠北，匈奴受到很大的打擊，勢力漸衰。漢宣帝時，呼韓邪單于附漢，來朝。其後六十年間，漢與匈奴之間經濟、文化交流頻繁。東漢光武帝建武二十四年（西元四八年），匈奴分裂，南下附漢的稱為「南匈奴」，留居漠北的稱「北匈奴」。南匈奴屯居於朔方、五原、雲中等郡，東漢分為五部。匈奴事見《史記・匈奴列傳》、《漢書・匈奴傳》、本書卷八十九。⑱安帝　（西元九四—一二五年），名祜。東漢第六帝，章帝孫。西元一〇七—一二五年在位。⑲鄧騭　（？—西元一二一年），字昭伯，南陽新野人。鄧禹之孫。妹為和帝皇后。和帝死，安帝即位，太后臨朝，他任大將軍，專斷朝政。太后死，安帝與宦官李閏合謀誅滅鄧氏，他自殺。事詳本書卷十六。⑳耿寶　扶風茂陵人，好時侯耿弇（雲臺二十八將之一）弟耿舒之孫。耿舒以功封牟平侯，卒，子耿襲嗣爵，耿襲卒，子耿寶嗣爵。耿寶妹為清河孝王劉慶妃，為安帝嫡母（舊時妾生的兒子，稱其父正妻為嫡母），安帝以耿寶嫡舅之重，使監羽林左車騎，位至大將軍。耿寶附事內寵，與中常侍樊豐、安帝乳母王聖譖廢皇太子為濟陰王及排陷太尉楊震，議者怨之。安帝崩，閻太后（安帝皇后）以耿寶阿附嬖幸，共為不道。策免耿寶，貶爵為亭侯，遣就國。耿寶於途中自殺，國除。事詳卷十九。㉑順帝　（西元一一五—一四四年），名保。東漢安帝子，西元一二五—一四四年在位。初安帝幸宮人李氏，生皇子劉保。閻皇后妒忌，鴆殺李氏。永寧元年（西元一二〇年）立為太子。延光三年（西元一二四年），安帝乳母王聖、大長秋江京、中常侍樊豐等構陷太子，太子坐廢為濟陰王。延光四年三月，安帝崩，北鄉侯劉懿立為帝。及北鄉侯死，車騎將軍閻顯及江京等白太后祕不發喪，閉宮門，屯兵把守。十一月丁巳，中黃門孫程等十九人，共斬江京、劉安、陳達等，立濟陰王劉保為帝，是為順帝。事詳本書卷六、卷七十八。㉒司馬　官名。屬官以司馬為號者甚多。《周禮》夏官大司馬之屬，有軍司馬、輿司馬、行司馬。漢宮門及大將軍、將軍、校尉之屬官，都有司馬。邊郡亦置千人司馬，專管兵事。㉓從事中郎　官名。漢以後三公及州郡長官自辟僚屬，多以從事為稱。如從事史、從事中郎、別駕從事、治中從事之類。㉔官騎　古時為帝王導從的騎士。本書卷四十二〈光武十王列傳・中山簡王焉傳〉，唐李賢注引《漢官儀》：「騶騎，王家名官騎。」㉕鼓吹　演奏鼓吹樂的樂隊。㉖部曲　古代軍隊的編制單位。㉗校尉　官名。漢時軍職之稱，略次於將軍。隨其職務冠以名號，如掌北軍軍壘者有中壘校尉，掌西域屯兵者有戊己校尉等。中壘、屯騎、步兵、越騎、長水、胡騎、射聲、虎賁總稱八校尉，為西漢時專掌特種軍隊的將領。東漢省中壘校尉，胡騎校尉併於長水校尉，虎賁校尉併於射聲校尉，與屯騎、步兵、越騎三校尉皆掌管宿衛兵，稱北軍五校，設北軍中候以監之。㉘軍司馬　王先謙《後漢書集解》引李祖楙曰：「軍司馬掌行軍之事，凡有征伐則署之，還即免。有時但稱司馬，然與前司馬異。」㉙軍候　兩漢時的低級軍官。㉚屯　古代軍隊的編制單位。㉛假　代理；非正式。舊時官吏代理政務，真除以前稱「假」。㉜副貳　副職；屬僚。㉝領屬　隸屬；附屬。㉞門候　守門之官。《漢書・蕭望之傳》顏師古注：「門候，主候時而開閉也。」㉟職吏部集　指地位較低，辦理具體事務的官吏。㊱稟假掾史　主管俸給及借貸的屬吏。稟假，官員的俸給和借支。稟，也作「廩」。穀倉。㊲禁司　主管軍紀的部門。㊳外刺刺姦　指對外偵探及督察奸吏的屬吏。㊴度遼將軍　漢時將軍名號。漢昭帝初置度遼將軍，東漢亦置。《資治通鑑・漢紀》十五，昭帝元鳳三年：「於是拜（范）明友為度遼將軍。」胡三省注：「度遼將軍，蓋使之度遼水以伐烏桓。至後漢，遂以為將軍之號，以護匈奴。」㊵衛南單于　衛，監護；護衛。光武帝建武二十四年（西元四八年），匈奴內部分裂，日逐王比自立，率所部南下附漢，屯居朔方、五原、雲中等郡，被稱為南匈奴。後一部分又遷移山西西北部。單于，匈奴最高首領的稱號。全稱應作「撐犁孤塗單于」。匈奴語，「撐犁」是「天」，「孤塗」是「子」，「單于」是「廣大」之意。通常簡稱為「單于」。南單于為南匈奴的首領。

【語譯】將軍，不常設置。本注說：掌管征伐背叛者。與三公等同者有四：第一大將軍，次驃騎將軍，再次車騎將軍，再次衛將軍。又有前、後、左、右將軍。

2　當初，漢武帝因衛青多次征伐有功，任其為大將軍，意欲尊寵他。以為古時尊官唯有三公，所有將軍始自秦、晉，以將軍為卿之號，故以大司馬官號加於大將軍之上，稱大司馬大將軍。其後，霍光、王鳳等人皆如此。成帝綏和元年，賜大司馬印綬，免除將軍官號。世祖中興，吳漢以大將軍的身分為大司馬，景丹為驃騎大將軍，位在三公之下，又前、後、左、右雜號將軍眾多，皆主管征伐，事畢，皆免除。明帝即位，因其弟東平王劉蒼有賢才，任其為驃騎將軍；因為劉蒼是諸侯王的緣故，其位在三公之上，數年以後免除。章帝即位，西羌反叛，所以任其舅馬防代理車騎將軍征伐西羌，返回之後即免除。和帝即位，任其舅竇憲為車騎將軍，征匈奴，位在三公之下；返回又有功，遷升大將軍，位在三公之上；又征西羌，返回免官，罷大將軍。安帝即位，西羌寇亂，又以其舅鄧騭為車騎將軍征伐西羌，返回遷升大將軍，其位如同竇憲，數年又免除。自安帝政治衰缺，始以嫡舅耿寶為大將軍，常在京城。順帝即位，又以皇后父、兄、弟相繼為大將軍，如同三公。

3　將軍之屬官，長史、司馬皆一人，其祿秩千石。本注說：司馬主管軍事，如同太尉。有從事中郎二人，其祿秩六百石。本注說：其職為參謀議事。掾屬二十九人。令史及御屬三十一人。本注說：這些都是將軍府的員職。朝廷又賜王家騎士三十人和鼓吹樂隊。

4 將軍所帶領之軍隊，皆有編制。大將軍營有五部，每部有校尉一人，其祿秩比二千石；軍司馬一人，其祿秩比千石。部下有曲，曲有軍候一人，其祿秩比六百石。曲下有屯，屯有屯長一人，其祿秩比二百石。不置校尉的部，只有軍司馬一人。又有軍假司馬、假候，都是副職。分支營，隸屬別部司馬，以兵多少，皆因時制宜。門有門候。其餘將軍，因征伐而設置，無固定的屬僚，亦有部曲、司馬、軍候領兵。有職吏部集各一人，總管軍營之事。兵曹掾史主管軍用器械。稟假掾史主管俸給借貸及軍紀之事。又設置外刺、刺姦，主管犯罪及法律。

5 明帝初置度遼將軍，以護衛新降的有二心的南匈奴單于之人眾，因以後常有騷動不安之事發生，於是度遼將軍便成為常設之將領。

志第二十五

百官二

太常　光祿勳　衛尉　太僕　廷尉　大鴻臚

1 太常❶，卿一人，中二千石。本注曰：掌禮儀祭祀。每祭祀，先奏其禮儀；及行事，常贊❷天子。每選試博士，奏其能否。大射❸、養老❹、大喪，皆奏其禮儀。每月前晦❺，察行陵廟。丞❻一人，比千石。本注曰：掌凡行禮及祭祀小事，總署曹事。其署曹掾史，隨事為員，諸卿皆然。

2 太史令❼一人，六百石。本注曰：掌天時❽、星曆❾。凡歲將終，奏新年曆。凡國祭祀、喪、娶之事，掌奏良日及時節禁忌。凡國有瑞應、災異，掌記之。丞一人。明堂❿及靈臺⓫丞一人，二百石。本注曰：二丞，掌守明堂、靈臺。靈臺掌候日月星氣⓬，皆屬太史。

3 博士祭酒[13]一人，六百石。本僕射[14]，中興轉為祭酒。博士十四人，比六百石。本注曰：易四，施、孟、梁丘、京氏[15]。尚書三，歐陽、大小夏侯氏[16]。詩三，魯、齊、韓氏[17]。禮二，大小戴氏[18]。春秋二，公羊嚴、顏氏[19]。掌教弟子。國有疑事，掌承問對。本四百石，宣帝[20]增秩。

4 太祝令[21]一人，六百石。本注曰：凡國祭祀，掌讀祝，及迎送神。丞一人。本注曰：掌祝小神事。

5 太宰令[22]一人，六百石。本注曰：掌宰工[23]鼎俎饌具[24]之物。凡國祭祀，掌陳饌具。丞一人。

6 大予樂令[25]一人，六百石。本注曰：掌伎樂[26]。凡國祭祀，掌請[27]奏樂，及大饗用樂，掌其陳序[28]。丞一人。

7 高廟[29]令一人，六百石。本注曰：守廟，掌案行掃除。無丞。

8 世祖廟[30]令一人，六百石。本注曰：如高廟。

9 先帝[31]陵，每陵園令[32]各一人，六百石。本注曰：掌守陵園，案行掃除。丞及校長各一人。本注曰：校長，主兵戎盜賊事。

10 先帝陵，每陵食官令各一人，六百石。本注曰：掌望晦時節祭祀。

11 右屬太常。本注曰：有祠祀令一人，後轉屬少府。有太卜令，六百石，後省并太史。

12 中興以來，省前凡十官㉝。

【章　旨】以上記述太常卿及其官屬之祿秩、職責；又本注敘述太常卿屬官之省併等情況。

【注　釋】❶太常　官名。九卿之一。秩中二千石。掌禮儀祭祀。秦為奉常，漢景帝中元六年（西元前一四四年）改太常。❷贊　引導。❸大射　古代為祭祀擇士而舉行的射禮。《周禮・天官・司裘》：「王大射。」鄭玄注：「大射者，為祭祀射。王將有郊廟之事，以射擇諸侯及群臣與邦國所貢之士可以與祭者，……而中多者得與於祭。」本書卷五十〈明帝八王列傳・陳敬王羨傳〉，李賢注：「天子將祭，擇士而祭，謂之大射。」❹養老　指養老禮。古代對年高德劭的老者，按時餉以酒食的禮節。省稱「養老」。❺前晦　陰曆每月終的前一天。❻丞　官名。多作為佐官之稱。漢代中央各官署除本身有丞之外，其所下屬各署皆有令、丞。縣令以下亦有丞。❼太史令　官名。西周、春秋時太史掌起草文書，策命諸侯卿大夫，記載史事，編寫史書，兼管國家典籍、天文曆法、祭祀等，為朝廷大臣。秦、漢時設太史令，職位漸低。❽天時　指節氣、氣候、陰陽、寒暑變化之時序。❾星曆　指天文曆法。❿明堂　古代天子宣明政教的地方。凡朝會及祭祀、慶賞、選士、養老、教學等大典，均於其中舉行。⓫靈臺　漢代的天文臺稱「靈臺」。⓬星氣　指占星望氣之術。⓭博士祭酒　博士，中國古代學官名，源於戰國。掌古今史事，備顧問及書籍典守。《漢書・百官公卿表》：「博士，秦官，掌通古今。」漢武帝建元五年（西元前一三六年），用公孫弘議，設《五經》博士，置弟子員，自後博士專掌經學傳授，有別於戰國與漢初之博士。祭酒，學官名。博士祭酒即博士之首長。劉昭注引胡廣曰：「官名祭酒，皆一位之元長者也。」⓮僕射　官名。起於秦代，凡侍中、尚書、博士、謁者等官，都有僕射。根據所領職事作稱號，意即他們的首長。僕射之名由僕人、射人合成，本為君主左右之小臣。一說，古者重武臣以善射者掌事，故名。東漢尚書僕射為尚書令的副手，職權漸重，到末年，分置左右僕射。⓯施孟梁丘京氏　施氏，即施讎，字長卿，沛（今江蘇沛縣）人。西漢今文易學「施氏學」的開創者。與孟喜、梁丘賀同學《易》於田何的再傳弟子田王孫。宣帝時，為博士。參與石渠閣會議，討論《五經》異同。其著作已佚，《漢書・藝文志》著錄有《易經》

十二篇，施、孟、梁丘三家。《章句》施、孟、梁丘氏各二篇。清馬國翰《玉函山房輯佚書》輯有《周易施氏章句》一卷。施讎，傳見《漢書》卷八十八〈儒林傳〉。孟氏，即孟喜，字長卿，東海蘭陵（今山東蒼山縣）人。西漢今文易學「孟氏學」的開創者。與施讎、梁丘賀同學《易》於田王孫。「喜好自稱譽，得《易》家候陰陽災變書，詐言師田生且死時枕喜膝，獨傳喜，諸儒以此耀之。」他以六十四卦配氣候，以卦氣言《易》。孟喜舉孝廉為郎、曲臺（殿名）署長，病免，為丞相掾。孟喜授同郡白光少子、沛翟牧子兄，皆為博士。由是《易》有翟、孟、白之學。《漢書・藝文志》著錄《易經》十二篇，施、孟、梁丘三家。《孟氏京房》十一篇，《災異孟氏京房》六十六篇，《章句》施、孟、梁丘氏各二篇。孟喜著作已失傳，清馬國翰《玉函山房輯佚書》、黃奭《漢學堂叢書》、孫堂《漢魏二十一家易注》均有輯錄。孟喜，傳見《漢書・儒林傳》。梁丘氏，即梁丘賀，字長翁，琅邪諸（今山東諸城）人。從京房受《易》，又與施讎、孟喜同學《易》於田何的再傳弟子田王孫。梁丘賀，官至太中大夫、給事中、少府。其著作已佚。清馬國翰《玉函山房輯佚書》輯有《周易梁丘氏章句》一卷。傳見《漢書・儒林傳》。京氏，即京房（西元前七七—前三七年），本姓李，字君明，東郡頓丘（今河南清豐）人。西漢今文易學「京氏學」的開創者。律學家。曾學《易》於孟喜的門人焦延壽。「其說長於災變，分六十四卦，更直日用事，以風雨寒溫為候，各有占驗，房用之尤精。好鍾律，知音聲。元帝初元四年（西元前四五年）以孝廉為郎。」屢次上疏，以災異推論時政得失。因劾奏石顯等專權，出為魏郡太守。為石顯所譖，不久徵回，下獄，被殺。京房授東海殷嘉、河東姚平、河南乘弘，皆為郎、博士。由是《易》有京氏之學。《漢書・藝文志》著錄其著作有《孟氏京房》十一篇、《災異孟氏京房》六十六篇、《京氏段嘉》十二篇。今存《京氏易傳》三卷。清馬國翰《玉函山房輯佚書》輯有《周易京氏章句》一卷，黃奭《漢學堂叢書》、孫堂《漢魏二十一家易注》也有輯錄。傳見《漢書・眭兩夏侯京翼李傳》及卷八十八〈儒林傳〉。⑯歐陽大小夏侯氏　歐陽氏，即歐陽生，字和伯，千乘（今山東高青）人。西漢《今文尚書》「歐陽學」的開創者。伏生弟子，世傳「尚書學」。到他的曾孫歐陽高（字子陽），也被稱為歐陽生，立為博士。由是《尚書》有歐陽氏之學。傳見《史記・儒林列傳》、《漢書・儒林傳》。《漢書・藝文志》著錄有《經》二十九卷。注曰：「大、小夏侯二家。《歐陽經》三十二卷」、《歐陽章句》三十一卷、《歐陽說義》二篇。其著作已佚，清陳喬樅輯有《尚書歐陽夏侯異說考》，收入《清經解續編》。大小夏侯氏，西漢《今文尚書》學者夏侯勝、夏侯建的合稱。夏侯勝，字長公，東平（今山東汶上）人。《今文尚書》「大夏侯學」的開創者。其先夏侯都尉，從濟南伏生受《尚書》，以傳族子夏侯始昌，始昌又傳夏侯勝，夏侯勝又事同郡蕑卿。蕑卿為倪寬（倪，一作「兒」）。治《尚書》，事歐陽生，官至御史大夫，傳見《漢書》卷五十八）門人，又從歐陽氏問。為學精熟，所問非一師。昭帝時，徵為博士，遷光祿大夫。時太后省政，宜知經術，霍光令夏侯勝授太后《尚書》，遷長信少府，賜爵關內侯。夏侯勝為人質樸，簡易無威儀，敢直言。宣帝即位，襃先帝，欲為武帝立廟樂，群臣贊同，唯夏侯勝獨曰：「武帝雖有攘四夷、廣土斥境之功，然多殺人眾，竭民財力，奢泰無度，天下虛耗，百姓流離，物故者半。蝗蟲大起，赤地數千里，或人民相食，畜積至今未復。亡德澤於民，不宜為立廟樂。」夏侯勝以此下獄。後赦出，為諫大夫給事中。後復為長信少府，遷太子太傅，受詔撰《尚書》、《論語》說。年九十，卒於官。《漢書・藝文志》著錄：《經》二十九卷（注曰：大、小夏侯二家）、《大小夏侯章句》各二十九卷、《大小夏侯解故》二十九篇，已佚，清陳喬樅輯有《歐陽夏侯遺說考》，收入《清經解續編》。傳見《漢書・眭兩夏侯京翼李傳》、〈儒林傳〉。夏侯建，字長卿。《今文尚書》「小夏侯學」的開創者。為夏侯勝從兄之子（《漢書・夏侯勝傳》為「從父之子」）。夏侯建師夏侯勝及歐陽高，左右採獲，又從《五經》諸儒問《尚書》相出入者，以次章句，具文飾說，專門名經。為議郎、博士，至太子少傅。《漢書・藝文志》著錄其著作（見夏侯勝條）。其著作已佚。清陳喬樅輯有《歐陽夏侯遺說考》，收入《清經解續編》。傳見《漢書・眭兩夏侯京翼李傳》、卷八十八〈儒林傳〉。

⓱魯齊韓氏　魯，指《魯詩》。為《詩》今文學派之一，漢初魯人申培傳。三家《詩》，最為先出，漢文帝時立為博士。申培受《詩》於浮丘伯，以詩故訓傳授弟子，遇有疑問，即缺而不傳。此後傳《魯詩》的有瑕丘江公、劉向等人。西漢時傳授最廣。《漢書・藝文志》著錄：《詩經》二十八卷，魯、齊、韓三家、《魯故》二十五卷、《魯說》二十八卷。至西晉亡佚。清陳喬樅撰《魯詩遺說考》，曾加輯釋。申培傳見《史記・儒林列傳》、《漢書・儒林傳》。齊，指《齊詩》。西漢《詩》今文學派之一。漢初齊人轅固傳。景帝時立為博士。此後傳《齊詩》的有夏侯始昌、后蒼、翼奉、蕭望之、匡衡等。《齊詩》，喜引讖緯，以陰陽災異推論時政。《漢書・藝文志》著錄《詩經》二十八卷，魯、齊、韓三家、《齊后氏故》二十卷、《齊孫氏故》二十七卷、《齊后氏傳》三十九卷、《齊孫氏傳》二十八卷、《齊雜記》十八卷。至三國魏時，均已亡佚。清陳喬樅撰《齊詩遺說考》，曾加輯釋。轅固傳見《史記・儒林列傳》、《漢書・儒林傳》。韓，指漢初燕人韓嬰所傳之《詩》。漢文帝時立為博士。韓嬰景帝時為常山王太傅。後治《韓詩》的有淮南賁生、蔡義等。《漢書・藝文志》著錄有《詩經》二十八卷，魯齊韓三家、《韓故》三十六卷、《韓內傳》四卷、《韓外傳》六卷、《韓說》四十一卷。兩晉時，《韓詩》雖存，已無傳者。南宋以後，僅存《外傳》。清趙懷玉曾輯《內傳》佚文，附於《外傳》之後。陳喬樅輯有《韓詩遺說考》。現存之《韓詩外傳》，今本作十卷。其書雜述古事古語。雖每條皆引《詩經》中的句子（今本有二十八條未引，當是缺脫），實為引《詩經》與古事相印證，非引事闡釋《詩經》之本義。韓嬰傳見《史記・儒林列傳》、《漢書・儒林傳》。

⓲大小戴氏　即戴德、戴聖。戴德，字延君，梁（今河南商丘）人。西漢今文禮學「大戴學」的開創者。與兄子戴聖同學《禮》

於后蒼，宣帝時，立為博士，稱大戴。戴德官至信都王劉囂太傅。他搜集古代各種有關禮儀的論述，編成《大戴記》（亦稱《大戴禮記》）八十五篇。實為秦以前各種禮儀論著的選集。其書今殘缺，僅存三十九篇，為研究中國古代社會情況、文物制度和儒家思想的參考書。《大戴記》有北周盧辯注，清孔廣森《大戴禮記》補注（收入《清經解續編》）。小戴，即戴聖，字次君，戴德兄之子，西漢今文禮學「小戴學」的開創者。與叔父同學《禮》於后蒼，宣帝時，立為博士，官至九江太守。世稱「小戴」。他搜集古代各種有關禮儀的論述，編成《小戴禮記》，即今本《十三經注疏》中的《禮記》。有〈曲禮〉、〈檀弓〉、〈大學〉等四十九篇。大率為孔子弟子及再傳弟子所記，也有講禮的古書。是研究中國古代社會情況、儒家思想和文物制度的參考書。《十三經注疏》中的《禮記》由東漢鄭玄注，唐孔穎達正義。另清朱彬有《禮記訓纂》、孫希旦有《禮記集解》等。⑲公羊嚴顏氏　公羊，即《春秋公羊傳》，亦稱《公羊傳》或《公羊春秋》。儒家經典之一，十一卷，是專門闡釋《春秋》的傳。起於魯隱公元年（西元前七二二年），終於魯哀公十四年（西元前四八一年），與《春秋經》配合密切。舊題戰國時公羊高（相傳為子夏弟子）撰。漢初只是口耳相授，至景帝時，由公羊高的玄孫公羊壽與其弟子胡母子都以漢時通行的文字寫定成書，故屬今文經學。其書重點在於闡述《春秋》的「微言大義」，史事記述較為簡略，對統治者進行統治極為有利，因而受到重視。歷代今文經學家都以它為議論政治的工具。是研究戰國、秦、漢儒家思想的重要資料。現《十三經注疏》中的《春秋公羊傳》為東漢何休解詁，唐徐彥疏。清人陳立有《公羊義疏》、劉逢祿有《公羊何氏解詁箋》等書。嚴氏，指嚴彭祖，字公子，東海下邳（今江蘇邳州）人。西漢今文《公羊春秋》「嚴氏學」的開創者。與顏安樂俱事眭孟。孟弟子百餘人，唯彭祖、安樂為明，質問疑誼，各持所見。孟曰：「《春秋》之意在二子矣！」孟卒，彭祖、安樂各專門教授。由是《公羊春秋》有嚴、顏之學。彭祖宣帝時為博士，官至河南、東郡太守、左馮翊，遷太子太傅。為人廉直，不事權貴，以太傅官終。著作已佚。清馬國翰《玉函山房輯佚書》輯有《公羊嚴氏春秋》和《春秋公羊嚴氏記》。傳見《漢書・儒林傳・嚴彭祖》。顏氏，指顏安樂，字公孫，魯國薛（今山東滕州）人。西漢《公羊春秋》「顏氏學」的開創者。與嚴彭祖俱從眭孟學《公羊春秋》。安樂為眭孟姐子，家貧，為學精力，宣帝時立為博士。曾任齊郡太守丞，後為仇家所殺。其著作已佚。《漢書・藝文志》著錄《公羊顏氏記》十一篇。清馬國翰《玉函山房輯佚書》輯有《春秋公羊顏氏記》。傳見《漢書・儒林傳》。⑳宣帝　名詢，西漢武帝曾孫，戾太子劉據之孫。西元前七三－前四九年在位。㉑太祝令　官名。商官有「六太」，其一曰「太祝」，為春官宗伯的屬官。掌祭祀祈禱。西漢有太祝令丞，為太常屬官。景帝中元六年（西元前一四四年），改太祝為祠祀。武帝太初元年（西元前一〇四年）更為廟祝。㉒太宰令　太宰，夏、商、周三代為掌膳之官。《漢書・百官公卿表》，顏師古注：「太宰即是具食之官。」㉓宰

工　古代掌膳食的小吏；廚師。㉔鼎俎饌具　鼎俎，鼎和俎。古代祭祀、燕饗時陳置牲體或其他食物的禮器。亦泛指烹割的用具。饌具，陳設食物之器具；餐具。㉕大予樂令　官名。《漢書．百官公卿表上》：「奉常，屬官有太樂令丞。」大（太）予，樂名。明帝永平三年（西元六〇年）：「秋八月戊辰，改太樂為太予樂。」大予樂令，凡國家祭祀，掌其奏樂及大饗之樂舞。㉖伎樂　音樂舞蹈。㉗請　謁祈禱、請神。㉘陳序　安排陳設次序。㉙高廟　漢高祖劉邦之廟。㉚世祖廟　東漢光武帝劉秀之廟。㉛先帝　前代已故的帝王。㉜園令　漢代守護帝王陵寢的官。㉝省前凡十官　劉昭注：「案《前書》，十官者，太宰、均官、都水、雍太祝、五時各一尉也。《東觀書》：章帝又置祀令、丞，延光元年省。」

【語譯】太常，卿一人，其祿秩中二千石。本注說：掌禮儀祭祀。每有祭祀，則先奏其祭祀之禮儀；在舉行祭祀之禮時，常引導天子。每次選試博士，上奏被選試者之能否。大射、養老、大喪，皆先奏其禮儀。每月終的前一天，察看巡視陵廟。有丞一人，其祿秩比千石。本注說：掌管行禮及祭祀之小事，總理曹之事務。曹掾史之任用，根據事務的繁簡，隨事增減人員，諸卿皆如此。

2　太史令一人，其祿秩六百石。本注說：掌管節氣、陰陽、氣候、寒暑之變化時序及天文曆法。凡歲將終，上奏新年曆。凡國家有祭祀、喪、娶之事，主管奏良辰吉日及時節禁忌。凡國有祥瑞之徵兆、災異，主管記載。有丞一人。明堂及靈臺丞一人，其祿秩二百石。本注說：二丞，掌守明堂、靈臺。靈臺掌觀察日月，占星望氣，皆屬太史令。

3　博士祭酒一人，其祿秩六百石。本稱僕射，光武中興，轉稱為祭酒。博士十四人，其祿秩比六百石。本注說：《易》四家，施、孟、梁丘、京氏。《尚書》三家，歐陽、大小夏侯氏。《詩》三家，魯、齊、韓氏。《禮》二家，大小戴氏。《春秋》二家，《公羊》嚴、顏氏。博士掌管教授弟子。國家有疑難之事，掌接受問對。其祿秩本來四百石，宣帝增其秩。

4　太祝令一人，其祿秩六百石。本注說：凡國家有祭祀，掌管讀祭詞及迎送神。有丞一人。本注說：掌管祭祀小神之事。

5　太宰令一人，其祿秩六百石。本注說：掌管宰工、鼎俎、饌具之物。凡國家有祭祀，掌管陳列饌具。有丞一人。

6 大予樂令一人，其祿秩六百石。本注說：掌管音樂舞蹈。凡國家有祭祀，掌管祈禱請神奏樂，大宴會用樂，掌其陳設次序。有丞一人。

7 高祖廟令一人，其祿秩六百石。本注說：守廟，掌管巡視掃除。無丞。

8 世祖廟令一人，其祿秩六百石。本注說：如同高祖廟。

9 先帝陵，每陵園令各一人，其祿秩六百石。本注說：掌管守園陵，巡視掃除。有丞及校長各一人。本注說：校長，主管兵戎及盜賊之事。

10 先帝陵，每陵食官令各一人，其祿秩六百石。本注說：掌管每月十五、月末與時節祭祀。

11 以上所列屬太常。本注說：有祠祀令一人，後轉屬少府。有太卜令，其祿秩六百石，後省罷併太史。

12 光武中興以來，省罷以前共十官。

1 光祿勳❶，卿一人，中二千石。本注曰：掌宿衛宮殿門戶，典❷謁署郎更直❸執戟，宿衛門戶，考其德行而進退之。郊祀之事，掌三獻❹。丞一人，比千石。

2 五官中郎將❺一人，比二千石。本注曰：主五官郎❻。五官中郎❼，比六百石。本注曰：無員❽。五官侍郎，比四百石。本注曰：無員。五官郎中，比三百石。本注曰：無員。凡郎官皆主更直執戟，宿衛諸殿門，出充車騎。唯議郎不在直中。

3 左中郎將，比二千石。本注曰：主左署郎。中郎，比六百石。侍郎，比四百石。郎中，比三百石。本注曰：皆無員。

4 右中郎將，比二千石。本注曰：主右署郎。中郎，比六百石。侍郎，比四百石。郎中，比三百石。本注曰：皆無員。

5 虎賁中郎將[9]，比二千石。本注曰：主虎賁宿衛。左右僕射[10]、左右陛長[11]各一人，比六百石。本注曰：僕射，主虎賁郎習射。陛長，主直虎賁，朝會在殿中。虎賁中郎，比六百石。虎賁侍郎，比四百石。虎賁郎中，比三百石。節從虎賁[12]，比二百石。本注曰：皆無員。掌宿衛侍從。自節從虎賁久者轉遷，才能差高至中郎。

6 羽林中郎將，比二千石。本注曰：主羽林郎[13]。羽林郎，比三百石。本注曰：無員。掌宿衛侍從。常選漢陽[14]、隴西[15]、安定[16]、北地[17]、上郡[18]、西河[19]凡六郡良家[20]補。本武帝以便馬從獵，還宿殿陛[21]巖[22]下室中，故號巖郎。

7 羽林左監[23]一人，六百石。本注曰：主羽林左騎。丞一人。

8 羽林右監一人，六百石。本注曰：主羽林右騎。丞一人。

9 奉車都尉[24]，比二千石。本注曰：無員。掌御乘輿車。

10 駙馬都尉[25]，比二千石。本注曰：無員。掌駙馬。

11 騎都尉[26]，比二千石。本注曰：無員。本監羽林騎。

12 光祿大夫㉗，比二千石。本注曰：無員。凡大夫、議郎皆掌顧問應對，無常事，唯詔令所使。凡諸國嗣之喪，則光祿大夫掌弔。

13 太中大夫㉘，千石。本注曰：無員。

14 中散大夫㉙，六百石。本注曰：無員。

15 諫議大夫㉚，六百石。本注曰：無員。

16 議郎㉛，六百石。本注曰：無員。

17 謁者㉜僕射一人，比千石。本注曰：為謁者臺率㉝，主謁者，天子出，奉引。古重習武，有主射以督錄之，故曰僕射。常侍㉞謁者五人，比六百石。本注曰：主殿上時節威儀。謁者三十人。其給事㉟謁者，四百石。其灌㊱謁者郎中，比三百石。本注曰：掌賓贊受事，及上章報問。將、大夫以下之喪，掌使弔。本員七十人，中興但三十人。初為灌謁者，滿歲為給事謁者。

18 右屬光祿勳。本注曰：職屬光祿者，自五官將至羽林右監，凡七署。自奉車都尉至謁者，以文屬焉。舊有左右曹，秩以二千石，上殿中，主受尚書奏事，平省之。世祖省，使小黃門郎㊲受事，車駕出，給黃門郎㊳兼。有請室令㊴，車駕出，在前請所幸，徼㊵車迎白，示重慎。中興但以郎兼，事訖罷，又省車、戶、騎凡三將㊶，及羽林令。

【章旨】以上記述光祿勳卿及其官屬之祿秩、職責；又本注敘述實屬與名義上屬光祿勳之官，並述光武中興後對光祿勳屬官省罷及以他官兼任等情況。

【注釋】❶光祿勳　官名，九卿之一。《漢書・百官公卿表》：「郎中令，秦官。武帝太初元年（西元前一〇四年）更名光祿勳。屬官有大夫、郎、謁者，皆秦官。又有期門、羽林皆屬焉。」❷典　掌管。❸謁署郎更直　謁署，主管晉見皇帝的機構。更直，輪流值班。❹三獻　古代祭祀時獻酒三次，稱初獻爵，亞獻爵，三獻爵。第三次獻酒為「三獻」。❺五官中郎將　光祿勳屬官，統領皇帝的侍衛五官郎。❻五官郎　《通志・職官略・三署郎官敘》注：「三署郎年五十以上，屬五官。」秦置中郎，至西漢分五官、左、右三署，各置中郎將以統領之。東漢沿置。❼中郎　郎官的一種。郎，有議郎、中郎、侍郎、郎中四等。凡郎官皆主更直，執戟宿衛殿門，出充車騎。唯議郎不入直宿衛。❽無員　即無定員，多至幾百人或千人。❾虎賁中郎將　《通志・職官略・三署郎官敘》注：「周官有虎賁氏，掌領虎士八百人。漢武帝建元三年（西元前一三八年），初置期門，比郎中，蓋以微行出遊，選材力之士執兵從送，期之殿門，故曰期門，無員，多至千人。平帝元始元年（西元一年）更名虎賁郎，置中郎將領之，主虎賁宿衛。凡虎賁中郎、虎賁侍郎、虎賁郎中、節從虎賁皆父死子繼，若死王事者亦如之。」❿僕射　此為虎賁中郎將下設之左右僕射，為虎賁郎的教官。⓫陛長　漢代武官名。屬虎賁中郎將。朝會時立殿中宿衛。⓬節從虎賁　即節從虎賁郎中。劉昭注：「四郎。」為最低的郎官。⓭羽林郎　皇帝的侍衛軍。掌宿衛侍從。漢武帝太初元年（西元前一〇四年）初置，名曰建章宮騎，後更名羽林騎，取「為國羽翼，如林之盛」之意。故以羽林騎泛指禁衛軍。置羽林中郎將及羽林左、右監以統領之。羽林郎秩同郎中，比三百石。常選漢陽、隴西等六郡良家子為之。⓮漢陽　郡名。東漢明帝永平十七年（西元七四年）改天水郡置。治所冀縣（今甘肅甘谷東南）。轄境相當今甘肅定西、隴西、禮縣以東，靜寧、莊浪以西，黃河以南，嶓冢山以北地。⓯隴西　郡名。戰國秦置。治所在狄道（今甘肅臨洮南）。西漢轄境相當今甘肅東鄉以東的洮河中游、武山以西的渭河上游、禮縣以北的西漢水上游及天水市東部地區，東漢以後屢有增縮。⓰安定　郡名。漢武帝元鼎三年（西元前一一四年）置。治所在高平（今寧夏固原）。轄境相當今甘肅景泰、靖遠、會寧、平涼、涇川縣、鎮原及寧夏中寧、中衛、同心、固原等縣地。東漢移治臨涇（今甘肅鎮原東南）。⓱北地　郡名。秦置。治所在義渠（今甘肅慶陽西南）。

西漢移治所於馬嶺（今甘肅慶陽西北），東漢移治富平（今寧夏吳忠西南）。轄境相當今寧夏賀蘭山、青銅峽、山水河以東及甘肅環江、馬蓮河流域。⑱上郡　郡名。戰國時魏文侯置。秦代治所在膚施（今陝西榆林東南）。漢轄境相當今無定河流域及內蒙古鄂托克旗等地。建安二十年廢。⑲西河　郡名。漢武帝元朔四年（西元前一二五年）置。治所在平定（今內蒙古東勝境）。轄境相當今內蒙古伊克昭盟東部、山西呂梁山、蘆芽山以西、石樓以北及陝西宜川以北黃河沿岸地帶。東漢永和五年（西元一四〇年）移治離石（今山西離石）。⑳良家　即良家子。舊時用以指清白人家的子弟。㉑殿陛　御殿前的石階。㉒巖高廊。㉓羽林左監　羽林郎的主管將領為羽林中郎將。下設左、右監以主管左、右羽林騎士。㉔奉車都尉　官名。漢武帝初置。㉕駙馬都尉　官名。漢武帝初置，掌駙馬。《漢書・百官公卿表》，顏師古注：「駙，副也。非正駕車，皆為副馬。一曰駙，近也，疾也。」㉖騎都尉　官名。次於將軍的武官。漢武帝元鼎二年置，以李陵為之。宣帝時，以騎都尉監羽林騎，屬光祿勳。後掌駐屯騎兵，也領兵征伐。秩比二千石，無定員。㉗光祿大夫　官名。《漢書・百官公卿表上》：漢武帝太初元年「更名中大夫為光祿大夫，秩比二千石。」㉘太中大夫　官名。漢武帝置。㉙中散大夫　劉昭注引胡廣：「光祿大夫，本為中大夫。武帝元狩五年，置諫大夫為光祿大夫。世祖中興，以為諫議大夫。又有太中、中散大夫。此四等於古皆為天子之下大夫，視列國之上卿。」㉚諫議大夫　官名。《漢書・百官公卿表》：「武帝元狩五年初置諫大夫，秩比八百石。光武中興改為諫議大夫。」㉛議郎　官名。西漢置，掌顧問應對，無定員，秩六百石，屬光祿勳，為郎官之一種，但不入直宿衛。東漢時地位更高，得參與朝政。㉜謁者　官名。始置於春秋、戰國時，為國君掌管傳達。秦、漢沿置。《漢書・百官公卿表》：「謁者掌賓贊受事，員七十人，秩比六百石。有僕射，秩比千石。」漢光祿勳屬官有謁者，少府屬官亦有中書謁者。㉝臺率　即謁者臺的首領。㉞常侍　經常在君主左右侍奉。㉟給事　辦理事務。㊱灌　有經常溫習以求勝任工作之意。故未滿一年的謁者稱灌謁者。㊲小黃門郎　即小黃門。本書〈百官三・少府〉：「小黃門，宦官。無員。掌侍左右，受尚書事。」原接受尚書奏事者為左右曹，光武帝省罷左右曹，使小黃門「受尚書事」。小黃門還要侍從皇帝左右，車駕出，小黃門隨從，故受尚書奏事由給事黃門侍郎兼代。㊳給黃門郎　即給事黃門侍郎。西漢時，郎官給事於黃門（宮門）之內者，稱黃門郎或黃門侍郎。東漢始設專官，或稱給事黃門侍郎，其職務為侍從皇帝傳達詔命。㊴請室令　請室，漢代囚禁官吏有罪者的牢獄。《漢書・賈誼傳》，顏師古注：「應劭曰：『請室，請罪之室。』蘇林曰：『音絜清。胡公《漢官》：車駕出，有請室令在前先驅，此官有別獄也。』」㊵徼　巡視；檢查。㊶車戶騎凡三將　《漢書・百官公卿表》：「郎中有車、戶、騎三將，秩皆比千石。」顏師古注引如淳曰：「主車曰車郎，主戶衛曰戶郎。《漢儀注》郎中令主郎中，左右車將主左右車郎，左右戶將主左右戶郎也。」

王先謙《後漢書集解》注引李祖楙曰：「中興有騎將。」

石。

【語譯】光祿勳，卿一人，其祿秩為中二千石。本注說：掌管宿衛宮殿門戶，掌管三署郎輪流執戟值班，宿衛宮殿門戶，考核三署郎之德行優劣而升遷降黜。祭祀天地之事，掌管第三次獻酒。有丞一人，其祿秩比千石。

2 五官中郎將一人，其祿秩比二千石。本注說：主管五官郎。五官中郎，其祿秩比六百石。本注說：無定員。五官侍郎，其祿秩比四百石。本注說：無定員。五官郎中，其祿秩比三百石，本注說：無定員。凡郎官皆主管輪流執戟值班，宿衛諸殿門，皇帝出，則充備車騎。唯有議郎不宿衛值班。

3 左中郎將，其祿秩比二千石。本注說：主管左署郎官。中郎，其祿秩比六百石。侍郎，其祿秩比四百石。郎中，其祿秩比三百石。本注說：皆無定員。

4 右中郎將，其祿秩比二千石。本注說：主管右署郎官。中郎，其祿秩比六百石。侍郎，其祿秩比四百石。郎中，其祿秩比三百石。本注說：皆無定員。

5 虎賁中郎將，其祿秩比二千石。本注說：主管虎賁郎宿衛。左右僕射、左右陛長各一人，其祿秩比六百石。本注說：僕射，主管虎賁郎習射。陛長，主管值班虎賁郎，朝會時在殿中宿衛。虎賁中郎，其祿秩比六百石。虎賁侍郎，其祿秩比四百石。虎賁郎中，其祿秩比三百石。節從虎賁郎中，其祿秩比二百石。本注說：皆無定員。其任務是宿衛宮殿，侍從皇帝。為節從虎賁郎中久者自然轉遷，才能較高者可至中郎。

6 羽林中郎將，其祿秩比二千石。本注說：主管羽林郎。羽林郎，其祿秩比三百石。本注說：無定員。其任務是宿衛宮殿，侍從皇帝。常選漢陽、隴西、安定、北地、上郡、西河六郡良家子補。原先由於嫻熟騎術隨從武帝打獵，還宿殿陛高廊下室中，故號巖郎。

7 羽林左監一人，其祿秩六百石。本注說：掌管羽林左騎。有丞一人。

8 羽林右監一人，其祿秩六百石。本注說：掌管羽林右騎。有丞一人。

9 奉車都尉，其祿秩比二千石。本注說：無定員。掌管皇帝乘坐之輿車。

10 駙馬都尉，其祿秩比二千石。本注說：無定員。掌管駙馬。

11 騎都尉，其祿秩比二千石。本注說：無定員。本監督羽林騎士。

12 光祿大夫，其祿秩比二千石。本注說：無定員。凡大夫、議郎皆掌管顧問應對，無固定職務，唯皇帝詔令所派遣。凡諸侯王國嗣子之喪，則光祿大夫掌管弔唁。

13 太中大夫，其祿秩一千石。本注說：無定員。

14 中散大夫，其祿秩六百石。本注說：無定員。

15 諫議大夫，其祿秩六百石。本注說：無定員。

16 議郎，其祿秩六百石。本注說：無定員。

17 謁者僕射一人，其祿秩比千石。本注說：為謁者臺首領，主管謁者，天子出，為前導引車。古重習武，有主射者統領此事，所以叫做僕射。常侍謁者五人，其祿秩比六百石。本注說：主管殿上時節禮儀。謁者三十人。給事謁者，其祿秩四百石。灌謁者郎中，其祿秩比三百石。本注說：主管典禮時引導行禮和上表章報問之事。將、大夫以下之喪，使其掌管弔唁事宜。原來有七十人，光武中興後只用三十人，開始為灌謁者，滿一年為給事謁者。

18 以上所列屬光祿勳。本注說：其職務屬光祿勳者，自五官中郎將至羽林右監，共七個官署。自奉車都尉至謁者，在形式上屬光祿勳。舊有左右曹，祿秩為二千石，在殿中，掌管接受尚書奏事，進行評議審察。世祖免除，使小黃門郎受事，車駕出，由給事黃門侍郎兼代。有請室令，車駕出，在前告所幸之處，巡視檢查車輛，向皇帝稟告，以示慎重。中興後，只以郎兼代，事畢即罷，又省罷車、戶、騎三將及羽林令。

1 衛尉❶，卿一人，中二千石。本注曰：掌宮門衛士，宮中徼循❷事。丞一人，比千石。

2 公車司馬令❸一人，六百石。本注曰：掌宮南闕門❹，凡吏民上章，四方貢獻，及徵詣公車者。丞、尉各一人。本注曰：丞選曉諱，掌知非法。尉主闕門兵禁，戒非常。

3 南宮❺衛士令一人，六百石。本注曰：掌南宮衛士。丞一人。

4 北宮❻衛士令一人，六百石。本注曰：掌北宮衛士。丞一人。

5 左右都候❼各一人，六百石。本注曰：主劍戟士，徼循宮，及天子有所收考❽。丞各一人。

6 宮掖❾門，每門司馬一人，比千石。本注曰：南宮南屯司馬，主平城門❿；宮門蒼龍司馬，主東門；玄武司馬，主玄武門；北屯司馬，主北門；北宮朱爵司馬，主南掖門；東明司馬，主東門；朔平司馬，主北門：凡七門。凡居宮中者，皆有口籍⓫於門之所屬。宮名兩字，為鐵印文符⓬，案省符乃內之。若外人以事當入，本官長史為封棨傳⓭；其有官位，出入令御者言其官。

7 右屬衛尉。本注曰：中興省旅賁令⓮，衛士一人丞。

【章 旨】以上記述衛尉卿及其官屬之祿秩、職責；又本注敘述光武中興後省罷衛尉卿屬官等情況。

【注 釋】❶衛尉 官名。九卿之一。《漢書·百官公卿表》：「衛尉，秦官。掌宮門屯兵，有丞。景帝初更名中大夫令，後元年（西元前一四三年）復為衛尉。」其屬官有：「公車司馬、衛士、旅賁三令丞。」❷徼循 巡查。《漢書·百官公卿表》顏師古注引如淳曰：「所謂游徼，徼循禁備盜賊也。」❸公車司馬令 官名。始於秦，漢沿置。《漢書·百官公卿表》顏師古注引《漢官儀》：「公車司馬掌殿司馬門，夜徼宮中，天下上事及闕下凡所徵召皆總領之。」❹闕門 兩觀之間，亦指高樓大門。闕，宮門、城門兩側的高臺，中間有道路，臺上起樓觀。❺南宮 秦、漢宮殿名。《史記·高祖本紀》：「高祖置酒雒陽南宮。」張守節《正義》引《括地志》：「南宮在雒州雒陽縣東北二十六里洛陽故城中。」故址在今河南洛陽東白馬寺一帶。❻北宮 東漢宮名。在洛陽城中，明帝永平三年（西元六〇年）建，八年十月建成。正門曰禁門、省門，也叫章臺門，內有德陽諸殿。❼都候 古代主行夜巡邏的衛士官。❽收考 拘捕拷問。❾宮掖 指皇宮。掖，掖庭，宮中的旁舍，嬪妃居住的地方。❿平城門 東漢南宮的一座宮門。劉昭引《古今注》：「建武十三年（西元三七年）九月初開此門。」⓫口籍 名籍；戶口冊。⓬鐵印文符 劉昭注引胡廣曰：「符用木，長尺二寸，鐵印以符之。」即在木製的符上蓋有鐵烙印。⓭棨傳 古代作通行憑證用的一種木製符信。⓮旅賁令 《漢書·百官公卿表上》顏師古注：「旅，眾也。賁與奔同，言為奔走之任。」

【語 譯】衛尉，卿一人，其祿秩中二千石。本注說：掌管宮門衛士及宮中巡查之事。有丞一人，其祿秩比千石。

2 公車司馬令一人，其祿秩六百石。本注說：掌管皇宮南闕門，凡吏民所上之奏章、四方貢獻之物品及徵召至公車府者，皆為公車司馬令所掌管。有丞、尉各一人。本注說：丞選擇通曉避忌隱諱之事的人擔任，掌管非法之事。尉主管宮闕門禁兵，以戒備非常之事發生。

3 南宮衛士令一人，其祿秩六百石。本注說：掌管南宮衛士。有丞一人。

4 北宮衛士令一人，其祿秩六百石。本注說：掌管北宮衛士。有丞一人。

5 左右都候各一人，其祿秩六百石。本注說：主管劍戟之士，巡查宮中及天子有所拘捕拷問之事。丞各有一人。

6 宮掖門，每門有司馬一人，其祿秩比千石。本注說：南宮南屯司馬，主管平城門；宮門蒼龍司馬，主管東門；玄武司馬，主管玄武門；北屯司馬，主管北門；北宮朱爵司馬，主管南掖門；東明司馬，主管東門；朔平司馬，主管北門：共七門。凡居宮中者，其戶籍皆在所屬之門。宮名二字，以鐵烙印文於木符之上，查驗所持之符無誤，乃使進入宮中。若外人因有事當入宮者，須持其本官長史為之封緘的憑證；若入宮之人有官位，出入宮門令其駕車者言其官位。

7 以上所列屬衛尉。本注說：光武中興省罷旅賁令，衛士一人丞。

1 太僕❶，卿一人，中二千石。本注曰：掌車馬。天子每出，奏駕上鹵簿❷用；大駕則執馭❸。丞一人，比千石。

2 考工令❹一人，六百石。本注曰：主作兵器弓弩刀鎧之屬，成則傳執金吾入武庫，及主織綬諸雜工。左右丞各一人。

3 車府令❺一人，六百石。本注曰：主乘輿諸車。丞一人。

4 未央廄令❻一人，六百石。本注曰：主乘輿及廄中諸馬。長樂廄丞一人。

5 右屬太僕。本注曰：舊有六廄❼，皆六百石令，中興省約，但置一廄。後置左駿令、廄，別主乘輿御馬，後或并省。又有牧師菀❽，皆令官，主養馬，分在河西六郡❾界中，中興皆省，唯漢陽有流馬苑，但以羽林郎監領。

【章　旨】以上記述太僕卿及其官屬之祿秩、職責；又本注敘述光武中興後對太僕卿屬官或省或併等情況。

【注　釋】❶太僕　官名。九卿之一。《漢書・百官公卿表》：「太僕，秦官，掌輿馬，有兩丞。」❷鹵簿　古代帝王駕出時，扈從的儀仗隊。❸大駕則執馭　皇帝出行，儀仗規模之最大者為大駕，在法駕、小駕之上。蔡邕《獨斷》：「天子出，車駕次第謂之鹵簿，有大駕，有小駕，有法駕。大駕則公卿奉引，大將軍參乘，太僕御。屬車八十一乘，備千乘萬騎。」大駕亦泛指天子的車駕。❹考工令　《漢書・百官公卿表》：少府屬官有「考工室」，有令、丞。「武帝太初元年更名考工室為考工。」主作兵器弓弩及織綬諸雜工。❺車府令　《漢書・百官公卿表》：太僕屬官有「車府、路軨、騎馬、駿馬四令丞。」秦有中車府令，秦始皇以趙高為之。❻未央廄令　鄭樵《通志・職官略》：「典廄令」注：「東京有未央廄令，掌乘輿及宮中之馬。」《漢官》：「員史七十人，卒騶二十人。」廄，同「廐」。馬房；亦泛指牲口棚。❼六廄　王先謙《後漢書集解校補》注：「案《通典》注，或曰六廄：未央、承華、騊駼、龍馬、輅軨、大廄也。」❽菀　同「苑」。園囿；園林。❾河西六郡　即漢陽、隴西、安定、北地、上郡、西河等六郡。

【語　譯】太僕，卿一人，其祿秩中二千石。本注說：掌管車馬。天子每出，提供隨駕儀仗隊及各種用物；若天子出用大駕，太僕則為天子駕車。有丞一人，其祿秩比千石。

2　考工令一人，其祿秩六百石。本注說：主管製造兵器弓弩刀鎧甲之類的物品，製成則轉送執金吾入武庫，又主管織造綬帶等諸雜工。有左右丞各一人。

3　車府令一人，其祿秩六百石。本注說：主管皇帝乘輿諸車。有丞一人。

4　未央廄令一人，其祿秩六百石。本注說：主管皇帝乘輿及廄中諸馬。長樂廄丞一人。

5　以上所列屬太僕。本注說：舊有六廄，其令祿秩皆六百石，光武中興省約，只置一廄。後置左駿令、廄，分別主管乘輿御馬，後或有合併省罷。又有牧師菀，官皆為令，主管養馬，分別在河西六郡地界中。光武中興皆省罷，唯漢陽有流馬菀，只以羽林郎監護管理。

廷尉❶，卿一人，中二千石。本注曰：掌平獄，奏當所應。凡郡國讞疑罪，皆處當以報。正、左監❷各一人。左平一人，六百石。本注曰：掌平決詔獄❸。

右屬廷尉。本注曰：孝武帝以下，置中都官❹獄二十六所，各令長名世祖中興皆省，唯廷尉及雒陽有詔獄。

【章旨】以上記述廷尉卿及其官屬之祿秩、職責；又本注敘述光武中興後省罷中都官獄等情況。

【注釋】❶廷尉　官名。九卿之一。《漢書・百官公卿表》：「秦官，掌刑辟，有正、左右監，秩皆千石。景帝中六年（西元前一四四年）更名大理，武帝建元四年（西元前一三七年）復為廷尉。哀帝元壽二年（西元前一年）復為大理。王莽改曰作士。」鄭樵《通志・職官略・大理卿》：「後漢，廷尉卿，凡郡國讞疑，皆處當以報。」❷正左監　廷尉屬官。劉昭注：「前漢有左右監平，世祖省而猶曰左。」❸詔獄　奉皇帝命令禁拘犯人的監獄。❹中都官　兩漢京師各官署官員的總稱。

【語譯】廷尉，卿一人，祿秩中二千石。本注說：掌管判處獄訟之事，奏請應判之罪。凡議處郡國之疑難案件，皆以法判處其罪而上報。有正、左監各一人。左平一人，祿秩六百石。本注說：掌管判處詔獄。

以上所列屬廷尉。本注說：孝武帝以後，置中都官獄二十六所，各獄令長，世祖中興皆省罷，唯廷尉及雒陽有詔獄。

1

大鴻臚❶，卿一人，中二千石。本注曰：掌諸侯及四方歸義蠻夷。其郊廟行禮，贊導，請行事，既可，以命群司。諸王入朝，當郊迎，典其禮儀。及郡國上計❷，匡❸四方來，亦屬焉。皇子拜王，贊授印綬。及拜諸侯、諸侯嗣子及四方夷狄封者，臺下鴻臚召拜之。王薨則使弔之，及拜王嗣。丞一人，比千石。

2 大行令❹一人，六百石。本注曰：主諸郎❺。丞一人。治禮郎四十七人。

3 右屬大鴻臚。本注曰：承秦有典屬國❻，別主四方夷狄朝貢侍子❼，成帝時省并大鴻臚。中興省驛官❽、別火二令❾、丞，及郡邸❿長、丞，但令郎治郡邸。

【章旨】以上記述大鴻臚卿及其官屬之祿秩、職責；又本注敘述光武中興後省罷大鴻臚卿屬官等情況。

【注釋】❶大鴻臚　官名。九卿之一。《漢書·百官公卿表》：「典客，秦官，掌諸歸義蠻夷，有丞。景帝中六年更名大行令，武帝太初元年更名大鴻臚。」❷上計　戰國、秦、漢時考核地方官政績的方法。地方官於年終，將境內戶口、賦稅、盜賊、獄訟等項編造計簿，遣吏逐級上報，奏呈朝廷，借資考核，謂之上計。❸匡　救助。❹大行令　《漢書·百官公卿表》：「大鴻臚，屬官有行人、譯官、別火三令丞，……武帝太初元年更名行人為大行令。」❺諸郎　即下文的「治禮郎四十七人」。劉昭注：案盧植《禮注》：「大行郎亦如謁者，兼舉形貌。」❻典屬國　《漢書·百官公卿表》：「典屬國，秦官，掌蠻夷降者。武帝元狩三年昆邪王降，復增屬國。置都尉、丞、候、千人。屬官，九譯令。成帝河平元年省并大鴻臚。」❼侍子　古代屬國之王或諸侯遣子入朝陪侍天子，學習文化，所遣之子稱為侍子。❽驛官　即譯官。驛，同「譯」。❾別火二令　別火令，為專門負責外國客人飲食的官。外國客人不習慣漢朝的飲食，朝廷設守官負責為他們開火做飯，這就是所謂「別火」。❿郡邸　《漢書·百官公卿表》顏師古注：「主諸郡之邸在京師者也。」即各郡駐京的辦事機構。

【語譯】大鴻臚，卿一人，祿秩中二千石。本注說：掌管諸侯王及四方歸附正義之蠻夷。祭祀天地、祖先之禮，贊唱引導，請示所行禮之程序，皇帝許可，即命令百官。諸侯王入朝，負責到郊外迎接，主管迎接禮儀。又郡國上計，救助四方歸來之人，亦屬大鴻臚。皇子封王，贊禮授以印綬。又封諸侯、諸侯嗣子及四方夷狄受封者，待於臺榭之下，大鴻臚召其拜見皇帝。諸侯王去世，則使大鴻臚弔唁和封拜諸侯王之嗣。有丞一人，其祿秩比千石。

2 大行令一人，其祿秩六百石。本注說：主管諸郎。丞一人。治禮郎四十七人。

3 以上所列屬大鴻臚。本注說：承秦制設有典屬國，分別主管四方夷狄朝貢侍子，成帝時省併大鴻臚。中興後省罷譯官、別火二令、丞及郡邸長、丞，只令郎官管理郡邸。

志第二十六

百官三

宗正　大司農　少府

1 宗正❶，卿一人，中二千石。本注曰：掌序錄王國嫡庶之次，及諸宗室親屬遠近，郡國歲因計上宗室名籍。若有犯法當髡❷以上，先上諸宗正，宗正以聞，乃報決。丞一人，比千石。

2 諸公主❸，每主家令一人，六百石。丞一人，三百石。本注曰：其餘屬吏增減無常。

3 右屬宗正。本注曰：中興省都司空令、丞❹。

【章旨】以上記述宗正卿及其官屬之祿秩、職責；又本注敘述光武中興後省罷宗正卿屬官等情況。

【注釋】❶宗正　官名。九卿之一。《漢書・百官公卿表》：「宗正，秦官，掌親屬，有丞。平帝元始四年更名曰宗伯。

屬官有都司空令、丞。」宗正多由皇族中人充任，為皇族事務機關的長官。❷髡　古代一種剃去頭髮的刑罰。❸公主　帝王之女的稱號，始於戰國。漢制，皇帝之女稱公主，皇帝之姐妹稱長公主，皇帝之姑稱大長公主。歷代沿稱。❹都司空令丞　宗正卿屬官，主管罪人。

【語　譯】宗正，卿一人，其祿秩中二千石。本注說：掌管記錄王國嫡庶之順序及諸宗室親屬之遠近，郡國每年通過計簿上報宗室名冊。若有犯法判罪為髡刑以上者，先上報之於宗正，宗正上奏皇帝，於是根據所犯之罪行，依法判決。有丞一人，其祿秩比千石。

2 諸公主，每公主有家令一人，其祿秩六百石。有丞一人，其祿秩三百石。本注說：其餘屬吏增減無常。

3 以上所列屬宗正。本注說：中興後省罷都司空令、丞。

1 大司農❶，卿一人，中二千石。本注曰：掌諸錢穀金帛諸貨幣。郡國四時上月旦❷見❸錢穀簿，其逋❹未畢，各具別之。邊郡諸官請調度者，皆為報給，損多益寡，取相給足。丞一人，比千石。部丞一人，六百石。本注曰：部丞主帑藏❺。

2 太倉令❻一人，六百石。本注曰：主受郡國傳漕❼穀。丞一人。

3 平準令❽一人，六百石。本注曰：掌知物賈❾，主練染，作采色❿。丞一人。

4 導官令⓫一人，六百石。本注曰：主舂⓬御米，及作乾糒。導，擇也。丞一人。

5 右屬大司農。本注曰：郡國鹽官、鐵官本屬司農，中興皆屬郡縣。又有廩犧令⑬，六百石，掌祭祀犧牲鴈鶩之屬。及雒陽市長⑭、滎陽敖倉⑮官，中興皆屬河南尹⑯。餘均輸⑰等皆省。

【章　旨】以上記述大司農卿及其官屬之祿秩、職責；又本注敘述光武中興後下放及省罷大司農卿屬官等情況。

【注　釋】❶大司農　官名。九卿之一。《漢書・百官公卿表》：「治粟內史，秦官，掌穀貨，有兩丞。景帝後元元年更名大農令，武帝太初元年更名大司農。」掌國家的租稅錢穀鹽鐵和國家的財政收支。❷月旦　每月的初一。❸見　同「現」。❹逋　拖欠。❺帑藏　國庫。❻太倉令　太倉，設在京城中的大穀倉，其長官為太倉令。❼傳漕　即「轉漕」。轉運糧餉，古時陸運稱「轉」，水運稱「漕」。傳，同「轉」。❽平準令　管理平抑物價的官。《史記・平準書》：「大農之諸官盡籠天下之貨物，貴即賣之，賤則買之。如此，富商大賈無所牟大利，則反本，而萬物不得騰踴，故抑天下物，名曰『平準』。」❾賈　同「價」。❿主練染作采色　主管煮練絲麻，加以染色。⓫導官令　《漢書・百官公卿表》：少府屬官有導官令、丞，掌御用和祭祀的米食和乾糒（乾糧）。西漢置，屬少府。東漢改屬大司農。⓬舂　用杵臼搗去穀物的皮殼。⓭廩犧令　西漢屬左馮翊。《漢書・百官公卿表》內史：「左內史更名左馮翊，屬官有廩犧令、尉、丞。」顏師古注：「廩主藏穀，犧主養牲，皆所以供祭祀也。」⓮市長　亦稱「市令」。古代管理市場的官。西漢長安有四市，各有長、丞。為左馮翊屬官。東漢有雒陽市長，屬大司農。⓯滎陽敖倉　滎陽，縣名。秦置。治今河南滎陽東北，黃河南岸。敖倉，秦代在敖山上所建的穀倉。故址在今河南鄭州西北邙山之上。地當黃河和濟水的分流處，中原漕糧集中於此，再西運關中，北運邊塞，是當時最重要的糧倉。楚漢戰爭時，劉邦奪得此倉，以供軍需。漢魏仍在此設倉。⓰河南尹　政區名、官名。本書〈郡國志〉河南尹，劉昭注：「秦三川郡，高帝更名。世祖（光武帝劉秀廟號）都雒陽，建武十五年（西元三九年）改曰河南尹。」尹，治理。亦為官名，商、西周時為輔弼之官。春秋時楚國長官多稱尹。漢代始以京城的行政長官稱尹，有京兆尹、河南尹。河南尹治所在雒陽（今河南洛陽東北）。轄境相當今河南黃河以南洛水、伊水下游，雙洎河、賈魯河上游地區及黃河北岸的原陽。⓱均輸　此指均輸令、丞。均輸，漢武帝實行的一項經濟措施。在大司農下置均輸令、丞，統一徵收和買賣貨物。漢武帝時，各地向中央交納貢物，運費常常超過貢品原價。元鼎二年（西元前一一五年）試辦均輸，到元封元年（西元前一一〇年），於大司農下設管理運輸的均輸官和管理物價的平準官，令各地向均輸官交納貢物折價和運輸費，然後平準官和均輸官在低價地方收買貨物，轉運京師或在高價地方出售。運輸工具由官府置辦，人員徵發平民充當。當時據說「民不益賦而天下用饒。」《史記・平準書》裴駰《集解》引孟康曰：「謂當所輸入官者，皆令輸其土地所饒，平其所在時價，官更於他處賣之，輸者既便而官有利。」郭沫若《中國史稿》第三編第三章第二節：「均輸平準就是調劑運輸和平抑物價。」

【語譯】大司農，卿一人，其祿秩中二千石。本注說：掌管錢穀金帛及諸貨幣。郡國四時上報月初一所存之現錢糧穀簿，所拖欠未畢者，各記載以區別之。邊郡諸官請求調度錢穀者，大司農皆為之上報撥給，損減富足之處，增益不足之處，以求互相豐足。有丞一人，其祿秩比千石。部丞一人，其祿秩六百石。本注說：部丞主管國庫。

2 太倉令一人，其祿秩六百石。本注說：主管接受郡國轉運之糧穀。有丞一人。

3 平準令一人，其祿秩六百石。本注說：掌管物價，主管煮練絲麻，加以染色。有丞一人。

4 導官令一人，其祿秩六百石。本注說：主管舂御用及祭祀之米，並作乾糧。導，精選。有丞一人。

5 以上所列屬大司農。本注說：郡國鹽官、鐵官本屬大司農，中興後皆下放於郡縣。又有廩犧令，其祿秩六百石，掌管祭祀所用之犧牲及鴈鶩之類。又有雒陽市長、滎陽敖倉官，中興後皆屬河南尹。其餘均輸等官皆省罷。

1 少府❶，卿一人，中二千石。本注曰：掌中服御❷諸物，衣服寶貨珍膳之屬。丞一人，比千石。

2 太醫令❸一人，六百石。本注曰：掌諸醫。藥丞、方丞各一人。本注曰：藥丞主藥。方丞主藥方。

3 太官令❹一人，六百石。本注曰：掌御飲食。左丞、甘丞、湯官丞、果丞各一人。本注曰：左丞主飲食。甘丞主膳具。湯官丞主酒。果丞主果。

4 守宮令❺一人，六百石。本注曰：主御紙筆墨，及尚書財用諸物及封泥❻。丞一人。

5 上林苑令❼一人，六百石。本注曰：主苑中禽獸。頗有民居，皆主之。捕得其獸送太官。丞、尉各一人。

6 侍中❽，比二千石。本注曰：無員。掌侍左右，贊導眾事，顧問應對。法駕出，則多識者一人參乘❾，餘皆騎在乘輿車後。本有僕射一人，中興轉為祭酒，或置或否。

7 中常侍❿，千石。本注曰：宦者，無員。後增秩比二千石。掌侍左右，從入內宮，贊導內眾事，顧問應對給事。

8 黃門侍郎⓫，六百石。本注曰：無員。掌侍從左右，給事中，關通中外。及諸王朝見於殿上，引王就坐。

9 小黃門⓬，六百石。本注曰：宦者，無員。掌侍左右，受尚書事。上在內宮，關通中外，及中宮已下眾事。諸公主及王太妃等有疾苦，則使問之。

10 黃門令[13]一人，六百石。本注曰：宦者。主省中諸宦者。丞、從丞各一人。本注曰：宦者。從丞主出入從。

11 黃門署長、畫室署長、玉堂署長各一人。丙署長七人。皆四百石，黃綬[14]。本注曰：宦者。各主中宮別處[15]。

12 中黃門冗從僕射[16]一人，六百石。本注曰：宦者。主中黃門冗從。居則宿衛，直守門戶；出則騎從，夾乘輿車。

13 中黃門[17]，比百石。本注曰：宦者，無員。後增比三百石。掌給事禁中。

14 掖庭[18]令一人，六百石。本注曰：宦者。掌後宮貴人[19]采女[20]事。左右丞、暴室[21]丞各一人。本注曰：宦者。暴室丞主中婦人疾病者，就此室治；其皇后、貴人有罪，亦就此室。

15 永巷[22]令一人，六百石。本注曰：宦者。典官婢[23]侍使[24]。丞一人。本注曰：宦者。

16 御府[25]令一人，六百石。本注曰：宦者。典官婢作中衣服及補浣之屬。丞、織室丞各一人。本注曰：宦者。

17 祠祀令一人，六百石。本注曰：典中諸小祠祀。丞一人。本注曰：宦者。

18 鉤盾[26]令一人，六百石。本注曰：宦者。典諸近池苑囿遊觀之處。丞、永安[27]丞各一人，三百石。本注曰：宦者。永安，北宮東北別小宮名，有園觀。苑中丞、果丞、鴻池丞、南園丞各一人，二百石。本注曰：苑中丞主苑中離宮[28]。果丞主果園。鴻池，池名，在雒陽東二十里。南園在雒水南。濯龍監、直里監各一人，四百石。本注曰：濯龍亦園名，近北宮。直里亦園名也，在雒陽城西南角。

19 中藏府[29]令一人，六百石。本注曰：掌中幣帛金銀諸貨物。丞一人。

20 內者[30]令一人，六百石。本注曰：掌宮中布張諸褻物[31]。左右丞各一人。

21 尚方[32]令一人，六百石。本注曰：掌上手工[33]作御刀劍諸好[34]器物。丞一人。

22 尚書令[35]一人，千石。本注曰：承秦所置，武帝用宦者，更為中書謁者令，成帝用士人，復故。掌凡選署及奏下尚書曹文書眾事。

23 尚書僕射[36]一人，六百石。本注曰：署尚書[37]事，令不在則奏下眾事。

24 尚書六人，六百石。本注曰：成帝初置尚書四人，分為四曹：常侍曹尚書主公卿事；二千石曹尚書主郡國二千石事；民曹尚書主凡吏上書事；客曹尚書主外國夷狄事。世祖承遵，後分二千石曹，又分客曹為南主客曹、北主客曹，凡六曹。左右丞各一人，四百石。本注曰：掌錄文書期會[38]。左丞主吏民章報及騶伯史[39]。右丞假署[40]印綬，及紙筆墨諸財用庫藏。侍郎[41]三十六人，四百石。本注曰：一曹有六人，主作文書起草。令史十八人，二百石。本注曰：曹有三，主書。後增劇曹[42]三人，合二十一人。

25 符節[43]令一人，六百石。本注曰：為符節臺率，主符節事。凡遣使掌授節。尚符璽郎中四人。本注曰：舊二人在中，主璽及虎符[44]、竹符[45]之半者。符節令史，二百石。本注曰：掌書[46]。

26 御史中丞[47]一人，千石。本注曰：御史大夫之丞也。舊別監御史在殿中，密舉非法。及御史大夫轉為司空，因別留中，為御史臺率，後又屬少府。治書侍御史[48]二人，六百石。本注曰：掌[49]選明法律者為之。凡天下諸讞疑事，掌以法律當其是非。侍御史[50]十五人，六百石。本注曰：掌察舉非法，受公卿群吏奏事，有違失舉劾之。凡郊廟之祠及大朝會、大封拜，則二人監威儀，有違失則劾奏。

27 蘭臺[51]令史，六百石。本注曰：掌奏及印工文書。

28 右屬少府。本注曰：職屬少府者，自太醫、上林凡四官。自侍中至御史，皆以文屬焉。承秦，凡山澤陂池之稅，名曰禁錢，屬少府。世祖改屬司農，考工轉屬太僕，都水[52]屬郡國。孝武帝初置水衡都尉，秩比二千石，別主上林苑有離宮燕休之處，世祖省之，并其職於少府。每立秋貙劉[53]之日，輒暫置水衡都尉，事訖乃罷之。少府本六丞，省五。又省湯官[54]、織室[55]令，置丞。又省上林十池監，胞人[56]長丞，宦者、昆臺[57]、佽飛[58]三令，二十一丞。又省水衡屬官令、長、丞、尉二十餘人。章和[59]以下，中官稍廣，加嘗藥、太官、御者、鉤盾、尚方、考工、別作監，皆六百石，宦者為之，轉為兼副[60]，或省，故錄本官。

【章　旨】以上記述少府卿及其官屬之祿秩、職責；又本注敘述實屬與名義上屬少府之官；又述光武帝時對少府屬官的省併及章帝章和以後宦官任職等情況。

【注　釋】❶少府　官名。九卿之一。《漢書・百官公卿表》：「少府，秦官，掌山海地澤之稅，以給共養。」顏師古注：「大司農供軍國之用，少府以養天子也。」少府，始於戰國，秦、漢相沿置。掌山海地澤收入、皇室手工業製造和掌宮中御衣、寶貨、珍膳等，為皇帝的私府。❷服御　亦作「服馭」。指服飾車馬器用之類的物品。❸太醫令　官名。秦置。西漢太常、少府皆有之。屬於太常者為百官治病，屬於少府者為宮廷治病。❹太官令　亦作「大官令」。西漢始置，屬少府。掌宮廷的膳食及釀酒。❺守宮令　鄭樵《通志・職官略・衛尉卿》守宮令，注：「漢有守宮令、丞，屬少府。」❻封泥　也稱「泥封」。中國古代公私簡牘大都寫在竹簡、木札上，封發時，用繩捆縛，在繩端或交叉處加以檢木，封以粘土，上蓋章印，作為信驗，以防私拆。這種鈐有章印的土塊，稱為「封泥」。主要流行於秦、漢，魏、晉以後紙帛盛行，封泥之制漸廢。❼上林苑令　《漢書・百官公卿表》：「水衡都尉，武帝元鼎二年初置，掌上林苑，有五丞。」鄭樵《通志・職官略・司農卿》上林署，注：「後漢曰上林苑令。」上林苑，古宮苑名。秦都咸陽時置。秦始皇三十五年（西元前二一二年）建阿房宮於苑中，漢初荒廢。高祖十二年（西元前一九五年），許民入苑中開墾。武帝時又收為宮苑。周圍至二百多里，苑內放養禽獸，供皇帝射獵，並建離宮、觀、館數十處。故址在今陝西西安西及周至、戶縣界。東漢亦有上林苑，故址在今河南洛陽東，漢、魏洛陽故城西。❽侍中　官名。秦始置，兩漢沿置，為自列侯以下至郎中的加官，無定員。侍從皇帝左右，出入宮廷。初僅伺應雜事，由於接近皇帝，地位漸形貴重。《漢書・百官公卿表》顏師古注：「入侍天子，故曰侍中。」❾參乘　亦作「驂乘」。古代乘車在車右陪同乘車的人。❿中常侍　官名。秦始置，西漢沿置。出入宮廷，侍從皇帝，常為列侯至郎中的加官。東漢時期專用宦官為中常侍，以傳達詔令和掌理文書，權力極大。⓫黃門侍郎　秦官，漢因之。秦及西漢郎官給事於黃闥（宮門）之內者，稱黃門郎或黃門侍郎。東漢始設專官，或稱給事黃門侍郎。其職務為侍從皇帝，傳達詔命。劉昭注引《漢舊儀》：「黃門郎屬黃門令。」⓬小黃門　宦者，無定員。侍皇帝左右，受尚書事。後泛指宦官。⓭黃門令　宦者為之，主管宮中的宦官。⓮綬即綬帶。用以繫官印或環絲帶。古代常用不同顏色的綬帶標識官職的身分和等級。⓯別處　特別、格外、不一般的地方。⓰中黃門冗從僕射　以宦者為之，秩六百石。主管中黃門冗從。冗從，為散職侍從官。王先謙《後漢書集解校補》：「大要是黃門宦官無專職者也。」⓱中黃門　宦官。《漢書・百官公卿表》顏師古注：「中黃門，奄人居禁中在黃門之內給事者也。」⓲掖庭　宮中官署名。以宦者為令、丞。秦代名永巷，漢武帝太初元年（西元前一〇四年）改為掖廷。東漢分為二，設掖庭令、永巷令。⓳貴人　妃嬪的稱號。東漢光武帝置，位僅次於皇后。⓴采女　亦作「彩女」。漢代宮女的一種。本書卷十〈皇后紀序〉：「又置美人、宮人、采女三等。」後用作宮女的通稱。㉑暴室　《漢書・宣帝紀》顏師古注引應劭曰：「暴室，宮人獄也，今曰薄室。」顏師古又注：「暴室者，掖庭主織作染練之署，故謂之暴室，取暴曬為名耳。……蓋暴室職務既多，因為置獄，主治其罪人，故往往云暴室獄耳。然本非獄名，應說失之矣。」暴室，有丞，以宦官為之。㉒永巷　漢宮中長巷，是幽禁妃嬪和宮女的地方。有令、丞，以宦官為之。㉓官婢　古時因犯罪沒入官府做奴隸的女子。㉔侍使　一作「侍史」。古代從沒入官府為奴的罪犯家屬中，選年少較有才智的女子為侍使。㉕御府　宮中官署名。由宦官任令、丞。主管衣服製作及浣洗。㉖鉤盾　亦作「鈎盾」。古代官署名。屬少府。令、丞以宦者為之。掌管宮廷近處園池苑囿遊觀之處。㉗永安　宮名。㉘離宮　正宮之外供帝王出巡、遊玩時居住的宮室。《漢書・賈山傳》顏師古注：「凡離宮者，皆謂於別處置之，非常所居也。」㉙中藏府　亦作「中臧府」，漢內庫名。有令、丞。主管金銀財貨之事。㉚內者　官署名。王先謙《後漢書集解》引惠棟曰：「《黃圖》引《續漢書》曰掌宮中步帳、褻物。」應劭《漢官儀》：「內者令主帷帳。」㉛布張諸褻物　布張，即布帳。張，同「帳」。帳幕。諸褻物，如內衣、髒衣、溺器、洗沐用具等。㉜尚方　官署名。秦置。漢末分為左、中、右三尚方，屬少府。主造皇室所用刀劍等兵器及玩好器物。主管有令及丞。東漢沿置。㉝上手工　技術高超的工匠。㉞好　喜歡；愛好。㉟尚書

令　官名。始於秦，西漢沿置。本為少府屬官，掌章奏文書。漢武帝以後，職權漸重。東漢政務皆歸尚書，尚書令成為直接對皇帝負責總攬一切政令的首腦。㊱尚書僕射　東漢尚書僕射為尚書令的副手，職權漸重，東漢末期分置左、右僕射。㊲尚書　官名。始置於戰國時，或稱掌書。秦為少府屬官。漢武帝提高皇權，因尚書在皇帝周圍辦事，掌管文書奏章，地位逐漸重要。漢成帝時設尚書五人，開始分曹辦事。《漢書・成帝紀》，建始四年（西元前二九年）：「初置尚書員五人。」顏師古注「《漢舊儀》云尚書四人為四曹：常侍尚書主丞相御史事，二千石尚書主刺史二千石事，戶曹尚書主庶人上書事，主客尚書主外國事。成帝置五人，有三公曹，主斷獄事。」劉昭注引《漢舊儀》：「初置五曹，有三公曹，主斷獄。」東漢正式成為協助皇帝處理政務的官員，從此三公權力大為削弱。㊳期會　謂在規定的期限內實施政令。多指有關朝廷或官府的財物出入。㊴騶伯史　尚書臺主管駕馭車馬的人及隨從人員。伯史，同「伯使」。本書卷四十一〈鍾離意列傳〉李賢注引蔡質《漢官儀》：「尚書郎入直臺中，官供新青縑白綾被或錦被，……太官供食。尚書郎伯使二人，女侍史二人。……伯使從至止車門，還。女侍史絜被服，執香爐燒燻，從入臺中，給使。」㊵假署　暫時代理；代管。㊶侍郎　即尚書侍郎。東漢之制，取孝廉中有才能者入尚書臺，在皇帝左右處理政務。初入臺稱尚書郎中，滿一年稱尚書郎，三年稱侍郎。㊷劇曹　泛指政務繁劇的郎官曹吏。㊸符節　古代門關出入所持的一種憑證。以金玉竹木等製成，上刻文字。也用為符和節的通稱。㊹虎符　古代帝王授予臣屬兵權和調發軍隊的信物。用銅鑄成虎形，背有銘文，分為兩半，右半留在中央，左半發給地方或統兵的將帥。調發軍隊時，須由使臣持符驗合，方能生效。盛行於戰國、秦、漢。㊺竹符　即竹使符。漢時竹製的信符。右留京師，左與郡國。凡發兵用銅符，其餘徵調用竹使符。《漢書・文帝紀》：「初與郡守為銅虎符、竹使符。」顏師古注引應劭曰：「竹使符皆以竹箭五枚，長五寸鐫刻篆書，第一至第五。」㊻書　記錄。㊼御史中丞　《漢書・百官公卿表》：「御史大夫，秦官。有兩丞，秩千石。一曰中丞，在殿中蘭臺，掌圖籍祕書，外督部刺史，內領侍御史員十五人，受公卿奏事，舉劾按章。」哀帝元壽二年（西元前一年），御史大夫改為大司空，御史中丞更名御史長史。漢代以御史中丞為御史大夫之佐，亦稱中執法。在殿中蘭臺掌圖籍祕書；外督部刺史，監察郡國行政；內領侍御史，糾察百官，考察四方文書計簿，劾案公卿章奏。西漢末期，御史大夫改為大司空，御史中丞遂為御史臺長官。㊽治書侍御史　東漢增置。掌察疑獄。㊾掌　同「常」。㊿侍御史　官名。漢沿秦置，在御史大夫下，或給事殿中，或舉劾非法，或督察郡縣，或奉使出外執行指定的任務。(51)蘭臺　漢代宮中藏書處，以御史中丞掌之。後世因稱御史臺為蘭臺。東漢班固為蘭臺令史，受詔撰史，故後世亦稱史官為蘭臺。(52)都水　即都水監。西漢太常、少府、水衡都尉均有都水長、丞。掌舟船、水運事務及治渠堤水門。(53)貙劉　亦作「貙鎦」。古代天子於立秋日射牲舉行祭宗廟之禮曰「貙劉」。54湯官 主酒。有令、丞。55織室 掌皇室絲帛織造和染色。有令、丞。56胞人 主宰割。有長、丞。57昆臺 宮室名。本名甘泉居室，武帝改。有令、丞。58佽飛 武官名。西漢少府屬官有左弋。武帝太初元年（西元前一〇四年）更名佽飛。取春秋楚勇士佽飛為名。掌弋射，有九丞兩尉。59章和 東漢章帝劉炟年號，西元八七—八八年。60兼副 兼任或副職。

【語譯】少府，卿一人，其祿秩中二千石。本注說：掌管皇帝的服飾及宮中使用的各種器物，衣服寶貨珍膳之類。有丞一人，其祿秩比千石。

2 太醫令一人，其祿秩六百石。本注說：主管諸醫生。有藥丞、方丞各一人。本注說：藥丞主管藥物。方丞主管藥方。

3 太官令一人，其祿秩六百石。本注說：掌管御用飲食。左丞、甘丞、湯官丞、果丞各一人。本注說：左丞主管飲食。甘丞主管餐具。湯官丞主管酒。果丞主管果品。

4 守宮令一人，其祿秩六百石。本注說：主管御用紙筆墨及尚書財用諸物與封泥。有丞一人。

5 上林苑令一人，其祿秩六百石。本注說：主管苑中禽獸。上林苑偏近處有居民，皆為其主管。捕得其獸送太官令。有丞、尉各一人。

6 侍中，其祿秩比二千石。本注說：無定員。其職務為侍從皇帝左右，贊助輔導眾事，顧問應對。皇帝法駕出，即以多識者一人陪乘，其餘皆騎馬在皇帝乘輿車之後。原來有僕射一人，中興後轉為祭酒，有時設置，有時不設置。

7 中常侍，其祿秩一千石。本注說：宦者，無定員。後增秩為比二千石。掌管侍從皇帝左右，隨從入內宮，贊助輔導宮內眾事，受顧問應對及辦理事務。

8 黃門侍郎，其祿秩六百石。本注說：無定員。侍從皇帝左右，供職於宮中，聯絡內外。及諸王在殿上朝見皇帝時，負責引導諸王就坐。

9 小黃門，其祿秩六百石。本注說：宦者，無定員。侍從皇帝左右，接受尚書奏事。皇帝在內宮，聯絡內外及皇后以下諸事。諸公主及王太妃等有疾病，則使小黃門問候。

10 黃門令一人，其祿秩六百石。本注說：宦者。主管宮中眾宦官。有丞、從丞各一人。本注說：宦者。從丞之職務為出入隨從皇帝。

11 黃門署長、畫室署長、玉堂署長各一人。丙署長七人。其祿秩皆四百石，佩黃綬帶。本注說：宦者。各主管宮中其他的地方。

12 中黃門冗從僕射一人，其祿秩六百石。本注說：宦者。主管中黃門無專職之宦官。皇帝在宮中則宿衛，值班看守門戶；皇帝出則騎馬隨從，在皇帝乘輿車兩邊。

13 中黃門，其祿秩比百石。本注說：宦者，無定員。後增其祿秩為比三百石。其職務是在宮中辦事。

14 掖庭令一人，其祿秩六百石。本注說：宦者。掌管後宮貴人采女之事。左右丞、暴室丞各一人。本注說：宦者。暴室丞主管宮中婦人有疾病者，宮中婦人有疾病，即往暴室就醫；皇后、貴人有罪，亦往住暴室。

15 永巷令一人，其祿秩六百石。本注說：宦者。主管宮婢侍使。有丞一人。本注說：宦者。

16 御府令一人，其祿秩六百石。本注說：宦者。主管宮婢做宮中衣服及補洗之人。有丞、織室丞各一人。本注說：宦者。

17 祠祀令一人，其祿秩六百石。本注說：主管宮中小的祭祀。有丞一人。本注說：宦者。

18 鉤盾令一人，其祿秩六百石。本注說：宦者。主管諸近處水池、苑囿等遊觀之處。有丞、永安丞各一人，其祿秩三百石。本注說：宦者。永安，北宮東北另一小宮的名稱，其中有園觀。苑中丞、果丞、鴻池丞、南園丞各一人，其祿秩二百石。本注說：苑中丞主管苑中離宮。果丞主管果園。鴻池，池名，在雒陽東二十里。南園在雒水南。濯龍監、直里監各一人，其祿秩四百石。本注說：濯龍亦園名，靠近北宮。直里亦園名，在雒陽城西南角。

19 中藏府令一人，其祿秩六百石。本注說：掌管宮中幣帛金銀諸貨物。有丞一人。

20 內者令一人，其祿秩六百石。本注說：掌管宮中布帳及諸褻物。有左右丞各一人。

21 尚方令一人，其祿秩六百石。本注說：掌管高級工匠，製造皇帝所用之刀劍及其喜歡、愛好的各種器物。有丞一人。

22 尚書令一人，其祿秩一千石。本注說：承秦所置，武帝用宦者，更名為中書謁者令，成帝用士人，恢復尚書令舊稱。尚書令掌管尚書人選的選擇任用及百官奏上、皇帝批下尚書曹之文書等事。

23 尚書僕射一人，其祿秩六百石。本注說：兼攝尚書事，尚書令不在，則掌管百官奏上、皇帝批下尚書曹之文書等事。

24 尚書六人，其祿秩六百石。本注說：成帝初置尚書四人，分為四曹：常侍曹尚書主管公卿事；二千石曹尚書主管郡國二千石事；民曹尚書主管所有吏民上書之事；客曹尚書主管外國夷狄之事。世祖遵循，後分二千石曹，又分客曹為南主客曹、北主客曹，共六曹。左右丞各一人，其祿秩四百石。本注說：掌管文書及期會。左丞主管吏民所上之奏章報告及騶伯史。右丞代管印綬及紙筆墨諸財用倉庫。尚書侍郎，三十六人，其祿秩四百石。本注說：每曹有六人，主管文書起草。令史十八人，其祿秩二百石。本注說：每曹三人，主管記錄眾事。後增劇曹三人，合計二十一人。

25 符節令一人，其祿秩六百石。本注說：為符節臺首領，主管符節事。凡遣使掌管授節。尚符璽郎中四人。本注說：舊有二人在宮中，主管璽印及虎符、竹使符留在宮中的一半。符節令史，其祿秩二百石。本注說：掌管記錄。

26 御史中丞一人，其祿秩一千石。本注說：御史大夫之丞也。原先分別與監御史在殿中，密舉非法。及御史大夫轉為司空，因此特留御史中丞於宮中，為御史臺首長，後又屬少府。治書侍御史二人，其祿秩六百石。本注說：常選擇通曉法律之人擔任。凡天下諸疑難案件，掌管以法律判其是非。侍御史十五人，其祿秩六百石。本注說：掌管察舉非法，接受公卿群吏之奏事，有違法失禮者，則檢舉彈劾。凡祭天地、祭祖及大朝會、大的封官拜爵，則二人監督禮儀，有違犯和失禮者則彈劾上奏。

27 蘭臺令史，其祿秩六百石。本注說：掌管奏章及鑄印工匠和文書。

28 以上所列屬少府。本注說：其職務屬少府者，自太醫、上林共四官。自侍中至御史，皆形式上屬少府。承秦制，凡山澤陂池之稅，其名叫做禁錢，屬少府。世祖改屬司農，考工轉屬太僕，都水下放郡國。孝武帝初置水衡都尉，其祿秩比二千石，分別主管上林苑及有離宮閒居休息之處，世祖皆省罷，併其職於少府。每立秋舉行射牲祭祀宗廟之日，即暫時設置水衡都尉，事畢即免除。少府本有六丞，免除其五。又省罷湯官、織室令，置丞。又省罷上林苑十池監，胞人長丞，宦者、昆臺、佽飛三令，二十一丞。又省罷水衡屬官令、長、丞、尉二十餘人。章帝章和以後，宦官漸增，加嘗藥、太官、御者、鉤盾、尚方、考工、別作監，祿秩皆六百石，以宦官擔任。轉為兼任或副職，有時省罷，故錄於少府本官。

志第二十七

百官四

執金吾　太子太傅　大長秋　太子少傅　將作大匠　城門校尉　北軍中候　司隸校尉

1 執金吾❶一人，中二千石。本注曰：掌宮外戒司非常水火之事❷。月三繞行宮外，及主兵器。吾猶禦也。丞一人，比千石。緹騎❸二百人。本注曰：無秩，比吏食奉。

2 武庫令一人，六百石。本注曰：主兵器。丞一人。

3 右屬執金吾。本注曰：本有式道、左右中候三人，六百石。車駕出，掌在前清道，還持麾至宮門，宮門乃開。中興但一人，又不常置，每出，以郎兼式道候，事已罷，不復屬執金吾。又省中壘、寺互、都船令、丞、尉及左右京輔都尉。

【章　旨】以上記述執金吾及其官屬之祿秩、職責；又本注敘述光武中興後省罷原執金吾屬官等情況。

【注　釋】❶執金吾　《漢書・百官公卿表》：「中尉，秦官，掌徼京師，有兩丞、候、司馬、千人。武帝太初元年更名執金吾。」金吾，為兩端塗金的銅棒，此官執之以示權威。一說「吾」為「禦」，謂執金以禦非常。另一說金吾為鳥名，主辟不祥。漢武帝時改中尉為執金吾，為督巡京師治安的長官。東漢沿置。❷掌宮外戒司句　劉昭注引胡廣曰：「衛尉巡行宮中，則金吾徼於外，相為表裡，以擒姦討猾。」司，同「伺」。偵察。水火，謂防水火。❸緹騎　古代當朝貴官的前導和隨從騎士。劉昭注引《漢官》：「執金吾緹騎二百人，持戟五百二十人，輿服導從，光滿道路，群僚之中，斯為壯矣。」王先謙《後漢書集解》引李祖楙曰：「《說文》，緹，帛丹黃色。蓋執金吾騎以此為服，故名緹騎。」

【語　譯】執金吾一人，其祿秩中二千石。本注說：掌管宮外警戒意外事件及防水火之事。每月三次繞行巡察宮外及主管兵器。吾，如同防禦。有丞一人，其祿秩比千石。有緹騎二百人。本注說：無祿秩，同吏役之待遇。

2　武庫令一人，其祿秩六百石。本注說：主管兵器。有丞一人。

3　以上所列屬執金吾。本注說：原先有式道、左右中候三人，其祿秩六百石。皇帝車駕出，掌管在前清道，回宮，持旗幟至宮門，宮門乃開。中興後，只有一人，又不常設置，皇帝每出，以郎官兼任式道候，事畢則免除，不再屬執金吾。又省罷中壘、寺互、都船令、丞、尉及左右京輔都尉。

太子太傅❶一人，中二千石。本注曰：職掌輔導太子。禮如師，不領官屬。

【章　旨】以上記述太子太傅之祿秩及職責。

【注　釋】❶太子太傅　《漢書・百官公卿表》：「太子太傅、少傅，古官。屬官有太子門大夫、庶子、先馬、舍人。」東漢太子太傅不領屬官。

【語譯】太子太傅一人，其祿秩中二千石。本注說：執掌輔導太子。禮如老師，不統領官屬。

1 大長秋❶一人，二千石。本注曰：承秦將行，宦者。景帝更為大長秋，或用士人。中興常用宦者，職掌奉宣中宮❷命。凡給賜宗親，及宗親當謁見者關通之，中宮出則從。丞一人，六百石。本注曰：宦者。

2 中宮僕一人，千石。本注曰：宦者。主馭。本注曰：太僕，秩二千石，中興省「太」，減秩千石，以屬長秋。

3 中宮謁者❸令一人，六百石。本注曰：宦者。中宮謁者三人，四百石。本注曰：宦者。主報中章。

4 中宮尚書五人，六百石。本注曰：宦者。主中文書。

5 中宮私府令一人，六百石。本注曰：宦者。主中藏幣帛諸物，裁衣被補浣者皆主之。丞一人。本注曰：宦者。

6 中宮永巷令一人，六百石。本注曰：宦者。主宮人。丞一人。本注曰：宦者。

7 中宮黃門冗從僕射一人，六百石。本注曰：宦者。主中黃門冗從。

8 中宮署令一人，六百石。本注曰：宦者。主中宮請署天子數❹。女騎六人，丞、復道⑤丞各一人。本注曰：宦者。復道丞主中閤道。

9 中宮藥長一人，四百石。本注曰：宦者。

10 右屬大長秋。本注曰：承秦，有詹事⑥一人，位在長秋上，亦宦者，主中諸官。成帝省之，以其職并長秋。是後皇后當法駕出，則中謁、中宦者職吏權兼詹事奉引，訖罷。宦者誅後⑦，尚書選兼職吏一人奉引云。其中長信、長樂宮⑧者，置少府一人，職如長秋，及餘吏皆以宮名為號，員數秩次如中宮。本注曰：帝祖母稱長信宮，故有長信少府、長樂少府，位在長秋上，及職吏皆宦者，秩次如中宮。長樂又有衛尉，僕為太僕，皆二千石，在少府上。其崩則省，不常置。

【章旨】以上記述大長秋及其官屬之祿秩、職責；又本注敘述西漢成帝以後中宮屬官省罷及誅宦官後的情況；又述長信、長樂宮官職設置省罷等情況。

【注釋】❶大長秋　宮名。秦稱將行，漢景帝時改稱大長秋。宣達皇后意旨，管理宮中事宜，為皇后的近侍，東漢宦官充任。長秋本為漢代皇后所居之宮名。大長秋之官署稱長秋寺。❷中宮　皇后所居之處，因借指皇后。❸中宮謁者　以宦官充任謁者，東漢又稱中謁者，屬大長秋。❹數　禮數；儀節。❺復道　即閣道。樓閣間架空的通道。❻詹事　《漢書·百官公卿表》：「秦官，掌皇后、太子家，有丞。屬官有太子率更、家令丞，僕、中盾、衛率、廚廄長丞，又中長秋、私府、永巷、倉、廄、祠祀、食官令長丞。諸宦官皆屬焉。」❼宦者誅後　東漢後期，宦官得志，無所憚畏，並起宅第，擬則宮室。中平六年（西元一八九年）靈帝崩，皇子劉辯即位，後將軍袁隗為太傅，與大將軍何進參錄尚書事。中軍校尉袁紹說大將軍何進誅宦官，以悅天下。事洩，中常侍張讓等殺何進。袁紹遂閉北宮門勒兵捕宦官，無少長皆殺之，或有無鬍鬚之人亦以為宦官而殺之者甚眾。張讓等數十人遂劫質少帝、陳留王走小平津（在今河南孟津東北，為古代黃河重要渡口）。迫急，張讓等悲哭，皆投河而死。❽長信長樂宮　長信宮，太皇太后所居之宮。長樂宮，太后所居之宮。

【語　譯】大長秋一人，其祿秩二千石。本注說：承秦之制，稱將行，宦者充任。景帝更名為大長秋，有時用士人擔任此職。中興後，常用宦官，執掌宣達皇后之命令。凡皇后給賜其宗親及宗親當謁見皇后者，大長秋皆為之傳達，皇后出，則隨從。有丞一人，其祿秩六百石。本注說：宦者充任。

2 中宮僕一人，其祿秩一千石。本注說：宦者充任。主管為皇后駕車。本注說：原稱太僕，其祿秩二千石，中興後去「太」，減其祿秩為一千石，以其屬大長秋。

3 中宮謁者令一人，其祿秩六百石。本注說：宦者充任。中宮謁者三人，其祿秩四百石。本注說：宦者充任。負責呈報皇后之奏章。

4 中宮尚書五人，其祿秩六百石。本注說：宦者充任。主管皇后文書。

5 中宮私府令一人，其祿秩六百石。本注說：宦者充任。主管皇后倉庫之幣帛諸物，裁剪衣被及補舊洗滌者皆主管之。有丞一人，本注說：宦者充任。

6 中宮永巷令一人，其祿秩六百石。本注說：宦者充任。主管嬪妃、宮女。有丞一人，本注說：宦者充任。

7 中宮黃門宂從僕射一人，其祿秩六百石。本注說：宦者充任。主管皇后宮中無專職的宦官。

8 中宮署令一人，其祿秩六百石。本注說：宦者充任。主管為皇后安排布置請天子之禮儀。有女騎六人，丞、復道丞各一人。本注說：宦者充任。復道丞主管宮中閣道。

9 中宮藥長一人，其祿秩四百石。本注說：宦者充任。

10 以上所列屬大長秋。本注說：承秦制，中宮有詹事一人，位在長秋之上，亦宦官為之，主管中宮諸官。成帝免除，併其職於長秋。此後皇后法駕出，則中宮謁者、中宮宦者供職之吏暫時兼代詹事前導引車，事畢，則免除。宦官被誅之後，由尚書選兼供職之吏一人前導引車。其中長信、長樂宮者，置少府一人，職如長秋，其餘吏皆以宮名為其稱號，人員數量，祿秩等級，如同中宮。本注說：皇帝之祖母稱長信宮，故有長信少府、長樂少府，位在長秋之上，其供職之吏皆為宦官，祿秩等級如同中宮。長樂宮又有衛尉，僕稱為太僕，其祿秩皆二千石，位在少府之上。太皇太后、皇太后駕崩，則免除，不常設置。

1 太子少傅，二千石。本注曰：亦以輔導為職，悉主太子官屬。

2 太子率更令❶一人，千石。本注曰：主庶子、舍人更直，職似光祿。

3 太子庶子❷，四百石。本注曰：無員，如三署中郎。

4 太子舍人❸，二百石。本注曰：無員，更直宿衛，如三署郎中。

5 太子家令❹一人，千石。本注曰：主倉穀飲食，職似司農、少府。

6 太子倉令一人，六百石。本注曰：主倉穀。

7 太子食官令一人，六百石。本注曰：主飲食。

8 太子僕一人，千石。本注曰：主車馬，職如太僕。

9 太子廄長一人，四百石。本注曰：主車馬。

10 太子門大夫❺，六百石。本注曰：舊注云職比郎將。舊有左右戶將，別主左右戶直郎，建武以來省之。

11 太子中庶子，六百石。本注曰：員五人，職如侍中。

12 太子洗馬❻，比六百石。本注曰：舊注云員十六人，職如謁者。太子出，則當直者在前導威儀。

13 太子中盾一人，四百石。本注曰：主周衛徼循。

14 太子衛率一人，四百石。本注曰：主門衛士。

15 右屬太子少傅。本注曰：凡初即位，未有太子，官屬皆罷，唯舍人不省，領屬少府。

【章旨】以上記述太子少傅及其官屬之祿秩、職責；又述本注敘述太子官屬的設置省罷情況。

【注釋】❶太子率更令　《漢書・百官公卿表》顏師古注：「掌知漏刻，故曰率更。」❷庶子　周代為司馬之屬官，掌諸侯、卿大夫庶子的教育等事。秦因之，置中庶子、庶子員。漢為太子的屬官。❸舍人　官名。《周禮・地官・舍人》：「舍人掌平宮中之政，分其財守，以法掌其出入。」本「宮內人」之意，後世以為親近左右之官。秦、漢有太子舍人，為太子屬官。❹太子家令　主管太子家事。《漢書・百官公卿表》顏師古注：「太子稱家，故曰家令。」❺門大夫　太子宮司門之官。秦有太子門大夫，漢因之。❻太子洗馬　漢沿秦置，為太子屬官，職如謁者，太子出則為先導。洗馬，亦作「先馬」。

【語譯】太子少傅一人，其祿秩二千石。本注說：亦以輔導太子為其職務，全主管太子之官屬。

2 太子率更令一人，其祿秩一千石。本注說：主管庶子、舍人輪流值班，其職務如同光祿勳。

3 太子庶子，其祿秩四百石。本注說：無定員，如同三署中郎。

4 太子舍人，其祿秩二百石。本注說：無定員，輪流值班宿衛，如同三署郎中。

5 太子家令一人，其祿秩一千石。本注說：主管倉庫糧穀及太子飲食，其職務如同大司農、少府。

6 太子倉令一人，其祿秩六百石。本注說：主管倉穀。

7 太子食官令一人，其祿秩六百石。本注說：主管太子飲食。

8 太子僕一人，其祿秩一千石。本注說：主管太子車馬，其職務如同太僕。

9 太子廄長一人，其祿秩四百石。本注說：主管太子車馬。

10 太子門大夫，其祿秩六百石。本注說：《舊注》說其職務同郎將。舊有左右戶將，分別主管左右戶值班郎，建武以來省罷。

11 太子中庶子，其祿秩六百石。本注說：定員五人，其職務同侍中。

12 太子洗馬，其祿秩比六百石。本注說：《舊注》說定員十六人，其職務如同謁者。太子出行，則當值之人在前導引儀仗。

13 太子中盾一人，其祿秩四百石。本注說：主管防衛巡察。

14 太子衛率一人，其祿秩四百石。本注說：主管守門衛士。

15 以上列屬太子少傅。本注說：凡皇帝初即位，未有太子，官屬皆省罷，唯有舍人不省罷，為少府所統管。

1 將作大匠❶一人，二千石。本注曰：承秦，曰將作少府，景帝改為將作大匠。掌修作宗廟、路寢❷、宮室、陵園木土之功，并樹桐梓之類列于道側。丞一人，六百石。

2 左校❸令一人，六百石。本注曰：掌左工徒。丞一人。

3 右校令一人，六百石。本注曰：掌右工徒。丞一人。

4 右屬將作大匠。

【章旨】以上記述將作大匠及其屬官左、右校令、丞之祿秩、職責。

【注釋】❶將作大匠 《漢書・百官公卿表》：「將作少府，秦官，掌治宮室，有兩丞、左右中候。景帝中六年更名將作大匠。」❷路寢 天子、諸侯宮的正室。《公羊傳・莊公三十二年》：「路寢者何？正寢也。」注：「公之正居也。」《文選・張衡・西京賦》：「正殿路寢，用朝群辟。」薛綜注：「周曰路寢，漢曰正殿。」❸左校 官署名。秦及漢初，置左、右、前、後、中五校令，後只設左、右校令，左校，掌左工徒（猶工匠）。凡大臣犯法，常送左校勞作。即所謂「論輸左校」。

【語譯】將作大匠一人，其祿秩二千石。本注說：承秦制，叫做將作少府，景帝改為將作大匠。掌管修建宗廟、正殿、宮室、陵園土木之功，並種植桐梓之類的樹木，列於道側。有丞一人，其祿秩六百石。

2 左校令一人，其祿秩六百石。本注說：掌管左工徒。有丞一人。

3 右校令一人，其祿秩六百石。本注說：掌管右工徒。有丞一人。

4 以上所列屬將作大匠。

1 城門校尉❶一人，比二千石。本注曰：掌雒陽城門十二所。

2 司馬一人，千石。本注曰：主兵。城門每門候❷一人，六百石。本注曰：雒陽城十二門，其正南一門曰平城門❸，北宮門，屬衛尉。其餘上西門，雍門，廣陽門，津門，小苑門，開陽門，耗門，中東門，上東門，穀門，夏門，凡十二門。

3 右屬城門校尉。

【章　旨】以上記述城門校尉及其屬官司馬、城門候之祿秩、職責。

【注　釋】❶城門校尉　官名。西漢置。執掌京師城門的屯兵，東漢沿置，掌洛陽城門十二所。❷門候　《三輔黃圖》：「漢城門皆有候門，候主候時，謹啟閉也。」❸平城門　劉昭注引《漢官秩》：「平城門為宮門，不置候，置屯司馬，秩千石。」又引李尤銘曰：「平城司午，厥位處中。」又引《古今注》：「建武十四年九月開平城門。」

【語　譯】城門校尉一人，其祿秩比二千石。本注說：掌管雒陽城門十二所。

2 司馬一人，其祿秩一千石。本注說：主管士兵。城門每門有門候一人，其祿秩六百石。本注說：雒陽城十二門，其正南一門叫做平城門，北宮門，屬衛尉。其餘上西門，雍門，廣陽門，津門，小苑門，開陽門，秏門，中東門，上東門，穀門，夏門，共十二門。

3 以上所列屬城門校尉。

1 北軍中候❶一人，六百石。本注曰：掌監五營。

2 屯騎校尉一人，比二千石。本注曰：掌宿衛兵。司馬一人，千石。

3 越騎校尉一人，比二千石。本注曰：掌宿衛兵。司馬一人，千石。

4 步兵校尉一人，比二千石。本注曰：掌宿衛兵。司馬一人，千石。

5 長水校尉一人，比二千石。本注曰：掌宿衛兵。司馬、胡騎司馬各一人，千石。本注曰：掌宿衛，主烏桓❷騎。

6 射聲校尉一人，比二千石。本注曰：掌宿衛兵。司馬一人，千石。

7 右屬北軍中候。本注曰：舊有中壘校尉，領北軍營壘之事。有胡騎、虎賁校尉，皆武帝置。中興省中壘，但置中候，以監五營。胡騎并長水。虎賁主輕車，并射聲。

8 凡中二千石，丞比千石。真二千石，丞、長史六百石。比二千石，丞比六百石。令、相千石，丞、尉四百石；其六百石，丞、尉三百石。長、相四百石及三百石，丞、尉皆二百石。諸侯、公主家丞，秩皆比百石。諸邊鄣❸塞尉、諸陵校尉長，皆二百石。有常例者不署秩。

【章　旨】以上記述北軍中候及其所監五校尉之祿秩、職責；又本注敘述光武中興省併原八校尉之情況及敘述各類官職的丞、長史、尉祿秩之不同。

【注　釋】❶北軍中候　北軍，漢代守衛京師的宿衛兵。未央宮在京城西南，其衛兵稱為南軍；長樂宮在京城東面偏北，其衛兵稱為北軍。西漢文帝時合南北軍，其後宮室日增，南軍名沒，北軍名存。東漢沿之，置北軍中候，掌監五營，稱北軍五校（即下面的屯騎、越騎、步兵、長水、射聲等五校尉）。《續漢志集解第二十七校補》注引錢大昕曰：「漢官制以委任為重，不以秩祿之多寡。五營校尉皆比二千石，而中候以六百石監之。……尚書令秩止千石，而權任乃在三公之上矣。」五校尉之原職任，《漢書・百官公卿表》：「屯騎校尉掌騎士。步兵校尉掌上林苑門屯兵。越騎校尉掌越騎。（顏師古注引如淳曰：『越人內附，以為騎也。』又引晉灼曰：『取其材力超越也。』顏師古曰：『如說是。』）長水校尉掌長水、宣曲胡騎。（顏師古注曰：『長水，胡名也。宣曲，觀名，胡騎之屯於宣曲者。』）射聲校尉掌待詔射聲士。（顏師古注引服虔曰：『工射也。冥冥中聞聲射則中之，因以名也。』應劭曰：『須詔所命而射，故曰待詔射也。』）」現五校尉皆「掌宿衛兵」。越騎校尉，劉昭注引蔡質《漢儀》亦曰掌越騎。長水校尉，劉昭注：「長水蓋關中小水名。」又引蔡質《漢儀》：「主長水、宣曲胡騎。」

射聲校尉，劉昭注引蔡質《漢儀》：「掌待詔射聲士。」❷烏桓 古族名，也作「烏丸」。東胡的一支。秦末東胡遭匈奴擊破後，部分遷烏桓山，因以為名。以游牧射獵為主。漢初附匈奴，漢武帝以後附漢，遷至上谷、漁陽、右北平、遼西、遼東等五塞外。漢置護烏桓校尉。因受漢族的影響，漸營農業，每年在上谷、寧城等地與漢互市。漢獻帝建安十二年（西元二〇七年）曹操遷烏桓萬餘部落於中原，部分留居東北，後漸與漢族及其他民族融合。❸鄣 同「障」。

【語譯】北軍中候一人，其祿秩六百石。本注說：主管監督五營。

2 屯騎校尉一人，其祿秩比二千石。本注說：掌管宿衛兵。有司馬一人，其祿秩一千石。

3 越騎校尉一人，其祿秩比二千石。本注說：掌管宿衛兵。有司馬一人，其祿秩一千石。

4 步兵校尉一人，其祿秩比二千石。本注說：掌管宿衛兵。有司馬一人，其祿秩一千石。

5 長水校尉一人，其祿秩比二千石。本注說：掌管宿衛兵。有司馬、胡騎司馬各一人，其祿秩一千石。本注說：掌管宿衛，主管烏桓騎兵。

6 射聲校尉一人，其祿秩比二千石。本注說：掌管宿衛兵。有司馬一人，其祿秩一千石。

7 以上所列屬北軍中候。本注說：舊有中壘校尉，領管北軍營壘之事。有胡騎、虎賁校尉，皆武帝設置。中興後省罷中壘校尉，只置中候，以監五營。胡騎校尉併於長水校尉。虎賁主管輕車，併於射聲校尉。

8 凡祿秩為中二千石的官員，其丞比千石。祿秩為真二千石，其丞、長史六百石。祿秩為比二千石的官員，其丞比六百石。令、相之祿秩一千石，其丞、尉四百石；祿秩六百石之令、長，其丞、尉三百石。長、相之祿秩四百石及三百石者，其丞、尉皆二百石。諸侯、公主之家丞，祿秩皆比百石。諸邊境障塞尉、諸陵校尉長，皆二百石。其中有已享受規定俸祿者，不記錄其祿秩。

司隸校尉❶一人，比二千石。本注曰：孝武帝初置，持節❷，掌察舉百官以下，及京師近郡犯法者。元帝❸去節，成帝❹省，建武中復置，并領一州。從事史❺十二人。本注曰：都官從事，主察舉百官犯法者。功曹從事❻，主州選署❼及眾事。別駕從事❽，校尉行部❾則奉引，錄眾事。簿曹從事，主財穀簿書。其有軍事，則置兵曹從事，主兵事。其餘部郡國從事，每郡國各一人，主督促文書，察舉非法，皆州自辟除，故通為百石云。假佐❿二十五人。本注曰：主簿⓫錄閤下⓬事，省文書。門亭長主州正⓭。門功曹書佐⓮主選用。孝經⓯師主監試經。月令⓰師主時節祠祀。律令師主平法律。簿曹書佐主簿書。其餘都官書佐及每郡國，各有典郡書佐一人，各主一郡文書，以郡吏補，歲滿一更。司隸所部郡七⓱。

河南尹⓲一人，主京都，特奉朝請⓳。其京兆尹⓴、左馮翊㉑、右扶風㉒三人，漢初都長安，皆秩中二千石，謂之三輔。中興都雒陽，更以河南郡為尹，以三輔陵廟所在，不改其號，但減其秩。其餘弘農㉓、河內㉔、河東㉕三郡。其置尹，馮翊、扶風及太守丞奉㉖之本位，在地理志。

【章　旨】以上記述司隸校尉及其官屬之祿秩、職責；並兼述河南尹之職責及三輔長官不改其號，但減其秩的原因。

【注　釋】❶司隸校尉　《漢書・百官公卿表》：「周官。漢武帝征和四年初置。持節，從中都官徒千二百人，捕巫蠱，督大姦猾。後罷其兵，察三輔、三河、弘農。成帝元延四年省，綏和二年哀帝復置。」東漢司隸校尉，領一州。下設有都官從事、功曹從事、別駕從事、簿曹從事、兵曹從事及其他屬官若干人。❷持節　即天子給予其糾察百官的憑證。節，符節。❸元帝　（西元前七六—前三三年），名奭。西漢宣帝太子，西元前四九—前三三年在位。❹成帝　（西元前五一—前七年），名驁。西漢元帝太子，西元前三三—前七年在位。❺從事史　從事，官名。漢制，刺史之佐吏如別駕、治中、主簿、功曹等，均稱為從事史。❻功曹從事　司隸校尉佐吏，相當於司隸校尉的總務長。❼選署　詮選考績。❽別駕從事　漢置別駕從事史，為刺史的佐吏。刺史巡視轄境時，別駕從事乘驛車隨行，故名。司隸校尉之別駕從事與刺史之別駕從事同。❾行部　巡視轄區。❿假佐　漢代諸府的文書官。⓫主簿　官名。漢代中央及刺史、郡、縣官署均置此官，以典領文書，辦理事務。⓬閤下　官署之內。⓭門亭長主州正　門亭長主管州內的徵稅。亭長，戰國時，國與國之間為防禦敵人，在邊境上設亭，置亭長。秦漢時，在鄉村每十里設一亭，置亭長。掌治安，捕盜賊，理民事，兼管停留旅客。設於城內和城廂的亭，稱「都亭」，設於城門的亭，稱「門亭」，亦設亭長。州，司隸校尉所領之州。正，《周禮·地官·司門》：「幾出入不物者，正其貨賄。」鄭玄注：「正，讀為『征』，征稅也。」⓮書佐　佐吏名。兩漢刺史、郡、縣各曹都有書佐，職主起草和繕寫文書。⓯孝經　儒家經典之一。十八章。作者各說不一。以孔門後學所作一說較為合理。論述封建孝道，宣傳宗法思想，漢代列為《七經》之一。今《十三經注疏》本《孝經》為唐玄宗注，宋邢昺疏。⓰月令　《禮記》篇名。關於月令的記述，又見於《呂氏春秋》的十二紀中。記述夏曆每年十二個月的時令及相關的事物，並把相關的事物歸納於五行相生的系統之中。可供研究戰國、秦、漢有關時令、祭祀和農業生產的參考。⓱司隸所部郡七　即京兆尹、左馮翊、右扶風、河南尹、河東郡、河內郡和弘農郡。⓲河南尹　政區名、官名。治所在雒陽（今河南洛陽東北）。本書〈郡國志〉河南尹，劉昭注：「秦三川郡，高帝更名。世祖都雒陽，建武十五年改曰河南尹。」尹，治理。亦為官名，商、西周時為輔弼之官。春秋時楚國長官多稱尹。漢代始以京城的行政長官稱尹，有京兆尹、河南尹。⓳奉朝請　本為貴族、官僚定期朝見皇帝的稱謂。古以春季朝見皇帝為朝，秋季朝見皇帝為請。漢代退職的大臣、將軍和皇室、外戚多以奉朝請的名義參加朝會。⓴京兆尹　官名、政區名。漢武帝太初元年（西元前一〇四年）改右內史置。分原右內史東半部為其轄區，職掌相當於郡太守。因地屬畿輔，故不稱郡，為「三輔」之一。治今陝西西安西北。㉑左馮翊　官名、政區名。漢武帝太初元年改左內史置，職掌相當於郡太守，轄區相當於一郡，因地屬畿輔，故不稱郡，為「三輔」之一。治所在長安。轄境約相當今陝西渭河以北、涇河以東、洛河中、下游地區。東漢移治高陵（今陝西高陵南）。㉒右扶風　官名、政區名。漢武帝太初元年改主爵都尉置。分右內史西半部為其轄區，職掌相當於郡太守。因地屬畿輔，故不稱郡，為「三輔」之一。治所在長安。轄境約相當今陝西秦嶺以北，戶縣、咸陽、旬邑以西地。東漢移治槐里（今陝西興平東南）。㉓弘農　郡名。漢武帝元鼎四年（西元前一一三年）置。治今河南靈寶北。㉔河內　郡名。楚漢之際置。治所在懷縣（今河南武陟西南）。轄境相當今河南黃河以北，京廣鐵路以西地區。㉕河東　郡名。秦置。治今山西夏縣西北。㉖丞奉　承命奉行。丞，同「承」。

【語　譯】司隸校尉一人，其祿秩比二千石。本注說：孝武帝初置，持符節，掌管監察檢舉百官以下及京師近郡之犯法者。元帝時去除符節，成帝省罷此官，建武年間復置，併領管一州。從事史十二人。本注說：都官從事，主管察舉百官犯法者。功曹從事，主管本州選拔考核人才及眾事。別駕從事，司隸校尉視察所轄郡縣，則前導引車，管領眾事。簿曹從事，主管錢穀簿書。有兵事，則設置兵曹從事，主管領兵之事。其餘部郡國從事，每郡國各一人，主管督促文書，察舉非法，皆州自行徵辟除授，故通稱為百石之吏。假佐二十五人。本注說：主簿管領司隸校尉府內之事，省理文書。門亭長主管州之徵稅。門功曹書佐主管選擇任用屬吏。《孝經》師主管監督考試經書。〈月令〉師主管時節祭祀。律令師主管平議法律。簿曹書佐主管簿籍文書。其餘都官書佐及每郡國各有典郡書佐一人，各主管一郡之文書，以郡吏補任，滿一年更換。司隸校尉所轄七郡。

河南尹一人，主管京都，特以奉朝請參加朝會。京兆尹、左馮翊、右扶風三人，漢初都長安，其祿秩皆中二千石，叫做三輔。中興後建都雒陽，改河南郡以為尹，因為三輔是漢之皇陵宗廟所在，故不改其官號，只減其祿秩。其餘有弘農、河內、河東三郡。京兆置尹，左馮翊、右扶風及郡太守承奉原來的官位，在《漢書・地理志》中記載得很清楚。

志第二十八

百官五

州郡　縣鄉　亭里　匈奴中郎將　烏桓校尉　護羌校尉　王國　宋衛國　列侯

關內侯　四夷國　百官奉

1 外十二州❶，每州刺史❷一人，六百石。本注曰：秦有監御史，監諸郡，漢興省之，但遣丞相史分刺❸諸州，無常官。孝武帝初置刺史十三人，秩六百石。成帝更為牧❹，秩二千石。建武十八年❺，復為刺史，十二人各主一州，其一州屬司隸校尉。諸州常以八月巡行所部郡國，錄囚徒❻，考殿最。初歲盡詣京都奏事，中興但因計吏❼。

2 皆有從事史、假佐。本注曰：員職略與司隸同，無都官從事，其功曹從事為治中從事❽。

3 豫州部郡國六⑨，冀州部九⑩，兗州部八⑪，徐州部五⑫，青州部六⑬，荊州部七⑭，揚州部六⑮，益州部十二⑯，涼州部十二⑰，并州部九⑱，幽州部十一⑲，交州部七⑳，凡九十八。其二十七王國相，其七十一郡太守。其屬國都尉㉑。屬國，分郡離遠縣置之，如郡差小，置本郡名。世祖并省郡縣四百餘所，後世稍復增之。

4 凡州所監都為京都，置尹一人，二千石，丞一人。每郡置太守㉒一人，二千石，丞一人。郡當邊戍者，丞為長史。王國之相亦如之。每屬國置都尉㉓一人，比二千石，丞一人。本注曰：凡郡國皆掌治民，進賢勸功，決訟檢姦。常以春行所主縣，勸民農桑，振救乏絕。秋冬遣無害吏㉔案訊諸囚，平其罪法，論課殿最。歲盡遣吏上計。并舉孝廉㉕，郡口二十萬舉一人。尉一人，典兵禁，備盜賊，景帝更名都尉。武帝又置三輔都尉各一人，譏㉖出入。邊郡置農都尉，主屯田殖穀。又置屬國都尉，主蠻夷降者。中興建武六年，省諸郡都尉，并職太守，無都試㉗之役。省關都尉，唯邊郡往往置都尉及屬國都尉，稍有分縣，治民比郡。安帝以羌犯法，三輔有陵園之守，乃復置右扶風都尉，京兆虎牙都尉㉘。皆置諸曹掾史。本注曰：諸曹略如公府曹，無東西曹。有功曹史，主選署功勞。有五官掾，署功曹及諸曹事。其監屬縣，有五部督郵㉙，曹掾一人。正門有亭長一人。主記室史，主錄記書，催期會㉚。無令史。閤下及諸曹各有書佐，幹㉛主文書。

屬官，每縣、邑、道，大者置令一人，千石；其次置長，四百石；小者置長，三百石；侯國之相，秩次亦如之。本注曰：皆掌治民，顯善勸義，禁姦罰惡，理訟平賊，恤民時務，秋冬集課㉜，上計於所屬郡國。

【章旨】以上記述十二州置刺史，京師及附近州置司隸校尉，並述其祿秩、職責；又述十二州所轄之郡、國數量；又述京都置尹，郡置太守，王國置相，屬國置都尉及尹、守、相、都尉之祿秩、職責及其屬吏之職責；又述守、相屬官縣、道、邑長官之祿秩及職責。

【注釋】❶外十二州　謂京師之外有十二州，即：豫州、冀州、兗州、徐州、青州、荊州、揚州、益州、涼州、并州、幽州、交州。❷刺史　官名。漢武帝元封五年（西元前一〇六年）初置「十三刺史部（州）」，除京師附近七郡外，分為：豫州、兗州、青州、徐州、冀州、幽州、并州、涼州、益州、荊州、揚州、交阯、朔方十三區，置刺史，秩六百石。以六條（《漢書・百官公卿表》顏師古注引《漢官典職儀》：「一條，強宗豪右，田宅逾制，以強淩弱，以眾暴寡。二條，二千石不奉詔書，倍公向私，侵漁百姓，聚斂為姦。三條，二千石不恤疑獄，風厲殺人，怒則任刑，喜則淫賞，剝截黎元，為百姓所疾。四條，二千石選署不平，苟阿所愛，蔽賢寵頑。五條，二千石子弟恃怙榮勢，請託所監。六條，二千石違公下比，阿附豪強，通行貨賂，割損正令。」）察問郡縣，本為監察官性質。其官階低於郡守。成帝時改刺史為州牧，秩二千石。光武帝建武元年（西元二五年）置州牧，十八年（西元四二年）罷州牧，復置刺史。朔方併入并州，交阯改稱交州，加上司隸校尉仍稱十三州或十三部。但性質已逐漸變成郡以上的行政區劃，並有固定的治所。靈帝時，再改刺史為州牧，居郡守之上，掌握一州的軍政大權。❸刺　監察。❹牧　古時治民之官。《尚書・立政》：「宅乃牧。」孔穎達疏引鄭玄注：「殷之州牧曰伯，虞、夏及周曰牧。」❺建武十八年　西元四二年。建武，東漢光武帝劉秀年號，西元二五—五六年。❻錄囚徒　劉昭注引胡廣：「縣邑囚徒，皆閱錄視，參考辭狀，實其真偽，有侵冤者，即時平理也。」❼計吏　即上計吏。上計，為戰國、秦、漢時年終考核地方官員的方法。見〈百官二・大鴻臚〉注。東漢時，縣級上計，由縣丞代行，郡級由郡丞代行，後改派地位較高的掾史。凡入京執行上計的人稱「上計吏」或簡稱「計吏」。❽治中從事　官名。漢代置治中從事，為刺史的助理。鄭樵《通志・職官略》注：「居中治事，主眾曹文書。」❾豫州部郡國六　據本書〈郡國志〉豫州部六郡國為：潁川郡、汝南郡、梁國、沛國、陳國、魯國。❿冀州部九　魏郡、鉅鹿郡、常山國、中山國、安平國、河間國、清河國、趙國、渤海郡。⓫兗州部八　陳留郡、東郡、東平國、任城國、泰山郡、濟北國、山陽郡、濟陰郡。⓬徐州部五　東海郡、琅邪國、彭城國、廣陵郡、下邳國。⓭青州部六　濟南國、平原郡、樂安國、北海國、東萊郡、齊國。⓮荊州部七　南陽郡、南郡、江夏郡、零陵郡、桂陽郡、武陵郡、長沙郡。⓯揚州部六　九江郡、丹陽郡、廬江郡、會稽郡、吳郡、豫章郡。⓰益州部十二　漢中郡、巴郡、廣漢郡、蜀郡、犍為郡、牂牁郡、越巂郡、益州郡、永昌郡、廣漢屬國、蜀郡屬國、犍為屬國。⓱涼州部十二　隴西郡、漢陽郡、武都郡、金城郡、安定郡、北地郡、武威郡、張掖郡、酒泉郡、敦煌郡、張掖屬國、張掖居延屬國。⓲并州部九　上黨郡、太原郡、上郡、西河郡、五原郡、雲中郡、定襄郡、雁門郡、朔方郡。⓳幽州部十一　涿郡、廣陽郡、代郡、上谷郡、漁陽郡、右北平郡、遼西郡、遼東郡、玄菟郡、樂浪郡、遼東屬國。⓴交州部七　南海郡、蒼梧郡、鬱林郡、合浦郡、交趾郡、九真郡、日南郡。凡九十八。另有司隸校尉所屬：河南尹、河內郡、河東郡、弘農郡、京兆尹、左馮翊、右扶風。㉑屬國都尉　屬國，《漢書・百官公卿表》：「武帝元狩三年昆邪王降，復增屬國，置都尉、丞、候、千人。」《史記・衛將軍驃騎列傳》張守節《正義》：「以來降之民徙置五郡，各以本國之俗而屬於漢，故言『屬國』也。」屬國都尉，東漢時統縣治民，和郡太守相同。㉒太守　官名。本戰國時郡守的尊稱。《漢書・百官公卿表》：「郡守，秦官，掌治其郡，秩二千石。景帝中二年更名太守。」㉓都尉　官名。《漢書・百官公卿表》：「都尉，秦官，掌佐守典武職甲卒，秩比二千石。景帝中二年，更名都尉。」都尉，比將軍略低的武官。西漢景帝改郡都尉為都尉，輔佐郡守並掌管全郡的軍事。漢武帝時又置關都尉、農都尉、國都尉於各要地。又中央官職中亦有稱都尉者，如水衡都尉。東漢光武帝時廢，或臨時設置；邊郡、屬國往往設置都尉。都尉亦為臨時執行某種職務者的官名，如漢武帝時設有搜粟都尉、協律都尉等。㉔無害吏　劉昭注：「如今言公平吏。」㉕孝廉　即孝子和廉潔之士。漢代選拔官吏的科目之一。漢武帝元光元年（西元前一三四年），令郡國舉孝廉各一人。後來合稱為孝廉。孝廉的選拔，由各郡國在所屬吏民中薦舉。二十萬人舉孝廉一人。名義上以封建倫理為標準，實際多為世家大族所操縱，他們互相吹捧，弄虛作假，真正的孝廉之人卻不一定會被選上。孝廉往往被任命為郎。在東漢尤為仕進的必由之路。㉖譏查問。㉗都試　漢代的閱兵制度，用以考試講武，以立秋日為總試。《漢書・翟義傳》顏師古注引如淳曰：「太守、都尉、令長、丞尉，會都試，課殿最也。」本書〈李通列傳〉李賢注：「漢法以立秋日都試騎士，謂課殿最也。」㉘京兆虎牙都尉　東漢時駐防關中之武官。㉙督郵　官名。郡守佐吏。代表郡守督察各縣，傳達教令，兼司獄訟捕亡等事。有的郡分二部或四部、五部，各部有一督郵。㉚期會　謂在規定的期限內實施政令。多指有關朝廷或官府的財物出入。㉛幹　漢至南北朝時一種身分和地位低下的官吏。〈欒巴列傳〉李賢注：「幹，府吏之類也。」㉜秋冬集課　劉昭注引胡廣曰：「秋冬歲盡，各計縣戶口、墾田、錢穀入出，盜賊多少，上其集簿。丞尉以下，歲詣郡，課校（計算考核）其功。」

【語　譯】京師四外有十二州，每州置刺史一人，其祿秩六百石。本注說：秦有監御史，監督諸郡，漢興省罷，只遣丞相史分別監察諸州，無固定之監察官。孝武帝初置刺史十三人，其祿秩六百石。成帝改稱為州牧，其祿秩增至二千石。建武十八年，復置刺史，十二人各主管一州，其一州屬司隸校尉。諸州刺史常於八月巡行所屬郡國，察閱囚徒之詞狀，考核官吏治績之優劣。當初年終到京師奏事，中興以後只由上計吏上報於中央。

2 刺史屬官皆有從事史、假佐。本注說：其下屬官員之職務略同於司隸校尉，無都官從事，功曹從事為治中從事。

3 豫州部郡國六，冀州部郡國九，兗州部郡國八，徐州部郡國五，青州部郡國六，荊州部郡國七，揚州部郡國六，益州部郡國十二，涼州部郡國十二，并州部郡國九，幽州部郡國十一，交州部郡國七，共郡國九十八。其中王國相二十七，郡太守七十一。還有屬國都尉。屬國，分距離郡治遙遠之縣設置，如其郡狹小，則所置屬國之名為本郡名。世祖併省郡縣四百餘所，後世漸漸增加恢復。

4 凡州所督察之都為京都，置尹一人，其祿秩二千石，有丞一人。每郡置太守一人，其祿秩二千石，有丞一人。郡所在為邊境者，其丞為長史。諸侯王國相之職務也是這樣。每屬國置都尉一人，其祿秩比二千石，有丞一人。本注說：凡郡國皆掌管治民，進薦賢能之士，鼓勵吏民努力建立功業，平決獄訟，檢查壞人壞事。常在春季巡察所轄之縣，鼓勵百姓致力於農桑，賑救乏絕之人。秋冬遣公平之吏審訊諸囚犯，議其罪罰，評論考核屬吏之優劣。年終遣吏員上報政績。還要察舉孝廉，每郡國二十萬人薦舉一人。有尉一人，主管對兵士的管理約束，戒備盜賊，景帝更名為都尉。武帝又置三輔都尉各一人，查問出入之人。邊郡置農都尉，主管屯田種穀。又置屬國都尉，主管歸降之蠻夷。中興建武六年，省罷郡都尉，併其職於太守，無閱兵都試之事。省罷關都尉，只在邊郡往往置都尉及屬國都尉，少有分管之縣，其治民與郡相同。安帝因羌人犯法作亂，三輔又有陵園須防守，乃復置右扶風都尉及京兆虎牙都尉。皆設置諸曹掾史。本注說：諸曹之職務略同於公府曹，無東西曹。有功曹史，主管詮選考察記錄功勞。有五官掾，管理功曹及諸曹事。監察所屬之縣，有五部督郵，曹掾一人。正門有亭長一人。主記室史，主管記錄文書，催促期會。無令史。府內及諸曹各有書佐，府吏員主管文書。

5 屬官，每縣、邑、道，大者置縣令一人，其祿秩一千石；其次置縣長，其祿秩四百石；小縣置縣長，其祿秩三百石；侯國之相，其祿秩等級亦如同縣令、長。本注說：皆掌管治民，表彰善人，勸勉義行，禁止奸邪，懲罰罪惡，審理案件，平剿盜賊，憂勞民時，秋冬歲盡，總結本年政績，編成簿冊，上報於所屬郡國。

1 凡縣主蠻夷曰道。公主❶所食湯沐❷曰邑。縣萬戶以上為令，不滿為長。侯國為相。皆秦制也。丞各一人。尉大縣二人，小縣一人。本注曰：丞署文書，典知倉獄。尉主盜賊。凡有賊發，主名不立，則推索行尋，案察姦宄，以起端緒。各署諸曹掾史。本注曰：諸曹略如郡員，五官為廷掾❸，監鄉五部❹，春夏為勸農掾，秋冬為制度掾。

2 鄉置有秩❺、三老❻、游徼❼。本注曰：有秩，郡所署，秩百石，掌一鄉人；

其鄉小者，縣置嗇夫❽一人。皆主知民善惡，為役先後，知民貧富，為賦多少，平其差品。三老掌教化。凡有孝子順孫，貞女義婦，讓財救患，及學士為民法式❾者，皆扁❿表其門，以興善行。游徼掌徼循，禁司姦盜。又有鄉佐，屬鄉，主民收賦稅。

3 亭有亭長，以禁盜賊。本注曰：亭長，主求捕盜賊，承望都尉。

4 里有里魁，民有什伍，善惡以告。本注曰：里魁掌一里百家。什主十家，伍主五家，以相檢察。民有善事惡事，以告監官⓫。

5 邊縣有障塞尉⓬。本注曰：掌禁備羌夷⓭犯塞。其郡有鹽官、鐵官、工官、都水官者，隨事廣狹置令、長及丞，秩次皆如縣、道，無分士，給均本吏。本注曰：凡郡縣出鹽多者置鹽官，主鹽稅。出鐵多者置鐵官，主鼓鑄⓮。有工多者置工官，主工稅物。有水池及魚利多者置水官，主平水⓯收漁稅。在所諸縣均差吏更給之，置吏隨事，不具縣員。

【章　旨】以上記述縣所以稱道、邑及縣之長官稱令、長的原因；又述縣令、長及其屬吏的職責；又述鄉官、亭長、里魁、什伍的設置及其職責；又述邊縣障塞尉之職責；又述有鹽、鐵、工、都水之郡，隨事設置令、長、丞，其祿秩如縣、道，並述鹽、鐵、工、都水官之職責。

【注釋】❶公主　帝王之女的稱號，始於戰國。漢制，皇帝之女稱公主，皇帝之姐妹稱長公主，皇帝之姑稱大長公主。❷湯沐　周制，諸侯朝見天子，天子賜以王畿以內供諸侯住宿和齋戒的封邑。後來皇帝、皇后、公主等收取賦稅的私邑，也稱湯沐邑。《漢書・高帝紀》顏師古注：「凡言湯沐邑者，謂以其賦稅供湯沐之具也。」❸五官為廷掾　廷掾的職務如同郡的五官掾。五官，即五官掾。郡守的屬吏。❹監鄉五部　監督全縣東南西北中五方之鄉。❺有秩　古代鄉官名。漢承秦制，鄉五千戶，則置有秩，秩百石，掌管一鄉。❻三老　古代掌教化的鄉官。戰國魏有三老，秦置鄉三老。《漢書・文帝紀》：「舉民年五十以上有修行，能帥眾為善，置以為三老，鄉一人。」❼游徼　古代鄉官。秦始置。掌一鄉的巡察、緝捕。❽嗇夫　古代鄉官名。掌訴訟和賦稅。《漢書・百官公卿表》：「嗇夫職聽訟，收賦稅。」❾法式　模式；榜樣。❿扁　匾額。用如動詞。扁，同「匾」。⓫監官　監察或管理地方事務的官吏。⓬障塞尉　障塞，古代防守國境的城堡關塞。王先謙《後漢書集解》引李祖楙曰：「漢制，每塞要處，另築為城，置人守塞候望，謂之候城，即障也。建武初，匈奴諸胡犯塞，遣將分（守）障塞。」⓭羌夷　此泛指西北方的少數民族。⓮鼓鑄　即冶煉銅鐵。劉昭注引胡廣曰：「鑄銅為器械，當鑄冶之時，扇熾其火，謂之鼓鑄。」⓯平水　平治水利。

【語　譯】凡主管蠻夷的縣叫做道。公主所收取賦稅為湯沐之具的縣，叫做邑。縣萬戶以上者，其長官稱為縣令，不滿萬戶者，稱縣長。侯國的行政長官稱相。皆秦之制。各有丞一人。尉，大縣二人，小縣一人。本注說：縣丞主管文書，掌管倉庫獄訟之事。縣尉主管盜賊之事。凡有賊起事，其首領不立名目，則推求行尋，考察其所做之壞事，弄清其產生的原因。各自委任諸曹掾史。本注說：諸曹之人員略同於郡，廷掾如郡之五官掾，監督全縣五方之鄉，春夏為勸勉農桑之掾，秋冬為宣揚法度之掾。

2 鄉設置有秩、三老、游徼。本注說：有秩，郡所任命，其祿秩一百石，掌管一鄉之人；小鄉，縣設嗇夫一人。其職責為：知民之善惡，服役之先後，民之貧富，賦稅各交納多少，評其等級。三老掌教化。凡民間有孝子順孫，貞女義婦，推讓財產、救人患難及學優可為民之榜樣者，皆掛匾於其門，以提倡善行。游徼掌管巡邏，禁止、伺察為奸為盜者。又有鄉佐，屬鄉，主管收民之賦稅。

3 亭有亭長，以禁止盜賊。本注說：亭長，主管搜求捕捉盜賊，接受都尉之命令。

4 里有里魁，民有什伍，民有善惡之事，以告里魁、什伍。本注說：里魁管理一里一百戶人家。什管理十家，伍管理五家，以互相監督。民有善惡之事，以告主管監察之官。

5 邊境之縣有障塞尉。本注說：掌管禁止戒備羌夷擾犯邊塞。有鹽官、鐵官、工官、都水官之郡，根據事務之繁簡設置令、長及丞，其祿秩之等級如同縣、道，不另外設置辦事人員，辦事之人皆為本郡之吏。本注說：凡郡縣產鹽多者，設置鹽官，主管鹽稅。產鐵多者，設置鐵官，主管鼓鑄冶煉。手工業多者，設置工官，主管工稅及產品。水塘及魚利多者，設置水官，主管平治水利及收漁稅。凡有上述事務的縣，其縣均派吏員輪流辦事，設置吏員多少，皆隨事而定，不詳述縣之吏員。

1 使匈奴中郎將❶一人，比二千石。本注曰：主護南單于。置從事二人，有事隨事增之，掾隨事為員。護羌、烏桓校尉所置亦然。

2 護烏桓校尉❷一人，比二千石。本注曰：主烏桓胡。

3 護羌校尉❸一人，比二千石。本注曰：主西羌。

【章　旨】以上記述使匈奴中郎將、護烏桓校尉、護羌校尉之祿秩及職責。

【注　釋】❶使匈奴中郎將　建武二十四年（西元四八年）匈奴分裂，南匈奴附漢。二十六年，光武帝遣中郎將段郴授南匈奴單于璽綬，令入居雲中（治今內蒙古托克托東北），始置使匈奴中郎將，將兵衛護之。❷護烏桓校尉　漢武帝時，霍去病擊敗匈奴役烏桓的匈奴人，遷烏桓於上谷、漁陽、右北平、遼東等郡塞外，西漢政府置護烏桓校尉。東漢沿置。❸護羌校尉　西漢始置，東漢沿置。執掌西羌事務。

【語　譯】使匈奴中郎將一人，其祿秩比二千石。本注說：主管護衛南單于。設置從事二人，有事隨事而增加，掾史亦隨事定其員數。護羌、烏桓校尉所設置亦如此。

2 護烏桓校尉一人，其祿秩比二千石。本注說：主管護衛烏桓胡。

3 護羌校尉一人，其祿秩比二千石。本注說：主管護衛西羌。

1 皇子封王，其郡為國，每置傅一人，相一人，皆二千石。本注曰：傅主導王以善，禮如師，不臣也。相如太守。其長史，如郡丞。

2 漢初立諸王，因項羽❶所立諸王之制，地既廣大，且至千里。又其官職傅為太傅，相為丞相❷，又有御史大夫❸及諸卿，皆秩二千石，百官皆如朝廷。國家唯為置丞相，其御史大夫以下皆自置之。至景帝時，吳、楚七國恃其國大，遂以作亂，幾危漢室。及其誅滅，景帝懲❹之，遂令諸王不得治民，令內史❺主治民，改丞相曰相，省御史大夫、廷尉、少府、宗正、博士官。武帝改漢內史、中尉、郎中令之名❻，而王國如故，員職皆朝廷為署，不得自置。至成帝省內史治民，更令相治民，太傅但曰傅。

3 中尉一人，比二千石。本注曰：職如郡都尉，主盜賊。郎中令一人，僕一人，皆千石。本注曰：郎中令掌王大夫、郎中宿衛，官如光祿勳。自省少府，職皆并焉。僕主車及馭，如太僕。本曰太僕，比二千石，武帝改，但曰僕，又皆減其秩。

治書，比六百石。本注曰：治書本尚書更名。大夫，比六百石。本注曰：無員。掌奉王使至京都，奉璧賀正月，及使諸國。本皆持節，後去節。謁者，比四百石。本注曰：掌冠長冠❼。本員十六人，後減。禮樂長。本注曰：主樂人。衛士長。本注曰：主衛士。醫工長。本注曰：主醫藥。永巷長。本注曰：宦者，主宮中婢使。祠祀長。本注曰：主祠祀。皆比四百石。郎中，二百石。本注曰：無員。

【章　旨】以上記述皇子封為諸侯王，其郡稱國；又述王國傅、相、中尉、郎中令、僕、大夫、謁者等官吏的設置、祿秩及職責。

【注　釋】❶項羽　（西元前二三二—前二〇二年），名籍，字羽，下相（今江蘇宿遷）人。楚國貴族出身。秦二世元年（西元前二〇九年），從叔父項梁在吳中（今江蘇蘇州）起義。項梁戰死後，秦將章邯圍趙，楚懷王任宋義為上將軍，任項羽為次將，率軍救趙。宋義到安陽（今山東曹縣東南），屯軍四十六日不進，項羽殺宋義，率軍渡漳水救趙。「皆沉船，破釜甑，燒廬舍，持三日糧，以示士卒必死，無一還心。」在鉅鹿之戰中，摧毀秦軍主力。秦亡後，他自立為西楚霸王，並大封諸侯王。楚漢戰爭中，為劉邦擊敗，最後在垓下（今安徽靈璧東南）突圍，到烏江（今安徽和縣東北），自殺。事見《史記・項羽本紀》、《漢書・項籍傳》。❷丞相　官名。始於戰國，為百官之長，亦稱相邦，秦以後為封建官僚中的最高官職。輔佐皇帝，綜理全國政務。漢高祖即位，置一丞相，十一年（西元前一九六年）更名相國。後又改丞相。與太尉、御史大夫合稱「三公」。西漢末改稱大司徒，東漢末復置丞相。❸御史大夫　《漢書・百官公卿表》：「秦官，位上卿。」御史大夫為秦、漢時僅次於丞相的中央高級官長，主要職務為監察、執法，兼掌重要圖籍文書。西漢時丞相缺位，往往以御史大夫遞補，與丞相、太尉合稱「三公」。成帝綏和元年（西元前八年）更名大司空。哀帝建平二年（西元前五年）復為御史大夫，後復為大司空。❹懲　鑑戒。❺內史　官名。西漢初，諸侯王國置內史，掌民政。❻武帝改漢內史句　劉昭注引《前書》：「改漢內史為京兆尹，中尉為執金吾，郎中令為光祿勳。」❼掌冠長冠　常頭戴長冠。掌，同「常」。冠，用如動詞，戴著。長冠，漢高祖所戴冠名。

本書〈輿服志下〉：「長冠，一曰齋冠，高七寸，廣三寸，制如板，以竹為裏。初，高祖微時，以竹皮為之，謂之『劉氏冠』。祀宗廟諸祀則冠之。」以其為高祖所造，故為祭服，表示尊敬之至。又曰「凡冠衣諸服，冕旒、長冠、皮弁……，皆為祭服，其餘悉為常用朝服。唯長冠，諸王國謁者以常朝服云。」長冠，諸王國謁者以常朝服，故云：「常冠長冠」。

【語譯】皇子封為諸侯王，其所封之郡稱為國，每國置傅一人，相一人，其祿秩皆二千石。本注說：傅主管以善輔導王，禮如同老師，不稱臣。相之職務如同郡太守。有長史，如同郡丞。

2 漢初立諸侯王，依照項羽所立諸王之制，封地廣大，將至千里。又其官職，傅稱太傅，相稱丞相，又有御史大夫及諸卿，其祿秩皆二千石，百官如同朝廷。只有丞相是國家委派的，御史大夫以下諸官，皆諸侯王自行設置。到景帝時，吳、楚七國依仗其國強大，於是興兵作亂，幾乎危及漢王朝。到吳、楚七國被誅滅，景帝以為鑑戒，於是令諸侯王不得自治民，令內史主管治民，改丞相為相，省罷御史大夫、廷尉、少府、宗正、博士等官。武帝改朝廷中內史、中尉、郎中令之名，而諸侯王國如故，其官員都是朝廷所任命，諸侯王不得自置。至成帝時，罷內史治民，改令相治民，太傅只稱傅。

3 中尉一人，其祿秩比二千石。本注說：其職責如同郡都尉，主管盜賊。郎中令一人，僕一人，其祿秩皆一千石。本注說：郎中令掌管諸侯王之大夫、郎中宿衛，其職務如同光祿勳。省罷少府，其職務併於郎中令。僕主管車馬及駕馭，其職務如同太僕。本注說：太僕比二千石，武帝改，只叫做僕，又減其祿秩。治書，其祿秩比六百石。本注說：治書本尚書更名。大夫，比六百石。本注說：無定員。其職務奉諸侯王之命出使至京都，捧璧於正月朝賀天子，並出使諸國。原先出使皆持節，後去節。謁者，其祿秩比四百石。本注說：常戴長冠。本員十六人，後減。禮樂長。本注說：掌管樂伎。衛士長。本注說：主管衛士。醫工長。本注說：主管醫藥。永巷長。本注說：宦者充任，主管宮中婢使。祠祀長。本注說：主管祭祀。其祿秩皆比四百石。郎中，其祿秩二百石。本注說：無定員。

衛公、宋公。本注曰：建武二年❶，封周後姬常為周承休公；五年，封殷後孔安為殷紹嘉公。十三年，改常為衛公，安為宋公，以為漢賓❷，在三公上。

【章旨】以上記述光武帝對殷、周後裔之優厚待遇，為漢賓，在三公上。

【注釋】❶建武二年　西元二六年。❷賓　即「國賓」。新王朝對舊王朝後人的尊稱。

【語譯】衛公、宋公。本注說：建武二年，封周之後代姬常為周承休公；五年，封殷之後代孔安為殷紹嘉公。十三年，改姬常為衛公，孔安為宋公，以為漢朝之賓客，其位在三公上。

1 列侯，所食❶縣為侯國。本注曰：承秦爵二十等，為徹侯❷，金印紫綬，以賞有功。功大者食縣，小者食鄉、亭，得臣❸其所食吏民。後避武帝諱，為列侯。武帝元朔二年❹，令諸王得推恩分眾子土❺，國家為封，亦為列侯。舊列侯奉朝請在長安者，位次三公。中興以來，唯以功德賜位特進❻者，次車騎將軍❼；賜位朝侯❽，次五校尉❾；賜位侍祠侯❿，次大夫。其餘以肺附⓫及公主子孫奉墳墓於京都者，亦隨時見會，位在博士、議郎下。

2 諸王封者受茅土⓬，歸以立社稷⓭，禮也。列土⓮、特進、朝侯賀正月執璧云。

3 每國置相一人，其秩各如本縣。本注曰：主治民，如令、長，不臣也。但納租于侯，以戶數為限。其家臣，置家丞、庶子各一人。本注曰：主侍侯，使理家事。列侯舊有行人、洗馬、門大夫，凡五官。中興以來，食邑千戶已上置家丞、庶子各一人，不滿千戶不置家丞，又悉省行人、洗馬、門大夫。

4 關內侯⑮，承秦賜爵十九等⑯，為關內侯，無土，寄食在所縣，民租多少，各有戶數為限。

【章旨】以上記述列侯所食之縣為侯國；又述列侯奉朝請在長安者及朝侯、侍祠侯等之位次；又述侯國之相秩如本縣及其職責；又述侯之家臣的設置；又述關內侯的情況。

【注釋】❶食　受；享受。❷徹侯　秦爵第二十級為徹侯。《漢書・百官公卿表》顏師古注：「言其爵位上通於天子。」❸臣　統治。用如動詞。❹元朔二年　西元前一二七年。❺令諸王得推恩分眾子土　即命令諸侯王分土地與其兒子們，使之為侯。此為漢武帝削弱諸侯王勢力的一種措施。中大夫主父偃建議漢武帝：令諸侯王封其子弟為侯，既滿足了諸侯王子弟的願望，又顯示了皇帝的恩德，「實分其國」，不削諸侯王之封地，而諸侯王的勢力即日漸衰弱。漢武帝採用了主父偃的建議，實行「推恩令」。諸侯王尾大不掉之勢，從此除去。❻特進　官名。西漢末始置。凡列侯功德優異，為朝廷所敬重，賜位特進。得自辟屬僚，位在三公之下。❼次車騎將軍　劉昭注引胡廣《漢制度》：「功德優盛，朝廷所敬異者，賜特進，在三公下，不在車騎下。」❽朝侯　漢時列侯有功於朝廷，賜有朝位，參加春秋祭祀的稱為朝侯。❾五校尉　即北軍中侯所監之屯騎、越騎、步兵、長水、射聲五校尉。❿賜位侍祠侯　賜有朝位的侍祠侯。侍祠，陪祭。⓫胏附　亦作「胏附」。比喻帝王的親屬或親戚。《漢書・劉向傳》：「臣幸得託胏附。」顏師古注：「舊解云胏附謂胏肝相附著，猶言心膂也。一說，胏謂斫木之胏札也，自言於帝室猶胏札附於大材木也。」王念孫《讀書雜志・漢書八》：「余謂胏、附，皆謂木皮也，……言已為帝室微末之親，如木皮之託於木也。」⓬受茅土　指受封為王侯。即所謂「列土分茅」。古代天子之社壇以五色土建之，按受封者封地方向之所在，取一色土，包以白茅授之受封者，作為受封者有國建社稷的象徵，故謂之「受茅土」。天子社壇之土的顏色：

東方青色，南方赤色，西方白色，北方黑色，中央黃色。⑬社稷　土、穀之神。《周禮．春官．大宗伯》注：「社稷，土、穀之神，有德者配食焉。」《白虎通義．社稷》：「人非土不立，非穀不食，……故封土立社，示有土也；稷，五穀之長，故立稷而祭之也。」歷代封建王朝的建立，必先立社稷壇墠；滅人之國，必先變置滅國的社稷。因以社稷為國家政權的標誌。⑭列土　指受封為諸侯者。⑮關內侯　爵位名。秦漢時置。二十級爵位的第十九級，位在徹（通）侯之次。秦都咸陽，以關內為王畿，故稱。一般封有食邑多少戶，有按規定戶數徵稅之權。有侯號，居京畿，無國邑。⑯秦賜爵十九等　劉昭注引劉劭《爵制》：「一爵曰公士者，步卒之有爵為公士者。二爵曰上造。造，成也。古者成士升於司徒曰造士，雖依此名，皆步卒也。三爵曰簪褭，御駟馬者。要褭，古之名馬也。駕駟馬者其形似簪，故曰簪褭也。四爵曰不更。不更者，為車右，不復與凡更卒同也。五爵曰大夫。大夫者，在車左者也。六爵為官大夫，七爵為公大夫，八爵為公乘，九爵為五大夫，皆軍吏也。吏民爵不得過公乘者，得貰與子若同產。然則公乘者，軍吏之爵最高者也。雖非臨戰，得公卒車，故曰公乘也。十爵為左庶長，十一爵為右庶長，十二爵為左更，十三爵為中更，十四爵為右更，十五爵為少上造，十六爵為大上造，十七爵為駟車庶長，十八爵為大庶長，十九爵為關內侯，二十爵為列侯。自左庶長已上至大庶長，皆卿大夫，皆軍將也。所將皆庶人、更卒也，故以庶更為名。大庶長即大將軍也，左右庶長即左右偏裨將軍也。」又曰：「自一爵以上至不更四等，皆士也。大夫以上至五大夫五等，比大夫也。九等，依九命之義也。自左庶長以上至大庶長，九卿之義也。關內侯者，依故圻內子男之義也。」

【語譯】列侯，其所受封之縣為侯國。本注說：承秦爵為第二十級，稱為徹侯，金印紫綬，用以賞有功之人。功大者受封一縣，功小者受封鄉、亭，可以統管其封國之吏民。後避武帝名諱，叫做列侯。武帝元朔二年，命諸侯王可推恩分封其眾子土地，國家為之立封號，也為列侯。舊例，列侯以奉朝請參與朝會在長安者，其位次於三公。中興以來，因有功德賜位為特進者，其位次於車騎將軍；賜位為朝侯者，其位次於五校尉；賜位為侍祠侯者，其位次於大夫。其餘因親戚關係及公主子孫奉祀墳墓於京都者，亦隨時節朝見皇帝，其位在博士、議郎之下。

2 諸王受封者，接受茅土，歸國以立社稷，這是按禮制行事。有封地者、特進、朝侯向朝廷獻璧慶賀正月。

3 每侯國置相一人，其祿秩各如本縣。本注說：主管治民如縣令、長，對列侯不稱臣。只是交納租稅與侯，其交納租稅之數量，以侯國之戶數為準。列侯之家臣，置家丞、庶子各一人。本注說：主管侍奉侯，使料理家事。列侯舊有行人、洗馬、門大夫，共五官。中興以來，列侯之封邑在一千戶以上者，置家丞、庶子各一人，不滿一千戶者，不置家丞，又全省罷行人、洗馬、門大夫。

4 關內侯，承秦爵為第十九級，封為關內侯者，無封地，其租稅收入，依賴於其所在之縣，其租稅多少，各有戶數為限。

四夷國王，率眾王，歸義侯，邑君，邑長❶，皆有丞，比郡、縣。

【章旨】以上記述四夷國王等之設官情況。

【注釋】❶四夷國王五句　皆少數民族歸附者的封號。

【語譯】四夷國王，率眾王，歸義侯，邑君，邑長，皆有丞，同郡、縣。

百官受奉例❶：大將軍、三公奉，月三百五十斛❷。中二千石奉，月百八十斛。二千石奉，月百二十斛。比二千石奉，月百斛。千石奉，月八十斛。六百石奉，月七十斛。比六百石奉，月五十斛。四百石奉，月四十五斛。比四百石奉，月四十斛。三百石奉，月四十斛。比三百石奉，月三十七斛。二百石奉，月三十斛。比二百石奉，月二十七斛。一百石奉，月十六斛。斗食❸奉，月十一斛。佐史奉，月八斛。凡諸受奉，皆半錢半穀❹。

【章　旨】以上記述自大將軍、三公至斗食、佐史之俸祿。

【注　釋】❶百官受奉例　奉，同「俸」。俸祿。劉昭注引《古今注》：「建武二十六年（西元五〇年）四月戊戌，增吏奉如此。」❷斛　古代量器名，亦容量單位。古代十斗為一斛。東漢一斛等於現在二十公升（據《漢語大詞典》附錄〈中國歷代量制演變測算簡表〉）。❸斗食　下級官吏俸秩不滿百石的，每月或計日給與口糧，用斗計算，因而以「斗食」作為下級官吏的代稱。❹半錢半穀　劉昭注引荀綽《晉百官表注》：「漢延平中，中二千石奉錢九千，米七十二斛。真二千石月錢六千五百，米三十六斛。比二千石月錢五千，米三十四斛。一千石月錢四千，米三十斛。六百石月錢三千五百，米二十一斛。四百石月錢二千五百，米十五斛。三百石月錢二千，米十二斛。二百石月錢一千，米九斛。百石月錢八百，米四斛八斗。」

【語　譯】百官所受俸祿條例：大將軍、三公之俸祿，每月三百五十斛。中二千石官之俸祿，每月一百八十斛。二千石官之俸祿，每月一百二十斛。比二千石官之俸祿，每月一百斛。一千石官之俸祿，每月八十斛。六百石官之俸祿，每月七十斛。比六百石官之俸祿，每月五十斛。四百石官之俸祿，每月四十五斛。比四百石官之俸祿，每月四十斛。三百石官之俸祿，每月四十斛。比三百石官之俸祿，每月三十七斛。二百石官之俸祿，每月三十斛。比二百石官之俸祿，每月二十七斛。一百石官之俸祿，每月十六斛。斗食官之俸祿，每月十一斛。佐史之俸祿，每月八斛。凡諸官所受之俸祿，皆半錢半穀。

贊曰：帝道淵默❶，冢帥❷修德。寡以御眾，分職乃克❸。不置不監❹，無驕無忒❺。程是師徒❻，寧民康國。

【章　旨】以上為作者贊語：讚揚東漢國家機器之完美無缺及官僚機構之設置合理。

【注釋】❶淵默　深沉鎮靜。❷冢帥　大臣。❸克　制勝。❹不置不監　不置法出令，不臨視監察。置，設立。監，監察。❺無驕無忒　沒有驕慢，沒有差謬。❻程是師徒　即為眾人的法式、法度。程，法式；法度。師徒，眾人。

【語譯】史官評議說：為君之道，深沉鎮靜；大臣修德，寡以御眾。分職明確，乃能制勝。不置法出令，不臨視監察，皆無驕慢、無差謬。為眾人法式，使國康民寧。

【研析】我國現存的記載官吏及官僚機構設置的著作，首推《周禮》，它是戰國時代的作品，搜集周王室官制和各國的官吏設置，增減編撰而成，是儒家理想化了的官僚制度。秦統一中國，建立了中央集權的國家，《周禮》的那一套，根本不適用於秦，於是官吏的設置為之一變。漢承秦制，後世因循，至武帝「多所改作」，然而奢廣浩大，使民用匱乏。《漢書・百官公卿表》的記載，雖「差有條貫」，仍然「職分未悉」。本書〈百官志〉可謂全面、完整、系統地記載了東漢一代的置官之本及光武帝「并官省職」的情狀。據鄭樵《通志・職官略・歷代官制要略》：「漢自丞相至佐史，凡十三萬二百八十五員（注曰：哀帝時數，兼諸州府郡胥吏），後漢七千五百六十七員。」即所謂「司隸州牧條奏并省四百餘縣，吏職減損，十置其一」（本書〈光武帝紀下〉）。東漢官吏的設置，雖較西漢為少，但中央為皇帝、宮廷、皇室服務的官僚機構龐大繁多，為其突出的特點。九卿之中的太常、光祿勳、衛尉、太僕、宗正、少府等六卿，就是直接為皇帝、宮廷、皇室服務的。連太皇太后、太后，都設有二千石的長信、長樂少府、衛尉、太僕等官職。皇后又有一套以大長秋為首的「中宮」宦官機構，自中宮僕至中宮藥長，共八個部門。再加上執金吾、將作大匠及太子之屬官，那就更多了。光武帝節約省職尚且如此，孝武帝時奢廣浩大的情況，可以想見。由此可以看出，東漢官吏及官僚機構的設置有行政性質和為皇帝、宮廷、皇室服務性質的兩套人馬，這兩套人馬互相關聯，再加上地方州、郡、縣、鄉的官吏及官僚機構，上下縱橫，構成了東漢帝國的官僚體系。有行政，有監察，有執法，有保衛，人員配備齊全，各級職責明確。東漢官吏設置的另一個明顯特點就是突出了尚書。尚書在名義上屬少府，但尚書的職權，少府根本不能干預。西漢時，尚書只是在皇帝左右做呈遞文書之類的事務性工作，在東漢，政務卻由尚書分掌。設有尚書令、僕射、左、右丞、侍郎、令史，分六曹，後又增加劇曹，使尚書由事務官轉為政務官。東漢王朝就憑藉這些官吏與官僚機構統治了一百九十六年。東漢官吏與官僚機構的設置，對後世影響很大，鄭樵《通志・職官略・官制總序》：「魏與吳蜀，多依漢制，晉氏繼及，大抵略同。」後世官吏與官僚機構的設置，雖名稱不同，職權亦有所變更，實際上與本書〈百官志〉所載是一脈相承的。故本書〈百官志〉所載之官吏與官僚機構是具有承前啟後作用的。

有關論述漢代官吏與官僚機構的著述，現尚存殘缺不全的漢魏時人所著的《漢官》（作者佚名）、《漢官解詁》（漢王隆撰，胡廣注）、《漢官舊儀》（漢衛宏撰）、《漢舊儀》（漢衛宏撰）、《漢官儀》（漢應劭撰）、《漢官典職儀式選用》（漢蔡質撰）、《漢儀》（三國吳丁孚撰）等書。清人有輯本。有的雖能補本書〈百官志〉之不足，但只能窺豹一斑，無系統性可言，相比之下，本書〈百官志〉的史料價值就顯得尤為重要。（王明信注譯）

志第二十九

輿服上

玉輅 乘輿 金根 安車 立車 耕車 戎車 獵車 軿車 青蓋車 綠車 皁蓋車 夫人安車 大駕 法駕 小駕 輕車 大使車 小使車 載車 導從車 車馬飾

【題解】本書志二十九、三十敘述上古至東漢的輿服制度。〈輿服志〉分上、下二篇，上篇凡二十二目，敘述上古至東漢的車馬制度；下篇共三十二目，敘述上古至東漢的服飾制度。目名皆列於正文之前。車馬服飾表面上看是社會各階層生活中的細微之事，但實際上關係到國家的體制和禮制的實施。所以古代重視車服制度的制定，以此顯明尊卑上下。東漢以後，有開國數載，而輿服之制仍然不能劃一者，即使勉強劃一，又或龐雜不經，無以尊觀視而昭將來，是以君子譏之。自晉司馬彪創為此志，《晉書》、《舊唐書》皆沿之，遂為中國古代正史增一要目，故不得以尋常服物簿記視之也。贊語云：「敬敬報情，尊尊下欲。孰夸華文？匪豪麗縟。」由此正見輿服所關者重，出於天理人情之自然，並非僅為觀美也。

書❶曰：「明試以功❷，車服以庸❸。」言昔者聖人興天下之大利，除天下之大害，躬親❹其事，身履其勤，憂之勞之❺，不避寒暑，使天下之民物❻，各得安其性命❼，無夭昏❽暴陵❾之災。是以天下之民，敬而愛之，若親父母；則❿而養⓫之，若仰日月。夫愛之者欲其長久⓬，不憚力役⓭，相與⓮起作宮室，上棟下宇⓯，以雍⓰覆之，欲其長久也；敬之者欲其尊嚴，不憚勞煩，相與起作輿輪旌旗章表⓱，以尊嚴之。斯愛之至，敬之極也。苟心愛敬，雖報⓲之至，情由⓳未盡。或殺身以為之，盡其情也；奕世⓴以祀之，明其功也。是以流光㉑與天地比長。後世聖人，知恤民之憂思深大者，必饗㉒其樂；勤仁毓物㉓使不夭折㉔者，必受其福。故為之制禮以節之，使夫上仁繼天㉕統物，不伐㉖其功，民物安逸，若道㉗自然，莫知所謝。老子曰：「聖人不仁，以百姓為芻狗㉘。」此之謂也。

【章旨】以上開篇引用《尚書・虞書・舜典》之語說明古代聖人為百姓興利除弊，備受愛戴，人們建造宮室，製作車駕，以示酬報，以此維護他們的尊嚴。表達對他們的尊崇，彰顯他們的功德。所以，後世聖人制定禮制來節制人們的行為，目的是讓繼天統物之人知道體恤百姓，不伐其功，使民物安逸，而不必考慮去酬謝誰。

【注釋】❶書　《尚書》的簡稱，亦稱《書經》，儒家經典之一；「尚」即「上」，意為上代以來之書。後面的引文見《尚書・虞書・舜典》。❷明試以功　孔安國曰：「效試其居國為政，以差其功。」明試，明白考驗。功，事功；功勞。❸車服以

庸　孔安國曰：「賜以車服，以旌其德，用所任也。」又一說：「諸侯四朝，各使陳進治化之言，明試其言，以要其功。功成則錫車服，以表顯其能用。」車服，車輿禮服。意為賜予車輿禮服。庸，償；酬謝。酬謝其功勞之意。❹躬親　親自；親自從事。❺憂之勞之　憂，憂慮。勞，操勞。❻民物　泛指人民、萬物。❼性命　中國古代哲學範疇。指萬物的天賦和稟受。性，天賦；天性。命，生命；命運。❽夭昬　夭折；早死。短折為夭，未名而死為昬。昬，同「昏」。❾暴陵　欺壓淩辱。❿則　效法。⓫養　供奉。⓬長久　指長壽。⓭力役　勞役。⓮相與　共同；一道。⓯上棟下宇　棟，屋的正梁。宇，屋簷。⓰雍　通「壅」。障蔽；遮蓋。⓱輿輪旌旗章表　輿輪，車輪。旌旗，旗幟的總稱。章表，標記。⓲報　回報；報答。⓳由　通「猶」。尚；還。⓴弈世　累世，世世代代。弈，同「奕」。㉑流光　謂福澤流傳至後世。㉒饗　通「享」。享有；享受。㉓勤仁毓物　勤仁，即勤人。猶勤民。謂盡心盡力於民事。仁，通「人」。毓，為「育」的本字。生；養。㉔夭折　短命早死。㉕上仁繼天　上仁，即上人。指居於上位的人。繼天，秉承天意。㉖伐　自我誇耀。㉗道　遵行。㉘聖人不仁二句　不仁，一說是無仁厚之心；一說是無所謂仁愛。此處應取後者。芻狗，古代祭祀時用草紮成的狗。未陳祭前，視作貴物加以珍護；祭祀以後，便任人踐踏或當柴燒。這裡引用老子的話，表明聖人看待百姓與未陳和已陳的芻狗一樣，或貴或賤，都是自然之道。

【語　譯】《尚書》說：「公開透明地考察他的事功，然後依據實際情況，分別賜予車馬服飾來酬報他的勞苦和貢獻。」這說的是從前的聖人興辦天下的大好事，除去天下的大壞事，他們親自做這些事情，親身經歷那些勞苦，為之憂慮，為之操勞，不怕嚴寒酷暑，使天下的百姓和萬物，都能安守本性、保全生命，沒有幼年夭折遭受殘暴淩侮的災禍。所以天下的百姓尊敬愛戴聖人，猶如親近自己的父母；效法並且奉養他們，如同敬仰日月一樣。那些熱愛聖人的人便希望他們能長期活在世間，於是不怕辛苦勞碌，共同來給他們建造宮室，上有屋梁，下有屋簷，用來遮蔽他們，避免日曬雨淋，期望他們壽命長久；尊敬聖人就想讓他們更有尊嚴，於是不懼勞苦麻煩，一起來製作車輛旗幟，作為區別尊卑上下的標識，以此維護聖人的尊嚴。這就是愛到極至，敬到頂點啊！假如是發自內心的愛戴崇敬，即使報效達到極限，情意仍然感覺還沒有全部表達出來。有人甚至不惜以死報效聖人的恩德，用來徹底表達自己的情意；或者世世代代祭祀聖人，彰明他們的功德。所以聖人的福澤流傳後世，和天地一樣長久。後代聖人，懂得體恤百姓苦難且憂思深廣的人，一定會享受到這樣做的樂趣；勤勞民事、養育萬物而不使其夭折的人，必然能得到這樣做的福報。所以為人們制定禮制來節制人們的行為，讓那些處在上位的人秉承天意統攝萬物，不誇耀自己的功勞，百姓和萬物平安舒適，就像道那樣自然運行，不知道該酬謝誰。《老子》說：「聖人是無所謂仁慈的，只是把百姓看作像祭祀時用草紮成的狗一樣。」說的就是這個道理。

夫禮服❶之興也，所以報功章德❷，尊仁尚賢。故禮尊尊貴貴❸，不得相踰，所以為禮也。非其人不得服其服，所以順禮❹也。順則上下有序，德薄者退❺，德盛者縟❻。故聖人處乎❼天子之位，服玉藻邃延❽，日月升龍❾，山車金根飾❿，黃屋左纛⓫，所以副⓬其德，章其功也。賢仁佐聖，封國受民⓭，黼黻文繡⓮，降龍路車⓯，所以顯其仁，光其能也。及其季末⓰，聖人不得其位，賢者隱伏，是以天子微弱，諸侯脅⓱矣。於此相貴以等⓲，相譎以貨⓳，相賂以利，天下之禮亂矣。至周夷王⓴下堂而迎諸侯，此天子失禮，微弱之始也。自是諸侯宮縣樂食㉑，祭以白牡㉒，擊玉磬㉓，朱干設鍚㉔，冕而舞大武㉕。大夫臺門旅樹反坫㉖，繡黼丹朱中衣㉗，鏤簋朱紘㉘，此大夫之僭㉙諸侯禮也。詩刺「彼己之子，不稱其服㉚」，傷其敗化㉛。易譏「負且乘，致寇至㉜」，言小人乘君子器，盜思奪之矣。自是禮制大亂，兵革㉝並作；上下無法㉞，諸侯陪臣㉟，山楶藻棁㊱。降及戰國，奢僭㊲

益熾，削滅禮籍㊳，蓋惡㊴有害己之語。競修奇麗之服，飾以輿馬，文罽玉纓㊵，象鑣㊶金鞶㊷，以相夸㊸上。爭錐刀㊹之利，殺人若刈㊺草然，其宗祀㊻亦旋夷滅㊼。榮利在己，雖死不悔。及秦并天下，攬其輿服㊽，上選㊾以供御㊿，其次以錫(51)百官。漢興，文學(52)既缺，時亦草創(53)，承秦之制，後稍改定，參稽六經(54)，近於雅正(55)。孔子(56)曰：「其或繼周者，行夏之正(57)，乘殷之輅(58)，服周之冕，樂則韶舞(59)。」故撰輿服著之于篇(60)，以觀古今損益(61)之義云(62)。

【章　旨】以上首先說明制定禮服制度的目的，是用來酬報功勞，彰顯德行，尊敬仁人，崇尚賢良；接著列舉西周後期至戰國時代禮制崩壞的表現和危害；最後講漢朝恢復輿服制度的價值和意義，點明撰寫〈輿服志〉的用意。

【注　釋】❶禮服　舉行重要典禮時，按規定所穿的標識上下尊卑等級的衣服。❷報功章德　報功，酬報有功者；報答功德。報，酬報。章，表彰；顯揚。❸禮尊尊貴貴　禮，指中國古代社會中長期形成與當時等級制度相適應的各種行為準則、道德規範、禮儀規定。尊尊貴貴，前一個「尊」和「貴」都用作動詞。❹順禮　順從禮儀。❺退　退後。意為退居下位，享禮簡約。❻縟　繁多。意為享禮繁縟。❼乎　相當於「於」。❽服玉藻邃延　服，穿著。玉藻，古代帝王冕冠前後懸垂的貫以玉珠的五彩絲繩。邃延，下垂延覆。邃，深垂。延，通「綖」。蓋在冕冠頂板上的布。❾升龍　作飛升狀的龍形圖案。❿山車金根飾　山車，即根車，或稱桑根車。指用自然圓曲的樹木做車輪裝配成的車子。緯書傳說帝王有德，天下太平，則山出根車，為祥瑞之兆。後泛指帝王所乘之車為根車。秦始皇根據傳說便以金飾車，稱金根車。⓫黃屋左纛　黃屋，帝王車蓋，以黃繒為蓋裡，故名。漢制，只有皇帝可以用黃屋。左纛，古代皇帝乘輿上的飾物，以犛牛尾或雉尾製成，設在車衡左邊或左騑上。纛，帝王車上用犛牛尾或雉尾製成的飾物。⓬副　相稱；符合。⓭封國受民　封國，封土立國。受民，天帝所授之民。封建帝王將其統治之民視為天賜。此指授民，即授予一定數量的民戶。受，通「授」。⑭黼黻文繡　黼黻，泛指禮服上所繡的華美花紋。黼，古代禮服上繡的白黑相間的斧形花紋。黻，古代禮服上繡的黑青相間的亞形花紋。文繡，猶刺繡。⑮降龍路車　降龍，古代服飾及旗幟上所繡繪的下降之龍的圖案。路車，即輅車。古代天子或諸侯貴族所乘之車。意為大車。⑯季末　末世；末代。⑰脅　挾持；逼迫。指諸侯越禮挾持天子。⑱等　指同一等級。⑲相讟以貨　讟，此句及上下句均引自《禮記·郊特牲》。讟，應作「覿」。見；相見。貨，財貨。⑳周夷王　即姬燮。周懿王之子。在位十六年。西元前八七九年卒。㉑宮縣樂食　縣，同「懸」。古代鐘磬等樂器懸掛在架上，其形制因用樂者身分地位不同而有別。帝王懸掛四面，象徵宮室四面的牆壁，故名「宮縣」。諸侯則應去其一面，稱「軒縣」。樂食，天子諸侯舉食時都奏樂。這裡指諸侯舉食時越禮而奏天子之樂。㉒白牡　白色公牛。用白色公牛獻祭是殷商時天子之禮。㉓玉磬　天子樂器。磬，古代打擊樂器，狀如曲尺。㉔朱干設錫　朱干，紅色的盾。干，盾牌。錫，謂用金裝飾盾背，如龜背模樣。㉕冕而儛大武　冕，古代天子、諸侯、卿、大夫等行朝儀和祭祀時戴的禮帽。這裡指戴著冕冠。儛，同「舞」。大武，周代「六舞」之一，是頌揚周武王戰勝商紂的樂舞。㉖臺門旅樹反坫　臺門，古代天子、諸侯宮室的門。因兩邊起土為門臺，臺上架屋，門當其中，故名。旅樹，謂當門道立屏（照壁）。天子外屏，諸侯內屏，大夫只能用簾。旅，道。樹，立。反坫，周時諸侯相會，相互敬酒後，把空酒杯放回坫上，這是當時的一種禮節。反，同「返」。坫，築在兩楹（庭堂的前柱）之間的土平臺。㉗丹朱中衣　丹朱，丹和朱都為紅色，但丹色稍淺。中衣，古時穿在朝服、祭服內的裡衣。㉘鏤簋朱紘　簋，古代祭祀宴享時盛黍稷的器皿。一般為圓腹，侈口，圈足。商代的簋多無蓋、無耳或有二耳。西周和春秋的簋常帶蓋，有二耳，四耳。朱紘，朱色的紘是天子所用。紘，古代冠冕上的帶子。由頷下向上繫於笄，垂餘者為纓。㉙僭　超越本分，冒用在上者的身分、禮儀和器物。㉚彼己之子二句　意思是他們那樣的人，不配穿那樣高貴的衣服。己，無義。今本作「其」。語見《詩·候人》。㉛敗化　敗壞風氣。㉜負且乘二句　負且乘，意為負重物而乘大車。致，招致。語見《易·解》。㉝兵革　戰爭。兵，兵器。革，甲冑。㉞無法　無視法紀。㉟陪臣　古代天子以諸侯為臣，諸侯以大夫為臣，大夫對天子便自稱陪臣。故陪臣也指大夫的家臣。㊱山楶藻梲　古代天子的廟飾。山楶，刻成山形的柱頭斗栱；藻梲，畫有藻文的梁上短柱。梲，梁上短柱。㊲奢僭　謂奢侈逾禮，不合法度。僭，超越本分，冒用在上者的職權、名義行事。㊳禮籍　記述禮的典籍。㊴惡　憎恨；畏懼。㊵文罽玉纓　文罽，圖案華美的毛織品。罽，毛織物。玉纓，以玉為飾的冠帶。纓，繫冠的帶子。以二組繫於冠，結在頷下。㊶象鑣　用象牙製作的馬勒飾物。馬勒（籠頭）上的馬嚼子兩旁有環，鑣在環中。鑣，馬嚼子。與銜合用，銜在口中，鑣在口旁。青銅製或鐵製，也有用骨、角製的，上面可繫鑾鈴。㊷鞌　亦作「鞍」。鞍具，放在牲口背上供人乘坐的器具。㊸夸　炫耀。㊹錐刀　特指微利。㊺刈　割取。㊻宗祀　廟祭。後祭祀祖宗統稱宗祀。㊼夷滅　誅殺；消滅。㊽攬其輿服　攬，收取。輿服，車服。車乘冠服的總稱。古代車服都有定式，以表尊卑等級。㊾上選　精選出的上等品。㊿供御　進獻給帝王。御，對帝王所用物品的敬稱。(51)錫　賜予。(52)文學　指文獻經典。(53)草創　創建；開始興辦。(54)參稽六經　參稽，參酌稽考；對照查考。六經，六部儒家經典，即《詩》、《書》、《禮》、《樂》、《易》、《春秋》。(55)雅正　規範純正。(56)孔子　即孔丘（西元前五五一－前四七九年），字仲尼，春秋末魯國人。儒家的創始者。現存《論語》一書，即主要記載他的談話。下面引文見《論語．衛靈公》。(57)行夏之正　夏，夏代。正，正月。夏用自然曆，以建寅之月（舊曆正月）為每年的第一月。(58)乘殷之輅　殷，商代。輅，大車。多指帝王所乘的車。(59)韶舞　韶，虞舜時樂名。舞，同「武」。周武王時樂名。(60)著之于篇　著，記載。篇，竹簡；簡冊。古代文章寫在竹簡上，為保持完整，按順序用繩子或皮帶編集在一起稱為「篇」。此處泛指書籍。(61)損益　減少和增加。(62)云　助詞。用於句末，無義。

【語　譯】禮服的產生，目的是用來酬報功勞彰顯德行，尊敬仁人崇尚賢良。所以，禮的作用是尊奉尊者、敬重貴者，使尊卑上下不得逾越，這就是制定禮制的目的。不是那個等級的人不能用那個等級的服飾，以此依從禮的規定。依從了禮，就會上下有序，德行淺薄者退居下位享禮簡約，德行隆盛者地位高貴享禮繁多。所以聖人處在天子之位，頭戴前後連延深深下垂著串串玉藻的冠冕，身穿繡有日月和升龍圖案的禮服，乘坐黃金裝飾的山車即金根車，上有黃繒做的車蓋，左騑馬軛上插著纛旗，以此與天子的德行相稱，使天子的功績傳揚彰顯。賢能仁德的人輔佐聖明帝王，得到封地和授給的民戶，身穿繡著黼黻花紋的禮服，乘坐插有降龍圖案旗幟的輅車，以此顯揚他的仁德，光耀他的才能。到了末世，由於聖人不能處於他應居的高位，賢者隱居不仕，所以天子勢微力弱，受到諸侯的脅迫。這時諸侯們擅自以高等級互相封賜擁戴，用財貨相互拜見送禮，拿利益相互賄賂交換，天下的禮制大亂了。到周夷王甚至走下殿堂去迎接諸侯，這是天子失禮不遵禮制失去威儀，勢力衰微孱弱的開始。從此以後，諸侯竟然在宮室的四面懸掛樂器，奏樂進食，祭祀時用白色公牛獻祭，擊打玉罄演奏音樂，使用黃金裝飾盾背的朱紅色盾牌，戴著冕跳《大武》舞。這些行為都是諸侯僭越天子之禮啊。大夫建築臺門，修建照壁，使用敬酒之後把酒杯放回築在庭堂前柱之間土臺的禮節，在中衣領上刺繡黼紋，把中衣邊緣裝飾成丹朱色，用雕鏤的簋和朱紅色的帽帶，這些行為都是大夫僭越諸侯之禮啊。《詩》指責說「他們那樣的人，不配穿那樣高貴的衣服」，這是悲哀他們敗壞風俗教化。《易》譏刺「背著重物又乘大車，勢必招致盜寇來臨」，是說小人乘坐君子的車，強盜必定想來搶奪他的東西啊。從此禮制大亂，戰爭四起；上下沒有禮法的約束，諸侯及其家臣，都使用天子宗廟的裝飾，用刻成山形的斗栱和畫有藻文的梁上短柱。再往後到了戰國時代，奢侈和僭越禮制的現象更加嚴重，甚至刪削或毀滅記載禮制的典籍，這是因為他們討厭其中有妨害自己的話語。他們競相製作奇特豔麗的服裝，用心裝飾車馬，身穿繡有華美圖案的毛織品衣服，頭戴用美玉裝飾的冠帶，用象牙鑣裝飾在馬嚼子兩旁，用黃金裝飾馬鞍，來相互炫耀比較高下。為了爭奪錐尖刀刃那樣的小利，殺人就像割草一樣，然而他們祭祀祖先的宗廟也隨即被毀滅。他們只要能攫取榮耀和利益，即使死了也不後悔。等到秦國兼併了天下以後，搜羅六國的車馬服飾，選出上等品供皇帝使用，次等的用來賞賜百官。漢朝興起，文獻典籍已經殘缺，當時又亟須創建各種制度，於是承襲秦朝的制度，後來逐步作了些修改，並且參照《六經》的記載，輿服制度才按近純正規範。孔子說：「如果有繼承周朝而當政的，就應當採用夏代的曆法，乘坐殷代的輅車，戴周代的冠冕，音樂就用《韶》和《舞》。」因此撰寫〈輿服志〉記載在篇籍之上，以此考察古今輿服制度增減改動的意旨。

上古聖人，見轉蓬❶始知為輪。輪行可載，因物知❷生，復為之輿❸。輿輪相乘，流運罔極❹，任重致遠❺，天下獲其利。後世聖人觀於天，視斗周旋❻，魁方杓曲❼，以攜龍、角為帝車❽，於是迺曲其輈❾，乘❿牛駕馬，登險赴難，周覽八極⓫。故易震乘乾⓬，謂之大壯⓭，言器⓮莫能有上之者也。自是以來，世加其飾。

至奚仲為夏車正⑮，建其斿旐⑯，尊卑上下，各有等級。周室大備⑰，官有六職⑱，百工⑲與居一焉。一器而群工致巧⑳者，車最多，是故具㉑物以時，六材㉒皆良。輿方法㉓地，蓋圓象㉔天；三十輻以象日月㉕；蓋弓二十八以象列星㉖；龍旂九斿㉗，七仞齊軫㉘，以象大火㉙；鳥旟㉚七斿，五仞齊較㉛，以象鶉火㉜；熊旗㉝六斿，五仞齊肩，以象參、伐㉞；龜旐㉟四斿，四仞齊首，以象營室㊱；弧旌枉矢㊲，以象弧㊳也：此諸侯以下之所建者也。

【章　旨】以上講述上古至周代發明、改進車的緣由和過程，以及在車上設置各種旌旗的規格形制和象徵意義。

【注　釋】❶轉蓬　隨風飄轉的蓬草。蓬，草名。葉形似柳葉，邊緣有鋸齒，花外圍白色，中心黃色，秋枯根拔，遇風飛旋。❷知　通「智」。智慧。❸輿　車箱。❹罔極　無窮盡。罔，無。❺任重致遠　指負載沉重而能行達遠方。任，負載。❻視斗周旋　斗，星宿名，即北斗。周旋，運轉。❼魁方杓曲　《春秋緯》曰：「瑤光第一至第四為魁，第五至第七為杓，合為斗。」魁，指北斗七星的第一至第四星，即像斗體的四顆星。杓，指北斗星柄部的三顆星，又稱斗柄。❽攜龍角為帝車　攜，連接。龍角，指東方蒼龍星座與星座中的角宿。帝車，指北斗星。❾輈　車轅。用於大車上的稱轅；用於兵車、田車、乘車上的稱輈。❿乘　猶駕。⓫周覽八極　周覽，遍覽；巡視。八極，八方極遠之地。⓬故易震乘乾　震，《周易》中的卦名。上下卦皆為震（☳），象徵雷。乘，登上。乾，《周易》中的卦名。上下卦皆為乾（☰），象徵天。⓭大壯　《周易》中的卦名。上震（☳）下乾（☰），象徵「大為強盛」。⓮器　指一切有形的具體事物。⓯至奚仲為夏車正　南朝梁劉昭注引《世本》云：「奚仲始作車。」古《史考》曰：「黃帝作車，引重致遠，其後少昊時駕牛，禹時奚仲駕馬。」劉昭案：服牛乘馬，以利天下，其所起遠矣，豈奚仲為始？《世本》之誤，《史考》所說是也。奚仲，人名。夏時人。任車正之職。傳說他姓任，在黃帝之後，為車的創造者。⑯斿旒　泛指有飾物與圖象的旗幟。斿，同「旒」，古代旌旗下垂的飄帶類飾物。旒，古代繪有龜紋圖象的旗。⑰周室大備　周室，周王朝。大備，一切具備。⑱六職　指王公、士大夫、百工、商旅、農夫、婦功六種職別。⑲百工　指古代司營建製造等事務的官員。《周禮》曰：「審曲面勢，以飭五材，以辨民器，謂之百工。」⑳致巧　盡其所巧。㉑具　備辦。㉒六材　泛指造車的各種用材。劉昭注引鄭玄曰：「取干以冬，取角以秋，絲漆以夏，筋膠未聞。」自此至弧旌枉矢，皆出《周禮》，「鄭玄曰」即是《周禮注》。㉓法　效法。㉔象　仿效；取法。㉕三十輻以象日月　劉昭注引鄭玄曰：「輪象日月者，以其運行也。日月三十日而合宿。」輻，車輪中連接中心轂與車輞（車輪外框）的直木。㉖蓋弓二十八以象列星　蓋弓，車蓋周圍的弓形骨架。列星，羅布天空定時出現的恆星。㉗龍旂九斿　天子儀仗之一。龍旂，繪有兩龍蟠結的旗幟。旂，古代畫有交龍，上繫眾鈴，用以指揮群眾的旗。九斿，亦作「九遊」、「九旒」。古代旌旗上的九條絲織垂飾。㉘七仞齊軫　仞，古代長度單位。七尺為一仞。一說八尺為一仞。軫，車後橫木。一說車箱底部四面的橫木。㉙大火　星宿名。即心宿。東方蒼龍七宿的第五宿，有星三顆。劉昭注引鄭玄曰：「交龍為旂，諸侯之所建也。大火，蒼龍宿之心，其屬有尾，尾九星。」㉚鳥旟　繪有鳥隼圖象的旗幟。㉛較　車箱兩旁木板上的橫木。㉜鶉火　星宿名。即柳宿。為南方朱鳥七宿的第三宿，有星七顆。㉝熊旗　繪有熊虎圖象的旗。㉞參伐　亦作「參罰」。參、伐皆星名。參宿為西方白虎七宿的末宿，有星七顆。伐星屬於參宿，為參宿中央的三顆星。㉟龜旐　繪有龜象的旗幟。㊱營室　星宿名。即室宿。又稱營星、定星。為北方玄武七宿的第六宿，有星兩顆，一名營，一名室。㊲弧旌枉矢　謂以竹弓張懸旌旗的縿幅，並在弓衣上繪弧枉矢（一種利於火射的箭），作弧矢星狀，以象徵武事。一說在旌旗上繪矢星圖象。㊳弧　星宿名。即弧矢星。又名天弓。屬井宿。共九星，在天狼星東南，八星如弓形，外一星象矢，故名。

【語　譯】上古時的聖人，看到蓬草隨風飄轉開始懂得製作車輪。車輪滾動可以運載物資，從物體運動產生出發明的智慧，又製造了車箱。車箱和車輪相互配合，轉動運行沒有窮盡，裝載重物而到達遠方，天下人都能因此得到便利。後世的聖人觀察天象，望見北斗星不斷旋轉，斗魁四星是方形，斗杓三星稍彎曲，連接東方蒼龍七宿構成帝車，於是仿效它彎曲車上的輈，駕上牛或馬，去登臨險地度越難關，周遊巡看四面八方極遠的地方。所以《易》的〈震卦〉在〈乾卦〉上面，叫作〈大壯卦〉，意思是說作為運載工具沒有能超過車的。從此以後，每一代都增加對車的裝飾。到奚仲做夏朝的車正，他在車上設置了各種飾物和畫有圖象的旗幟，尊卑上下，各有相應的等級。周朝時制度已很完備，官吏有六種職別，百工是其中的一種。在一件器物上需要匯聚各種工匠的智慧技巧的，以車為最多，因此按一定季節去備辦做車的材料，各種材料才會是最好的。車箱為方形是仿效大地，車蓋用圓形是模仿上天；車輪上三十根輻條象徵日月運行三十日而合宿；支撐車蓋的二十八根木條象徵列布天空的二十八宿；龍旗下垂有九條旗飾，高七仞而下端垂至車軫，以此象徵東方的大火星；鳥旟旗下垂有七條旗飾，高五仞而下端垂至車較，以此象徵南方的鶉火星；熊旗下垂有六條旗飾，高五仞而下端垂至乘車人的肩部，以此象徵西方的參星和伐星；龜旐旗下垂有四條旗飾，高四仞而下端垂至乘車人的頭頂，以此象徵北方的營室星；在弧旌上畫有枉矢的旗，用以象徵弧星：以上這些車飾是自諸侯以下的臣子所建置的車飾。

天子玉路❶，以玉為飾❷，錫樊纓十有再就❸，建太常❹，十有二斿，九仞曳地❺，日月升龍，象天明也❻。夷王以下，周室衰弱，諸侯大路❼。秦并天下，閱三代❽之禮，或曰殷瑞山車，金根之色❾。

漢承秦制，御為乘輿❿，所謂孔子乘殷之路者也。

【章　旨】以上具體講玉輅車的規格制式、演變和乘用物件。

【注　釋】❶天子玉路　劉昭注引《周禮》：「王之五路，一曰玉路，二曰金路，三曰象路，四曰革路，五曰木路。」《釋名》曰：「天子所乘曰路，路亦軍事也，謂之路，言行路也。」玉路，即玉輅。玉飾的皇帝專用車。❷以玉為飾　劉昭注引《古文尚書》曰：「大路在賓階面，綴路在阼階面。」孔安國曰：「大路，玉；綴路，金也。」服虔曰：「大路，總名也，如今駕駟高車矣。尊卑俱乘之，其采飾有差。」鄭玄曰：「王在焉曰路，以玉飾諸末也。」傅玄〈乘輿馬賦〉注曰：「玉路，重較也。」《韻集》曰：「軛前橫木曰輅。」❸鍚樊纓十有再就　劉昭注引鄭玄曰：「鍚面當盧刻金為之，所謂鏤鍚也。樊讀如鞶帶之鞶，謂今馬大帶也。」鄭觽曰：「纓謂當匈。士喪禮曰：『馬纓三就，以削革為之。』三就，三重三潛也。」鄭玄曰：「纓，今馬鞅。玉路之樊及纓，皆以五采罽飾之。十二就，就，成也。」杜預曰：「纓在馬膺前，如索帬。」〈乘輿馬賦〉注曰：「繁纓飾以旄尾，金塗十二重。」鍚，馬額上的金屬飾物，半月形，馬行時振動有聲。亦名當盧。樊纓，絡馬的帶飾。樊，通「鞶」。馬腹大帶。纓，馬頸帶。十有再就，十又二匝。有，通「又」。就，匝；圈。古代服飾，五彩絲一匝為一就。從一就往上，以區別等級高下。❹太常　又作「大常」。古代王之旌旗名。❺九仞曳地　劉昭注引鄭觽曰：「太常九旗之畫日月者。」鄭玄曰：「七尺為仞，天子之旗高六丈三尺。」❻象天明也　劉昭注引崔駰〈東巡頌〉曰：「登天靈之威路，駕太一之象車。」天明，天之光輝。❼大路　亦作「大輅」。即玉路。❽三代　夏、商、周。❾金根之色　殷人以為大路，於是始皇作金根之車。殷曰桑根，秦改曰金根。金根，以金為飾。❿御為乘輿　御，進用。乘輿，天子和諸侯所乘坐的車。

【語譯】天子專用的玉路車，用玉作裝飾，馬額上有鏤金飾物，馬腹大帶和馬頸帶上裝飾有十二圈五彩絲，車上樹立著太常旗，旗上有十二條下垂的旗飾，高九仞，下端拖至地面，旗上畫著日月和升龍圖象，象徵天的光輝。周夷王以後，周朝衰弱，諸侯也乘用大路車。秦國兼併天下後，查閱夏、商、周三代的禮制，因為有人說殷代把山車的出現當作瑞應，於是便把皇帝用的車飾定為金根之色。漢代承襲秦朝的制度，把金根車用作皇帝的乘輿，這就是孔子所說的乘殷代的路車。

乘輿、金根、安車、立車❶，輪皆朱班重牙❷，貳轂兩轄❸，金薄繆龍❹，為輿倚較❺，文虎伏軾❻，龍首銜軛❼，左右吉陽筩❽，鸞雀立衡❾，樷文❿畫輈，羽蓋華蚤⓫，建大旂，十有二斿，畫日月升龍，駕六馬⓬，象鑣鏤鍚，金鍐方釳⓭，插翟尾⓮，朱兼樊纓，赤罽易茸⓯，金就⓰十有二，左纛以犛牛尾為之，在左騑馬⓱

軛上，大如斗，是為德車⑱。五時車⑲，安、立亦皆如之，各如方色⑳，馬亦如之。白馬者，朱其髦㉑尾為朱鬣㉒云。

所御駕六，餘皆駕四㉓，後從為副車。

【章旨】以上具體講乘輿、金根、安車、立車的規格制式和用途。

【注釋】❶安車立車　安車，可以坐乘的小車。古車立乘，此為坐乘，故稱安車。供年老的高級官員和貴婦人乘用。車多用一馬，禮尊者則用四馬。劉昭注引蔡邕曰：「五安五立。」徐廣曰：「立乘曰高車，坐乘曰安車。」立車，一種站立倚乘的車輛。亦稱高車。❷朱班重牙　朱班，亦作「朱斑」。紅色花紋。重牙，車輪的雙重外周。牙，即車輞。雙牙相重，取其安穩。劉昭注引《周禮》曰：「牙也者，以為固抱也。」鄭觽曰：「牙謂輪鞣也，世間或謂之輞。」❸貳轂兩轄　劉昭注引蔡邕曰：「轂外復有一轂抱轄，其外乃復設轄，抱銅置其中。」〈東京賦〉曰：「重輪貳轄，疏轂飛軨。」轂，指車輪中心可貫穿車軸的圓木。轄，指車軸兩頭用以固定車輪不使脫落的金屬鍵。❹金薄繆龍　金薄，亦作「金箔」。黃金捶成的薄片，用以飾物，俗謂貼金。繆龍，交錯的龍形。繆，通「樛」。紋結；交錯之形。❺倚較　倚，後多作「輢」。車箱兩旁的木板，在較之下。較，車箱。❻文虎伏軾　文虎，指軾為有文飾的伏虎形。軾，車箱前可扶手伏身倚靠的橫木。劉昭注引〈魏都賦〉注曰：「軾，車橫覆膝，人所馮止者也。」❼衡軛　套在馬頸上的馬具，其形如「人」字。❽吉陽筩　吉陽，吉祥。筩，筒狀物。❾鸞雀立衡　劉昭注引徐廣曰：「置金鳥於衡上。」鸞雀，鸞車衡上所飾的金鳥，嘴上銜鈴，行時如鸞鳴。衡，車轅前端的橫木。❿櫨文　鹿頭龍紋。櫨，同「虡」。飾有鹿頭龍身的鐘鼓架兩側立柱。⓫羽蓋華蚤　劉昭注引徐廣曰：「翠羽蓋黃裏，所謂黃屋車也。金華施橑末，有二十八枚，即蓋弓也。」〈東京賦〉曰：「樹翠羽之高蓋。」薛綜曰：「樹翠羽為蓋，如雲龍矣。金作華形，莖皆低曲。」羽蓋，以翠羽為飾的車蓋。華蚤，亦作「華爪」。天子車蓋四周所附的金花。因金花附於蓋弓的端隊，故名。⓬六馬　秦以後，皇帝之車駕用六馬。⓭金鍐方釳　金鍐，即金馬冠，高寬各五寸，上如玉華形，在馬髦前。鍐，馬頭上的裝飾。方釳，乘輿馬頭上插翟毛之具，鐵制，寬數寸，在馬鍐後。⓮插翟尾　劉昭注引《獨斷》曰：「後有三孔，插翟尾其中。」薛綜曰：「釳中央低，兩頭高，如山形，而貫中翟尾結著之。」顏延之《幼誥》曰：「釳，乘輿馬頭上防釳，角所以防罔羅，釳以翟尾鐵翮象之也。」翟，長尾野雞。⑮易茸　易，整治。茸，濃密柔細的毛。⑯金就　用金黃色綢緞紮成的球狀飾物。⑰騑馬　騑，亦名驂。駕在車轅兩旁的馬。轅馬稱服。邊馬稱騑。在服馬左側者為左騑，右側者為右騑。⑱德車　指古代帝王所乘五路（輅）中的玉、金、象、木等四路。四路不用兵，故稱德車。此句意為上述車飾、馬飾都繫德車之飾。⑲五時車　古代隨從帝王車駕的五色副車。亦稱「五時副車」、「五帝車」。五時車有安車、立車之分。坐乘者為安車，倚乘者為立車，各有五色，合十乘。⑳方色　五行家將東南西北中與青、赤、白、黑、黃五色相配，一方一色，簡稱方色。㉑髦　馬頸上的長毛。㉒朱鬣　神馬名。㉓所御駕六二句　劉昭注引《古文尚書》曰：「予臨兆民，懍乎若朽索之馭六馬。」《逸禮・王度記》曰：「天子駕六馬，諸侯駕四，大夫三，士二，庶人一。」《周禮》四馬為乘。《毛詩》天子至大夫同駕四，士駕二。《京氏易》、《春秋公羊》說皆云天子駕六。許慎以為天子駕六，諸侯及卿駕四，大夫駕三，士駕二，庶人駕一。《史記》曰，秦始皇以水數制乘六馬。鄭玄以為天子四馬，《周禮》乘馬有四圉，各養一馬也。諸侯亦四馬，顧命時諸侯皆獻乘黃朱，乘亦四馬也。所御，指皇帝所乘的車。駕六，駕六匹馬。

【語譯】乘輿、金根車、安車、立車，車輪都有紅色花紋和雙重外周，車軸兩端都是雙重的轂木和雙重的金屬固定銷鍵，用薄金片製成交錯的龍形圖案，裝飾車箱兩旁的輢和較，車軾上有文飾的伏虎形，車的衡軛上裝飾有龍頭，左右兩端各有一個吉祥筒，金製的鸞雀安置在車轅前端的衡上，用鹿頭龍紋繪飾車軸，用翠鳥羽裝飾車蓋，車蓋周圍的弓爪上飾有金花，車上樹立大旗，下垂十二條旗飾，旗上畫著日月和升龍，車上駕六匹馬，馬嚼子兩旁用象鑣裝飾，馬額上有鏤金飾品，馬頭頂戴著金馬冠，馬冠後面飾有鐵製方釳，上插雉尾，馬腹帶和馬頸帶都是朱紅色，裝飾有濃密柔細茸毛的赤色毛織品，上綴十二個金黃色綢緞紮成的球狀飾物，左側的纛旗用犛牛尾裝飾，放在左騑馬的軛上，像斗那樣大，這就是德車。五時車，安車和立車的裝飾都和德車的裝飾相同。這幾種車的顏色各如方色，馬也和方色相同。如果是白馬，就用朱色塗飾它的頸毛和尾毛使它變成朱鬣馬。除了天子的車駕六馬外，其餘的車都駕四匹馬，跟隨在後面的是皇帝的侍從車輛副車。

耕車❶，其飾皆如之。有三蓋❷。一曰芝車，置轐耒耜之箙❸，上親耕所乘也❹。

【章　旨】以上具體講耕車的規格制式和用途。

【注　釋】❶耕車　即耕根車。古代天子親耕藉田時所乘之車。❷三蓋　劉昭注引《新論》桓譚謂揚雄曰：「君之為黃門郎，居殿中，數見輿輦，玉蚤、華芝及鳳皇、三蓋之屬，皆玄黃五色，飾以金玉、翠羽、珠絡、錦繡、茵席者也。」❸置䡊耒耜之箙　䡊，同「琿」。古代車欄間的皮夾子。張衡〈東京賦〉：「琿弩重旃。」用以裝玉，也用作裝弓矢。耒耜，古代耕地翻土的農具。劉昭注引薛綜曰：「耜，耒金也。廣五寸，著耒耜而載之。天子車參乘，帝在左，御在中，介處右，以耒置御之右。」箙，用具的外套。❹上親耕所乘也　上，皇帝。親耕，古禮。天子每年正月親自到藉田耕作，以示重農。劉昭注引賀循曰：「漢儀，親耕青衣幘。」〈東京賦〉說親耕，亦云「鸞路蒼龍」。賀循曰：「車必有鸞，而春獨鸞路者，鸞鳳類而色青，故以名春路也。」

【語　譯】耕車，它的裝飾和上面所說的德車一樣。有三層車蓋。又名芝車，車欄之間設有盛箭器和放耒耜的皮質夾層。這是皇帝親耕藉田時所乘坐的車。

戎車❶，其飾皆如之。蕃以矛麾金鼓羽析幢翳❷，䡊胄甲弩之箙❸。

【章　旨】以上具體講戎車的規格制式。

【注　釋】❶戎車　兵車。❷蕃以矛麾金鼓句　蕃，通「藩」。屏障。麾，旌旗之屬，指揮軍隊用。金鼓，軍中用器。金指金鉦，一種古代樂器。形似鐘而狹長，有長柄，銅制，用時口朝上，以槌敲擊發聲，行軍時用以節止步伐。鼓用以進眾。執金鼓即可號令三軍，以示討罪。羽析，蓋即「析羽」。古代用來裝飾旌旗、旄節等的穗狀羽毛。後亦泛指旌旗。此處即指羽旗。幢翳，用羽毛飾制的華蓋。❸䡊胄甲弩之箙　胄，古代戰士戴的頭盔。甲，古代用皮革、金屬等製成的護身服。弩，即弩弓。用機械發射的弓。

【語　譯】戎車，它的裝飾和前面所說的德車一樣。車周圍放置矛、麾旗、鉦、鼓、羽旗、華蓋，還有盛箭器和放冑甲與弩弓的設施。

獵車，其飾皆如之。重輞❶縵輪❷，繆龍繞之。一曰闟豬車❸，親校獵❹乘之。

【章　旨】以上具體講獵車的規格制式和用途。

【注　釋】❶輞　車輪的外框。❷縵輪　不塗色的素輪。❸闟豬車　或作「蹋豬車」。闟，通「蹋」。❹校獵　遮攔禽獸以獵取之。亦泛指打獵。

【語　譯】獵車，車上的裝飾和所說的德車一樣。車輪有雙重外周本色而不塗色彩，有交錯的龍形圖飾環繞車輪。又叫做蹋豬車，是皇帝親自校獵時所乘的車。

太皇太后、皇太后法駕❶，皆御金根，加交絡帳裳❷。非法駕，則乘紫罽軿車❸，雲虡文畫輈，黃金塗五末、蓋蚤❹。左右騑，駕三馬。長公主❺赤罽軿車。大貴人、貴人、公主、王妃、封君油畫❻軿車。大貴人加節畫輈。皆右騑而已。

【章　旨】以上具體講軿車的規格制式和用途。

【注　釋】❶太皇太后皇太后法駕　皇帝的祖母。皇太后，皇帝的母親。法駕，天子車駕的一種。天子的鹵簿分大駕、法駕、小駕三種，其儀衛之繁簡各有不同。太皇太后與皇太后只能用法駕。❷交絡帳裳　交絡，車網。帳裳，即帷裳。車旁的帳幔。❸紫罽軿車　紫罽，紫色毛氈。軿車，有帷蓋的車子。❹五末蓋蚤　五末，劉昭引徐廣注：「未詳。疑謂前一輈及衡端轂頭也。」蓋蚤，即蓋弓的端隊小頭。❺長公主　皇后所生諸公主中年長位尊者稱長公主。皇帝之姊妹多封為長公主。❻貴人公主王妃封君油畫　貴人，女官名。光武帝始置，地位次於皇后，金印紫綬。公主，帝王、諸侯之女的稱號。王妃，侯王、太子的配偶。封君，受有封邑的貴族。秦、漢以後，亦封及婦女。這裡指受封的女貴族。油畫，古時指用油彩塗繪。

【語譯】太皇太后、皇太后的法駕出行，都乘坐金根車，車的周圍加有車網和帷幔。如果不是法駕，就乘坐用紫色毛氈做帷幕的輧車，用雲紋和鹿頭龍身紋畫飾車輢，用黃金塗飾車的五個端頭和蓋弓頂端。左右各駕一匹騑馬，共駕三匹馬。長公主乘坐赤色毛氈做帷幕的輧車。大貴人、貴人、公主、王妃和封君都乘坐用油漆塗繪的輧車。大貴人的車上加有符節，並畫飾車輢。她們的車都只有右騑罷了。

皇太子❶、皇子❷皆安車，朱班❸輪，青蓋❹，金華蚤，黑樻文，畫轓❺文輈，金塗五末。皇子為王，錫❻以乘之，故曰王青蓋車。皇孫❼則綠車❽以從。皆左右騑，駕三。公、列侯❾安車，朱班輪，倚鹿較❿，伏熊軾⓫，皁繒⓬蓋，黑轓，右騑。

【章旨】以上具體講青蓋車和綠車的規格制式和用途。

【注釋】❶皇太子　皇帝所選定的繼承皇位的皇子。一般為皇帝的嫡長子。❷皇子　皇帝的兒子。❸朱班　亦作「朱斑」。紅色的花紋。班，通「斑」。雜色、斑點或染色花紋。❹青蓋　青色的車蓋。❺轓　車箱兩旁用以遮蔽塵土的屏障。❻錫　賜予。❼皇孫　皇帝的孫子。❽綠車　因為皇孫所乘，又名皇孫車。《獨斷》曰：「綠車名曰皇孫車，天子有孫乘之。」❾公　列侯　公，古代最高官階的通稱。此指三公、上公。漢制，以太傅為上公。西漢以丞相（大司徒）、太尉（大司馬）、御史大夫（大司空）為三公；東漢以太尉、司徒、司空為三公。列侯，爵位名。秦制爵分二十級，徹侯位最高。漢承秦制，為避漢武帝劉徹諱，改徹侯為通侯，或稱列侯。⑩倚鹿較　王先謙《後漢書集解》引惠棟注：「顏籀曰：倚鹿較者，畫立鹿于車之前兩藩外也。」⑪伏熊軾　王先謙《後漢書集解》引惠棟注：「顏籀曰……伏熊軾者，車前橫軾為伏熊之形也。」⑫皁繒　皁，黑色。繒，古代絲織品的總稱。古謂之帛，漢謂之繒。

【語譯】皇太子、皇子都坐安車，紅色花紋的車輪，青色車蓋，車蓋周圍有金花爪，用黑色的鹿頭龍身紋，去繪飾車轓和車輔，用黃金塗飾車的五個端隊。皇子被策封為王，皇帝便把這種安車賜給他乘用，所以叫作王青蓋車。皇孫則乘綠車隨從。他們的車都有左右騑馬，共駕三匹馬。公、列侯乘坐的安車，有朱紅色花紋的車輪，車轓兩側畫有立鹿圖形，車前橫軾畫有伏熊形狀，用黑色絲織品做車蓋，黑色車轓，只用右騑馬。

中二千石、二千石❶皆皁蓋，朱兩轓。其千石、六百石❷，朱左轓。轓長六尺，下屈廣八寸，上業❸廣尺二寸，九文❹，十二初❺，後謙❻一寸，若月初生，示不敢自滿也。景帝中元五年❼，始詔❽六百石以上施❾車轓，得銅五末，軛有吉陽筩。中二千石以上右騑，三百石❿以上皁布蓋，千石以上皁繒覆蓋，二百石⓫以下白布蓋，皆有四維杠衣⓬。賈人⓭不得乘馬車。除吏⓮赤畫杠，其餘皆青云。

【章旨】以上具體講皁蓋車的規格制式和使用。

【注釋】❶中二千石二千石　中二千石，漢代官吏秩祿等級，中是滿的意思，中二千石即實得二千石，月俸一百八十斛，一歲凡得二千一百六十斛。漢制九卿秩皆中二千石，故又用為九卿的代稱。二千石，漢制，郡守俸祿為二千石，即月俸百二十斛。世因稱郡守為「二千石」。石，官俸的計量單位。秦漢以為官位的品級。如萬石、中二千石、二千石、千石、六百石等。❷千石六百石　千石，漢官秩名。漢代以俸祿高低計官品，千石官指丞相長史、大司馬長史、御史中丞等，月俸穀八十斛。

東漢官俸半錢半穀，千石官月俸錢四千，米三十斛。六百石，漢官秩，在比千石之下。《漢書・百官公卿表》顏師古注：「六百石者（月各）七十斛。」❸業　版。此處指「軛」，即車兩旁反出如耳的部分。❹九文　一般指山、龍、華、蟲、藻、火、粉米、黼、黻等九種花紋。此處九文未詳確指。❺十二初　王先謙《後漢書集解》：「蓋象十二月。」十二初，當指十二個月的開始出現之象。❻謙　減損。❼中元五年　西元前一四五年。中元，西漢景帝劉啟年號，西元前一四九－前一四四年。❽詔　皇帝下達命令曰詔。❾施　設置。❿三百石　漢官秩，在比四百石之下。《漢書・百官公卿表》顏師古注：「三百石者（月各）四十斛。」⓫二百石　漢官秩，在比三百石之下。《漢書・百官公卿表》顏師古注：「二百石者（月各）三十斛。」縣丞、尉的最低級（最高者可得四百石）、邊地部、塞尉等也屬此級。⓬四維杠衣　四維，四角。杠衣，蔽護車蓋柄的布套。⓭賈人　商人。⓮除吏　授官。

【語　譯】中二千石和二千石官員的車都是黑色車蓋，兩側的車轓都是朱紅色。那些千石和六百石官員的車，只有左側車轓是紅色。車轓長六尺，下面的屈木寬八寸，上面的業寬一尺二寸，有九種紋飾，有十二初，後來車轓後面的寬度減少了一寸，像月亮初生之形，表示不敢自滿。漢景帝中元五年，開始詔令六百石以上官員的車上施用車轓，可以用銅裝飾車的五個端隊，車軛上可以加吉祥筒。中二千石以上官員用右騑馬，三百石以上官員用黑布車蓋，千石以上官員用黑繒覆蓋，二百石以下官員用白布車蓋，都有蔽護車蓋柄四角的布套。商人不准乘坐馬車。授給官職的人用紅色畫飾車蓋柄，其他人都用青色畫飾。

公、列侯、中二千石、二千石夫人，會朝若蠶❶，各乘其夫之安車，右騑，加交絡帷裳❷，皆皁。非公會❸，不得乘朝車❹，得乘漆布輜軿車❺，銅五末。

【章　旨】以上具體講夫人安車的規格制式和用途。

【注　釋】❶會朝若蠶　會朝，朝會天子。若，及；和。蠶，指助蠶。古代季春之月，皇后率領公卿諸侯夫人躬親蠶事的典禮。❷帷裳　車旁的帷幔。❸公會　因公事集會。❹朝車　古代君臣行朝夕禮及宴飲時出入用車。❺漆布輜軿車　漆布，黑布，即漆以黑色的布。輜軿車，泛指有屏障的車。

【語　譯】公、列侯、中二千石和二千石的夫人，朝會天子和隨從皇后躬親蠶事時，各自乘坐她們丈夫的安車，用右騑馬，車上加有車網和帷幔，都是黑色。不是因公聚會，不准乘坐丈夫上朝的安車，可以乘用漆布障蔽的輜軿車。用銅裝飾車的五個端頭。

乘輿大駕❶，公卿奉引❷，太僕御❸，大將軍參乘❹。屬車八十一乘❺，備❻千乘萬騎。西都行祠天郊❼，甘泉❽備之。官有其注❾，名曰甘泉鹵簿❿。東都⓫唯大行⓬乃大駕。大駕，太僕校駕⓭；法駕，黃門令⓮校駕。

【章　旨】以上具體講大駕車的規格制式和用途。

【注　釋】❶乘輿大駕　乘輿，皇帝的代稱。蔡邕《獨斷・上》：「天子至尊，不敢渫瀆言之，故托之于乘輿……或謂之車駕。」大駕，天子車駕的一種。皇帝出行，儀仗隊之規模最大者為大駕。❷公卿奉引　公卿，三公九卿的簡稱。奉引，導引車駕。❸太僕御　太僕，官名。周官有太僕，掌正王之服位，出入王命，為王左馭而前驅。秦漢沿置，為九卿之一，為天子執御，掌輿馬畜牧之事。御，駕馭車馬。❹參乘　陪乘或指陪乘之人。古代乘車，尊者在左，御者在中，一人在右陪坐，稱「參乘」或「車右」。❺屬車八十一乘　屬車，皇帝出行時的侍從車。分左中右三列行進。乘，輛。用以計算車輛的量詞。薛綜曰：「屬之言相連屬也，皆在後，為三行。」❻備　充任；代表。❼西都行祠天郊　西都，東漢都洛陽，因稱西漢舊都長安為西都，故城在今西安市西北。亦為西漢的代稱。天郊，古代祭天禮。❽甘泉　宮名。故址在今陝西淳化西北甘泉山。本秦宮，漢武帝建元年間增廣之。❾注　注記；記載。❿鹵簿　古代帝王駕出時扈從的儀仗隊。因出行之目的不同，儀仗亦各別。自漢以後，亦用於后妃、太子、王公大臣。也指對儀仗次第要求的注記。此處即指後者。蔡邕〈表志〉曰：「國家舊章，而幽僻藏蔽，莫之得見。」⓫東都　即洛陽。亦代指東漢。⓬大行　古代稱剛死而尚未定諡號的皇帝、皇后。⓭校駕　檢查車駕。校，查點；檢查。⓮黃門令　官名。西漢少府屬官有此職，東漢因之。秩六百石，宦者充任，主省中諸宦者。

【語　譯】皇帝出行的大駕，由公卿導引車駕，太僕駕馭車，大將軍在右邊陪乘。後面隨行的屬車有八十一輛，用來代表千乘萬騎。西漢時長安行祭天禮，就用甘泉宮儲備的大駕所需的儀仗物品。官府對大駕出行的規模要求都有記載，稱之為甘泉鹵薄。東漢只有皇帝、皇后死去才有大駕出行。大駕，由太僕檢查車駕；法駕，由黃門令檢查車駕。

乘輿法駕，公卿不在鹵簿中。河南尹❶、執金吾❷、雒陽令奉引❸，奉車郎御，侍中❹參乘。屬車三十六乘。前驅有九斿雲䍐❺，鳳皇闟戟❻，皮軒鸞旗❼，皆大夫載。鸞旗者，編羽旄❽，列繫幢❾旁。民或謂之雞翹❿，非也。後有金鉦黃鉞⓫，黃門鼓車⓬。

古者諸侯貳車⓭九乘。秦滅九國，兼其車服，故大駕屬車八十一乘，法駕半之。屬車皆皁蓋赤裏，朱轓，戈矛弩箙，尚書、御史所載⓮。最後一車懸豹尾⓯，豹尾以前比省中⓰。

【章　旨】以上具體記述法駕的規格制式。

【注　釋】❶河南尹　東漢時期官職。東漢建都於河南郡洛陽縣，為提高河南郡的地位，其長官不稱太守而稱尹，掌管洛陽附近的二十一縣。❷執金吾　秦漢時率禁兵保衛京城和宮城的官員。本名中尉。其所屬兵卒也稱為北軍。武帝太初元年（西元前一〇四年），改名為執金吾。王莽時改名奮武，東漢時復稱執金吾。❸奉引　為皇帝前導引車。❹侍中　古代職官名。秦始置，兩漢沿置。秦漢之時，侍中為少府屬下宮官群中直接供皇帝指派的散職；西漢時又為正規官職外的加官之一，文武大臣加上侍中之類名號可入禁中受事。西漢武帝以降，地位漸高，等級直超過侍郎。❺前驅有九斿雲罕　前驅，猶前導。九斿雲罕，九乘遊車與雲罕車。斿，同「遊」。徐廣曰：「斿車有九乘。」前史不記形也。武王克紂，百夫荷罕旗以先驅。❻鳳皇闟戟　鳳皇，同「鳳凰」。車名。帝王所乘之車。因以鳳凰為飾，故名。薛綜曰：「闟之言函也，取四戟函車邊。」應劭《漢官・鹵簿圖》曰：「乘輿大駕，則御鳳皇車，以金根為列。」闟戟，古兵器名。長戟。❼皮軒鸞旗　皮軒，以虎皮為飾的軒車，用於前驅。軒，為一種供大夫乘坐前頂較高而有帷幕的車。劉昭注引胡廣曰：「皮軒，以虎皮為軒。郭璞曰『皮軒革車』，或曰即《曲禮》『前有士師，則載虎皮。』」鸞旗，亦作「鸞旂」。用於天子儀仗，因上飾鸞鳥，故名。劉昭注引胡廣曰：「鸞旗，以銅作鸞鳥車衡上。」與本志不同。❽羽旄　鳥羽和旄牛尾。❾幢　一種旌旗。垂筒形，飾有羽毛錦繡。古時常在軍事指揮、儀仗行列、舞蹈表演中使用。❿雞翹　雞尾之曲垂者。⓫黃鉞　飾以黃金的長柄斧子。天子所用。後世遂作為帝王之儀仗。有時遣大臣出師，亦假以黃鉞以示威重。《司馬法》曰：「夏執玄鉞，殷執白鉞，周杖黃鉞。」鉞，古兵器。圓刃，青銅制。形似斧而較大。盛行於殷周時。又有玉石製的，多用於禮儀。⓬黃門鼓車　王先謙《後漢書集解》引黃山注：「此車載黃門鼓吹樂人也。漢樂人皆曰鼓員，見《前書・禮樂志》。故車亦曰鼓車，實即鼓吹車。」⓭貳車　副車。⓮御史所載　薛綜曰：「侍御史載之。」⓯豹尾　即豹尾車。因最後一輛屬車懸豹尾，故名。⓰比省中　等同於宮禁之中。省中，即禁中。因漢元帝王皇后父大司馬陽平侯名禁，當時避之，改稱省中。劉昭注引《小學漢官篇》曰：「豹尾過後，罷屯解圍。」胡廣曰：「施于道路，豹尾之內為省中，故須過後，屯圍乃得解，皆所以戒不虞也。《淮南子》曰『軍正執豹皮，所以制正其觿』，《禮記》『前載虎皮』，亦此之義類。」

【語　譯】皇帝出行的法駕，公卿不在扈從帝王的儀仗隊伍中。河南尹、執金吾和洛陽令導引車駕，奉車郎駕車，侍中在右邊陪乘。法駕後面是三十六輛隨從車，前驅車有九斿雲罕車，載長戟的鳳凰車，設置鸞旗的皮軒車，各九輛，都是大夫乘坐。所謂鸞旗，就是編列羽旄，把它們按順序固定在幢的周圍。百姓中有人把這種鸞旗叫作雞翹，是不對的。後面有載金鉦和黃鉞的車，還有黃門鼓吹車。

古代諸侯有副車九輛。秦滅掉九個諸侯國以後，兼有這些國家的車服，所以大駕儀仗的隨從車規定為八十一輛，法駕的隨從車是大駕的一半左右。隨從車都是黑色車蓋、紅色蓋裡，朱色車輜，上面有戈矛弩箙，尚書、侍御史乘坐。最後一輛車上懸掛豹尾，豹尾車以前的儀仗隊等同於宮禁之內。

行祠天郊以法駕，祠地❶、明堂省什三❷，祠宗廟❸尤省，謂之小駕❹。每出，太僕奉駕上鹵簿，中常侍、小黃門副❺；尚書主者，郎令史❻副；侍御史，蘭臺令史❼副。皆執注❽，以督整❾車騎，謂之護駕❿。春秋上陵⓫，尤省於小駕，直事⓬尚書一人從，其餘令以下，皆先行後罷⓭。

【章　旨】以上具體記述小駕儀仗的規格形式。

【注　釋】❶祠地　祭地。天子祭祀地神。❷明堂省什三　明堂，古代帝王宣明政教的地方。凡朝會、祭祀、慶賞、選士、養老、教學等大典，都在此舉行。省什三，減少十分之三。指減少法駕儀仗。❸宗廟　天子、諸侯祭祀祖宗的廟宇。❹小駕　皇帝車駕中儀仗規模最小的一種。❺中常侍小黃門副　中常侍，西漢時皇帝近臣，給事左右，職掌顧問應對。為加官。西漢前期只有常侍之名，中常侍之名出現於西漢晚期。東漢時，中常侍成為有具體職掌的官職。其秩為千石，後又增為比二千石，多以宦者擔任此職。小黃門，漢代低於黃門侍郎一級的宦官。後泛指宦官。副，輔助；副手。❻郎令史　郎，此指尚書郎。官名。東漢始置。初從尚書台令史中選撥，後從孝廉中選取。令史，官名。此指尚書的屬吏，秩二百石。❼侍御史二句　侍御史，官名。秦置，漢沿設，在御史大夫之下。受命御史中丞，接受公卿奏事，舉劾非法。蘭臺令史，御史中丞的屬官，秩六百石。蘭臺，漢代宮內收藏典籍的機構。❽注　儀注。即鹵簿。❾督整　督率整頓。❿護駕　古時皇帝出行，有關官員對皇帝所乘車騎和隨行人員進行安全檢查。⓫上陵　帝王到祖先陵墓進行祭祀。⓬直事　謂值班。⓭罷　返回；離開。

【語　譯】舉行祭天儀式時用法駕，祭地和明堂大典時的儀仗比法駕減少十分之三，祭祀宗廟時儀仗更少，這叫作小駕。每次小駕儀仗出行，太僕主持車駕事宜，查驗儀仗，中常侍和小黃門做副手輔助太僕；尚書主管車駕儀仗時，尚書郎和尚書令史做副手；侍御史主管車駕儀仗時，蘭臺令史為副手。都拿著鹵薄，來督察整頓車騎，這稱作護駕。春秋兩季帝王祭祀祖先陵墓時，儀仗比小駕更少，只有值班尚書一人隨從車駕，其餘令以下的官員，都提前先行拜祭在帝王車駕之後離開。

輕車，古之戰車❶也。洞朱❷輪輿，不巾❸不蓋，建矛戟幢麾，輣輒❹弩服。藏在武庫❺。大駕、法駕出，射聲校尉❻、司馬吏士載，以次屬車，在鹵簿中。諸車有矛戟，其飾幡斿旗幟皆五采❼，制度從周禮❽。吳孫兵法❾云：「有巾有蓋，謂之武剛車。」武剛車者，為先驅❿。又為屬車輕車，為後殿⓫焉。

【章　旨】以上具體講輕車的規格制式和出行位置。

【注　釋】❶戰車　又稱兵車。盛行於春秋、戰國。每輛配有一定數量的將士，故往往用戰車數量計算兵力。現泛指作戰用的車輛。❷洞朱　通紅。❸巾　帷幕。❹輒　可能為衍文。❺武庫　儲藏兵器的倉庫。❻射聲校尉　官名。漢武帝置。八校尉之一，掌待詔射聲，秩比二千石。射聲意為善射。東漢時屬北軍中候，領宿衛兵，秩比二千石。❼幡斿旗幟皆五采　幡斿，垂旒的長旗。幡，旗幟。五采，指青、黃、赤、白、黑五種顏色。❽制度從周禮　制度，規定。周禮，亦稱《周官》或《周官經》。西漢末列為經而屬於禮，故有《周禮》之名。係搜集周王室官制和戰國時代各國制度，附以儒家政治理想，增減排比而成的彙編。其中〈冬官司空〉早佚，漢時補以〈考工記〉。❾吳孫兵法　即春秋時吳王闔閭將領孫武所著《兵法》一書。孫武，字長卿。齊人，中國古代著名軍事家。❿先驅　先鋒；前導。⓫後殿　即殿後，行軍時居於尾部者。

【語　譯】輕車，是古代的戰車。車輪和車身都是朱紅色，車上沒有帷幕沒有車蓋，設有矛戟、幢旗和麾旗，以及盛放箭弩的設施。平時藏在武器庫裡。大駕和法駕出行，射聲校尉、司馬吏士乘坐，位置在隨從車之後，在儀仗隊中。各車都有矛戟，車上所裝飾的幡斿旗幟都是五采，制度按照《周禮》。吳國孫武的《兵法》上說：「有帷幕有車蓋，稱之為武剛車。」武剛車在儀仗中是前驅車。又是車駕出行時隨從車中的輕車，是殿後的車。

大使車❶，立乘，駕駟❷，赤帷。持節❸者，重導從❹：賊曹車❺、斧車、督車❻、功曹車❼皆兩；大車❽，伍伯璅弩❾十二人；辟車❿四人；從車⓫四乘。無節，單導從，減半。

【章　旨】以上具體記述大使車的規格形制和用途。

【注　釋】❶大使車　使者所乘之車。為使車中之大者。❷駟　古代一車套四馬，因以稱四馬之車或車之四馬。❸持節　古代使臣出使，必持符節以為憑證。節，符節。❹重導從　重，雙重。導從，古代帝王、貴族、官僚出行時，其前驅者稱導，後隨者稱從，因謂之導從。❺賊曹車　賊曹所乘之車。賊曹，官名。東漢太尉屬官以及各郡縣置賊曹，主盜賊事。斧車，載斧之車。皇帝的重要使者出行時用作導引。❻督車　古代的一種車子。未詳所指。❼功曹車　功曹所乘之車。功曹，官名。漢代郡守有功曹史，簡稱功曹，除掌人事外，得以參預一郡的政務。❽大車　古代乘用的牛車。亦特指大夫所乘之車。❾伍伯璅弩　伍伯，役卒。漢代為輿衛前導。璅弩，亦作「瑣弩」。連弩。❿辟車　古代在車前清道者。謂使行人避開王及諸侯之車。⓫從車　扈從之車；跟從的車。

【語　譯】大使車，立乘，駕四匹馬，赤色帷幕。持節的官員乘坐時，用雙重的前驅車和隨從車；賊曹車、斧車、督車、功曹車都是兩輛；大車上載乘坐手持連弩的役卒十二人；在車前清道的四人；扈從車四輛。沒有持節的官員乘坐，導引車和隨從車都是一輛，比持節官員少一半。

1 小使車，不立乘，有騑，赤屏泥油❶，重絳帷❷。導無斧車。

2 近小使車，蘭輿❸赤轂，白蓋赤帷❹。從騶騎❺四十人。此謂追捕考案❻，有所勑取❼者之所乘也。

3 諸使車皆朱班輪，四輻，赤衡軛。其送葬，白堊❽已下，洒❾車而後還。公、卿、中二千石、二千石，郊廟❿、明堂、祠陵，法出⓫，皆大車，立乘，駕駟。他出，乘安車。

【章　旨】以上具體講小使車、近使車的規格形制和乘坐規定。

【注　釋】❶赤屏泥油　指車軾前設置的赤色屏泥油布。舊時官吏的車子，下邊都有用赤油布做的拖泥，即其遺制。❷絳帷　紅色帷幕。絳，深紅色。❸蘭輿　指欄檻式車箱。蘭，通「欄」。遮欄。❹赤帷　赤色帷帳。❺騶騎　隨從的騎士。古時為王公貴族養馬並主駕車的人稱「騶」。後作騎士，故稱「騶騎」。❻考案　考察按驗；拷問查究。❼勑取　奉命捉拿。勑，同「敕」。自上命下之詞。漢世凡尊長或官長告誡子孫或僚屬，皆稱敕。南北朝後始專指皇帝詔書。❽白堊　白土。石灰岩的一種。俗稱白土子。❾洒　洗滌。❿郊廟　祭天地和祭宗廟。⓫法出　天子車駕出行。法，天子五路，法車。

【語　譯】小使車，不立乘，有騑馬，車前有赤色遮罩泥土的油布，有雙層的絳紅色帷幕。前驅車中沒有斧車。

2 近小使車，有欄檻式車箱和赤色車轂，白色車蓋和赤色帷幕。隨從騶騎四十人。這是追捕犯人或考察按驗官吏，按照朝廷命令捕獲罪犯的官員乘坐的車。

3 各種使車都繪有朱色花紋的車輪，四根車輻，赤色車衡和車軛。如果乘使車送葬，當用白堊塗飾，完事後，洗淨車然後返回。公、卿、中二千石和二千石，祭祀天地和宗廟、明堂大典、祭祀先帝陵墓，隨從天子車駕出行時，都乘坐使車中的大車，立乘，駕四匹馬。其他出行，乘安車。

大行載車，其飾如金根車，加施組❶連璧❷交絡四角，金龍首銜璧，垂五采，析羽流蘇❸前後，雲氣❹畫帷裳，虡文畫曲轓，長懸車等。太僕御，駕六布施馬。布施馬者，淳白駱馬❺也，以黑藥灼其身為虎文。既下，馬斥賣❻，車藏城北祕宮，皆不得入城門。當用，太僕考工乃內飾治，禮吉凶不相干也。

【章旨】以上具體講載車的規格形制、用途、儲藏和維修。

【注釋】❶組　絲帶。❷連璧　並列的美玉。❸流蘇　用彩色羽毛或絲線等製成的穗狀垂飾物。❹雲氣　雲霧；霧氣。❺淳白駱馬　淳，通「純」。駱馬，白身黑鬣馬。❻斥賣　出賣。

【語譯】大行載車，車上的裝飾和金根車相同，另外在車上加有用絲帶穿繫的美玉交織在四角，有金龍頭口裡銜著玉璧，懸垂五彩纓穗，車的前後都有用彩色羽毛製成的穗狀垂飾物，在車帷幔上畫著雲形圖案，在曲轓上畫著鹿頭龍身花紋，長度和懸掛的高度與車身相等。太僕駕車，車上駕六匹布施馬。所謂布施馬，就是純白色駱馬，在馬身上用黑色藥物灼染成虎皮紋飾。當棺槨下葬之後，把馬賣掉，把車藏在城北的祕宮裡，無論車和馬都不准進入京城城門。當再需要用這輛車時，太僕和考工就到祕宮去修飾整治，至於是吉禮使用還是凶禮使用都沒關係。

公卿以下至縣三百石長導從，置門下五吏❶、賊曹、督盜賊功曹，皆帶劍，三車導；主簿❷、主記❸，兩車為從。縣令以上，加導斧車。公乘安車，則前後并馬立乘。長安、雒陽令及王國都縣加前後兵車，亭長❹，設右騑，駕兩。璅弩車前伍伯，公八人，中二千石、二千石、六百石皆四人，自四百石以下至二百石皆二人。黃綬❺，武官伍伯，文官辟車。鈴下、侍閤、門蘭、部署、街里走卒❻，皆有程品❼，多少隨所典領❽。驛馬❾三十里一置，卒皆赤幘絳韝❿云。

古者軍出，師旅⓫皆從；秦省其卒，取其師旅之名焉。公以下至二千石，騎吏⓬四人，千石以下至三百石縣長⓭，二人，皆帶劍，持棨戟⓮為前列，揵弓韣九鞬⓯。諸侯王法駕，官屬傅相⓰以下，皆備鹵簿，似京都官騎⓱，張弓帶鞬，遮迾出入稱促⓲。列侯，家丞、庶子⓳導從。若會耕祠⓴，主縣假㉑給辟車鮮明㉒卒，備其威儀㉓。導從事畢，皆罷所假。

【章　旨】以上具體講導從車的規格形制、配置和使用時的要求。

【注　釋】❶五吏　上古軍隊中的五種文官。❷主簿　官名。漢代中央及郡縣官署多置之。其職責為主管文書，辦理事務。至魏晉時漸為將帥重臣的主要僚屬，參與機要，總領府事。❸主記　猶記室。掌管文書的官吏。❹亭長　鄉官名。秦漢時在鄉村每十里設一亭，置亭長，掌治安，捕盜賊，理民事，兼管停留旅客。此外設於城內或城廂的稱「都亭」，設於城門的稱「門亭」，均置亭長，其職掌與鄉閭亭長同。劉昭注引《纂要》，雒陽亭長，車前吹管。❺黃綬　黃色的繫印絲帶。漢制，比二百石以上至四百石官，皆銅印黃綬。❻鈴下侍閤句　鈴下，指侍衛、門卒。以其在鈴閣下，有警則掣鈴以呼，故名。侍閤、門蘭、部署，皆吏卒。街里，街坊里巷。走卒，指供人驅使的隸卒、差役。❼程品　規定；規範。❽典領　主管。❾驛馬　驛站的馬。供傳遞公文者及來往官員使用。劉昭案：東晉猶有郵驛共置，承受傍郡縣文書。有郵有驛，行傳以相付。縣置屋二區。有承驛吏，皆條所受書，每月言上州郡。《風俗通》曰：「今吏郵書掾、府督郵，職掌此。」❿赤幘絳韝　幘，包紮髮髻的巾。韝，臂套。用皮製成，用以束衣袖，用於射箭駕鷹。⓫師旅　古代軍隊的編制。《詩・黍苗》：「我徒我御，我師我旅。」鄭玄箋：「五百人為旅，五旅為師。」後因用以指軍隊。⓬騎吏　出行時隨侍左右的騎馬吏員。⓭千石以下至三百石縣長　縣長，一縣之行政長官。秦漢時人口萬戶以上的稱縣令，萬戶以下的稱「縣長」，秩五百至三百石。⓮棨戟　有繒衣的戟。古時官吏出行時用作前導的儀仗。⓯揵弓韣九鞬　揵，謂以肩舉物。韣，弓袋。亦解作弓套；弓衣。鞬，馬上盛弓矢的器具。⓰傅相　古稱輔導國君、諸侯王之官。漢諸侯國有太傅，景帝中五年令諸侯王不得治國，改丞相曰相，通稱傅相。⓱京都官騎　京都，京師；國都。官騎，皇室的騎兵。⓲遮迾出入稱促　遮迾，亦作「遮列」。列隊遮攔，以禁止行人。稱促，猶「稱娖」。行列整齊貌。⓳家丞庶子　家丞，官名。漢代太子家令的輔佐官。諸侯國亦設此職。主管家事。歷代相沿。庶子，周代司馬的屬官。掌諸侯、卿大夫之庶子的教養等事。秦因之，置中庶子、庶子員。⓴耕祠　猶耕藉。古時每年春耕前，天子、諸侯舉行儀式，親耕藉田，種植供祭祀用的穀物，並以示勸農。歷代皆有此制，稱為耕藉禮或籍田禮。㉑假　借。㉒鮮明　猶精明。㉓威儀　指皇帝出行的儀仗、扈從。

【語　譯】公卿以下至縣三百石官員出行時的前驅和後從儀仗，安排門下五吏、賊曹、督盜賊功曹為侍從官，都佩帶劍，分乘三輛車做前導；主薄、主記，分乘兩輛車做後從。縣令以上的官員，增加一輛前導的斧車。公爵乘安車出行，前後的儀仗車都是並排駕兩匹馬，乘車人立乘。長安令、洛陽令及王國都縣的令長出行，前驅和後從都增加兵車，亭長，乘車有右騑馬，共兩匹馬駕車。璅弩車前的役卒，公用八人，中二千石、二千石、六百石官都用四人，自四百石以下至二百石官員都用二人。黃綬一級的武官出行；前導用役卒，黃綬一級的文官出行，車前使用清道的人。鈴下、侍閤、門蘭、部署、街里走卒，使用這些人的數量都有規定，多少隨所屬部門決定。每三十里設一處驛站，備有驛馬，驛卒都頭戴赤色幘巾，手臂上戴絳色皮革臂套。

古時侍衛軍出行，師旅全部隨從；秦朝減省兵卒，只取師旅的名稱。公以下至二千石官員出行，侍從騎吏四人，一千石以下至三百石縣長出行，侍從騎吏二人，都佩帶劍，手持棨戟為前導，肩挎九副弓箭。諸侯王法駕出行，諸侯國太傅、相國以下的官員，都充任儀仗，好像京城的官騎，張弓帶韃，列隊遮攔行人出入，使儀仗行列非常整齊。列侯出行，家丞、庶子做前導和後從。如果遇上天子親耕祭祀先農時，主持此事的縣邑借給清道用的衣著鮮明的士卒，以符合帝王儀仗的威儀。前驅和後從之事結束，便全部退還借用的士卒。

諸車之文：乘輿，倚龍伏虎❶，櫎文畫輈，龍首鸞衡，重牙班輪，升龍飛軨❷。皇太子、諸侯王，倚虎伏鹿，櫎文畫輈轓，吉陽筩，朱班輪，鹿文飛軨，旂旗九斿降龍。公、列侯，倚鹿伏熊，黑轓，朱班輪，鹿文飛軨，九斿降龍。卿，朱兩轓，五斿降龍。二千石以下各從科品❸。諸轓車以上，軛皆有吉陽筩。

諸馬之文：案乘輿，金錽方釳，插翟象鑣❹，龍畫總❺，沫❻升龍，赤扇汗❼，青兩翅，鷰尾❽。騑馬❾，左右赤珥❿流蘇，飛鳥⓫節，赤膺兼⓬。皇太子或亦如之。王、公、列侯，鏤錫文髦，朱鑣朱鹿，朱文，絳扇汗，青翅鷰尾。卿以下有騑者，緹⓭扇汗，青翅尾，當盧⓮文髦，上下皆通。中二千石以上及使者⓯，乃有騑駕云。

【章旨】以上綜述各種等級車馬的飾物、紋飾和圖形。

【注釋】❶伏虎　蹲伏著的老虎。❷飛軨　車軸頭的飾物。以八寸寬的橘紅色粗綢繫於軸頭，長接地，上畫有文飾。二千石的飛軨無畫。劉昭注引薛綜曰：「飛軨，以緹油廣八寸，長注地，畫左蒼龍右白虎，繫軸頭。二千石亦然，但無畫耳。」❸科品　法制；定規。❹象鑣　《爾雅注》曰：「鑣，馬勒旁鐵也。」此用象牙。❺總　同「總」。裝飾性的絲帶、流蘇。古代車馬之飾。❻沬　未詳何義。前人或疑為錯簡。❼扇汗　纏在馬口所銜的鐵鑣旁的飾巾，漢人名扇汗。劉昭注引《毛傳》曰：「人君以朱纏鑣扇汗，且以為鑣飾。」❽鷰尾　燕尾分叉像剪刀，因用以摹狀端隊分叉的物什。鷰，同「燕」。❾駙馬　副車之馬；駕轅之外的馬。❿珥　珠玉做的耳飾。也叫瑱、璫。⓫飛鳥　飛動的鳥類。亦泛指鳥類。⓬膺兼　當胸的馬帶。⓭緹　橘紅色；淺絳色。⓮當盧　亦作「當顱」。馬首的鏤金飾物。因飾於馬額中央，故稱。⓯使者　奉命出使的人。

【語　譯】各種車上的裝飾圖案：天子的車，車箱兩旁的橫木上裝飾倚龍，車軾裝飾伏虎，車輢畫虎頭龍身紋，車軛畫龍頭銜鸞雀，雙層車輞，車輪有花紋，車軸頭上畫升龍。皇太子、諸侯王的車，車較裝飾倚虎，車軾裝飾伏鹿，車輢和車轓上畫鹿頭龍身紋，車軛上有吉祥筒，朱色斑紋車輪，車軸頭上畫有鹿形圖案，旌旗上飾有九條旗飾，畫著降龍。公、列侯的車，車較裝飾倚鹿，車軾裝飾伏熊，黑色車轓，朱色斑紋車輪，車軸頭上畫有鹿形圖案，旌旗上飾有九條旗飾，畫著降龍。卿的車，兩側車轓都是朱色，旌旗上飾有五條旗飾，畫著降龍。二千石以下官員的車飾各自按照禮制的規定。各種轓車以上的車，車軛上都有吉祥筒。

各種馬的文飾：天子車駕所用的馬，馬頭上戴著金馬冠，馬冠後有鐵製方釳，方釳的孔裡插著野雞尾，馬嚼子兩旁是象牙馬勒，馬勒上有畫著龍形的裝飾性絲帶，還繪有沬升龍的圖形，纏在馬口所銜的象牙馬勒的赤色扇汗，上繪兩翅青色的燕尾形。副車上的馬，左右耳上都有赤色耳飾和流蘇，有飛鳥形符節，赤色胸帶。皇太子車駕的馬有時也這樣裝飾。王、公、列侯車駕的馬，馬額上有鏤金飾品，頸上長毛也染色裝飾，馬嚼兩旁飾朱紅馬勒，畫朱色鹿形，用朱紅花紋裝飾絳色扇汗，上有青翅燕尾形。卿以下官員的車駕有騑馬的，用緹色扇汗，上有青翅燕尾，馬額上有鏤金飾品，染飾鬃毛，上下官員都通用。中二千石以上官員和使者，才有騑馬駕車。

志第三十

輿服下

冕冠 長冠 委貌冠 皮弁冠 爵弁冠 通天冠 遠遊冠 高山冠 進賢冠 法冠 武冠 建華冠 方山冠 巧士冠 卻非冠 卻敵冠 樊噲冠 術氏冠 鶡冠 幘 佩 刀 印 黃赤綬 赤綬 綠綬 紫綬 青綬 黑綬 黃綬 青紺綬 后夫人服

上古穴居❶而野處❷，衣❸毛而冒❹皮，未有制度。後世聖人易之以絲麻❺，觀翬翟❻之文，榮華❼之色，乃染帛以效之，始作五采❽，成以為服。見鳥獸有冠角頾胡❾之制，遂作冠冕纓蕤❿，以為首飾⓫。凡十二章⓬。故易⓭曰：「庖犧氏之王天下也⓮，仰觀象⓯於天，俯觀法⓰於地，觀鳥獸之文，與地之宜⓱，近取諸身，遠取諸物，於是始作八卦⓲，以通神明⓳之德，以類⓴萬物之情。」黃帝堯舜垂衣裳而天下治㉑，蓋取諸乾巛㉒。乾巛有文，故上衣玄㉓，下裳黃。日月星辰，山龍華蟲㉔，作繢宗彝㉕，藻火粉米㉖，黼黻絺繡㉗，以五采章施于五色作服㉘。天子備章㉙，公自山以下㉚，侯伯自華蟲以下，子男自藻火以下，卿大夫自粉米以下。至周而變之，以三辰㉛為旂旗。王祭上帝㉜，則大裘㉝而冕；公侯卿大夫之服用九章以下㉞。秦以戰國㉟即天子位，滅去禮學㊱，郊祀之服皆以袀玄㊲。漢承秦故㊳。至世祖踐祚㊴，都于土中㊵，始修三雍㊶，正兆七郊㊷。顯宗遂就大業㊸，初服旒㊹冕，衣裳文章㊺，赤舄絇屨㊻，以祠㊼天地，養三老五更㊽於三雍，于時致治平㊾矣。

【章旨】以上從古代服飾產生的過程，說明色彩圖案與天地自然的密切聯繫，並通過不同等級享用不同華章的禮制，論說服飾對於治理天下的作用。

【注釋】❶穴居　營窟而居。穿土而居其中。❷野處　棲息野外。指上古時期人們學會構建房屋之前的居住方式。❸衣　穿。❹冒　覆蓋；戴。❺絲麻　絲與麻。❻翬翟　泛指雉科鳥類。翬，五彩山雞。翟，長尾山雞。❼榮華　草木茂盛、開花。❽五采　指青、黃、赤、白、黑五色。古代以此五色為正色。❾䫇胡　頰鬚與頷下垂肉。亦專指頰鬚。䫇，同「髯」。❿冠冕纓蕤　冠，帽子的總稱。冕，古代帝王、諸侯、卿大夫所戴的禮帽。纓，繫冠的帶子。蕤，通「緌」。指纓緌等下垂的飾件。⓫首飾　戴在頭上的裝飾品。⓬十二章　古代天子之服繪繡的十二種圖象。衣繪日、月、星辰、山、龍、華蟲，稱上六章；裳繡宗彝、藻、火、粉米、黼、黻，稱下六章。⓭易　《周易》的簡稱。亦稱《易經》。儒家經典之一。相傳為周人所作，故名。內容有「經」、「傳」兩大部分。據近人研究，大抵「經」作於商末周初，「傳」作於春秋、戰國之間，是集體完成的作品。下面引文見《易・繫辭下傳》。⓮庖犧氏之王天下也　庖犧氏，即「伏羲」。古代傳說中的三皇之一。王，統治；稱王。⓯觀象　觀測天象。⓰觀法　觀察法度。⓱宜　指地形與地物的合理狀態。⓲八卦　《周易》中的八種具有象徵意義的基本圖形，每個圖形用三個分別代表陽的「一」（陽爻）和代表陰的「--」（陰爻）組成。名稱是：乾、坤、震、巽、坎、離、艮、兌。相傳是伏羲所作。《易傳》作者認為八卦主要象徵天、地、雷、風、水、火、山、澤八種自然現象，並認為「乾」、「坤」兩卦在八卦中占特別重要的地位，是自然界和人類社會一切現象的最初根源。八卦中，乾與坤、震與巽、坎與離、艮與兌是四個矛盾對立的形態。傳說周文王將八卦互相組合，又得六十四卦，用來象徵自然現象和社會現象的發展變化。八卦本是反映古代人們對現實世界的認識，具有樸素的辯證法因素，自被用為卜筮的符號，逐漸帶上神祕的色彩。⑲神明　天地間一切神靈的總稱。⑳類　相似；像。㉑黃帝堯舜句　黃帝，傳說中的中原各族的共同祖先。堯，傳說中古帝陶唐氏之號。舜，五帝之一，傳說中我國父系氏族社會後期部落聯盟的賢明首領。垂衣裳，謂定衣服之制，示天下以禮。後用以稱頌帝王無為而治。衣裳，古時衣指上衣，裳指下裙。男女皆服。㉒乾巛　即「乾坤」。稱天地。巛，古「川」字。借指地。㉓玄　赤黑色。後多用以指黑色。㉔山龍華蟲　山龍，指古代袞服或旌旗上的山、龍圖案。華蟲，雉的別稱。劉昭注引鄭玄曰：「華蟲，五色之蟲。《周禮．繢人職》曰『鳥獸蛇雜四時五色之位以章之』，謂是也。」㉕作繢宗彝　劉昭注引《古文尚書》「繢」作「會」。孔安國曰：「以五采成此畫焉。」宗廟彝樽，亦以山、龍、華蟲為飾。繢，同「繪」。繪畫。宗彝，宗廟祭祀所用的酒器。因宗彝常以虎、蜼二獸為圖飾，故此處借指天子祭服上所繡虎、蜼的圖象。蜼，一種長尾猿。㉖藻火粉米　藻火，水藻及火焰形圖紋。粉米，白色米形花紋。劉昭注引孔安國曰：「藻，水草有文者。火為火字，粉若粟冰，米若聚米。」㉗黼黻絺繡　黼黻，白黑相間的斧形花紋和黑青相間的亞形花紋。絺繡，刺繡。絺，通「黹」。做針線；刺繡。劉昭注引孔安國曰：「黼若斧形。黻為兩己相背。葛之精者曰絺。五色備曰繡。」杜預注《左傳》曰：「白與黑謂之黼，黑與青謂之黻。」㉘五采章施于五色作服　五采，此指五種顏料。章，亦作「彰」。顯明。作服，作尊卑之服。劉昭注引孔安國曰：「以五采明施于五色，作尊卑之服。」㉙備章　用所有十二章。劉昭注引鄭玄《周禮注》曰：「此古天子冕服十二章。」㉚公自山以下　公，爵位名。古代爵位分五等：公、侯、伯、子、男。山以下，指十二章中的山章以下。㉛三辰　日、月、星。㉜上帝　天帝。㉝大裘　黑羔裘。天子祭天禮服。劉昭注引鄭衆曰：「大裘，羔裘。服以祀天，示質也。」㉞九章以下　指十二章中「山」以下。㉟戰國　謂各治一方、互相交戰的國家。㊱禮學　禮經；禮書之學。㊲郊祀之服皆以袀玄　郊祀，古代於郊外祭祀天地，南郊祭天，北郊祭地。郊謂大祀，祀為群祀。袀，玄黑色（服裝）。㊳秦故　秦代時的祭祀制度。㊴世祖踐祚　世祖，光武帝劉秀（西元前六－西元五七年）的廟號。東漢王朝的建立者。西元二五－五七年在位。本書卷一有紀。踐祚，亦作「踐阼」。走上阼階主位。古代廟寢堂前兩階，主階在東，稱阼階。阼階上為主位。故踐祚指登基，即位。㊵土中　四方的中心地區。謂都洛陽。㊶三雍　亦稱「三雍宮」。漢時對辟雍、明堂、靈臺的總稱。為天子舉行祭祀的地方。㊷正兆七郊　兆，古代設於四郊的祭壇。七郊，統稱古代在郊外祀五帝（東方青帝、南方赤帝、西方白帝、非方黑帝、中央黃帝）及天地的祭祀。㊸顯宗遂就大業　顯宗，即明帝劉莊（西元二八－七五年）。東漢第二代皇帝。西元五七－七五年在位。本書卷二有紀。大業，大功業；大事業。亦指帝業。㊹旒　亦作「斿」、「瑬」。冕冠前後懸垂的玉串。玉串的數量因等級而有別。㊺文章　指錯雜的色彩和花紋。㊻赤舄絇屨　赤舄，古代天子、諸侯所穿的以木為複底的赤色的鞋。舄，亦作鞋的通稱。絇屨，有絇飾的鞋。絇，飾於鞋頭，有孔，可穿繫鞋帶。屨，單底鞋。多以麻、葛、皮等製成。後亦泛指鞋。㊼祠　祭祀。㊽三老五更　古代設三老五更之位，天子以父兄之禮養之。三老五更各一人，選已退職的高級官員中德行年歲高者充任。㊾治平　謂政治清明，社會安定。

【語譯】上古時代的人類住在洞穴裡生活在野外，穿戴的都是野獸的毛皮，沒有什麼樣式和制度。後代的聖人用絲麻代替了獸皮，看到五彩雉、長尾雉等雉類身上的花紋，草木花朵盛開時的絢麗色彩，就將布帛染上顏色來仿效它們，開始研製出青黃赤黑白五種顏色，然後用染了色的布帛做成衣服。看見鳥獸頭上有冠角和兩頰有鬍鬚的樣式，就研製出冠、冕、纓、蕤，來作為頭部的裝飾。用於衣裳繪繡圖象的共有十二種圖案。所以《易》說：「庖犧氏稱王天下時，仰面觀察天象而取象於天，俯身觀察地上萬物而取法於地，察看鳥獸身上的紋理色彩，以及地形地物的合理狀態，從近處取象於人的自身，從遠處取象於各種物體，於是開始創作八卦，用它通達神明的德能，用它類表萬物的情態。」黃帝、堯、舜確定衣裳制度示天下以禮而使天下得到大治，那是他們取法於天地的結果。天和地都有文采，所以上衣用玄色，下裳用黃色。上衣用日、月、星辰，山、龍、雉鳥六種圖象，下裳用虎或蜼、藻、火、粉米、黼文、黻文六種圖象，把五彩顏料用於布帛染成五色做成衣服。天子衣裳用所有的十二種圖案，公爵的衣裳用從山以下的九種圖案，侯爵、伯爵用從雉鳥以下的七種圖案，子爵、男爵用從藻火以下的五種圖案，卿大夫用從粉米以下的三種圖案。到周代就有變化了，用日、月、星三辰繪飾旌旗。天子祭祀上天時，穿黑羔裘而頭戴冕冠；公侯卿大夫的衣服使用第九章粉米以下的三種圖飾。秦始皇憑藉好戰的秦國統一天下，即天子位，滅去了禮學，祭祀天地時穿的祭服都用純黑色。漢代承襲秦朝的舊制。到世祖劉秀即位，建都於洛陽，開始修建辟雍、明堂、靈臺三雍，在京郊劃定祭壇界域，建造七郊祭壇用來祭祀天地和五方五帝。顯宗劉莊成就大業，皇帝和公卿、列侯等開始戴垂旒的冕冠，穿的上衣下裳都有花紋圖案，腳穿赤舄和絇屨，來祭祀天地，到三雍參加敬養三老五更的典禮，在這時國家達到政治清明、社會安定的局面。

天子、三公、九卿、特進❶侯、侍祠❷侯，祀天地明堂❸，皆冠旒冕，衣裳玄上纁❹下。乘輿備文❺，日月星辰十二章，三公、諸侯用山龍九章，九卿以下用華蟲七章，皆備五采，大佩❻，赤舄絇履，以承大祭❼。百官執事❽者，冠長冠❾，皆祇服❿。五嶽、四瀆、山川、宗廟、社稷諸沾秩祠⓫，皆袀玄長冠，五郊⓬各如方色⓭云。百官不執事，各服常冠⓮袀玄以從。

【章　旨】以上總體說明天子、三公、九卿、特進侯、侍祠侯以及百官在舉行各種祭祀活動時穿戴的衣裳顏色和冠帶配飾。

【注　釋】❶特進　官名。始設於西漢末。授予列侯中有特殊地位的人，位在三公下。東漢至南北朝僅為加官，無實職。❷侍祠　陪從祭祀。❸明堂　古代帝王宣明政教的地方。凡朝會、祭祀、慶賞、選士、養老、教學等大典，都在此舉行。❹纁　淺絳色。❺乘輿備文　乘輿，皇帝的代稱。備文，猶「備章」。❻大佩　古代繫於衣帶上的一種上有衝牙瑀璜珍珠的佩玉，詳見後注。❼大祭　古代重大祭祀之稱。包括天地之祭、禘祫之祭等。❽百官執事　百官，指公卿以下的眾官。執事，主管其事。❾冠長冠　前一冠字用為動詞，戴。長冠，劉氏冠。詳見本志。❿祇服　敬謹奉行。⓫五嶽四瀆句　五嶽，即東嶽泰山、西嶽華山、南嶽衡山、北嶽恆山、中嶽嵩山。四瀆，即長江、黃河、淮河、濟水。宗廟，古代天子諸侯祭祀祖先的廟宇。社稷，古代天子、諸侯所祭的土神和穀神。沾，沾光；受益。秩祠，即「秩祀」，依禮分等級舉行之祭。⓬五郊　謂東郊、南郊、西郊、北郊、中郊。古代禮儀，帝王於五郊設祭迎氣。立春之日，迎春於東郊，祭青帝句芒；立夏之日，迎夏於南郊，祭赤帝祝融；立秋前十八日，迎黃靈於中兆，祭黃帝后土；立秋之日，迎秋於西郊，祭白帝蓐收；立冬之日，迎冬於北郊，祭黑帝玄冥。⓭方色　五行家將東南西北中與青赤白黑黃相配，一方一色，簡稱「方色」。⓮常冠　平常戴的冠。

【語譯】天子、三公、九卿、特進侯、侍祠侯，祭祀天地和參加明堂大典時，都戴垂著旒的冕，衣裳的顏色是上衣黑色下裳淺絳色。天子衣裳的紋飾齊備，用日、月、星辰等十二種圖案，三公、諸侯用山、龍等九種圖案，九卿以下官員用雉鳥等七種圖案，衣裳的顏色都是五彩齊備，衣帶上懸繫大佩，天子、諸侯腳穿赤舄絇履，以敬奉大祭。官員中負責祭祀工作的人，戴長冠，都敬謹奉行。五嶽、四瀆、山川、宗廟、社稷等神靈因沾大祭之光而按照等級依次祭祀，負責祭祀的官員，都穿黑色祭服戴長冠，舉行東、南、西、北、中五郊之祭時禮服的顏色各如方色。百官中不主管祭祀的，各自戴常冠穿黑色祭服隨從參加祭禮。

冕冠，垂旒，前後邃延❶，玉藻❷。孝明皇帝永平❸二年，初詔有司❹采周官❺、禮記❻、尚書皐陶篇❼，乘輿服從歐陽氏❽說，公卿以下從大小夏侯氏❾說。冕皆廣七寸，長尺二寸，前圓後方，朱綠裏，玄上，前垂四寸，後垂三寸，係白玉珠為十二旒，以其綬❿采色為組纓⓫。三公諸侯七旒，青玉為珠；卿大夫五旒⓬，黑玉為珠。皆有前無後，各以其綬采色為組纓，旁垂黈纊⓭。郊天地，宗祀⓮，明堂，則冠之。衣裳玉佩備章采，乘輿刺繡，公侯九卿以下皆織成，陳留⓯襄邑⓰獻之云。

【章　旨】以上所寫內容有二：一、具體記述了漢明帝時確定的天子和公卿以下官員冕冠的規格制式、使用場合及制定這一制度的文獻依據。二、交代了天子和公卿以下官員衣裳圖案的製作工藝和製作地點。

【注　釋】❶邃延　邃，深垂。延，通「綖」。蓋在冕冠頂板上的布。❷玉藻　古代帝王冕冠前後懸垂貫以玉珠的五彩絲繩。❸永平　東漢明帝劉莊年號，西元五八—七五年。❹詔有司　詔，皇帝下達命令。有司，官吏。古代設官分職，各有專司，故稱。❺周官　即《周禮》。因與《尚書·周官》篇相混，曾改稱《周官經》。自劉歆以後稱《周禮》。❻禮記　亦稱《小戴記》或《小戴禮記》。與《周官》同為儒家經典。記載了秦漢以前各種禮儀制度。相傳為西漢戴聖編纂。❼尚書皋陶篇　尚書，亦稱《書》、《書經》。儒家經典之一。「尚」即「上」。上代以來之書，故名。是中國上古歷史文件和部分追述古代事跡著作的彙編。有今文、古文之分。皋陶篇，即《尚書》中的〈皋陶謨〉。相傳為皋陶和夏禹在虞舜前的對答、皋陶稱述施政計謀之書。❽歐陽氏　即歐陽和伯。世稱歐陽生。西漢今文尚書學「歐陽學」的開創者。《漢書》卷八十八有傳。❾大小夏侯氏　指漢代今文《尚書》學者夏侯勝及其姪夏侯建，二人都開創了自己的學派。參見《漢書·夏侯勝傳》。❿綬　絲帶。古代用以繫佩玉、官印等。綬帶的彩色常用以標誌不同的身分與等級。⓫組纓　古代繫冠的絲帶。組，絲帶。纓，繫冠之帶。⓬卿大夫五旒　劉昭注引《獨斷》曰：「三公諸侯九旒，卿七旒。」與此不同。⓭黈纊　黃綿所製的小球。懸於冠冕之上，垂兩耳旁，以示不欲妄聽是非。劉昭注引呂忱曰：「黈，黃色也。黃撓為之。」《禮緯》曰：「旒垂目，纊塞耳，王者示不聽讒，不視非也。」薛綜曰：「以珩玉為充耳也。《詩》云：『充耳琇瑩。』毛萇傳曰：『充耳謂之瑱。天子玉瑱。琇瑩，美石也。諸侯以石。』」⓮宗祀　謂對祖宗的祭祀。⓯陳留　郡名。漢置。治所在今河南開封東南。⓰襄邑　東漢縣名。原址在今河南睢縣，是當時的紡織中心。

【語　譯】冕冠，有下垂的玉串，從蓋在冕冠頂板上的黑布的前後邊沿垂下來，串玉珠用的是五彩絲繩。東漢明帝永平二年，初次詔令官吏採用《周官》、《禮記》、《尚書·皋陶篇》中有關禮服的記載，天子的服飾按照歐陽氏的說法，公卿以下官員的服制根據大、小夏侯氏的描述。冕都是寬七寸，長一尺二寸，前面圓形後面方形，朱綠色的裡襯，冕的上邊是黑色，前面懸垂的玉藻長四寸，後面懸垂的玉藻長三寸，上繫白玉珠的旒有十二條，用與天子綬帶相同的彩色作為繫冕冠的組纓的彩色。三公和諸侯的冠垂七條旒，用青玉做旒上的珠；卿大夫的冠垂五條旒，用黑玉做旒上的珠。都是有前旒沒有後旒，各自以他們綬帶的彩色作為組纓的彩色，冠的兩側垂有用黃色絲綿製成的球狀飾物。郊祀天地，祭祀宗廟，舉行明堂大典，就戴這種冕冠。衣裳和玉佩上的圖案色彩都按制度規定齊備，天子衣裳的圖案是刺繡出來的，公侯九卿以下官員衣裳上的圖案都是織成的，陳留郡襄邑縣貢獻這些服飾。

長冠，一曰齋冠，高七寸，廣三寸，促漆纚❶為之，制❷如板，以竹為裏。初，高祖微時❸，以竹皮為之，謂之劉氏冠，楚冠制也。民謂之鵲尾冠，非也。祀宗廟諸祀則冠之。皆服袀玄，絳緣領袖為中衣❹，絳絝韎❺，示其赤心❻奉神也。五郊，衣幘絝韎各如其色。此冠高祖所造，故以為祭服，尊敬之至也。

【章旨】以上記述長冠的形制、冠名的來歷和冠的用途。

【注釋】❶促漆纚　促，縮短；收縮。漆纚，黑色束髮的帛。纚，束髮的帛。❷制　樣式。❸高祖微時　高祖，即劉邦（西元前二五六—前一九五年，一作西元前二四七—前一九五年）。西漢開國皇帝，西元前二〇二年—前一九五年在位。《漢書》卷一有紀。微時，卑賤未顯達之時。❹絳緣領袖為中衣　絳，深紅色。緣，給衣履等物鑲邊或緄邊。章炳麟《新方言・釋器》：「凡織帶皆可以為衣服邊緣，故今稱緣邊曰緄邊，俗誤書作『滾』。」中衣，古時穿在祭服與朝服內的裡衣。❺絝韎　絝，「袴」的古字。古指套褲。韎，襪子。❻赤心　專一的心志。

【語譯】長冠，又名齋冠，高七寸，寬三寸，是收攏黑色束髮的帛製成的，形制像板，用竹子的皮作冠裡。當初，高祖劉邦卑賤時，用竹皮作這種冠，把它叫作劉氏冠，這是楚地冠的樣式。百姓稱之為鵲尾冠，是不對的。參加祭祀宗廟和其他各種祭祀就戴這種冠。都穿黑色祭服，穿在祭服內的中衣的領子和袖子用絳色緣邊，褲子和襪子也是深紅色，這是表示祭祀者都是赤心供奉神明的。東、南、西、北、中郊祀時，上衣、頭巾、褲子、襪子的顏色各自和迎氣時規定的方色一致。這種冠由於是高祖製作的，所以用它作祭服，表明尊敬至極。

委貌冠❶、皮弁冠❷同制，長七寸，高四寸，制如覆杯，前高廣，後卑銳，所謂夏之毋追❸，殷之章甫❹者也。委貌以皁絹為之，皮弁以鹿皮為之。行大射禮❺於辟雍，公卿諸侯大夫行禮者，冠委貌，衣玄端素裳❻。執事者冠皮弁，衣緇❼麻衣，皁領袖，下素裳，所謂皮弁素積❽者也。

【章旨】以上具體記述委貌冠、皮弁冠的規格制式、用途，以及與其配套的服飾。

【注釋】❶委貌冠　周代禮冠。意為安正容貌之冠。❷皮弁冠　古冠名。用白鹿皮製作，為視朝的常服。冠上的一道道縫合處名會。會有結飾，飾以五彩玉，名璂。天子十二會，十二璂。下以次遞減。弁內頂部，用象骨製成。貫髮固弁用玉笄。❸毋追　亦稱「毋追收」。夏代冠名。❹章甫　亦名「章父」。商代冠名。❺大射禮　天子為祭祀擇士而舉行的射禮。❻玄端素裳　玄端，古代一種黑色禮服。素裳，白色下衣。古代凶喪之服。亦用於禮服。❼緇　黑色。❽素積　亦作「素績」。腰間有褶襉的素裳。是古代一種禮服。

【語譯】委貌冠、皮弁冠是同樣的形制，長七寸，高四寸，形狀像倒扣著的酒杯，前面高而寬，後面低而尖，這就是人們所說的夏代的毋追冠、殷代的章甫冠。委貌冠用黑色絹製作，皮卉冠用鹿皮製作。在辟雍舉行大射禮，公卿諸侯大夫參加行禮的，戴委貌冠，上穿黑色禮服，下穿素裳。主持大射的官員戴皮弁冠，穿緇色麻衣，黑色領子和袖子，下穿素裳，就是人們所說的皮弁素積禮服。

爵弁❶，一名冕。廣八寸，長尺二寸，如爵形❷，前小後大，繒其上似爵頭色❸，有收持笄❹，所謂夏收殷冔❺者也。祠天地五郊明堂，雲翹舞❻樂人服之❼。禮❽曰：「朱干玉鏚❾，冕而舞大夏❿。」此之謂也。

【章旨】以上具體記述爵弁冠的規格形制和用途。

【注釋】❶爵弁　古禮冠的一種，次冕一等。爵，通「雀」。亦名「雀弁」。❷爵形　即雀形。❸爵頭色　即雀頭色。赤黑色。❹收持笄　收，束髮的頭巾。持笄，插笄。笄，簪。古時用以貫髮或固定弁、冕。❺收殷冔　收，夏代稱冕為「收」。以黑布為殼，前小後大，有收以持笄。冔，殷代冠名。與「夏收」、「周弁」類似。蔡邕《獨斷・下》：「冕冠周曰爵弁，殷曰冔，夏曰收。皆以三十升漆布為殼，廣八寸，長尺二寸，加冕繒其上。」❻雲翹舞　樂舞名。❼樂人服之　樂人，歌舞演奏藝人的泛稱。服，戴。❽禮　即《禮記》。下面引文見〈明堂位〉。❾朱干玉鏚　朱干，紅色的盾。玉鏚，亦作「玉戚」。玉柄或玉飾的斧。❿大夏　周代六舞之一。相傳本為夏禹時代的樂舞。最初只是使用一種叫「籥」的原始樂器配樂的舞蹈，共分九段。周朝時演變為群舞。演員跳舞時赤裸上半身，身著白裙，頭戴皮帽。

【語譯】爵弁，又名冕。寬八寸，長一尺二寸，像雀的形狀，前面小後面大，上面用繒覆蓋像鳥雀頭部的顏色，冠下有束髮的頭巾用來插髮簪，就是所謂夏代的收冠和殷代冔冠。祭祀天地、五郊祭祀和明堂大典時，跳《雲翹舞》的樂人戴這種冠。《禮記》說：「拿著朱色的盾和用玉裝飾的斧，戴著冕跳《大夏舞》。」說的就是這個。

通天冠❶，高九寸，正豎，頂少邪卻❷，乃直下為鐵卷梁❸，前有山❹，展筩為述❺，乘輿所常服。服衣，深衣❻制，有袍❼，隨五時色❽。袍者，或曰周公抱成王宴居❾，故施袍。禮記「孔子衣逢掖之衣❿」。縫掖其袖，合而縫大之，近今袍者也。今下至賤更小史⓫，皆通制袍，單衣⓬，皁緣領袖中衣，為朝服⓭云。

【章　旨】以上具體記述通天冠的格式形制、用途，以及與之配套的袍的樣式、來歷和穿著對象。

【注　釋】❶通天冠　皇帝之冠。始於秦，終於明，除元代外，歷代皆有。❷邪卻　斜削貌。❸卷梁　古代冠內用以支撐而呈彎曲狀的橫脊。❹山　冠飾。❺展筩為述　展筩，通天冠、遠遊冠、法冠都有的一種飾物。述，通「鷸」。冠飾，以翠鳥羽製作。❻深衣　為古代上衣、下裳連綴的一種服裝。❼袍　中式長衣的通稱。其形制不分上衣下裳。本為閒居衣著，漢以後亦用作朝服。❽五時色　春青、夏朱、季夏黃、秋白、冬黑。❾周公抱成王宴居　周公，西周初期政治家。姓姬名旦，也稱叔旦。文王子，武王弟，成王叔。輔武王滅商，封於魯。武王死，成王年幼，周公攝政。參見《史記・周公世家》。宴居，閒居。一般指公餘無事時。❿孔子衣逢掖之衣　語見《禮記・儒行》。逢掖，亦作「縫掖」。寬大的衣袖。逢，大。掖，通「腋」，衣袖。⓫賤更小史　賤更，卑微的役卒。更，漢代按期更替的一種兵役。小史，官府中供奔走的小差役。⓬單衣　古代官吏的服裝。或為朝服。⓭朝服　君臣朝會時穿的禮服。舉行隆重典禮時亦穿著。

【語　譯】通天冠，高九寸，正面直立，頂部稍向後斜就徑直向下做成鐵卷梁，前邊有山形的裝飾，有展筒裝飾並有翠鳥羽製作的鷸形飾物，天子經常戴這種冠。穿的衣服，是深衣形制，有袍，顏色與春、夏、季夏、秋、冬五時祭祀的青、朱、黃、白、黑五色相符。關於袍，有人說周公因在公餘閒暇時抱著周成王玩，所以用袍。《禮記》中說「孔子穿衣袖寬大的衣服」。縫掖是說衣袖寬大，把寬大的衣袖與上衣縫在一起，加大尺寸做成長衣，就接近現在的袍了。如今下至卑微的役卒，都穿這種袍。袍是單層薄衣，內穿領子和袖子都用黑色緣邊的中衣，作為朝服。

遠遊冠❶，制如通天，有展筩橫之於前，無山述❷，諸王所服也。

【章旨】以上具體記述遠遊冠的形制和穿著對象。

【注釋】❶遠遊冠　秦漢以後歷代沿用，至元代始廢。❷山述　即通天冠上的山、述裝飾。

【語譯】遠遊冠，形制如同通天冠，有展筩橫在冠前，沒有山形和鷸形的飾物，這是諸侯王戴的冠。

高山冠，一曰側注❶。制如通天，頂不邪卻，直豎，無山述展筩，中外❷官、謁者、僕射❸所服。太傅胡廣❹說曰：「高山冠，蓋齊王冠也。秦滅齊，以其君冠賜近臣❺謁者服之。」

【章旨】以上具體記述高山冠的形制和來歷。

【注釋】❶側注　古冠名。《史記・酈生陸賈列傳》裴駰《集解》：「徐廣曰：側注冠一名高山冠，齊王所服，以賜謁者。」❷中外　朝廷內外；中央和地方。❸僕射　官名。《漢書・百官公卿表》：「僕射，秦官，自侍中、尚書、博士、郎皆有。古者重武官，有主射以督課之。」一說僕射名稱源此。另一說謂合僕人、射人兩職名而成。本為君主左右小臣。漢承秦制，除上述侍中等外，謁者、期門、軍屯吏、騶、宰、永巷宮人均有僕射為其首長，隨事立名。東漢惟尚書、虎賁郎、謁者、中黃門冗從等之長尚稱僕射，餘多改名。❹太傅胡廣　太傅，輔導太子的官，西漢時稱為太子太傅。胡廣（？—西元一七二年），字伯始。自東漢安帝始，曆事六帝，本書卷四十四有傳。❺近臣　指君主左右親近之臣。

【語　譯】高山冠，又名側注。形制如同通天冠，冠頂不向後傾斜，直立，沒有山、述、展筒等冠飾，是宮中宮外官員、謁者、僕射所戴的冠。太傅胡廣解釋說：「高山冠，本來是齊國的王冠。秦滅齊後，把齊國國君的冠賜給自己親近的臣子和謁者們戴。」

進賢冠，古緇布冠❶也，文儒❷者之服也。前高七寸，後高三寸，長八寸。公侯三梁❸，中二千石以下至博士❹兩梁，自博士以下至小史私學弟子，皆一梁。宗室❺劉氏亦兩梁冠，示加服也。

【章　旨】以上具體記述進賢冠的形制及不同級別官秩冠頂裡面梁數的差別，解釋了劉氏宗室享用兩梁進賢冠的含義。

【注　釋】❶緇布冠　古代士與庶人常戴的一種冠。古人行冠禮，初加緇布冠，次加皮弁，次加爵弁。❷文儒　指講求禮樂教化的儒生。❸三梁　三梁進覽冠。古冠以竹為襯裡，有一梁至五梁之分。❹博士　古代學官名。漢代博士的職責是教授、課試，或奉使、議政。❺宗室　宗族；同宗族之人。

【語　譯】進賢冠，是古代的緇布冠，是文人儒士們戴的冠。前面高七寸，後面高三寸，長八寸。公、侯戴冠頂裡面有三道梁的進賢冠，中二千石以下至博士戴兩道梁的進賢冠，自博士以下至小史及私學弟子，都戴一道梁的進賢冠。宗室劉氏也是戴兩道梁的進賢冠，表示皇上對劉氏宗親的一種加恩。

法冠，一曰柱後❶。高五寸，以纚為展筩，鐵柱卷❷，執法者服之，侍御史、廷尉正監平❸也。或謂之獬豸冠。獬豸神羊❹，能別曲直，楚王嘗獲之，故以為冠。胡廣說曰：「春秋左氏傳❺有南冠而縶者❻，則楚冠也。秦滅楚，以其君服賜執法近臣御史服之。」

【章　旨】以上具體記述法冠的形制、來歷和使用對象。

【注　釋】❶柱後　執法官、御史等所戴的一種帽子。也稱惠文冠、獬豸冠。❷鐵柱卷　法冠後部上端捲曲的兩根鐵柱。❸廷尉正監平　廷尉，官名。秦始置，九卿之一，掌刑獄。漢初因之，秩中二千石。景帝時改稱大理，武帝時復稱廷尉。東漢以後，或稱廷尉，或稱大理，又稱廷尉卿。正監平，正、監、平都是廷尉的屬官。❹獬豸神羊　獬豸，傳說中的異獸。一角，能辨曲直，見人相鬥，則以角觸邪惡無理者。古人視為祥物，因此古時法官戴的帽子稱獬豸冠。神羊，獬豸的別稱。❺春秋左氏傳　亦稱《左氏春秋》、《左傳》。是解釋《春秋》經文的「三傳」之一。相傳為春秋時左丘明所撰，故名。近人認為是戰國初年人據各國史料編成。多用事實解釋《春秋》，保存了大量史料。❻有南冠而縶者　參見《左傳．成公九年》。南冠，春秋時楚人之冠。後泛指南方人之冠。縶，拘囚。

【語　譯】法冠，又名柱後。高五寸，用纚做展筒，冠後上端有鐵柱卷，是執法的官吏所戴的冠，侍御史、廷尉正、廷尉監、廷尉平都是執法官吏。有人稱法冠為獬豸冠。獬豸相傳是一種神羊，能辨別是非曲直，楚王曾捕捉獬豸，所以就仿其形狀製作了這種冠。胡廣解釋說：「《春秋左氏傳》中說有個戴南冠而被拘囚的人，南冠指的就是楚冠。秦國消滅楚國後，把楚國國君的冠賞賜給執法近臣和御史戴。」

武冠❶，一曰武弁大冠，諸武官冠之。侍中❷、中常侍加黃金璫❸，附蟬❹為文，貂尾❺為飾，謂之「趙惠文❻冠」。胡廣說曰：「趙武靈王效胡服❼，以金璫飾首，前插貂尾，為貴職。秦滅趙，以其君冠賜近臣。」建武❽時，匈奴內屬❾，世祖賜南單于❿衣服，以中常侍惠文冠，中黃門⓫童子佩刀⓬云。

【章　旨】以上具體記述武冠的形制和來歷。

【注　釋】❶武冠　有人以為類似古緇布冠之象。或曰繁冠。❷侍中　古代職官名。秦始置，兩漢沿置，為正規官職外的加官之一。因侍從皇帝左右，出入宮廷，與聞朝政，逐漸變為親信貴重之職。❸黃金璫　以金為之，當冠前。❹附蟬　冠飾。金質，蟬形。金取堅剛，蟬取居高飲潔之義。❺貂尾　貂的尾巴。古時以為顯貴者的冠飾。劉昭注引應劭《漢官》曰：「說者以金取堅剛，百煉不耗。蟬居高飲潔，口在掖下。貂內勁捍而外溫潤。」此因物生義也。徐廣曰：「趙武靈王胡服有此，秦即趙而用之。」說者蟬取其清高，飲露而不食，貂紫蔚柔潤，而毛采不彰灼，故于義亦取。胡廣又曰：「意謂北方寒涼，本以貂皮暖櫰，附施于冠，因遂變成首飾。」❻趙惠文　即戰國時趙惠文王。趙武靈王之子，名何。參見《史記・趙世家》。❼趙武靈王效胡服　趙武靈王（？—前二九五年），戰國時趙國君，名雍，西元前三二五—前二九九年在位。參見《史記・趙世家》。效胡服，武靈王二十四年（西元前三〇二年）進行軍事改革，改穿胡服，學習騎射。❽建武　東漢光武帝年號，西元二五—五六年。❾匈奴內屬　匈奴為古代我國北方民族之一。亦稱胡。建武二十四年內部分裂為二，其一部南下附漢，被稱為南匈奴。❿單于　漢時匈奴君長的稱號。⓫中黃門　漢宦者名。《漢書・百官公卿表》顏師古注：「中黃門，奄人居禁中在黃門之內給事者也。」秩比百石，後增至比三百石。⓬佩刀　繫在腰間的刀。古代男子服飾之一，佩之以示威武。

【語　譯】武冠，又名武弁大冠，各級武官戴它。侍中、中常侍戴時，在冠上加黃金璫，用金質附蟬做文飾，又飾以貂尾，稱之為「趙惠文冠」。胡廣解釋說：「趙國武靈王仿效匈奴人的服飾，用金璫裝飾頭上的帽子，前面插上貂尾，是職位顯貴的人戴的。秦國消滅趙國後，把趙國國君的冠賜給近臣戴。」光武帝建武年間，南匈奴歸附漢朝，世祖劉秀賜給南匈奴單于衣服，其中就把中常侍的惠文冠，中黃門童子的佩刀賜給了他。

建華冠，以鐵為柱卷，貫大銅珠九枚，制似縷鹿❶。記❷曰：「知天者冠述❸，知地者履絇。」春秋左傳曰：「鄭子臧好鷸冠❹。」前圓，以為此則是也。天地、五郊、明堂，育命舞❺樂人服之。

【章　旨】以上具體記述建華冠的形制和用途。

【注　釋】❶縷鹿　亦作「縷麓」。應是婦人的一種首飾。與建華冠的鐵柱卷貫珠類似。蔡邕《獨斷》說「其狀若婦人縷鹿」。❷記　一種記載典章制度的著作。為已逸的《周書》，書名不詳。❸述　通「鷸」。是一種知天將雨的鳥。故古時知天文者戴鷸冠。❹鄭子臧好鷸冠　鄭子臧，為春秋時鄭國子華的弟弟。好鷸冠，喜歡以鷸羽製的冠。事見《左傳・僖公二十四年》。❺育命舞　樂舞名。

【語　譯】建華冠，用鐵作柱卷，上面穿有九枚大銅珠，形制很像婦人的首飾縷鹿。古書上記載說：「掌管天文的官員戴鷸冠，掌管地理的官員穿絇履。」《春秋左傳》說：「鄭國的子臧喜愛鷸冠。」冠前呈圓形，我以為這種鷸冠就是建華冠。祭祀天地、五郊迎氣、明堂大典時，跳《育命舞》的樂人戴它。

方山冠，似進賢，以五采縠❶為之。祠宗廟，大予❷、八佾❸、四時❹、五行❺樂人服之，冠衣各如其行方之色而舞焉。

【章　旨】以上具體記述方山冠的形制和用途。

【注　釋】❶縠　縐紗。❷大予　樂名。明帝永平三年改《大樂》為《大予樂》。❸八佾　亦作「八溢」、「八羽」。古代天子用的一種樂舞。佾，舞列，縱橫都是八人，共六十四人。❹四時　樂舞名。漢文帝作。❺五行　樂舞名。周代樂舞。《漢書・

禮樂志》：「孝文廟奏《昭德》、《文始》、《四時》、《五行》之舞。」

【語　譯】方山冠，近似進賢冠，用五彩縠製作。祭祀宗廟時，跳《大予》、《八佾》、《四時》、《五行》舞蹈的樂人戴它，冠和衣的顏色各自依從其五行五方之色。

巧士冠，前高七寸，要❶後相通，直豎。不常服，唯郊天，黃門從官❷四人冠之，在鹵簿中，次❸乘輿車前，以備宦者四星❹云。

【章　旨】以上具體記述巧士冠的形制和用途。

【注　釋】❶要　「腰」的本字。❷從官　屬官。❸次　在；當。❹以備宦者四星　備，充任；充當。宦者，星官名。屬天市垣，共四星。本書〈宦者列傳·序〉：「宦者四星，在皇位之側。」

【語　譯】巧士冠，前面高七寸，在冠的腰後相通，直直豎起。不常戴，只有在祭天時，黃門屬官四個人戴它，在帝駕出行扈從的儀仗隊中，這四個人的位次在天子車駕前，用以象徵宦者四星。

卻非冠，制似長冠，下促❶。宮殿門吏❷僕射冠之。負赤幡❸，青翅燕尾，諸僕射幡皆如之。

【章　旨】以上具體記述卻非冠的形制和用途。

【注　釋】❶促　收縮。❷門吏　守門之吏。❸幡　冠上的巾飾。

【語　譯】卻非冠，形制近似長冠，下面窄促一些。宮殿門吏僕射戴它。冠後負有巾飾赤幡，青翅燕尾形，各位僕射的幡都像這樣。

郤敵冠，前高四寸，通長四寸，後高三寸，制似進賢，衛士服之。

【章　旨】以上具體記述郤敵冠的形制和用途。

【語　譯】郤敵冠，前面高四寸，通長四寸，後面高三寸，形制近似進賢冠，衛士戴它。

樊噲冠，漢將樊噲造次所冠❶，以入項羽❷軍。廣九寸，高七寸，前後出各四寸，制似冕。司馬殿門大難❸衛士服之。或曰，樊噲常持鐵楯❹，聞項羽有意殺漢王，噲裂裳以裹楯，冠之入軍門，立漢王旁，視項羽。

【章　旨】以上具體記述樊噲冠的形制、用途和來歷。

【注　釋】❶樊噲造次所冠　樊噲（？—西元前一八九年），漢初將領。官至左丞相。封舞陰侯。《漢書》卷四十一有傳。造次，倉猝；匆忙。❷項羽　（西元前二三二—前二〇二年），秦末義軍領袖。名籍，字羽。後被劉邦擊敗，自殺。參見《史記・項羽本紀》。❸大難　大儺。歲末禳祭以驅疫。儺，古代的一種風俗，迎神以驅逐疫鬼。儺禮一年數次，大儺在臘日前舉行。❹楯　盾牌。

【語　譯】樊噲冠，是漢將樊噲倉促之間所戴的冠，戴著它闖入項羽的軍營。冠寬九寸，高七寸，前面和後面突出各四寸，形制近似冕。司馬殿門、大難衛士戴它。有人說，樊噲經常手執鐵製大盾牌，當聽說項羽有意殺漢王劉邦時，樊噲便撕開下裳裹住盾牌，戴著這種冠進入軍門，站在漢王身旁，怒視項羽。

術氏冠，前圓，吳❶制，差池❷邐迤❸四重。趙武靈王好服之。今不施用，官有其圖注❹。

諸冠皆有纓蕤，執事及武吏皆縮纓，垂五寸。

【章旨】以上具體記述術氏冠的形制和來歷。

【注釋】❶吳　指春秋時期的吳國，據有今江蘇、上海大部和安徽、浙江的一部分，建都於今江蘇蘇州。❷差池　不齊貌。猶「參差」。❸邐迤　曲折綿延貌。迤，同「迆」。❹圖注　圖形與文字說明。劉昭注引《淮南子》曰：「楚莊王所服觟冠者也。」蔡邕曰：「其說未聞。」

【語譯】術氏冠，前面呈圓形，是春秋時吳國冠的形制，參差不齊，曲折連綿，內外四層。趙武靈王喜歡戴這種冠。現在不再戴用，官府有它的圖形和文字記載。

以上各種冠都有冠帶和帶下飾物，執事官員和武官的冠纓都短一些，下垂五寸。

武冠，俗謂之大冠❶，環纓❷無蕤，以青系為緄❸，加雙鶡❹尾，豎左右，為鶡冠云。五官❺、左右虎賁❻、羽林五中郎將❼、羽林左右監皆冠鶡冠，紗縠單衣。虎賁將虎文絝，白虎文劍佩刀。虎賁武騎皆鶡冠，虎文單衣。襄邑歲獻織成虎文云。鶡者，勇雉也，其鬬對一死乃止，故趙武靈王以表武士，秦施之焉❽。

安帝❾立皇太子，太子謁高祖廟、世祖廟❿，門大夫⓫從，冠兩梁進賢；洗馬⓬

冠高山。罷廟，侍御史任方奏請非乘從⓭時，皆冠一梁，不宜以為常服⓮。事下有司。尚書陳忠⓯奏：「門大夫職如諫大夫⓰，洗馬職如謁者，故皆服其服，先帝之舊也。方言可寢⓱。」奏可。謁者，古者一名洗馬⓲。

【章旨】以上具體記述鶡冠的別名、形制、服用對象及詳細要求。

【注釋】❶大冠　與前條中的「武弁大冠」同義。上條重點說明「惠文冠」的冠飾，本條為上官之冠的冠飾。❷環纓　指冠帶為環狀。❸青系為緄　系，用單股絲合成的絲繩。緄，編織的帶子。❹鶡　即鶡雞。似雉而大，青色，頂有毛角，健鬥。❺五官　指五官中郎將。《漢書・百官公卿表上》：「郎掌守門戶，出充車騎……中郎有五官、左、右三將，秩皆比二千石。」❻虎賁　官名。掌侍衛國君及保衛王宮、王門之官。漢武帝時置期門。平帝時改為虎賁中郎將，領虎賁郎，主宿衛。❼羽林五中郎將　羽林，禁衛軍名。漢武帝時選隴西、天水、安定、北地、上郡、西河等六郡良家子宿衛建章宮，稱建章營騎，後改名羽林騎。中郎將，官名。秦置，漢沿用。擔任宮中護衛、侍從。屬郎中令。分五官、左、右三中郎署。各署長官稱中郎將，省稱中郎。❽鶡者勇雉也五句　劉昭注引徐廣曰：「鶡似黑雉，出于上黨。」荀綽《晉百官表注》曰：「冠插兩鶡，鷙鳥之暴疏者也。每所攫撮，應爪摧衄，天子武騎故以冠焉。」❾安帝　（西元九四－一二五年），東漢皇帝劉祜。西元一〇六－一二五年在位。詳見本書卷五。❿高祖廟世祖廟　高祖廟，漢高祖劉邦的宗廟。世祖廟，光武帝劉秀的宗廟。⓫門大夫　官名。太子東宮司門之官。⓬洗馬　官名。本作「先馬」。漢沿秦置，為東宮官屬，職如謁者，太子出則為前導。⓭乘從　乘車馬隨從出入。⓮常服　通常之服。⓯陳忠　字伯始，沛國洨縣（今安徽固鎮）人。詳見本書卷四十六。⓰諫大夫　官名。西漢武帝元狩五年（西元前一一八年）置諫大夫，掌議論，屬光祿勳。無定員。東漢光武帝改稱諫議大夫。⓱寢　止息；廢置。⓲謁者二句　劉昭注引《古今注》曰：「建武十三年，初令令長皆小冠。」《獨斷》曰：「公卿侍中尚書衣皁而朝者曰朝臣。諸營校尉將大夫以下，不為朝臣。」

【語譯】武冠，民間俗稱大冠，冠纓為環形，沒有飾物，冠纓是用青絲織成的織帶，冠上加兩根鶡雞尾羽，豎立在左右兩側，稱作鶡冠。五官、左右虎賁、羽林、五中郎將和羽林左右監都戴鶡冠，穿紗縠單衣。虎賁中郎將穿飾有虎文的套褲，佩帶飾有白虎文的劍和佩刀。虎賁武騎都戴鶡冠，穿飾有虎文的單衣。襄邑縣每年進獻織成的有虎文的絲織品。鶡是一種勇猛的雉雞，當兩隻鶡相鬥時，直到有一隻死去才停止爭鬥，所以趙武靈王用它來表彰武士，秦國也用這種冠。

安帝劉祜立皇太子，太子劉保謁祭高祖廟和世祖廟，門大夫隨從，戴兩梁進賢冠；太子洗馬戴高山冠。祭廟結束後，侍御史任方上奏請示皇上，認為門大夫和太子洗馬在不侍奉太子時，都應戴一梁進賢冠，不應把兩梁進賢冠和高山冠作為常服。皇上將這件事下交有關大臣討論。尚書陳忠奏稱：「門大夫的職掌如同諫大夫，太子洗馬的職位如同謁者，所以都穿戴他們應穿戴的冠服，這是先帝的舊制。任方的奏請不可採納。」陳忠的奏議被批准。謁者，古時候又名洗馬。

古者有冠無幘，其戴也，加首有頍❶，所以安物。故詩曰「有頍者弁」❷，此之謂也。三代❸之世，法制滋彰❹，下至戰國，文武並用。秦雄諸侯，乃加其武將首飾為絳袙❺，以表貴賤，其後稍稍作顏題❻。漢興，續❼其顏，卻摞之❽，施巾連題，卻覆之，今喪幘❾是其制也。名之曰幘。幘者，賾❿也，頭首嚴賾也。至孝文⓫乃高顏題，續之為耳，崇其巾為屋⓬，合後施收，上下群臣貴賤皆服之。文者長耳，武者短耳，稱其冠也。尚書幘收⓭，方三寸，名曰納言⓮，示以忠正，顯近職也。迎氣五郊⓯，各如其色，從章服⓰也。

皁衣群吏春服青幘，立夏乃止，助微順氣⑰，尊其方也。武吏常赤幘，成其威也。未冠童子幘無屋者⑱，示未成人也。入學小童幘也句⑲卷屋者，示尚幼少，未遠冒⑳也。喪幘卻摞，反本㉑禮也。升㉒數如冠，與冠偕也。期喪㉓起耳有收，素幘㉔亦如之，禮輕重有制㉕，變除㉖從漸，文㉗也。

【章　旨】以上具體記述從三代到漢朝幘的演變過程，及其形制、寓意和使用規範。

【注　釋】❶頍　古代用以束髮固冠的髮飾。❷詩曰有頍者弁　詩，即《詩經》。引文見《詩・頍弁》。弁，皮冠。❸三代　指夏、商、周。❹法制滋彰　法制，法度樣式。滋彰，繁多顯明。❺袙　通「帕」。頭巾。❻顏題　顏與題本指人的額頭。此處指頭巾覆蓋額頭的部分。❼續　添加；綴加。❽卻摞之　卻，退；回。摞，繫。❾喪幘　居喪時戴的頭巾。❿賾　幽深難見。⓫孝文　西漢文帝劉恆（西元前二〇二—前一五七年）。西元前一八〇—前一五七年在位。《漢書》卷四有紀。⓬崇其巾為屋　崇，高。此處意為抬高。屋，泛指屋形的覆蓋物。⓭收　收斂頭髮的幘內飾物。⓮納言　尚書等近臣所用幘巾。⓯迎氣五郊　上古於立春日祭青帝句芒於東郊以迎春；立夏日祭赤帝祝融於南郊以迎夏；立秋日祭白帝蓐收於西郊以迎秋；立冬日祭黑帝玄冥於北郊以迎冬。後漢除祭四帝外，又於立秋前十八日祭黃帝后土於中郊以迎黃靈。⓰章服　以圖紋為等級標誌的禮服。⓱順氣　順應節氣。⓲未冠童子幘無屋者　未冠，古禮男子年二十而加冠。故未滿二十歲為「未冠」，稱童子。童子幘，童子的頭巾。名「半頭幘」。又名「空頂幘」。因其上無屋，故名。⓳句　同「勾」。彎曲。⓴冒　古「帽」字。㉑反本　返歸本根，不忘其初。反，同「返」。㉒升　古代布八十縷為升。㉓期喪　猶「期服」。為期一年的喪服。㉔素幘　白色包頭巾。古代用於凶、喪事。㉕制　此指古代喪服的禮制。㉖變除　指古喪禮中變服除喪。㉗文　修飾；裝飾。

【語　譯】古時候有冠沒有幘，戴冠時，頭上加有頍，用它來束髮固冠。所以《詩》說「戴著加頍的皮帽子」。說的就是這種情況。夏、商、周三代，法度樣式繁多顯明，以後到了戰國時代，文臣武將都用頍飾。秦國稱雄諸侯，便在武將頭上加了首飾成為絳色頭巾，以此表示貴賤，此後絳色頭巾逐漸演變成覆蓋額頭的顏題。

漢朝建立後，繼續加大覆蓋額頭的顏題的尺寸，在後面打結繫住，又加用頭巾連接顏題，向後覆蓋，現在的喪幘就是這種形制。於是稱其為幘。幘，是幽深難見的意思，形容頭的威嚴深奧。到孝文帝時又把顏題加高，連接顏題做成幘耳，加高頂上的巾成為屋形，在腦後相合再加上束髮的收，上下群臣貴賤之人都戴幘。文臣的幘是長耳，武將的幘是短耳，這是為了與他們的冠相稱。尚書幘巾裡的收，三寸見方，名叫納言，用來表示臣下的忠正，表明是皇帝的近臣。在參加迎氣五郊時，幘的顏色各如五郊規定的顏色，這是與禮服的顏色相符合的。

穿黑衣的群吏春天戴青色幘，戴到立夏為止，這是輔助微陽順從時氣，尊崇東方的青帝。武吏常戴赤幘，是為了增強他們的威武形象。還沒有到加冠年齡的童子的幘之所以沒有屋形裝飾，表示他們還沒有成人。入學小童的幘之所以有彎曲的屋形裝飾，表示他還幼小，但離加冠禮已不遠了。喪幘在後面打結，表示這是返歸根本的一種禮節。製作喪幘用布粗細的升數與冠相同，是表示幘和冠一樣。服一年喪期間戴的幘在耳部有束髮的收，素色幘也像這樣，禮的輕重有制度規定，變革和廢除隨時代逐漸進行，這是因為要不斷地修飾。

古者君臣佩玉，尊卑有度❶；上有韍❷，貴賤有殊。佩，所以章❸德，服之衷❹也。

韍，所以執事，禮之共❺也。故禮有其度，威儀❻之制，三代同之。五霸迭興❼，戰兵❽不息，佩非戰器❾，韍非兵旗，於是解去韍佩，留其系璲❿，以為章表⓫。故詩曰「鞙鞙佩璲」⓬，此之謂也。韍佩既廢，秦乃以采組⓭連結於璲，光明章表，轉相結受，故謂之綬。漢承秦制，用而弗改，故加之以雙印佩刀之飾⓮。

至孝明皇帝，乃為大佩⑮，衝牙雙瑀璜⑯，皆以白玉。乘輿落⑰以白珠，公卿諸侯以采絲，其玉視⑱冕旒，為祭服⑲云。

【章　旨】以上具體記述三代到漢朝佩及其飾物形制的演變，佩的作用和等級差別。

【注　釋】❶度　規範。❷韍　古代大夫以上祭祀或朝覲時遮蔽在衣裳前的服飾。用熟皮製成。形制、圖案、顏色按等級有所區別。劉昭注引徐廣曰：「韍如今蔽膝。」❸章　顯示；表明。❹衷　適當；恰當。❺共　通「恭」。恭敬。❻威儀　指顯示莊重儀容的章服制度。❼五霸迭興　五霸，五個霸主。其說不一，最通行的說法是指春秋時的齊桓公、晉文公、秦穆公、宋襄公和楚莊王。迭興，交替興起；相繼興起。❽戰兵　謂以武力決勝負。❾戰器　武器。❿璲　同「繸」。貫串佩玉的絲條。劉昭注引徐廣曰：「今名璲為繸。」⓫章表　標記；象徵。⓬詩曰鞙鞙佩璲　語見《詩・大東》。鞙鞙，佩玉累垂貌。⓭采組　彩色絲帶。⓮雙印佩刀之飾　雙印，漢代人用以辟邪的佩飾。俗稱「剛卯」。佩刀，亦稱「容刀」。古代男子服飾之一。佩在腰間以示威武。⓯大佩　一種佩玉。上有條玉作橫杠，下垂三道，穿以珍珠，兩側中懸瑀、下懸璜，中央下端懸以衝牙，動則衝牙前後觸璜而發聲。所觸之玉，其形似牙，故稱衝牙。⓰衝牙雙瑀璜　衝牙，古代佩玉部件之一種。瑀，似玉的美石。《詩・女曰雞鳴》：「雜佩以贈之。」《毛傳》：「雜佩者，珩、璜、琚、瑀、衝牙之類。」鄭玄《箋》：「瑀，石次玉也。」一說為大珠。璜，玉器名。狀如半璧。古代朝聘、祭祀、喪葬時所用的禮器。也作裝飾用。⓱落　垂。⓲視　比照。⓳祭服　古代祭祀時所穿的禮服。歷代形制有異。

【語　譯】古時候君臣都佩帶玉，尊卑有法度規範；禮服外面罩有蔽膝，貴賤有別。佩玉，是用來顯揚德行的，這是佩帶它的本意。

蔽膝，是用來表示官員等級高低的，這是禮制的共同目的。所以禮有自己的法度，維護威儀的制度，夏、商、周三代都是相同的。春秋五霸相繼興起，戰爭不息，因為佩玉不是作戰的武器，蔽膝不是軍隊的旗幟，於是把蔽膝和佩玉除掉，留下繫佩玉的絲帶，用它作為一種象徵性的標誌。所以《詩》篇中說「佩玉的絲帶垂著」，說的就是這種情況。蔽膝和佩玉既然被廢止，秦朝就用彩色絲帶連接佩玉，顯揚標記，轉相結交授受，所以把彩色絲帶叫作綬。漢承秦制，沿用而沒有改變，所以除佩綬外又加了雙印和佩刀的裝飾。到孝明皇帝時，才製作大佩，大佩上的衝牙、雙瑀和雙璜，都用白玉製成。天子的大佩上用白珠串懸繫衝牙、雙璜和雙瑀，公卿諸侯的大佩則以彩絲來懸繫，佩玉的等級比照他們的冕旒，這些用作祭服。

佩刀，乘輿黃金通身貂錯❶，半鮫魚鱗❷，金漆錯❸，雌黃❹室，五色罽隱室華❺。諸侯王黃金錯，環挾，半鮫，黑室。公卿百官皆純黑，不半鮫。小黃門雌黃室，中黃門朱室，童子皆虎爪文，虎賁黃室虎文，其將白虎文，皆以白珠鮫為鏢❻口之飾。乘輿者，加翡翠❼山，紆嬰❽其側。

【章　旨】以上具體記述天子和各級官員佩刀的形制和紋飾。

【注　釋】❶通身貂錯　通身，整個物體。貂錯，在刀上嵌鑲像貂毛那樣細美的黃金飾紋。錯，鑲嵌。❷鮫魚鱗　海鯊皮，可飾刀鞘。鮫，海中鯊魚。❸金漆錯　金漆，指金箔。用黃金捶成的簿片，作裝飾用。錯，以金銀嵌飾。❹雌黃　用礦物雌黃製成的顏料，橙黃色。❺室華　室，刀鞘。華，同「花」。❻鏢　刀鞘的尖端部分。劉昭注引《通俗文》曰：「刀鋒曰鏢。」❼翡翠　即硬玉。色彩鮮豔的天然礦石，主要用作裝飾品和工藝美術品。❽紆嬰　紆，繫結；垂掛。嬰，通「纓」。帶。用絲或毛等製成的穗狀飾物。

【語　譯】佩刀，天子的佩刀通身鑲嵌著像貂毛那樣細美的金絲飾紋，刀把一半用海鯊皮裝飾，一半用金箔嵌飾，刀鞘雌黃色，用五色毛織品裝飾隱起的刀鞘花紋。諸侯王的佩刀用黃金嵌飾環形刀把，刀把的一半用海鯊皮裝飾，刀鞘黑色。公卿百官的刀鞘都是純黑色，沒有一半海鯊皮裝飾。小黃門的刀鞘是雌黃色，中黃門的刀鞘是朱紅色，童子的刀鞘都飾有虎爪紋，虎賁的刀鞘是黃色有虎紋，虎賁中郎將的刀鞘是白色虎紋，都用白珠鮫作為刀鞘尖端部的飾物。天子的刀鞘上加飾翡翠山，側面繫著絲帶。

佩雙印，長寸二分，方六分。乘輿、諸侯王、公、列侯以白玉❶，中二千石以下至四百石皆以黑犀❷，二百石以至私學弟子皆以象牙。上合絲❸，乘輿以縢❹貫白珠，赤罽蕤，諸侯王以下以綔❺赤絲蕤，縢綔各如其印質。刻書文曰：「正月剛卯既決❻，靈殳四方❼，赤青白黃，四色是當❽。帝令祝融❾，以教夔龍❿，庶疫剛癉⓫，莫我敢當。疾日嚴卯⓬，帝令夔化⓭，慎爾周伏⓮，化茲⓯靈殳。既正既⓰直，既觚⓱既方，庶疫剛癉，莫我敢當。」凡六十六字。

【章　旨】以上具體記述了天子和各級官員佩印的形制、質地標準，還記錄了雙印上的文字，說明佩印的驅疫辟邪作用。

【注　釋】❶白玉　白色的玉。❷黑犀　黑色犀角。❸合絲　連結絲帶。❹縢　繩索。❺綔　繫印的絲帶。❻剛卯既決　剛卯，漢人用以辟邪，於正月卯日作成，用金玉犀象或桃木等為材料製成雙印，上刻文字。每面刻兩句，雙印共刻十六句。劉昭注引《前書》注云：「以正月卯日作。」既決，已定；已成。❼靈殳四方　神靈的殳文刻在四方。殳，殳書。古代刻於兵器或多角棱形物上的文字。漢之剛卯，亦殳書之類。❽是當　的當；切當。❾帝令祝融　帝，帝嚳。傳說中的五帝之一。黃帝子玄囂後裔。居亳，號高辛氏。卜辭中商人以帝嚳為高祖。祝融，帝嚳時的火官，後尊為火神。❿以教夔龍　教，教化。夔龍，傳說中的一種精怪，似龍有角，鱗甲光如日月。古鐘鼎彝器上常雕刻有夔龍紋飾。⓫庶疫剛癉　庶，眾。疫，疫鬼瘟神。剛癉，指厲鬼。《文選・張衡・東京賦》：「飛礫雨散，剛癉必斃。」薛綜注：「癉，難也。言鬼之剛而難者，皆盡死也。」癉，指疫鬼。⓬疾日嚴卯　疾日，惡日；不吉之日。古人以子日、卯日為疾日。因剛卯於卯日作，故方言「疾日」。嚴卯，與剛卯同義。⑬夔化　夔，即夔龍。化，教化。⑭周伏　嚴密地隱藏起來。⑮茲　代詞。此，這。⑯既　又。⑰觚　指器物的邊角、棱角。

【語　譯】佩雙印，印長一寸二分，方六分。天子、諸侯王、公、列侯用白玉製作，中二千石以下至四百石官員都用黑色犀牛角做，二百石以至私學弟子都用象牙做。印上面穿繫絲帶，天子用繩貫串白珠，有赤色罽做的花，諸侯王以下官員繫印用赤色絲帶，繫印絲帶的色質和各自印的色質相同。雙印上刻寫的文字說：「正月卯日已經做成辟邪的佩飾，神靈的殳文刻在四方，赤、青、白、黃，這四種顏色與四方相應非常恰當。帝嚳命令祝融，讓他教化夔龍，各種瘟疫厲鬼，都不敢阻擋我。在不吉利的卯日製成辟邪佩飾，帝嚳命令夔龍接受教化，爾等瘟疫厲鬼小心嚴密隱藏，遇此靈殳災化吉生。靈殳既正又直，既有棱角又很方正，各種瘟疫厲鬼，都不敢阻擋我。」共計六十六個字。

1 乘輿黃赤綬，四采，黃赤縹紺①，淳黃圭②，長二丈九尺九寸，五百首③。

2 諸侯王赤綬④，四采，赤黃縹紺，淳赤圭，長二丈一尺，三百首⑤。

3 太皇太后、皇太后，其綬皆與乘輿同，皇后亦如之。

4 長公主、天子貴人⑥與諸侯王同綬者，加特⑦也。

【章　旨】以上具體記述黃赤綬、赤綬的規格形制和使用的等級區別。

【注　釋】①縹紺　縹，淡青色；青白色。今所謂月白。紺，天青色；深青透紅之色。②淳黃圭　淳，純粹。圭，紡織品的計量單位。五首為一文，文采淳為一圭。③首　紡織品的計量單位。四繫為一扶，五扶為一首。④諸侯王赤綬　劉昭注引徐廣曰：「太子及諸王金印，龜紐，纁朱綬。」⑤三百首　劉昭注引荀綽《晉百官表注》曰：「皇太子朱綬，三百二十首。」

❻貴人　東漢時皇妃的稱號。❼加特　施加特恩。特，特恩。

【語　譯】天子佩黃赤色綬帶，飾有四種色彩，即黃、赤、縹、紺，淳黃色的圭，綬帶長二丈九尺九寸，規定系數是五百首。

2 諸侯王佩赤色綬帶，飾有四種色彩，即赤、黃、縹、紺，淳赤色的圭，綬帶長二丈二尺，規定系數是三百首。

3 太皇太后、皇太后，她們的綬帶都和天子相同，皇后也和天子一樣。

4 長公主、天子貴人和諸侯王佩綬相同的，是天子的特別加恩。

諸國❶貴人、相國❷皆綠綬❸，三采，綠紫紺，淳綠圭，長二丈一尺，二百四十首。

【章　旨】以上具體記述綠綬的規格形制和佩帶對象。

【注　釋】❶諸國　各諸侯王國。❷相國　古官名。春秋戰國時，除楚國外，各國都設相，稱為相國、相邦或丞相，為百官之長。秦及漢初，其位尊於丞相。後為宰相的尊稱。❸綠綬　劉昭注引《漢書》曰：「相國、丞相皆秦官，金印紫綬。高帝相國綠綬。」

【語　譯】各諸侯王國的貴人、相國都佩綠綬，上飾三種色彩，即綠、紫、紺，淳綠色的圭，綬帶長二丈一尺，規定系數是二百四十首。

公、侯、將軍紫綬❶，二采，紫白，淳紫圭，長丈七尺，百八十首。公主封君❷服紫綬。

【章　旨】以上具體記述紫綬的規格形制和佩帶對象。

【注　釋】❶將軍紫綬　劉昭注引《漢書》曰：「太尉金印紫綬。御史大夫位上卿，銀印青綬，成帝更名大司空，金印紫綬。將軍亦金印。」《漢官儀》曰：「馬防為車騎將軍，銀印青綬，在卿上，絕席。和帝以竇憲為車騎將軍，始加金紫，次司空。」❷封君　有封邑的貴族。秦漢以後，亦封及婦女。此處即指婦女受封者。

【語　譯】公、侯、將軍佩帶紫綬，上飾兩種色彩，即紫、白，淳紫色的圭，綬帶長一丈七尺，規定系數是一百八十首。公主和封君佩帶紫綬。

九卿、中二千石、二千石青綬❶，三采，青白紅，淳青圭，長丈七尺，百二十首。自青綬以上，縌❷皆長三尺二寸，與綬同采而首半之。縌者，古佩璲也。佩綬相迎受，故曰縌。紫綬以上，縌綬之間得施玉環鐍❸云。

【章　旨】以上具體記述紫綬的規格形制和佩帶對象，順便介紹了縌的形制及其來歷。

【注　釋】❶青綬　佩繫官印的青色絲帶。亦名青緺綬。❷縌　綬帶，佩玉的絲帶。❸鐍　有舌的環。古用以佩璲。猶今皮帶上之套環，帶收緊後，以舌納帶孔而固束之。劉昭注引《通俗文》曰：「缺環曰鐍。」

【語　譯】九卿、中二千石、二千石佩帶青綬，上飾三種色彩，即青、白、紅，淳青色的圭，綬帶長一丈七尺，規定系數是一百二十首。自青綬以上，縌長都是三尺二寸，和綬的顏色相同但首數是綬的一半。所謂縌，就是古代串玉的絲帶。佩和綬相互迎受，所以叫縌。紫綬以上，縌和綬之間可以加玉製的有舌的環。

千石、六百石黑綬，三采，青赤紺，淳青圭，長丈六尺，八十首。四百石、三百石長❶同。

【章旨】以上具體記述黑綬的規格形制和佩帶對象。

【注釋】❶長　指縣、邑、道之長。漢制：每縣、邑、道，大者置令一人，千石；其次置長，四百石；小者置長，三百石。

【語譯】千石、六百石佩帶黑綬，上飾三種色彩，即青、赤、紺，淳青色的圭，綬帶長一丈六尺，規定系數是八十首。四百石、三百石綬帶的長度相同。

四百石、三百石、二百石黃綬，一采，淳黃圭，長丈五尺，六十首。自黑綬以下，縌❶皆長三尺，與綬同采而首半之。

【章旨】以上記述黃綬的規格形制和佩帶物件。

【注釋】❶縌　本作「縌綬」。綬，當為衍文。

【語譯】四百石、三百石、二百石佩黃綬，上只一采，是淳黃圭，綬長一丈五尺，規定系數六十首。自黑綬以下，縌長都是三尺，和綬的顏色相同，但首數的規定是它的一半。

百石青紺綬，一采，宛轉繆織❶圭，長丈二尺。

凡先合單紡❷為一系，四系為一扶，五扶為一首，五首成一文，文采淳為一圭。首多者系細，少者系麤❸，皆廣❹尺六寸。

【章旨】以上記述青紺綬的規格形制和佩帶對象，並解釋了製作綬帶時關於系、扶、首、文等名稱的關係。

【注釋】❶繆織　交織。繆，通「摎」。糾結；纏繞。❷紡　線。❸麤　大；粗大。❹廣　寬。

【語譯】一百石佩帶青紺綬，只用一種顏色，是宛轉繆織圭，綬帶長一丈二尺。

所有綬帶的製作都是先把單紡的線合在一起叫一系，四系叫一扶，五扶叫一首，五首叫一文，文采淳為一圭。首數多的綬帶系細，首數少的系粗，寬度都是一尺六寸。

1 太皇太后、皇太后入廟服，紺上皁下，蠶❶，青上縹下，皆深衣❷制，隱領袖緣以絛❸。翦氂簂❹，簪珥❺。珥，耳璫❻垂珠也。簪以瑇瑁為擿❼，長一尺，端為華勝❽，上為鳳皇爵❾，以翡翠為毛羽，下有白珠，垂黃金鑷❿。左右一橫簪之，以安簂結。諸簪珥皆同制，其擿有等級焉。

2 皇后謁廟⓫服，紺上皁下，蠶，青上縹下，皆深衣制，隱領袖緣以絛。假結⓬，步搖⓭，簪珥。步搖以黃金為山題⓮，貫白珠為桂枝⓯相繆，一爵⓰九華，熊、虎、赤羆、天鹿⓱、辟邪⓲、南山豐大特⓳六獸，詩所謂「副笄六珈」⓴者。諸爵獸皆以翡翠為毛羽。金題，白珠璫繞，以翡翠為華云。

3 貴人助蠶服，純縹上下，深衣制。大手結㉑，墨瑇瑁，又加簪珥。長公主見會㉒衣服，加步搖，公主大手結，皆有簪珥，衣服同制。自公主封君以上皆帶綬，以采組為緄帶㉓，各如其綬色。黃金辟邪，首為帶鐍，飾以白珠。

4 公、卿、列侯、中二千石、二千石夫人，紺繒蔮，黃金龍首銜白珠，魚須㉔擿，長一尺，為簪珥。入廟佐㉕祭者皁絹上下，助蠶者縹絹上下，皆深衣制，緣。自二千石夫人以上至皇后，皆以蠶衣㉖為朝服。

5 公主、貴人、妃以上，嫁娶得服錦綺羅縠繒㉗，采十二色，重緣袍。特進、列侯以上錦繒，采十二色。六百石以上重練㉘，采九色，禁丹紫紺。三百石以上五色采，青絳黃紅綠。二百石以上四采，青黃紅綠。賈人㉙，緗㉚縹而已。

6 公、列侯以下皆單緣襈㉛，制文繡為祭服。自皇后以下，皆不得服諸古麗圭襂㉜閨緣加上之服。建武、永平禁絕之，建初、永元又復中重㉝，於是世莫能有制其裁㉞者，乃遂絕矣。

【章　旨】以上具體記述太皇太后、皇太后、皇后、貴人，公、卿、列侯、中二千石、二千石夫人等祭祀宗廟、躬親蠶事時的服飾形制。以及從公主至商人嫁娶時衣服的用料、色彩規定，還寫了麗圭襂因東漢朝廷的禁令而失傳。

【注　釋】❶蠶　指躬親蠶事典禮。❷深衣　古代上衣、下裳相連綴的一種服裝。劉昭注引徐廣曰：「即單衣。」❸隱領袖緣以絛　隱，掩蔽。絛，絲帶。❹翦氂蔮　古代婦女的一種髮飾。即假髻。蔮，同「幗」。古代婦女覆於髮上的首飾。❺簪珥　髮簪和耳飾。古代多為高貴婦女的首飾。珥，珠玉做的耳飾。也叫瑱、璫。❻耳璫　謂綴以珠玉之耳飾。❼簪以瑇瑁為擿　瑇瑁，亦作「玳瑁」。爬行動物，形似龜。甲殼黃褐色，有黑斑和光澤，可做裝飾品。擿，簪股。俗稱搔頭。❽華勝　即花勝。古代婦女的一種花形首飾。❾鳳皇爵　即鳳凰雀。指鳳凰形的裝飾物。❿鑷　垂飾。特指綴附於簪釵的垂飾。⓫謁廟　古時帝后等外出或遇有大事，例須謁告於祖廟，稱「謁廟」或「告廟」。⓬假結　即「假髻」。結，通「髻」。⓭步搖　古代婦女附在簪釵上的一種首飾。上有垂珠，行走則搖動。⓮山題　步搖的底座。因其形象山，著於額前，故名。⓯桂枝　古代婦女首飾步搖上的飾物。⓰爵　通「雀」。⓱天鹿　傳說中的靈獸名。一名天祿。似鹿而長尾有一角。⓲辟邪　傳說中的神獸。似鹿而長尾、雙角。⓳豐大特　傳說中的南山大梓牛神。大梓被伐後，居豐水中。⓴詩所謂副笄六珈　語見《詩・君子偕老》。副，假髻。笄，簪。珈，笄上所加之玉飾。珈數多少以別尊卑，六珈為笄飾最高級別。劉昭注引《毛詩傳》曰：「副者，后夫人之首飾，編髮為之。笄，衡笄也。珈，笄飾之最盛者，所以別尊卑。」鄭玄曰：「珈之言加也。副既笄而加飾，如今步搖上飾，古之制所未聞。」今人叢文俊認為，以上諸解無一達詁，「副笄六珈」猶言其髮美狀若副，而用六笄以安固之。笄上有珈，遂以「六珈」代指六笄，與前面的「副笄」換文變言。詳見〈《詩經》「副笄六珈」古義鈎沉〉，《安徽大學學報》（哲學社會科學版），一九九八年第三期。㉑大手結　即「大手髻」。㉒見會　見面；會面。指拜見皇帝。㉓緄帶　束帶。㉔魚須　鯊魚鬚。㉕佐　輔助；幫助。㉖蠶衣　古時皇后等親蠶時所穿的衣服。㉗錦綺羅縠繒　錦，有彩色花紋的絲織品。綺，有花紋的絲織品。羅，稀疏而輕軟的絲織品。縠，縐紗。繒，帛之厚者。㉘重練　厚而無紋的素絲織品。㉙賈人　商人。㉚緗　淺黃色。劉昭注引《博物記》曰：「交州南有蟲，長減一寸，形似白英，不知其名，視之無色，在陰地多緗色，則赤黃之色也。」㉛襈　衣服的緣飾。以青絳為緣。㉜麗圭襂　即麗圭衫。古代貴重的女服。圭衣為婦人上服，麗圭衫尤為圭衣中的上服。襂，同「衫」。單衣。《廣雅・釋器》：「複襂謂之裀。」王念孫《疏證》：「襂與衫同。」㉝建初永元又復中重　建初，東漢章帝年號，西元七六—八四年。永元，東漢和帝年號，西元八九—一〇五年。中重，王先謙《集解》引黃山注認為：「中當即申，形近之訛」，「凡詔書遵用舊章，未有不言申者。」申重，再三；反復強調。㉞裁　體制；格式。

【語　譯】太皇太后、皇太后進入宗廟祭祀的禮服，紺色上衣黑色下裳，參加親蠶典禮，青色上衣縹色下裳，都是深衣的形制，用絲帶緣邊掩包住衣領和袖邊。頭上用翦氂簂飾髮，戴簪和珥。珥，是耳璫垂珠。簪用玳瑁作擿，長一尺，簪端裝飾有華勝，上有鳳凰雀，用翡翠作毛羽，下有白珠，垂懸黃金鑷。左右各用一支簪橫著簪住髮髻，用來固定牢簂髻。各種簪、珥都是同樣的形制，但簪的擿有等級區別。

2 皇后謁祭宗廟的禮服，紺色上衣黑色下裳，參加蠶事典禮，青色上衣縹色下裳，都是深衣形制，用絲帶緣邊掩包住衣領和袖邊。梳假髮髻，戴步搖，戴簪、珥。步搖用黃金做成山形的底座放在額頭前面，貫串白玉珠做成桂樹枝絞結在一起的形狀，上有一雀九花，還有熊、虎、赤羆、天鹿、辟邪、南山豐大特六種野獸造形的飾物，就是《詩》中所說的「副笄六珈」。各個雀、獸都用翡翠作毛羽。黃金做成山形的底座放在額頭前面，白珠璫環繞在耳邊，用翡翠做花。

3 貴人輔佐皇后參加蠶事典禮的服飾，純縹色的上衣和下裳，深衣形制。梳大手髻，簪用墨玳瑁作擿，又加上髮簪和珥飾。長公主拜見皇帝時的服飾，加首飾步搖，公主梳大手髻，都有髮簪和珥飾，衣服形制相同。自公主、封君以上都帶綬，用彩色絲帶作系綬的緄帶，緄帶的顏色與各自的綬帶顏色相同。黃金製成的辟邪，頭部有帶扣，用白珠裝飾。

4 公、卿、列侯、中二千石、二千石夫人，都用紺色繒帛做的首飾，黃金做的龍頭口銜白珠，簪用鯊魚鬚作擿，長一尺，戴髮簪和珥飾。進入宗廟輔助祭祀的穿黑色絹做的上衣下裳，參加助蠶典禮的穿縹色絹做的上衣和下裳，都是深衣形制，領子和袖子都鑲邊。從二千石夫人以上到皇后，都用蠶衣作為朝服。

5 公主、貴人、妃以上，嫁娶時可以用錦、綺、羅、縠、繒做衣料，用十二種色彩，穿兩層邊緣的袍子。特進侯、列侯以上用錦、繒做衣料，用十二種顏色。六百石以上用重練做衣料，用九種顏色，禁止用丹、紫、紺三色。三百石以上用五種顏色，即青、絳、黃、紅、綠。二百石以上用四種顏色，即青、黃、紅、綠。商人，只能用緗、縹兩種顏色罷了。

6 公、列侯以下的衣裳都鑲青絳色單邊，刺繡花紋做成祭服。自皇后以下，都不能穿各種古時的麗圭袿有閨緣之類的加服。建武、永平年間已下令禁止穿這種衣服，到建初、永元年間又再三下達禁令，此後世上再沒有會製作這種衣服的人，於是就失傳了。

凡冠衣諸服，旒冕、長冠、委貌、皮弁、爵弁、建華、方山、巧士，衣裳文繡，赤舄，服絇履❶，大佩，皆為祭服，其餘悉為常用朝服。唯長冠，諸王國謁者以為常朝服云。宗廟以下，祠祀皆冠長冠，皁繒袍單衣，絳緣領袖中衣，絳絝袜，五郊各從其色焉。

【章旨】以上綜述所有冠飾和服飾哪些用於祭服，哪些是常用的朝服，以及五郊時禮服的顏色應和方位的顏色相符。

【注釋】❶絇履　即絇屨。有絇飾的鞋。

【語譯】所有的冠飾和各種服飾，其中旒冕、長冠、委貌、皮弁、爵弁、建華、方山、巧士，上衣下裳的花紋刺繡，赤色舄，有絇飾的鞋，大佩，都是祭服，其餘全是常用的朝服。只有長冠，各王國的謁者用它作常用朝服。宗廟以下的祭祀都戴長冠，穿黑色繒袍單衣，絳色鑲領子和袖子的中衣，絳色褲襪，五郊時禮服的顏色與各自對應的方位的顏色相同。

贊曰：車輅❶各庸❷，旌旂異局❸。冠服致美❹，佩紛璽玉。敬敬❺報情，尊尊❻下欲。孰❼夸華文？匪❽豪麗縟。

【章　旨】以上作者評論車駕旌旗冠冕服飾雖然華美，但是其本意是用來尊崇賢者和貴者，進行禮儀教化的，誰如果把注意力放在華美繁麗的紋飾上，那就是只看到現象而忽略了輿服制度的本質了。

【注　釋】❶車輅　車輛。❷庸　用。❸旌旂異局　旌旂，亦作「旌旗」。旗幟的總稱。局，局限；範圍。❹冠服致美　冠服，帽子和衣服。古代服制，官吏的冠服因官爵不同而有別。致美，極盡形式之美。❺敬敬　敬事那些受人尊敬的人。❻尊尊　尊崇那些尊貴者。❼孰　誰；哪裡。❽匪　通「非」。不是。

【語　譯】史官評議說：車輛有各自的用途，旗幟有不同的使用範圍。冠冕服飾極盡形式之美，佩飾眾多有璽有玉。敬重當敬重者為報答情誼，尊敬貴者甘願居於下位。這哪是誇耀如此華麗的紋飾？亦非有意顯示這些瑣細繁麗。

【研　析】輿服是指人們的車馬交通和衣服穿著。中國製作輿服的起源一般追溯到黃帝，但「上古簡儉，未立等威」，不具備超越其本身功用的政治意義。到了夏代，車正奚仲的改革使車馬禮序化，具備了彰顯尊卑貴賤的功能，超越其初始的物質功能而注入新的政治內涵，成為一種顯示統治者政治身分、表徵權力的重要禮器。殷商時已有階級等別，但在輿服上的具體差異如何，尚無確切的完備形制。西周時期，較為系統的從天子到百官、有嚴格等級區別的輿服制度已經形成。南宋徐天麟認為：「西京禮文，本與秦儀雜就，而車服之制，因陋就簡，是以班史無傳焉。」但是，漢代染織工藝、刺繡工藝和金屬工藝等技術的進步，推動著輿服製作的發展。西漢「因陋就簡」而「至朝皆著皁衣」的服飾到東漢已無法適應統治階層的需要。漢明帝採納東平王劉蒼的建議，兼採《周禮》、《禮記》、《尚書》等古籍中關於服飾制度的內容，結合前代繼承的部分秦制，制定出了一套蘊含著儒家禮治思想的、等級劃分明確而系統的輿服制度。

東漢輿服制度以鮮明的等級性為主要特點，還具有明確的場合性、對使用者不同身分的象徵性，對不同禮儀活動的標誌性等特點，對使用者在國家統治運作系統中的位置予以明確的定位，成為國家「禮治」的政治管理模式的載體之一。車馬制度根據乘坐方式、車形、駕畜種類及數目、車馬飾、應用場合分為許多不同的等級，不同級別的官員乘用相應的車駕，即所謂「授車以級」，車馬區別身分的功能由此體現。車的形制、車馬飾也是根據等級而有不同的規定，這些形制、飾物的任何一個細微差別，都反映了尊卑上下的區分。衣冠服飾同樣具有鮮明的等級性，不同社會等級的人在穿著上有所區別，特別是祭服、朝服等正式服飾，隨著使用者等級地位的由高而低，服制上也明顯存在著相應的差異。

專制帝王通過輿服制度的種種規則，在日常的政治生活中重申君主專制的權力結構，顯示皇權對整個官僚集團的支配地位，使臣民明確自己的身分地位和責任義務。另一方面，它通過展示政治符號、舉行政治儀式，潛移默化地向庶民輸出政治信仰和權威崇拜意識，並以宏大莊嚴的威儀場景懾服百姓。輿服制度與國家各項禮儀緊密結合，配合國家其他等級制度，成為維持國家統治秩序的重要治理工具和手段。

司馬彪創立〈輿服志〉意在為輿服制度等級差異的合理性張目，維護統治秩序。他在開篇即引用《尚書・虞書・舜典》之語說明這一意旨，因為古代聖人為百姓興利除弊，備受愛戴，所以人們建造宮室，製作車駕，作為酬報，以此維護他們的尊嚴，表達對他們的尊崇，彰顯他們的功德。制定輿服制度的目的主要有兩個方面，一是用來酬報功勞，彰顯德行，尊敬仁人，崇尚賢良；二是節制人們的行為，讓繼天統物之人知道體恤百姓，不伐其功，使民物安逸。輿服制度是禮制的重要內容，在不同的場合，不同等級的人所施禮儀、所用車馬和衣著均有不同的規定，應當嚴格遵守，不可違反。西周後期至戰國時代正是由於禮制崩壞，致使天下大亂，國破家亡。所以，輿服制度對治理天下具有重要作用，不能以尋常的生活小事視之。他明確指出：車駕旌旗冠冕服飾雖然華美，但其本意是尊賢敬貴，進行禮儀教化，如果把注意力放在華美繁麗的紋飾上，那就是只見表象不見本質了。（王文濤、秦英凱注譯）